王蘧常文集

吳曉明 王興孫 主編

第十冊

梁啓超詩文選注

梁啓超 著　王蘧常 選注

復旦大學出版社

本書由上海文化發展基金會資助出版

出 版 説 明

梁啓超是晚清民國時期著名政治家、學者、文學家，其一生經歷豐富，著作等身，爲開創一代風氣的大家。在戊戌變法一甲子之後的1958年，王蘧常先生從梁啓超浩繁的著作中精選了梁氏著作選本，包含文十七篇，詩三十六首，詞四首，成《梁啓超詩文選注》，選取的重點是戊戌變法和文學革命。全書注文力求詳盡，兼具考證、糾正和批評性質，是一部較有可讀性的梁啓超作品選本。

本次《王蘧常文集》收入《梁啓超詩文選注》，以人民文學出版社1987年版爲底本重新編校。原本爲簡體，今依《文集》體例改爲繁體。在編校過程中，梁啓超的作品重新核對了《飲冰室合集》（中華書局2015年影印本）的原著文字。王蘧常先生的注文中，對一些涉及外國人名、地名翻譯的文字，一般按現今的習慣予以調整，並對原注中少數疏誤之處做了修改。不當之處，敬請讀者批評指正。

復旦大學出版社
2021年5月

目　録

前言 …………………………………………………………… 1

文選 ………………………………………………………… 1
 變法通議自序 ………………………………………………… 3
 論不變法之害 ………………………………………………… 13
 論變法不知本原之害 ………………………………………… 57
 續論變法不知本原之害 ……………………………………… 67
 論戊戌八月之變乃廢立而非訓政 …………………………… 80
 政變原因答客難 ……………………………………………… 90
 戊戌六君子傳 ………………………………………………… 107
  康廣仁傳 …………………………………………………… 107
  楊深秀傳 …………………………………………………… 123
  楊鋭傳 ……………………………………………………… 137
  林旭傳 ……………………………………………………… 148
  劉光第傳 …………………………………………………… 156
  譚嗣同傳 …………………………………………………… 163
 少年中國説 …………………………………………………… 194
 論進步 ………………………………………………………… 220
 論小説與羣治之關係 ………………………………………… 267
 情聖杜甫 ……………………………………………………… 289

屈原研究 ……………………………………………… 324

詩選 …………………………………………………… 377
去國行 ……………………………………………… 379
讀陸放翁集四首 …………………………………… 385
壯別六首 …………………………………………… 391
二十世紀太平洋歌 ………………………………… 399
留別梁任南漢挪路盧二首 ………………………… 420
東歸感懷 …………………………………………… 424
劉荆州 ……………………………………………… 426
志未酬 ……………………………………………… 430
廣詩中八賢歌 ……………………………………… 433
贈別鄭秋蕃兼謝惠畫 ……………………………… 441
自厲二首 …………………………………………… 450
自題新中國未來記一首 …………………………… 452
愛國歌四章 ………………………………………… 454
聞英寇雲南俄寇伊犁感憤成作 …………………… 459
臺灣竹枝詞六首 …………………………………… 461
拆屋行 ……………………………………………… 465
甲寅冬,假館著書於西郊之清華學校,成歐洲戰役史論,
　　賦示校員及諸生 ……………………………… 468
寄趙堯生侍御以詩代書 …………………………… 477

詞選 …………………………………………………… 497
水調歌頭(拍碎雙玉斗) …………………………… 499
滿江紅(如此江山) ………………………………… 502
浪淘沙(燕子舊人家) ……………………………… 505
賀新郎(昨夜東風裏) ……………………………… 508

前　言

　　一九五八年,夏曆爲戊戌,上溯六十年前的戊戌(一八九八年)是我國近代史上著名的資產階級政治改良運動——戊戌變法運動的一年。變法開始到失敗,僅僅一百零三天,好像滿天烏雲中的閃電一般,一瞥就消逝了。但是它的失敗宣告了改良的道路走不通,接着閃電消逝之後,却是個響亮的焦雷,那就是對清王朝絕望了的全國人民,以革命的武裝鬪争直接打擊帝國主義侵略者和推翻封建王朝的統治。戊戌變法雖然必不可免地遭到了失敗,但在當時歷史條件下,却有進步的意義。以康有爲爲首的改良主義者們,在揭露封建帝制的黑暗和帝國主義侵略的陰謀,啓發社會公衆(主要是知識分子)的覺悟方面,起了積極的作用。在這以前,清王朝的無能、腐朽、腌臢、罪惡……雖然已漸漸表面化,然而王朝的紙糊門面,還能欺騙一下人,嚇唬一下人,到了這時,改良主義運動者,便能够在他們的認識限度之内,大聲疾呼,予以系統的揭露。如:當時還粉飾太平,獨這個運動的領導者康有爲對某當權人物説:王朝"禍在眉睫"。見康有爲自訂年譜。當時封建政權的辦事,一切取決於吏、户、禮、兵、刑、工六部的則例,以爲是天經地義,不可以一些改變的,獨梁啓超對李鴻章説:"今敗亡中國者,六部則例也,若不亟改,不能爲治。"見梁氏《戊戌政變紀事本末》。當時靠八股取士,來麻醉人民,獨他敢於對光緒帝載湉説:"民智不開之故,皆以八股試士爲之。……今羣臣濟濟,然無以任事變者,皆由八股致大位之故,故臺、遼之割,不割於朝廷,而割於八股;二萬萬之款,不賠於朝廷,而賠於八股;膠州、旅、大、威海、廣州灣之割,不割於朝廷,而割於八股。"當然,代清王朝推卸責任,是不應當的,但對於八股制度的攻擊,在當時也可說是盡情了,毫無忌憚了。其他如七上載湉書,它的内容,大致都是暴露的,他在公車上書裏説:"民日窮匱,乞丐遍地,羣盜滿山,即無外釁,精華已竭,將有他變。方今當數十國之覬覦,值四千年之變局,盛暑已至,而不釋重裘,病證之變,而猶用舊方,未有不暍死而重危者也。"又説:"陛下求爲長安布衣而不可得,""不忍見煤山前事。"這些話,雖然是對封建統治者提出警告,希望他能以自上而下的改良,來消弭革命危機,但這樣直率暴露,畢竟是難能可貴的,是有進步意義的。他們的暴露,不僅是對統治階級,也面向社會公衆,所以他們的暴露方式大約有三種:

　　一、是口頭的暴露,① 普通言論,如上面所説的對當權人物李鴻章、載湉的談話。② 演説。如康有爲自訂年譜説:戊戌三月二十二日,開保國會於粵東館,士夫集者數百,投籌公舉演説,舉吾登座,樓上下皆滿,聽者有泣下者。這是從來所没有的。

　　二、是書面的暴露,如上書等等。

　　三、是報章的暴露,中國最早的報紙,當數一八九五年梁啓超等在北京所發行鼓吹變法的《中外公報》。這也是從來所没有的。

　　後來他們又依靠王權,獎勵臣民上書,康有爲在一八八八年第一次上書載湉,在説"變成法"後,就提出"通下情,通之之道,在霽威嚴之尊,去堂陛之階,使下臣得盡其言於前"。這是請求獎勵暴露的第一次;其後又請准許臣民上書,此爲第二次。康譜説:又令各直省道府自行遞摺,各州縣交督撫代遞,上諭謂藉覘中國人之才識,自是我請臣民上書之説乃始行。不久載湉屢次下諭鼓勵士民上書,給以種種便利。告誡他的手下,"毋得拘牽忌諱,稍有阻格"。如有阻格情事,就治以應得之罪。以上據《德宗實錄》。梁氏《戊戌政變記》的上諭跋說："於是人人封章得直達於上,舉國鼓舞歡蹈,爭求上書,……每日每署,封奏皆數十,……又從前儀式最嚴,一筆違誤,即至議處,至是下僚寒士,皆不諳奏摺格式,隨手寫摺,……種種新式,雜沓可笑;至有野人漁民上書,紙有二尺長條,由外省封寄,交都察院代遞,直達御前。"載湉又鼓勵辦報,上諭說:"各報體例,自應以臚陳利弊、開廣見聞爲主,中外時事,均許據直昌言,不必意存忌諱。"見戊戌六月初八日上諭。

這種風氣一開,從前在封建反動威力壓制下社會公衆歷久鬱抑的憤恨就同火山爆發一樣,任何力量都不能遏止,從此清王朝的紙糊架子,就開始被灼得體無完膚,它們所相依爲命的舊制度,也被燒得百孔千瘡,而無法作爲靠山了。假使這個運動能夠成功的話,或者還能作爲暫時的續命湯,但是這個運動,很快地給舊勢力所摧殘和埋葬。以前有一部分人或者對這紙糊架子還寄以萬一的幻想,到了這時,除了失望和憤怒以外,還有什麼呢?這種憤怒匯成了洪流,更激起了資產階級革命的怒潮,於是加速了清王朝的崩潰。這樣說來,改良主義者的變法運動,雖然只有一百零三天的生命,但它除了以自己的失敗對清王朝作了最大的暴露而外,它的提倡暴露,鼓吹維新,對反動王朝和舊制度的攻擊,對於後來資產階級革命的成功,也是起着相當大的作用的。而其中最善於暴露的,要算這個運動中的骨幹分子梁啓超了。後來有個也參加過變法運動的嚴復說:

> 今夫亡有清二百六十年社稷,非他,康梁也。……任公自竄身海外以來,常以摧剝征伐政府爲唯一之能事,《清議》、《新民》、《國風》進而彌厲,至於其極,詆之爲窮兇極惡,意若不共戴天,以一己之新學,略有所知,遂若舊制一無可恕。……天下憤興,流氓童騃,盡可奉辭與之爲難。見《學衡雜誌》第八期嚴氏與

熊純如書札節抄第十八。

嚴復的話，當然是意別有在，即以"摧剥征伐"而論，也嫌過於夸大。"亡有清二百六十年社稷"者，自是辛亥革命，而決不是康梁的言論。但也可以看出當時上層知識分子對他暴露力的重視了。現在爲了紀念戊戌變法的六十年，我承乏編了這部梁氏詩文選注。所選的詩文大部分是環繞這個運動爲中心，而且大部分是有暴露性的；其次，比較注意有些進步性和創造性的，但也不一定能完全符合這個標準。現在分別介紹一下他的簡要歷史；他的參加戊戌變法的經過和變法失敗後的鬥爭情形；及他的寫作大概。

一

梁氏是廣東省新會縣熊子鄉人，名啓超，字卓如，號任广，又號任父，後又改任公，又號滄江、哀時客、少年中國之少年、新民子、嚴復稱他爲新明，大約即新民的諧音。飲冰室主人等。逃亡日本時，改名吉田晉，大約正在歆慕吉田矩方之爲人，所以用了此姓。他生的一年，是師友李端棻四十一歲、黃遵憲三十四歲、康有爲十七歲。戊戌六君子可考者，楊深秀二十五歲、劉光第十七歲、譚嗣同九歲、林旭後一年生。弟子蔡鍔後八年生。在歷史上有關係者，則如孫中山先生時年八歲，竊國奸雄袁世凱十五歲。他的上半段歷史，有《三十自述》一篇，是仿照他的同志譚嗣同《三十自紀》而作的。現在擇要錄一些在下面，着重他的學問、思想、辦報、講學和參加變法運動等各方面。自述說：

余生同治癸酉正月二十六日，案癸酉爲清同治十二年，即公曆一八七三年二月二十三日。實太平天國亡於金陵後十年。……四五歲，就王父案王父就是祖父，名維清。其先十世爲農，至維清始仕爲教諭。見梁氏所爲其父哀啓。及母案姓趙。膝下，授四子書、《詩經》。……王父……日與言古豪傑、哲人嘉言懿行,而尤喜舉亡宋亡明國難之事,津津道之。六歲後,就父案名寶瑛。讀,受中國略史、五經卒業。八歲學爲文,九歲能綴千言。十二歲,應試學院,補博士弟子員。日治帖括,雖心不慊之,然不知天地間於帖括外,更有所謂學也,輒埋頭鑽研。顧頗喜詞章,王父、父、母時授以唐人詩,嗜之過於八股。家貧無書可讀,惟有《史記》一,《綱鑑易知錄》一,王父、父日以課之,故至今《史記》之文能成誦者八九。父執有愛其慧者,贈以《漢書》一,姚氏《古文辭類纂》一,則大喜,讀之卒業焉。……十三歲,始知有段案指金壇段玉裁。王案指高郵王念孫、引之父子。訓詁之學,大好之,漸有棄帖括之志。十五歲,母趙恭人見背,……時肄業於省會之學海堂,堂爲嘉慶間前總督阮元所立,以訓詁詞章課粵人者也。案梁氏弟啓勛《曼殊室戊辰筆記》說:"十六歲入學海堂爲正班生。"則此年尚非正式生。又說:"同時又爲菊坡、粵秀、粵華之院外生。"菊坡等也是書院名,可見梁氏當求知慾之高。至是乃決舍帖括以從事於此,不知天地間於訓詁詞章之外,更有所謂學也。

己丑,案爲光緒十五年,公曆一八八九年。年十七,舉於鄉,案就是考中舉人。列第八名。榜主考爲李尚書端棻。……年十八,計偕入京師,……李公以其妹許字焉。下第歸,道上海,從坊間購得《瀛寰志略》讀之,始知有五大洲各國。……其年秋,始交陳通甫。案陳通甫名千秋,又字禮吉,南海人。通甫時亦肄業學海堂,……相語曰:"吾聞南海康先生上書請變法不達,新從京師歸,吾往謁焉,其學乃爲吾與子所未夢及,吾與子今得師矣。"於是乃因通甫修弟子禮,事南海先生。案康有爲自訂年譜說:"光緒十六年八月,梁啓超來學。"……先生乃教以陸、案指宋代的陸九淵。王案指明代的王守仁。心學,而並及史學、西學之梗概。自是決然舍去舊學,自退出學海堂而間日請業南海之門,生平知有學,自兹始。

辛卯,案爲光緒十七年,公曆一八九一年。余年十九。南海先生始講學於廣東省城長興裏之萬木草堂。……爲講中國數千年來學術源流,歷史政治沿革得失,取萬國以比例推斷之。余……一生學問之得力,皆在此年。先生又常爲語佛學之精奧博大。……先生時方著《公理通》、《大同學》等書,案康有爲自訂年譜:"光緒十二年,手定大同之制,名曰人類公理。"又:"光緒十三年,是歲編人類公理,作内外篇。"當即這裏所説的《公理通》。每與通甫商榷,辨析入微,余輒侍末席;……先生著《新學僞經考》,從事校勘;著《孔子改制考》,從事分纂。日課則宋元明儒學案、二十四史、《文獻通考》等。而草堂頗有藏書,得恣涉獵,學稍進矣。其年始交康幼博。案幼博是康廣仁的字。十月,入京師,結婚李氏。

壬辰,案爲光緒十八年,公曆一八九二年。年二十。王父棄養。案梁氏上一年入京就婚,下一年應會試。《曼殊室戊辰筆記》説:"春闈乃李芯園爲總裁,欲通一關節,伯兄(梁氏)却之。"時李端棻任會試副總裁,見梁氏《禮部尚書李公墓誌銘》。此事當確。自是學於草堂者凡三年。案《戊辰筆記》説:"是年夏南歸,鄉居一年有奇。"又説:"癸巳冬,講學於東莞。"則三年之説,也大略言之。筆記又説:"斯時於國學書籍而外,更購江南製造局所譯之書,及各星軺日記,與英人傅蘭雅所輯之《格致匯編》等書。"可以看出他學問的轉變。

甲午,案爲光緒二十年,公曆一八九四年。年二十二。客京師。……六月,日本戰争起,愾憤時局,時有所吐露。……益讀譯書,治算學、地理、歷史等。

乙未,案爲光緒二十一年,公曆一八九五年。和議成,代表廣東公車百九十人,上書陳時局。既而南海先生聯公車三千人,上書請變法,余亦從其後奔走焉。其年七月,京師强學會開,發起之者爲南海先生,贊之者爲郎中陳熾、郎中沈曾植、編修張孝謙、浙江温處道袁世凱等,余被委爲會中書記員;不三月,爲言官所劾,會封禁,而余居會所數月。……其年,始交譚復生、案即譚嗣同。楊叔嶠案叔嶠爲楊銳的字。……

京師之開强學會也，上海亦踵起，京師會禁，上海會亦廢，而黃公度案公度是黃遵憲的字。倡議續其餘緒，開一報館，以書見招。

丙申，案原文沒有說出年份，那末下面的"三月"好象還屬於上一年，使人弄不明白，今補。三月去京師至上海，始交公度。七月，《時務報》開，余專任撰述之役，報館生涯自兹始。……時譚復生官隱金陵，閱月至上海，相過從，連輿接席。復生著《仁學》，每成一篇，輒相商榷，相與治佛學。……十月，湖南陳中丞寶箴、江督學標，聘主湖南時務學堂講席，就之。時公度官湖南按察使，復生亦歸湘助鄉治，湘中同志稱極盛。未幾，德國割據膠州灣事起，瓜分之憂，震動全國，而湖南始創南學會，將以爲地方自治之基礎，余頗有所贊畫，而時務學堂於精神教育亦三致意焉。其年始交劉裴村、案裴村是劉光第的字。林暾谷、案暾谷是林旭的字。唐紱丞。案紱丞是唐才常的字。

戊戌，案爲光緒二十四年，公曆一八九八年。年二十六。春，大病幾死，出就醫上海，既痊，乃入京師。南海先生方開保國會，余多所贊畫奔走。四月，以徐侍郎致靖之薦，總理衙門再薦，被召見，命辦大學堂、譯書局事務。時朝廷銳意變法，百度更新，南海先生深受主知，言聽諫行，復生、暾谷、叔嶠、裴村以京卿參預新政，余亦從諸君子之後，黽勉盡瘁。八月，政變，案西太后那拉氏反對變法，維新派希望用一個軍閥袁世凱的兵力，保護變法，並打擊頑固派。但袁世凱竟向頑固派告密，出賣了維新派。下面詩文注釋中有詳細說明。六君子爲國流血；南海以英人仗義出險，余遂乘日本大島兵艦而東。去國以來，忽忽四年矣。戊戌九月至日本。案梁氏和康有爲逃亡日本後，孫中山曾擬與商談合作方法，相傳康初以"保皇"身分，不願和革命黨交談；繼又堅持孫中山必須執弟子禮，方能相見；最後派梁氏爲代表，與中山會晤,但没有談出什麽結果。十月,與橫濱商界諸同志謀設《清議報》。……

己亥案爲光緒二十五年,公曆一八九九年。七月,復與濱人共設高等大同學校於東京,以爲内地留學生預備科之用,即今之清華學校是也。其年美洲商界同志始有中國維新會之設,……冬間招往遊,應之,以十一月首途,道出夏威夷島,其地華商二萬餘人相縶留,因暫住焉,創夏威夷維新會。案本年夏,梁氏又與孫中山商談合作問題,這時康有爲已離開日本遨遊歐美去了。據説這次會談,談得很具體,梁氏並有合作到底、至死不渝的誓言。當他赴夏威夷時,取得孫中山的介紹信,和當地的興中會會談,但結果不是協商合作,而是遊説興中會會員參加保皇的維新會。略見近人楊復禮《梁任公年譜》。

庚子案爲光緒二十六年,公曆一九〇〇年。六月,方欲入美,而義和團變已大起,……内地函電促歸國,……比至日本,已聞北京失守之報。七月急歸滬,方思有所效,抵滬之翌日,而漢口難作,唐案即唐才常。林李蔡黎傳案都見下詩文選注。諸烈,先後就義,公私皆不獲有所救。……遂去,適香港,既而渡南洋,……遊澳洲。

辛丑案爲光緒二十七年,公曆一九〇一年。四月,復至日本。

今春案指光緒二十八年壬寅,公曆一九〇二年。爲《新民叢報》;冬間復創刊《新小説》;述其所學所懷抱者,以質於當世達人志士,冀以爲中國國民道鐸之一助。案梁氏初歸國演説辭説:"辛丑之冬,别辦《新民叢報》",而此説壬寅春,兩者不同,都出於本人所説,不知道哪是對的?待詳。《新民叢報》是戊戌變法後,改良派宣傳陣地的影響最大者。但他説"專欲鼓吹革命",充其極也不過"如欲導以變法也,則不可不駭以民權,欲導以民權也,則不可不駭以革命"的手法。詳文選《論進步》等注和下文。

案:梁氏在戊戌變法的幾年間,很多人説他接近革命。如近人錢基博説:"梁氏……其間亦爲革命排滿之論,而其師康有爲深不謂然,屢責備之。"他的學生逎庵,當時送他赴美時贈詩説:"劉章多感憤,非種未能除",也說他的排滿思想。馮自由評論梁氏的思想也說:"戊戌變法失敗底兩三年間,他在行動上傾向與孫中山所領導的革命派合作;在思想上也比以前與革命接近。"即嚴復雖別有用意,也說:"任公……摧剝政府……至於其極……意若不共戴天。"已詳見上。好像他暫時性的傾向革命,是持之有故了,但詳按他這一時的作品,則並不如此。如:戊戌後一年己亥所作的《愛國論》說:"英國者民權發達最早,……而其今女皇安富尊榮;……日本,東方民權之先進國也,……而國民於其天皇,戴之如天;……然則興民權,爲君主之利乎?爲君主之害乎?法王路易,務防其民,自尊無限,卒激成革命戰慄時代,……伏屍市曹;……俄皇亞歷山尼古剌,堅持專制政體,……卒至父子相繼陷於匕首,或憂忡以至死亡;然則壓制民權,又爲君主之利乎?爲君主之害乎?……然則保國尊皇之政策,豈有急於興民權者戰!"據此可知他所以要興民權,實所以保君權,興民權是手段,保君權是目的。又戊戌後二年庚子所作的《中國積弱溯源論》說:"使其爲愛民之君也,豈必因其爲滿人而外視之,若今上皇帝指載湉。非滿人邪?吾戴之猶父母也。故有特識而真愛國者。惟以民權之能伸與否爲重,而小以君位屬於誰氏爲重。"據此他還是死捧着載湉不放,和他老師有什麼兩樣,末兩句竟是詭辯了。又同年所作的《論今日各國待中國之善法》說:"今欲醫中國之病,惟有將此惡政府除去,按惡政府是指西太后那拉氏所用事的政府。而別立一好政府,案即他理想的載湉政府。則萬事俱妥矣。……我皇上深知地球大勢,久慕泰西政教,憂國如家,愛民如子,時時以維新變法爲心,乃至欲棄其君位,以興民權,惜爲西后黨所壓,不能行其志。……故使我皇上若有全權,必能造成一好政府無疑。……頃閱各西報,知英美日等國,有欲協力扶助皇帝登位變法之事,此誠仗義扶危,大公無我而又合於時勢者也。今日處置中國之法,莫善於此。我輩同志日日所奔走圖謀,皆爲此事。今得局外文明公道之國,起而代轉之,此我輩所極深感謝者也。"此文作於八國聯軍入寇北京以後,仍是死捧着載湉不放。他所攻擊的政府是那拉氏用事的政府,而不是清政府。稱帝國主義強盜的野蠻殘殺為文明,圖謀瓜分為公道,幻想強盜們干涉我國內政,來實現他的保皇主張,和他老師去年在英國企圖通過英前海軍大臣伯利斯輝的關係,運動英政府出而干涉我國內政,扶助載湉重掌政權,有什麼兩樣呢?又同年所作《立憲法議》説:"世界之國有二種:一曰君主之國,二曰民主之國。……世界之政有二種:一曰有憲法之政,二曰無憲法之政。……世界之政體有三種:一曰君主專制政體,二曰君主立憲政體,三曰民主立憲政體。今日全地球號稱強國者十數,除俄羅斯為君主專制政體,美利堅、法蘭西為民主立憲政體外,自余各國則皆君主立憲政體也。君主立憲者,政體之最良者也。民主立憲政體,其施政之方略,變易太數,選舉總統時,競爭太烈,於國家幸福,未嘗不間有阻力;君主專制政體,朝廷之視民如草芥,而其防之如盜賊,民之畏朝廷如獄吏,而其嫉之如仇讎,故其民極苦,而其君與大臣亦極危,如彼俄羅斯者,雖有虎狼之威於一時,而其國中實扤陧而不可終日也。是故君主立憲者,政體之最良者也。地球各國既行之而有效,而按之中國歷古之風俗,與今日之時勢,又採之而無弊者也。"又説:"中國今日遂可行立憲政體乎?曰是不能。立憲政體者,必民智稍開而後能行之。日本維新在明治初元,而憲法實施在二十年後,此其證也。中國最速亦須十年或十五年。"據此更可看出他的改良主義的原形了。戊戌後三年辛丑所作的《清議報第一百冊祝辭》中雖有"倡民權,始終抱定此義,為獨一無二之宗旨,雖説種種方法,開種種門徑,百變而不離其宗,海可枯,石可爛,此義不普及於我國,吾黨弗措也"的話,但所謂吾黨是哪一黨?還不是他們改良派保皇派的集團。那末他所提倡的民權,也不過是上面所説的興民權以保君權罷了。在戊戌後的第四年壬寅所作的《論專制政體有百害於君主而無一利》説："爲國民者,當視專制政體爲大衆之公敵,爲君主者,當視專制政體爲一己之私仇,……合上下而敵之讎之,則未有不能去者也。……專制政體之不能生存於今世界,此理勢所必至也,以人力而欲與理勢爲禦,……多見其不知量而已。故……君主及其私人而與民同敵也,則安富焉,尊榮焉,英國、日本,實將來中國之倒影也;君主及其私人而認賊作子也,則國民讎專制政體,而不得不並讎及專制政體之保護主,法國、美國,實將來中國之前車也。"這和戊戌後一年所作《愛國論》的調門一樣,以上所引都是梁氏和孫中山幾次會見並有合作到底、至死不渝的誓言以後三四年間的作品,改良主義仍然是原封未動,哪裏有多少的革命氣息呢? 哪裏有和革命合作的跡象呢? 那些説他這個期間傾向於革命的,是被他革命的假象所迷惑了。至於他在戊戌後四年所作的《論進步》,見本書文選,宣傳大破壞。嚴復所謂"言破壞則人人以破壞爲天經,倡暗殺則人人以暗殺爲地義"者,但細細按它的實質,重點却在"無血之破壞",也只能嚇唬嚇唬嚴復一些人罷了。餘詳注文。又戊戌後七年乙巳所作《申論種族革命與政治革命之得失》説:"鄙人……誠非有所愛於滿洲人也,若就感情方面言之,鄙人雖無似,抑亦一多血多淚之人也。每讀《揚州十日記》、《嘉定屠城紀略》,未嘗不熱血溢涌,故數年前,主張排滿論,雖師友督責日至,曾不肯即自變其説。至今日而此種思想,蟠結胸中,每當酒酣耳熱,猶時或間發而不能自制。苟使有道焉可以救國,而並可以復讎者,鄙人雖木石,寧能無歆焉。"他的弟子們,詡爲"明確痛快的文章,真可與當時革命黨宣傳品的筆鋒交相媲美"的,但細按它的前後,原是掩飾反對復讎和革命的。即所謂"讀《揚州十日記》……主張排滿論……"則他在戊戌前一年丁酉,主講湖南時務學堂時已昌言過。但這是思想上的曇花,不能概其全體。總之,他雖然千變萬化,耍盡了斤斗雲,還是不能跳出改良主義的圈子,這是我們今天讀他作品時,不能不首先注意的一點。當然他在宣傳改良主義的同時,於內也揭露了封建統治的腐臭、黑暗,和民族的嚴重危機;於外又介紹了西洋資產階級的政治、經濟……等學說,高談民權和革命;對當時廣大的知識分子起了很大的影響和作用,是決不能抹殺的。不過這是他的無心插柳啊。

梁氏三十歲以後的歷史,可以從他的編年著述中看到一個大概;別人關於他的歷史紀載,也有好多種,如年譜傳記等等。現在也擇要錄一些在下面,紀年改標公曆,出處不再注明,以省煩瑣。

一九○三年,夏曆癸卯,案爲清光緒二十九年。三十一歲。正月遊美洲。案起程是二十三日。二十六日是他的生日,在《新大陸遊記》中說:"余頻年奔走海內外,年年今日,必更其地,十年來無一重複。自癸巳在家鄉一度生日,爾後甲午此日在黃海舟中,乙未此日在京師,丙申此日在上海,丁酉此日在武昌,戊戌此日在洞庭湖舟中,己亥此日在日本東京,庚子此日在夏威夷島,辛丑此日在澳洲雪梨市,壬寅此日在日本東海道汽車中,今年癸卯在太平洋。成詩一章:十年十處度初度,頗感勞生未有涯。日月苦隨公碌碌,人天容得某栖栖。莊嚴地獄來何暮? 匁狗年華住且佳。一事未成已中歲,海雲凝望轉低迷。"他栖栖皇皇的十年中,有的是進步性活動,有的是反動性的活動,但多少是有關當時中國前途的。且所記的話和詩可以結上啓下,故錄之。始加拿大,次紐約,次哈佛、波士頓,次華盛頓,次費城,次波地摩、必珠卜,次先絲拿打、紐柯連,次聖路易,次芝加高,次汶天拿省,次舍路、砵侖,次舊金山,次羅省技利。九月,回日本。

案:這次旅行,他的最大收穫,要算認識了一向幻想爲樂土、文明、共和祖國的真正美國。他把"黑暗"、"不均"、"不平等"、"劌心怵目"、"表面上佳話"等種種詞語,代替了從前憧憬中所錫予的嘉名。並說:"財產分配之不均,至於此極!吾觀於紐約之貧民窟,而深嘆社會主義之萬不可以已也。"又說:"觀於此而知社會之一大革命,其終不能免矣。"雖然,不多幾時,又說什麼"大抵極端之社會主義,微特今日之中國不可行,即歐美亦不可行"。以爲可行的大約是修正派的所謂社會主義,說什麼"於中國歷史上性質,頗有奇異之契合"。但可以看出他當時彷徨失望的情緒了。他對所謂美國政治家的貪黷和侵略野心,也有很多的揭露,都見他所著的《新大陸遊記》中。從此以後,他的崇美思想,好像打了很大的折扣。餘詳下詩文選的注中。又案這一年康有爲在香港發表《與南北美洲諸華商書》說:"中國只可立憲,不能革命。"主張種族革命的光復會領袖章炳麟作書痛斥他,"不論種族異同,惟計情僞得失以立說,……力主立憲,以摧革命之萌芽者,固終日屈心忍志,以處奴隸之地者爾。"灑灑萬言,即有名《駁康有爲論革命書》,給有爲以有力的打擊。這是改良派完全喪失進步性而轉到反動方面去的一個突出標識。據《康有爲年譜簡編》。

一九〇四年,夏曆甲辰,案爲光緒三十年。三十二歲。所作多關於國債、貨幣、外資輸入等問題。自言"癸卯、甲辰以後之《新民叢報》,專言政治革命,不復言種族革命,質言之,則對於國體主維持現狀,對於政體則懸一理想以求必達也。"案語見初歸國演說辭。上文説:"壬寅……其後,見留學界及內地學校,因革命思想傳播之故,頻鬧風潮,竊計學生求學,將以爲國家建設之用,雅不欲破壞之學説深入青年之腦中;又見乎無限制之自由平等説,流弊無窮,惴惴然懼;又默察人民程度,增進非易,恐秩序一破之後,青黃不接,暴民踵興,雖提倡革命諸賢,亦苦於收拾;加以比年國家財政、國民生計,艱窘皆達於極點,恐事機一發,爲人劫持,或至亡國,而現在西藏、蒙古離畔分攜之噩耗,又當時所日夜念及而引以爲戚;自此種之思想來往於胸中,於是極端之破壞,不敢主張矣。"這是上面話的注脚,可以參考。

案:一九〇三年——一九〇四年,是梁氏的改良主義在形式上一個轉換的時期,——當然骨子裏他始終没有變。他從前還用革命的幌子來掩蔽自己,販賣改良主義的私貨,到這時候,干脆把幌子也扔掉了。他在初歸國演説辭之一——《鄙人對於言論界之過去及將來》中,說了一大堆扔掉革命幌子的理由,如上注所引,其實都很牽強,不過說明瞭本來他想把革命來嚇唬人,結果他却被革命嚇倒了。一九〇四年,孫中山發表《敬告同鄉書》,揭發了改良派以保皇而假冒革命的欺騙手段,號召劃清保皇與革命的界限。當時改良派在華僑資本家中,還有一定的欺騙作用,而華僑資本家又以廣東人爲多,所以孫中山特別向廣東同鄉的華僑商人進行宣傳。據《康有爲年譜簡編》。這對改良派是個沉重的打擊。改良派本以混淆革命與改良的界限而遂其私圖的,現在劃清了界限,使他無所遁形,這和梁氏形式上的轉換,及寖至與革命爲敵,多少是有關係的。

一九〇五年,夏曆乙巳,案爲光緒三十一年。三十三歲。撰《開明專制論》等,昌言中國今日萬不能行共和立憲制,亦尚未能行君主立憲制,當以開明專制爲立憲制之預備。

案:本年孫中山所領導的中國革命同盟會在日本東京成立,發行《民報》。梁氏常與爲敵,日趨反動了。

一九〇六年,夏曆丙午,案爲光緒三十二年。三十四歲。五月,撰《日本預備立憲時代與人民》一篇。爲當時清政府下預備立憲令而作。

一九〇七年,夏曆丁未,案爲光緒三十三年。三十五歲。夏,發起政聞社,其機關雜誌名曰《政論》。旋社爲清政府所封禁,《政論》亦廢。案社當設在上海,故能爲清政府所封禁。主任是遙領的。

一九一〇年,夏曆庚戌,案爲清宣統二年。三十八歲。創刊《國風報》。

一九一一年,夏曆辛亥,案爲宣統三年。三十九歲。二月,自日本須磨赴臺灣。臺灣之割,至此十六年矣。浹月後,回日本。自言"歸舟所滿載者,哀憤也"。八月十九日,即陽曆十月十日,資産階級民主革命在武昌爆發。九月二十六日,清政府任袁世凱爲内閣總理,授梁氏法部副大臣,不就。

一九一二年,夏曆壬子,案爲中華民國元年。四十歲。一月,案自此以後,月份皆用陽曆。中華民國成立。二月十二日,清帝宣佈退位,清亡。三月,袁世凱篡奪政權。十月,梁氏回國。袁世凱聘爲顧問。組織進步黨,助世凱與同盟會改組之國民黨相抗。十二月,在天津發行《庸言報》。

一九一三年,夏曆癸丑,案爲民國二年。四十一歲。三月,國會議員國民黨人宋教仁被刺。道路喧嘩,出袁喉使。案梁氏曾作《暗殺之罪惡》一文,有"磔蟲刳莽"的話,好像有所指。但結論説:"暗殺之動機,出於義憤者,最上已,然君子固已憐其愚。出於沽名者,亦其次也,然斲喪國家之元氣,以成一己之名,居心既不可問矣。若乃自挾宿怨,蓄志欲死其人,又憚法網,不敢躬親,而賄嗾人以行之,則是合蛇蝎鬼蜮而爲一,不足復齒於人類,而彼之受賄嗾而代人犯科者,則操業更與倡優無異,斯益不足責矣。"雖然罵得毒,但語氣寬泛,絕無匕劍帷燈的作用,和前時摧剥政府,窮形盡相,竟不可同日而語。是有所憚而不敢呢?或別有用心呢?現在不可知了。孫中山號召討袁,七月,全局敗。進步黨與有力焉。九月,梁氏任袁政府司法總長。據三水梁燕孫年譜。餘詳詩選注。

一九一四年,夏曆甲寅,案爲民國三年。四十二歲。二月,辭司法總長。任幣制局總裁,又辭。七月,歐洲大戰起,作《歐戰蠡測》、《歐洲戰役史論》等。

一九一五年,夏曆乙卯,案爲民國四年。四十三歲。去冬日本藉口向德宣戰,强佔我膠濟後,一月十八日復向袁政府提出苛毒要求二十一條件。梁氏屢爲文評論之。案中有《示威耶?挑戰耶?》一文說:"日本苟挑戰而得戰,其結果當何如?吾試如其所欲,以計其後效:我一戰而敗,則我之政府播越,我之首都淪陷,日本則據吾樞以臨我衆,斯可謂成功也已矣;雖然當思我中國非彈丸黑子之地,我内地交通不便之區,畫出一省,其幅員可當人一國,吾拚使全國繁盛之都,鼎沸糜爛,而嬰山谷以相持,……欲襲受我遺產,其代價之小大,稍有識者,當能料之。……況在今日羣雄並立之世,非可以旁若無人之概行之者哉。……則利殊不足以償其害也。"竟似預見二十餘年後,抗戰時期人民軍隊憑險苦戰蹙敵深陷的景象。三月,南歸。時袁世凱帝制自爲漸萌芽,父促其北上匡救。在京創辦《大中華月報》。七月,袁政府顧問美人古德諾 Goobouw 發表《共和與君主論》,昌言共和國體不適於中國。八月,楊度等發起籌安會,鼓吹帝制。梁氏却袁氏重贈,毅然著《異哉所謂國體問題者》一文載於《大中華月報》,表示反對。案梁氏《國體戰爭躬歷談》説:"帝制問題之發生,其表面起於古德諾之論文及籌安會,實則醖釀已久,而主動者實由袁氏父子及私人數輩。先是去年正月,袁克定忽招余宴,至則楊度先在,談次歷詆共和之缺點,隱露變更國體,求我贊同之意。余爲陳内部及外交上之危險,語格格不入。余知禍將作,乃移家天津,旋即南下,來往於廣東、上海間。馮將軍國璋謂問題已有兆,約人京力争,六月,遂北行。晤袁氏數次,皆矢誓不肯爲帝,謂此議可暫寢矣,乃僅閲一月,遂有籌安會之事。籌安會發起後一星期,余乃著一文,題曰《異哉所謂國體問題者》。其時亦不敢望此文之發生效力,不過因舉國正氣銷亡,對於此大事,無一人敢發正論,則人心將死盡,故不顧利害死生,爲全國人代宣其心中所欲言之隱耳。當吾文草成,尚未發印,袁氏已有所聞,託人賄我以二十萬元,令勿印行,余婉謝之,且將該文録寄袁氏。未幾,袁復遣人來,以危詞脅喝,余笑曰:'余誠老於亡命之經驗家也。'來者語塞而退。觀袁氏之待我者如是,可以知當時各省勸進之文,及北京各報館鼓吹之論,皆由利誘威逼而來,無一出自本心也。"又密脱其弟子前雲南都督蔡鍔於京,謀反抗。蔡故湖南時務學堂學生也。梁氏旋亦微服南下,至上海。案《國體戰爭躬歷談》説:"當籌安會發生之次日,蔡君即訪余於天津,共商大計,……一面密電雲貴兩省,共商大義;又招戴君戡來京面商。戴君者,當時甫辭貴州巡按……者也。乃與蔡君定策於吾天津之寓廬。決議雲南於袁氏下令稱帝後,即獨立;貴州則越一月後響應;廣西則越兩月後響應;然後以雲貴之力下四川,以廣西之力下廣東,約三四月後,可以會師湖北,底定中原,此余與蔡戴兩君在津之成算也。其後因有事故障礙,雖不能盡如前策,然大端則如所預定也。兩君先後南下,余亦潛赴上海,實十二月十八日也。"十二月,袁世凱稱帝,雲南起兵討袁,貴州繼之。

一九一六年,夏曆丙辰,案爲民國五年。四十四歲。二月,廣西將響應雲貴,迎梁氏。時廣東猶奉袁,乃間關道安南往。廣西既獨立,又子身赴廣東遊說。案梁氏《護國之役回顧談》説:"廣西問題解决之後,就是廣東問題。那時廣東的將軍是龍濟光,袁世凱封他做親王,因爲大勢的壓迫,漸漸和我們通殷勤,請派人來商量。當時湯公(覺頓)擔負這個責任,和龍濟光痛陳利害,居然把獨立的電報打出來了。到了明天,他便變起卦來,在海珠開會,龍濟光部將向湯公狙擊,慘哉!……我左思右想,除非我親自出馬靠血誠去感動他,……竟自搭車到廣州去了。龍濟光嚇了一驚。我和龍苦口婆心的談了十幾點鐘,他象是很心悦誠服的樣子。到第二天,他把許多軍官都聚起來,給我開歡迎會,個個都如狼似虎的幾十人。初時還客客氣氣,酒過三巡,一員大將,大發議論,……漸漸罵起來了,鼓起眼睛釘着我,象是就要動手的樣子。……我站起來了,我説:'我在海珠事變發生過後纔來,並不是不知道你們這裏會殺人!我單人獨馬手無寸鐵跑到你們千軍萬馬裏頭,我本來並不打算帶命回去。我一來爲民國前途;二來也是因爲我是廣東人,不願廣東糜爛;所以我拚着一條命,來換廣州城裏幾十萬人的安寧,來争全國四萬萬人的人格。'跟着就把全盤利害給他演説了一點多鐘。據後來有個在座的人説:我那時候的意氣橫厲,簡直和我平時是兩個人。説話的聲音之大,就象打雷;一面説,一面不停的拍桌子,把那滿座的玻璃杯打得丁當作響。我當時是忘形了。但我現在想起來,倘若我當時軟弱些,倒反或者免不了他們的毒手。……自從那一晚過後,廣東獨立沒有什麽問題了。"這事和討袁很有關係,故附之。三月,父卒,家人匿不報。四月,各省相繼獨立。五月,兩廣組織都司令部,誓師北伐,以梁氏爲都参謀。旋,獨立各省組織軍務院,又以爲撫軍。六月,袁世凱在全國聲討下,愧恚死。

一九一七年,夏曆丁巳,案爲民國六年。四十五歲。七月,張勛、康有爲等奉清廢帝復辟,梁氏通電反對,中有"大言不慚之書生"語,斥有爲也。段祺瑞組織討逆軍總司令部,以梁氏爲参贊。復辟敗,段祺瑞組織内閣,梁氏爲財政部長。十一月,辭職。是年"十月革命"成功。

案:這幾年是梁氏政治生涯中不很光彩的一段。始則忘戊戌之舊讎，依附袁世凱，爲袁氏排斥國民黨；繼則贊助袁世凱種種活動；終則鳥盡弓藏，自國民黨被宣佈爲非法、國會被解散後，他也被"弓藏"了。惟當袁氏帝制自爲時，力却賄賂二十萬金，後又備加脅迫，終不爲動，毅然揭文反對，世界爲之震動，實爲袁氏失敗的嚆矢，可不謂之富貴不能淫，威武不能屈嗎？後定謀倒袁，指揮若定，間關萬里，飛檄盾鼻，少年英爽之氣，復見於當時，這也不能一概抹煞的啊。

一九一八年，夏曆戊午，案爲民國七年。四十六歲。病累月。十一月，協約各國與德國簽定休戰條約，大戰終止。十二月，赴歐洲考察。

一九一九年，夏曆己未，案爲民國八年。四十七歲。二月，至倫敦。案梁氏《歐遊心影錄》説"正月十二日到倫敦"，又説"二月十二日船攏岸"，蓋一用陰曆，一用陽曆。三月，至巴黎。遊覽西戰場，由馬倫河，經凡爾登，入洛林州，再入亞爾薩士州，折至萊因河右岸聯軍佔領地，假道比利時，循護士河，越興登堡綫，至梭阿桑，南返巴黎。後又遊北戰場及盧梭故居著《民約論》處。時巴黎方開和會，日本要盟謀占我山東，我抗議無效。梁氏深愧局外，無補外交。六月，復至英，繼至意大利等地。十月，又回巴黎。

一九二〇年，夏曆庚申，案爲民國九年。四十八歲。春歸國。十月，《清代學術概論》脱稿，中及康有爲、譚嗣同與己，以第三者身份批評之。案批評自己説："清代思潮，其啓蒙期之代表人物，則顧炎武、胡渭、閻若璩也；……其全盛期之代表人物，則惠棟、戴震、段玉裁、王念孫、引之也；吾名之曰正統派。……其蜕分期運動之代表人物，則康有爲、梁啓超也。……然啓超與正統派因緣較深，時時不慊於其師之武斷，……自三十以後，已絶口不談僞經，亦不甚談改制。而其師大倡設孔教會、定國教、祀天配孔諸義，啓超亦不謂然，屢起而駁之。……持論既屢與其師不合，康梁學派遂分。啓超之在思想界，其破壞力確不小，而建設則未有聞。晚清思想界之粗率淺薄，啓超與有罪焉。……啓超務廣而荒，每一學稍涉其樊，便加論列，故其所述著，多模糊影響籠統之談，甚者純然錯誤，及其自發現而謀矯正，則已前後矛盾矣。平心論之，以二十年前思想界之閉僿委靡，非用此種鹵莽疏闊手段，不能烈山澤而辟新局，就此點論，梁啓超可謂新思想界之陳涉。……啓超與康有爲有最相反之一點，有爲太有成見，啓超太無成見，其應事也亦然，其治學也亦然。有爲常言：'吾學三十歲已成，此後不復有進，亦不必求進。'啓超不然，常自覺其學未成，且憂其不成，數十年日在旁皇求索中。故有爲之學，在今日可以論定；啓超之學，則未能論定。然啓超以太無成見之故，往往徇物而奪其所守，其創造力不逮有爲，殆可斷言矣。啓超學問欲極熾，其所嗜之種類亦繁雜；每治一業，則沉溺焉，集中精力，盡抛其他；歷若干時日，移於他業，則又抛其前所治者；以集中精力故，故常常有得；以移時而抛故，故入焉而不深。彼嘗有詩題其女日記云：'吾學病愛博，是用淺且蕪；尤病在無恒，有獲旋失諸。百凡可效我，此二無我如。'可謂有自知之明。啓超雖自知其短，而改之不勇；中間又屢爲無聊的政治活動所牽率，耗其精而荒其業。識者謂啓超若能永遠絶意政治，且裁斂其學問欲，專精於一二點，則將來之思想界當更有所貢獻；否則亦適成爲清代思想史之結束人物而已。"又説："晚清思想界有一彗星，曰瀏陽譚嗣同。嗣同……喜談名理，自交梁啓超後，其學一變；自從楊文會聞佛法，其學又一變。……其所謂新學之著作，則有《仁學》，……《仁學》之作，欲將科學、哲學、宗教冶爲一爐，而更使適於人生之用，真可謂極大膽極遼遠之一種計劃。……嗣同根本的排斥尊古觀念，嘗曰：'古而可好，則何必爲今之人哉。'對中國歷史，下一總批評曰：'二千年來之政，秦政也，皆大盜也；二千年來之學，荀學也，皆鄉愿也；惟大盜利用鄉愿，惟鄉愿工媚大盜。'當時譚梁一派之論調，大約以此爲基本，而嗣同尤爲悍勇，其《仁學》所謂沖決羅網者，全書皆是也。……《仁學》之政論，歸於世界主義，其言曰：'《春秋》大一統之義，天地間不當有國也。'又曰：'不惟發願救本國，並彼極盛之西國，與夫含生之類，一切皆度之，……不可自言爲某國人，當平視萬國，皆其國，皆其民。'……皆當時今文學派所日倡導者。其後梁啓超居東，漸染歐日俗論，乃盛倡褊狹的國家主義，慚其死友矣。"所説還有自知之明，但如"啓超太無成見"的話，却不很對。他多少年來，總是死捧住改良主義不放，始終和革命爲敵，怎麽可以説太無成見呢；其他也有夸張的地方。但從這兩段話，可以看出梁氏和康有爲、譚嗣同在思想、學術上的同異，是與他以前的歷史很有關係的，所以附録在這裏。

一九二一年，夏曆辛酉，案爲民國十年。四十九歲。冬在北京講學。是年,中國共產黨組織成立。

一九二二年,夏曆壬戌,案爲民國十一年。五十歲。五十生日,熊希齡出所藏湖南時務學堂札記殘卷爲壽。札記爲戊戌變法前,梁氏主講時務時,學生所記而梁氏所批者也。梁氏序謂:札記及批語中,屢宣民權、革命之微言。某御史刺錄觸犯清廷忌諱者百餘條,進呈嚴劾。戊戌黨禍之構成,此實一重要原因也。冬,爲北京清華學校講國學小史,凡五十餘次。

一九二三年,夏曆癸亥,案爲民國十二年。五十一歲。夏,讀書於翠微山秘魔岩攬翠山房。夏曆十二月二十四日,爲休寧戴震降生二百年,先期發起紀念會,並作《紀念會緣起》、《戴東原傳》、《戴東原哲學》等。

一九二四年,夏曆甲子,案爲民國十三年。五十二歲。春夏在北京講學。秋冬在南京講學。是年受聘爲清華大學研究院導師。

一九二五年,夏曆乙丑,案爲民國十四年。五十三歲。一月,歸北京。

一九二七年,夏曆丁卯,案爲民國十六年。五十五歲。三月,康有爲卒。

一九二九年,夏曆己巳,案爲民國十八年。五十七歲。一月,以腎疾卒於北京。

二

梁氏的參加變法運動,是開始於一八九五年三月。這時清政府將簽訂辱國的馬關條約,梁氏即聯同順德麥孟華、香山張壽波、增城賴際熙等,上書都察院,請求代奏,力言臺灣的不可割。據楊復禮《梁任公年譜》。又幫助康有爲鼓動各省到京會試的舉子,聯合上書拒和議,那就是有名的公車上書。康有爲的自訂年譜説:

時旅順已失,朝廷震動,命户部左侍郎張蔭桓及前巡撫邵友濂往日本請和,日本以非全權不受。再命大學士李鴻章求和,議定割遼、臺,並償款二萬萬兩。三月二十一日,電到北京,吾先知消息,即令卓如鼓動各省,並先鼓動粤中公車,上摺拒和議,湖南人和之,於二十八日粤楚同遞,粤士八十餘人,楚則全省矣。與卓如分托朝士鼓動,各直省莫不發憤,連日並遞,章滿察院,衣冠塞途,圍其長官之車,臺灣舉人垂涕而請命,莫不哀之。時以士氣可用,乃合十八省舉人於松筠庵會議,與名者千二百餘人,以一晝二夜草萬言書,請拒和、遷都、變法三者,卓如、孺博案孺博爲麥孟華之字。書之,並日繕寫,遍傳都下,士氣憤涌,聯軌察院前里許,至四月八日投遞,則察院以既已用寶,案寶是指皇帝的印。却不收。

上書不達以後,康有爲又全力籌開強學會,而最初着手則爲辦書藏案見康譜,就是圖書館。和報館。梁氏初歸國演説辭《鄙人對於言論界之過去及將來》説:

當甲午喪師以後,國人敵愾心頗盛,而全懵於世界大勢,乙未夏秋間,諸先輩乃發起一政社名強學會者,彼時同人固不知各國有所謂政黨,但知欲改良國政,不可無此種團體耳。而最初着手之事業,則欲辦圖書館與報館。

康有爲自訂年譜也説:

中國風氣,向來散漫,……思開風氣、開知識,非合大羣不可,且必合大羣而後力厚也。合羣非開會不可。……故自上書不達之後,日以開會之義,號之於同志。陳次亮案即上面所説的陳熾。謂辦事有先後,當以報先通其耳目而後可舉會。

六月,梁氏受康有爲的委托,開始發行《中外公報》,宣傳變法。

康譜説：

> 六月創報，吾獨自捐款爲之。

又説：

> 以士大夫不通外國政事、風俗，而京師無人敢創報以開知識。變法本原，非自京師始，非自王公大臣始不可。乃與送《京報》案《京擔》是宮門抄之類，不是報紙體裁。人商，每日刊送千份於朝士大夫，紙墨銀二兩，自捐此款，令卓如、孺博日屬文，分學校、軍政各類。日騰於朝，不收報費。

梁氏在《鄙人對於言論界之過去及將來》一文中，説得更詳細，他説：

> 以辦報事委諸鄙人，當時固無自購機器之力，且都中亦從不聞有此物，乃向售《京報》處，托用粗木版雕印，日出一張，名曰《中外公報》，只有論説一篇，別無紀事，鄙人則日日執筆，爲一數百字之短文。……乃托售《京報》人隨宮門鈔分送諸官宅。辦理月餘，居然每日發出三千張内外。吴其昌《梁啓超傳》説："梁先生晚年親自對我説：當時雖在極端艱難困苦之中，而興趣極高。有時木版雕刻來不及印，甚至間用泥版凹文代印的。"

從此以後，據説當時的朝士，"日聞所不聞，議識一變焉。"見康譜。但不久，就因謡言蜂起，將被人彈劾，而停刊，接着强學會也封閉了。梁氏《鄙人對於言論界之過去及將來》説：

> ……然謡言蠭起，送至各家門者，輒怒以目，馴至送報懼禍，及懸重賞，亦不肯代送矣。其年十一月，强學會遂被封禁。

康譜説：

> 時報大行，然守舊者疑謗亦漸起，當時莫知報之由來，有

以爲出自德國者,有以爲出自總理衙門者,既而知出自南海館,則羣知必吾所爲矣。……於是大學士徐桐、御史褚成博,皆欲劾奏,……乃留卓如辦事,而以八月二十九日出京。

強學會是中國近代史上最早成立的全國性的資產階級改良主義政黨的萌芽。雖然它存在的時間,前後不過四個月,但影響極大,戊戌政變前三年間,全國各地學會、報館、學堂的遍地開花,都可以說是強學會的化身與繁衍。據近人王拭《強學會的人物及其派別》。梁氏在會中擔任了書記的職務,已見上引《三十自述》。強學會的序文,也是他起草的。見康譜,它說:"舉我草序文及章程,與卓如擬而公商之。"序文中說:

我中國屛臥於羣雄之間,鼾寢於火薪之上,政務防弊案梁氏有《論中國積弱由於防弊》。而不務興利,吏知奉法而不知審時,士主考古而不主通今,民能守近而不能行遠。孟子曰:"國必自伐而後人伐之。"蒙盟、奉吉、青海、新疆、衛藏,土司圍徼之守,咸爲異壚,燕、齊、閩、浙、江、淮、楚、粵、川、黔、滇,桂膏腴之地,悉成盗糧,吾爲突厥、黑人不遠矣。……若吾不早圖,倐忽分裂,則桀黠之輩,王謝淪爲左袵;忠憤之徒,原邵夷爲皁隸。伊川之髮,駢闐於萬方,鍾儀之冠,蕭條於千里。三洲父子,分爲異域之奴;杜陵弟妹,各銜鄉關之感。哭秦廷而無路,餐周粟而匪甘。矢成梁之家丁,則螳臂易成沙蟲;覓泉明之桃源,則寸埃更無淨土。肝腦原野,衣冠涂炭。嗟吾神明之種族,豈可言哉!豈可言哉!案《戊戌政變記》及《不忍雜誌》第八册都以康有爲名發表。

在當時說來,可謂是毫無忌諱,盡情暴露了。其次是辦《時務報》和時務學堂,對於改良主義運動,也起了很大的作用。辦《時務報》是在一八九六年,已見上文。那一年二月,由北京到上海,和黃遵憲、汪康年等,把強學會的餘款開辦的,據楊復禮梁譜。並得到張之洞的幫助。據梁氏《鄙人對言論界之過去及將來》。汪康年任經理,梁氏任撰述,一時風靡了全中國,數月之間,銷行到萬多份,梁氏自己說:"爲中國有報以來所未有;舉國趨之,如飲狂泉。"又說:"《時務報》實爲中國革新之萌蘖。"胡思敬是當時以反對維新著名之人物,但在他《戊戌履霜錄》裏也驚奇地說:"當《時務報》盛行,啓超名重一時,士大夫愛其言語筆札之妙,爭禮下之。自通都大邑,下至僻壤窮陬,無不知有新會梁氏者。"也可知道它的顛倒力量了。這時候,梁氏的主要作品爲《變法通議》和《西學書目表》等,絡續發表在《時務報》上。《時務報》的宗旨,可以這兩書做代表,前者爲救時的政治主張,歸結於變科舉,興學校;後者爲救時的學術主張,歸結於中西學並重。《變法通議》本擬做六十篇,分十二類。但現在所存的,只有十五篇;一論不變法之害,二論變法不知本原之害,三續論變法不知本原之害,據《時務報》。以上見文選。四學校總論,五論科舉,六論學會,七論師範,八論女學,九論幼學,十學校餘論,十一論譯書,十二論變法必自平滿漢之界始,十三論變法安置守舊大臣之法,十四論金融漲落,十五論中國宜講求法律之學。《西學書目表序》說:

> ……今以西人聲光化電農礦工商諸學,與吾中國考據詞章帖括家言相較,其所知之繁與簡,相去幾何矣。兵志曰:"知己知彼,百戰百勝。"人方日日營伺吾側,纖悉曲折,虛實畢見,而我猶枵然自大,偃然高臥,非直不能知敵,亦且昧於自知,坐見侵凌固其宜也。故國家欲自強,以多譯西書爲本;學子欲自立,以多讀西書爲功。此三百種者,擇其精要而讀之,於世界蕃變之跡,國土遷異之原,可以粗有所聞矣。

表分三卷,上卷爲西學諸書,其目曰:算學、重學、電學、化學、聲學、光學、汽學、天學、地學、全體學、動植物學、醫學、圖學;中卷爲西政諸書，其目曰：史志、官制、學制、法律、農政、礦政、工政、商政、兵政、船政；案一八九七年五月，梁氏輯《西政叢書》成，它的内容分類和這裏幾乎完全相同，僅删船政，加公法一門。自序説："欲觀國勢察内政者，靡不宗此書。"凡此各項和以後變法計劃，頗有關係。下卷爲雜類之書，其目曰：遊記、報章、格致。後來澳門《知新報》出版，梁氏又遥領這個報，和《時務報》相呼應。幾個月之後，張之洞因爲《時務報》多講民權，干涉得很厲害。張之洞是洋務派官僚，和改良派根本不同道。他原來想控制改良派，控制《時務報》，爲他反動的政治路綫服務；但是愈來愈發現不易控制，所以干涉也愈來愈厲害了。梁氏後來説："其時鄙人之與文襄案文襄是張之洞死後，清政府給他的謚號。殆如雇佣者與資本家之關係，年少氣盛，衝突愈積愈甚，丁酉之冬，遂就湖南時務學堂之聘。"據梁氏《鄙人對於言論界之過去及將來》。

丁酉爲一八九七年，他的被聘情形，已詳上文；辦理情形，已詳下面文選《六君子傳·譚嗣同傳》注，這裏不再復述，只講一講課程的大概；他在開學的時候，訂有學約十條：一曰立志，二曰養心，⋯⋯養心之功課有二：一静坐之養心，二閲歷之静心⋯⋯三曰治身，四曰讀書，⋯⋯每日一課，經學、子學、史學與譯出西書，四者間日爲課焉。度數年之力，中國一切要籍一切大義，皆可了達，而旁證遠引於西方諸學，亦可以知崖略矣。五曰窮理，⋯⋯窮理之功課每剛日諸生在堂上讀書，功課畢，由教習隨舉目前事理，或西書格致淺理以問之，使精思以對。六曰學文，⋯⋯每月應課卷一次。七曰樂羣，八曰攝生，以上八條，堂中每日功課所當有事；以下二條，學成以後所當有事；而其基礎皆立自平時，故並著之。九曰經世，經世之功課，每柔日堂上讀書功課畢，出教習隨舉各報所記近事一二，條問諸生以辦法。使各抒所見。十曰傳教。案這是傳孔子之教。以上見梁氏《湖南時務學堂學約》。大致是仿傚康有爲《萬木草堂學約》的。梁氏《南海先生長興學記》説：一立志，二養心，三讀書，四窮理，五經世，六傳教，七學文，八衛生。課本主要是《春秋公羊傳》和《孟子》，尤提倡《孟子》君輕民貴的學説，而歸其極於大同。梁氏在《清代學術概論》

中,自稱爲"經今文學派之猛烈的宣傳者",應當是這個時候最猛烈了。文集中有《讀春秋界説》和《讀孟子界説》兩篇,當是作於此時,給學生看的。案文集於這兩篇都注戊作,後面還有《論湖南應辦之事》一篇,也注戊戌。據梁啓勛《曼殊室戊辰筆記》:"戊戌正月,大病幾死,二月,入京。"楊復禮《梁任公年譜》也説:"大病幾死,出就醫於上海,二月漸痊,入京師。"則正月已離湖南,且在病中,二月以後,即參加變法運動,在此期間,好像不會作有關時務學堂和湖南的文章。那末這幾篇可能作於丁酉,而文集是誤注的。教學除上課外,最重要是令學生做札記,由教師批答,加以指導。據梁氏《時務學堂札記殘卷序》。《學約》的讀書下説:

　　讀書之功課,凡學者每人設札記一册,分專精、涉獵兩門,每日必就所讀之書,登新義數則;其有疑義,則書而納之待問匭,以待條答焉。

又在樂羣條下説:

　　樂羣之功課,俟數月之後,每月以數日爲同學會講之期,諸生各出其札記册,在堂互觀,或有所問,而互相批答,上下議論,各出心得,其益無窮。

據此可以知道做札記的功用。梁氏説自己當時,也不知道學堂應該怎樣辦,只有使學生天天做札記而自己批答,每天所批常常達一萬幾千字,和作報館論文一樣。據《鄙人對於言論界過去及將來》。他每天日裏在講堂四小時,夜間則批答札記,有時竟通宵不睡。這個時候,梁氏方傾向於西方的民權革命論,所講多附會這方面;又時時談到"清代故實",臚陳它的"失政"。發還札記時,師生相與坐論。學生一共是四十人,案現在可考的只李炳寰、林圭、田邦璿、蔡鍾浩、范源濂、蔣方震、蔡艮寅諸人。李、林、田、蔡,與唐才常同殉辛丑漢口之役,蔡後改名鍔。見梁氏《護國之役回顧談》。天天讀他的批答,精神幾乎跟它同化。據梁氏《鄙人對於言論界過去及將來》和《時務學堂札記殘卷序》。案梁氏《護國之役回顧談》

説:"我二十四歲的時候,在湖南時務學堂講學,蔡公(指蔡鍔)那年纔十六歲,是我四十個學生裏頭最小的一個。我們在一塊兒做學問不過半年,却是人格上早已熔成一片。到第二年,就碰着戊戌之難,我亡命到日本。蔡公和他的同學十幾個人,不知歷盡幾多艱辛,從家裏偷跑出來尋我,……好容易到日本找着我了。我和我一位在時務學堂同事的朋友唐才常先生,帶着他們……同住着,又一塊兒做學問,差不多一年。我們那時候天天磨拳擦掌要革命,唐先生便帶着他們去實行,可憐赤手空拳的一羣文弱書生,那裏會不失敗?學生就跟着唐先生死去大半。那時蔡公替唐先生帶信到湖南,幸免於難,此外……范源濂君,也是……漏網的一個。"觀此可以知道他們師生相與之深了。等到放年假,學生回鄉,這種札記就流傳出去,於是全省嘩然,都說梁氏得了外國教士迷人的傳授,把一丸藥,翻轉了人心,學生也被指爲二毛子,没有人敢接近。後來戊戌政變時,最有力的攻擊,就是撷取當時所批札記的話,作爲罪狀,因爲札記批語中不但宣傳了民權學説,并且涉到種族的問題,也毫不隱諱,在當時看來,更是"大逆不道"。最先是湖南姓曾的舉人,加以訐發,說梁氏"在學堂所著學生日記等類,悖謬之言,不一而足,如言君統太長,又言今變法,必自天子降尊始,論《孟子》則指本(清)朝輕賦爲大貉小貉,論《揚州十日記》,則指本朝用兵爲民賊。"案見曾廉《元書》。當時還有最頑固分子如葉德輝、梁鼎芬等,也羣起攻擊,做什麽《覺迷要錄》和《翼教叢編》等等,對札記批語大肆攻擊誣蔑,除曾引外,還有"日本所以二千餘年不易姓,由君位若守府","臣也者,與君同辦民事者也,如開一鋪子,君則其鋪之總管,臣則其鋪之掌櫃等也,有何不可去國之義"。又據梁氏説:當時還有一個御史,刺録札記全稿中觸犯清朝忌諱的一百多條,進呈嚴劾,戊戌黨禍的構成,這是一個重要原因。據梁氏《札記殘卷序》。由此可看出他當時札記批語的大概,也可以知道時務學堂對戊戌政變影響之大了。

同時梁氏又參加南學會的組織,南學會是譚嗣同等所發起的。會中每七天演講一次,講中外大勢、政治原理、行政學等,由梁氏及黄遵憲、皮錫瑞、譚嗣同等擔任,旨在激發保種愛國的熱心,養成地方自治的能力。據近人陳乃乾《譚嗣同年譜》、尤炳圻《黃遵憲年譜》。當時有梁氏勸陳寶箴"保境獨立，如竇融故事"的傳說，大約是由南學會提倡地方自治而引起的吧。

梁氏入京參加變法運動，則在一八九八年二月以後。當他抱病從長沙到上海的船上，還慷慨地和他的同志議定救國公約，他說："吾國人不能捨身救國者，非以家累，即以身累，我輩從此相約，非破家不能救國，非殺身不能成仁，……同此意者皆爲同志。"到京以後，就參加拒俄索藉旅大運動，時康有爲方籌開保國會，梁氏一到，就加速了開幕。三月，保國會第二次開會，梁氏抱病演說。又聯合舉人百餘人，連署上書，請廢八股取士的制度。送到都察院和總理衙門，都不肯代奏。當時會試舉人在京的將及萬人，都和八股性命相依，聞梁氏等此舉，恨得象不共戴天之讎一樣，遍播謠言，幾被毆擊。

五月十五日，以侍讀學士徐致靖的引薦，賞六品銜，命辦大學堂、譯書局的事務。梁氏說："欲實行改革，必使天下年齒方壯志氣遠大之人，多讀西書通西學而後可，故譯書實爲改革第一急務。"又說："是日召見，命進呈所著《變法通議》，大加獎勵，遂有是命。"同時對於其他新政進行，也竭力襄贊，他有給碎佛一信，說得很詳細。碎佛就是他的好友夏曾佑。信中說：

> 新政來源，真可謂全出吾輩，大約南海先生所進《大彼得變政考》、《日本變政記》兩書，日日瀏覽，因摩出電力，遂於前月二十間，有催總署議覆先生條陳制度局之諭，僕等於彼時，乃代楊侍御案謂楊深秀。徐學士案謂徐致靖。各草一奏，言當定國是，辨守舊開新之宗旨，不得騎牆模稜，遂有二十三日之上諭。南海、菊生案菊生是張元濟的字。召見，力言科舉事。既退出，即飛告僕，令作請廢八股折。宋侍御案指宋伯魯。言之，是日即得

旨,送往園中,案指頤和園,是西太后那拉氏所住的地方,載湉遇有重要一點的事,就不能專決,非請示於那拉氏不可。至初五乃發耳。大率有上開新摺者,則無不應,蓋上下之電力熱力,皆以相摩而成也。而常熟案指翁同龢,翁是常熟人。去國,最爲大關鍵,……南海不能大用,菊生無下文,僕之久不察者,率皆由此而生也。……科舉一變,則守舊之命脈已斷,我輩心願亦幾了矣。

案:此信很能看出當時改良主義推動的情況。但觀點頗有錯誤,如以新政之來源,歸功於幾個人;以科舉爲守舊之命脈,以廢科舉爲運動的最高目標等。其一不免於貪天之譏;其二則局限於改良主義,不能有雄心大志。

李端棻素來看重梁氏,後來受了梁氏的鼓動,在維新運動中,顯示了非常熱心,維新運動的萌芽時代就"疏請立京師大學,凡各省府州縣遍設學堂,分齋講習,並建藏書樓、儀器院、譯書局、廣歷報館、選派遊歷生",後來又密薦康有爲、譚嗣同才堪大用。到這時,維新派正紛紛鼓吹設立制度局,但都是一些中下級官階的人物,起不了多大作用,全給頑固分子壓制住了。於是梁氏力勸端棻上疏,並代他起草,請求四事,一是御門誓羣臣,二是開懋勤殿議制度,三是改定六部之則例,四是派朝士歸辦學校。據康譜。這一疏,增加了載湉變法的勇氣,改定六部則例一項,更得載湉的贊賞。當時頑固派還想耍花招,却給載湉狠狠地訓斥了,使一部分頑固分子暫時斂了威風。

梁氏既任譯書局事務,就擬妥章程,並臚陳請增經費等三事,接着又請設立繙繹學堂,准予學生出身,並書籍報紙免稅,都先後得准。他於准予學生出身,最爲高興!以爲從前"科舉向皆由學政考試,乃得出身,學校生徒,向無學級,故不足以鼓勵人才。啓超以微員所開之學校,而請學生之出身,實爲四千年之創舉,非聖明剛决,岂能许之"。其他赞画新政,还有拟定大学堂章程和励工艺奖新制章程等等。

案:梁氏对准予学生出身一事,估价过高。是与他的以科举为守旧之命脉的错误看法直接联系的。

到八月初维新局势大变,初三日,林旭传出载湉两次密诏,有"朕位且不保"的话,康有为即召梁氏等商量营救的办法,由谭嗣同去劝袁世凯勤王;梁氏则到容闳处听消息,容闳主张请美使援手,美使没有答应,又和谭嗣同托英国人李提摩太转请英使帮助,也被拒绝,结果袁世凯出卖了改良派,那拉氏重又垂帘专政,载湉被幽,改良派多被捕被杀,康梁先后亡命。在诗文选注里,已有详细的叙述。兹将梁氏《戊戌政变纪事本末》有关自己的事,选录在下面:

> 八月……初八日,命步军统领派差弁往马家堡守候截拿康有为。……以梁启超为与康有为狼狈为奸,密令拿捕治罪,并令查抄家产,逮捕家属。……十一日,……梁启超、王照,梁氏《戊戌政变记》"穷捕志士"下说:"王照直隶省人。原任礼部主事。屡上新政条陈,曾请皇上出游日本;七月,上超擢赏三品衔,以四品京堂候补。今革职拿办。"余详下文选《康广仁传》注。出走日本。当事变既作,有官场二人赴天津,谓日本领事郑永昌,请其保护此二人。领事一力担承,即留二人暂于署中下榻,继思在津恐有疏虞,即告停泊大沽之日本兵舰管带,嘱其载诣日本。……十五日,以康有为谋围颐和园,劫刺皇太后,宣示天下。命各省督抚严密查拿。以梁启超为与康有为狼狈为奸,命一体严拿惩办。……二十日,黜革礼部尚书李端棻,遣戍新疆。案李与梁氏有密切关系,他的得罪,亦由梁氏。附之。

戊戌变法失败后,梁氏有如下的检讨,他说:

> 戊戌维新之可贵,在精神耳。若其形式,则殊多缺

點。……當時舉國人士,能知歐美政治大原者,既無幾人;且掣肘百端,求此失彼,而其主動者,亦未能遊西域,讀西書,故其措置,不能盡得其當,殆勢使然,不足爲諱也。若其精神,則純以國民公利公益爲主;務在養一國之才,更一國之政,採一國之意,辦一國之事,蓋一國之大原,於是乎在。精神既立,則形式隨之而進,雖有不備,不憂其後之不改良也。此戊戌維新之真相也。見《南海康先生傳》。

案:他所舉幾個缺點,首歸咎於"當時能知歐美政治大原者,既無幾人","主動者,亦未能遊西域,讀西書,故其措置,不能盡得其當"。當然,這也是個原因,但不是主要的。主要的正是他自詡以爲精神所立的幾項,如所謂"國民公利公益"和"採一國之意"等,並沒有做到。他們始終僅代表了一部分自由資產階級和地主的利益,而沒有打算到廣大勞動羣衆的利益;如所創辦的農工商礦諸新政大半是官股,其次是紳股,並沒有計及勞動人民的利益。對於廣大農民,則苛捐、漕運,都沒有廢除,負擔之重,力役之煩,依然如故。他們始終僅爭取一個皇帝的虛權,而沒有爭取羣衆的力量;他們始終只尊重少數上層知識分子的建議,而沒有采納廣大人民的意見;他們始終幻想進行自上而下的改良,而害怕自下而上的革命;因此缺少了羣衆的基礎,這是這個運動所以失敗的最大原因。但是他沒有理解到,所謂當局者迷了。

至於他出亡以後的主張和行動,可以用他的初歸國演說辭的《鄙人對於言論界之過去及將來》一文來說明。它說:

戊戌八月出亡,十月復在橫濱開一《清議報》,明目張膽以攻擊政府,彼時最烈矣。而政府相疾亦至,嚴禁入口,馴至内地斷絕發行機關,不得已停辦。辛丑案公曆一九〇一年。之冬,別辦《新民叢報》,稍從灌輸常識入手,而受社會之歡迎,乃出意外。當時承拳團之後,政府創痍既復,故態旋萌,耳目所接,皆增憤慨,故報中論調,日趨激烈。壬寅案公曆一九〇二年。秋間,同時復辦一《新小說報》,專欲鼓吹革命,鄙人感情之昂,以彼時爲最矣。……其後……默察人民程度,增進非易,恐秩序一破之後,青黄不接。……苦於收拾,加以比年國家財政、國民生計,艱窘皆達極點,……而現在西藏、蒙古離畔分攜之噩耗,又當時所日夜念及而引以爲戚,自此種思想來往於胸中,於是極端之破壞,不敢主張矣。故自癸卯、甲辰案公曆一九〇三——一九〇四年。以後之《新民叢報》,專言政治革命,不復言種族革命。及丁未案公曆一九〇七年。夏秋間,與同人發起政聞社,其機關雜誌,名曰《政論》,鄙人實爲主任。政聞社爲清政府所封禁,《政論》亦廢。最近乃復營《國風報》,案《國風報》創刊於一九一〇年。專從各種政治問題爲具體之研究討論,思灌輸國民以政治常識,初志亦求溫和,不事激烈,而晚清政令日非,若惟恐國之不亡而速之,劌心怵目,不復能忍受,自前年十月以後至去年一年之《國風報》,殆無日不與政府宣戰,視《清議報》時代,殆有過之者矣。

案:從他上面的話裏,主要可以看出兩點:一是對堅持保皇、反對革命的立場,一味辯護掩飾;二是反對清政府一直搖擺不定,沒有堅定宗旨,充分暴露改良主義的軟弱性。從此以後,他完全喪失了進步性,走上反動的道路,這是改良主義必然的歸宿。

三

蕭三説:"毛主席青年時代,喜歡自己找書讀,……有人送他兩種書:一種是關於康有爲的維新運動的,一種是梁啓超辦的《新民叢報》,他讀了又讀,重要的文章,都能夠背誦。那時候,他崇拜康、梁,因爲他們談的,都是救國的問題,梁的文章又寫得好。"這可證明梁氏的文章,在當時先進青年中所起的作用。現在談談他的寫作淵源、方法、特點等等。先談他的文章,他自己説:夙不喜桐城派,幼年爲文,學晚漢魏晉,頗尚矜煉。見《清代學術概論》。但很多人説他是從桐城入手的。又胡思敬《國聞備乘》梁啓超乙未會試被黜一條説:"桐案指徐桐,那時當會試正總裁。致書景崇,案是唐景崇,當時爲副總裁。言頃所見粵東卷,案即梁氏卷。文字皆背繩尺,必非佳士,不可取。"乙未爲一八九五年,梁氏二十三歲。考試文字,雖和一般文字不大相同,但也可推見梁氏在這時,已打破戒律了。到了二十五歲,辦理湖南時務學堂時,在《學約》的"學文"一條下説:"傳世之文,或務淵懿古茂,或務沈博絶麗,或務瑰奇奥詭,無之不可;覺世之文,則辭達而已矣,當以條理細備,詞筆鋭達爲上,不必求工也。溫公曰:'一自命文人,無足觀矣。'苟學無心得,而欲以文傳,亦足羞也。"很可看到他的早年寫作宗旨,本書文選中所選的《變法通議》等篇,都是"條理細備,詞筆鋭達"的一類。但已主張言文一致,如在《時務報》上説:"古人之文即言也,言即文也。自後世語言文字分,始有離言而以文稱者。然必言之能達,而後文之能成,有固然矣。"戊戌變法失敗出亡以後,漸漸走上解放的道途,到了辦《新民叢報》時代,可以説跑到了解放的高峰。他自己説:"至是自解放,務爲平易暢達,時雜以俚語、韻語及外國語法,縱筆所至不檢束,學者競效之,號新文體。老輩則痛恨,詆爲野狐。然其文條理明晰,筆鋒常帶情感,對於讀者,别有一種魔力焉。"别人批評他這時期的文章也很多,如説:

梁任公的文章是融和了唐宋八家、桐城派和李笠翁、案名漁,清初錢塘人。著有《一家言》、《十種曲》等。金聖嘆案名人瑞,一名喟。本姓張名採,後改。著有《唱經堂才子書匯稿》等。爲一起,而又從中翻陳出新的。這可算他的特别工作之一。……他的文章,如他自己在《清代學術概論》中所講,是"筆端常帶情感",因而影響社會的力量更加大。……他以改革政治、改革社會爲目的,而影響所及,也給予文學革命運動以很大的助力。

又有人批評説:

啓超爲文……至是酣放自恣,務爲縱橫軼蕩,時時雜以俚語、韻語、排比語及外國語法,皆所不禁,更無論桐城家所禁約之語録語、魏晉六朝人藻麗俳語、詩歌中雋語及南北史佻巧語焉。此實文體之一大解放,學者競喜效之,謂之新民體;老輩則痛恨,詆爲文妖!然其文晰於文理,豐於情感。迄今六十歲以下,三十歲以上之士夫,案這段話寫在一九三三年。殆無不爲之默化潛移者!可以想見啓超文學感化力之偉大焉。

又説:

啓超之文,篇幅之鉅,亦前古所未有!古人以萬言書爲稀罕之稱!而在啓超則無書不萬言,習見不鮮也。……紆徐委備,往復百折,而條達疏暢,無所間斷;氣盡語極,急言極論,而容與閑易,無艱難勞苦之態;遣言措意,切近的當;能使讀者尋繹不倦,如與曉事人語,不驚其言之河漢無涯;此啓超之文之所以獨辟一逕者也。

即對他不大嗛心的嚴復,説到他,總不免有些微詞,但對他的文章,却不得不傾倒其力量之大。如説:

任公妙才,下筆不能自休,案這是藉班固譏傅毅的話,説他文章太長。……其筆端又有魔力,足以動人,……敢爲非常可喜之論。案這是藉何休的話,説他文章奇怪。

又説:

杭州蔣觀云案名智由。詳下詩選注。嘗謂梁任公筆下大有魔力,實有左右社會之能。

又説:

任公文筆,原自暢達,其自甲午之後,於報章文字,成績爲多。一紙風行,海内觀聽,爲之一聳。以上均見嚴氏與熊純如書。

下面文選裏所選的《少年中國説》和《論進步》可作爲《新民叢報》時代的代表作。我嘗説:他的文章,很像韓信將兵,"多多益善",又像背水作陣,"驅市人而戰"。上面所説的"俚語、韻語、排比語、語録語、藻麗俳語、雋語、佻巧語",就和沒有"拊循"的雜色軍隊一樣,但一到他的手裏,却都很聽指揮,顯出了精采,顯出了力量,這是他獨到的地方。在當時來説,的確是很成功的。

現在隨便舉幾個例子,談談他的寫作方法和特點,讀者可以隅反。

一、他的文章結構,最喜歡平列多少段,這種形式,集中最多,極長的不論了,就是短一些的,也常常如此。如:《論自由》,上面既舉自由所爭者四端,結果者六端,次列自由之界説若干段,下面説"求真自由,其必自除心中之奴隸始",又列一曰勿爲古人之奴隸也,二曰勿爲世俗之奴隸也,三曰勿爲境遇之奴隸也,四曰勿爲情慾之奴隸也,四大段。又如:"論生利分利",説到分利的種類,分成兩大段,一段説"不勞力而仍分利者",分至十三小段;一段説勞力而仍分利者,也分至七段。并且有時每段中又夾了許多排比語,因此它的篇幅容易巨大,上面所説的"條理細備","紆徐委備,往復百折","條達疏暢",也正在這種地方表現出來,但有時就不免有過於冗長的毛病,難怪嚴復要説他"下筆不能自休"了。

二、起語的突兀。如《論學術之勢力左右世界》的開頭一段説:

亘萬古,袤九垓,自天地初辟以迄今日,凡我人類所栖息之世界,於其中而求一勢力之最廣被而最經久者,何物乎?將以威力乎?亞歷山大之獅吼於西方,成吉思汗之龍騰於東土,吾未見其流風餘烈,至今有存焉者也;將以權術乎?梅特涅執牛耳於奧大利,拿破侖第三弄政柄於法蘭西,當其盛也,炙手可熱,威震寰瀛,一敗之後,其政策亦隨身名而滅矣。然則天地間獨一無二之大勢力何在乎?曰智慧而已矣!學術而已矣!

又如《國民十大元氣論》說:

爰有大物,聽之無聲,視之無形,不可以假藉,不可以強取,發榮而滋長之,則可以包羅地球,鼓鑄萬物;摧殘而壓抑之,則忽焉萎縮,踪影俱絕。其為物也,時進時退,時榮時枯,時汙時隆,不知其由天歟?由人歟?雖然,人有之則生,無之則死;國有之則存,無之則亡。不寧惟是,苟其有之,則瀕死而必生,已亡而復存;苟其無之,則雖生而猶死,名存而實亡。斯物也,無以名之,名之曰元氣。

竟像荀況的《賦篇》。又如《三十自述》,是以自己所作的詩引起的,它說:

風雲入世多,日月擲人急,如何一少年,忽忽已三十。此余今年正月二十六日,在日本東海道汽車中所作三十初度口占十首之一也。人海奔走,年光蹉跎,所志所事,百未一就,攬鏡據鞍,能無悲慚。……

三、結處的善變。有的是用四言韻語的,如《少年中國說》說:

紅日初昇,其道大光,河出伏流,一瀉汪洋。潛龍騰淵,鱗爪飛揚,乳虎嘯谷,百獸震惶,鷹隼試翼,風塵吸張。奇花初胎,矞矞皇皇,干將發硎,有作其芒。天戴其蒼,地履其黃,縱有千古,橫有八荒,前途似海,來日方長。美哉我少年中國,與天不老,壯哉我中國少年,與國無疆。

有是用駢語的,如《中國地理大勢論》說:

獨恨感感臥榻,鼾睡已屬他人;沈沈昆明,妖灰未蘇前劫。舉目有山河之異,誰泣新亭;中原無頗牧之才,空肥戎馬。對圖搵淚,掩卷驚神,問天意其蒼茫,哀民生其憔悴。嗚呼,予欲無言!嗚呼,予欲無言!

有是用詩騷體和口號的,如《清議報第一百册祝辭》說:

乃爲祝曰:報兮報兮,君之生涯,亘兩周兮。君之聲塵,遍五洲兮。君之責任,重且遠兮。君其自愛,罔俾羞兮。祝君永年,與國民同休兮。重爲祝曰:《清議報》萬歲!中國各報館萬歲!中國萬歲!

有是用別人詩句的,如《李鴻章》引龔自珍詩說:

九州生氣恃風雷,萬馬齊瘖究可哀,我勸天公重抖擻,不拘一格降人材。

甚至有用英文歌的,如《論進取冒險》說:

嗚呼!一國之大,有女德而無男德,有病者而無健者,有暮氣而無朝氣,甚者乃至有鬼道而無人道。恫哉!恫哉!吾不知國之何以立也!君夢如何?我憂孔多。撫弦慷慨,爲少年進步之歌。歌曰:

  Never look behind, boys,
   When you're on the Way;
  Time enough for that, boys,
   On some future day.

Though the way be long, boys,
　　Face it with a will;
Never stop to look behind
　　When climbing up a hill.

First besure you're right, boys,
　　Then with courage strong,
Strap your puck upon your back;
　　And tramp tramp along.

When you're near the top, boys,
　　Of the rugged way,
Do not think your work is done,
　　But climb clmb away.

Success is at the top boys,
　　Waiting there until;
Patient, plodding plucky, boys,
　　Have mounted up the hill.

　　真可説不拘一格，極光怪陸離之致。難怪有些守舊派要罵他爲文妖了。
　　四、文中的俚語、排比語、藻麗語特別多，所謂俚語，在當時是以爲最傷雅最要不得的，但他很喜歡用，隨處可見，如《少年中國説》説：

　　……夫以如此壯麗濃郁翩翩絕世之少年中國，而使歐西日本人謂我爲老大者何也？則以握國權青皆老朽之人也。非哦幾十年八股,非寫幾十年白折,案白折是科舉時代,最高階段的考試所用的。非當幾十年差,非捱幾十年俸,非遞幾十年手本,案手本是見上司用的名帖。非唱幾十年喏,案唱喏就是當時拜揖的俗稱,但是稍有區別,拜揖只是舉手,唱喏則拜揖之外,還要口說祝詞,大約起於晉代。非磕幾十年頭,非請幾十年安,則必不能得一官,進一職。其内任卿貳以上、外任監司以上者,百人之中,其五官不備者,殆九十六七人也。非眼盲則耳聾,非手顫則足跛,否則半身不遂也。彼其一身飲食、步履、視聽、言語,尚且不能自了,須三四人在左右扶之捉之,乃能度日,於此而乃欲責之以國事,是何異立無數木偶而使之治天下也。且彼輩者,自其少壯之時,既已不知亞細、歐羅為何處地方,漢祖唐宗是那朝皇帝,猶嫌其頑鈍腐敗之未臻其極,又必搓磨之,陶冶之,待其腦髓已涸、血管已塞,氣息奄奄,與鬼為鄰之時,然後將我二萬里山河,四萬萬人命,一舉而畀於其手。嗚呼!老大帝國,誠哉其老大也!而彼輩者,積其數十年之八股、白折、當差、捱俸、手本、唱喏、磕頭、請安,千辛萬苦,千苦萬辛,乃始得此紅頂花翎之服色,中堂大人之名號。乃出其全副精神,竭其畢生力量,以保持之。如彼竊兒,拾金一錠,雖轟雷盤旋其頂上,而兩手猶緊抱其荷包,他事非所顧也,非所知也,非所聞也。於此而告之以亡國也,瓜分也,彼烏從而聽之,烏從而信之?即使果亡矣,果分矣,而吾今年既七十矣,八十矣,但求其一兩年間,洋人不來,強盜不起,我已快活過了一世矣。若不得已,則割三頭兩省之土地,奉申賀敬,以換我幾個衙門;賣三幾百萬之人民,作僕為奴,以贖我一條老命,有何不可?有何難辦?嗚呼!今之所謂老后、老臣、老將、老吏者,其修身齊家治國平天下之手段,皆具於是矣。"西風一夜催人老,凋盡朱顏白盡頭。"使走無常當醫生,攜催命符以祝壽,嗟乎!痛哉!

這一段的所謂俚語,運用得特別流利生動,并且暴露了封建王朝是怎樣地培養他們的一班走狗,走狗們是怎樣地保持高官厚禄,一直暴露到他們的肺腑深處,可說是淋漓盡致了。

用排比語的如《愛國論》説:

> 吾少而居鄉里,長而遊京師及各省大都會,頗盡識朝野間之人物,問其子弟,有知國家爲何物者乎?無有也。其相語則曰:如何而可以入學,如何而可以中舉也。問其商民,有知國家之危者乎?無有也。其相語則曰:如何而可以謀利,如何而可以驕人也。問其士夫,有以國家爲念者乎?無有也。其相語則曰:如何而可以得官、可以得差、可以得館地也。問其官吏,有以國事爲事者乎?無有也。其相語則曰:某缺肥,某缺瘠,如何而可以逢迎長官,如何而可以盤踞要津也。問其大臣,有知國恥,憂國難,思爲國除弊而興利者乎?無有也。但入則坐堂皇,出則鳴八騶,頤指氣使,窮侈極欲也。父詔其子,兄勉其弟,妻勖其夫,友勸其朋,官語其屬,師訓其徒,終日所營營而逐逐者,不過曰身也,家也,利與名也。於廣座之中,若有談國事者,則指而目之曰:是狂人也!是癡人也!其人習而久之,則亦且啞然自笑,爽然自失,自覺其可恥,箝口結舌而已。不恥言利,不恥奔競,不恥諜瀆,不恥愚陋,而惟言國事之爲恥,習以成風,恬不爲怪,遂使四萬萬人之國,與無一人等。

這一段暴露當時社會各階層奔競無恥不知有國的情形,也刻畫到十二分。

用藻麗語的,如《少年中國説》説:

> 傷哉老大也!潯陽江頭琵琶婦,當明月繞船,楓葉瑟瑟、衾寒於鐵、似夢非夢之時,追想洛陽紅塵中,春花秋月之佳趣;西宮南內,白髮宫娥,一燈如穗,三五對坐,談開元天寶間遺

事,譜霓裳羽衣曲;青門種瓜人,左對孺人,顧弄稚子,憶侯門似海、珠履雜遝之盛事;拿破侖之流於厄蔑,阿剌飛之幽於錫蘭,與三兩監守吏,或過訪之好事者,道當年短刀匹馬,馳騁中原、席捲歐洲、血戰海樓、一聲叱咤、萬國震恐之豐功偉烈,初則拍案,繼則撫髀,終而攬鏡,嗚呼!面皴齒盡,白髮盈把,頹然老矣。若是者,舍幽鬱之外無心事,舍悲慘之外無天地,舍頹唐之外無日月,舍嘆息之外無音聲,舍待死之外無事業。美人豪傑且然,而況於尋常碌碌者耶?生平親友,皆在墟墓,起居飲食,待命於人,今日且過,遑知他日,今年且過,遑恤明年,普天下灰心短氣之事,未有甚於老大者。於此人也,而欲望拿雲之手段,回天之事功,挾山超海之意氣,能乎不能?

這一段都是些凄人心脾的故事,却寫得這樣藻麗,是很出奇的。

五、奇語的驚人,也是他的特長。如《羅蘭夫人傳》說:

羅蘭夫人何人也?彼拿破侖之母也,彼梅特涅之母也,彼瑪志尼、噶蘇士、俾士麥、加富爾之母也。質而言之,則十九世紀歐洲大陸一切之人物,不可不母羅蘭夫人;十九世紀歐洲大陸一切之文明,不可不母羅蘭夫人。何以故?法國大革命,為歐洲十九世紀之母故;羅蘭夫人,為法國大革命之母故。

有人說:因為"彼拿破侖之母也,……"幾句話,竟使當時一位投考的人,在讀到拿破侖時,頗驚異於拿破侖和梅特涅既然一母所生之兄弟,何以又有那樣不同的性格。從這段笑話中,也可見得他給予社會上影響之大了。

六、善於比喻。如《過渡時代論》說:

船頭坎坎者,自由之鼓耶?船尾舒舒者,獨立之旗耶?當十八十九兩世紀中,相銜相逐相提攜,乘長風,沖怒濤,以過渡於新世界者,非遠西各國耶?順流而渡者,其英吉利耶?亂流而渡者,其法蘭西耶?方舟聯隊而渡者,其德意志、意大利、瑞士耶?攘臂馮河而渡者,其美利堅、匈牙利耶?藉風附帆而渡者,其門的內哥、塞爾維亞、希臘耶?維也納溫和會議所不能遏,三帝國神聖同盟所不能禁,拿破侖席捲囊括之戰略所不能撓,梅特涅飼狙豢虎之政術所不能防。或渡一次而達焉,或渡兩三次而始達焉,或渡一關而止焉,或渡兩三關而猶未止焉,或中途逢大敵,血戰突圍而逕渡焉,或發端遇挫折,卷土重來而卒渡焉。吾讀《水滸傳》,宋公明何以破祝莊?吾讀《西遊記》,唐三藏何以到西域?案從前文人一向瞧不起小説,以爲不登大雅之堂,如果文中涉及,簡直是文章的大不韙。到了清代,政府也參加裁制了,有個侍郎因爲引《三國演義》孔明不識馬謖事入奏疏,竟至責打枷示。相習成風,懸爲厲禁。梁氏這樣公然稱引,在當時説來,可謂肆無忌憚了。吾以是知過渡之非易,吾以是知過渡之非難。我陟高丘,我瞻彼岸,樂土樂土,先鞭已屬他人;歸歟歸歟,座位尚容卿輩。角聲動地,提耳以喚魂兮;巾影漫天,招手而邀卬涉。河漢清且淺,相去復幾許,盈盈一水間,脈脈不得語。望門大嚼,我勞如何!

七、梁氏的文章,最善於暴露,上面已說過,這裏再舉幾個例子,有如《中國積弱溯源論》暴露那拉氏的淫惡説:

……天心之仁愛中國而欲拯其禍也,其奈道高一尺,魔高一丈,有西太后那拉氏者,梗乎其間。那拉氏垂簾三次,前後凡三十餘年,中國之一綫生機,芟夷斬伐,而靡有孑遺者,皆在此三十年也。中興諸臣所以不能興維新之治者,雖由其識力之不足,抑亦畏那拉氏之猜忌悍忍而不敢行其志也。以肅順爲先朝顧命大臣,湘淮諸將,皆所拔擢,而那拉以莫須有之獄,一旦駢其黨而戮之;以恭親王之親賢,身當大難,僅安社稷,而那拉挾私憤而屏逐之;況於諸臣之起自疏逖而威權震主者邪?故曾國荃初復江南,旋即罷職閒居,曾國藩之膽於是寒矣。左宗棠班師入覲,解其兵權,……自餘百端,所以駕馭諸臣者,無不類是,亦何怪其灰心短氣,而無能為役也。……若那拉后者,非惟視中國四百兆之黎庶如草芥,抑且視有清二百年之社稷如秦越也。故忍將全國之大權,畀諸數閹宦之手,竭全國之財力,以窮極池臺鳥獸之樂,遂使吾中國,有所謂安仔政府,有所謂皮笑李政府者,案安仔、皮笑李是那拉氏得寵太監安得海、李蓮英的諢名。蓋二百餘年來京師之腐敗穢醜,未有甚於那拉時代者也。

又如暴露當時在專制淫威下的奴才的奴性說:

其擁高官、籍厚祿、盤踞要津者,皆稟奴性獨優之人也。苟不有此性,則不能一日立於名場利藪間也。一國中最有權勢者,既在於此輩,故舉國之人,他無所學,而惟以學為奴隸為事,驅所謂聰明俊秀第一等之人,相率而入於奴隸學校,不以為恥,反以為榮,天下可駭可痛之事,孰有過此者。此非吾過激之言也,諸君來嘗遊京師,未嘗入宦場,雖聞吾言,或不信焉。苟躬歷其境,見其昏暮乞憐之態,與其趑趄囁嚅之形,恐非徒怵惕而有不慊於心,更必且報怍而不忍掛諸齒。……一國之人轉相仿傚,如蟻附羶,如蠅逐臭,如疫症之播染,如肺病之傳種。……嗟乎!奴隸云者,……倚賴之外無思想,服從之外無性質,諂媚之外無笑語,奔走之外無事業,伺候之外無精神。呼之不敢不來,麾之不敢不去,命之生不敢不生,命之死亦不敢不死。得主人之一盼,博主人之一笑,則如獲異寶,如膺九錫,如登天堂,囂然誇耀儕輩,以為榮寵;及攖主人之怒,則俯首屈膝,氣下股栗,雖極其凌蹴踐踏,不敢有分毫牴忤之色,不敢生分毫憤奮之心。他人視爲大恥奇辱,不能一刻忍受,而彼怡然安爲本分,是即所謂奴性者也。

以上兩段都能寫得窮形盡相,尤其是刻畫奴才相,可以說得上如燃犀鑄鼎吧!其他方面,讀者可以舉一反三,不再嚕蘇了。因爲他善於刻畫,善於形容,把舊王朝舊社會的腐朽、醜惡……暴露無遺,使我們現在讀起來,如在大地望月球的死寂,如在天堂看地獄的慘毒,兩兩對照,愈覺得新中國新社會的可貴可愛;這是我讀他少壯時的文章,最深切感到的一點。

他後來漸漸趨於保守,失去了往日生龍活虎、衝決常規、長江大河挾泥沙俱下的氣勢。回國以後,更走向復古的道路,晚年雖然也曾贊助文學革命運動,但意氣却迥非疇昔了。這是和他政治思想上逐漸失去革命朝氣,逐漸走上反動道路,是分不開的。

他的詩,雖然遠不如他的文章有廣大的影響,但他很早就有詩界革命的主張,後來在《新民叢報》上發表了《飲冰室詩話》,對當時詩界也起了相當的作用,也有一敍的價值。

一八八二年,他纔十歲,就懂得做詩。那一年,他和他的父輩朋友同雇一只船,到廣州去考秀才。有一天,在喫飯的時候,有人指盤中的咸魚爲題,叫他做詩,他應聲就說:"太公垂釣後,膠鬲舉鹽初。"大家都驚嘆,以爲神童。見梁啓勛《曼殊室戊辰筆記》。但他對於詩,後來並不怎樣用功。一八九九年,他二十七歲,在赴夏威夷途中的日記裏說:"余素不能詩,所記誦古人之詩,不及三百首,生平所爲詩,不及五十首。"又《飲冰室詩話》說:"余向不能爲詩,自戊戌東徂以來,始强學耳。然作之甚艱辛,往往爲近體律絕一二章,所費時日與撰《新民叢報》數千言論說相等。"就可想見了。但在戊戌政變前,一八九六——一八九七年,和譚嗣同、夏曾佑在一起的時候,却已有改革舊詩的嘗試。在《飲冰室詩話》中說:

蓋當時所謂新詩者，頗喜捃撦新名詞以自表異。丙申、丁酉間，吾黨數子皆好作此體。提倡之者爲夏穗卿，而復生亦篤嗜之，……其《金陵聽説法》云："綱倫慘以喀私德，法會盛於巴力門。"喀私德即 Caste 之譯音，蓋指印度分人爲等級之制也；巴力門即 parliament 之譯音，英國議院之名也。又贈余詩四章中，有"三言不識乃雞鳴""莫共龍蛙爭寸土"等語，苟非當時同學者，斷無從索解，蓋所用者乃《新約全書》中故實也。其時夏穗卿尤好爲此，贈余詩云："滔滔孟夏逝如斯，亹亹文王鑒在茲。帝殺黑龍才士隱，書飛赤鳥太平遲。"又云："有人雄起琉璃海，獸魄蛙魂龍所徙。"此皆無從臆解之語。當時吾輩方沈醉於宗教，視數教主非與我輩同類者，崇拜迷信之極，乃至相約以作詩非經典語不用。所謂經典者，蓋指佛孔耶三教之經，故《新約》字面絡繹筆端焉。譚夏皆用"龍蛙"語，蓋時共讀約翰《默示録》，録中語荒誕曼衍，吾輩附會之，謂其言龍者指孔子，言蛙者指孔子教徒云，故以此徽號互相期許。

又説：

穗卿有絶句十餘章，專以隱語頌教主者，余今不能全記憶，憶其一二云："冰期世界太清涼，洪水茫茫下土方。巴別塔前分種族，人天從此感參商。"此其第一章也。冰期、洪水，用地質學家言；巴別塔云云，用《舊約》述閃、含、雅弗分辟三洲事也；又云："帝子採雲歸北渚，元花門石鎮歐東。□□□□□□，一例低頭向六龍。""六龍冉冉帝之旁，三統芒芒軌正長。板板上天有元子，亭亭我主號文王。"所謂帝子者，指耶穌基督自言上帝之子也，元花云云，指回教摩訶末也，六龍指孔子也。吾黨當時盛言《春秋》三世義，謂孔子有兩徽號，其在質家據亂世，則號素王；在文家太平世，則號文王云。故穗卿詩中作此言。其餘似此類之詩尚多,今不復能記憶矣。當時在祖國無一哲理政法之書可讀,吾黨二三子號稱得風氣之先,而其思想之程度若此。……吾彼時不能爲詩,時從諸君子後學步一二,然今既久厭之。

他的《夏威夷遊記》中也回憶到這件事,它說:

夏穗卿、譚復生皆善選新語句,其語句則經子生澀語、佛典語、歐洲語雜用,頗錯落可喜。試舉其一二:穗卿詩有"帝殺黑龍才士隱,書飛赤鳥太平遲,民皇備矣三重信,人鬼同謀百姓知"等句,每一句皆含一經義,可謂新絕;又有"有人雄起瑠璃海,獸魄蛙魂龍所徙"等句,若不知其出典,雖十日思,不能索其解;復生贈予詩云:"大成大辟大雄氏,據亂昇平及太平,五始當王訖麟獲,案原書誤作獲麟。三言不識乃雞鳴,人天帝網光中現,來去云孫腳下行,莫共龍蛙爭寸土,從知教主亞洲生。"又有"眼簾繪影影非實,耳鼓有聲聲已過"等句;又"虛空以太顯諸仁"等句;其意語皆非尋常詩家所有。復生本甚能詩者,然三十以後,鄙其前所作爲舊學,晚年屢有所爲,皆用此新體,甚自喜之,然已漸成七字句之語錄,不甚肖詩矣。吾既不能爲詩,前年見穗卿、復生之作,輒欲效之,更不成字句。記有一詩云:"塵塵萬法吾誰適,生也有涯知無涯,大地混元兆螺蛤,千年道戰起龍蛇,秦新殺翳應陽厄,彼保興亡識軌差,我夢天門受天語,玄黃血海見三蛙。"嘗有乞爲寫之且注之,注至二百餘字乃能解,今日觀之,可笑實甚也。

後來漸漸感覺到以前的錯誤,他在《新中國未來記》總批中說:

今日之中國,凡百有形無形之事物,皆不可以不革命,若詩界革命,文界革命,皆時流所日日昌言者也。而今之號稱爲革命詩者,或徒撦拾新學界之一二名詞,苟以駴俗子耳目而已。是無異言維新者,以購兵船、練洋操、開鐵路等事,爲文明之極軌也,所謂有其形質,無其精神也。

於是他進一步提出革命的計劃,他説:

詩之境界,被數千年來鸚鵡名士自注:余嘗戲名詞章家爲鸚鵡名士,自覺過於尖刻。占盡矣!雖有佳章佳句,一讀之,似在某集中曾相見者,是最可恨也。故今日不作詩則已,若作詩,必爲詩界之哥侖布、瑪賽郎然後可。欲爲詩界之哥侖布、瑪賽郎,不可不備三長:第一要新意境,第二要新語句,而又須以古人之風格入之,然後成其爲詩。不然,如移木星金星之動物以實美洲,瑰偉則瑰偉矣,其如不類何?若三者具備,則可以爲二十世紀支那之詩王矣。宋明人善以印度之意境語句入詩,有三長具備者,如東坡之"溪聲便是廣長舌,山色豈非清淨身,夜來八萬四千偈,他日如何舉似人"之類,真覺可愛。案《飲冰室詩話》中又不贊成這種詩,它説:自唐人喜以佛語入詩,至於蘇王,其高雅之作,大半爲禪悦語,然如"溪聲便是廣長舌,山色豈非清淨身"之類,不過弄口頭禪,無當於理也。然此境至今日,又成舊世界,今欲易之,不可不求之於歐洲。歐洲之意境語句,甚繁富而瑋異,得之可以陵轢千古,涵蓋一切,今尚未有其人也。見《夏威夷遊記》。

又説:

詩界革命,必取泰西文豪之意境之風格,镕鑄之以入我詩,然後可爲此道開一新天地。謂取索士比亞、彌兒頓、擺倫諸傑構,以曲本體裁譯之,非難也。見《新中國未來記》。

稍後又極推重荷馬等的長篇,並説後來進步,一定居上,他説:

希臘詩人荷馬,古代第一文豪也。其詩篇爲今日考據希臘史者獨一無二之秘本,每篇率萬數千言。近世詩家,如莎士比亞、彌兒敦、田尼遜等,其詩動亦數萬言。偉哉!勿論文藻,即其氣魄固已奪人矣。中國事事落他人後,惟文學似差可頡頏西域,然長篇之詩,最傳誦者,惟杜之《北征》、韓之《南山》,宋人至稱爲日月爭光,然其精深盤鬱,雄偉博麗之氣,尚未足也。古詩《孔雀東南飛》一篇,千七百餘字,號稱古今第一長篇詩,詩雖奇絕,亦只兒女子語,於世運無影響也。中國結習,薄今愛古,無論學問文章事業,皆以古人爲不可幾及。余生平最惡聞此言,竊謂自今以往,其進步之遠軼前代,固不待蓍龜,即並世人物,亦何遽讓於古所云哉?見《飲冰室詩話》。

他的鎔中鑄外,厚今薄古的主張,是何等雄偉和遠大啊!本書詩選的前一部分,大都是作於這個時候,或稍前稍後一點,雖然還不能符合他所企望,但是確向革命的道路前進的。後來他的主張,又保守些,不敢多用新名詞,他說:"能以舊風格含新意境,斯可以舉革命之實,苟能爾爾,則雖間雜一二新名詞,亦不爲病,不爾,則徒示人以儉而已。"他就舉他的朋友麥孟華的詩句說:"聖軍未決薔薇戰,黨禍驚聞瓜蔓抄",又:"微聞黃禍鋤非種,欲爲蒼生賦大招",以爲符合這個標準。又舉自題所著《新中國未來記》詩句:"青年心死秋梧悴,老國魂歸蜀道難",以爲平生得意之作,其實這些意境語句,只是瑣細,遠沒有達到他所說的"新天地"。

最後,和他的文一樣,漸漸走上復古的道路,漸漸落入舊詩的窠臼,漸漸得到鸚鵡名士的喝采,如《臘不盡二日遣懷》詩說:

　　淚眼看雲又一年,倚樓何事不淒然。獨無兄弟將誰慰,長負君親只自憐。天遠一身成老大,酒醒滿目是山川。傷離念遠何時已,捧土區區塞逝川。

又如《歲暮感懷》詩說:

歲云暮矣夜冥冥，自照寒燈問影形。萬種恨埋無量劫，有情天老一周星。催人鬢雪搖搖白，撩夢家山歷歷青。今古茲辰同一概，只應長醉不成醒。

入骨酸風盡日吹，那堪念亂更傷離。九州無地容伸腳，一盞和花且祭詩。運化細推知有味，癡頑未賣漫從時。勞人歌哭爲昏曉，明鏡明朝知我誰。

滿紙頹唐抑鬱，一點嗅不到革命的氣味了。從此以後，沒有跳出這個圈子，一直因循到晚年。雖然有時也談到詩的革新，但談自談做自做了。

四

本選本是爲了紀念戊戌變法六十週年而編的，所以以戊戌變法爲中心，凡有關變法的，所選獨多。分文選和詩選兩部分，都按寫作年代的前後編列。

文選凡十二題，十七篇。有關變法的，共十二篇，變法前四篇，變法後八篇。另外選《少年中國說》一篇，代表他攻擊清政府最烈和開創文章新體的《清議報》時代的作品；選《論進步》一篇，代表他最有爆炸性的《新民叢報》時代的作品。最後選了關於文學方面的三篇，一篇也是作於《新民叢報》時代的《論小說與羣治之關係》，極力推崇小說的地位和作用，這和他借小說來宣傳政治思想，很有關係。另兩篇，是代表他晚年的作品的。其他，當然可選的還很多，因爲限於篇幅，只好割愛了。

詩選凡十八題，三十六首，大部分是出亡時代所作。他早年和譚嗣同等提倡詩界革命，雖然沒有怎樣成熟，但所作多以革命姿態出現的，故所選獨多。後來漸漸走上復古的道路，選就跟着少了。凡是有關國事或是世界大事及有些創造性的，纔入選。詩後附詞四首，三首是作於變法前，一首是作於出亡時的。他的詞是從龔自珍入手，後來傾向蘇辛。晚年詞功很深，但反不大作了。

注文原擬力求詳盡，以省讀者查檢之勞，尤其是六君子是戊戌變法的骨幹分子，他們的事蹟，傳說不一，作他們的傳注時，不揣譾陋，采用裴松之《三國志注》的方法，務在尋詳周悉，但結果，不是詳盡，而是繁瑣。其他也不能免，且有時考證、糾正、批評過多，竟軼出注解的範圍。以時間限制，不及削改，這是該向讀者引咎的。

詩文中凡可以梁氏其他述作作證者，注文盡擇要采取。因爲一，用他自己的話作注脚，是比較確切的；二，本書所選並不多，由此可以看見他作述的一斑；三，可以見他一時的見解；四，可以互發；五，凡是觀點有錯誤的，可以一並批判。

各篇的注，不是成於一時，有幾篇，是後來陸續補注的。因此體例或不能一律，解釋或有重出。雖然最後粗校一過，還是不免，這也該自己引咎的。

此注作於病中，承諸同志熱心幫助，始能完成。如秦翰才、湯志鈞兩君供給我資料，錢仲聯、周振甫、吳丕績、錢建初、張珍懷五君協助我檢書，吾婦沈靜儒也助我抄撮書本。最後承本社編輯部加以指正，同此致謝。此外錯誤的還很多，敬請讀者賜教。

五

最後附帶說一說我的選注工作的經過：我患心臟症和高血壓症已十多年，不能工作而休養，也已五年多，雖然近來好一些，但當人民文學出版社交給我這個選注任務時，我實在沒有勇氣應允。但一想到幾年來，在黨和政府的照顧下，得到充分的醫療和休養，纔從死亡的邊緣挽救過來，可以說，此後的歲月，全是黨和政府給予我的。那末怎樣來報答於萬一呢？這一念，常常往來在心魂寤寐中，就是這一念在那時鼓勵了我，以爲這也是報答萬一的一端，終於應允下來了。

　　但一看到梁氏的作品，往往是包羅古今中外，真有"望洋向若"的感嘆！覺得很難完成任務，就心慌意亂起來，接着血壓驟然特別高，連帶而起的是眩暈和失眠，一閉眼是書本的影子，一張眼，屋頂和墻壁，也全是書本的影子，偶然入夢，也是如此，把它翻過不休。當時並不怎樣擔心我的病，而是擔心工作的耽誤。越耽心，病越不肯好，乞靈於許多藥品，沒有多大的效果；後來偶然看到一本講氣功療法的書，略取他的方法，參酌了我的杜主意，不正規地試行靜坐，一意安定這顆慌亂的心，開始是越注意越不聽話，後來稍稍能夠平靜下來。一方面當然還配合了醫藥，並初步規定一個工作辦法，每天上下午只工作各一小時，每小時又分一半作休息，工作以外，絕對不想書上的事，夜裏也絕對不看一個字，這樣很有效，血壓漸漸正常地低了，其他也好了一些。但這種規定，並不能十分堅持，凡是碰到一些疑難問題不能解決，就不知不覺破壞了，結果是小破壞小病，大破壞大病。幾次教訓了我，纔不敢不遵守，並把一時不能解決的問題，擱在旁邊，以後再説，繼續做別的，這樣不但不致破壞規定，并且加速了工作。這樣試驗覺得還不錯，就逐漸延長些工作時間，也没有怎樣發病。終於能夠斷斷續續寫完這本書。這種經過，當然是很平凡，很可笑，但對於同病的人，要想發揮一下他的潛力，或者可以作個參考吧！

王蘧常
一九五八年九月

文 選

變法通議[一] 自序

　　法何以必變？凡在天地之間者莫不變：晝夜變而成日；寒暑變而成歲；大地肇起，流質炎炎，熱熔冰遷，累變而成地球；[二]海草螺蛤，大木大鳥，飛魚飛黽，袋鼠脊獸，彼生此滅，更代迭變，而成世界；[三]紫血紅血，流注體內，呼炭吸養，刻刻相續，一日千變，而成生人。[四]藉曰不變，則天地人類並時而息矣。故夫變者，古今之公理也：貢助之法[五]變爲租庸調，[六]租庸調變爲兩稅，[七]兩稅變爲一條鞭；[八]井乘之法[九]變爲府兵，[一〇]府兵變爲彍騎，[一一]彍騎變爲禁軍；[一二]學校升造之法[一三]變爲薦辟，[一四]薦辟變爲九品中正，[一五]九品變爲科目。[一六]上下千歲，無時不變，無事不變，公理有固然，非夫人之爲也。爲不變之説者，動曰"守古守古"，庸詎知自太古、上古、中古、近古以至今日，固已不知萬百千變。今日所目爲古法而守之者，其於古人之意，相去豈可以道里計哉？

　　今夫自然之變，天之道也；或變則善，或變則敝。有人道焉，則智者之所審也。語曰："學者上達，不學下達。"[一七]惟治亦然：委心任運，[一八]聽其流變，則日趨於敝；振刷整頓，斟酌通變，則日趨於善。吾揆之於古，一姓受命，[一九]剙法立制，[二〇]數葉以後，[二一]其子孫之所奉行，必有以異於其祖父矣。而彼君民上下，猶瞯焉以爲吾今日之法吾祖,〔二二〕前者以之治天下而治,蕭然守之,〔二三〕因循不察,漸移漸變,百事廢弛,卒至疲敝,不可收拾。代興者審其敝而變之,〔二四〕斯爲新王矣。〔二五〕苟其子孫達於此義,自審其敝而自變之,斯號中興矣。漢唐中興,〔二六〕斯固然矣。

《詩》曰:"周雖舊邦,其命維新。"〔二七〕言治舊國必用新法也。其事甚順,其義至明,有可爲之機,有可取之法,有不得不行之勢,有不容少緩之故。爲不變之説者,猶曰"守古守古",坐視其因循廢弛,而漠然無所動於中。嗚呼!可不謂大惑不解者乎?〔二八〕《易》曰:"窮則變,變則通,通則久。"〔二九〕伊尹曰:"用其新,去其陳。"〔三〇〕病乃不存。夜不炳燭則昧,冬不御裘則寒,渡河而乘陸車者危,易證而嘗舊方者死。〔三一〕今專標斯義,大聲疾呼,上循土訓誦訓之遺,〔三二〕下依蒙諷鼓諫之義,〔三三〕言之無罪,聞者足興,爲六十篇,分類十二,〔三四〕知我罪我,〔三五〕其無辭焉。

〔一〕據康有爲自訂年譜説:"光緒二十一年乙未,李鴻章往日本請和,議定割遼、臺。我先知消息,即令卓如鼓動各省,並先鼓動粵中公車,上摺拒和議;各省莫不發憤,乃合十八省舉人於松筠庵會議,草萬言書請拒和、遷都、變法三者,卓如……書之。"光緒二十一年爲公曆一八九五年,這是康梁變法運動的開始。此後康有爲續有變法文件發表,梁氏雖有零星文字,見康有爲自訂年譜,但並未存稿,至一八九六年始寫此文,他在《説羣自序》中説:"啓超問治天下之道於南海先生……略述所聞作《變法通議》。"原來擬作六十篇,見下文,現在只見十三篇,且中間《論變法後安置守舊大臣之法》一文,還是變法失敗逃亡日本後所寫的。乙丑重編《飲冰室文集》本編在《論金銀漲落》之前,是錯誤的;《飲冰室合集》本改排在最後,是對了,但總題下只寫"光緒二十二年"還覺不夠清楚。通議是説通常的議論,議是文體的一種,專論事情的。一八九六年,梁氏年二十四歲。這時在上海,當時務報館的主筆。他後來在所著的《清代學術概論》中説:"啓超創一旬刊雜誌於上海,曰《時務報》,自著《變法通議》,批評秕政,而救敝之法,歸於廢科舉興學校,亦時時發民權論,但微引其緒,未敢昌言。"

〔二〕案:地球由焰質而凝固的過程現在已成衆所周知的常識,但在當時是最新鮮的學説,爲知識分子所樂道,如和梁氏同時的章炳麟在他所作的《信史》中也説:"或以邃古之初,氛霧輪囷,熾若煙炭,後稍凝聚若牛羊乳質者以爲大地;或言太初,其熱焦火,久之復寒如冰。"和梁氏所説有相似的地方。

〔三〕案:據威爾斯《世界史綱》載:"次於無生代或太古代者,雖亦甚古,然已確有生物。其形簡單,最初者爲藻類之痕,似泥中蟲跡。此第二時代岩石,名爲元古代岩層。上爲第三層,生物留痕不少,第一次見有各種貝介爬蟲海帶等類;又有魚類與陸地動植物。此名古生代岩層。後期古生岩,其時尚無顯花植物,最初植物有大木本羊齒,蘇鐵羊齒,大木賊等類。此類植物,枝幹偉大,其長多過百尺。在此古代繁茂植物之叢中,多硬翼四翼動物,間有甚大者,翼長盈尺,蜻蜓甚多,在比利時煤區中發現一種翼長二十九時。……中生代爬蟲類中之最大者乃袋鼠式之恐龍,實龐大無倫。又有大肉食動物,就中暴主龍似生物名字中駭人聽聞之最後一字也。長者四十呎,似袋鼠,以後肢與尾起立。在爬蟲類之恐龍種中有一特異之發展,即一種身輕能跳行能躥昇之獸,其第五指與軀體之間具一蝙蝠式之膜,以爲過樹之用,如飛松鼠然。是爲翼手龍。當時真正鳥式動物尚稀,先有跳躍者,攀援者,其後始能飛行。其先以分類之原則言之爲爬蟲類,爬蟲類進化而成鳥類。(案梁氏所稱的大鳥,當指上文所說的硬翼四翼動物,不是真的鳥類;所稱的飛黿,就是這裏所說的翼手龍。他在《二十世紀太平洋歌》中也說到的。)此長久之中生代,爲生物進化之第二卷,誠爬蟲類發達生殖之全盛史也。直至最後中生代而記載乃忽然中斷,乃至地球上陸地動植物之遺跡重新發見時,而此爬蟲類已孑然無遺。近生代之生物與中生代之爬蟲類不相連屬,亦絕非其子孫,地球已有他種生物爲之主矣。"

〔四〕紫血紅血,當即指赤血球和白血球。白血球爲不含血色素的無色細胞,似不能名它爲紅。或因它流動於血漿中,也稱之爲紅了。"養"指氧氣,"炭"指碳氣。

〔五〕《孟子•滕文公上》:"夏后氏五十而貢,殷人七十而助,周人百畝而徹,其實皆什一也。徹者徹也,助者藉也。龍子曰:'治地莫善於助,莫不善於貢。貢者校數歲之中以爲常,樂歲粒米狼戾,多取之而不爲虐,則寡取之;凶年糞其田而不足,則必取盈焉。爲民父母,使民盻盻然,將終歲勤動,不得以養其父母,又稱貸而益之,使老稚轉乎溝壑,惡在其爲民父母也。'……《詩》云:'雨我公田,遂及我私。'惟助爲有公田。由此觀之,雖周亦助也。"案貢法是一個農民統計他所耕地十分之一的收成,貢獻給當時的統治階級。助法是農民耕種一定數量的公田,作爲租稅。

〔六〕《舊唐書•食貨志》:"賦役之法,每丁歲入'租'粟二石,'調'則隨鄉土所産,綾絹絁各二丈,布加五分之一。輸綾絹絁者兼調綿三兩，輸布者麻三斤。……凡丁，歲役二旬。若不役則收其'庸'，每日三尺。有事而加役者，旬有五日免其調，三旬則租調俱免。通正役，並不過五十日。"案租是田稅，調是戶稅，庸是力役稅。

〔七〕《舊唐書·楊炎傳》："初定令式，國家有租賦庸調之法。開元中，玄宗……以寬仁爲理本，故不爲版籍之書，人口寖溢，隄防不禁。丁口轉死，非舊名矣；田畝移換，非舊額矣；貧富升降，非舊第矣。戶部徒以空文總其故書，蓋得非當時之實。舊制，人丁戍邊者，蠲其租庸，六歲免歸。玄宗方事夷狄，戍者多死不返，邊將怙寵，而諱不以死申，故其貫籍之名不除。至天寶中，王鉷爲戶口使，方務聚斂，以丁籍且存，則丁身焉往，是隱課而不出耳。遂案舊籍，計除六年之外，積徵其家三十年租庸。天下之人苦而無告，則租庸之法弊久矣。迨至德之後，天下兵起，……賦斂之司數四，而莫相統攝，於是綱目大壞。……權臣猾吏，因緣爲姦，……科斂之名凡數百，廢者不削，重者不去，新舊仍積，不知其涯。百姓受命而供之，瀝膏血，鬻親愛，旬輸月送無休息。吏因其苛，蠶食於人。凡富人多丁者，率爲官爲僧，以色役免；貧人無所入則丁存，故課免於上而賦增於下。是以天下殘瘁，蕩爲浮人，鄉居地著者，百不四五，如是者殆三十年。炎因奏對，懇言其弊，乃請作兩稅法，以一其名，曰：凡百役之費，一錢之斂，先度其數而賦於人，量出以制入。戶無主客，以現居爲簿；人無丁中，以貧富爲差；不居處而行商者，在所郡縣稅三十之一。……居人之稅，秋夏兩徵之。……其租庸雜徭悉省，而丁額不廢。……夏稅無過六月，秋稅無過十一月。逾歲之後，有戶增而稅減輕，及人散而失均者，進退長吏，而以尚書度支總統焉。德宗善而行之，……人不土斷而地著，賦不加斂而增入，版籍不造而得其虛實,貪吏不誠而姦無所取,自是輕重之權始歸於朝廷。"案這是個敝極不得不變的典型例子,所以注得詳盡一些。

〔八〕《明史·食貨志》:"一條鞭法者,總括一州縣之賦役以及土貢方物,悉併爲一條,皆計畝征銀,折辦於官,故謂之一條鞭,立法頗爲簡便。"案一條鞭法創始於海瑞,原是有利於沒有田地的貧民的,但等到明神宗朱翊鈞采用以後,就漸漸失去它的本意了。

〔九〕相傳周代的兵制有兩種:一種是畿内的鄉遂,每家一人,《周禮·地官·小司徒》:"會萬民之卒伍,五人爲伍,五伍爲兩(案孔廣森說:兩就是車輛),四兩爲卒,五卒爲旅,五旅爲師,五師爲軍。以起軍旅,以作田役,以比追胥,以令貢賦。……凡起徒役,毋過家一人,以其餘爲羨,唯田與追胥竭作";一種是丘甸,十家出一人,《周禮·小司徒》鄭玄注引《司馬法》:"六尺爲步,步百爲畮,畮百爲夫,夫三爲屋,屋三爲井,井十爲通。通爲匹馬、三十家、士一人、徒二人。通十爲成。成百井、三百家、革車一乘、士十人、徒二十人。十成爲終。終千井、三千家、革車十乘、士百人、徒二百人。十終爲同。同方百里、萬井、三萬家、革車百乘、士千人、徒二千人。"因爲古時是車戰,所以不管是鄉遂,是丘甸,它的編制,都是以車乘爲主的。

〔一〇〕馬端臨《文獻通考·兵考》:"周太祖輔西魏時,用蘇綽言,始仿周典置六軍。籍六等之民,擇魁健材力之士,以爲之首,盡捐租調,而刺史以農隙教之,合爲百府,每府一郎將主之,分屬二十四軍,開府各領一軍。"《新唐書·兵志》:"府兵制起自西魏、後周而備於隋,唐興因之。諸府總曰折衝府,凡天下十道,置府六百三十四,皆有名號,而關内二百六十有一,皆以隸衛。凡府三等：兵千二百人爲上，千人爲中，八百人爲下。……凡民二十爲兵，六十而免。……其隸於衛也，左右衛皆領六十府，諸衛領五十至四十，其餘以隸東宫六率。"《通考》："府兵平日皆安居田畝，每府有折衝領之，折衝以農隙教習戰陳，國家有事徵發，則以符契下其州，及府，參驗發之，至所期處，將帥按閱，軍還，便道罷之。行者近不逾時，遠不經歲。"

〔一一〕《新唐書·兵志》："自高宗、武后時，天下久不用兵，府兵之法寖壞，番役更代，多不以時。"《舊唐書·張説傳》："時當番衛士，浸以貧弱，逃亡略盡。説建策：請一切召募强壯，令其宿衛，不簡色役，優爲條例，逋逃者必争來應募。上從之。旬日得精兵一十三萬人，分係諸衛，更番上下，以實京師，其後彍騎是也。"案：彍音 kòu，本訓把弓引滿，這裏大概是形容它的强勁，或説是迅速的意思，也是由引滿之義引申的。

〔一二〕《文獻通考·兵考》："自開元之末，張説始募長從兵，謂之彍騎，其後益爲六軍。及李林甫爲相，奏諸軍皆募人爲兵，兵不土著，又無宗族，不自重惜，忘身徇利，禍亂自生。"近人鄧氏《中華二千年史》："府兵與彍騎俱廢，藩鎮又據土擅兵，天子所恃，惟禁兵而已。"《新唐書·兵志》："所謂天子禁軍者，南北衙兵也。南衙者諸衛兵是也；北衙者禁軍也。"案：這裏所説的禁軍似指宋代的禁兵，陳邦瞻《宋史紀事本末》："乾德三年八月，選諸道兵入補禁衛；又選强壯卒，定爲兵樣，分送諸道，召募教習，俟其精練，即送闕下。復立更戍法，分遣禁旅，戍守邊城，使往來道路，以習勤苦，均勞佚。自是將不得其兵，而士卒不至於驕惰，皆趙普之謀也。"

〔一三〕何休《公羊傳》宣公十五年注："八歲者學小學，十五者學大學，其有秀者，移於鄉學；鄉學之秀者，移於庠；庠之秀者，移於國學。學於小學,諸侯歲貢小學之秀者於天子;學於大學,其有秀者,命曰進士。"

〔一四〕《文獻通考·選舉考》:"漢制,凡郡國之官,非傅相,其他既自置署,又調僚屬及部人之賢者,舉爲秀才廉吏,而貢於王庭。"《漢書·宣帝紀》:"元康四年,詔遣大中大夫,循行天下,舉茂才異倫之士。"《通考》:"東漢時,選舉辟召,皆可以入仕,以鄉舉裏選,循序而進者選舉也;以高才重名躐等而升者辟召也。"

〔一五〕《文獻通考·選舉考》:"(魏)延康元年,尚書陳羣以爲天朝選用,不盡人才,乃立九品官人之法。州郡皆置中正,以定其選,擇州郡之賢有識鑒者,爲之區別人物,第其高下。又制郡口十萬以上,歲察一人;其有秀異,不拘戶口;其武官之選,俾護軍主之。……州郡縣俱置大小中正,各取本處人、在諸府公卿及各省郎吏、有德充才盛者爲之。區別所管人物,定爲九等,其言行修著,則升進之,或以五升四,以六升五;倘或道義虧缺,則降下之,或自五退六,自六退七;以吏部審定天下人才士庶,故委中正銓第等級,憑之授受,謂免乖失。"

〔一六〕杜佑《通典·選舉》:"自後周以降,選無清濁,及盧愷攝吏部尚書,與侍郎薛道衡等甄別物類,頗爲清簡,而謗訴紛紜,愷及道衡皆除名,煬帝始建進士科。"《新唐書·選舉志》:"唐制取士之科,多因隋舊。然其大要有三:由學館者曰生徒;由州縣者曰鄉貢;皆升於有司而進退之。其科之目,有秀才、有明經、有俊士、有明法、有明字、有明算,有一史、有三史、有開元禮、有道舉、有童子,而明經之別,有三經、有二經、有學究一經、有三禮、有三傳、有史科,此歲舉之常選也。其天子自詔者曰制舉,所以待非常之才焉。"

〔一七〕《論語·憲問》:"君子上達,小人下達。"又:"下學而上達。"

〔一八〕就是任憑命運的意思。

〔一九〕《書·召誥》:"惟王受命。"命指天命。

〔二○〕《説文解字》:"刱,造法刱業也。"俗作剏,通作創。

〔二一〕《詩·商頌·長發》毛傳:"葉,世也。"

〔二二〕《説文解字》:"瞯,戴目也。"段玉裁注:"戴目者,上視如戴然。"案:瞯音 xiàn,就是高視,表示驕傲的意思。

〔二三〕《莊子·齊物論》:"苶然疲役而不知其所歸。"《經典釋文》:"苶,簡文云:'疲病困之貌。'"案:司馬彪《莊子》注本作薾,見李善《文選》謝靈運詩注引。音 nié。

〔二四〕代興就是代之而興,如周代商、漢代秦是。

〔二五〕董仲舒《春秋繁露·三代改制質文》:"《春秋》上黜夏,下存周,以《春秋》當新王。"案:新王是經今文學《春秋》公羊家的說數,梁氏是晚清今文學派運動的宣傳者,所以喜歡用這個名詞,以概一般新興的封建統治階級。

〔二六〕指後漢光武劉秀和唐肅宗李亨的興復。

〔二七〕見《詩·大雅·文王》。據《呂氏春秋·古樂》是周公姬旦贊美他的父親文王姬昌而作的。

〔二八〕《莊子·天地》:"知其愚者非大愚也,知其惑者非大惑也。大惑者終身不解,大愚者終身不靈。"

〔二九〕見《易·繫辭》。

〔三○〕語見《吕氏春秋·先己》:"凡事之本,必先治身,嗇其大寶,用其新,棄其陳。"就是推陳出新的意思。

〔三一〕證就是病證,《列子·周穆王》:"因告其子之證。"今通作症。

〔三二〕《周禮·地官》:"土訓掌道地圖,以詔地事。"鄭注:"道,說也,說地圖九州形勢,山川所宜,告王以施其事也。"又:"誦訓掌道方誌,以詔觀事。"注:"說四方所識久遠之事,以告王觀博古。"孫詒讓《正義》:"方誌即外史四方之志,志、識字同。"

〔三三〕《周禮·春官》:"瞽矇……諷誦詩。"《國語·周語》:"天子聽政,使公卿至於列士獻詩,瞽獻曲,史獻書,師箴,瞍賦,矇誦,……而後王斟酌焉。"韋昭注:"有眸子而無見曰矇。矇主弦歌諷誦,謂箴諫之語也。"矇音 méng。《淮南子·氾論訓》:"禹之時以五音聽治,……爲號曰:教寡人以道者擊鼓。"案:《鬻子》也有這樣説法,《鬻子》僞書,不取。

〔三四〕案:今只存十三篇,也不見分類。唯第三篇名《學校總論》,下有論科舉、學會、師範、女學、幼學各篇,再後爲學校餘論。學校大概就是一類,一類前有總論,後有餘論,中有若干篇。其他各類當也這樣。全書實在還没有完成,《學校總論》中説:"吾所欲言者,采西人之意,行中國之法,采西人之法,行中國之意。其總綱三:一曰教,二曰政,三曰藝;其分目十有八:一曰學堂,二曰科舉,三曰師範,四曰專門,五曰幼學,六曰女學,七曰藏書,八曰纂書,九曰譯書,十曰文字,十一曰藏器,十二曰報館,十三曰學會,十四曰教會,十五曰游歷,十六曰義塾,十七曰訓廢疾,十八曰訓罪人。"據此則即學校一類,所缺還很多呢。其他有《論金銀漲落》一篇,當屬財政一類,《論中國宜講求法律之學》一篇,當屬於法制一類,全書體例是還可推想的。

〔三五〕《孟子·滕文公下》:"孔子曰:知我者其惟《春秋》乎? 罪我者其惟《春秋》乎?"

論不變法之害〔一〕

今有巨廈,更歷千歲,瓦墁毀壞,榱棟崩折,〔二〕非不岿然大也,〔三〕風雨猝集,則傾圮必矣。而室中之人,猶然酣嬉鼾臥,〔四〕漠然無所聞見;或則睹其危險,惟知痛哭,束手待斃,不思拯救;又其上者,補苴罅漏,〔五〕彌縫蟻穴,〔六〕苟安時日,以覬有功。此三人者,用心不同,漂搖一至,〔七〕同歸死亡。善居室者,〔八〕去其廢壞,廓清而更張之,鳩工庀材,〔九〕以新厥構,圖始雖艱,及其成也,輪焉奐焉,〔一〇〕高枕無憂也。〔一一〕惟國亦然,由前之説罔不亡,由後之説罔不強。

〔一〕案:這和下面的《論變法不知本原之害》及續篇原爲《變法通議》中的第一、二、三三篇,現在不再連繫母名,把它們獨立起來,因爲它們本來是有獨立性的。正如下五六兩篇,原是在《戊戌政變記》中的,後來編文集把它們挑出編入,也是脱去母名的。再下的第八篇《論進步》,也是如此,不再説明。

〔二〕《孟子・滕文公下》:"毀瓦畫墁。"案焦循《正義》説:墁是"圬墁之牆"。墁本是泥水匠所用的工具,孟子用指圬墁塗成的牆了。墁音 màn。《左傳》襄公三十一年:"棟折榱崩。"榱就是屋椽。音 cuī。

〔三〕《莊子・逍遥遊》:"非不呺然大也。"李頤注:"呺然,虛大貌。"俞樾《諸子平議》:"呺,《説文》所無,《文選》謝靈運《初發都》

詩,李善注作枑,當從之,李云固以枑字之義釋之。"
〔四〕歐陽修文:"酣嬉淋漓,顛倒而不厭。"
〔五〕韓愈《進學解》:"補苴罅漏。"案《說文》:苴是履中草,用來墊在鞋底上的。《呂氏春秋》說:"衣敝不補,履決不苴。"苴音 jū,是墊補的意思;罅音 xià,是裂縫。
〔六〕《左傳》僖公二十六年:"彌縫其缺而匡救其災。"彌本訓滿,引申作補合解。蟻穴比喻細小。
〔七〕《詩・豳風・鴟鴞》:"風雨所漂搖。"漂搖本來是動盪不安的意思。這裏就指風雨講了。
〔八〕《論語・子路》:"子謂衛公子荆善居室。"善居室是善於持家的意思。
〔九〕鳩是聚集的意思,見《左傳》隱公八年杜注。庀音 pǐ,是備具的意思,也見《左傳》襄公九年注。
〔一〇〕《禮記・檀弓下》:"晉獻文子成室,晉大夫發焉,張老曰:'美哉輪焉,美哉奐焉。'"注:"輪,輪囷,言高;奐言衆多。"
〔一一〕《戰國策・齊策》:"三窟已就,君姑高枕爲樂矣。"《漢書・高后紀》:"足下高枕而王千里。"高枕都是比喻安樂無憂。

印度,大地最古之國也,守舊不變,夷爲英藩矣;〔一〕突厥地跨三洲,立國歷千年,而守舊不變,爲六大國執其權,分其地矣;〔二〕非洲廣袤,三倍歐土,內地除沙漠一帶外,皆植物饒衍,畜牧繁盛,土人不能開化,拱手以讓強敵矣;〔三〕波蘭爲歐西名國,政事不修,內訌日起,俄普奧相約,擇其肉而食矣;〔四〕中亞洲回部,素號驍悍善戰鬭,而守舊不變,俄人鯨吞蠶食,殆將盡之矣;〔五〕越南、緬甸、高麗,服屬中土,漸染習氣,因仍弊政,繭蘀不變,漢官威儀,今無存矣。〔六〕今夫俄,宅苦寒之地,受蒙古鈐轄,前皇殘暴,民氣凋喪,岌岌不可終日,自大彼得遊歷諸國,學習工藝,歸而變政,後王受其方略,國勢日盛,辟地數萬里也;〔七〕今夫德,列國分治,無所統紀,爲法所役,有若奴隸,普人發憤興學練兵,遂蹶強法,霸中原也;〔八〕今夫日本,幕府專政,諸藩力征,受俄、德、美大創,國幾不國,自明治維新,改弦更張,不三十年,而奪我琉球,割我臺灣也。〔九〕又如西班牙、荷蘭,三百年前,屬地徧天下,而內治稍弛,遂卽陵弱,國度夷爲四等;〔一〇〕暹羅處緬越之間,同一綿薄,而稍自振厲,則巋然尚存。〔一一〕記曰:"不知來,視諸往。"〔一二〕又曰:"前車覆,後車戒。"〔一三〕大地萬國,上下百年間,強盛弱亡之故,不爽累黍,〔一四〕蓋其幾之可畏如此也。

〔一〕公元前三千年頃,有民族自里海遷移入印度河流域,成爲定居的農民,實爲現在印度人民的初祖。後來逐漸發展,蕃殖於恒河流域,建立許多小國,公元前五二〇年頃,創設佛教,及孔雀王朝,統一印度全境,始成一大帝國。後來經過笈多、烏闍衍那幾個王朝,迭有廢興。再後爲外入的蒙兀兒王朝,詳下。到了十八世紀初期,蒙兀兒王朝的統治者庸暗無能,因此國內漸成分裂的局面,地方官吏往往各霸一方,皇帝形同傀儡,英和法就在這時乘機蠶食,都組織了東印度公司,作爲侵略的工具,七年戰爭以後,法國失敗,印度大部分歸入了英國人的掌握,成爲直接統治,間有內部割據的土酋,也仰仗英國人的保護,惟有摩訶剌佗同盟的集團在一八一六——一八一八年屢次英勇地起來抗戰,但也無救於祖國的危亡而被消滅了。至於後來印度的獨立,不在本注範圍之內,不談了。

下同。

〔二〕突厥本爲古代匈奴的遺胤,當公元四三三時,因爲不願附屬於東胡族的拓跋魏,他們的酋長阿史那乃率領族人求庇於中亞同族的蠕蠕,自號其族爲突厥。它的發展歷史大致可分爲三期:自五世紀中葉到八世紀的中葉的三百年爲初興時代;自十世紀末年到十三世紀初年的二百年間爲衰而復興時代;十四世紀中葉到十五世紀中葉的百年爲極盛時期。這一期,歐洲有土耳其帝國的建立,印度有蒙兀兒帝國的崛起,一時西亞、東歐和北非一帶白種地中海系的舊壤,都成爲黃種突厥人統治下的領土了。十八世紀初期蒙兀兒帝國爲英法所蠶食,最後爲英國所統治,已見上;土耳其帝國自從蘇利曼大帝去世(一五六六年)以後,國勢也日趨衰落,歐洲人凡是抱有狹隘的種族偏見的,屢次要把它逐出於歐洲境外,十七世紀以來,土耳其人不但不能再向國外發展,就是固有的國土,也有朝不保暮的形勢,並且政府的文武百官,都是由金錢賄買而來,有時宮廷的婦女也參加這種買賣的勾當;中央既如此之糟,各地方的政府就跟着不服從命令而無形獨立起來。在這樣的情況下,自然更影響到對外的關係。西洋現代史上所謂"近東問題"成爲歐洲各國外交的焦點,目的就在怎樣去瓜分它。十九世紀以來歐洲許多戰爭就多爲解決這個問題而起。六大國指英、俄、德、法、奧、意,見康有爲《突厥削弱記序》,見下文引。康氏此記和下面所引的幾種作品,都是變法時期宣傳變法的重要武器。但都失傳,惟存序文。梁氏《中國與土耳其之異》一文說:"土耳其前此跨有歐亞非三洲,其幅員之廣與我同;其後政治不修,內亂頻起,與我同;重要之軍港、阨塞、商業口岸,次第爲列強所侵踞,與我同;最近發憤立憲,謂與民更始,而政爭迭起,專制依然,與我同;政體改革後，非特不能恢揚國威，反別惹波瀾，削減領土，與我同；數十年來爲列強紛爭之禍胎，將來貽禍且未已，與我同。"雖所作時代稍後，也可參考。

〔三〕非洲面積僅次亞洲，爲世界第二大洲。土著大部爲尼革羅種，包括蘇旦、班都、蒲須曼、拔哇等人。在一八七〇年以前非洲的內部情形，歐洲人還不十分明白，經過了許多殖民主義的特務分子的發現，纔引起他們的注意，這種分子以英國的李溫士敦和美國的史坦利兩人爲最著，當一八七八年史坦利回來以後的十年中，非洲就被英、法、德、比等狼吞虎咽地吃盡了。梁氏《亞洲地理大勢論》："非洲與歐洲相隔一葦水，其西北殆接歐境。雖然，其地形大而無當，海岸皆缺交通之利，加以萬里不毛之沙漠（案：指撒哈拉沙漠，面積九百萬方公里，比吾國國土略小些。）橫亘其中央，炎熱瘴癘而利用極難，此所以雖相近而用之極遲也。今也新世界之亞美利加既無餘地矣，最新世界之澳大利亞，復無餘地矣，然則此視眈眈欲逐逐之歐人，豈能叉手安坐以終古，故近年以來，瓜分非洲之勢，如焰如潮，不轉瞬間，臠割以盡，今者撒哈拉中一粒之沙，皆有主人翁矣。"案：梁氏"無餘地"的話，是當時殖民主義侵略者的謬論，借口爲侵略的合法理由。梁氏誤承甚謬。

〔四〕波蘭王國最初建立於第十世紀，爲當時歐洲除俄國外一個最大的國家；到宗教改革時代，工商業已很發達，在東歐許多國家裏屬首屈一指。但是種族宗教的複雜和貴族的驕橫，成了波蘭不治之症。尤其是貴族，爲了要維持他們的特權，寧使國家永遠沉淪在一個混亂的苦海中。內部既如此腐敗，就引起了鄰人們的垂涎，普、俄、奧三國乘機搗亂和播弄，加劇它們的內亂，到一七七二年就進行了第一次的瓜分；接著至一七九三——一七九五年，又進行了第二第三次的瓜分，一個立國七百多年的波蘭從此滅亡了。康有爲有《波蘭分滅記》,梁氏有《波蘭滅亡記》。

〔五〕蘇聯潘克拉托伐《蘇聯近代史》:"自十八世紀以來,有三個大的封建國家存在於中央亞細亞科坎特汗國、布喀剌汗國和基伐汗國。它們經常地互相交戰。月即伯人、塔什亞人、乞兒吉思人和突厥曼人的農民們是完全附屬於那些汗們、王公們和回教士們。富有的封建地主們奪取了土地和水道。戰爭、劫掠和可怕的榨取,使人民們陷於赤貧。這一切都便利了沙皇軍隊的征略中央亞細亞。一八六四年夏季,赤泥也夫將軍擊敗了科坎特汗國,並於一八六五年佔領該國主要的經濟中心塔什干。總督可夫曼於一八六八年發動進攻布喀剌,奪獲撒獲撒馬爾罕——回教徒的宗教中心地,布喀剌國王成爲沙皇的附庸。一八七三年春季,沙皇軍隊向基伐進兵,基伐不戰而降,他的國土也變成了俄國的屬地。突厥曼尼亞係一八八〇——一八八四年間被征服。並於下一年取得阿舒卡巴德。肥沃的沙漠田謀夫亦於一八八四年被佔領。等到一八八五年取得阿富汗的要塞喀舒加時,沙皇政府即完成了它對中央亞細亞的征服。"

〔六〕《亞洲地理大勢論》:"法蘭西人……同治元年,(案:公元一八六二年)奪交趾,二年,滅柬埔寨,光緒三年,(一八七七年)經略東京,滅安南爲其保護國。英國……於光緒三年勃起而征緬甸,俘其王,吞其地。"梁氏別有《越南亡國史》和《越南小志》。

〔七〕《蘇聯近代史》:"沙皇俄羅斯國家的落後,在第十七世紀初年成爲特別的顯著,這主要是由於國家發展途中所遇到的不利的對外政治關係的結果。俄羅斯常常受外來敵人們的攻擊,他們劫掠並且蹂躪俄羅斯國土,有時甚至於長期統治着它。

這樣,韃靼——蒙古人的統治就存在了二百四十餘年;土耳其對於黑海和阿速夫海沿岸控制了約有三百四十年,阻攔着俄羅斯對南方諸海的接近;俄羅斯和波羅的海之間被封閉及切斷,也有一百四十餘年。來自波蘭、瑞典和羅馬的干涉,也阻礙了俄羅斯國家的發展。至於國家制度仍和第十六世紀以來的一樣。政府各部行政制度,是一種工作遲緩的機構;各地鎮市中的統將們,以他們的勒索來踐躪人民;國庫是混亂的;既沒有學校,全國識字的人也只有少數。"梁氏《論民族競爭之大勢》:"十七世紀之下半,彼得即位,以開化國民爲最大之目的。彼不徒變俄國之兵制,興俄國之海軍而已,以萬乘之尊,親赴荷蘭,雜伍庸作,學種種文明技術,傳之於本國。大彼得之主義方針,即俄國二百年來之主義方針也。"又《歐洲地理大勢論》:"歐洲……東北部爲斯拉夫民族之國(俄羅斯),地勢扁平,湖沼極多,氣候特寒,於天然界各事物,遠在南部中部之下。"又:"斯拉夫民族,俄羅斯人實其代表也。其所宅者茫漠無涯之平原也,故其性質沈毅而深遠,宏渺而不可測。要之,拉丁民族,歐洲之先鋒也;條頓民族,其中軍也;斯拉夫民族,其後殿也。拉丁民族其全盛時代在過去,條頓民族其全盛時代在現在,斯拉夫民族其全盛時代在將來。"康有爲有《俄大彼得變法考》。

〔八〕十六世紀初年的德國,組織很不完備,所以當時法國人稱它爲"諸日耳曼",國中小邦多至二三百;它的面積性質多不相同:有公國,有伯國,有大主教的領土,有獨立的城,又有極小騎士的領土。皇帝權力,非常微弱,不能壓制諸侯的跋扈。一八〇一年,法國拿破侖戰敗奧地利,訂立和約,規定德國皇帝代表德奧兩國承認法國人佔據萊茵河的左岸,結果德國的小諸侯喪失土地的幾達百數,就不得不加以改組和合併,反而樹立了後來德意志帝國統一的基礎,這是拿破侖始料所不及的。當十五世紀的初期,德國皇帝把北部一小塊不重要的勃蘭登堡侯國的領土賣給霍亨索倫族,十七世紀初期,霍亨索倫族又得到東方普魯士的領土,到一七〇〇年勃蘭登堡選侯請求德國皇帝允許他改稱"普魯士王",後來有腓特烈第一的崛興。但到了這時,被拿破侖大敗於耶拿,不但奪其土地,侮其政府,並阻撓其改革,引起了全國人民的憤怒和維新的決心。中間主張最力的爲斯坦因男爵和哈登堡親王一輩人。一八〇七年,普魯士王下令宣言:要排除那阻止個人發展的種種障礙,廢除佃奴制和階級制,這是普魯士擺脫中古狀態,走進現代世界的一個關鍵。接着推行通國皆兵的制度和盡力養成自尊的習慣,並建立著名的柏林大學。終於在一八一三年,聯合了俄羅斯、奧地利、瑞典等國,大敗拿破侖軍隊於萊比錫地方,這是德國人夸耀的"解放的戰爭"。

〔九〕案:康有爲有《日本明治變政考》,已失傳,序文還在《戊戌奏稿》裏,有一段說:"日本地域,比我四川,人民僅吾十之一,而赫然變法,遂殱吾大國之師,割我遼、臺,償二萬萬。嘗考日本變法之始至難矣,與歐美語文迥殊,則欲譯書而得歐美之全狀難;帝者守府,而武門執權,列侯拱之,其孝明天皇欲作詩而無紙,則收權難;及倒幕維新,而革命四起,則靖人心難;新政初變,百度需支,頻仍變亂,兵餉交困,而國庫乏絶,初創國家銀行,資本僅得二十九萬,全國歲入,僅逾千二百萬,直至前歲勝我之後,歲入亦僅八千萬,則籌款難。然二十年間,遂能政法大備,盡撮歐美之文學藝術而鎔之於國民,歲養數十萬之兵,與其十數之艦,而勝吾大國,以蕞爾三島之地,治定功成,豹變龍騰,化爲霸國。"可以作此節注脚。日本明治維新,開始於明治元年所宣佈的五誓,見詩選《去國行》注引,明治元年爲一八六八年，康氏作序在戊戌爲一八九八年，實爲三十年，康氏説"二十年間"是錯誤了，梁氏作此文在戊戌前兩年，説"不三十年"是確切的。改弦更張見《漢書·禮樂志》。詳下《論變法不知本原之害》第一段注。

〔一〇〕西班牙的地方原屬於羅馬帝國，後又被伊斯蘭教徒所據，從此隸屬於伊斯蘭教的統治下，達八百年之久。十世紀以後，基督教徒在這裏的北部，分建亞拉岡、卡斯提爾、納瓦拉幾個王國，排擠了伊斯蘭教徒。十五世紀中葉，亞拉岡王斐迪南和卡斯提爾女王伊薩伯拉結婚，兩國合併起來，這是西班牙隆盛的開端。當西班牙半島完全肅清伊斯蘭教徒的一年，正是探險家哥倫布受女王伊撒伯拉的幫助，發見美洲的一年。從此西班牙打開了海外富源，盡了它劫奪的能事，竟成爲十六世紀中歐洲最富强的國家。佔據了墨西哥、西印度羣島和南美洲的大部分。但到一五八八年，爲了新舊教徒之爭，和英國開戰，覆滅了它的無敵艦隊；又因軍費浩大，財政幾至破產。從此一蹶不振，由一等國降爲二等國。荷蘭在中世紀和比利時共名尼德蘭，先後屬於法蘭克、德意志和西班牙。一五八一年，宣佈脱離西班牙而獨立。一五九五年派遣第一次遠征隊赴印度，建設貿易公司，並奪取葡萄牙人的經商場所。到了十七世紀末，葡人從前的勢力所在地，幾全爲荷蘭人所劫奪。它既取了葡萄牙的地位，從事東方商業，其船隻且東向越印度三千哩而達漠盧迦斯，後來又殖民到北美洲，並佔領了南洋羣島的爪哇、蘇門答臘等地和其他熱帶地方。荷蘭的商船，要占歐洲全部的一半。十九世紀初，竟爲拿破侖所傾覆。一八一五年，再和比利時合併，仍叫尼德蘭王國。一八三〇年，比利時分離爲獨立國，又復原名。

〔一一〕《亞洲地理大勢論》："暹羅之西有英（緬甸、印度），其東有法(柬埔寨、安南),介於英法勢力兩兩平均之間,僅得自保,苟兩勢一旦不均,則其滅亡可翹足而待矣。"《漢書·嚴助傳》:"越人綿力薄材,不能陸戰。"綿薄是力量薄弱材能不厚的意思。

〔一二〕《鶡冠子·近迭》:"欲知來者察往,欲知古者察今。"
〔一三〕《說苑·善說》:"周書曰:'前車覆,後車戒。'蓋言其危。"
〔一四〕《漢書·律歷志》:"權輕重者,不失黍絫。"案:十黍爲絫,黍絫指極輕微的重量。絫古纍字。爽是差的意思。不爽是說不差。

中國立國之古等印度,土地之沃邁突厥,而因沿積敝,不能振變,亦伯仲於二國之間,〔一〕以故地利不辟,人滿爲患。河北諸省,歲雖中收,猶道殣相望;〔二〕京師一冬,死者千計;一有水旱,道路不通,運賑無術,任其填委,十室九空;〔三〕濱海小民,無所得食,逃至南洋美洲諸地,鬻身爲奴,猶被驅迫,喪斧以歸;〔四〕馴者轉於溝壑,〔五〕黠者流爲盜賊,教匪會匪,〔六〕蔓延九州,伺隙而動;工藝不興,商務不講,土貨日見減色,而他人投我所好,製造百物,暢銷內地,漏巵日甚,〔七〕脂膏將枯;學校不立,學子於帖括外,〔八〕一物不知,其上者考據詞章,破碎相尚,〔九〕語以瀛海,〔一〇〕瞠目不信;〔一一〕又得官甚難,治生無術,習於無恥,憪不知怪;兵學不講,綠營防勇,〔一二〕老弱癖煙,兇悍騷擾,無所可用,一旦軍興,臨時募集,半屬流匃,〔一三〕器械窳苦,〔一四〕饟糈微薄,〔一五〕偏裨以上,〔一六〕流品猥雜,〔一七〕一字不識,無論讀圖,〔一八〕營例不諳,無論兵法,以此與他人學問之將、紀律之師相遇,百戰百敗,無待交綏;〔一九〕官制不善,習非所用,用非所習,委權胥吏,〔二〇〕百弊蝟起,一官數人,一人數官,〔二一〕牽制推諉,一事不舉,保獎矇混,鬻爵充塞,〔二二〕朝爲市儈,夕登顯秩,〔二三〕宦途壅滯,候補窘悴,〔二四〕非鑽營奔競,不能療飢,〔二五〕俸廉微薄,供億繁浩,〔二六〕非貪污惡鄙,無以自給,限年繩格,〔二七〕雖有奇才,不能特達,必俟其筋力既衰,暮氣將深,始任以事,故肉食盈廷,〔二八〕而乏才爲患。法敝如此,雖敵國外患晏然無聞,〔二九〕君子猶或憂之,況於以一羊處羣虎之間,抱火厝之積薪之下而寢其上者乎。〔三〇〕

〔一〕曹丕《典論·論文》:"傅毅之於班固,伯仲之間耳。"案:伯仲本指兄弟,用指同類相近,差別不大。
〔二〕《大戴禮記·千乘》:"道無殣者。"案:餓死在路上的叫做道殣。音 jìn。
〔三〕王安石詩:"四方三面戰,十室九家空。"
〔四〕黃遵憲《逐客篇序》:"華人往美利堅,始於道咸間,初由招工,踵往者多,數至二十萬衆,土人以爭食故,譁然議逐之。光緒六年,合衆國乃遣使三人來商訂限制華工之約,約成,至八年三月,議院遂藉約設例,禁止華工。"光緒二十九年舊金山華僑上政府公禀:"美例既行,各國紛紛傚尤,前年澳洲既已禁絕,近則英屬加拿大加抽入口人頭稅,加拿大之路斷矣;雖以墨西哥新辟之地,近且傚尤翩反,而古巴、檀香山、菲律賓皆同美例,苟章日施,率此以往,則茫茫大地,竟無復我華人托足之區。"(案:見梁氏《新大陸遊記》引)陳虬《治平通議》:"近西國凌虐吾民,無所不至,英、俄、美、法、德,皆有禁止華工之議,或禁設領事,或增重人稅,美尤無道,設計焚燒,蓋祖龍之暴,不是過矣。"《易‧巽卦》:"喪其資斧。"程頤《易傳》:"'旅卦,旅於處,得其資斧',得其資斧,爲得其財貨之資,器用之利。"案:後人據此就稱旅行的錢叫資斧。

〔五〕馴是善良的意思。《孟子‧梁惠王上》:"老弱轉乎溝壑。"

〔六〕這是指當時許多有反清色彩的秘密組織而言。梁氏只知道保清王朝的皇,所以要污衊他們爲匪徒了。這些秘密組織除白蓮教等當時已被殘酷鎮壓僅有少數保存外,要以三合會和哥老會爲最大。三合會的別動隊——小刀會,據外國人的記載,説他們在上海起義失敗以後,向福建、廣東活動,大部分則到海外。其中勢力最著的是在海峽殖民地,他們團結一致反抗當地的政府,互相保護,互相扶助,始終以反清復明爲目的。哥老會也稱哥弟會,成立在乾隆年間。同治初,曾國藩打敗太平軍,自己得了高官厚祿以後,無情地把跟他賣命的湘軍遣散了。他們很氣憤,有一大部分投入了哥老會,會的勢力自此漸強。到清末,又和其他革命團體結合,革命色彩更濃厚了。

〔七〕桓寬《鹽鐵論‧本議》:"川源不能實漏卮。"這裏是比喻利權外溢。

〔八〕《通典‧選舉》:"凡舉司課試之法,帖經者,以所習經,掩其兩端,中間唯開一行,裁紙爲帖,凡帖三字,隨時增損,可否不一,或得四,或得五,得六者爲通。"注:"後舉人積多,故其法益難,而舉人則索幽隱,爲詩賦而誦習之,不過十數篇,而難者悉詳矣。"案:"爲詩賦"就是總括爲歌訣,便於誦習和記憶,所以叫做帖括。《新唐書‧選舉志》:"明經者但記帖括。"後來凡是科舉應試的文章,都叫帖括。這裏是指當時科舉的八股文。

〔九〕考據是考證當時崇尚的經學，後來纔泛濫到史學地理學等各方面去。詞章是指詩賦雜文等而言。嚴復的《救亡決論》裏描寫當時自詡爲高明的人，沉醉在考據和詞章的破紙堆裏的情況說：『超俗之士，厭制藝（就是八股文）則治古文詞，惡試律則爲古今體，鄙折卷者則爭碑版篆隸之上遊，薄講章者則標漢學考據之赤幟。於是此追秦漢，彼尚八家，歸方劉姚，惲魏方龔，唐祖李杜，宋禰蘇黃，七子優孟，六家鼓吹，魏碑晉帖，南北派分，東漢刻石，北齊寫經，戴阮秦王，直闖許鄭，深衣幾幅，明堂兩個，鐘鼎校銘，珪琮著考，秦權漢瓦，穰穰滿家，諸如此倫，不可殫述。然吾得一言以蔽之曰無用，非真無用也，凡此皆富強而後，物阜民康，以爲怡情遣興之用，而非今日救弱救貧之切用也。』雖然他志切救亡，爲此一切抹煞之論，不免過激，但確是深刻地突出了當時一大部分高級知識分子的動態。

〔一○〕《史記·孟荀列傳》：『乃有大瀛海環其外。』這裏指海外各國而言。

〔一一〕《管子·小問》：『瞠然視。』尹知章注：『瞠，驚視貌。』音 chēng。

〔一二〕《清會典》：『兵制，滿洲八旗、蒙古八旗外，凡漢軍皆用綠旗，是謂綠營。』又：『駐防則受治於將軍、都統、副都統、城守尉、防守尉，而以達於部。皆專城，各綏其同城駐防官，以飭旗務。』

〔一三〕勺，古丐字。

〔一四〕《史記·五帝本紀》：『陶於河濱，河濱器皆不苦窳。』案：苦是粗的意思。窳音 gū，是有毛病的意思。

〔一五〕《說文解字》：『䊮，糧也。』

〔一六〕《漢書·馮奉世傳》：『韓昌爲偏裨。』案謂帶領全部軍隊中之一部分的軍官。

〔一七〕《南史‧王僧綽傳》:"究識流品。"案:流是指派別,品是指等第,就是説人品的高下。杜預《左傳》隱公五年注:"取此雜猥之物。"案:猥雜就是夾雜。

〔一八〕案:《隋書‧經籍志》有雜兵圖二卷,後世兵家也有圖畫,如陣圖、兵器圖、軍事地圖等類。

〔一九〕《左傳》文公十二年:"秦以勝歸,我何以報,乃皆出戰交綏。"注:"古名退軍爲綏,秦晉志未能堅戰,短兵未至,爭而兩退,故曰交綏。"案:後來就用交綏作交戰講,是不夠妥當的,這裏還是從俗。

〔二〇〕《新唐書‧車服志》:"胥吏商賈之妻。"案:"胥"見《周禮》,指役使的人,胥吏是指與時官署中管理案牘的職員。

〔二一〕馮桂芬《校邠廬抗議‧汰冗員議》:"今之冗員多矣,不冗於小,冗於大,不冗於閒,冗於要,不冗於一二,冗於十百。"又:"大官之多,爲漢以來所未有。"

〔二二〕保獎就是保舉和獎敍,是當時昇官的捷徑。李百藥《贊道賦》:"賣官鬻爵,以貨賄而見親。"

〔二三〕儈本是指市場買賣的中間人,這裏是指一般的商人。顯秩就是高級的官吏。

〔二四〕鄭觀應《盛世危言‧吏治上》:"進身之始,科甲、保舉、納捐既已不一其途,而吏部銓選之章,率範之於掣籤按輪之中,而不復問其人之賢否,及選補得缺,則需次日久,負債纍纍,廉俸不足以養其身家,黜陟不足以勵其志氣。"

〔二五〕《盛世危言‧吏治下》:"無廉恥而善於鑽營者,竟得保舉超陞,惟知削下媚上,不問民生休慼。"

〔二六〕供億古作共億,《左傳》隱公十一年:"寡人唯是一二父兄不能共億。"注:"供,給;億,安也。"案:供億本來是供給他所需要使之安頓的意思，後來只作供給講了。劉坤一、張之洞會奏變法事宜疏：﹁州縣官卑事繁，⋯⋯驛路大官之供億，委員例差之應酬，其養廉萬不足以給用。﹂

〔二七〕年限繩格就是上面第二十五條所講的銓選方法掣籤按輪必須有一定年限和一定資格。繩是不正者加以糾正的意思。

〔二八〕肉食指在位食祿的人，見《左傳》，詳見詩選注。

〔二九〕《孟子‧告子下》：﹁出則無敵國外患者，國恆亡。﹂

〔三〇〕賈誼《賈子新書‧數寧》：﹁夫抱火厝之積薪之下，而寢其上，火未及然，因謂之安，偷安者也。﹂

孟子曰：﹁國必自伐，然後人伐之。﹂又曰：﹁未聞以千里畏人者也。﹂又曰：﹁能治其國家，誰敢侮之。﹂〔一〕中國戶口之衆，冠於大地；〔二〕幅員式廓，〔三〕亦俄、英之亞也；〔四〕礦產充溢，積數千年未經開採；〔五〕土地沃衍，百植並宜；〔六〕國處溫帶，其民材智；君權統一，欲有興作，不患阻撓；此皆歐洲各國之所無也。夫以舊法之不可恃也如彼，新政之易爲功也又如此，何捨何從，不待智者可以決矣。

〔一〕分見《孟子》之《離婁》《梁惠王》《公孫丑》各篇。

〔二〕《世界年鑒》：光緒二十七年（案爲一九〇一年）人口爲四〇七二五三〇一九。

〔三〕《詩‧商頌‧長發》：﹁幅隕既長﹂，﹁帝命式於九圍。﹂毛傳：﹁幅，廣也。隕，均也。﹂陳奐疏：﹁言其疆之廣大均平。﹂朱熹《詩集傳》：﹁式，法也，使爲法於九州也。﹂案：幅隕之隕今作員。我國幅員的廣大，可參看詩選《愛國歌》第一首注〔四〕。

〔四〕柳詒徵《中國文化史》:"中國幅員之廣袤,世無其匹。世界大國,固有總計其所統轄之面積廣大於中國者,然若英之合五洲屬地,華離龐雜,號爲大國者,固與中國之整齊聯屬、純然爲一片土地者不同;即以美州之合衆國較之中國,其形勢亦復不侔,合衆國之東西道里已遜於我,其南北之距離則尤不逮。"

〔五〕康有爲公車上書:"藏富於地,中國爲最,如雲南銅錫,山西貴州煤鐵,湖廣江西銅鐵鉛錫煤,山東湖北鉛,四川銅鉛煤鐵,其最著者,亙古封禁,以待今日。山西煤鐵尤甚,星羅棋佈有百三十萬方里,苗皆平衍,品亦上上,德人以爲甲於五洲,地球用之,千年不盡。又外蒙古,阿爾泰山即金山也,長袤數千里,金產最著,又苗亦平衍,有整塊至數斤者。"案康氏所說不過據當時不很正確的傳說。梁氏當也據這些資料而言。解放以後,對祖國的礦產充溢纔有正確的報導:一九五九年九月二十二日《人民日報》載有《我們有無盡的寶藏》一文說:"十年來,我們發現了成千上萬的新礦點;十年來,我們勘探的礦產,已有八十八種,而舊中國三十多年只勘探了十八種。經過十年的勘探,我們已從過去資源不清、儲量極少,一躍爲世界上礦產資源儲量極豐富的國家。鎢、錫、鉬、銻的探明儲量已位於世界最前列,預計到今年年底,探明的可供工業設計的鐵礦將達一百一十四億噸,煤的探明儲量將達一千零六十億噸,可供建設一百萬噸煤的礦井一千對。其他象鉛、鋅、硫、磷、錳、鋁等礦產,探明儲量也都已名列世界各國前茅。即使過去認爲比較缺乏的鉀、鉻、鎳、硼以及發展尖端工業用的稀有金屬,現已找到不少豐富的礦產地。所有這些,爲我國社會主義建設提供了足夠的礦產資源。"

〔六〕康有爲《上皇帝第一書》:"物產二十六萬種之多。"

難者曰："今日之法匪今伊昔，五帝三王之所遞嬗，〔一〕三祖八宗之所詒謀，〔二〕累代率由，〔三〕歷有年所，必謂易道乃可為治，非所敢聞。"釋之曰：不能創法，非聖人也；不能隨時，非聖人也。上觀百世，下觀百世，經世大法，惟本朝為善變。入關之初，即下薙髮之令，〔四〕頂戴翎枝，端罩馬褂，〔五〕古無有也，則變服色矣；用達海創國書，藉蒙古字以附滿洲音，〔六〕則變文字矣；用湯若望、羅雅谷作憲書，參用歐羅巴法，以改大統曆，〔七〕則變曆法矣；聖祖皇帝永免滋生人口之賦，並入地賦，〔八〕自商鞅以來計人之法，漢武以來課丁之法，無有也，〔九〕則變賦法矣；舉一切城工河防，以及內廷營造，行在治躍，皆雇民給直，〔一〇〕三王於農隙使民，用民三日，且無有也，〔一一〕則變役法矣；平民死刑，別為二等，曰情實，曰緩決，猶有情實而不予句者，仕者罪雖至死，而子孫考試入仕如故，如前代所沿，夷三族之刑，〔一二〕發樂籍之刑，〔一三〕言官受廷杖，〔一四〕下鎮撫司獄之刑，〔一五〕更無有也，則變刑法矣。至於國本之說，〔一六〕歷代所重，自理密親王之廢，〔一七〕世宗創為密緘之法，〔一八〕高宗至於九降綸音，編為《儲貳金鑒》，〔一九〕為世法戒，而懵儒始知大計矣；巡幸之典，諫臣所爭，而聖祖、高宗，皆數幸江南，〔二〇〕木蘭秋獮，〔二一〕歲歲舉行，昧者或疑之，至仁宗貶謫松筠，宣示講武習勞之意，〔二二〕而庸臣始識苦心矣；漢、魏、宋、明，由旁支入繼大統者，輒議大禮，斷斷爭訟，〔二三〕高宗援據禮經，定本生父母之稱，取葬以士，祭以大夫之義，〔二四〕聖人制禮，萬世不易，觀於醇賢親王之禮，〔二五〕而天下翕然稱頌矣；凡此皆本朝變前代之法，善之又善者也。至於二百餘年,重熙累洽,〔二六〕因時變制,未易縷數,數其犖犖大者:〔二七〕崇德以前,以八貝勒分治所部,〔二八〕太宗與諸兄弟,朝會則共坐,餉用則均出,俘虜則均分;〔二九〕世祖入關,始嚴天澤之分,裁抑諸王驕蹇之習,〔三〇〕遂壹寰宇,詒謀至今矣;累朝用兵,拓地數萬里,膺閫外之寄,多用滿、蒙,〔三一〕逮文宗而兼用漢人,輔臣文慶力贊成之,而曾、左諸公遂稱名將矣;〔三二〕八旗勁旅,天下無敵,〔三三〕既削平前三藩、後三藩,〔三四〕乾隆中屢次西征,猶復簡調前往,〔三五〕朝馳羽檄,〔三六〕夕報捷書,逮宣宗時,而知索倫兵不可用,〔三七〕三十年來,殘蕩流寇,半賴召募之勇以成功,而同治遂號中興矣;〔三八〕內而治寇,始用堅壁清野之法,一變而爲長江水師,再變而爲防河圈禁矣;〔三九〕外而交鄰,始用閉關絕市之法,一變而通商者十數國,再變而命使者十數國矣,〔四〇〕此又以本朝變本朝之法者也。吾聞聖者慮時而動,使聖祖、世宗生於今日,吾知其變法之銳,必不在大彼得、俄皇名。威廉第一、德皇名。睦仁日皇名。之下也。〔四一〕記曰:"法先王者法其意。"今泥祖宗之法而戾祖宗之意,是烏得爲善法祖矣乎?

〔一〕五帝指黃帝、顓頊、帝嚳、堯、舜。三王指夏、商、周。
〔二〕三祖八宗自指清代,但當時只有三祖七宗:三祖是太祖愛新覺羅努爾哈赤、世祖福臨(努爾哈赤的孫子,皇太極的兒子)、聖祖玄燁。七宗是太宗皇太極(努爾哈赤的兒子)、世宗胤禛(玄燁的兒子)、高宗弘曆、仁宗顒琰、宣宗旻寧、文宗奕詝、穆宗載淳。清初睿親王多爾袞死後,曾追尊爲成宗。但不久即撤消,當然不能算數的。《詩・大雅・文王有聲》:"詒厥孫謀。"詒是遺留下來的意思。

〔三〕《詩・大雅・假樂》:"率由舊章。"案:率由是依從的意思。

〔四〕《東華錄》:"順治元年五月庚寅,攝政睿親王(案多爾袞)諭兵部:'各處城堡,著遣人持檄招撫,檄文到日,薙髮歸順者,地方官各升一級,軍民免其遷徙;有雖稱歸順而不薙髮者,定行問罪。'戊戌,諭故明官員軍民等:'諭到,俱即薙髮,倘有故違,即行誅剿。'丙寅,諭禮部:'……自今布告之後,京城內外限旬日,直隸各省地方自部文到日,亦限旬日,盡令薙髮。遵依者爲我國之民,遲疑者同逆命之寇,必置重罪;若規避惜髮,巧辭爭辯,決不輕貸;該地方文武各官皆當嚴行察驗。若有復爲此事瀆進章奏,欲將已定地方人民仍存明制,不隨本朝制度者,殺毋赦。'"案《金史》天會七年有削髮令,不如式者處死。《元史》也有厲行辮髮的命令。

〔五〕詳見《清史稿・輿服志》。關於頂戴的,如:"文一品,朝冠頂鏤花金座,中飾東珠一,上銜紅寶石。"(案《陔餘叢考》:"頂帽之制始於遼。")關於翎枝的,如:"凡孔雀翎翎端三眼者,貝勒戴之;二眼者,鎮國公……戴之;一眼者,內大臣……均得戴之。貝勒府司儀長,親王以下二三等護衛……均帶染藍翎。"關於端罩的,如:"皇帝……端罩紫貂爲之,……明黃緞裏,左右垂帶各二,下廣而銳,色與裏同。"志不及馬褂。《陔餘叢考》說:"凡扈從及出使,皆服短褂缺襟袍及戰裙短褂,亦曰馬褂,馬上所服也。"

〔六〕《清開國方略》:"己亥年(案明萬曆二十七年,公曆一五九九年)創制國書。時國中文移往來,皆習蒙古字,譯蒙古語,太祖命巴克什額爾德尼、噶蓋,以蒙古字改制國書,二臣辭,太祖曰:'但以蒙古字合我國之語音,聯綴成句,即可因文見義矣。'遂以蒙古字合之國語,創立滿文,頒行國中。"《清朝全史》:"至太宗朝,卓越之語學者達海出,一一加以整理,乃於十二字頭加以圈點,以立同形異言之區別,又漢字之音,難以滿蒙字書之者,更增其文字,以兩字連寫,切成一字焉。"(案這裏所說,和康熙八年"上諭"符合。《四庫全書總目提要》則以爲庫爾纏,恐誤,所以引《全史》。)《盛京通志》:"達海姓覺爾察,隸正藍旗滿洲。九歲即通滿漢文義,弱冠司文翰,正訂國書,更爲對音,切字諧聲,文義周密。譯《明會典》、《素書》、三略諸書,莫不稱善。授三等輕車都尉世職,命曰巴克什。天聰六年詳定國書字體,酌加圈點。六月,病卒。"

〔七〕阮元《疇人傳》:"湯若望字道未(案他是德意志人),明崇禎二年入中國。(案《清朝全史》説:'阿但寫爾於天啓二年入西安地方,於末年入北京。'阿但寫爾就是湯若望,所説到中國的年份和這裏不同。)次年五月,徵,供事曆局。順治二年十一月,以湯若望掌欽天監事。累加太常太僕寺卿。敕錫通微教師。康熙十七年卒。"又:"羅雅谷字間韶(案:也是德意志人),明天啓末年入中國,寓河南開封府。崇禎三年五月,督修新法,徐光啓奏請訪用。七月,赴局供事。九年三月卒。"《清史稿·時憲志》一:"順治元年六月,湯若望言,臣於崇禎二年來京,(案:《疇人傳》大約誤解這句話,就説這年來中國了。)曾依西洋新法,釐訂舊曆。今將新法所推本年八月初一日日食,京師及各省所見食限分秒並起復方位圖象進呈,乞屆期遣官測驗。從之。八月丙辰朔,大學士馮銓同若望赴觀象臺測驗,覆奏惟新法一一吻合,大統、回回二歷俱差時刻。敕新法既密合天行,監局宜學習,勿怠玩。十月,頒順治二年時憲書。"案羅雅谷死在崇禎九年,和清代憲書參用歐羅巴法是無關的。梁氏把羅雅谷和湯若望並舉,是錯誤了。

〔八〕王慶雲《石渠餘紀》："我朝初撫方夏，丁徭之法，悉沿明舊，有丁則有賦，時除其逃缺者，以戶口消長，定州縣之殿最。順治十八年編審，直省人丁二千一百六萬有奇；至康熙五十年編審，二千四百六十二萬有奇。嘗疑休養五十年間，滋生不過十分之二，蓋各省未以加增之丁盡數造報也。於是五十一年定丁額，諭曰：'海內承平日久，戶口日增，地畝並未加廣，應將現今丁數勿增勿減，永爲定額。自後所生人丁，不必徵收錢糧，編審時，止將實數察明造報。'廷議，五十年以後，謂之盛世滋生人丁，永不加賦，惟五年一編審如故。"

〔九〕商鞅計人之法，如《商君書・去彊》說："舉民衆口數，生者著，死者削，民不逃粟，野無荒草則國富，國富者彊。"《境內》說："四境之內，丈夫女子皆有名於上者著，死者削。其有爵者乞無爵者以爲庶子，級乞一人。其無役事也，其庶子役其大夫月六日；其役事也，隨而養之軍。"又《去彊》說："彊國知十三數，竟內倉口之數，壯男壯女之數，老弱之數，（案《兵守》說："三軍：壯男爲一軍，壯女爲一軍，男女老弱爲一軍，此之謂三軍也。"）官士之數，以言說取食之數，利民之數，馬牛芻稾之數。"也是有關計人的。漢武課丁之法，如《漢書・貢禹傳》說："貢禹以爲古民無賦算，口錢起武帝征伐四夷，重賦於民，民產子三歲，則出口錢，故民重困。宜令兒七歲乃出口錢。"又：《昭帝紀》注："如淳曰：'民年七歲至十四出口賦錢，人二十三，二十錢以食天子；其三錢者，武帝加口錢，以補車騎馬。'"

〔一〇〕案《周禮・夏官・隸僕》下說："掌蹕宮中之事。"注："蹕謂止行者清道。"蹕音 bì，本來是說封建時代君主出行，先趕走行人，清除道路；這裏却指君主出行經過的道路了。"直"就是值，指工錢。

〔一一〕《周禮·均人》:"……均人民牛馬車輦之力政。凡均力政,以歲上下,豐年,則公旬用三日焉;中年,則公旬用二日焉;無年,則公旬用一日焉;凶札,則無力政,無財賦。"案:凡是歌頌清王朝而不很有關係的,把它從略了。下同。

〔一二〕《史記·秦本紀》:"文公二十年,法初有三族之罪。"裴駰集解:"父族、母族、妻族也。"《廣雅·釋詁》:"夷,滅也。"

〔一三〕古時罪人的妻女發入樂部,一般叫做樂籍,唐宋時所謂官妓,大都是隸樂籍的人充當的。如《牧豎閒談》說"成都樂籍薛濤"及《海棠譜》說"齊安樂籍中李宜"都是。

〔一四〕言官就是諫官,又叫言事官。朱國楨《涌幢小品》:"廷杖始於唐玄宗時,御史蔣挺決杖朝堂,然本之又起於隋文帝,本紀稱殿庭撻人,此其徵也。成化以前,凡廷杖者不去衣,用厚棉底衣,重氈疊帊,示辱而已,然猶臥床數月而後得愈。正德初年,逆瑾用事,惡廷臣,始去衣,遂有杖死者。"

〔一五〕《涌幢小品》:"成弘間,下詔獄,惟叛逆、妖言、強盜好生打着問,其餘常犯,送錦衣鎮撫司問,轉法司擬罪。正德以後,一概打問,無復低昂矣。"

〔一六〕國本指太子。

〔一七〕《清史稿·諸王傳六》:"理密親王允礽,聖祖第二子。康熙十四年十二月,立爲皇太子。三十六年,有爲蜚語聞上者,自此眷愛漸替。四十七年九月,執允礽,尋以廢太子詔宣示天下。四十八年三月,復立允礽爲皇太子。五十一年十月復廢。"

〔一八〕《清文獻通考》:"雍正元年八月甲子,世宗御乾清宮西暖閣,召王大臣入,面諭曰:'朕諸子尚幼,建儲一事,必須詳慎,此時安可奉行。然聖祖既大付託於朕,朕身爲宗社之主,不得不預爲之計:今特將此事,親寫密封,藏於匣內,置之乾清宮正中世祖御書"正大光明"匾額之後,乃宮中最高之處,以備不虞。諸王大臣,咸宜知之。'"

〔一九〕案:乾隆元年、十八年、四十八年、四十九年屢次下"上諭"說明不預立太子的意思,見《清文獻通考》。《禮記·緇衣》:"王言如絲,其出如綸;王言如綸,其出如綍。"案:綸舊解青絲綬,見《說文解字》。大約是形容言語的有條理。《儲貳金鑒》也見《清文獻通考》,它說:"乾隆四十八年十月庚子,諭曰:'朕歷覽前代建儲諸弊,及我朝家法相承,於立儲一事之不可行,已明降諭旨,宣示中外。至史冊所載,因建立儲貳致釀事端者,不可枚舉,自當勒成一書,以昭殷鑒。書成,名為《儲貳金鑒》。"

〔二〇〕黃鈞宰《金壺浪墨》:"同郡程翁年九十,親見乾隆中六度南巡,省方問俗之外,大要以東南水患為先務;先是康熙間,南巡亦六次。至是,辛未、丁丑兩次,其後四次,為壬午、丙申、庚子、甲辰。"章炳麟《駁康有為論革命書》:"玄燁、弘曆數次南巡,強勒報效,數若恆沙。已居堯舜湯文之美名,而使佞幸小人間接以行其聚斂,其酷有甚於加稅開礦者。觀唐甄之《潛書》與袁枚之《致黃廷桂書》,則可知矣。"

〔二一〕清代康雍諸朝,每年八月,在熱河木蘭舉行圍獵,叫做"木蘭秋獮"。木蘭,滿語哨鹿的意思。打獵時,吹哨子來引鹿,所以叫做哨鹿。獮音 Xiǎn,是秋天打獵的專名,見《爾雅》和《說文解字》。

〔二二〕仁宗見上。松筠姓瑪拉特氏,字湘浦。蒙古正藍旗人。嘉慶時,官至大學士。

〔二三〕爭論大禮,雖始於漢代哀帝劉欣時,但吵得最兇的要算宋、明。宋治平中有濮議,明成化、嘉靖中有兩次百官伏闕爭禮的事故。為的都是皇帝由旁支承繼大統,打算追尊本生的父母,引起朝臣争論,鬧得鬼哭神嗥。推查它的原因,大約一是封建時代宗法制度的作祟;二是如明朝奉行祖訓,無需談什麼興革,官員們没有事做,往往極小事情,生扭在極大題目上,造成許多空鬧,只好把它從略了。斷斷是争辯的意思。《史記·魯世家》:"余聞孔子稱曰:'甚矣,魯道之衰也!洙泗之間,斷斷如也。'"斷音 yín。

〔二四〕《禮記·中庸》:"父爲大夫、子爲士,葬以大夫祭以士;父爲士、子爲大夫,葬以士祭以大夫。"

〔二五〕羅惇曧《德宗繼統私記》:"同治十三年十二月,穆宗大漸,孝欽后泣語諸王曰:'溥字輩無當立者。(案:溥字輩就是載淳的下一輩)奕譞長子今四歲矣,且至親,予欲使之繼統。'蓋醇親王嫡福晉,孝欽后妹也,孝欽利幼君可專政,倘爲穆宗立后,則己爲太皇太后,雖尊而疏,故欲以内親立德宗(案即載湉)也。諸王皆愕,不敢抗后旨,議遂定。是日穆宗崩,帝入居宫中,遂即位。醇親王疏言:'曲賜矜全,許乞骸骨。'諭令王公大學士六部九卿會議具奏,旋詔准開去各差使,以親王世襲罔替。"案這事和戊戌政變有關係,所以把不關注釋的也記了一點。

〔二六〕班固文:"至於永平之際,重熙而累洽。"案是累代昇平的意思。

〔二七〕《史記·天官書》:"此其犖犖大者。"案:犖犖是分明的意思。

〔二八〕崇德爲皇太極天聰後改元的年號。八貝勒疑應作四貝勒。

〔二九〕清太祖努爾哈赤有十六子,據記載諸子中代善最年長,曰大貝勒。次莽古爾泰曰三貝勒,太宗又在次曰四貝勒。還有努爾哈赤弟舒齊哈爾之子阿敏,共稱四大貝勒。此種名號,皆太祖定於生時,可視爲金國(案是滿洲之初號)開創之四本柱也。太宗即位，幾有名無實，實不外於四大貝勒之合議政治，據天聰元年正月記錄，金國寶位，非太宗所獨佔，代善、阿敏、莽古爾泰三人，以兄行而列座於太宗左右，同受朝拜。觀此則太宗在天聰朝，尚未占人君完全之實力，諸王暗鬬，久已相持。天聰四年，阿敏棄永平四城逃歸，遂幽禁之，代善曰："自今以後，上南面居中座，我與莽古爾泰侍坐於側，既奉爲上，不可不示以獨尊。議遂決。"

〔三〇〕世祖見上。《易·履卦》："象曰：'上天下澤，君子以辯上下，定民志。'"裁抑諸王驕蹇，如福臨親政以後，追貶多爾衮，不置輔政等。

〔三一〕《史記·馮唐列傳》："閫以内，寡人制之；閫以外，將軍制之。"閫指國門，"膺閫外之寄"是説受統軍出征的重託。徐珂《清稗類鈔》："世祖入關時，初議各省督撫盡用滿人，魏裔介謂當宏立賢無方之治，不當專用遼左舊人。議遂寢。康熙時，三藩既平，當時漢大臣之爲督撫者多於滿人，故議用滿人巡方以監察之；雍正一朝，督撫十之七八皆漢軍；至乾隆朝，則直省督撫，滿人爲多，漢人仕外官者，能洊至兩司，則已爲極品矣；及季年，各省督撫凡二十有六缺，漢人僅畢沅、孫士毅、秦承恩三人耳。"

〔三二〕案：滿人初入關，歧視漢人，驅之效死疆場，而首功不與。然自乾隆以後，滿臣多無能，不能勝任要職。咸豐初葉，有軍機大臣文慶者，知賽尚阿、納爾經額等諸滿人皆怯懦，乃慨然言曰："欲辦天下大事，當重用漢人，彼等多來自田家，知民之疾苦，諳其情僞；豈如吾輩滿人，未出國門一步，懵然於大計者哉！"文慶旗人也，乃以重用漢人爲務，屢進言於咸豐帝，勸去除滿漢之見，不拘資格。後用其言，遂選拔漢人任要職，鎮壓太平天國革命。如曾國藩之總督兩江，胡林翼之巡撫湖北,皆是旗人肅慎所推薦,左宗棠在湖南被人彈劾,幾獲罪,彼亦力保之。文慶臨死時,尤力斥滿人之無能。

〔三三〕《清史稿·兵志》:"有清以武功定天下,太祖崛起東方,初定旗兵制,八旗子弟,人盡爲兵,不啻舉國皆兵焉。"

〔三四〕魏源《聖武記》:"國朝兵事大者,曰前三藩、後三藩。前三藩,明福王、唐王、桂王也;後三藩,平西王吳三桂、平南王尚之信、靖南王耿精忠也。"

〔三五〕指弘曆所吹嘘的"十全武功"中平準噶爾、定回部和金川及降廓爾喀等幾個戰役而言。

〔三六〕《漢書·高帝紀》:"吾以羽檄征天下兵。"注:"檄者,以木簡爲書,長尺二寸,用徵召也,其用急事,則加以鳥羽插之,示速疾也。"檄音 xí。

〔三七〕索倫是部族的名稱,住在黑龍江。清王朝初期屢用他們的軍隊作戰,案嘉慶四年,嘗詔徵黑龍江之兵,往返數千里,供應浩繁,水土不服,不能作戰。合州知州龔景瀚條陳謂:"八旗官兵不可恃,其軍紀廢弛,所過地方,受害甚於盜賊。"

〔三八〕案:清廷爲了即省調兵經費,募集鄉勇,自嘉慶元年至二年,四川一省鄉勇之數,已達三十萬人。道光以後的所謂楚勇、湘軍、淮軍,也都是召募來的。血腥鎮壓了太平天國和捻黨的革命運動,所謂"同治中興"是暫時維持了搖搖欲墜的王朝危局。

〔三九〕案:嘉慶二年中,德楞泰條陳堅壁清野之法以鎮壓白蓮教起義。咸豐三年五月太平軍北渡淮河,南圖南昌。御史黃經乃上書,請命東南各省督撫,各造戰艦。清廷指湖南爲造船地。四年二月,艦隊告成。梁氏《李鴻章》:"捻之起也,始於山東遊民;咸豐三年,……橫行皖齊豫一帶,官軍……屢敗衄;咸豐七年,遊騎遂及直隸大名府等地。……官軍之剿捻也,惟事追躡,勞而無功,間講防堵,則彌縫一時耳,以故勞師十五年,而無所成。自曾國藩受事以後,始畫長圍圈制之策,謂必蹙敵一隅,然後可以聚殲。李鴻章稟承之,遂定中原。……鴻章以爲捻賊已成流寇,逼之不流,然後會師合剿,乃爲上策。故(同治)四年十一月,曾奏稱須蹙之於山深水復之處,棄地以誘其入,然後合各省之兵力,三四面圍困之。後此大功之成,實由於是。"案:此文作於辛丑,這時是他自以爲革命情緒最高漲的時期。但他的立場毫没有改變,對人民起義的軍隊,誣之曰"賊""寇""流寇",清軍的殘酷鎮壓,稱之爲"剿""合剿""聚殲",對曾李劊子手們的惡毒長圍政策,則夸詡不容口。由此可以知道,他所謂革命,實質上不過是君主立憲改良主義而已。其他類此者很多,特發凡於此。

〔四〇〕王之春《柔遠記》:"康熙二十二年夏六月,開海禁。"《清會典》:"凡有約之國十有六:曰俄羅斯,曰英吉利,曰瑞典那威,曰米利堅,曰法蘭西,曰德意志,曰丹麻爾,曰荷蘭,曰日斯巴尼亞,曰比利時,曰意大利亞,曰奧斯馬加,曰日本,曰秘魯,曰巴西,曰葡萄牙。"宜厚初《使泰西記》:"同治六年丁卯十二月初二日,總理各國事務衙門章京志剛奉旨派充使臣,偕同美國欽使蒲安臣、英國協理柏卓安、法國協理德善等,恭賷國書,前往西洋有約各國,辦理中外交涉事件。"

〔四一〕大彼得已見上第二段注〔七〕。威廉第一於一八六一年即普魯士王位,用俾士麥作宰相,擴張軍備,戰勝奥、法,統一帝國。一八七一年,登上德意志帝位。日本睦仁於一八六七年即位,明年改元明治。廢掉幕府,改藩設縣,仿傚西方,立法定制,漸漸强大起來,世稱明治維新。可參看詩選《去國行》有關各注和上注。明治維新是代表資產階級化的貴族階級的利益的力量掃除了幕府專政,要求把全國土地由封建諸侯移歸天皇統治,實際是建立了由他們統治的新局面,進行了歐化的改良。他們的所謂歐化,就是吸取歐洲先進的資產階級的軍事和技術、文化用來富國強兵。在農村中還是保留了嚴格的封建制度。農民曾有極大貢獻於維新運動,但是他們給農民的革命烽火嚇壞了,等到他們取得政權以後就立刻反過頭來鎮壓農民。新政權是新的封建領主和資產階級化的貴族階級的聯合統治,這是明治維新的本質。以上約取近人林舉岱《西洋近代史綱》。明治維新是當時改良派所最企羨的事,一意要心摹手追的,所以順便在這裏說明一下。

中國自古一統,環列皆小蠻夷,但虞內憂,不患外侮,故防弊之意多,而興利之意少,懷安之念重,而慮危之念輕。〔一〕秦後至今,垂二千年,時局匪有大殊,故治法亦可不改。國初因沿明制,稍加損益,〔二〕稅斂極薄,徵役幾絕;〔三〕取士以科舉,雖不講經世,〔四〕而足以颺太平;〔五〕選將由行伍,雖未嘗學問,然足以威萑苻;〔六〕任官論資格,〔七〕雖不得異材,而足以止奔競;天潢外戚,〔八〕不與政事,故無權姦僭恣之虞;督撫監司,互相牽制,故無藩鎮跋扈之患。〔九〕使能閉關畫界,永絕外敵,終古為獨立之國,〔一〇〕則墨守斯法,〔一一〕世世仍之,稍加整頓,未嘗不足以治天下,而無如其忽與泰西諸國相遇也。泰西諸國並立,大小以數十計,狉獉思啓,〔一二〕互相猜忌,稍不自振,則滅亡隨之矣。故廣設學校,獎勵學會,懼人才不足,而國無與立也;振興工藝,保護商業,懼利源為人所奪,而國以窮蹙也;將必知學,兵必識字,日夜訓練,如臨大敵,船械新制,爭相駕尚,懼兵力稍弱,一敗而不可振也;自餘庶政,罔不如是,日相比較,日相磨厲,〔一三〕故其人之才智,常樂於相師,而其國之盛強,常足以相敵,蓋捨是不能圖存也。而所謂獨立之國者,目未見大敵,侈然自尊,謂莫己若,又欺其民之馴弱而凌恀之,〔一四〕慮其民之才智而束縛之,積弱凌夷,〔一五〕日甚一日,以此遇彼,猶以敝癰當千鈞之弩,故印度、突厥 突厥居歐東,五十年前未與英法諸國交涉,故亦為獨立之國。之覆轍,不絕於天壤也。

〔一〕梁氏有《論中國積弱由於防弊》一文可以參看。《左傳》僖公二十三年:"懷與安,實敗名。"案:懷安是懷念恩情、貪圖安逸的意思。

〔二〕柳詒徵《中國文化史》:"清之制度,一切皆沿朱明之舊,其異者,特因事立制,久而相沿,隨時補敝救偏,無大規模之建設也。"

〔三〕范文瀾《中國通史》:"田賦與差徭是人民兩個重大負擔,差徭害民尤甚。多爾袞入關,首採范文程建議,照萬曆定額徵收錢糧,盡廢天啓、崇禎各種加派。又採用一條鞭法(人民納一定賦稅後,所有運輸募役等費由官自辦,民不預聞),免去雜徭。這些措置,對明末窮困勞倦的人民,確是一種寬政。康熙五十年,規定'以後滋生人口,永不加賦',從此丁銀有定額,無田人民得免納丁稅,有田人民攤派並不過分苛重,清代賦稅制度比前代優良,是不容否認的。"

〔四〕經世是經營世務的意思。戊戌前後,知識分子多喜講經世的學問,於是編輯經世論文的很多。如:賀長齡、葛士濬、盛康、陳忠倚、何良棟、麥仲華、甘韓等都是。

〔五〕颺和揚通,是宣揚的意思。

〔六〕《左傳》昭公二十年:"鄭國多盜,取人於萑苻之澤,……攻萑苻之盜盡殺之。"案:萑音 huán,萑苻本指長有葦荻的沼澤地方,後人却把它作爲盜賊的代名詞了。

〔七〕案:資是指身分閱歷,唐時酬功有上資、次資、下資、無資的分別,見《新唐書·百官志》。格是指資有限制,如一定的格式。資格之説,起於唐代。《新唐書·裴光庭傳》:"乃爲循資格,無賢不肖,一據資考配擬。"

〔八〕庾信文:"派別天潢。"案:天潢是喻皇族。潢本是積水,見《説文》,歌頌皇族的繁衍如天河的分派一樣。《史記·外戚世家》:"自古受命帝王,及繼體守文之君,非徒内德茂也,蓋亦有外戚之助焉。"外戚指帝王的母黨、妻黨。

〔九〕《新唐書·方鎮表序》:"方鎮之患,始也各專其地以自世,既則迫於利害之謀,故其喜則連衡而叛上,怒則以力而相併,及其甚,則起而弱王室。唐自中世以後,收功弭亂,雖常倚鎮兵,而其亡也,亦終以此。"《新唐書》別有《藩鎮傳》。

〔一〇〕《楚辭·離騷》:"余焉能忍與此終古。"終古就是久遠。

〔一一〕《後漢書·鄭玄傳》:"任城何休好公羊學,遂著《公羊墨守》、《左氏膏肓》、《穀梁廢疾》。"注:"言公羊義理深遠,不可駁難,如墨翟之守城。"案:本來是贊美的意思,但後來變作頑固不願改進解了。

〔一二〕狡是狂亂的意思。

〔一三〕磨歷一作磨礪。《論衡》"漸漬磨礪",就是磨煉。

〔一四〕凌是欺凌。牿音 gù,本訓楅,楅是防牛觸人加在角上的木頭,這裏是防範束縛的意思。

〔一五〕凌夷應作陵夷,《史記·高祖功臣侯年表序》:"始未嘗不欲固其根本,而枝葉稍陵夷衰微也。"《漢書·成帝紀》"日以陵夷"，王先謙補注："陵與夷皆平也；《文選·長楊賦》注引薛君《韓詩章句》曰：'四平曰陵。'陵夷衰微四字平列。"

難者曰："法固因時而易，亦因地而行。今子所謂新法者，西人習而安之，故能有功，苟遷其地則弗良矣。"〔一〕釋之曰：泰西治國之道，富強之原，非振古如茲也，〔二〕蓋自百年以來焉耳。舉官新制，起於嘉慶十七年；〔三〕先是歐洲舉議院及地方官，惟擁厚貲者，能有此權，是年拿破侖變西班牙之政，始令人人可以舉官。民兵之制，起於嘉慶十七年；〔四〕工藝會所，起於道光四年；〔五〕農學會，起於道光二十八年；〔六〕國家撥款以興學校，起於道光十三年；〔七〕報紙免稅之議，起於道光十六年；〔八〕郵政售票，起於道光十七年；〔九〕輕減刑律，起於嘉慶二十五年；〔一〇〕汽機之制，起於乾隆三十四年；〔一一〕行海輪船，起於嘉慶十二年；〔一二〕鐵路起於道光十年；〔一三〕電綫起於道光十七年；〔一四〕自餘一切保國之經，利民之策，相因而至，大率皆在中朝嘉、道之間。〔一五〕蓋自法皇拿破侖倡禍以後，歐洲忽生動力，因以更新。〔一六〕至其前此之舊俗，則視今日之中國無以遠過，英人李提摩太近譯《泰西新史攬要》言之最詳。〔一七〕惟其幡然而變，不百年間，乃浡然而興矣。然則吾所謂新法者，皆非西人所故有，而實爲西人所改造，改而施之西方，與改而施之東方，其情形不殊，蓋無疑矣。況蒸蒸然起於東土者，尚明有因變致強之日本乎？

〔一〕《周禮·考工記》："鄭之刀、宋之斤、魯之削、吳越之劍，遷其地而弗能爲良，地氣然也。"

〔二〕《詩·周頌·載芟》:"振古如兹。"毛傳:"振,自也。"

〔三〕嘉慶十七年爲公元一八一二年。

〔四〕普魯士自被拿破侖擊敗於耶拿以後,元氣大傷,力謀軍隊的改革。他們的目的是推行全國皆兵的制度,但當時法德的《的爾西特和約》限制普魯士常備軍的人數不得超過四萬二千人,他們乃想出一個新陳代謝的辦法,輪流召募訓練,數目雖然照舊,但幾年以後,實際勝兵(就是能勝任的兵士)就可達到十五萬以上,創始的人是名將沙綸和斯特,爲後來徵兵制的起源。

〔五〕道光是清旻寧的年號,四年爲公元一八二四年。

〔六〕道光二十八年爲公元一八四八年。

〔七〕道光十三年爲公元一八三三年。案:拿破侖改革全國學校,設立大學院,有甚巨的基金,早在一八〇六年。

〔八〕道光十六年爲公元一八三六年。案:一八三三年,英國減輕報紙廣告稅;一八三六年,減少報紙印花稅;至一八五六年,方纔完全免除。

〔九〕道光十七年爲公元一八三七年。案:蘇聯《星火雜誌》一九五六年二十六期戴赫斯《郵政史料片斷》説:"郵件不管路途遠近,收取統一郵資,始於一八四〇年的英國,也就在那個時候,出現了第一張郵票。"《集郵》一九五六年十期《郵票誕生的前前後後》説:"一八四〇年五月六日,世界上第一枚維多利亞女王側面像的黑色便士郵票誕生了。"那末郵政售票實始於道光二十年,十七年是錯誤的。

〔一〇〕嘉慶是清顒琰的年號,二十五年爲公元一八二〇年。案:英國在十九世紀初年,刑律還帶着中古遺留下來的野蠻性,單講死刑的罪名,就有二百五十種之多,例如小偷,也可以犯死罪,後來幾經減輕,直到一八六一年,纔把死罪減少到三種。

〔一一〕乾隆是清弘曆的年號,三十四年爲公曆一七六九年。案:瓦特之研究蒸汽機始於一七六三年的冬天,一七八五年諾定昂一紗廠,首用此種汽機。

〔一二〕嘉慶十二年爲公曆一八〇七年。案:一八〇七年,一美人名福爾敦的,有汽船名克勒芒,用英制的機器,駛行於紐約附近的哈得遜河,但並沒有出海。出海則始於一八一九年,船名塞芬那,由美國的塞芬那到英國的利物浦,凡行二十五天。

〔一三〕道光十年爲公曆一八三〇年。案:一八〇八年,英人特威西克已造成蒸汽火車頭,名字叫做"誰能捉住我";跟着有一個礦工的兒子,也對這事發生興趣,繼續研究,那就是史蒂文生。一八一四年,始造成一小機車名巴芬比來,作爲礦區運輸,一八二五年,得英國國會允許,在斯塔克敦和達林敦的中間,造一鐵道,於一八三〇年正式通車。

〔一四〕一八三七年美國人摩爾斯發明電報。鄭觀應《盛世危言·電報篇》説:"電報創於丹。"謂丹麥。

〔一五〕嘉、道就是嘉慶、道光。

〔一六〕拿破侖可參看詩選《壯別》第五首注。《西洋通史》:"自拿破侖失敗以後,歐洲的新舊兩派,無日不在鬥爭。有一個時期,似乎舊派頗占勝利,但事實上不是如此,法國革命産生的新思想與新制度,已傳遍歐洲,人心已深受其影響,以一時暴力壓制了一般人新情緒的表現,但是暗中仍是繼長增高。"

〔一七〕李提摩太是英國的傳教士。在戊戌政變前,主持廣學會,是一個披着宗教外衣的僞善者,當時很多人受他的欺騙和蒙蔽,康梁就是其中之一。近人丁則良著有《李提摩太》一書,揭露他的侵略中國陰謀。

難者曰:"子言辯矣!然伊川被髮,君子所嘆。〔一〕用彝變夏,〔二〕究何取焉?"釋之曰：孔子曰："天子失官,學在四夷。"〔三〕《春秋》之例,彝狄進至中國,則中國之。古之聖人未嘗以學於人爲慚德也。然此不足以服吾子,請言中國：有土地焉,測之、繪之、化之、分之,審其土宜,教民樹藝,神農后稷,〔四〕非西人也;度地居民,歲杪制用,夫家衆寡,六畜牛羊,纖悉書之,〔五〕《周禮》《王制》〔六〕,非西書也;八歲入小學,十五就大學,升造爵官,皆俟學成,〔七〕庠序學校,〔八〕非西名也;謀及卿士,謀及庶人,國疑則詢,國遷則詢,〔九〕議郎博士,非西官也;漢制:博士與議郎、議大夫同主論議,國有大事則承問。即今西人議院之意。〔一〇〕流宥五刑,疑獄衆共,輕刑之法,陪審之員,〔一一〕非西律也;三老嗇夫,由民自推,〔一二〕辟署功曹,不用他郡,〔一三〕鄉亭之官,非西秩也;爾無我叛,我無強賈,〔一四〕商約之文,非西史也;交鄰有道,〔一五〕不辱君命,〔一六〕絶域之使,〔一七〕非西政也;邦有六職,工與居一,〔一八〕國有九經,工在所勸,〔一九〕保護工藝,非西例也;當宁而立,當扆而立,〔二〇〕禮無不答,旅揖士人,〔二一〕禮經所陳,非西制也;天子巡守,〔二二〕以觀民風,〔二三〕皇王大典,非西儀也;地有四遊,地動不止,〔二四〕日之所生爲星,〔二五〕讖緯雅言,〔二六〕非西文也;腐水離木,〔二七〕均發均縣,〔二八〕臨鑒立景,〔二九〕蛻水謂氣,〔三〇〕電緣氣生,〔三一〕墨翟、亢倉、關尹之徒,〔三二〕非西儒也。故夫法者天下之公器也,徵之域外則如彼,考之前古則如此,而議者猶曰"彝也,彝也"而棄之,必舉吾所固有之物不自有之,而甘心以讓諸人,又何取耶?

〔一〕《左傳》僖公二十二年:"辛有過伊川,見被髮而祭於野者;曰:不及百年,此其戎乎?其禮先亡矣。"

〔二〕《孟子·滕文公上》:"吾聞用夏變夷者,未聞變於夷者也。"案:這裏夷作彝,是清代的忌諱,因爲滿族,在從前來講,也在夷狄之列,入主中國以後,就把一切夷狄字樣都避忌了。

〔三〕《左傳》昭公十七年:"郯子來朝:……孔子聞之,見於郯子而學之。既而告人曰:'吾聞之,天子失官,學在四夷,猶信。'"

〔四〕《淮南子·修務訓》:"古者民茹草飲水,採樹木之實,食蠃蛖(案古蚌字)之肉,時多疾病毒傷之害。於是神農乃始教民播種五穀,相土地,宜燥濕肥磽高下,嘗百草之滋味,水泉之甘苦,令民知所避就。"《史記·周本紀》:"周后稷名棄,棄爲兒時,好種樹麻菽,麻菽美;及爲成人,遂好耕農,相土之宜,宜穀者稼穡焉。民皆法則之,帝堯聞之,舉棄爲農師。"《吕氏春秋》有《任地》,全引后稷說,前後還有上農、辯土、審時三篇,也是關於樹藝的。

〔五〕《禮記·王制》:"冢宰制國用,必於歲之杪,五穀皆入,然後制國用。用地小大,視年之豐耗,以三十年之通制國用,量入以爲出。……國無九年之蓄、曰不足;無六年之蓄,曰急;無三年之蓄,曰國非其國也。三年耕,必有一年之食;九年耕,必有三年之食;以三十年之通,雖有凶旱水溢,民無菜色。……司空執度度地,居民山川沮澤,時四時,量地遠近,興事任力。……凡居民材,必因天地寒暖燥濕。……凡居民量地以制邑,度地以居民,地邑民居,必參相得也。"《周禮·地官》:"族師以邦比之法,帥四閭之吏,以時屬民,而校登其族之夫家衆寡,辨其貴賤老幼廢疾可任者,及其六畜車輦。"又:"縣師,辨其夫家人民田萊之數及其六畜車輦之稽。"注:"夫家猶男女也"案:夫家指男女婚配當家而言。

〔六〕《周禮》本稱《周官》,相傳是周公姬旦作的,但和周時制度不符。何休說是六國時人作,或者可信。《王制》是《小戴禮記》中的一篇,和戊戌變法有關的皮錫瑞有《王制箋》,以爲中多殷制。

〔七〕《大戴禮記·保傅》:"八歲而出就外舍,束髮而就大學。"班固《白虎通義·辟雍》:"八歲入小學,十五入大學。"《小戴禮記·學記》:"一年視離經辨志,三年視敬業樂羣,五年視博習親師,七年視論學取友,謂之小成;九年知類通達,強立而不反,謂之大成。夫然後足以化民易俗,近者說服,而遠者懷之,此大學之道也。"

〔八〕《孟子·滕文公上》:"設爲庠序學校以教之,庠者養也,校者教也,序者射也,夏曰校,殷曰序,周曰庠。"

〔九〕《書·洪範》:"汝則有大疑,謀及乃心,謀及卿士,謀及庶人。"《周禮·秋官》:"小司寇之職,掌外朝之政,以致萬民而詢焉:一曰詢國危,二曰詢國遷,三曰詢立君。"

〔一〇〕西人議院制度早萌芽於英國薩克遜時代。當時有一種賢人會議,由國王召集貴族和主教等,議論國家大事;後來蛻變爲大會議;到亨利第三在位,遂有第一次國會的召集,且第一次有平民的代表參加。當時的議員除貴族和教士外,每郡得選出紳士兩人,每城選出公民兩人,參加討論。

〔一一〕《書·堯典》:"象以典刑,流宥五刑。"蔡沈傳:"墨、劓、剕、宮、大辟,五刑之正也,所以待夫元惡大憝、殺人傷人、穿窬淫放,凡罪之不可宥者也;流宥五刑者,流遣之使遠去,宥、寬也,所以待夫罪之稍輕,雖入於五刑,而情可矜、法可疑,則以此而寬之也。"《禮記·王制》:"疑獄,氾與衆共之,衆疑,赦之。"疏:"己若疑彼罪而不能斷決,當與衆庶共論決之也。衆疑赦之者,若衆人疑惑,則當放赦之。"案:流宥是輕刑,衆共似陪審，所以他這樣說。

〔一二〕《漢書·百官公卿表》："縣令、長，皆秦官，掌治其縣。萬戶以上爲令，減萬戶爲長，皆有丞、尉，是爲長吏；有斗食、佐史之秩，是爲少吏。大率十里一亭，亭有長；十亭一鄉，鄉有三老、有秩、嗇夫、遊徼，三老掌教化，嗇夫職聽訟、收賦稅，遊徼循禁賊盜。縣大率方百里，其民稠則減，稀則曠，鄉亭亦如之，皆秦制也。"又《高帝紀》："三年二月，令舉民五十以上，有修行，能率衆爲善，置以爲三老，鄉一人；擇鄉三老一人爲縣三老，與縣令、丞、尉以事相教。"

〔一三〕《後漢書·百官志》："功曹從事，主州選署及衆事。"

〔一四〕《左傳》昭公十六年："昔我先君桓公，與商人皆出自周，庸次比耦，以艾殺此地，斬之蓬蒿藜藋，而共處之。世有盟誓，以相信也，曰：'爾無我叛，我無彊賈，毋或匄奪，爾有利市寶賄，我勿與知。'恃此質誓，故能相保，以至於今。"案：彊是强的古字，無强賈就是不强買東西。

〔一五〕《孟子·梁惠王下》："齊宣王問曰：'交鄰國有道乎？'孟子對曰：'有。惟仁者爲能以大事小，是故湯事葛，文王事昆夷；惟智者爲能以小事大，故大王事獯鬻，句踐事吳。'"

〔一六〕《論語·子路》："子曰：'行己有恥，使於四方，不辱君命，可謂士矣。'"

〔一七〕《後漢書·班超傳》："願從谷吉，效命絶域。"絶域就是極遠的地域。

〔一八〕《周禮·考工記》："國有六職：坐而論道，謂之王公；作而行之，謂之士大夫；審曲面執，以飭五材，以辨民器，謂之百工；通四方之珍異以資之，謂之商旅；飭力以長地財，謂之農夫；治絲麻以成之，謂之婦功。"

〔一九〕《禮記·中庸》："凡爲天下國家有九經：曰修身也，尊賢也，親親也,敬大臣也,體羣臣也,子庶民也,來百工也,柔遠人也,懷諸侯也。"

〔二〇〕《禮記・曲禮》:"天子當依而立,諸侯北面而見天子,曰覲;天子當宁而立,諸公東面,諸侯西面,曰朝。"案:依一作扆,《爾雅》:"牖戶之間謂之扆。"鄭玄説:"扆如今綈素屏風。"《爾雅》:"門屏之間謂之宁。"郭璞注:"人君視朝所宁立處。"案:宁音 zhù,"宀"的本字。古時君臣相見都是立的。

〔二一〕《禮記・燕義》:"君舉旅於賓,及君所賜爵,皆降再拜稽首,升成拜,明臣禮也;君答拜之,禮無不答,明君上之禮也。"

〔二二〕《書・堯典》:"歲二月東巡守。"又作巡狩。《孟子・梁惠王下》:"天子適諸侯曰巡狩,巡狩者,巡所守也。"

〔二三〕《禮記・王制》:"命大師陳詩以觀民風。"疏:"各陳其國風之詩,以觀其政令之善惡。"

〔二四〕邢昺《爾雅・釋天》疏:"地與星辰俱有四遊升降。四遊者:自立春地與星辰西遊,春分,西遊之極,地雖西極,升降正中,從此漸漸而東,至春末復正;自立夏之後北遊,夏至,北遊之極,地則升降極下,至夏末復正;立秋之後東遊,秋分,東遊之極,地則升降正中,至秋末復正;立冬之後南遊,冬至,南遊之極,地則升降極上,至冬末復正。此是地及星辰四遊之義也。"

〔二五〕《春秋緯説題辭》:"星之爲言精也,陽之榮也,陽精爲日,日分爲星,故其字日生爲星。"

〔二六〕漢郃陽令曹全碑:"甄極毖緯。"這裏的毖緯指《春秋緯説題辭》,毖假作秘。緯學淵源於陰陽家,東漢時代,非常風行,以七緯爲内學,五經爲外學。東漢至唐,皆在秘書,故稱秘緯。雅言指《爾雅》。

〔二七〕"腐水離木",見《墨子・經説下》:"五合(案五指五行),水土火(案:孫詒讓說疑當作木生火),火離然,火鑠金,火多也,金靡炭,金多也,合之付水(畢沅云,付疑同腐),木離木。"《盛世危言·西學篇》:"古所載爍金腐水,離木同重,體合類異,二體不合不類(案體合類異兩句,也見《墨子·經上》),此化學之出於我也。"

〔二八〕"均發均縣",也見《墨子·經說下》:"均發,均縣輕重而發絕,不均也;均,其絕也莫絕。"《盛世危言·西學篇》:"古所謂均發,均懸輕重而發絕,其不均也。均,其絕也莫絕。此重學之出於我也。"

〔二九〕"臨鑒立景",《墨子·經下》:"臨鑒而立,景到。"又《經說下》:"景,光至景亡。若在盡古息。景,二光夾一光,一光者景也。景光之人煦若射,下者之人也高,高者之人也下,足敝下光(案敝同蔽),故成景於上;首敝上光,故成景於下;在遠近有端,與於光,故景庫內也。日之光反燭人,則景在日與人之間。景,木柂(案柂就是斜)、景短大,木正、景長小,大小於木,則景大於木,非獨小也。"《盛世危言·西學篇》:"古云臨鑒立影,二光夾一光,足被下光,故成影於上,首被上光,故成影於下,近中所鑒,大影亦大,遠中所鑒,小影亦小,此光學之出於我也。"

〔三〇〕"蛻水謂氣"見《亢倉子》,"謂"應作爲。《亢倉子》:"蛻地之謂水,蛻水之爲氣。"《盛世危言·西學篇》也引此,下面說:"此氣學之出於我也。"

〔三一〕"電緣氣生"見《關尹子》,它說:"石擊石生光,雷電緣氣以生,亦可爲之。"《盛世危言·西學篇》也引此,下面說:"《淮南子》:'陰陽相薄爲雷,激揚爲電,'此電學之出於我也。"

〔三二〕墨子姓墨名翟,戰國初期的魯人。曾爲宋國大夫,弟子很多,死在周安王的末年,大約有八九十歲。孫詒讓有《墨子傳略》。亢倉今世傳有《亢倉子》,相傳就是莊子所說的庚桑楚,住在畏壘山。這部書《漢書·藝文志》、《隋書·經籍志》都不著録,唐柳宗元說它是偽託。關尹相傳名喜,和老子同時,高誘《吕氏春秋·不二》注說:"關尹關正,作道書九篇。知老子到,說之,著上至經五千言,而從之遊。"《漢志》載他的書在道家,久已失去。今所傳的《關尹子》一卷,大約是後人假託。

難者曰:"子論誠當,然中國當敗衄之後,〔一〕窮蹙之日,慮無餘力克任此舉,強敵交逼,眈眈思啓,亦未必能吾待也。"釋之曰:日本敗於三國,受迫通商,反以成維新之功;〔二〕法敗於普,爲城下之盟,償五千兆福蘭格,割奥斯、鹿林兩省,〔三〕此其痛創,過於中國今日也。然不及十年,法之盛強,轉逾疇昔。〔四〕然則敗衄非國之大患,患不能自強耳。孟子曰:"國家閒暇,及是時明其政刑,雖大國必畏之矣。"又曰:"國家閒暇,及是時般樂怠敖,〔五〕是自求禍也。"〔六〕泰西各國,磨牙吮血,〔七〕伺於吾旁者固屬有人;其顧惜商務,不欲發難者,亦未始無之。徒以我晦盲太甚,厲階孔繁,〔八〕用啓戎心,亟思染指。〔九〕及今早圖,示萬國以更新之端,作十年保太平之約,亡羊補牢,〔一〇〕未爲遲也。

〔一〕左思《吴都賦》:"莫不衄銳挫芒,"衄音 nù,是䘐字的别寫。挫折的意思。
〔二〕日本當十九世紀六十年代以前,是一個十足的封建國家,天皇是傀儡,地方政權分割於許多封建領主,中央政權則由一個大貴族領主德川幕府所把持。它對內實施殘酷的封建剥削,對外執行嚴格的鎖港政策。但這時歐洲各資本主義國家正對中國進行猛烈的殖民侵略活動,也震撼了日本。終於在一八五三年美國資本主義用軍艦大炮搗開了日本的大門,德川政府在被迫下簽訂了通商條約。接着英、俄也提出了要求,和美國一樣,都訂下了不平等的條約。這就是日本敗於三國受迫通商的事實。維新之功詳上睦仁條。

〔三〕法皇拿破侖第三反動的對內政策和侵略的對外政策,引起人民羣衆的極大不滿;再加宮廷的奢侈,政治的腐敗,貿易的入超,也引起工商業資本家的不滿,爆發了政治上的鬪爭。拿破侖第三企圖發動對外戰爭以緩和國內的情勢,便以西班牙王位繼承人問題,於一八七〇年七月先向普魯士宣戰。結果法軍大敗,拿破侖第三竟做了俘虜,普軍進圍巴黎。當法軍敗報到達巴黎時,工人和市民們都起來革命,但政權却落在資產階級的手裏,宣佈第三次共和政府的成立。於一八七一年一月二十八日向普魯士求和,普相俾士麥提出要求:割讓法國的亞爾薩斯和洛林兩省,並賠償五千兆法郎,賠款償清後,軍隊方能撤回。法國資產階級政府只得一一應允。

〔四〕法國敗後,國民會議在退耳的指導下,於三年內把賠款償清,使德國(案:這時已成立德意志帝國)駐軍撤出國境,從此便努力於鞏固自己的軍事地位,采用德國的徵兵制,規定全國人民都有當五年常備兵、十五年後備兵的義務。

〔五〕《孟子》:"般樂怠敖",趙岐注:"般,大也。"鄭玄《禮記·少儀》注:"怠,惰也。"《詩·小雅·嘉賓》毛傳:"敖,遊也。"

〔六〕見《孟子·公孫丑上》。

〔七〕李白《蜀道難》:"磨牙吮血。"

〔八〕《詩·大雅·瞻卬》:"婦有長舌,維厲之階。"厲階就是惡的開端。孔是甚的意思,《詩·小雅·鹿鳴》:"德音孔昭。"

〔九〕《左傳》宣公四年:"楚人獻黿於鄭靈公。公子宋與子家將見,子公之食指動,以示子家曰:'他日我如此,必嘗異味。'及入,宰夫將解黿,相視而笑。公問之,子家以告。及食大夫黿,召子公而弗與也。子公怒,染指於鼎,嘗之而出。"後人作爲沾取非分利益的代名詞。

〔一〇〕《戰國策‧楚策》:"亡羊而補牢,未爲遲也。"牢是養牛羊的圈。

天下之爲說者,動曰一勞永逸。〔一〕此誤人家國之言也。今夫人一日三食,苟有持說者曰:一食永飽,雖愚者猶知其不能也,以飽之後歷數時而必飢,飢而必更求食也。今夫立法以治天下,則亦若是矣。法行十年,或數十年,或百年而必敝,敝而必更求變,天之道也。故一食而求永飽者必死,一勞而求永逸者必亡。今之爲不變之說者,實則非真有見於新法之爲民害也,夸毗成風,〔二〕憚於興作,〔三〕但求免過,不求有功。又經世之學,素所未講,內無宗主,相從吠聲。〔四〕聽其言論,則日日痛哭,讀其詞章,則字字孤憤。〔五〕叩其所以圖存之道,則眙然無所爲,〔六〕對曰:天心而已,國運而已,無可爲而已,委心袖手,以待覆亡。噫,吾不解其用心何在也。

〔一〕賈思勰《齊民要術》:"苜蓿長生,種者一勞永逸;榆砍後復生,不煩耕種,所謂一勞永逸。"
〔二〕《詩‧大雅‧板》:"無爲夸毗。"《爾雅‧釋訓》:"夸毗,體柔也。"郭璞注:"屈己卑身以柔順人也。"
〔三〕興作,辦事、工作。
〔四〕王符《潛夫論‧賢難》:"諺云:一犬吠形,百犬吠聲。"後人比作不明真相跟人亂說的人。
〔五〕韓非子有《孤憤》篇,舊注:"言法術之士既無黨與,孤獨而已,故其材用,終不見明,卞生既以抱玉而長號,韓公由之寢謀而內憤。"
〔六〕《說文解字》:"眙,直視也。"音 chì。

　　要而論之,法者天下之公器也,〔一〕變者天下之公理也。大地既通,萬國蒸蒸,〔二〕日趨於上,大勢相迫,非可閼制,〔三〕變亦變,不變亦變。變而變者,變之權操諸己,可以保國,可以保種,可以保教;不變而變者,變之權讓諸人,束縛之,馳驟之。〔四〕嗚呼!則非吾之所敢言矣。是故變之途有四:其一,如日本,自變者也;其二,如突厥,他人執其權而代變者也;埃及、高麗等國皆是。其三,如印度,見併於一國而代變者也;越南、緬甸等國皆是。其四,如波蘭,見分於諸國而代變者也。〔五〕吉凶之故,去就之間,其何擇焉?《詩》曰:"嗟我兄弟,邦人諸友,莫肯念亂,誰無父母?"〔六〕《傳》曰:"嫠婦不恤其緯,而憂宗周之隕,為將及焉。"〔七〕此固四萬萬人之所同也。彼猶太之種,迫逐於歐東;〔八〕非洲之奴,充斥於大地,〔九〕嗚呼!夫非猶是人類也歟。

〔一〕《莊子·天運》:"名,公器也。"這裏的"公器"是說公共遵守的制度。
〔二〕蒸蒸一作烝烝,烝烝有上進的意思。
〔三〕閼音 è,遮塞的意思。
〔四〕以上兩句見柳宗元文,是說受人管束驅使的意思。
〔五〕日本、突厥、印度、波蘭的事都已見上。

〔六〕以上四句見《詩・小雅・沔水》,意思是説:兄弟諸友爲什麽不肯念亂?哪一個没有父母,亂起來,大家都要波及的。

〔七〕以上三句,見《左傳》昭公二十四年。實應作隕。意思是説:寡婦本該憂愁織綢時緯絲的够不够,但是她不,她反而憂愁周朝的將亡,因爲亡了以後,禍殃是要及到自己的。可參看詩選《贈别鄭秋蕃》詩注。

〔八〕猶太種爲閃族分支的一種,又稱希伯來人。公元前九五一年,希伯來分裂以後,建國在巴勒斯坦南部;到前五八六年爲羅馬所滅。從此它的遺民就一直流離於四方,有時還受到鄙視和迫害。

〔九〕非洲之奴指黑人。非洲大陸的臠割,暴露了帝國主義者最貪婪的醜惡嘴臉。一八七六年,屬於歐洲的非洲土地,還不到十分之一,不過二十多年,竟狼吞虎咽地幾乎搶奪個乾净。梁氏在《亞洲地理大勢論》中説:"近年以來,瓜分非洲之勢,如焰如潮,不轉瞬間臠割以盡。"可以知道當時的情勢了。從此以後,非洲人民就陷溺在水深火熱中,和牛馬一樣成羣地任敵人作價販賣,到處有罪惡的販奴市場。所以説非洲之奴充斥於大地。充斥是説很多。

論變法不知本原之害

　　難者曰:"中國之法,非不變也,中興以後,講求洋務,三十餘年,創行新政,不一而足,〔一〕然屢見敗衄,莫克振救,若是乎新法之果無益於人國也。"釋之曰:前此之言變者,非真能變也,即吾向者所謂補苴罅漏,彌縫蟻穴,漂搖一至,同歸死亡,〔二〕而於去陳用新,改弦更張之道,〔三〕未始有合也。昔同治初年,〔四〕德相畢士麻克語人〔五〕曰:"三十年後,日本其興,中國其弱乎?日人之游歐洲者,討論學業,講求官制,歸而行之;中人之游歐洲者,詢某廠船炮之利,某廠價值之廉,購而用之,強弱之原,其在此乎?"嗚呼,今雖不幸而言中矣,懲前毖後,〔六〕亡羊補牢,有天下之責者,尚可以知所從也。

〔一〕嚴復《原強》:"中國知西法之當師,不自甲午有事敗衄之後始也,海禁大開以還,所興者亦不少矣。譯署,一也;同文館,二也;船政,三也;出洋肆業,四也;輪船招商,五也;製造,六也;海軍,七也;海署,八也;洋操,九也;學堂,十也;出使,十一也;礦務,十二也;電郵,十三也;鐵路,十四也。拉雜數之,蓋不止一二十事。"

〔二〕以上四句已詳上篇第一段注。這裏是説明洋務派講求洋務的失敗原因。洋務派打着"富國強兵"的旗號欺騙人民,實際上是要用西方的船堅炮利,來強化當時清朝搖搖欲墜的封建統治,所以梁氏説補苴罅漏,彌縫蟻穴。至甲申、甲午兩役,初敗於法,再敗於日本,洋務派所全力經營的南北洋海軍如摧枯拉朽,他們的富國强兵的旗號在人民心目中完全破了產,對外有覆亡的危險,對內不能再欺騙人民,所以梁氏有漂搖一至,同歸死亡之感了。

〔三〕《漢書·禮樂志》:"辟之琴瑟不調,甚者必解而更張之,乃可鼓也。"《宋書·樂志》:"琴瑟殊未調,改弦當更張,矧乃治天下,此要安可忘。"

〔四〕清帝載淳的年號。

〔五〕俾士麻克就是下文俾士麥。他在德意志皇威廉第一時代,公元一八七一年任首相,後七年召集柏林議會,任議長,及威廉第二即位,意見不合,乃退職。他曾説:"今天要解決一切問題,只有靠鐵和血。"主張厲行軍國主義,世人稱爲鐵血宰相。他是壓制社會主義最力的反動者。

〔六〕《詩·周頌·小毖》:"予其懲而毖後患。"毛傳:"毖,慎也。"懲前毖後,就是警戒從前的創痛,謹慎後來的行爲。毖音 bì。

今之言變法者,其犖犖大端,必曰練兵也,開礦也,通商也,斯固然矣。然將率不由學校,能知兵乎?〔一〕選兵不用醫生,任意招募,半屬流丐,體之羸壯所不知,識字與否所不計,能用命乎?〔二〕將俸極薄,兵餉極微,傷廢無養其終身之文,死亡無卹其家之典,能潔己效死乎?〔三〕圖學不興,阨塞不知,〔四〕能制勝乎? 船械不能自造,仰息他人,〔五〕能如志乎? 海軍不游弋他國,〔六〕將卒不習風波,一旦臨敵,能有功乎? 如是則練兵如不練。礦務學堂不興,礦師乏絶,重金延聘西人,尚不可信,能盡利乎? 械器不備,化分不精，〔七〕能無棄材乎？道路不通，從礦地運至海口，其運費視原價或至數倍，能有利乎？如是則開礦如不開。商務學堂不立，罕明貿易之理，能保富乎？工藝不興，製造不講，土貨銷場，寥寥無幾，能爭利乎？道路梗塞，運費笨重，能廣銷乎？釐卡滿地，〔八〕抑勒逗留，朘膏削脂，有如虎狼，〔九〕能勸商乎？領事不報外國商務，國家不護僑寓商民，能自立乎？如是則通商如不通。其稍進者曰："欲求新政，必興學校。"可謂知本矣，然師學不講，教習乏人，能育才乎？科舉不改，聰明之士，皆務習帖括，以取富貴，趨捨異路，能俯就乎？官制不改，學成而無所用，投閒置散，〔一〇〕如前者出洋學生故事，〔一一〕奇才異能，能自安乎？既欲省府州縣皆設學校，然立學諸務，責在有司，今之守令，能奉行盡善乎？如是則興學如不興。自餘庶政，若鐵路，若輪船，若銀行，若郵政，若農務，若製造，莫不類是。蓋事事皆有相因而至之端，而萬事皆同出於一本原之地，不挈其領而握其樞，〔一二〕猶治絲而棼之，〔一三〕故百舉而無一效也。

〔一〕《荀子·富國》："將率不能則兵弱。"楊倞注："率與帥同。"嚴復《救亡決論》："今夫中國非無兵也，患在無將帥。中國將帥皆奴才也，患在不學而無術。若夫愛士之仁，報國之勇，雖非自棄流品之外者之所能，然尚可望由於生質之美而得之；至於陽開陰閉，變動鬼神，所謂爲將之略者，則非有事於學焉必不可。即如行軍必先知其地，知地必資圖繪，圖繪必審測量，如是則所謂三角、幾何、推步諸學，不從事焉不可矣；火器制人,十里而外,爲時一分,一機炮可發數百彈,此斷非徒祖奮呼、迎頭痛擊者所能決死而幸勝也,於是則必講臺壘濠塹之事,其中相地設險,遮扼鈎連,又必非不知地文、不知商工者所得與也;且爲將不知天時之大律,則暑寒風雨,將皆足以破軍,未聞遵生之要言,則疾役傷亡,將皆足以損衆,二者皆扎營踞地,息息相關者也;乃至不知曲綫力學之理,則無以盡炮準來復之用,不知化學漲率之理,則無由審火棉火藥之宜,不講載力重學,又烏識橋樑營造,不講光電氣水,又烏能爲伏椿旱雷與通語探敵諸事也哉?抑更有進者,西洋凡爲將帥之人,必通知敵國之語言文字,苟不如此,任必不勝。此若與吾黨言之,愈將發狂不信者矣。"案:"將帥必由學校",梁氏屢次講到,但没有細説,所以借嚴氏的話,特別詳細説明一下。

〔二〕《書·甘誓》:"用命賞於祖,不用命戮於社。"用命就是遵從命令。

〔三〕《後漢書·張奐傳》:"奐正身潔己。"潔己就是以廉潔勉勵自己。《孟子·梁惠王下》:"效死而民弗去。"效死就是效力到死。

〔四〕《史記·蕭相國世家》:"具知天下阨塞。"阨塞就是險要的地方。

〔五〕《後漢書·袁紹傳》:"孤客窮軍,仰我鼻息。"胡三省《通鑑》注:"鼻氣嘘之則温,吸之則寒,故云然。"後人比方依賴於人叫"仰人鼻息"。

〔六〕游弋一作游奕,見《南史·樊毅傳》,是巡邏的意思。

〔七〕化分是説化合分析。

〔八〕案:釐卡就是釐捐局,所抽的錢,叫做釐金,是内地貨物通過税的名稱,起於清代咸豐三年。這時太平天國已定都南京,軍事緊急,餉源枯竭,想出這個竭澤而漁的剥削辦法。第一個卡子設在揚州的仙女鎮，後來很快地遍行於全國各地。《清稗類鈔》説："釐金之起，由副都御史雷以諴幫辦揚州軍務。時江北大營都統琦善爲欽差大臣，所支軍餉，皆部解省協，雷部分撥甚寡，無計請益，乃立釐捐局，抽收百貨，奏明專供本軍之用。行數月，較大營支餉爲優，運使金安瀾繼之，總理江北籌餉局，爲法益密，各省亦起而仿之。然上不在軍，下不在民，利歸中飽。"

〔九〕《清稗類鈔》："釐金……行之既久，官吏待缺，視爲利藪，設局日多，立法日密。胥吏僕役，一局數十人，大者官侵，小者吏蝕，甚至石米束布，搜括無遺。"

〔一〇〕韓愈文："投閒置散，乃分之宜。"案：謂把有用之才，放在無職無權的地方。

〔一一〕例如嚴復在英國格林回次抱士穆德大學院（海軍學校）畢業回國後，初任福州船政學堂教員，繼任天津水師學堂的總教習和會辦、總辦，一共達二十年。李鴻章嫌他言語激烈和舊學不大好，始終沒有重用他。他在《原強》一文中説："士之能於此深求而不倦厭者，必其無待而興、即事而樂者也，否則刻棘之業雖苦，市駿之賞終虛，同輩知之則相忌，門外不知則相忘，幾何不廢然返也。"這是有所爲而言的。

〔一二〕《荀子・勸學》："若挈裘領。"楊注："挈，舉也。"

〔一三〕《左傳》隱公四年："猶治絲而棼之也。"治就是理，棼就是亂，要理絲反而把它弄亂，不是更糟嗎？棼音 fén。

今之言變法者，其蔽有二：其一欲以震古鑠今之事，〔一〕責成於肉食官吏之手；其二則以爲黃種之人，無一可語，委心異族，有終焉之志。夫當急則治標之時，〔二〕吾固非謂西人之必不當用，雖然，則烏可以久也。中國之行新政也，用西人者，其事多成，不用西人者，其事多敗，詢其故，則曰："西人明達，華人固陋；西人奉法，華人營私也。"吾聞之日本變法之始，客卿之多，〔三〕過於中國也。十年以後，按年裁減，至今一切省署，皆日人自任其事，歐洲之人百不一存矣。今中國之言變法，亦既數十年，而猶然借材異地，乃能圖成，其可恥孰甚也？夫以西人而任中國之事，其愛中國與愛其國也孰愈？〔四〕夫人而知之矣，況吾所用之西人，又未必爲彼中之賢者乎？

〔一〕《詩・周頌・酌》："於鑠王師。"鑠音 shuò，有光明和美的意思。
〔二〕標就是末，和本對言。《淮南子・天文訓》："本標相應。"
〔三〕《史記・范雎列傳》："拜范雎爲客卿，謀兵事。"案：用別國的人擔任重要官職，叫做客卿。
〔四〕《論語・公冶長》："女與回也孰愈。"愈是勝和賢的意思。

若夫肉食官吏之不足任事，斯固然矣。雖然，吾固不盡爲斯人咎也，帖括陋劣，國家本以此取之，一旦而責以經國之遠猷，〔一〕烏可得也。捐例猥雜，〔二〕國家本以此市之，一旦而責以奉公之廉恥，烏可得也。一人之身，忽焉而責以治民，忽焉而責以理財，又忽焉而責以治兵，欲其條理明澈，措置悉宜，烏可得也。在在防弊，責任不專，一事必經數人，互相牽制，互相推諉，欲其有成，烏可得也。學校不以此教，察計不以此取，任此者弗賞，弗任者弗罰，欲其振厲，黽勉圖功，〔三〕烏可得也。途壅俸薄，長官層累，非奔競末由得官,非貪污無以謀食,欲其忍飢寒,蠲身家,〔四〕以從事於公義,自非聖者,烏可得也。

〔一〕《爾雅·釋詁》:"猷,謀也。"
〔二〕《清稗類鈔》:"捐納一途,至同、光之際,流品益雜,朝入緡錢,暮膺章服,輿臺厮養無擇也。小康子弟,不事詩書,則積資捐職,以爲將來噉飯計。至若富商巨室,擁有多金者,襁褓中乳臭物,莫不紅頂翠翎,捐候選道,加二品頂戴並花翎也。"
〔三〕黽就是勉,見《詩·邶風·谷風》釋文。音 mǐn。
〔四〕蠲音 juān,棄除的意思。

今夫人之智愚賢不肖,不甚相遠也。必謂西人皆智,而華人皆愚;西人皆賢,而華人皆不肖,雖五尺之童,猶知其非。然而西官之能任事也如彼,華官之不能任事也如此,故吾曰:不能盡爲斯人咎也,法使然也。立法善者,中人之性可以賢,中人之才可以智,不善者反是。塞其耳目而使之愚,縛其手足而驅之爲不肖,故一旦有事,而無一人可爲用也。不此之變,而鰓鰓然效西人之一二事〔一〕,以云自強,無惑乎言變法數十年,而利未一見,弊已百出,反爲守舊之徒,抵其隙〔二〕而肆其口也。

〔一〕《漢書·刑法志》:"鰓鰓常恐天下之一合而共軋己也。"鰓鰓是恐懼的形容詞。
〔二〕抵隙就是乘其間隙,鑽空子。《鬼谷子》有《抵巇》篇,抵巇和抵隙意義相同。

吾今爲一言以蔽之曰：變法之本，在育人才；人才之興，在開學校；學校之立，在變科舉，而一切要其大成，在變官制。〔一〕難者曰："子之論探本窮原，靡有遺矣，然兹事體大，非天下才，懼弗克任，恐聞者驚怖其言以爲河漢，〔二〕遂並向者一二西法而亦棄之而不敢道，奈何？子毋寧卑之無甚高論，令今可行矣。"〔三〕釋之曰：不然，夫渡江者汎乎中流，暴風忽至，握舵擊楫，雖極疲頓，無敢去者，以偷安一息，而死亡在其後也。庸醫疑證，用藥游移。〔四〕精於審證者，得病源之所在，知非此方不愈此疾，三年畜艾，〔五〕所弗辭已，雖曰難也，將焉避之。抑豈不聞東海之濱，區區三島，外受劫盟，內逼藩鎮，崎嶇多難，瀕於滅亡，而轉圜之間，化弱爲强，豈不由斯道矣乎？〔六〕則又烏知乎今之必不可行也。有非常之才，則足以濟非常之變。嗚呼！是所望於大人君子者矣。

〔一〕變官制的規畫，康有爲講得很詳細，他在《公車上書》中說："夫教養之事，皆由國政，而今官制太冗，俸祿太薄，外之則使才未養，內之則民情不達，若不變通，則無以爲養之本也。天下之治，必由鄉始，而今知縣，選之既不擇人望，任之兼責以六曹，下則巡檢、典史一二人，皆出雜流，豈任民牧？上則藩臬道府，徒增冗員，何關吏治？若京官則自樞垣臺諫以外，皆爲閒散，各部則自主稿掌印以外，徒縻廩祿，堂官則每署數四，而兼差反多，文書則每日數尺，而例案繁瑣，至於鬻及監司而吏治壞濫極矣。今請首停捐納，乃改官制，用漢世太守領令長之制，唐代節度兼觀察之條，每道設一巡撫，上通章奏，下領知縣，以四五品京堂及藩臬之才望者充之；其知縣升爲四品，以給御編檢郎員及道府之愛民者授之；其巡撫之下，增置參議參軍支判，凡道府同通改授此官；其知縣之下，分設公曹、決曹、賊曹、金曹，以州縣進士分補其缺；其餘諸吏，皆聽諸生考充，漸授曹長，行取郎官；其上總督，皆由巡撫兼管，各因都會，以爲重鎮。使吏胥之積弊，化爲士人，三老之鄉官，各由民舉，整頓疏通，乃可爲治。其京官則太常、光禄、鴻臚可統於禮部，大理可併於刑部，太僕可併於兵部，通政可併於察院，其餘額外冗官，皆可裁汰，各營一職，不得兼官。章京領天下之事，宜分以諸曹，翰林爲近侍之臣，宜輪班顧問，部吏皆聽舉貢學習，以升郎曹，通政准百僚奏事，以開言路。駢枝既去，宦途甚清，以彼冗糜，增此廩祿，令其達官有以爲輿馬僕從之費，而後可望以任事，其小吏有以爲仰事俯畜之用，而後可責以守廉。……內弊既除，則外交宜講，……今使才未養，不諳外務，重辱國體，爲夷姍笑。今宜立使才館，選舉貢生監之明敏者才者，入館學習，其翰林部曹願入者聽，各國語言文字政教律法風俗約章，皆令學習，學成或爲遊歷，或充隨員，出爲領事，擢爲公使，庶幾通曉外務，可以折衝。……親藩世爵大臣……宜選令遊學三年，講求諸學，歸能著書，始授政事。其餘分遣品官，激厲士庶，出洋學習，或資遊歷，並給憑照，能著新書，皆爲優獎，歸授教習，庶開新學，則上之可以贊聖聰，下之可以開風氣矣。"案：康梁所云變官制，意在改革專制主義的官僚機構，這是他們的精神所在。

〔二〕《莊子·逍遥遊》："肩吾問於連叔曰：'吾聞言於接輿，大而無當，往而不返，吾驚怖其言，猶河漢而無極也。'"案：河漢比方大而無當，後人用作忽視人家言論以爲是夸大的意思。

〔三〕《史記·張釋之列傳》："釋之既朝畢，因前言便宜事。文帝曰：'卑之，毋甚高論，令今可施行也。'"
〔四〕游移，遲疑不決的意思。
〔五〕《孟子·離婁上》："今之欲王者，猶七年之病，求三年之艾也。"趙注："艾可以灸人病，干久益善，故以爲喻。"
〔六〕梁氏《論變法後安置守舊大臣之法》："日本維新以前，公卿以數十計，藩侯以數百計，皆席數百年之業，根深蒂固，其去之之難，視我國數倍焉。乃維新之始，設五等之爵以容之，置華族以寵之。及其立憲政治既行，則選華族之秀者，爲上議院議員焉，是以羣貴帖然相安。"案：這是日本用改革官制的手段來達到開議會、立憲的目的的實例。

續論變法不知本原之害〔一〕

　　去歲李相國使歐洲，問治國之道於德故相俾士麥，〔二〕俾士麥曰："我德所以强，練兵而已。今中國之大患，在兵少而不練，船械窳而乏也，若留意於此二者，中國不足强也。"見前上海、香港各報所譯西文報中。今歲張侍郎使歐，〔三〕與德國某爵員語，其言猶俾相言。見前上海某日報。中國自數十年以來，士夫已寡論變法，即有一二，則亦惟兵之爲務，以謂外人之長技，吾國之急圖，只此而已。衆口一詞，不可勝辨，既聞此言也，則益自張大，謂西方之通人，其所論固亦如是。

〔一〕這一篇，一般的本子都和上一篇合在一起，但最初在《時務報》上發表，是分爲兩篇的；一般的本子，這一篇沒有分段，和上一篇格式不同。現在全照最初的形式，分成兩篇，並分了段落。本文一開場就說"去歲李相國使歐洲"，李相國就是李鴻章，他的出使歐洲在公曆一八九六年，就是光緒二十二年，這裏說是去歲，那末本文不是作於二十二年而是作於二十三年。一般本子都說《變法通議》作於二十二年，或者僅屬前面的兩篇而言，從這一篇起都是作於二十三年，或以後，已詳上。

〔二〕梁氏《李鴻章》(案一名《中國四十年來大事記》)："丙申春間，有俄皇加冕之事，派李爲頭等公使。……言李鴻章之賀俄加冕也,兼歷聘歐洲,至德訪俾士麥。"案:丙申就是光緒二十二年。

〔三〕張侍郎即張蔭桓。《清史稿》本傳:"字樵野,廣東南海人。納貲爲知縣,數薦至道員,歷遷戶部左侍郎。光緒二十三年,奉使賀英。"張祖廉《張公神道碑銘》:"公乃由英經佛蘭西、德意志而至俄羅斯,復還英之倫敦,歷北美洲華盛頓城而還。"

梁啓超曰:嗟乎,亡天下者,必此言也。吾今持春秋無義戰,〔一〕墨翟非攻,〔二〕宋鈃寢兵之義,〔三〕以告中國,聞者必曰:以此屠國而陳高義以治之,〔四〕是速其亡也。不知使有國於此,内治修,工商盛,學校昌,才智繁,雖無兵焉,猶之強也,彼美國是也。美國兵不過二萬,其兵力於歐洲,不能比最小之國,而強鄰眈眈,〔五〕誰敢侮之。〔六〕使有國於此,内治隳,工商窳,學校塞,才智希,雖舉其國而兵焉,猶之亡也,彼土耳其是也。〔七〕土耳其以陸軍甲天下,俄土之役,五戰而土三勝焉,而卒不免於今日,〔八〕若是乎國之強弱在兵,而所以強弱者不在兵,昭昭然矣。今有病者,其治之也,則必滌其滯積,〔九〕養其榮衛,〔一〇〕培其元氣,〔一一〕使之與無病人等,然後可以及他事,此不易之理也。今授之以甲冑,予之以戈戟,而曰爾盍從事焉,吾見其舞蹈不終日,而死期已至也。彼西人之練兵也,其猶壯士之披甲冑而執戈鋋也,〔一二〕若今日之中國,則病夫也,〔一三〕不務治病,而務壯士之所行,故吾曰亡天下者,必此言也。

〔一〕《孟子·盡心下》:"春秋無義戰,彼善於此,則有之矣。"朱熹集注："春秋每書諸侯戰伐之事,必加譏貶,以著其擅興之罪,無有以爲合於義而許之者。"

〔二〕墨子哲學以"功"和"利"爲根本。凡事物跟國家百姓人民的功利有抵觸的,則在所必去,而對國家百姓人民的功利的最大抵觸莫如互相爭鬪。爭鬪的原因,則起於人的不相愛。所以他一方面竭力提倡"兼愛"來消除爭鬪的禍根,一方面又大聲疾呼指出爭鬪的大害。他的書中有《非攻》三篇,就是説明爭鬪的大害的。現在舉它上篇的一段,以見他學説的一斑:"殺一人,謂之不義,必有一死罪矣;若以此説往,殺十人,十重不義,必有十死罪矣;殺百人,百重不義,必有百死罪矣;當此天下之君子,皆知而非之,謂之不義。今至大爲不義,攻國則弗知非,從而譽之,謂之義,情不知其不義也,故書其言以遺後世。若知其不義也,夫奚説,書其不義以遺後世哉。"

〔三〕宋鈃一作宋牼,一作宋榮。戰國宋人。和孟軻同時。《莊子·天下》篇與尹文並舉,説他們"以聏合驩,(聏應作胹,頓熟的意思。驩同歡。)以調海内,見侮不辱,救民之鬪;禁攻寢兵,救世之戰。以此周行天下,上説下教。雖天下不取,强聒而不捨者也。"寢是中止的意思,寢兵就是止兵勿戰。《荀子·正論》和《韓非子·顯學》也説他"使人不鬪","見侮不辱"。《孟子·告子下》載他的話説:"吾聞秦楚構兵,我將見楚王説而罷之。楚王不悦,我將見秦王説而罷之。二王我將有所遇焉。"此正寢兵的實例。他是墨子的一派。

〔四〕孱音 chán,是虚弱的意思。

〔五〕《易·頤卦》:"虎視眈眈。"已詳詩選注。

〔六〕案梁氏一九〇三年《新大陸遊記説》:"一八八二年,盧氏(案即盧斯福)奉職海軍省,著一書,極言美國現在之海軍,非舊式老朽之艨艟,即新造劣等之舴艋,我國民舉其國防託諸此等之手,其危險實不可思議云云。至一八九〇年,海軍省乃設海軍軍政府,提出軍艦擴張案於國會,得其協贊,是爲美國有海軍之嚆矢,參列於世界海軍團自一八九五年始。"又引盧氏演說說:"即我陸軍之宜增設者亦久矣,而蹉跎以至今日。夫以擁七千餘萬自由民之大國,置十萬以上之常備兵,抑亦微乎末矣,而論者猶或懼以此故,危及共和政體之前途,其亦過慮之甚矣。"據此可以看出美國從前常備軍之不多是怕"危及共和政體之前途"。其後隨着資本主義的發展,漸漸走上帝國主義的道路,就竭力鼓吹擴張軍備了。

〔七〕土耳其已見上篇第二段注。康有爲《突厥削弱記序》:"突之蘇丹,乃逐阿士文(案是突相名),廢憲法,復守舊,至於今二十年,全突黑暗,仍數百年之故俗也。其國土地蕪荒,與我國同;道路污穢,與我國同;無自來水,無排泄,無電燈煤燈,無機器,與我國同;全國少鐵路電綫,交通不便,與我國同;人民愚昧篤舊,於讀回教經典外,地球大勢,瞠無所知,其學校皆無世界學,無各專門化光電重工程機器學,無商船駕駛學,與我國學子昧昧於八股、試帖、楷法同;人民無權,國無議院,縣鄉無議局選舉,與我國同;其財政困亂,人民窮苦如牛馬,與我國同;其訟武斷,其獄黑苦,與我國同;其負外國債,累數萬萬,與我國同;英、俄、德、法、奧、意六國大使外攬收其財,內干預其政,日迫壓取其利權,國民愁怨咨嗟,與我國同;於是革命四起,人人思易朝逐君矣。"

〔八〕蘇聯潘克拉托伐《蘇聯近代史》:"一八七六年,俄國發動了公衆運動,來支持斯拉夫諸人民反抗土耳其。一八七七年春季,對土耳其宣戰。於夏季渡過多瑙河,兵士們表現了英武和勇敢,特別是巴爾干山歇帕卡關口,從冰雪的工事中擊退土耳其人的進攻,因而將全軍由失敗的危機中救出來。但是俄國的指揮官未能對挺進軍隊的兩翼和交通綫作妥當的保護，而在鄂斯曼帕沙將軍指揮下的一支土耳其大軍，活動於堅強的土耳其要塞帖來夫那附近，對俄軍特別成爲一種威脅。俄軍三次企圖強攻，但由於準備不足，均告失敗。俄國指揮部乃作長期的圍困。帕來夫那陷落後，俄軍越過蓋着白雪的山嶺，下臨君士坦丁堡。初步的和約於一八七八年二月在聖斯太芬諾簽字，俄國獲得多瑙河口，一個斯拉夫族的保加利亞公國在巴爾干被建立起來；土耳其被迫承認塞爾維亞、蒙特尼格羅和羅馬尼亞的獨立；外高加索方面阿達罕、卡斯、巴牙席脱及巴統諸城均被割歸俄同；並獲得賠款三一〇，〇〇〇，〇〇〇盧布。"

〔九〕陸德明《莊子》釋文："積謂積滯不通。"這裏是指腸胃的積滯。

〔一〇〕《黃帝素問·痹論》："榮者，水穀之精氣也；衛者，水穀之悍氣也。"榮衛一作營衛，《靈樞經·營衛生會篇》："穀氣入於藏府，清者爲營，濁者爲衛，營在脈中，衛在脈外，營周不休，五十而復大會，陰陽相貫，如環無端。"

〔一一〕《舊唐書·柳公綽傳》："公度年八十餘，步履輕便，或祈其術，曰：吾初無術，但未嘗以元氣佐喜怒。"元氣指人的精氣。

〔一二〕《史記·匈奴列傳》："短兵則刀鋋。"《説文解字》："鋋，小矛也。"音 yán。

〔一三〕《突厥削弱記序》："中國與突厥，西歐久誚爲東方兩病夫，其意謂未知孰先死也。"

然則西人曷爲爲此言？曰：嗟乎，狡焉思啓封疆以滅社稷者，何國蔑有？吾深惑乎吾國之所謂開新黨者，〔一〕何以於西人之言，輒深信謹奉，而不敢一致疑也。西人之政事，可以行於中國者，若練兵也，置械也，鐵路也，輪船也，開礦也；西官之在中國者，內焉聒之於吾政府，外焉聒之於吾有司，非一日也。若變科舉也，興學校也，改官制也，興工藝開機器廠也，獎農事也，拓商務也，吾未見西人之爲我一言也。是何也？練兵，而將帥之才必取於彼焉；置械，而船艦槍炮之值必歸於彼焉；通輪船鐵路，而內地之商務，彼得流通焉；開礦，而地中之蓄藏，彼得染指焉。且有一興作，而一切工料，一切匠作，無不仰給之於彼，彼之士民，得以養焉。以故鐵路開礦諸事，其在中國，不得謂非急務也。然自西人言之，則其爲中國謀者十之一，自爲謀者十之九。若乃科舉、學校、官制、工藝、農事、商務等，斯乃立國之元氣，而致強之本原也。使西人而利吾之智且強也，宜其披肝瀝膽，〔一〕日日言之。今夫彼之所以得操大權霑大利於中國者，以吾之弱也，愚也，而烏肯舉彼之所以智所以強之道，而一以畀我也？恫乎英士李提摩太之言也，曰：“西官之爲中國謀者，實以保護本國之權利耳，余於光緒十年回英，默念華人博習西學之期，必已不遠，因擬謁見英、法、德等國學部大臣，請示振興新學之道，以儲異日傳播中華之用。迨至某國，投刺晉謁其學部某大臣，叩問學校新規，並請給一文憑，俾得徧游全國大書院。大臣因問余考察本國新學之意，余實對曰：‘欲以傳諸中華也，’語未竟，大臣艴然變色曰〔三〕：‘汝教華人盡明西學，其如我國何？其如我各與國何？’文憑遂不可得。”又曰：“西人之見華官，每以諛詞獻媚，曰：‘貴國學問，實爲各國之首。’以驕其自以爲是之心,而堅其藐視新學之志,必使無以自強而後已。"〔四〕並見李所自著《西鐸》卷七,《西鐸》以乙未年刻於京師。今夫李君,亦西人也,其必非為讕言以汙蔑西人,無可疑也,而其言若此。吾欲我政府有司之與西人酬酢者,一審此言也。

〔一〕大約是指洋務派分子或改良派分子而與洋務派未劃清界限者。
〔二〕司馬光《應詔論體要》:"雖訪問所不及,猶將披肝瀝膽。"這是表示極端忠誠的意思。
〔三〕《孟子‧公孫丑上》:"曾西艴然不悅。"艴音 fú,艴然是變色動怒的意思。
〔四〕案:這是帝國主義分子偽裝忠誠的言論,企圖得到信任,來達到他攫取政權夷中國為英帝的保護國的陰謀。他在所作的《新政策》裏論中國目下應辦之事說:"一宜延聘二位可信之西人籌一良法,速與天下大國立約聯交,保十年太平之局;二宜立新政部,以八人總管,半用華官,半用西人,其當用英美二國者,因英美早經立約,雖復失和,絕不開戰,兩國皆無忮心,最宜襄助中朝耳。若某某者,英人之傑也,若某某者,美人之英也,得此數人,總管新政,與中國四大臣合辦,如木之有根,水之有源也。"他竟想勾結徒黨,打入中國政治心臟,可見居心的狠毒了。

李相國之過德也,德之官吏及各廠主人,盛設供帳,〔一〕致敬盡禮,以相款讌,〔二〕非有愛於相國也,以謂吾所欲購之船艦槍炮,利將不貲,〔三〕而欲脅肩捷足以奪之也。〔四〕及哭龍姆席間一語,〔五〕咸始廢然,〔六〕英法諸國,大譁笑之。事見去年《萬國公報》。然則德人之津津然以練兵置械相勸勉者，由他國际之，若見肺肝矣。〔七〕且其心猶有叵測者，〔八〕彼德人固歐洲新造之雄國也，又以爲苟不得志於東方，則不能與俄、英、法諸國競强弱也。中國之爲俎上肉久矣，商務之權利握於英，〔九〕鐵路之權利握於俄，〔一〇〕邊防之權利握於法、日及諸國，〔一一〕德以後起，越國鄙遠，〔一二〕擇肥而噬，其道頗難，因思握吾邦之兵權，制全國之死命。故中國之練洋操聘教習也，德廷必選知兵而有才者以相畀，令其以教習而兼統領之任。〔一三〕今歲鄂省武備學堂之聘某德弁也，〔一四〕改令只任教習，〔一五〕不充統領，〔一六〕而德廷乃至移書總署，〔一七〕反覆力争，此其意欲何爲也？使吾十八行省，各練一洋操，各統以德弁，教之誨之，日與相習，月漸歲摩，〔一八〕一旦瓜分事起，〔一九〕吾國緑營防勇，一無所恃，而其一二可用者，惟德人號令之是聞，如是則德之所獲利益，乃不在俄、英、法、日諸國下，此又德人隱忍之陰謀，而莫之或覺者也。當中日訂通商條約之際，德國某日報云：「我國恒以製造機器等，售諸中國、日本，日本仿行西法，已得製造之要領，今若任其再流之中國，恐德國之商務，掃地盡矣。」亦見《西鐸》卷七。去歲《字林西報》載某白人來書云：「昔上海西商，争請中國務須准將機器進口，歐格訥公使回國時，則謂此事非西國之福。今按英國所養水陸各軍，專爲擴充商務，保護工業起見，所費不貲，今若以我英向來製造之物，而令人皆能製造，以奪我利，是自作孽也。」〔二〇〕嗚呼，西人之言學校商務也，則妒我如此，其言兵事也,則愛我如彼,雖負床之孫〔二一〕亦可以察其故矣。一鐵甲之費,可以支學堂十餘年,一快船之費,可以譯西書數百卷,克虜伯一尊之費,〔二二〕可以設小博物院三數所,洋操一營之費,可以遣出洋學生數十人,不此之務,而惟彼之圖,吾甚惜乎以司農仰屋艱難羅掘所得之金幣,〔二三〕而晏然饋於敵國,以易其用無可用之物。數年之後,又成盜糧。〔二四〕往車已折,來軫方遒,〔二五〕獨至語以開民智植人才之道,則咸以款項無出,玩日愒時,〔二六〕而曾不肯舍此一二以就此千萬也。吾又惑乎變通科舉工藝專利等事,不勞國家銖金寸幣之費者,而亦相率依違,〔二七〕坐視吾民失此生死肉骨之機會〔二八〕而不肯一導之也。吾它無敢懟焉,〔二九〕吾不得不歸罪於彼族設計之巧,而其言惑人之深也。《詩》曰:"無信人之言,人實誑汝。"〔三〇〕

〔一〕《後漢書·班固傳》:"乃盛禮樂供帳。"一作供張,《漢書·王尊傳》:"上行幸雍,過虢,尊供張如法而辦。"案:"供帳""供張"都是陳設一切的意思。

〔二〕款,有留的意思,因此世俗對客就有款待款客等名詞。《晉書·王羲之傳》:"欲與親知,時坐歡宴。"讌是合飲。

〔三〕《晉書·傅玄傳》:"天下群司猥多,不可不審得其人也;不得其人,一日則損不貲,況積日乎?"不貲就是沒有限止。或作不訾,意思相同。

〔四〕《孟子·滕文公下》:"脅肩諂笑,病於夏畦。"案:脅肩就是竦肩,一種奉承的形態。

〔五〕哭龍姆,德國地名,爲萊茵區的工商業中心。今譯科隆。席間一語,指李鴻章表示此行僅爲賀俄加冕,並無其他任務云云。

〔六〕梁氏《李鴻章》:"丙申……李之歷聘也,各國待之有加禮,德人尤甚,蓋以爲此行,必將大購船炮槍彈,與夫種種通商之大利,皆於是乎在。及李之去,一無所購,歐人蓋大失望云。"

〔七〕《禮記·大學》:"小人閒居爲不善,無所不至,見君子而後厭然,揜其不善而著其善。人之視己,如見其肺肝然。"

〔八〕叵測就是不可測,見《新唐書·尹愔傳》。叵音pǒ。

〔九〕梁氏《瓜分危言》:"全國海關稅權,向握於英人赫德之手,爲英國之大利。去年俄、德、法三國,曾有暗傾赫德之舉,而英公使遽與總署訂約,雖赫德死後,總稅務司之職,仍歸英人之手云云,蓋英人所以壟斷中國之財政者,其用心早優於數十年以前;其因藉債以攬六省之釐金,歸於稅務司,猶前志也。他日中國若有免釐金而加海關稅之事,則全國歲入之數,經英人手者,殆過其半。"

〔一〇〕《瓜分危言》:"中國境内新設之大鐵路凡十條,已無一爲中國所自有。(案:屬於帝俄債權的,有東三省鐵路、蘆漢鐵路、山西鐵路,此外,則山海關牛莊鐵路、津鎮鐵路、滇緬鐵路屬於英,龍州雲南鐵路、北海南寧鐵路屬於法,山東鐵路屬於德,粵漢鐵路屬於美。)東三省不必論矣,蘆漢之路,久議不成,俄人乃假比利時爲名,用以藉款,以免他國之忌,而其實則自華俄銀行主之,其所定合同,路權全歸俄手,於是俄人得以此路與其西伯利亞路之最終點相聯絡,而俄人之勢力,遂由聖彼得堡一呵而達中國之中心(即漢口)。加以山西一路,測量布設,及金銀出納,皆歸俄國總辦之手,大江以北,皆非復吾有矣。"

〔一一〕《瓜分危言》:"山東爲德國囊中之物;雲南兩廣爲法國囊中之物;福建爲日本囊中之物;其餘隙地,則意、奧、比、葡等得之,以爲甌脫焉。"

〔一二〕《左傳》僖公三十年:"越國以鄙遠。"

〔一三〕《瓜分危言》:"當德人未得膠州也,於東方權力遠出英、俄、法之後,而無所爲計,乃注意欲代中國練兵,而握其兵權。兩湖總督張之洞所聘之德弁二人,因爭權限,饒舌於總署,卒求伸其權而後已,其意蓋別有所在也。"

〔一四〕何休《公羊傳》宣公十年注:"皮弁,武冠。"後世因稱下級武官叫做弁,如武弁、弁目。

〔一五〕教習就是教師。

〔一六〕統領,武官名,起於宋代,到清代還沿用這個名稱。末年編制新軍,以三營爲一標,兩標爲一協,一協的長官也叫做統領,等於後來的旅長。這裏是泛指武職官員。

〔一七〕總署即總理各國通商事務衙門的簡稱。王之春《柔遠記》:"咸豐十年冬十月,建各國通商事物衙門。"《清會典》:"總理各國事務衙門,掌各國盟約,昭布朝廷德信。凡水陸出入之賦,舟車互市之制,書幣聘饗之宜,中外疆域之限,文譯傳達之事,民教交涉之端,大事上之,小事則行。"

〔一八〕漸摩,漸音 jiān,摩古作靡,浸潤磨礱的意思,枚乘文:"泰山之霤穿石,殫極之紞斷干,……漸靡使之然也。"

〔一九〕《戰國策·趙策》:"天下將因秦之怒,乘趙之敝,而瓜分之。"瓜分是分裂土地的比喻。梁氏《瓜分危言》:"西人之議瓜分中國也,數十年於茲矣,中國有識者知瓜分而自憂之也,十年於茲矣。而彼蚩蚩鼾睡者,裒然充耳而無所聞,聞矣而一笑置之,不小介意。而彼西人者亦復深沉審慎,處心積慮,不輕於一發。於是鼾睡者益復囂然自安自大,謂西人曷嘗有此心,有此事,不過莠言亂政之徒,危詞以聳聽耳。嗚呼痛哉。"

〔二〇〕案：此信見一八九六年九月二十九日《字林西報》，信後署名白人二字。

〔二一〕《戰國策·燕策一》："何不與愛子與諸舅叔父負床之孫。"案：負床是靠床而立，不能行走的意思。

〔二二〕近人席林生《克虜伯帝國的復活》："一八一〇年，弗雷德里希·克虜伯在德國埃森開始建立一座新式的鑄鋼廠。當時只有七個工人。一八二六年傳給兒子艾爾弗雷德，開始製造大炮。一八四七年，製造出第一尊前膛式炮。一八六七年，克虜伯的大炮參加巴黎國際博覽會以後，'槍炮大王'的頭銜不脛而走。克虜伯大炮買賣越做越大，到一八八七年，克虜伯工廠已擁有兩萬名工人，共有四十七個國家購買了它的二萬四千五百門大炮。……它的勢力越來越大，幾乎成了德國的太上皇。一九三九年雇用了二十五萬名工人……通過兩次大戰的血腥買賣，'槍炮大王'的財產增加了九倍。一百多年來克虜伯的名字就是和戰爭、掠奪、屠殺那些最骯髒的字眼連在一起的。克虜伯家族的龐大帝國是在血泊中建立起來的，他們每一塊錢幣都染滿了鮮血。"

〔二三〕《漢書·百官公卿表》："治粟內史景帝後元年更名大農令，武帝太初元年更名大司農。"案：清代戶部管理漕糧田賦，因稱戶部的長官叫大司農。《宋史·富弼傳》："富弼手疏稱老臣無所告訴，但仰屋竊嘆者，即當至矣。"仰屋就是仰頭望着屋樑，是毫無辦法的表示。司農仰屋就是財政毫無辦法。《新唐書·張巡傳》："睢陽食盡，至羅雀掘鼠，煮鎧弩以食。"後來指籌款困難叫羅掘。

〔二四〕《史記·李斯列傳》："藉寇兵而齎盜糧。"案這裏是指買來的兵艦軍火，不善運用，打起仗來，還是送給敵人。

〔二五〕《後漢書·左周黃列傳論》："往車雖折，來軫方遒。"見詩选注。

〔二六〕《左传》昭公元年:"赵孟将死矣,主民,翫岁而愒日,其与几何?"案:《汉书·五行志》引翫作玩,玩和愒都是苟且偷安的意思。玩日愒岁是说偷安岁月,不肯努力。愒音 kài。

〔二七〕《汉书·律历志》:"依违以惟。"注:"依违,不决之意。"

〔二八〕《左传》襄公二十二年:"吾见申叔夫子,所谓生死而肉骨也。"案:生死是说死者复生,肉骨是说白骨长肉。

〔二九〕《孟子·万章上》:"以憝父母。"憝就是怨。音 duì。

〔三○〕见《诗·郑风·扬之水》。诳原作迋,毛传:"迋,诳也。"

論戊戌八月之變乃廢立而非訓政[一]

或問曰："今次之政變，不過垂簾訓政而已。[二]廢立之說，雖道路紛傳，然未見諸實事。今子乃指之爲廢立，得無失實乎？"答之曰：君之所以爲君者何在乎？爲其有君天下之權耳。既篡君權，豈得復謂之有君？夫歷代史傳載母后亂政之事，垂以爲誡者，既不一而足矣。然歷代母后之垂簾，皆因嗣君之幼沖，[三]暫時臨攝。若夫已有長君，而猶復專政者，則惟唐之武后而已。[四]卒乃易唐爲周，幾覆宗社。[五]今日之事，正其類也。皇上即位既二十四年，聖齡已二十九歲矣，臨御宇內，未聞有失德，勤於政事，早朝晏罷，數月以來，乾斷睿照，[六]綱舉目張，[七]豈同襁褓之子，猶有童心者，[八]而忽然有待於訓政何哉？且彼逆后賊臣之設計，固甚巧矣，廢立之顯而驟者，天下之人皆得誅其罪，廢立之隱而漸者，天下之人皆將受其愚。今夫瀛臺屏居，內豎監守，撤出入之板橋，減御膳之品物，起居飲食，不能自由，[九]如此則與囚虜何異？既已囚虜矣，而猶告天下曰，吾非廢立也，天下之人亦從而信之。嗚呼，何天下之人之易愚弄也。皇上所親愛之妃嬪，則撤其簪珥，施以杖刑，不許進見；[一〇]皇上所舊用之內監，駢殺夷戮，無一存者，[一一]欲食雞絲而不得，欲食米粥而不得，人非木石，受此怨毒，豈能久存？環顧廷臣，無一心腹，幽囚別殿，無復生人之趣，昔雖無病，今亦當命在旦夕矣。況復下硝粉於食品，行無形之酖毒乎？[一二]倘他日或有大故，則逆后賊臣，且將以久病昇遐告於天下，[一三]而天下之人亦將信之乎？嗚呼，是亦全無人心而已。吾以爲海內臣子，如有念君父之讎者，則宜於今日而興討賊之師也；海外各國，如有恤友邦之難者，則宜於今日而爲問罪之舉也。使今日而不討賊，不問罪，則雖他日皇上被弑，吾知其亦必無問罪討賊之人也。何也？今之不討賊、不問罪者，因信逆賊之言，以爲非廢立也。然則他日亦必聽逆賊之言，以爲非弑君也。嗚呼，痛哉，痛哉！何我皇上之冤慘至於如此其極也，何天下之人之全無人心至於如此其極也？

〔一〕案：這一篇本爲梁氏《戊戌政變記》卷二《廢立始末記》的第四章，原名"論此次乃廢立而非訓政"，後挑出編入文集，始改此名。當爲戊戌八月政變後，梁氏逃亡日本時所作。戊戌爲公曆一八九八年，梁氏年二十六歲。戊戌變法和政變的經過大要如次：從十九世紀八十年代開始的以上海、廣東地區爲代表的一些資産階級改良思想，受了甲午中日戰爭的刺激而加强，就具體表現爲要求政治革新的改良運動。一八九五年《馬關條約》快要簽訂時，廣東舉人康有爲集合在北京參加"會試"的舉人一千三百餘人聯名上書光緒皇帝載湉，反對《馬關條約》，並且提出變法維新的綱領，這是所謂"變法"運動的開始。當時主張"變法"的中心人物是康有爲、梁啓超、譚嗣同、嚴復等，而以康有爲爲首。嚴復曾把西方民主主義的理論介紹到中國來，康、梁、譚等曾爲宣傳維新思想而在各地組織許多"學會"，出版報紙。一八九七年十一月，德國强佔膠州灣，瓜分大禍，迫在眉睫。維新派人士紛紛在各地申述國家的嚴重危機，鼓吹變法。康有爲又在北京組織了"保國會"，講演亡國慘禍，要求即刻變法。經過帝黨翁同龢的密薦，光緒帝接受了康有爲的意見，并且提拔了康有爲一派的人，如譚嗣同、林旭等，做皇帝左右的官員。六月十一日到九月二十一日（案：即陰曆四月廿三日光緒帝下詔定國是決心變法，到八月初六日西太后奪權，宣佈垂簾聽政）這一百零三天中頒佈了許多新法令，如廢八股、辦學堂、裁綠營與冗員、設銀行、開礦、建鐵路、提倡各種實業、獎勵新發明、開設報館、學會、設立譯局介紹西方學說、編制國家預算、公開財政等等。這些政策都是代表了資產階級的要求，對於封建專制主義是一種很大的改革。維新派雖然用皇帝的名義發佈了許多新的法令，但以西太后那拉氏爲首的頑固派掌握着政權和兵權，反對變法，因此新的政令被阻礙着不能實行。新舊派的鬥爭尖銳了，西太后就陰謀政變，撲滅變法，維新派希望用一個軍閥袁世凱的兵力保護變法，並打擊頑固派。但袁世凱竟向頑固派告密，出賣了維新派。西太后立即囚禁了光緒帝，二十一日宣佈自己執政，殺死維新派譚嗣同等六人。（以上採中國宋學會編《中國歷史概要》及湯生志鈞所著《戊戌變法史論叢》）戊戌變法有兩個因素：主要是維新派即改良派與后黨頑固派之爭，次要是帝黨與后黨頑固派之爭，因爲都以后黨頑固派爲共同的敵人，故維新派與帝黨結爲聯盟，然二者實非一事。戊戌政變亦有兩重意義：主要是維新派改良運動失敗於頑固派，次要是帝黨失敗於后黨。梁氏在政變後，本來應該向羣衆着重闡明前一意義，從改良運動的失敗汲取其敎訓，探究以後中國應行之路；乃不此之圖，斤斤於"廢立"與"訓政"，遂使變法與政變完全說成爲帝后之爭，並變本加屬地把整個中國的興亡寄託在光緒帝一人身上，模糊了羣眾的認識，引導羣眾走向錯誤的道路，這是梁氏由進步變爲反動的轉折點。

〔二〕《舊唐書·高宗紀》："上每視朝，天后垂簾於御座後，政事大小，皆預聞一之。"《宋史·后妃傳》："宣仁聖烈高后垂簾聽政。"案：則天是妻子聽丈夫之政，宣仁是祖母聽孫兒之政，以後凡是君幼，母后臨朝執政，就叫垂簾。垂簾的意義是封建時代嚴男女之嫌，女人聽政，朝見羣臣，是要垂簾避嫌的。

〔三〕《書·盤庚》："肆予沖人。"案：沖人是幼小的人的意思。爲封建時代君主自稱的謙詞。後來稱君主幼小叫幼沖或沖齡。

〔四〕《新唐書·武后紀》："則天順聖皇后武氏，諱曌，并州文水人也。……年十四，太宗聞其有色，選爲才人。太宗崩，后削髮爲比丘尼，居於感業寺。高宗……見而悅之，復召入宮。久之，立爲昭儀，進號宸妃。永徽六年，高宗廢皇后王氏，立宸妃爲皇后。高宗自顯慶後，多苦風疾，百司奏事，時時令后決之，常稱旨，由是參預國政。……高宗春秋高，苦疾，后益用事，……上元元年，高宗號天皇，皇后亦號天后，天下之人謂之二聖。……高宗崩，遺詔皇太子即皇帝位，軍國大事不決者，兼取天后進止。皇太子即皇帝位，尊后爲皇太后，臨朝稱制。"唐高宗李治死，子中宗李顯繼位。太后武曌廢顯自立，改國號爲周。這是中國史上唯一的女皇帝。她在位二十二年，施行殘酷的特務政治。

〔五〕《新唐書·武后紀》："天授元年九月，改國號周，大赦改元，降皇帝（睿宗李旦）爲皇嗣，賜姓武氏。"《舊唐書·李昭德傳》："延載初，鳳閣舍人張嘉福令洛陽人王慶之率輕薄惡少數百人詣闕上表，請立武承嗣爲皇太子，則天不許。昭德因奏曰：天皇是陛下夫也，皇嗣是陛下子也，陛下正合傳之子孫，爲萬代計。若立承嗣,臣恐天皇不血食矣。則天寤之,乃止。"

〔六〕案《易·説卦》"乾爲天",因此後人把"乾"字代表封建皇朝的皇帝,乾斷就是皇帝的決斷。《書·洪範》:"睿作聖。"後人把睿字來恭維皇帝的聰明,音 ruì,照就是鑒。案:康梁把變法的希望寄託光緒一人之身,所以屢屢强調所謂"乾綱獨斷",所謂"乾斷睿照"。實則光緒無獨斷之勢,非能斷之人。戊戌變法,亦歷史發展所推動,不是"乾斷睿照"所能使然的。

〔七〕鄭玄《詩譜序》:"舉一綱而萬目張。"

〔八〕《大戴禮記·保傅》:"昔者周成王幼,在襁褓之中。"張守節《史記正義》:"襁,約小兒於背而負行;褓,小兒被也。"《左傳》襄公三十一年:"於是昭公十九年矣,猶有童心。"

〔九〕《清史紀事本末》:"太后幽帝於南海之瀛臺。是晨(案:指戊戌八月初六日的早上)五鐘半,帝入中和殿,閱禮部擬祀社稷壇秋祭文,甫出殿,即有侍衛太監及榮禄之兵一隊,稱奉太后命,引帝入西苑門之瀛臺,乃南海中一島也。四面環水,一面設板橋,通出入,臺中約有十餘室。太后挈李蓮英隨之,責帝曰:'汝之變法維新,本予所許,但不料汝昏昧糊涂,膽大妄爲,一至於此。汝自五歲入宫,繼立爲帝,撫養成人,以至歸政,予何負於汝?而汝無福承受大業,聽人播弄,如木偶然。朝中親貴重臣,無一愛戴汝者,皆請予訓政;漢大臣中雖一二阿順汝者,予自有法處治之。'命蓮英遴選親信太監,監守臺中,撤門外板橋,以斷出入,防帝逸也。"適園主人《三海見聞志》:"仁曜門南爲翔鸞閣,閣前有平階數十級,離階十餘丈有木吊橋,橋北之東西各有室五楹。相傳德宗幽居瀛臺時,西太后常派老監在此看護,送御膳時駕以渡,膳畢,板仍抽起。德宗有詩云:欲飛無羽翼,欲渡無舟楫。"

〔一〇〕《清史紀事本末》:"撤珍妃簪珥,施以刑杖,不許進見。"

〔一一〕《戊戌政變記》："當皇上之欲外逃也，聞有內監六人導之行，至是將六監擒獲，於十三日與六烈士一同處斬；自八月初十日至三十日之間，杖殺之宮女內監其數甚多。"

〔一二〕《戊戌政變記》："法國醫士入診後，其詳細情形，外間傳言不一，而最可詫異者，則某西報載述法醫之言，謂皇上每日飲食中，皆雜有硝粉，故病日增云云。"

〔一三〕《戊戌政變記》："八月十三日，忽有一上諭，言皇上自四月以來病重，宜詔天下名醫入宮醫治，國人見此詔書，無不駭詫。蓋皇上自四月以來，召見引見羣臣，不下數百人，日日辦事，早朝晏罷，聖躬之無病，衆所共見；乃今忽有此詔，蓋西后、榮禄等之用意有三端焉：一欲施酖毒，二欲令皇上幽囚抑鬱逼勒而死，三欲借皇上久病之名，因更立太子，強使禪位也。蓋彼欲行此三策，必須誣皇上爲久病，然後不至動天下之兵。故數月以來，內務府遍布病重之謠言，皆以此故。猶恐天下之人不見信，故特降此僞詔，其用心之險毒已極矣。" 司馬光《資治通鑑·梁武帝紀》："先帝升遐。"升遐就是說帝王的死。本作登假，《禮記·曲禮》："告喪曰天子登假。"疏："此謂天王崩而遣使告天下萬國之辭也。登，上也；假，已也，言天子上升已矣，若仙去然也。"一作登遐，見《列子·周穆王》注。

或又問曰："子言誠哀矣，然讀八月初六日上諭，則西后之垂簾，實皇上所懇請，〔一〕天下之人，雖欲討賊問罪而無辭也。"答之曰：子不讀漢獻帝禪位曹丕之詔乎？〔二〕獻帝屢禪，曹丕屢讓，若有大不得已者然。〔三〕自此以往，歷代篡弒者，皆循茲軌。〔四〕然則可謂曹丕之踐阼，實由漢獻之懇請乎？〔五〕嗚呼！爲此説者，非大愚即大悖耳。

〔一〕《德宗實録》："丁亥（案：即八月初六日）諭内閣：'現在國事艱難，庶務待理，朕勤勞宵旰，日綜萬幾，兢業之餘，時虞叢脞。恭溯同治年間以來，慈禧皇太后兩次垂簾聽政，辦理朝政……因念宗社爲重，再三籲請慈恩訓政。'……"

〔二〕《三國志・魏書・文帝紀》："冬十月丙午，行至曲蠡，漢帝（案：謂漢獻帝）以衆望在魏，乃召羣公卿士，告祠高廟，使兼御史大夫張音持節奉璽綬禪位。册曰：'咨爾魏王，昔者帝堯禪位於虞舜，舜亦以命禹，天命不于常，惟歸有德。漢道陵遲，世失其序，降及朕躬，大亂兹昏，羣兇肆逆，宇内顛覆。賴武王（案：謂曹操）神武，拯兹難於四方，惟清區夏，以保綏我宗廟，豈予一人獲乂，俾九服實受其賜。今王（案：謂曹丕）欽承前緒，光于乃德，恢文武之大業，昭爾考之弘烈。皇靈降瑞，人神告徵，誕惟亮采，師錫朕命，僉曰爾度克協于虞舜，用率我唐典，敬遜爾位。於戲！天之曆數在爾躬，允執厥中，天禄永終。君其祗順大禮，饗兹萬國，以肅承天命。'乃爲壇於繁陽。庚午，王升壇即阼，百官陪位。事訖降壇，視燎成禮而反。"

〔三〕趙翼《廿二史劄記・禪代》："按裴松之《三國志》注引《魏略》，曹丕受禪時，漢帝下禪詔及册書凡三，丕皆拜表讓還璽綬。李伏等勸進者一，許芝等勸進者一，司馬懿等勸進者一，桓楷等勸進者一，尚書令等合詞勸進者一，劉廙等勸進者一，劉若等勸進者一，輔國將軍等百二十人勸進者一，博士蘇林等勸進者一，劉廙等又勸進者一，丕皆下令辭之；最後華歆及公卿奏擇日設壇，始即位。此雖一切出於假僞，然猶見其顧名思義，不敢遽受，有揖讓之遺風。"

〔四〕《廿二史劄記》:"曹魏假禪讓爲攘奪,自此例一開,而晉、宋、齊、梁、北齊、後周以及陳、隋皆效之;此外尚有司馬倫、桓玄之徒,亦援以爲例;甚至唐高祖本以征誅起,而亦假代王之禪;朱溫更以盜賊起,而亦假哀帝之禪。自曹魏創此一局,而奉爲成式者且十數代,歷七八百年,真所謂姦人之雄,能建非常之原者也。"

〔五〕惲毓鼎《崇陵傳信録》:"遷上於南海瀛臺,上嘗至一太監屋,几有書,取視之,《三國演義》也。閲數行,擲去,長嘆曰:朕並不如漢獻帝也。"

或又問曰:"皇上之賢,逆后之罪,既已聞命矣。然中國之立君,無有憲法,惟意所欲而已。今西后雖篡位矣,而討賊問罪,猶爲無辭也。"答之曰:中國之政,向來奉聖經爲準衡,故六經即爲中國之憲法也。《書》言牝雞無晨,牝雞之晨,惟家之索。〔一〕《禮》言夫死從子,〔二〕又言婦人不與外事。〔三〕《春秋》因文姜之淫而不與莊公之念母。〔四〕然則母后臨朝,爲經義所不容,有明證矣。《論語》:君薨聽於冢宰。〔五〕尋常幼帝之立,母后臨朝,猶爲六經所不取,況今日之實爲篡逆乎?且支那人向來所信奉,常引爲政治之準的者,六經之外,則朱子之書。〔六〕朱子《綱目》,〔七〕於北魏胡后之事,則大書胡太后弑其君;〔八〕於唐武后之事,則大書帝在房州,〔九〕皆與今日之事,若合符節者也。

〔一〕見《書・牧誓》。這是説商紂王聽信女人的話,牝雞比女人,牝雞本來是不能司晨的,假使牝雞司了晨,那末這一家就完了。這是古代卑視女性的説法,並且是迷信的,司晨是説雄雞啼曉,凡是雌雞啼了曉,那是預兆不祥的,所以説"惟家之索"。
〔二〕案:這一句見《儀禮·喪服》子夏傳,又見《禮記·郊特牲》。
〔三〕《白虎通義》:"婦人無外事。"
〔四〕《春秋》莊公元年三月,"夫人孫於齊。"《公羊傳》:"孫者何?孫猶孫也,内諱奔,謂之孫。夫人固在齊矣,其言孫於齊何?念母也,正月以存君,念母以首事。夫人何以不稱姜氏?貶,曷爲貶?與弑公也。其與弑公奈何?夫人譖公於齊侯,'公曰同非吾子,齊侯之子也。'齊侯怒,與之飲酒,於其出焉,使公子彭生送之,於其乘焉,搚干而殺之。念母者所善也,則曷爲於其念母焉貶?不與念母也。"案:魯莊公姬同的母親姜氏通於她的哥哥齊襄公姜諸兒,姜諸兒聽了姜氏的讒言,把莊公的父親桓公姬允害死了。這時姜氏還留在齊國,念母是好事,但是在這樣情况下,念這樣的母親是不應該的,所以説"不與念母"。"與"是稱許的意思,這樣的念母,是不能稱許的。
〔五〕《論語·憲問》:"君薨,百官總己以聽於冢宰三年。"《孟子·滕文公上》:"孔子曰:君薨聽於冢宰。"冢宰就是太宰,同於後世的宰相。老國君死了,小國君要守孝,不能問事,所以一切聽宰相處理。
〔六〕朱子就是南宋時代的朱熹,字元晦,晚號晦翁,婺源人。他專講正心誠意的道學,死了以後,名氣更大。因爲他的學説,很合封建統治階級的胃口,所以當時的趙宋王朝非常夸獎他。他的著作如:《四書集注》、《詩集傳》、《易本義》等,漸和經典一樣重視。到了元朝,統治者受了投奔他的所謂儒士的啓發,知道朱熹的學説,可以當作籠絡漢族知識分子的利器,竟開始用他的得意著作《四書集注》和科舉結合起來。到明清兩代，也沒有改變，簡直和經典並重了。可以參閱詩選注《讀陸放翁集》第四首注。

〔七〕《四庫全書總目提要》："朱子因司馬光《資治通鑑》以作《綱目》，惟凡例一卷，出於手定，其綱皆門人依凡例而修，其目則全以付趙師淵。後疏通其義旨者，有遂昌尹起莘之《發明》，永新劉友益之《書法》；箋釋其名物者，有望江王幼學之《集覽》，上虞徐昭文之《考證》，武進陳濟之《集覽正誤》，建安馮智舒之《質實辨正》；其傳寫差誤者，有祁門汪克寬之《考異》；明弘治中莆田黃仲昭，取諸家之書，散入各條之下，是爲今本，皆尊崇朱子者也。"案：到了清代康熙帝玄燁，根據孔丘筆削《春秋》的宗旨，加以批判，可見封建統治者對此書的重視了。

〔八〕《通鑑綱目》："魏孝昌四年，魏太后胡氏進毒弒其主詡。"（案：詡就是魏孝明帝元詡。）劉友益《書法》："其子也，書弒何？尊無二上也。於是詡立十四年矣，非大無道，太后安得毒而殺之。《綱目》於其生也，正其名曰魏王之子，於其死也，書以主而正其罪曰弒，所以尊先君，重社稷，且以明無二上之義也。豈其曰己子，而可以率意殺之哉。"案：在這以前北魏已有獻文帝拓跋弘爲他的母親文明太后馮氏毒害的事。馮氏、胡氏都是因爲行爲不檢點，且圖臨朝稱制而害死兒子的。

〔九〕案：《綱目》於武后廢中宗李顯自己專政以後，每年的開始凡一書帝在均州，十二書帝在房州。《書法》說："每歲首必書帝所在，存正統也。"

政變原因答客難〔一〕

語曰：忠臣去國，不潔其名。〔二〕大丈夫以身許國，不能行其志，乃至一敗塗地，〔三〕漂流他鄉，則惟當緘口結舌，〔四〕一任世人之戮辱之，嬉笑之，唾罵之，斯亦已矣；而猶復曉曉焉欲以自白，〔五〕是豈大丈夫之所為哉？雖然，事有關於君父之生命，關於全國之國論者，〔六〕是固不可以默默也。

〔一〕案：這一篇本為《戊戌政變記》卷三《政變前紀》的第三章，後來挑出編入文集。《漢書·東方朔傳》："朔上書欲求試用，辭幾萬言，終不見用，因著論設客難己，用位卑以自慰諭。"後人摹仿它的很多，如揚雄的《解嘲》，班固的《答賓戲》，韓愈的《進學解》都是。這裏是但用其名，作法並不相同。

〔二〕《戰國策·燕策》："臣聞古之君子，交絕不出惡聲，忠臣之去也，不潔其名。"案："不潔其名"是說國君污衊他，他也不願辯白，弄清楚自己的名譽。

〔三〕《史記·高祖本紀》："今置將不善，一敗塗地。"《索隱》："言一朝破敗，使肝腦塗地。"

〔四〕《孔子家語·觀周》："孔子觀周，遂入太祖后稷之廟，廟堂右階之前，有金人焉，三緘其口而銘其背曰：古之慎言人也。"《漢書·李尋傳》："及京兆尹王章坐言事誅滅，智者結舌。"後人都用來比方不敢說話。

〔五〕《詩・豳風・鴟鴞》："予維音嘵嘵。"毛傳："嘵嘵，懼也。"嘵音 xiāo。

〔六〕《漢書・薛宣傳》："經術文雅，足以謀王體，斷國論。"國論就是有關國家大計的言論。

論者曰：中國之當改革，不待言矣，然此次之改革，得無操之過蹙，失於急激，以自貽蹉跌之憂乎？辨曰：中國之當改革，三十年於茲矣，然而不見改革之效，而徒增其弊者何也？凡改革之事，必除舊與布新，兩者之用力相等，然後可有效也。苟不務除舊而言布新，其勢必將舊政之積弊，悉移而納於新政之中，而新政反增其害矣。如病者然，其積痞方橫塞於胸腹之間，〔一〕必一面進以瀉利之劑，以去其積塊，一面進以溫補之劑，以培其元氣，庶幾能奏功也。若不攻其病，而日餌之以參苓，〔二〕則參苓即可爲增病之媒，而其人之死當益速矣。我中國自同治後，〔三〕所謂變法者，若練兵也，開礦也，通商也，交涉之有總署使館也，〔四〕教育之有同文方言館及各中西學堂也，〔五〕皆疇昔之人所謂改革者也。夫以練兵論之，將帥不由學校而出，能知兵乎？選兵無度，任意招募，半屬流丐，體之羸壯所不知，識字與否所不計，能用命乎？將俸極薄，兵餉極微，武階極賤，〔六〕士人以從軍爲恥，而無賴者乃承其乏，〔七〕能潔己效死乎？圖學不興，阨塞不知，能制勝乎？船械不能自製，仰息他人，能如志乎？海軍不游弋他國，將帥不習風濤，一旦臨敵，能有功乎？警察不設，户籍無稽，所練之兵，日有逃亡，能爲用乎？如是，則練兵如不練。且也用洋將統帶訓練者,則授權於洋人,國家歲費巨帑,爲他人養兵以自噬;〔八〕其用土將者,則如董福祥之類,〔九〕藉衆鬧事,損辱國體,動招邊釁,否則騷擾閭閻而已,不能防國,但能累民;又購船置械於外國,則官商之經手者,藉以中飽自肥,費重金而得窳物,如是則練兵反不如不練。以開礦論之,礦務學堂不興,礦師乏絕,重金延聘西人,尚不可信,能盡地利乎?機器不備,化分不精,能無棄材乎?道路不通,從礦地運至海口,其運費視原價或至數倍,能有利乎?如是則開礦如不開。且也西人承攬,各國要挾,地利盡失,畀之他人;否則奸商胡鬧,貪官串弊,各省礦局,只爲候補人員領乾修之用,中國舊例,官紳之不辦事而借空名以領俸者,謂之乾修。凡各省之某某局總辦、某某局提調者,無不皆是也。徒糜國帑,如是則開礦反不如不開。以通商論之,計學即日本所稱經濟財政諸學。〔一〇〕不講,罕明商政之理,能保富乎?工藝不興,製造不講,土貨銷場,寥寥無幾,能爭利乎?道路梗塞,運費笨重,能廣銷乎?釐卡滿地,抑勒逗留,朘膏削脂,有如虎狼,能勸商乎?領事不察外國商務,國家不護僑寓商民,能自立乎?如是則通商如不通。且也外品日輸入,內幣日輸出,池枯魚竭,〔一一〕民無噍類,〔一二〕如是則通商反不如不通。以交涉論之,總理衙門老翁十數人,日坐堂皇,〔一三〕並外國之名且不知,無論國際,並己國條約且未寓目,無論公法,各國公使領事等官,皆由奔競而得,一無學識,公使除呈遞國書之外無他事,領事隨員等除游觀飲食之外無他業,何取於此輩之坐食乎?如是則有外交官如無外交官。且使館等人在外國者，或狎邪無賴，〔一四〕或鄙吝無恥，自執賤業，污穢難堪，貽笑外人，損辱國體，其領事等非惟不能保護己商，且從而陵壓之，如是則有外交官反不如無外交官。以教育論之，但教方言以供翻譯，不授政治之科，不修學藝之術，能養人材乎？科舉不變，榮途不出士夫之家，聰穎子弟皆以入學爲恥，能得高材乎？如是則有學堂如無學堂。且也學堂之中，不事德育，不講愛國，故堂中生徒，但染歐西下等人之惡風，不復知有本國，〔一五〕賢者則爲洋傭以求衣食，不肖者且爲漢奸以傾國基，如是則有學堂反不如無學堂。

〔一〕《玉篇》："痞，腹內結病。"音 pǐ。
〔二〕《後漢書·馬援傳》："常餌薏苡實。"餌就是吃。參苓就是人參和伏苓，都是補藥。
〔三〕案：這裏起一直到後面"如是則有學堂反不如無學堂"一大段和《論變法不知本原之害》的第二段大致相似，不過一簡一繁罷了，可以參看。凡是上文已有注釋，這裏有相同的，不再加以説明瞭。
〔四〕案：總署已見上《續論變法不知本原之害》第六段注。使館的建立，大約始於郭嵩燾的使英，張德彝《隨使日記》："光緒元年（案：即公元一八七五年）皇上以華民出洋日衆，非有重臣旬宣，不足以資鎮撫，特准賫詔前往各國，以通和好。適值英人馬嘉理在滇被戕一案，乃奉旨派花翎兵部右侍郎郭嵩燾爲正使，花翎三品銜候補五品京堂劉錫鴻爲副使，苾英吉利國。"近人柳氏詒徵説："同治七年，志剛等之出使，僅爲修交立約，初非駐使；同治四年，侍郎崇厚使法國，專爲陳述天津

焚教堂殺領事案情而往，而至郭嵩燾之使，始爲常駐使臣之始。"（見《中國文化史》）

〔五〕王之春《柔遠記》："同治六年春三月，設同文館於京師。時京師有洋館，乃議設同文館，並招集士子學習推算及泰西文字語言，而雇西人教習。"《清會典》："設四國語言文字之館，（天文、化學、算學、格致、醫學共八館。）曰英文前館，曰法文前館，曰俄文前館，曰德文前館，曰英文後館，曰法文後館，曰俄文後館，曰德文後館。"

〔六〕案：清代的祿秩文官最高級的正品歲俸銀爲三百六十兩，武官同樣的品級歲俸銀只有九十五兩。雖然和文官一樣還有些薪米費，以每月計算，一共也只有十九兩餘。以下的品級就可推想。所以除吃空額、扣口糧等種種作弊外，就不能維持生活了。（從前聽張菊生先生元濟說大致如此。）士兵更苦。鄭觀應《盛世危言·練兵篇》說："我中國……額設旗、綠制兵六十萬。馬兵月餉一兩五錢，步兵一兩五錢，守兵僅一兩，非特無以贍家，且無以餬口。"文武待遇既有這樣的軒輊，造成了重文輕武的風氣。馮桂芬《校邠廬抗議·停武試議》說："承平日久，文吏視武弁如奴僕。"《新唐書·百官志》："武散階四十有五。"案官的等級叫做"階"。

〔七〕《左傳》成公二年："韓厥曰：'敢告不敏，攝官承乏。'"案：承是承受，乏是缺乏，意思是人員缺乏，只好我來承受這個職務，本是客氣的話，這裏是直講。

〔八〕案：詳見上《續論變法不知本原之害》五六兩段。

〔九〕董福祥，寧夏人。官至甘肅提督。戊戌政變，榮祿召他到北京，添練甘軍，分防直隸、山西兩省。至於一九〇〇年義和團起，他的軍隊戕殺日本使館書記生和圍攻使館等等，那是梁氏作文以後的事了。

〔一〇〕案：嚴復於戊戌年譯英人斯密亞丹書，初名《計學》，後始改爲《原富》。但書中仍時時言計學，梁氏當本此。嚴復說："計學西名葉科諾密，本希臘語，其義始於治家。引而申之，爲凡料量經紀撙節出納之事；擴而充之，爲邦國天下生食爲用之經；蓋其訓之所苞至衆，故日本譯之爲經濟，中國譯之爲理財。顧必求吻合，則經濟旣嫌太廓，而理財又爲過陿，自我作故，乃以計學當之。"

〔一一〕《呂氏春秋‧必己》："宋桓司馬有寶珠，抵罪出亡，王使人問珠之所在，曰：'投之池中。'於是竭池而求之，無得，魚死焉。"

〔一二〕《漢書‧高帝紀》："嘗攻襄城，襄城無噍類。"注："如淳曰：無復有活而噍食者也，青州俗呼無子遺爲無噍類。'"噍音 jiáo。

〔一三〕堂皇一作堂煌，《廣雅‧釋宮》："堂煌，壁也。"王念孫《疏證》："壁通作殿，《初學記》引《蒼頡篇》云：'殿，大堂也。'煌通作皇。"

〔一四〕狎邪，狎於邪慝，指嫖妓宿娼等卑污行爲。

〔一五〕黃遵憲《罷美國留學生感賦詩》有一段正描寫這裏所說的人。他說："就中高材生，每有出類奇。其餘中不中，太半悲染絲。千花紅氍毹，四牖碧琉璃，金絡水晶柱，銀盤夜光杯，鄕愚少所見，見異輒意移。家書說貧窮，問子今何居？'我今膳雙雞，誰記炊屎䬼，汝言益無糧，何不食肉糜。'客問故鄉事，欲答顏忸怩。嬉戲替戾岡（替戾岡是說出去），遊宴賀跋支（賀跋支是官名），互談伊嘎亞（伊嘎亞本是形容說話遊移不定，這裏是形容說外國話），獨歌妃呼豨（妃呼豨是古樂府中的襯字有聲無義的。以上是說他們只講外國話）。吳言與越語，病忘反不知。亦有習祆教，相率拜天祠，口嚼天父餅，手翻景教碑。樓臺法界住,香草美人貽,此間國極樂,樂不故蜀思。"

凡此之類,隨舉數端,其有弊無效,固已如是。自餘各端,亦莫不如是。然則前此之所謂改革者,所謂溫和主義者,其成效固已可睹矣。夫此諸事者,則三十年來名臣曾國藩、文祥、沈葆楨、李鴻章、張之洞之徒,〔一〕所竭力而始成之者也,然其效乃若此。然則,不變其本,不易其俗,不定其規模,不籌其全局,而依然若前此之支支節節以變之,則雖使各省得許多督撫皆若李鴻章、張之洞之才之識,又假以十年無事,聽之使若李鴻章、張之洞之所爲,則於中國之弱之亡,能稍有救乎?吾知其必不能也。何也?蓋國家之所賴以成立者,其質甚繁,故政治之體段亦甚複雜,枝節之中有根幹焉,根幹之中又有總根幹焉,互爲原因,互爲結果。故言變法者,將欲變甲,必先變乙;及其變乙,又當先變丙,如是相引,以至無窮,而要非全體並舉,合力齊作,則必不能有功,〔二〕而徒增其弊。譬之有千歲老屋,瓦墁毀壞,榱棟崩折,將就傾圮,而室中之人,乃或酣嬉鼾臥,漠然無所聞見;或則補苴罅漏,彌縫蟻穴,以冀支持:斯二者,用心雖不同,要之風雨一至,則屋必傾,而人必同歸死亡,一也。夫酣嬉鼾臥者,則滿洲黨人是也;補苴彌縫者,則李鴻章、張之洞之流是也。諺所謂室漏而補之,愈補則愈漏;衣敝而結之,愈結則愈破,其勢固非別構新廈,別出新製,烏乎可哉?若知世之所謂溫和改革者,宜莫如李、張矣,不見李鴻章訓練海軍之洋操,所設之水師學堂、醫學堂乎?〔三〕不見張之洞所設之實學館、自強學堂、鐵政局、自強軍乎？〔四〕李以三十年之所變者若此，張以十五年之所變者若此，然則再假以十五年，使如李、張者出其溫和手段，以從容布置，到光緒四十年，亦不過多得此等學堂洋操數個而已。一旦有事，則亦不過如甲午之役，〔五〕望風而潰，於國之亡，能稍有救乎？既不能救亡，則與不改革何以異乎？夫以李、張之才如彼，李、張之望如彼，李、張之見信任負大權如彼，李、張之遇無事之時，從容十餘年之布置如彼，其所謂改革者乃僅如此。況於中朝守舊，庸耄盈廷，以資格任大官，以賄賂得美差，大臣之中安所多得如李、張之才者？而外患之迫，月異而歲不同，又安所更得十餘年之從容歲月者？然則，舍束手待亡之外，無他計也，不知所謂溫和主義者，何以待之。抑世之所謂急激者，豈不以疑懼交乘，怨謗雲起，爲改革黨人所自致乎？語曰："非常之原，黎民懼焉。"〔六〕又曰："凡民可以樂成，難以慮始。"〔七〕從古已然，況今日中國之官之士之民，智識未開，瞢然不知有天下之事，其見改革而驚訝，固所當然也。彼李鴻章前者所辦之事，乃西人皮毛之皮毛而已，猶且以此負天下之重謗，況官位遠在李鴻章之下，而所欲改革之事，其重大又過於李鴻章所辦者數倍乎？

〔一〕案：曾、李等的反動罪行近代史上講得很詳細，這裏都略去不談，只說一下他們的所謂"支節改革"事項，如曾國藩的議遣幼童出洋肄業和仿造機器等，見他的奏疏；文祥的議立總理各國事務衙門和外國文字語言館等，見匡輔之《文文忠公別傳》；沈葆楨的設立福建船政局、選派生徒出洋遊學和奏立電報等,見《沈文肅政書》;李鴻章的除繼承曾國藩外,還有許多,大約可以分成兩類:第一類屬於軍事的,有購船、購械、造船、造械、築炮臺、修船塢、練陸海軍等,他如興學堂、派學生遊學外國等,大率皆爲兵事起見,也可歸入此類,第二類屬於商務的,有鐵路、招商局、織布局、電報局、煤礦、金礦等;詳見梁氏《李鴻章》的第六章;張之洞詳下《六君子傳》及詩選《劉荊州》詩注。他的所謂"支節改革"大要見於他和劉坤一會奏變法事宜疏中,一廣派遊歷,二練外國操,三廣軍實,四修農政,五勸工藝,六定礦律、路律、商律、交涉刑律,七用銀圓,八印花稅,九推行郵政,十官收洋藥,十一多譯東西各國書等,見《光緒政要》。梁氏以爲曾、李新政與他們維新派變法是"支節改革"與"根本改革"之分,其實不然,而是洋務派與改良派之分。洋務派的施爲,不僅"枝節",而且根本說不上"改革",上面已經說過,他們對內是要以現代裝備來強化封建專制主義的統治,對外是要加強中外反動派的勾結,他們根本是反動的。改良派雖然說不上"根本改革",但他們對內是要以君主立憲代替君主專制,對外是要抵禦侵略,救亡圖存,在當時條件下他們是進步的。梁氏在這裏,却沒有劃清這個界綫。

〔二〕康有爲《統籌全局摺》:"方今累經外患之來,天下亦知舊法之敝,思變計圖存矣。然變其甲不變其乙,舉其一而遺其二,枝枝節節而爲之,逐末偏端而舉之,無其本原,失其輔佐,牽連並敗,必至無功。"案:戊戌前二年梁氏給嚴復信中說:"變法之難,先生所謂一思變甲,即須變乙,至欲變乙,又須變丙,數語盡之。"這裏全用嚴說。

〔三〕李鴻章派武弁往德國學水陸軍械技藝在光緒二年(一八七六年)三月,派福建船政生出洋學習在同年十一月,始購鐵甲船在六年(一八八〇年)二月,設水師學堂於天津,在同年七月,北洋海軍成軍在十四年(一八八八年),設醫學堂於天津在二十年(一八九四年)五月,以上據梁氏《李鴻章》。

〔四〕胡鈞《張文襄公年譜》:"光緒十六年(一八九〇年)正月,設礦務局。十九年(一八九三年)十月,設自強學堂,就方言、商務學堂改設。(案:以上湖廣總督任內。)二十一年(一八九五年)五月,籌練自強軍,擬仿德國營制練馬步炮工兵一萬人,正月間,奏請用洋將練兵於徐州,至是延訪德國將弁曾經戰陣者,立自強軍,自強軍始於此;十一月,奏明創練自強軍,選募鄉民,責成洋將管帶,先練二千八百人為一軍,仿西法,分十三營,半年以後,人數倍之,以增至萬人為止,一軍練成,以軍將帶之,移洋將以教第二軍,一軍餉需約四十四萬兩。(案:以上在兩江總督任內。梁氏於戊戌上一年曾作《記自強軍》一文非常贊美它,以為"江南諸軍,無如自強軍,凡二千五百八十人,統領為德國遊擊子爵來春石泰",這是自強軍的一部分,張之洞調任後所遺留的。)二十二年(一八九六年)五月,改訂自強學堂章程,改舊章,停課格致、育務,課英、法、俄、德四國語文,續添日文,共五齋,每齋三十名,附譯西書。"案設實學館不知在哪一年,未查到,待考。

〔五〕清光緒二十年,歲在甲午,即公元一八九四年,朝鮮人民由東學黨發動起事,反抗封建壓迫和帝國主義侵略。朝鮮政府請求清政府援助。這時日本在明治維新後,發展了和封建經濟密切結合的資本主義,開始預定性的對中國與朝鮮的侵略,於是它就乘機派兵侵入朝鮮。清政府因東學黨事件已經結束,照會日本,兩國同時撤兵,日軍不但不答應,反而擄了朝鮮國王,佔據朝鮮首都漢城的四路要害,向中國挑釁,引起了中日戰爭。結果,清政府的主戰派帝黨沒有準備,投降派后黨得勢,加速了戰爭的失敗。這就是甲午戰爭的經過。
〔六〕《史記・司馬相如列傳》:"故曰非常之原,黎民懼焉。"《索隱》:"張揖云:非常之事,其本難知,衆人懼也。"這是封建時代輕視羣衆的話頭,是不足爲訓的。
〔七〕《商君書・更法》:"民不可與慮始,而可與樂成。"

夫不除弊則不能布新,前既言之矣,而除舊弊之一事,最易犯衆忌而觸衆怒,故全軀保位惜名之人,每不肯爲之。今且勿論他事,即如八股取士錮塞人才之弊,〔一〕李鴻章、張之洞何嘗不知之,何嘗不痛心疾首而惡之。張之洞且常與余言,以廢八股爲變法第一事矣,而不聞其上疏請廢之者,蓋恐觸數百翰林、數千進士、數萬舉人、數十萬秀才、數百萬童生之怒,〔二〕懼其合力以謗己而排擠己也。今夫所謂愛國之士,苟其事有利於國者,則雖敗己之身、裂己之名,猶當爲之。今既自謂愛國矣,又復愛身焉,又復愛名焉,及至三者不可得兼,則舍國而愛身名;至二者不可得兼,又將舍名而愛身;吾見世之所謂溫和者,如斯而已,如斯而已!吉田松陰曰:〔三〕"觀望持重,號稱正義者,比比皆然,最爲最大下策,何如輕快捷速,打破局面,然後除占地布石之爲愈乎?"〔四〕嗚呼!世之所謂溫和者,其不見絕於松陰先生者希耳。即以日本論之,幕末藩士,〔五〕何一非急激之徒,松陰、南洲,尤急激之巨魁也。試問非有此急激者,而日本能維新乎?〔六〕當積弊疲玩之既久,不有雷霆萬鈞霹靂手段,何能唤起而振救之。日本且然,況今日我中國之積弊,更深於日本幕末之際,而外患内憂之亟,視日本尤劇百倍乎！今之所謂溫和主義者，猶欲以維新之業，望之於井伊、安藤諸閣老也。[七] 故康先生之上皇帝書曰："守舊不可，必當變法；緩變不可，必當速變；小變不可，必當全變。"又曰："變事而不變法，變法而不變人，則與不變同耳。"故先生所條陳章奏，統籌全局者，凡六七上，其大端在請誓太廟以戒羣臣，開制度局以定規模，設十二局以治新政，立民政局以地方自治；[八] 其他如遷都、興學、更稅法、裁釐金、改律例、重俸祿、遣游歷、派游學、設警察、練鄉兵、選將帥、設參謀部、大營海軍、經營西藏新疆等事，[九] 皆主齊力並舉，不能支支節節而為之。而我皇上亦深知此意，徒以無權不能遽行，故屢將先生之摺交軍機總署會議，嚴責其無得空言搪塞，蓋以見制西后，故欲借羣臣之議以定之也。無如下有老耄守舊之大臣，屢經詔責而不恤；上有攬權猜忌之西后，一切請命而不行。故皇上與康先生之所欲改革者，百分未得其一焉。使不然者，則此三月之中，舊弊當已盡革，新政當已盡行，制度局之規模當已大備，十二局之條理當已畢詳，律例當已改，巨餉當已籌，警察當已設，民兵當已練，南部當已遷都，參謀部當已立，端緒略舉，而天下肅然向風矣。今以無權之故，一切所行，非其本意，皇上與康先生方且日日自疚其溫和之已甚，而世人乃以急激責之，何其相反乎！嗟乎！局中人曲折困難之苦衷，非局外人所能知也久矣。以譚嗣同之忠勇明達，當其初被徵入都，語以皇上無權之事，猶不深信。及七月二十七日皇上欲開懋勤殿，設顧問官，命譚查歷朝聖訓之成案，將據以請於西后。〔一〇〕至是譚乃恍然於皇上之苦衷,而知數月以來改革之事,未足以滿皇上之願也。譚嗣同且如此,況於其他哉!夫以皇上與康先生處至難之境,而苦衷不爲天下所共諒,庸何傷焉。而特恐此後我國民不審大局,徒論成敗,而曰是急激之咎也,是急激之鑒也,因相率以爲戒,相率於一事不辦,束手待亡,而自以爲溫和焉。其上者則相率於補漏室,結鶉衣,〔一一〕枝枝節節,畏首畏尾,〔一二〕而自以爲溫和焉。而我國終無振起之時,而我四萬萬同胞之爲奴隸,終莫可救矣。是乃所大憂也,故不可以不辯者一也。

〔一〕《申報·八股辨》:"自講義變而爲制藝,制藝變而爲四書文,亦名時文,而俗稱則曰八股文字。八股亦曰八比,比者偶也,股者如股肱之對待也。四書文之體,首破題,次承題,次起講,次入手,次起股,次中股,次後股,次束股,每股各二,合之則曰八股。"嚴復《救亡決論》:"天下理之最明而勢所必至者,如今日中國之不變法則必亡是已。然則變將何先?曰:莫亟於廢八股。夫八股非自能害國也,害在使天下無人才。其使天下無人才奈何?曰:有大害三:其一害曰錮智慧,……其二害曰壞心術,……其三害曰滋遊手。夫數八比之三害,有一於此,則其國鮮不弱而亡,況夫兼之者耶?……總之,八股取士使天下消磨歲月於無用之地,墮壞志節於冥昧之中,長人虛憍,昏人神智,上不足以輔國家,下不足以資事畜,破壞人才,國隨貧弱。此之不除,徒補苴罅漏,張皇幽眇,無益也。雖練軍實,講通商,亦無益也。何則?無人才,則之數事者,雖舉亦廢故也。"

〔二〕案:翰林等等是科舉取士的等第稱號。《救亡決論》說:"垂髫童子……入學……數年之後,學爲經義,先生教之以擒挽之死法,弟子資之於剽竊以成章。迨夫觀風使至,逐隊唱名,俯首就案,不違功令,皆足求售,如是而博一衿矣,則其榮可以夸鄉里;又如是而領鄉薦矣,則其效可以覘民社;至於成貢士,入詞林,則其號愈榮,而自視亦愈大。"這裏所說應觀風考試的人,就是童生;博一衿,就是考取秀才;領鄉薦,就是考取舉人;貢士就是進士;詞林就是翰林。

〔三〕吉田松陰,詳詩選《去國行》注。

〔四〕梁氏《自由書》引吉田松陰語除此條外,尚有多條,意義和此條有關連的附錄在下面:"又曰:'士不志道則已,苟志道矣,而畏禍懼罪,有所不盡於言,取容當世,貽誤將來,豈君子學者之所爲哉。'又曰:'今世俗有一說曰:時尚未至,輕動取敗,何如浮沈流俗,免人怪怒,乘時一起,攫取功名耶?……非士之有志者也。'"

〔五〕詳詩選《去國行》注。

〔六〕《自由書》:"日本維新……吉田諸先輩造其因,而明治諸元勛收其果,無因則無果,故吉田輩當爲功首也。考松陰生平欲辦之事,無一成者:初欲投西艦逃海外求學而不成,既欲糾志士入京都勤王而不成,既欲遣同志阻長藩東上而不成。事事爲當道所抑壓,卒坐吏議就戮,時年不滿三十,其敗也可謂至矣。然松陰死後,舉國志士,風起水涌,卒傾幕府,成維新,長門藩士最有力焉,皆松陰之門人也。"南洲,詳詩選《去國行》注。

〔七〕案:井伊當是井伊直弼。本是藩主,安政五年(一八五八)昇爲幕府大老,梁氏《李鴻章》:"日本大將軍柄政時,井伊直弼當內治外交之衝,深察時勢,知閉關絕市之不可,因與歐美各國結盟,且汲汲然欲師所長以自立。而當時民間尊王攘夷之論方盛，井伊以強力鎭壓之，以效忠於幕府。於是舉國怨毒，集彼一身，卒被壯士刺殺於櫻田門外。"安藤不詳。

〔八〕案：康先生即康有爲。《清史稿·康有爲傳》："康有爲字廣厦，號更生，原名祖詒。廣東南海人。光緒二十一年進士。用工部主事。二十四年，尚書李端棻、學士徐致靖、張百熙、給事中高燮曾等先後疏薦有爲才，至是始召對，命在總理衙門章京上行走。……上久感外侮，思變法圖強，用有爲言，三月維新，中外震仰。維新進驟起，機事不密，遂至害成。於是太后復垂簾，盡罷新政，以有爲大逆不道，籍其家，懸賞購捕。有爲已星夜出都，亡命日本，流轉南洋，遍遊歐各國，所至以尊皇保國相號召。丁巳，張勳復辟，以有爲爲弼德院院長……旋歸上海，丁卯，病卒於青島。"張伯楨《南洋康先生傳》："戊戌政變，更號更生。"餘散見各注。誓太廟和開制度局見戊戌正月初八日和三月兩次統籌全局摺，四月又有請告天祖誓羣臣以變法定國是專摺，七月又有請開制度局議行新政專摺。他所說的誓太廟是："大集羣臣於天壇太廟，或御乾清門，詔定國是，躬申誓戒，除舊布新，與民更始。其誓文在決萬機於公論，採萬國之良法，協民國之同心，無分種族，一上下之議論，無論藩庶，令羣臣亦誓言上表，革面相從，於是國是定而議論一矣。"所說的制度局是："開局於宮中，選公卿諸侯大夫及草茅才士二十人，充總裁，議定參預之任，商榷新政，草定憲法，於是謀議詳而章程密矣，日本之强，效原於此。"設十二局和民政局，見三月應詔統籌全局折。所說的十二局是："一曰法律局，宜採羅馬及英、美、德、法、日本之律，重定施行；二曰度支局，……紙幣、銀行、印稅、證券、訟紙、信紙、煙酒稅、礦產、山林、公債、……專任之；三曰學校局，自京師立大學，各省立高等中學，府縣立中小學及專門學，若海、陸、醫、律、師範各學，編譯西書，分定課級，非禮部所能辦，立局而責成焉；四曰農局，舉國之農田、山林、水產、畜牧，料量其土宜，講求其進步改良焉；五曰工局，司舉國之製造機器美術，其船舶市場，新造橋樑堤岸道路咸屬焉；六曰商局，舉國之商務、商學、商會、商情、商貨、商律專任講求激厲焉；七曰鐵路局，舉國之應修鐵路，繪圖定例權限咸屬焉；八曰郵政局，舉國皆行郵政以通信，命各省府縣鄉咸立分局，並電綫屬焉；九曰礦務局，舉國之礦產礦稅礦學屬焉；十曰遊會局，凡舉國各政會、學會、教會、遊歷、遊學各會，司其政律而鼓舞之；十一曰陸軍局，選編國民爲兵而司其教練；十二曰海軍局，治鐵艦練軍之事。立制度局總其綱，立十二局分其事。"所説的民政局是："每道設一民政局，妙選通才，督辦其事，每縣設民政分局督辦，除刑獄賦稅暫時仍歸知縣外，凡地圖、户口、道路、山林、學校、農工、商務、衛生、警捕，皆次第舉行，如此則内外並舉，臂指靈通，憲章草定，奉行有率，然後變法可成，新政有效也。"

〔九〕案：這裏所説的各項都散見在公車上書、上光緒書和幾個專摺裏，現在不詳細指明了。

〔一〇〕蘇繼祖《戊戌朝變紀聞》："上（案：指載湉）意仿照先朝懋勤殿故事，選舉英才，並延東西洋專門政治家，日夕討論，講求治理，從康請也。蓄心多日，未敢發端，恐太后不允，至是決意舉辦，令譚嗣同引康熙、乾隆、嘉慶三朝諭旨擬詔，定於二十八日（案：七月）赴頤和園時稟請太后之命，太后不答，神色異常，懼而不敢申説。"康有爲自訂年譜："四卿亟亟欲舉新政，吾以制度局不開，瑣碎拾遺，終無當也，故議請開懋勤殿以議制度，草摺令宋芝棟上之，舉黄公度、卓如二人；王小航又上之，舉幼博及孺博二徐並宋芝棟；徐學士亦請開懋勤殿，又竟薦我。"案：惲毓鼎《崇陵傳信錄》說："懋勤殿在乾清宮西廊，屋五楹，同治後殿久虛。戊戌六月，上有意復古賓師之禮，將開懋勤殿，擇康有爲、梁啓超、黃紹箕等八人待制。"王慶保、曹景郕《驛舍探幽錄》引張蔭桓又說："擬開懋勤殿列十坐，以李端棻、徐致靖、宋伯魯等爲十友，而康有爲尚不在此內。"傳說紛紜，各人各說。已不能確指了。

〔一一〕《荀子·大略》："子夏貧，衣若懸鶉。"鶉鳥的尾短禿，毛羽色雜，好象破敝的衣服，所以拿來比喻。

〔一二〕《左傳》文公十七年："古人有言曰：畏首畏尾，身其餘幾。"

戊戌六君子傳﹝一﹞

康廣仁傳

康君名有溥,﹝二﹞字廣仁,以字行,號幼博,又號大廣,﹝三﹞南海先生同母弟也。﹝四﹞精悍厲鷙,明照銳斷,﹝五﹞見事理若區別白黑,勇於任事,洞於察機,善於觀人,遂於生死之故,長於治事之條理,嚴於律己,勇於改過。自少即絕意不事舉業,以爲本國之弱亡,皆由八股錮塞人才所致,故深惡痛絕之,偶一應試,輒棄去。﹝六﹞弱冠後,嘗爲小吏於浙。蓋君之少年血氣太剛,倜儻自喜,行事間或跅弛,﹝七﹞踰越範圍,南海先生欲裁抑之,故遣入宦場,﹝八﹞使之遊於人間最穢之域,閱歷乎狠鄙奔競險詐苟且闒冗勢利之境,﹝九﹞使之盡知世俗之情僞,然後可以收斂其客氣,﹝一〇﹞變化其氣質,增長其識量。君爲吏歲餘,嘗委保甲差、文闈差,﹝一一﹞閱歷宦場既深,大恥之,挂冠而歸。﹝一二﹞自是進德勇猛,氣質大變,視前此若兩人矣。

﹝一﹞案:《六君子傳》本在《戊戌政變記》第五篇中,名《殉難六烈士傳》,後來挑出編入文集裏,改此名。六君子就是楊深秀、楊銳、劉光第、譚嗣同、林旭、康廣仁六人。此傳對於康廣仁最詳,並把他首列,有人説:梁氏於六人中和他最熟,且他的到京,大半是爲了看護梁氏的病,竟因此罹禍,是梁氏最覺抱憾的;還有康有爲對他的死,以爲由我而死,因此非常傷心,梁氏想借此安慰他,所以要特別加工了。梁氏《中國歷史研究法》説:"吾二十年前所著《戊戌政變記》,後之作清史者記戊戌事,誰不認爲可貴之史料?然所記悉爲信史,吾已不敢自承。何則?感情作用所支配,不免將真跡放大也。"因此我注,援裴松之注《三國志》例,多引別人的記載作旁證。然也有自己説作得很簡略的,如《飲冰室詩話》説:"戊戌六君子中劉裴邨先生尤淳粹嚴肅,吾昔所爲傳,未能表揚其學行之十一也。"那末注的時候,又不得不補苴一下了。

〔二〕康有爲自訂年譜:"同治六年丁卯(一八六七年)六月十三日幼弟廣仁生,連州公(案:即有爲的祖父贊修)命名曰有溥。"

〔三〕《説文解字》:"广,因厂爲屋也。"段氏《説文解字注》:"厂者山石之崖岩,因之爲屋,是曰广。"案:广音 yǎn。大广是書齋名作爲別號的,應以广爲是。有作厂的,疑誤。

〔四〕《禮・檀弓上》:"公叔木有同母異父之弟死,"案:同母是説同出於一母,以別於異母同父的兄弟。

〔五〕康有爲自訂年譜:"幼博才斷絶人。"又《六哀詩》亡弟廣仁詩:"英姿禀金精,神鋒挺銛鍔;寶劍未出匣,虎氣隱騰躍;白光時一瞥,照射無不削;橫厲空無前,碧霄揿秋鶚;縱橫出奇論,人天供噴薄;新理乍雷驚,異想開山鑿。"也是説他"精悍歷鷟,明照鋭斷"的。

〔六〕胡思敬《戊戌履霜録》:"康廣仁幼時服賈於外,居積頗饒。"

〔七〕《漢書・武帝紀》:"跅弛之士。"注:"師古曰:跅者跅落無檢局也,弛者放廢不遵度也。"案:跅音 tuò,跅弛是落拓放蕩的意思。

〔八〕康有爲自訂年譜:"光緒十九年,宦遊於浙。"《戊戌履霜録》:

"有爲既成進士,勸令服官,納貲以巡檢(案從九品)需次浙江。"

〔九〕案:闒冗就是闒茸。《漢書·司馬遷傳》:"在闒茸之中。"章炳麟《新方言》:"闒爲小户,茸爲小草,故並舉以狀微賤也。"一解作下材不肖的人。闒音 tà。

〔一〇〕《左傳》定公八年:"盡客氣也。"注:"言皆客氣,非勇。"案:客氣是説激動於外,暫時所生的勇氣,不能持久的,所以注説非勇。

〔一一〕案:保甲本王安石新法的一種,清代亦有保甲法。《清文獻通考》説:"十户立一牌頭,十牌立一甲頭,十甲立一保長。户給印牌,書其姓名丁口,出則注其所往,入則稽其所來。"文闈指科舉時代的鄉會試考場。因爲要關防嚴密,所以考場周圍的墻都插着棘,叫做棘闈,又叫棘院。

〔一二〕《後漢書·逢萌傳》:"王莽殺其子宇,萌謂友人曰:'三綱絶矣,不去,禍將及人。'即解冠掛東都城門,歸,將家屬浮海,客於遼東。"後人説辭去官職就叫"掛冠"。

君天才本卓絶,又得賢兄之教,覃精名理,故其發論往往精奇悍鋭,出人意表,聞者爲之咋舌變色,然按之理勢,實無不切當。自棄官以後,經歷更深,學識更加,每與論一事,窮其條理,料其將來,不爽累黍,故南海先生常資爲謀議焉。〔一〕今年春,膠州、旅順既失,〔二〕南海先生上書痛哭論國是,請改革。〔三〕君曰:"今日在我國而言改革,凡百政事皆第二著也,若第一著則惟當變科舉,廢八股取士之制,使舉國之士,咸棄其頑固謬陋之學,以講求實用之學,則天下之人如瞽者忽開目,恍然於萬國强弱之故,愛國之心自生,人才自出矣。阿兄歷年所陳改革之事,皆千條萬緒,彼政府之人早已望而生畏,故不能行也。今當以全副精神專注於廢八股之一事,鍥而不捨,〔四〕或可有成。此關一破,則一切新政之根芽已立矣。"蓋當是時猶未深知皇上之聖明,故於改革之事,不敢多所奢望也。及南海先生既召見,〔五〕鄉會八股之試既廢,海內志士額手爲國家慶。〔六〕君乃曰:"士之數莫多於童生與秀才,幾居全數百分之九十九焉。今但革鄉會試而不變歲科試,未足以振刷此輩之心目。且鄉會試期在三年以後,爲期太緩。此三年中,人事靡常。今必先變童試、歲科試,立刻施行然後可。"乃與御史宋伯魯謀,抗疏言之,得旨俞允。〔七〕於是君請南海先生曰:"阿兄可以出京矣。我國改革之期今尚未至。且千年來,行愚民之政,壓抑既久,人才乏絕,今全國之人材,尚不足以任全國之事,改革甚難有效。今科舉既變,學堂既開,阿兄宜歸廣東、上海,卓如宜歸湖南,_{卓如者,余之字也。時余在湖南時務學堂爲總教習,故云然。}專心教育之事,〔八〕著書譯書撰報,激厲士民愛國之心,養成多數實用之才,三年之後,然後可大行改革也。"〔九〕

〔一〕張元濟輯《戊戌六君子遺集·康幼博茂才遺文·致□易一書》:(案:易一姓何,見康有爲自訂年譜及《六哀詩》)"國事支離,紛乘沓至,始則割旅順而鼓各方上書;繼則開保國會而收集各省同志;皆伯兄主持之。……四月伯兄召見後,上奏及見客益忙。……故弟須一切照料,晝夜商榷。伯兄草文皆夜深高臥,誦之於口,而弟筆之於書。其有宜商者,即弟與辯議。"案伯兄就是康有爲。

〔二〕《清史稿‧德宗紀》："光緒二十四年,是春,以膠州灣租借於德意志;旅順口、大連灣、遼東半島租借於俄羅斯。"

〔三〕康有爲自訂年譜："光緒二十四年正月……七日奏陳'請誓羣臣以定國是,開制度局以定新制,……'已而俄人索旅順、大連灣,三月初一日,吾上摺陳三策以拒之。""國是"是國策國計的意思。劉向《新序‧雜事》："君臣不合,國是無由定矣。"

〔四〕《荀子‧勸學》："鍥而不捨,金石可鏤。"楊注:"鍥,刻也。"

〔五〕康有爲自訂年譜："光緒二十四年四月二十五日,忽爲徐學士薦備顧問,奉旨着於二十八日召見,二十八日早入對,上問年歲出身畢,吾即言:'四夷交迫,分割洊至,覆亡無日。'上即言:'皆守舊者致之耳。'吾即稱:'上之聖明,洞悉病源,既知病源,則藥即在此。既知守舊之致禍敗,則非盡變舊法,與之維新,不能自強。'……吾乃曰:'今日之患,在吾民智不開,故雖多而不可用,而民智不開之故,皆以八股試士爲之。學八股者,不讀秦漢以後之書,更不考地球各國之事,然可以通籍累致大官,今羣臣濟濟,然無以任事變者,皆由八股致大位之故。故臺遼之割,不割於朝廷而割於八股,二萬萬之款,不賠於朝廷而賠於八股,膠州、旅大、威海、廣州灣之割,不割於朝廷,而割於八股。'上曰:'然,西人皆爲有用之學,而吾中國皆爲無用之學,故致此。'對曰:'上既知八股之害,廢之可乎?'上曰:'可。'對曰:'上既以爲可廢,請自下明詔,弗交部議,若交部議,部臣必駁矣。'上曰:'可。'……乃起出,上目送之。蘇拉迎問,蓋對逾十刻時矣,從來所少有也。"

〔六〕康有爲自訂年譜："入對……既退出,於是發書告宋芝棟(案:名伯魯)令其即上廢八股之摺,五月初五日,奉明旨廢八股矣。先是芝棟摺上,上即令樞臣擬旨。是日京師嘩然,傳廢八股,喜色動人,連數日寂然。聞上得芝棟摺,即令降旨,剛毅請下部議,上曰:'若下禮部,彼等必駮我矣。'剛又曰:'此事重大,行之數百年,不可遽廢。請上細思。'上厲聲曰:'汝欲阻撓我耶?'剛乃不敢言。及將散,剛毅又曰:'此事重大,願皇上請懿旨。'上乃不作聲。既而曰:'可請知。'故待初二日詣頤和園請太后懿旨,而至初五日乃降旨也。百事皆如此,上扼於西后,下扼於頑臣,變法之難如此。及命下之日,歡聲雷動。"

〔七〕康有爲自訂年譜:"鄉會試既廢八股而用策論,生童歲科試仍未改,欲因勢並行之,乃自草一摺,爲楊漪川(案:當是楊漪邨,漪邨楊深秀字。)草一摺,又令卓如草一摺,交宋芝棟上之。奉旨允行,於是歲科試均廢八股而改策論矣。"

〔八〕康廣仁致汪穰卿書:"夫學校未興,雖海艦倍於英,鐵路多於美,陸軍強於德,亦將以窮其民而敗其國而已!蓋船財駕駛無人,路則工料俱乏,軍則教習、器械俱仰外國,日逐其末,當事者昧昧,……"(案:此書藏上海圖書館,《戊戌六君子集》未收。末署十月二十六日,蓋光緒二十三年在澳門經理《知新報》時所發的。湯生志鈞《戊戌變法史論叢》引。)可知"專心教育"是他一貫的主張。

〔九〕康有爲自訂年譜:"幼博專意在廢八股,自八股廢後,民智大開,中國必不亡。上既無權,必不能舉行新政,不如歸去,選通中西文學者,教以大道,三年當必有成,然後議變政,救中國未晚也。日以爲言。"

時南海先生初被知遇,〔一〕天眷優渥,〔二〕感激君恩,不忍捨去。既而天津閱兵廢立之事,漸有所聞,〔三〕君復語曰："自古無主權不一之國而能成大事者,今皇上雖天亶睿聖,〔四〕然無賞罰之權,全國大柄,皆在西后之手,而滿人之猜忌如此,守舊大臣之相嫉如此,何能有成?阿兄速當出京養晦矣。"〔五〕先生曰:"孔子之聖,知其不可而爲之〔六〕,凡人見孺子將入於井,猶思援之〔七〕,況全國之命乎?況君父之難乎?西后之專橫,舊黨之頑固,皇上非不知之,然皇上猶且捨位亡身以救天下,我忝受知遇,義固不可引身而退也。"君復曰:"阿兄雖捨身思救之,然於事必不能有益,徒一死耳。死固不足惜,但阿兄生平所志所學,欲發明公理以救全世界之衆生者,他日之事業正多,責任正重,今尚非死所也。"先生曰:"生死自有天命,吾十五年前,經華德里築屋之下,飛磚猝墜,掠面而下,面損流血。使彼時飛磚斜落半寸,擊於腦,則死久矣。天下之境遇皆華德里飛磚之類也。今日之事雖險,吾亦以飛磚視之,但行吾心之所安而已,他事非所計也。"自是君不復敢言出京。〔八〕然南海先生每欲有所陳奏,有所興革,君必勸阻之,〔九〕謂當俟諸九月閱兵以後,若皇上得免於難,然後大舉,未爲晚也。

〔一〕《北史·宋弁傳》:"大被知遇。"知遇是被賞識受到優待的意思。

〔二〕《詩·大雅·皇矣》:"上帝耆之,憎其式廓,乃眷西顧,此維與宅。"眷也是顧的意思,段玉裁《說文解字注》說:"顧之深也。"後人夸耀得到皇上的寵視,叫做天眷。渥音 wò,是厚的意思。

〔三〕《戊戌政變記》:"四月廿七日……下有數詔書,皆出西后之意,……其三命榮禄爲直隸總督北洋大臣。而九月間皇上奉皇太后巡幸天津閱兵之舉,亦以此日決議,蓋廢立之謀,全伏於此日矣。榮禄之不入軍機而爲北洋大臣,何也?專爲節制北洋三軍也。北洋三軍:曰董福祥之甘軍,曰聶士成之武毅軍,曰袁世凱之新建軍,此三人皆榮禄之所拔擢,三軍皆近在畿輔。榮禄諷御史李盛鐸奏請閱兵,因與西后定巡幸天津之議,蓋欲脅皇上至天津,因以兵力廢立,此意滿洲人多知之,漢人中亦多爲皇上危者,而莫敢進言。翁同龢知之,不敢明言,惟叩頭諫止天津之行,而榮禄即藉勢以去之。皇上之危險,至此已極矣。"

〔四〕段氏《説文解字注》:"亶之本義爲多穀,引申之義爲厚也、信也、誠也。"案:這裏的亶字作厚字解。音 dàn。

〔五〕《詩·周頌·酌》:"遵養時晦。"朱集傳:"退自循養,與時皆晦。"(案:和古注不同)後人就用作隱居待時的意思,《宋史·邢恕傳》:"使養晦以待用。"

〔六〕《論語·憲問》:"子路宿於石門,晨門曰:'奚自?'子路曰:'自孔氏。'曰:'是知其不可而爲之者與?'"

〔七〕《孟子·公孫丑上》:"今人乍見孺子將入於井,皆有怵惕惻隱之心。"

〔八〕康有爲自訂年譜:"是時榮禄日攻新政,而太監内務府等謗攻皇上,無所不至,幼博言之甚切。我則曰:'死生命也,我曾經華德里,飛磚掠面,若逾寸,中腦死矣,假中風痰,頃刻可死,有聖主在上,吾以救中國,豈忍言去哉?'幼博又曰:'伯兄生平言教,以救地球,區區中國,殺身無益。'凡言此者屢矣,至是……乃許之。"案:這裏説"君自是不敢復言出京",和康譜不合。又康有爲與李提摩太書跋:"吾以二日奉德宗密詔促出滬,吾不欲行,梁啓超與幼博弟跪請,吾曰:'死生命也,昔吾在粤城歸德門之華德里飛磚墮地掠面下，若移寸許，死矣。'卒出天津。"亦與此不合。

〔九〕康有爲自訂年譜："每當上摺,（幼博）必阻撓之,謂辦此瑣事無謂,日與卓如言之。"案：王照復江翊云書自注說："廣仁與余意見十有九合,余嘗勸南海宜多聽幼博語。"就是指勸離北京勿上奏摺等事。

故事,凡皇上有所敕任,有所賜賚,必詣宫門謝恩,賜召見焉。南海先生先後奉命爲總理各國事務衙門章京,督辦官報局,又以著書之故,賜金二千兩,皆當謝恩,君獨謂"西后及滿洲黨相忌已甚,阿兄若屢見皇上,徒增其疑而速其變,不如勿往"。故先生自六月以後,上書極少,又不覲見,〔一〕但上摺謝恩,惟於所進呈之書,言改革之條理而已,皆從君之意也,其料事之明如此。南海先生既決意不出都,俟九月閲兵之役,謀有所救護,而君與譚君任此事最力。初,余既奉命督辦譯書,〔二〕以君久在大同譯書局,〔三〕諳練此事,欲託君出上海總其成。行有日矣,而八月初二日忽奉明詔,命南海先生出京；初三日又奉密詔敦促,一日不可留。〔四〕先生戀闕甚耿耿,〔五〕君乃曰："阿兄即行,弟與復生、卓如及諸君力謀之。"蓋是時雖知事急,然以爲其發難終在九月,故欲竭蹶死力,有所布置也,以故先生行而君獨留,遂及於難,其臨大節之不苟又如此。〔六〕君明於大道,達於生死,常語余云："吾生三十年,見兄弟戚友之年,與我相若者,今死去不計其數矣。吾每將己身與彼輩相較,常作已死觀；今之猶在人間,作死而復生觀,故應做之事,即放膽做去,無所罣礙,無所恐怖也。"蓋君之從容就義者,其根柢深厚矣。

〔一〕案:據此可知王慶保《驛舍探幽錄》記張蔭桓説"康有爲暨其弟廣仁等三四人,每日私入大内,與皇帝坐論新政",全爲謠言。以反動著名的胡思敬也説:"或傳其(指康廣仁)往來宫禁爲天子密司命令者妄也。"但他的被害,却和這謠言大有關係。康有爲自訂年譜説:"謠言之興,乃至謂幼博出入内廷,曾有在乾清宫門遇之者,展轉傳聞,或信爲真,故舊黨泄憤,遂其大戮。"

〔二〕《清史稿‧德宗紀》:"二十四年,五月丁卯,賞舉人梁啓超六品銜,辦理譯書局。"

〔三〕詳下。康有爲《六哀詩‧廣仁》詩:"民智哀不開,譯書爲之鑰。"即指這事。

〔四〕康有爲自訂年譜:"初二日,明詔敦促我出京,初三日早暾谷(案:即林旭)持密詔來,跪誦痛哭激昂,草密摺謝恩,並誓死救皇上,令暾谷持還繳命,並奏報於初四日起程出京。"

〔五〕杜甫詩:"戀闕丹心破。"戀闕是眷戀宫闕不忍離君的意思。

〔六〕《康幼博茂才遺文‧致□易一書》:"伯兄身任其難,不能行。即弟向自謂大刀闊斧蕩夷藪澤者,今亦明知其危,不忍捨去,乃知古人所謂鞠躬盡瘁,死而後已,固有無可如何者。兄在遠,不知情事,易於發論。倘在此,豈能遠遁。若能遁,則非人情,又何以爲人,固知爲志士仁人之不易也。"案:這些話很能看出他臨難不苟,持之有素的情形。

既被逮之日,與同居二人程式穀、錢維驥同在獄中，〔一〕言笑自若，高歌聲出金石。程、錢等固不知密詔及救護之事，然聞令出西后，乃曰："我等必死矣。"君厲聲曰："死亦何傷！汝年已二十餘矣，我年已三十餘矣，不猶愈於生數月而死，數歲而死者乎？且一刀而死，不猶愈於抱病歲月而死者乎？特恐我等未必死耳，死則中國之強在此矣，死又何傷哉？"程曰："君所言甚是，第外國變法，皆前者死，後者繼，今我國新黨甚寡弱，恐我輩一死後，無繼者也。"君曰："八股已廢，人才將輩出矣，何患無繼哉？"神氣雍容，臨節終不少變，〔二〕嗚呼烈矣！

〔一〕康有爲自訂年譜："吾以五日行，僞臨朝於六日廢上，午命步軍統領崇禮率緹騎三百圍吾所居南海館，捕幼博及門人程式穀子良、錢惟驥君白……以去。是時幼博如廁，本可避矣，館長班恨幼博嘗責之，帶兵往搜，遂及難。"《戊戌政變記》："程式穀，廣西省人，舉人；錢惟驥，湖南省人，拔貢，皆因與康有爲同居，下獄。"

〔二〕康有爲自訂年譜："三人各乘一車，至步軍衙門，拘在押官員之監房。錢惟驥流涕震恐，欲尋死，幼博反從容言笑以解之。是時聞交刑部，程式穀曰：'吾等必死矣。'幼博曰：'汝年二十餘，我三十餘，不愈於生數月而死，數歲而死者乎？一刀而死，不愈於久病歲月而死乎？若死而中國能強，死亦何妨？'子良曰：'外國變法，前者死，後者繼，中國新黨寡弱，恐我等一死，後無繼也。'幼博曰：'八股已廢，人才將輩出，何患無繼哉？'十二日（案：應作十三日，此誤。）兩點鐘，刑部正堂開堂訊問，忽傳僞命，不必審訊，即行正法。四下鐘菜市口行刑，幼博先就義，欲有所語，而左右顧盼無一人，五君子以次從容赴義,嗚呼痛哉!幼博就義時,衣短衣,南海館長班張禄既得我衣物,乃爲縫首市棺,葬於南下洼龍爪槐觀音院旁。"案:康廣仁臨難不變,必係實録,《清史稿》説:"臨刑猶言曰:'中國自強之機在此矣。'"黄鴻壽《清史紀事本末》也説:"臨刑語嗣同曰:'今八股已廢,人才將輩出,我輩死,中國強矣。'"從容到這樣,更可證明。乃有某筆記説:"康廣仁在獄中,以頭撞壁,痛哭失聲曰:'天哪!哥子的事,要兄弟來承當。'既而傳呼提犯人出獄,康知將受刑,哭更甚。"就義是由刑部堂直赴刑場的,並不出於獄中,某筆記所説全和事實不符,那末痛哭云云,也是捏造的了。厚誣烈士,不能不辨。

南海先生之學,以仁爲宗旨,君則以義爲宗旨,故其治事也,專明權限,能斷割,不妄求人,不妄接人,嚴於辭受取與,有高掌遠蹠、摧陷廓清之概。〔一〕於同時士大夫皆以豪俊俯視之。當十六歲時,因惡帖括,故不悦學,父兄責之,即自抗顔爲童子師。疑其遊戲必不成,姑試之,而從之學者有八九人,端坐課弟子,莊肅儼然,手創學規,嚴整有度,雖極頑橫之童子,戢戢奉法惟謹。〔二〕自是知其爲治事才,一切家事營辨督租皆委焉。其治事如商君法,〔三〕如孫武令,〔四〕嚴密縝栗,〔五〕令出必行,奴僕無不畏之,故事無不舉。少年曾與先生同居一樓,樓前有芭蕉一株,經秋後敗葉狼藉。先生故有茂對萬物之心,〔六〕窗草不除之意,〔七〕甚愛護之。忽一日,失蕉所在,則君所鋤棄也。先生責其不仁,君曰:"留此何用,徒亂人意。"又一日,先生命君檢其閣上舊書整理之,以累世爲儒,閣上藏前代帖括甚多,君舉而付之一炬。先生詰之，君則曰："是區區者尚不割捨耶？留此物，此樓何時得清淨。"此皆君十二三歲時軼事也。雖細端，亦可以見其剛斷之氣矣。君事母最孝，非在側則母不歡，母有所煩惱，得君數言，輒怡笑以解。蓋其在母側，純為孺子之容，與接朋輩任事時，若兩人云。最深於自知，勇於改過。其事為己所不能任者，必自白之，不輕許可，及其既任，則以心力殉之；有過失，必自知之、自言之而痛改之，蓋光明磊落，肝膽照人焉。〔八〕

〔一〕張衡《西京賦》："高掌遠蹠。"後人作為氣魄雄偉的意思。蹠音 zhí，李漢《昌黎集序》："先生於文，摧陷廓清之功，比於武事。"

〔二〕《詩·小雅·無羊》："其角濈濈。"朱熹集傳："王氏曰：'濈濈，和也。'《經典釋文》：'濈'本亦作戢。"

〔三〕《史記·商君列傳》："商君者，衛之諸庶孽公子也。名鞅，姓公孫氏。好刑名之學。西入秦，見孝公，以為左庶長，定變法法令。"

〔四〕《史記·孫子列傳》："孫子武者，齊人也。以兵法見於吳王闔廬，闔廬曰：'可以小試勒兵乎？'對曰：'可。'曰：'可試以婦人乎？'曰：'可。'於是出宮中美女，孫子分為二隊，以王之寵姬二人各為隊長，令之，婦人大笑，復三令五申之，婦人復大笑，遂斬隊長二人以徇，用其次為隊長，皆中規矩繩墨，無敢出聲。"

〔五〕《禮記·聘義》："縝密以栗。"案：縝音 zhěn，是精緻的意思，栗是堅強的意思。

〔六〕《易·无妄》："象曰：先王以茂對時，育萬物。"程頤傳："茂，盛也。對時,謂順合天時。王者體天之道,養育人民,以至昆蟲草木,乃對時育物之道也。"

〔七〕《程子語錄》:"周茂叔窗前草不除,曰:與自家意思一般。"張九成《橫浦集》:"程明道書窗前有茂草覆砌,或勸之芟,曰:'不可!欲常見造物生意。'"

〔八〕古樂府《善哉行》:"磊磊落落向曙星。"磊也作礧。《晉書·石勒載記》:"大丈夫行事當礧礧落落,如日月皎然。"磊磊落落本是分明的意思,《晉書》所說是當心地坦白講了。《侯鯖錄》:"照心照膽壽千春。"

　　君嘗慨中國醫學之不講,草菅人命,〔一〕學醫於美人嘉約翰,三年,遂通泰西醫術。〔二〕欲以移中國,在滬創醫學堂,草具章程,雖以事未成,而後必行之。蓋君之勇斷,足以廓清國家之積弊,其明察精細,足以經營國家治平之條理,而未能一得藉手,遂殉國以歿。其所辦之事,則在澳門創立《知新報》,發明民政公理;〔三〕在上海設譯書局,譯日本書,以開民智;〔四〕在西樵鄉設一學校,〔五〕以泰西政學教授鄉之子弟;先生惡婦女纏足,壬午年創不纏足會而未成,君卒成之,粵風大移,粵會成,則與超推之於滬,集士夫開不纏足大會,君實爲總持;〔六〕又與同志創女學堂,以救婦女之患,行太平之義。〔七〕於君才未盡十一,亦可以觀其志矣。君雅不喜章句記誦詞章之學,明算工書,能作篆,嘗爲詩駢散文,然以爲無用,既不求工,亦不存稿,蓋皆以餘事爲之,故遺文存者無幾。然其言論往往發前人所未發,言人所不敢言。蓋南海先生於一切名理,每僅發其端,含蓄而不盡言,君則推波助瀾,窮其究竟,達其極點,故精思偉論獨多焉。君既歿,朋輩將記憶其言論,裒而集之,以傳於後。君既棄浙官,今年改官候選主事。〔八〕妻黃謹娛,爲中國女學會倡辦董事。〔九〕

〔一〕《漢書‧賈誼傳》:"其視殺人,若艾草菅然。"
〔二〕《戊戌履霜錄》:"康廣仁……從美人嘉約翰學醫,有奇效。"
〔三〕翦伯贊《戊戌變法‧書目解題》:"《知新報》於光緒二十三年(一八九七年)正月廿一日創刊於澳門,康廣仁、何廷光爲經理,徐勤、何樹齡等爲主筆,梁啓超、韓文舉等皆有撰述。初爲五日刊,後改旬刊,每期約十五頁,內容分論說、上諭、近事,譯錄西國政事報,及西國農學、礦政、商務、工藝、格致諸學。"
〔四〕楊復禮《梁任公先生年譜》:"光緒二十三年丁酉,秋冬間,公聯合同志集股創辦大同譯書局於滬,由康幼博經理其事。"
〔五〕康有爲自訂年譜:"始祖建元,南宋時,自南雄珠璣里,始遷於南海縣西樵山北之銀塘鄉。"
〔六〕康有爲自訂年譜:"中國裹足之風千年矣,折骨傷筋,害人生理,謬俗流傳,固閉已甚,……吾乃創不裹足會草例。約以凡入會者,皆不裹足,其已裹者聽,已裹而復放者,同人賀而表彰之,爲作序文,集同志行之。來者甚多,實爲中國不纏足會之始,……漸散去。至乙未年與廣仁弟創辦粵中不纏足會,實用此例及序文。後復推至上海,合士大夫爲大會,廣仁弟及卓如總其成。"
〔七〕楊復禮《梁任公先生年譜》:"光緒二十三年丁酉,冬,又與經聯珊倡設女學堂於上海,公撰倡設女學堂啓云:……董助其事者……康幼博通守……也。"
〔八〕《戊戌履霜錄》:"戊戌挾金隨有爲入都,將援例爲部曹。"案:隨有爲入都雖誤,但康廣仁捐納爲候選主事是確實的。據此說"將",是沒有捐成,據梁文則已改官了,不知道誰對。
〔九〕康有爲自訂年譜:"幼博……年僅三十二,無子,遺一女,名曰同荷,八齡耳。"

論曰:徐子靖、王小航常語余云,〔一〕二康皆絶倫之資,各有所長,不能軒輊。其言雖稍過,然幼博之才,真今日救時之良矣。世人莫不知南海先生,而罕知幼博,蓋爲兄所掩,無足怪也。而先生之好仁,與幼博之持義,適足以相補,故先生之行事,出於幼博所左右者爲多焉。六烈士之中,任事之勇猛,性行之篤摯,惟復生與幼博爲最。〔二〕復生學問之深博,過於幼博;幼博治事之條理,過於復生,兩人之才,真未易軒輊也。嗚呼!今日眼中之人,求如兩君者可復得乎?可復得乎?幼博之入京也,在今春二月。時余適自湘大病出滬,扶病入京師,應春官試。幼博善醫學,於余之病也,爲之調護飲食,劑醫藥,至是則伴余同北行。〔三〕蓋幼博之入京,本無他事,不過爲余病耳。余病不死,而幼博死於余之病,余疚何如哉?

〔一〕《清史稿·徐致靖傳》:"徐致靖字子静,江蘇宜興人,寄籍宛平。光緒二年進士,授編修,累遷侍讀學士。嘗憂外患日迫,思所以爲獻納計。子仁鑄,時以編修督湘學,倡新學,書告致靖舉康有爲。致靖遂上言,國是未定,請申乾斷示從違。未幾,詔果求通才,於是奏有爲堪大用,並及梁啓超、黄遵憲等。

又連上書,請廢制藝改試策論,省冗官,酌置散卿,復以邊患棘,宜練重兵,力薦袁世凱主軍事。上皆然其言,敕依行。罷斥禮部尚書許應騤等,遂命致靖權右侍郎。八月,太后復出訓政,致靖褫職坐系。庚子,聯軍陷京師,始出獄,赦免。"案這裏作徐子靖,應作子靜。《戊戌履霜錄》:"王照字小航,直隸寧河人。光緒甲午進士,官主事。戊戌七月,得四品卿。難作,被捕。逃入東洋,薙髮爲僧。"案此兩人和戊戌變法都有關係,徐致靖首薦康有爲和梁氏,尤爲重要,所以寫得很詳。

〔二〕復生是譚嗣同的字。
〔三〕楊復禮《梁任公先生年譜》:"光緒二十四年戊戌春(案:原文缺,據梁氏《三十自述》補),大病幾死,出就醫於上海,二月漸瘥,同康幼博入京師。幼博隨行者,蓋爲護視公之病也。"康有爲自訂年譜:"光緒二十四年三月,卓如……時扶病來京,幼博以醫卓如故,同寓三條胡同金頂廟。"

楊深秀傳

楊君字漪邨,〔一〕又號朁朁子,〔二〕山西聞喜縣人也。少穎敏,十二歲錄爲縣學附生。〔三〕博學强記,自十三經、《史》、《漢》、《通鑑》、管、荀、莊、墨、老、列、韓、呂諸子,〔四〕乃至《説文》、《玉篇》、《水經注》,〔五〕旁及佛典,皆能舉其辭。又能鉤玄提要,〔六〕獨有心得,考據宏博,〔七〕而能講宋明義理之學,以氣節自厲,岢嶁獨出,〔八〕爲山西儒宗。其爲舉人,〔九〕負士林重望。光緒八年,張公之洞巡撫山西,創令德堂,教全省士以經史考據詞章義理之學,特聘君爲院長,以矜式多士。〔一〇〕光緒十五年,成進士,授刑部主事,累遷郎中。〔一一〕光緒二十三年十二月,授山東道監察御史。二十四年正月,俄人脅割旅順、大連灣,君始入臺,第一疏即極言地球大勢,請聯英、日以拒俄,詞甚切直。時都中人士,皆知君深於舊學,而不知其達時務,至是,共驚服之。〔一二〕

〔一〕《清史稿・楊深秀傳》:"本名毓秀,字儀村。"康有爲自訂年譜,又稱漪川,《近代詩鈔》作漪春,都與這裏不同。

〔二〕《說文解字》:"㸘,盛貌。"案:㸘音 nì。

〔三〕趙翼《陔餘叢考》卷二十八"秀才":"府縣學生員之制,始於明太祖。……其生員之數,府四十,州、縣遞減其十。月廩人六斗。宣德中,又定增廣之額,……謂之增廣生員。正統中,……又於額外增取,附於諸生之後,謂之附學生員。"案:清代大都依照明制。附學生員簡稱附生。

〔四〕《易》、《書》、《詩》、《周禮》、《儀禮》、《禮記》、《春秋左氏傳》、《春秋公羊傳》、《春秋穀梁傳》、《論語》、《孝經》、《爾雅》、《孟子》爲十三經。《史》、《漢》即司馬遷《史記》和班固《漢書》,已詳上注。《通鑑》全名爲《資治通鑑》,二百九十四卷,宋司馬光撰。《荀子》二十卷,周荀況撰。《莊子》十卷,周莊周撰。《墨子》十五卷,周墨翟撰。《老子》二卷,周李耳撰。《列子》八卷,舊題周列禦寇撰。《韓子》二十卷,周韓非撰。《吕氏春秋》二十六卷,舊題秦吕不韋撰。案:以上只據《四庫全書提要》,不再囉嗦了。

〔五〕《說文》全名爲《說文解字》,三十卷,漢許慎撰。已詳上注。《玉篇》三十卷,梁顧野王撰,分部五百四十,所收字多於《說文》。《水經注》四十卷,水經,三國時桑欽撰;注,後魏酈道元撰。

〔六〕韓愈文:"記事者必提其要,纂言者必鈎其玄。"案:玄是幽遠的意思。

〔七〕案:武育元序深秀《雪虛聲堂詩鈔》說深秀:"天算之精,地望之確,形聲訓詁之覈,君故積有著述。"蘇晉序深秀《童心小草》也說:"三墳五典之義,天蓋地輿之學,旁及窺竅測綫,繪素鎪文,靡不睥睨百家,開拓兩界。"楊篤序深秀《白雲司稿》也說:"儀村於經通小學,於史長地理,又精曆算,旁及繪事。"又說:"君篤好算術。舊制鋪地籌馬,方思著說,以闡其用,而鄞周氏之《中西算術輯要》,今歲刻於滬上,其中籌式後出,乃與君暗合,君遂不欲卒其業。昨王顧齋丈聞君制天尺地球,亦笑曰:'異時人恐復以京房、管輅目儀村。'"凡此多為梁氏所未及,可以見深秀的宏博了。鋪地籌馬一事,更可見他深思獨造、不願雷同的鑽研精神。

〔八〕岑嶸是形容山高,這裏是借來比喻才德的高超。

〔九〕案《清史稿》說:中舉在同治初。

〔一○〕《清史稿·張之洞傳》:"字香濤,直隸南皮人。年十六,舉鄉試第一。同治二年成進士,授編修。光緒初,擢司業,再遷洗馬,遇事敢為大言,同時寶廷、陳寶琛、張佩綸輩鋒起糾彈時政,號為清流。七年,由侍講學士擢閣學,俄授山西巡撫,條上治晉要務,未及行,移督兩廣。八年,法越事起,之洞恥言和,則陰自圖強,設廣東水陸師學堂,創槍炮廠,開礦務局;疏請大治水師,歲提專款購兵艦;復立廣雅書院;武備文事並舉。在粵六年,調補兩湖。二十一年,中東事棘,代劉坤一督兩江。至則巡視江防,改築西式炮臺,設專將專兵領之,募德人教練,名曰江南自強軍,廣立……學堂。尋還任湖北,時國威新挫,朝士日議變法,廢時文,改試策,之洞言廢時文,非廢五經四書也;又言武科宜罷騎射刀石,專試火器,欲挽重文輕武之習必使兵皆識字。二十四年,政變作,之洞先著《勸學篇》以見意,得免議。二十六年,聯軍內犯,明年和議成,乃與坤一合上變法三疏……皆次第行焉。二十八年,再署兩江總督。三十二年,內召擢體仁閣大學士,授軍機大臣。三十四年,督辦粵漢鐵路。逾年卒,年七十三。"案:張之洞是洋務派中的狡獪者。甲午戰後,曾列名強學會,拉攏改良派,好像熱心改革,當時很有人受他欺騙,其實是在鞏固封建勢力的地位,維護洋務派的階級利益,後來對改良派的攻擊和屠殺,他的兇惡嘴臉終於暴露了。但他和戊戌政變和以後的變法是有相當關係的;並且梁氏詩文中很多提到他,所以說得詳細些。又案:據上文張之洞巡撫山西似在光緒七年。又案仇汝嘉序深秀《并垣皋比集》說:"君時主講太原之崇修書院,講經辨史,步天考地……。"序末說:"時光緒壬午……人日,"壬午爲光緒八年(一八八二年),則在長令德堂前,曾主講崇修書院。可補梁氏所不及。

〔一一〕案《清史稿》本傳說:"同治初,以舉人入貲爲刑部員外郎,光緒十五年成進士,就本官遷郎中。"和這裏不同,疑《清史稿》是。

〔一二〕康有爲自訂年譜:"光緒二十三年丁酉,自十一月十二日,德人發炮據膠州,擄去提督章高元,……與議和未就。……乃爲御史楊深秀草疏,請聯英日。"案:據康譜則這裏有兩誤:一、上疏的時期是光緒二十三年冬,而不是二十四年正月;二、上疏的目的是在拒德之割膠州灣,而不是拒俄脅割旅順、大連灣。並且疏是出於康有爲代作,梁氏不會不知道的,這裏的讚揚語,也有意夸大了。《清史稿》沒有考查,竟直抄了這一段。至於拒俄的脅割旅順大連,據康譜,楊深秀原擬和御史文悌等,共入乾清門,伏闕痛哭,請拒俄變法。後爲康有爲所阻,深秀未去。

君與康君廣仁交最厚。〔一〕康君專持廢八股爲救中國第一事,日夜謀此舉。四月初間,君乃先抗疏請更文體,凡試事仍以四書、五經命題,而篇中當縱論時事,不得仍破承八股之式。蓋八股之弊,積之千年,恐未能一旦遽掃,故以漸而進也。疏上,奉旨交部臣議行。〔二〕時皇上銳意維新,而守舊大臣盈廷,競思阻撓,君謂國是不定,則人心不知所嚮,如泛舟中流,而不知所濟,乃與徐公致靖先後上疏,請定國是。至四月二十三日,國是之詔遂下,天下志士喁喁向風矣。〔三〕

〔一〕《戊戌履霜錄》:"康廣仁……入都,……時出款接,故宋伯魯、楊深秀皆與之遊。"
〔二〕《東華續錄》卷一楊深秀《奏請正定四書文體以勵實學摺》:"查經義之體,肇自宋代,……宋人之文,傳於今日者,如王安石、蘇洵、蘇轍、陸九淵、陳傅良、文天祥諸大家,類皆發明經意,自抒偉論,初無代古人語氣之謬說,亦無一定格式之陋習。明世沿習既久,防弊日周,於是創爲代聖立言之說,謂不得用秦漢以後之書,述當世之事,奪微言大義之統,爲衣冠優孟之容,風俗之壞,實自茲始。有明中葉以後,始盛行四股、六股、八股、破承、起講之格,雖名爲說經之文,實則本之唐人詩賦,專講排偶聲調,如宋元調曲,但求按譜填詞,而膚詞讕言,駢拇枝指,又加甚焉。更有甚者,……出截上截下無情巧搭等題,割裂經文,瀆侮聖言,……此種文體,惟講手法,不顧經意,起承轉收,擒鉤渡挽,其法視文網爲尤密,其例較刑律爲尤嚴。遂使天下百千萬億生童,日消磨精力於此等手法之中,舍纖仄機械之外,無所用其心。……請特下明詔,斟酌宋元明舊制,釐正文體,凡各試官命題,必須一章一節一句語氣完足;其制藝體裁,一仿宋人經藝、明人大結之意,先疏證傳記,以釋經旨,次博引子史,以徵蘊蓄,次發揮時事,以覘學識,不拘格式,不限字數。其有仍用八股庸濫之格,講章陳腐之言者,擯勿錄;其有仍用八股口氣,托於代聖賢立言之謬説者,以僭妄誣罔非聖無法論。"上奏的日子是四月十四日,這裏説"四月初"是錯誤的。此摺上後,"部議不行",但這是請求廢八股的第一炮。後來光緒下詔廢除,就是此摺開始推動的。

〔三〕康有爲自訂年譜:光緒二十四年四月……十八日草折請定國是而明賞罰,交楊漪川上之,略謂:"門户水火,新舊相攻,當此外患交迫,日言變法,而衆論不一,如此皆由國是未定。昔趙武靈之胡服,秦孝公之變法,俄彼得及日本維新之變法,皆大明賞罰,定國是而後能行新政。""二十三日奉明定國是之諭,舉國歡欣。"

初請更文體之疏,既交部議,而禮部尚書許應騤,〔一〕庸謬昏橫,輒欲駁斥,又於經濟科一事,〔二〕多爲阻撓。時八股尚未廢,許自恃爲禮部長官,專務遏抑斯舉。君於是與御史宋伯魯合疏劾之,有詔命許應騤自陳,〔三〕於是舊黨始惡君,力與爲難矣。

〔一〕許應騤字筠庵。番禺人。光緒中,官禮部尚書,對康有爲等的變法陳奏，多所裁抑。後被劾，奪職。變法失敗後，西太后起他爲閩浙總督，又被劾罷。是以庸妄著名的。

〔二〕《戊戌政變記》："經濟特科之設，在今年正月初六日，實戊戌新政之原點也，分內政、外交、兵學、工學、理財、格致六門，以實學試士，振起教育之精神，實始於此。"

〔三〕康有爲自訂年譜："時許應騤議經濟特科及廢八股事，多方阻撓，御史楊漪川、宋芝棟聯名劾之。上惡其阻撓科舉，即定罷斥。剛毅乞恩，不許；請令總理衙門查覆，不許；乃請令其自行回奏，上不得已允之。許應騤夜走請於剛毅，剛屬其牽攻我可免，許從之。上重於我故去大臣，故聽之。"

御史文悌者，滿洲人也。〔一〕以滿人久居內城，知宮中事最悉，頗憤西后之專橫，經膠旅後，慮國危，聞君門下有某人者，〔二〕撫北方豪士千數百人，適同侍祠，竟夕語君宮中隱事，皆西后淫樂之事也。既而曰："君知長麟去官之故乎？"〔三〕長麟以上名雖親政，實則受制於后，請上獨攬大權，曰：'西后於穆宗則爲生母，於皇上則爲先帝之遺妾耳，天子無以妾母爲母者。'其言可謂獨得大義矣。"〔四〕君然之。文又曰："吾奉命查宗人府囚，見澍貝勒僅一袴蔽體，上身無衣，時方正月祈寒，〔五〕擁爐戰栗，吾憐之，賞錢十千。西后之刻虐皇孫如此，蓋爲上示戒，〔六〕故上見后輒顫。〔七〕此與唐武氏何異？〔八〕"因慷慨誦徐敬業《討武氏檄》"燕啄王孫"四語，〔九〕目眦欲裂。君美其忠誠。乃告君曰："吾少嘗慕游俠，能踰墻，撫有崑崙奴甚多，〔一〇〕若有志士相助，可一舉成大業。聞君門下多識豪傑，能覓其人以救國乎？"君壯其言而慮其難。時文數訪康先生,一切奏章,皆請先生代草之,〔一〕甚密。君告先生以文有此意,恐事難成。先生見文則詰之,文色變,慮君之洩漏而敗事也,日騰謗於朝,以求自解。猶慮不免,乃露章劾君與彼有不可告人之言。以先生開保國會,爲守舊大衆所惡,因附會劾之,以媚於衆。政變後之僞諭,謂康先生謀圍頤和園,〔一二〕實自文悌起也。

〔一〕《清史稿・文悌傳》:"字仲恭,瓜爾佳氏,滿洲正黃旗人。歷戶部郎中,出爲河南知府,改御史。"

〔二〕案:各本都作"文君門下有某人者",然據下文"聞君門下多識豪傑……"那末這裏的"文"也應作"聞","君"是指楊深秀,前後方合。如作"文",文君則指文悌,梁氏於他文稱他爲賊黨,豈有稱他爲君之理。應改正。(編按:今據《飲冰室合集》改。)

〔三〕《清史稿・汪鳴鑾傳》附:"長麟,滿洲鑲藍旗人。光緒六年繙譯進士,授編修。官至戶部右侍郎。"

〔四〕案《清史稿・汪鳴鑾傳》説:"時上久親政,數召見朝臣,鳴鑾奏對尤切直,忌者達之太后,太后信之。上不自安,其冬遂下詔曰:'……皇太后……體恤朕躬,無微不至,……侍郎汪鳴鑾、長麟上年屢次召見,信口妄言,跡近離間,……並革職永不敍用。'""信口妄言,跡近離間"就是指這些事,《戊戌政變記》第二篇記尤詳細。當時文廷式也有"慈禧分屬父妾,不能以太后自居"的話,見王嵩儒《掌固零拾》。

〔五〕祈寒應作祁寒,梅賾《書・君牙》:"冬祁寒。"祁是盛大的意思。

〔六〕《戊戌政變記》:"載澍者,某親王之子,而宣宗之孫也。其夫人乃西后之侄女,因載漪有妾生子,妒殺其子,漪怒,面責之。其夫人遽歸外家,愬於西后。載漪之母,明知禍發,乃先入宮,自首謝罪。西太后遽降詔曰:'載漪不孝於其母,今經其母前來控告,本當將載漪明正典刑,姑念其爲先帝之孫,着即行永遠監禁,以儆不孝'云云。當時強令皇上將此詔交禮親王宣佈,皇上垂淚不能發言,禮王見詔,手顫膝搖,牙齒相擊,及宣詔後,漪貝勒之母昏暈於地。雲漪貝勒今猶圈禁於內務府之詔獄中,每日只許進一飯,嚴冬不給寒衣,惟一老獄卒憐其爲皇孫,日則熾爐烘之,夜則擁之以睡而已,其慘酷如此。蓋所謂抗世子法於伯禽,借漪貝勒以作皇上之影子也。"

〔七〕《戊戌政變記》引宦官寇連材筆記:"西后待皇上無不疾聲厲色,少年時,每日訶斥之聲不絕,稍不如意,常加鞭撻,或罰令長跪,故積威既久,皇上見西后如對獅虎,戰戰兢兢,因此膽爲之破。"

〔八〕案:唐武氏事,已見上《論戊戌八月之變乃廢立而非訓政》第一段注。

〔九〕《舊唐書·李勣傳》附《李敬業傳》:"高宗崩,則天太后臨朝。既而廢帝爲廬陵王,立相王爲帝而政由天后,人情怨憤。嗣聖元年七月,敬業遂據揚州,以匡復廬陵爲辭。旬日之間,勝兵十餘萬。"案李勣是敬業的祖父,本姓徐,後賜姓李。這裏稱他本姓。他討武后的檄文中有"燕啄皇孫,知漢祚之將盡;龍漦帝后,識夏庭之遽衰"四句。"燕啄皇孫"是說漢成帝的皇后趙飛燕,妒忌成性,把後庭有子者都殺掉,當時有燕飛來啄皇孫的謠諺。詳見《漢書·外戚傳》。"龍漦帝后"是說周幽王的王后褒姒,漦是龍所吐的涎沫,相傳夏后氏的末世,有神龍停止在王廷裏,王廷裏的人就把龍的漦水藏了起來,經過殷周都不敢打開,直到厲王的末年,把它打開了,漦水流出來到了後宮，給一個童妾沾染了，後來有孕，生個女怪，丟在市上，爲人帶到褒國，長大了就是褒姒，得到幽王的寵愛，把西周王朝斷送了。詳見《國語》。這兩件故事是引來比喻武氏，這裏又把它們來比那拉氏。

〔一〇〕崑崙奴詳下《譚嗣同傳》注。

〔一一〕案康有爲自訂年譜説："文悌……彼來吾八次，彼折皆倩我作。"

〔一二〕陳寶琛等《德宗實錄》："八月乙未（十四日）硃筆諭：'主事康有爲……色藏禍心，潛圖不軌，前日竟有糾約亂黨，謀圍頤和園，劫制皇太后，陷害朕躬之事。'"康有爲《八月九日在上海英艦爲英人救出……詩》梁氏附注："戊戌之變，羣賊……謂南海先生曾以一丸進帝，服之遂爲所迷惘。……處心積慮，在逮獲南海先生後，旋即弑帝，因歸獄於先生而誅之。……而先生爲英人所救，事出羣賊意外，憚西鄰責言，不敢遽行弑逆，而收捕長人，又苦無名，乃一變而爲謀圍頤和園之説。此説起於八月初十以後，初發難時無有也。"康有爲自訂年譜："政變之獄，一以文悌之折爲案據。……楊漪川亦以文悌劾之，有不可告人一語，遂致京朝謡言滿聽。"

文悌疏既上，皇上非惟不罪宋、楊，且責文之誣罔，令還原衙門行走。〔一〕於是君益感激天知，誓死以報，連上書請設譯書局譯日本書，請派親王貝勒宗室遊歷各國，遣學生留學日本，皆蒙采納施行。〔二〕又請上面試京朝官，日輪二十人，擇通才召見試用，而罷其罷老庸愚不通時務者，於是朝士大怨。〔三〕然三月以來，臺諫之中毗贊新政者，惟君之功爲最多。〔四〕

〔一〕康有爲自訂年譜:"許應騤……於是與洪嘉與聳文悌劾宋楊而專意及我,軍機得文摺喜甚,以爲去我矣。上閱摺大怒,謂文悌受許應騤指使,將革職。剛毅求之,乃令回原衙門行走。凡言官回郎署,例不補缺不派差,與革職無異也。其摺誣甚,甚至謂我盡棄名教,保中國不保大清,走胡走越,後此僞諭,皆緣此折爲定案也。"案:梁氏康有爲《戊戌八月紀變》詩注也說及文悌餂言誣奏的事,可以補充。他說:"侍御(案指楊深秀)忠憨出天性,胸無城府。時賊黨文悌同在臺中,屢以言相餂,冀得構煽口實。一日訪侍御,力言東朝阻撓新政,聲淚俱下,慷慨道唐五王事(案即張柬之等五人舉兵迎唐中宗復位反周爲唐的事)。侍御信之,極獎其肝膽。未幾,文悌即捏詞入告,控侍御有異謀,此六月間事也。雖上燭其姦,黜之,然蜚語日中,卒釀大變。"胡思敬的《戊戌履霜錄》也講這件事,他說:"深秀嘗與文悌值宿齋宮,盡聞宮中隱事,夜半奮髯起曰:'八旗宗室中,如有徐敬業其人,我則爲駱丞矣。'或以韜晦戒之,則曰:'本朝氣數已一息奄奄待盡,尚能誅諫官乎?'"又陳衍《林旭傳》説:"四章京斬西市,楊深秀與焉者,相傳平日言:得三千勁卒,繋后手足有餘也。"大約也在此時説的。也可參考。

〔二〕康有爲自訂年譜:"草請派近支王公遊歷摺,請開局譯日本書摺,請派遊學日本摺,皆由楊漪川上之,奉旨允行。"

〔三〕康有爲自訂年譜:"請親試京僚,黜其不通者,然朝士之冗闒者大恐。剛毅阻之,卒不行。"案:大約就是這裏所說的事,但没有説及楊氏。

〔四〕康有爲《六哀詩》楊公深秀詩:"時經膠旅警,慘憂同痁瘧,旦夕論維新,密勿頻論駁。首請聯英日,次請拒俄約,繼言廢八股,譯書遣遊學。涕泣請下詔,大變決一躍,御門警羣臣,(這是指深秀上的清御門誓衆摺布告維新更始之意。梁文沒有説到。)開局議製作。聖主感誠切,大號昭焕若,四月變法詔,永永新中國。"這是三月以來,深秀毗贊新政的總結。《詩・小雅・節南山》:"天子是毗。"毗是輔助的意思。

　　湖南巡撫陳寶箴力行新政,爲疆臣之冠,而湖南守舊黨與之爲難,交章彈劾之,其誣詞不可聽聞。君獨抗疏爲剖辨,於是奉旨獎勵陳,而嚴責舊黨,湖南浮議稍息,陳乃得復行其志。〔一〕至八月初六日,垂簾之僞命既下,黨案已發,京師人人驚悚,志士或捕或匿,奸燄昌披,莫敢攖其鋒,君獨抗疏詰問皇上被廢之故,援引大義,切陳國難,請西后撤簾歸政,遂就縛。〔二〕獄中有詩十數章,〔三〕愴懷聖君,睠念外患,忠誠之氣,溢於言表,論者以爲雖前明方正學、楊椒山之烈,不是過也。〔四〕

〔一〕康有爲自訂年譜:"時湖南巡撫陳寶箴奏薦我而攻《改制考》,上留中。時王先謙、歐陽節吾在湘猖獗,大攻新黨新政,學會學堂一切皆敗,於是草摺交楊漪川奏請獎勵陳寶箴,上深別白黑,嚴責湖南舊黨,仍獎陳寶箴認真整飭,楚事乃怡然。"
〔二〕《清史稿》本傳:"八月政變,舉朝惴惴懼大誅至,獨深秀抗疏請太后歸政。方疏未上時,其子祇田苦口諫止,深秀厲聲叱之退,俄被逮。"康有爲自訂年譜:"八月……八日楊漪川遞摺請僞臨朝勿訓政,遂被逮。昔郅壽奏請王莽歸政漢室,退就臣列,其戇不可及,今漪川復類之,然郅壽不死,王莽真大度哉!嗚呼,漪川可謂古之遺直矣!"章炳麟《革命道德説》:"戊戌變法,惟譚嗣同、楊深秀爲卓犖敢死。"

〔三〕《清史稿》本傳："官臺諫十閱月,封事二十餘上,稿不具存,唯獄中詩三章,流傳於世。"康有爲《明夷閣詩集》附楊深秀獄中詩三首："久拚生死一毛輕,臣罪偏由積毀成。自曉龍逢非俊物,何嘗虎會敢徒行。聖人豈有胸中氣,下士空思身後名。縲紲到頭真不怨,未知誰復請長纓?(八月十一日)""長鯨跋浪足憑陵,靖海奇謀愧未能。安恥□邊多下策,嘗思殷武有中興。孤臣頃作隉中鹿,酷吏終羞殿下鷹。平日敢言成底事,覆盆秋水已如冰。(十二日)""□□□□□□□,孤忠畢竟待天扶。絲綸閣下千言盡,車蓋亭邊一字無。經授都中愧盲杜,詩成獄底學髯蘇。朝來鵲喜頻頻送,尚憶墻東早晚烏。(十三日)"有爲題後詩："膠海輸人又一年,維新舊夢已成煙。山河殘破成何事,大鳥飛來但黯然。"自注："傳言剛毅至楊公原籍聞喜縣,見大鳥,驚死。"案:剛毅爲深秀等六人就義時的監斬官,康注所說,雖近語怪,然也可見當時人彰善癉惡的心了。

〔四〕方正學就是明代的方孝孺,《明史》本傳："寧海人。字希直。洪武間,除漢中府教授,蜀獻王聘爲世子師,名其廬爲正學。惠帝時,爲侍講學士,國家大政輒咨之。燕師入,召使草詔。孝孺衰絰至,號哭徹殿陛。成祖降榻勞之,顧左右授筆札,曰:'詔非先生草不可。'孝孺擲筆於地曰:'死即死耳,詔不可草。'遂磔於市。"楊椒山就是楊繼盛,也是明代人,《明史》本傳："字仲芳,號椒山,容城人。嘉靖進士。累遷刑部員外郎,改兵部武選司。時嚴嵩用事,劾其五姦十大罪。嵩構之,遂下獄,竟棄西市,臨刑賦詩,天下傳誦。"康有爲《六哀詩》楊公深秀詩說:"昔謁椒山宅,遺象瞻瓜削。見公適適驚,骨髓貌相若。故知是化人,來爲救世托。"也以楊椒山爲比。又案武育元《雪虛聲堂詩鈔序》說:"同治甲戌夏五月始識楊君儀村於都門,余時年二十三,君長余三歲。"甲戌是同治十三年,公元一八七四年。這樣算來,深秀就義是光緒二十四年,公元一八九八年,他正是五十歲。近人姜亮夫《歷代名人年里碑傳總表》説《碑傳集補》深秀卒年五十,但碑傳集補並無此文。歲數却是對的。

君持躬廉正,取與之間,雖一介不苟。官御史時,家赤貧,衣食或不繼,時惟傭詩文以自給,不稍改其初。居京師二十年,惡衣菲食,敝車羸馬,堅苦刻厲,高節絶倫,蓋有古君子之風焉。〔一〕子皸田,字米裳,舉人,能世其學,通天算格致,厲節篤行,有父風。

〔一〕康有爲《六哀詩》楊公深秀詩:"清絶冠臺官(臺官是指御史),子病無醫藥,趨朝輒賃車,賣文乃款客。"

論曰:漪村先生可謂義形於色矣。〔一〕彼逆后賊臣,包藏禍心,〔二〕蓄志既久,先生豈不知之?垂簾之詔既下,禍變已成,非空言所能補救,先生豈不知之?而乃入虎穴,〔三〕蹈虎尾,〔四〕抗疏諤諤,〔五〕爲請撤簾之迂論,〔六〕斯豈非孔子所謂愚不可及者耶?〔七〕八月初六之變,天地反常,日月異色,内外大小臣僚以數萬計,下心低首,忍氣吞聲,無一敢怒之而敢言之者,而先生乃從容慷慨,以明大義於天下,寧不知其無益哉?以爲凡有血氣者,固不可不爾也。嗚呼!荆卿雖醢,暴嬴之魄已寒;〔八〕敬業雖夷,牝朝之數隨盡。仁人君子之立言行事,豈計成敗乎?漪村先生可謂義形於色矣。

〔一〕《公羊傳》桓公二年:"孔父正色而立於朝,則人莫敢過而致難於其君者,孔父可謂義形於色矣。"何注:"內有其義,而外形見於顏色。"
〔二〕徐敬業《討武曌檄》:"包藏禍心,窺竊神器。"
〔三〕《後漢書·班超傳》:"不入虎穴,焉得虎子。"
〔四〕梅賾《書·君牙》:"心之憂危,若蹈虎尾,涉於春冰。"
〔五〕《史記·商君列傳》:"千人之諾諾,不如一士之諤諤。"諤諤是説正直的言論。
〔六〕《宋史·高宗紀》:"皇太后下詔,還政撤簾。"
〔七〕《論語·公冶長》孔子贊許衛大夫甯武子爲"其愚不可及也"。意思是在國家危急時,冒險犯難,不顧個人生死得失,勇於負責。
〔八〕謂荆軻刺秦王事。嬴,秦姓。

楊鋭傳

楊鋭字叔嶠,又字鈍叔,〔一〕四川綿竹縣人。性篤謹,不妄言邪視,好詞章。〔二〕張公之洞督學四川,君時尚少,爲張所拔識,因受業爲弟子。張愛其謹密,甚相親信。〔三〕光緒十五年,以舉人授內閣中書。〔四〕張出任封疆將二十年,而君供職京僚,〔五〕張有子在京師,〔六〕而京師事不託之子而託之君。張於京師消息,一切藉君,有所考察,皆託之於君,書電絡繹,蓋爲張第一親厚之弟子,而舉其經濟特科,〔七〕而君之旅費,亦張所供養也。君鯁直,尚名節,最慕漢黨錮、明東林之行誼,〔八〕自乙未和議以後,乃益慷慨談時務。〔九〕時南海先生在京師,過從極密。南海與志士倡設強學會,君起而和之甚力。〔一〇〕其年十月,御史楊崇伊承某大臣意旨,劾強學會,遂下詔封禁,〔一一〕會中志士憤激,〔一二〕連署爭之。向例,凡連署之書,其名次皆以衙門爲先後,君官內閣,當首署,而會員中,□君□□亦同官內閣,〔一三〕爭首署,君曰:"我於本衙門爲前輩。"乃先焉。當時會既被禁,京師譁然,謂將興大獄,君乃奮然率諸人以抗爭之,亦可謂不畏強禦矣。〔一四〕

〔一〕高楷《劉楊合傳》:"楊君……初字退之,受學於其兄聰,年十九,應童子試,爲諸郡縣冠,提學南皮張公奇賞之,曰:'李嶠,才子也。'易其字曰叔嶠。"

〔二〕《劉楊合傳》:"君於經學、史學、地輿、天文、星算、掌故皆博通。詞章温麗,尤長於駢文。"

〔三〕《清史稿》本傳:"督學張之洞奇其才,招入幕,肄業尊經書院,年最少,常冠其曹。優貢,朝考得知縣。"

〔四〕《綿竹縣誌》黃尚毅《楊參政公事略》:"旋中乙酉(光緒十一年)順天鄉試舉人。己丑(光緒十五年)考授內閣中書。軍機缺章京,例由閣選中書送考,先生因張之萬領軍機主試,鄙其人,不與試。旋考授總理衙門章京,記名稍後,因張蔭桓致意,不肯往謁故也。"蘇繼祖《戊戌朝變紀聞》:"楊銳內閣候補侍讀。"

〔五〕《劉楊合傳》:"法人據越南,廣東總督張樹聲罷去,南皮張公代之。招君往,凡軍謀密策,皆與聞,在粵七年。隨入楚,又六年。"案《楊參政公事略》則作十五年。它說"南皮齊兩廣,招先生任奏牘文字，佐幕府，由粵而鄂而寧，凡十五年，未邀保獎，謹密持重，無阿附意，故南皮始終敬禮之。"案：據此則這裏所說並不正確，"張出任封疆"，楊銳跟他實達十餘年之久，並不常在京供職。

〔六〕"張有子"謂張之洞長子張權，字君立。《中東紀事本末》引蔡爾康《上海強學會序後案》稱他爲孝廉，康有爲詩序稱他爲刑部，可知他在戊戌前是以舉人在京任刑部主事，參加過北京強學會。後來中進士，任禮部郎中。

〔七〕《清史稿》本傳："二十四年，之洞薦應經濟特科。"

〔八〕"漢黨錮……之行誼"，如《後漢書·黨錮傳序》說："桓靈之間，主荒政繆，國命委於閹寺，士子羞與爲伍，故匹夫抗憤，處士橫議，遂乃激揚名聲，互相題拂，品覈公卿，裁量執政，婞直之風，於斯行矣。"范文瀾《中國通史》："東林的起源是顧憲成力爭國本（案：指立太子問題）。萬曆二十二年，憲成革官回無錫，修南宋楊時講道的東林書院，聚會失官歸隱的正人高攀龍、錢一本、薛敷教等人講程朱派道學。一時政治上不得志的士大夫爭着進書院聽講，多至宿舍不能容。憲成標示講學宗旨道：'當京官不忠心事主，當地方官不留心民生，隱居鄉裏不講求正義，不配稱君子。'因此書院誦習古書以外，兼議論時政，批評人物，成全國輿論的中心地。在朝一部分正派官員，與東林通聲氣，依輿論力量對抗邪黨。當時邪黨分齊、楚、浙三黨，合力攻正派，凡主持正義愛惜名譽的士大夫，不論在朝在野，一概指爲東林黨人。在邪派看來，東林二字，就是犯罪的代名詞，給政敵加上東林名號，就可借題攻擊。雖然，有些人不承認自己是東林黨，有些人却求掛名東林黨，自以爲榮幸。講學議政的東林，事實上確成爲有力的政黨了。"案：清陳鼎編有《東林列傳》二十四卷。凡是黨人中行誼彪炳的都臚列無遺，可以參考。

〔九〕劉彥《中國近時外交史》："光緒二十一年，馬關媾和條約二十一款。"《楊參政公事略》："三十以後，留心掌故之學。感憤時事，不肯託諸空文，而代人作奏議獨多。不備舉，舉其關係天下者：甲午乙未中日戰後，孝欽復幸頤和園，內監寇良才上書諫，被殺，朝士無敢言者。先生乃激勵侍御王鵬運，並代作書上之，語頗切實。丁酉，川督鹿傳霖用張繼收瞻對，事反覆，成都將軍恭鏜、駐藏大臣有泰劾鹿解任，以恭鏜代督川，張繼遣戍新疆。先生鑒於唐棄維州之禍，知恭鏜貪庸，張繼廉吏，乃代給事中吳光奎作疏劾恭，張因得免戍，恭尋死，瞻對卒收爲川邊。……先生代人作疏，不肯受名，事後即焚草，其公恕如此。"

〔一〇〕康有爲《汗漫舫詩集》詩題："割臺行成後，與陳次亮郎中熾、沈乙盦刑部曾植、丁叔衡編修立鈞、王幼霞侍郎鵬運、袁慰庭觀察世凱、沈子封編修曾桐、文道希學士廷式、張巽之編修孝謙、徐菊人編修世昌、張君立刑部權、楊叔嶠中書銳，同開強學會於京師，以爲政黨嚆矢，士夫雲從。"

〔一一〕蔡爾康《上海強學會序後案》："乙未六月間，有擬開報館之議，……旋以強學名其會，而別設強學書局於京師，……及至冬間，忽有常熟楊莘伯侍御崇伊具折糾參，特旨交巡城御史查明京師強學會流弊，嚴行封禁。林瑞山給諫燦垣不待查明，即行封禁。"案：楊崇伊本以李鴻章鷹犬著稱，和強學會有密切關係的文廷式，爲李死敵，李即授意楊崇伊嚴劾而削職的，見《戊戌履霜錄·文廷式傳》。由此推想，這裏的某大臣，當是李鴻章無疑。

〔一二〕《翁文恭公日記》："光緒廿一年十二月十四日，沈子封來，南城因封禁強學會，衆洶洶，有繁言。"

〔一三〕案康有爲自訂年譜説:"自上書不達之後,日以開會之義,號之於同志,七月初,與陳次亮約集客,若袁慰亭世凱、楊叔嶠鋭、丁叔衡立鈞及沈子培沈子封兄弟、張巽之孝謙、陳□□即席定約,各出義捐,一舉而得數千金。"和趙萬里《梁任公先生年譜長編》中所引梁寫的一封信説:"此間數日內袁慰亭、陳仰垣諸人開會集款,已有二千。"當是一事,那末康譜的陳□□就是梁信的陳仰垣。王栻《強學會的人物及其派別》一文中説:陳仰垣可能是梁啓超《戊戌政變記》所説的內閣某君,可備一説。王又説:或者是《翁文恭日記》光緒二十一年七月初八日所記的陳養源觀察允頤。據這裏明説某君亦同官內閣,不應又官觀察,仰垣和養源聲音雖有些相近,但同爲國人所記,不會同外人的譯音,是不能附會的。

〔一四〕《後漢書・黨錮傳序》:"不畏強禦陳仲舉。"已見上第五條注。強古作彊,《詩・大雅・烝民》:"不畏彊禦。"孔疏:"不畏懼於彊梁禦善之人。"也作彊圉,《漢書・王莽傳》:"不畏彊圉。"

丁酉冬,膠變起,康先生至京師上書。君乃日與謀,極稱之於給事高君燮曾。高君之疏薦康先生,君之力也。〔一〕今年二月,康先生倡保國會於京師,君與劉君光第皆會員,〔二〕又自開蜀學會於四川會館,〔三〕集貲巨萬,規模倉卒而成,以此益爲守舊者所嫉忌。張公之洞累欲薦之,以門人避嫌,乃告湖南巡撫陳公寶箴薦之,〔四〕召見加四品卿銜,充軍機章京,與譚、劉、林同參預新政。〔五〕拜命之日,皇上親以黄匣緘一硃諭授四人,命竭力贊襄新政,無得瞻顧,凡有奏摺,皆經四卿閲視,凡有上諭,皆經四卿屬草。於是軍機大臣嫉妒之,勢不兩立。[六]七月下旬,宮中變態已作,上於二十九日召見君,賜以衣帶詔,乃言位將不保,命康先生與四人同設法救護者也。[七]

〔一〕康有爲自訂年譜:"十月……十八日決歸,常熟來留行,翌日,給事中高燮曾奏薦請召見,並加卿銜出洋,常熟在上前力稱之,奉旨交總理衙門議,許應騤阻之於恭邸。"

〔二〕光緒二十四年閏三月廿四日《國聞報》載有京城保國會題名記:楊銳名在一百三十一,居康有爲之下,劉光第則在楊氏之下。

〔三〕梁氏《戊戌政變記》:"自膠州旅順既割,京師人人震恐,於是康有爲既上書求變法於上,復思開會振士氣,於是與□□□等開粵學會,與楊銳等開蜀學會。"

〔四〕詳下《譚嗣同傳》注。

〔五〕《清史稿·德宗紀》:"二十四年秋七月辛未,賞内閣侍讀楊銳、中書林旭、刑部主事劉光第、江蘇知府譚嗣同並加四品卿銜,參預新政。"《清史稿》本傳:"召見,銳面陳興學練兵爲救亡策,稱旨。"《清廷戊戌朝變記》引楊氏與弟家書:"原擬乘中秋節前到鄂一行,再與弟商辦一切,乃十三日因湘撫陳公保薦,奉旨召見,逮夜始知於十五早進内預備,改於十六日卯刻在西苑勤政殿西煖閣召對,面奏數百言,大概詳陳用人武備各事,……"

〔六〕楊氏家書:"二十日遂奉命與劉光第、林旭、譚嗣同三人同在軍機章京上行走,即日入直。硃諭云:'昨已命爾等在軍機章京上行走,並令參預新政事宜,爾等當思現在時勢艱危,凡有所見,及應行開辦等事,即行據實條列,由軍機大臣呈遞,俟朕裁奪，萬不准稍有顧忌欺飾，特諭。'"又楊銳家書說："聖訓煌煌，祇增戰悚，每日發下條陳，恭加簽語，分別是否可行，進呈御覽。事體已極繁重，而同列又甚不易處，劉與譚一班，兄與林一班，譚最黨康有爲，然在直尚稱安靜；林則隨事都欲取巧，所答有甚不妥當者，兄強令改換三四次，積久恐漸不相能。"案：據楊氏的家書，很能看出他參贊新政的真面目，雖然比當時一般官僚高明些，但是主要還是爲了"聖恩"利祿，保持自己的階級利益，是不會也不可能真正爲廣大人民的利益着想的。所以他直接曾裁抑新政，間接且促使改良派内部的分化，他和劉光第有些相像，都屬於改良派的右翼。康有爲自訂年譜："上以樞臣老耄守舊，而又無權去之，乃專用小臣，特加侍讀楊銳、主事劉光第、中書林旭、知府譚嗣同，以四品卿銜，爲軍機章京，參預新政。上以無權用人爲大臣，故名章京，特加'參預新政'四字，實宰相也。即以羣僚所上之摺，令四人閱看擬旨，於是軍機大臣同於内閣，實伴食而已。"

〔七〕康有爲自訂年譜："七月……二十九日……上……交密詔與楊銳帶出，稱朕位且不保，令與諸同志設法密救。"餘詳下《譚嗣同傳》注。據《清史稿》本傳則說："七月，禮部主事王照上封事，尚書許應騤等格不奏，上聞震怒，盡褫尚書侍郎六人職，朝臣皆不自安，上手詔密諭銳云：'近日朕仰觀聖母意志，不欲退此老耄昏庸大臣而進英勇通達之人，亦不欲將法盡變。朕豈不知中國積弱不振，非力行新政不可，然此時不惟朕權力所不及，若強行之，朕位且不能保。爾與劉光第、譚嗣同、林旭等詳悉籌議，必如何而後能進用英達，使新政及時舉行，又不致少拂聖意，即具奏，候朕審擇，不勝焦慮之至。'銳復奏言：'太后親挈大位，授之皇上，皇上宜以孝先天下，遇事將順，變法宜有次第，進退大臣，不宜太驟。'上是之。"羅惇曧

《賓退隨筆錄》有此密詔原文。羅説:"宣統元年,楊鋭之子詣都察院上書,敬繳德宗硃諭(案:就是上面所説的密詔),監國詢慶親王奕劻云何?奕劻言不當宣佈,乃僅付國史館敬護而已。"《清史稿》當即本此,和康譜所説密詔,語氣很有不同,或者康有爲等故意夸大載湉地位的危險,來促成袁世凱勤王的事。可參看下《譚嗣同傳》注。又《戊戌履霜錄》也講到密詔事,它説:"上聞太后恚怒,有違言,内不自安。欲用一人調停,恭王新厭世,奕劻、世鐸皆疏遠,不甚倚重,外廷諸大臣尤不愜上意。四卿中獨楊鋭沉毅,可屬大事。二十九日昧爽,召鋭入宫,告以故,泣涕商保全。鋭辭曰:'此陛下家事,當謀之宗室貴近,小臣懼操刀而自割也。'上曰:'爾何然!'出詔一道,命就有爲商之。"恐非事實。就算載湉糊涂,也決不會把調停的任務給一個新進小臣之理。且密詔給誰的,也没有説清楚。姑備一説罷了。

君久居京師,最審朝局,又習聞宫廷之事,知二十年來之國脈,皆斲喪於西后之手,憤懣不自禁,義氣形於詞色,故與御史朱一新、安維峻、學士文廷式交最契。朱者,曾疏劾西后嬖宦李蓮英,因忤后落職者也;安者,曾疏請西后勿攬政權,因忤后遣戍塞外者也;文者,曾請皇上自收大權,因忤后革職驅逐者也。〔一〕君習與諸君遊,宗旨最合,久有裁抑吕、武之志。〔二〕至是奉詔與諸同志謀衛上變,遂被逮授命。〔三〕君博學,長於詩,〔四〕嘗輯注《晉書》,極閎博,〔五〕於京師諸名士中,稱尊宿焉。〔六〕然謙抑自持,與人言恂恂如不出口,〔七〕絶無名士輕薄之風,君子重之。〔八〕

〔一〕《清史稿·朱一新傳》:"字蓉生,浙江義烏人。光緒二年成進士,授編修。十一年,轉御史,連上封事,言論侃侃,不避貴戚。内侍李蓮英漸著聲勢,逾歲,醇親王奕譞閲海軍,蓮英從,一新憂之。而適值山東患河,燕、晉、蜀、閩患水,遂以遇災修省爲言,略曰:'我朝家法,嚴馭宦寺,是以綱紀肅然,罔敢恣肆。洒今夏巡閲海軍之役,太監李蓮英隨至天津,道路譁傳,士庶駭愕,宗藩至戚,閲兵大典,而令刑餘之輩,厠乎其間,其將何以詰戎兵,崇體制,況作法於涼,其弊猶貪,唐之監軍,豈其本意,積漸者然也。從古閹宦,巧於逢迎而昧於大義,引援黨類,播弄語言,使宫闈之内,疑貳漸生,而彼得售其小忠小信之爲,以陰竊夫作福作威之柄,事每忽於細微,情易溺於近習,侍御僕從,罔非正人,辨之宜早辨也。'疏上,太后怒,詔切責,降主事。乞歸養卒。"又《安維峻傳》:"字曉峰,甘肅秦安人。光緒六年成進士,授編修。十九年,轉御史,未一年,先后上六十餘疏。日、韓釁起,時上雖親政,遇事必請太后意旨,和戰不能獨决。及戰屢敗,世皆歸咎李鴻章主款,於是維峻上言:李鴻章平日挾外洋以自重,固不欲戰,有言戰者,動遭呵斥,淮軍將領,望風希旨。然則此舉,非議和也,直納款耳,不但誤國,而且賣國,中外臣民,無不切齒痛恨;而又謂和議出自皇太后,太監李蓮英實左右之。臣未敢深信,何者?皇太后既歸政,若仍遇事牽制,將何以上對祖宗,下對天下臣民;至李蓮英是何人斯,敢干政事乎?如果屬實,律以祖宗法制,豈復可容。李鴻章事事挾制朝廷,抗違諭旨,惟冀皇上赫然震怒,明正其罪,布告天下,如是而將士有不奮興,賊人有不破滅者,即請斬臣,以正妄言之罪。疏入,命革職發軍臺,直聲震中外。二十五年,釋還。三十四年,起授内閣侍讀,復辭,歸卒。"近人錢萼孫《文雲閣先生年譜》:"先生字道希,號雲閣,晚號純常於。江西萍鄉縣歸聖鄉人。光緒八年,以附貢生領順天鄉薦。十六年,中式貢士,殿試一甲第二名。授職編修。二十年甲午,大考。先生本與珍瑾二妃兄志銳世交,至是得妃薦,帝親擢一等第一名。東事起,主戰。七月上摺參北洋大臣李鴻章畏葸,挾夷自重。十二月,安小峰御史奏劾李鴻章,先生實主其事。二十一年,與日本議和,賠款割臺。先生昌言於衆,使共爭之。主和之黨遂集恨於先生。七月,倡開强學會於京師。二十二年,時太后與帝不相容,勢成水火,李鴻章亦欲甘心於先生,遂授意御史楊崇伊劾之:有'遇事生風,廣集同類,瓦相標榜,議論時政,聯名執奏'等語。上諭革職,永不敍用。此事實爲戊戌政變之先聲,當時后帝齟齬中一大公案也。三十年,先生四十九歲卒。"(此雜取正文注文編成。)案:請帝"自收大權",蓋出傳聞。即《戊戌履霜錄》所說"上海道劉麒祥,鴻章姻黨也,聞廷式之來,迎入署中,備極款洽,臨行失行裝四篋,麒祥爲緝獲之,惟亡去奏稿二册,中一疏語涉離間,甫脱草,未上也。麒祥得之,以獻鴻章,鴻章密白太后。"等話,未必可信。

〔二〕吕謂漢高后吕雉,《史記·吕后本紀》:"吕太后者,高祖微時妃也。生孝惠帝,女魯元太后。高祖十二年四月崩,太子襲號爲帝。……七年秋八月孝惠帝崩,吕氏權由此起,太子即位爲帝,號令一出太后,太后稱制。……帝壯,或聞其母死,非真皇后子,迺出言曰:'我未壯,壯即爲變,'太后幽殺之。立常山王義爲帝,不稱元年者,以太后制天下事也。八年七月崩。"武即唐武后武曌,已屢見上注。

〔三〕《楊參政公事略》:"初五日訓政詔下,蓋因繆延福等告變,故孝欽突然回宫也。次日,先生云:'我等定出軍機。若皇上無事,我即出京;若有不測,決無可去之理。'初九日晨起,先生被逮,(案:康有爲自訂年譜説:'九日早逮捕,楊叔嶠在床未起,單衣就縛。'《劉楊合傳》説:'被逮時方早起寫書致某公,謂康不速去,必釀禍,而反坐康黨以死,嗚呼異哉!'不可信。)慶昶(案:鋭子)及毅(案:即作者黄尚毅,鋭的學生。)亦同被拘。至坊上,先生曰:'彼公車也,何故拘之?'故毅及慶昶得釋,而下先生刑部獄。同鄉喬樹枏乃電知張文襄(案:即張之洞)請救。刑部以案情重大,請派大臣會審。十二日,直隸總督榮禄入京召見,是夜文襄電至津,請榮轉奏,願以百口保楊鋭。次日已宣布行刑,而轉電始至,已無及矣。(案:趙鳳昌《戊庚辛紀述》則説'鄂督張南皮電王仁和〔即王文韶〕,電文六百餘言,力救其門人楊鋭,仁和以原電示剛毅,剛毅竟曰:此輩多殺個何惜?仁和不敢與争,即遵旨辦矣'。)先生與劉光第入獄,殊泰然。至十三日,乃各加以凶服。劉固刑部司官,詫曰:'就刑矣!'至法庭不屈。先生呼劉曰:'裴村且聽旨。'剛毅宣旨畢,先生曰:'願明心跡。'剛云:'有旨不准説!'先生怒叱曰:'爾軍機大臣銜害!'遂出就刑,血噴丈餘,觀者皆辟易,吁慘矣!(案:《劉楊合傳》也説:'就刑,血噴湧丈餘,砳然有聲。')先生既致命,尚毅同喬樹枏等棺斂殯於清字庵。"《歷代名人年里碑傳總表》説:據《碑傳集補》,卒年四十二。但《碑傳集補》並没有這話。

〔四〕《石遺室詩話》:"叔嶠遺詩一卷,多擬古之作,少自寫性情者,殆散佚而非全豹也。"案:《戊戌六君子集》有《説經堂詩草》一卷。

〔五〕案:楊鋭各傳紀没有説他有《晉書輯注》的著作。惟《楊參政公事略》説:"先生以《隋史》簡略,著《隋史補遺》四十卷,楷録成册,藏於家。"黄尚毅爲楊之弟子,所言當確,他不説《晉書》。《晉書》當爲《隋史》的錯誤。《隋史》應作《隋書》。康有爲《六哀詩》也誤云"《晉書》手注録"。

〔六〕《觀經序分義》:"德高曰尊,耆年曰宿。"

〔七〕《漢書·李廣傳》:"李將軍恂恂如鄙人,口不能出辭。"顏師古注:"恂恂,誠謹貌也。"《劉楊合傳》:"君媞媞和接,出語如恐傷。"

〔八〕《劉楊合傳》:"君……精神朗澈,容貌秀偉,嫻雅。所至人爭迎迓,海内耆碩先達,少年後進,負文望才氣,講求學術,留意時事人物者,争過從訂交,或酬酢酒食,無虛日。君一與周旋,未嘗有倦色。"又:"君必精室始居,見塵穢則欲嘔。"案:《楊參政公事略》説:"先生配孫……生子一女三。"子即慶昶,早卒無嗣。

論曰:叔嶠之接人發論,循循若處子,至其尚氣節,明大義,立身不苟,見危授命,〔一〕有古君子之風焉。以視平日口談忠孝,動稱義憤,一遇君父朋友之難,則反眼下石者何哉?〔二〕

〔一〕《論語·憲問》:"見利思義,見危授命。"朱注:"授命言不愛其生,持以與人也。"

〔二〕韓愈文:"平居里巷相慕悦,握手出肺肝相示,真若可信,一旦臨小利害,僅如毛髮比,反眼若不相識,落陷阱不一引手救,反擠之,又下石焉者,皆是也。"

林旭傳

林君字暾谷,〔一〕福建侯官縣人,南海先生之弟子也。

自童齓穎絶秀出，〔二〕負意氣，天才特達，如竹箭標舉，〔三〕干雲而上。冠歲，鄉試冠全省，讀其文奧雅奇偉，莫不驚之，〔四〕長老名宿，皆與折節爲忘年交，故所友皆一時聞人。〔五〕其於詩詞駢散文皆天授，文如漢、魏人，詩如宋人，〔六〕波瀾老成，〔七〕璨奧深穩，〔八〕流行京師，名動一時。乙未割遼、臺，君方應試春官，乃發憤上書，請拒和議，〔九〕蓋意志已倜儻矣。既而官内閣中書，〔一〇〕蓋聞南海之學，慕之，謁南海，聞所論政治宗旨，大心折，遂受業焉。〔一一〕

〔一〕《閩侯縣誌》陳衍《林旭傳》："號晚翠。"
〔二〕案：齓音 chèn，本是説孩子牙齒的毁故更新，因此以喻童年。庾信文："未逾齠齓，已議論天下事。"陳衍《林旭傳》："旭少孤。從塾師學爲律賦，出語驚其長者。喜瀏覽羣書，家貧，閲市借人，人見其強記，樂與之。"
〔三〕《爾雅·釋地》："東南之美者，有會稽之竹箭焉。"《南史·謝靈運傳》："靈運之興會標舉。"標舉是高出的意思。
〔四〕陳衍《林旭傳》："歲癸巳，……應童子試，三試冠其曹，爲邑諸生。旋領鄉薦第一，闈作傳誦天下，年十有九耳。"案：癸巳爲光緒十九年。林旭應爲二十歲，詳下。梁氏説冠歲，是。陳傳誤，《清史稿》也誤作"年十九，舉本省鄉試第一"。
〔五〕陳衍《林旭傳》："遊武昌，遍識一時所謂名流，若陳寶箴、三立父子、梁鼎芬、蒯光典、屠寄之倫。……入都，知名士爭與交，遂交黃紹箕、沈曾植、康有爲、梁啓超、嚴復諸人。"
〔六〕陳衍《林旭傳》："甲午、乙未、戊戌三年三上公車，皆薦不售。則發憤爲歌詩，取路孟郊、賈島、陳師道、楊萬里，苦澀幽僻。喜從鄉人鄭孝胥、莊大莊、陳書、陳衍討論。自擇百十首刊之，孝胥以爲如啖橄欖，大莊以爲似袁昶，衍以爲春夏行冬令，非所宜。"《近代詩鈔》引《石遺室文集》："暾谷力學山谷、後山，寧艱辛，勿流易，寧可憎，勿可鄙。後山學杜，其精者突過山谷，然粗澀者往往不類詩語，暾谷學後山每學此類。在八音中多枕鼓，少絲竹，聽之使人寡歡。遊淮北年餘，所作則淵雅有味，迥非往日苦澀之境。"

〔七〕杜甫詩："波瀾獨老成。"案：喻文字波折的老當。

〔八〕瓌和瑰同，是奇偉的意思。穠本是說花木茂盛，這裏是喻詞意的豐富。

〔九〕案：此當是指乙未公車上書，惟查公車上書題名，不見林旭的名字，或者是遺漏，或者是署名在各省分上的書。待考。

〔一〇〕陳衍《林旭傳》："入貲爲内閣中書。"

〔一一〕康有爲《六哀詩》林君旭詩："折節不自足，來問《春秋》旨；商榷三世義，講求維新理。"即指此事。

先是膠警初報，事變綦急，南海先生以爲振厲士氣，乃保國之基礎，欲令各省志士各爲學會，以相講求，則聲氣易通，講求易熟，於京師先倡粤學會、蜀學會、閩學會、浙學會、陝學會等，而楊君銳實爲蜀學會之領袖。君徧謁鄉先達鼓之，一日而成，以月初十日開大會於福建會館，閩中名士夫皆集，而君實爲閩學會之領袖焉。〔一〕及開保國會，君爲會中倡始董事，〔二〕提倡最力。

〔一〕康有爲自訂年譜："光緒二十三年，……時欲續強學會之舊，先與鄉人士開會曰粤學會，於十二月十三日在南海館創辦。……二十四年正月，……時粤學會數日一集，各省會漸成。五月初十日,林暾谷開閩學會成;十八日,宋芝棟、李夢符開關學會成;楊叔嶠蜀學會亦成。於是鼓動直隸及湖南、浙江、江西、雲貴令各開會矣。"案:閩學會發起人除林旭外,還有張亨嘉。陝學會就是關學會,楊渾秀也是發起人之一,浙學會實名保浙會。

〔二〕案光緒二十四年閏三月廿四日《國聞報》載京師保國會題名記,林氏名在第四。

初,榮祿嘗爲福州將軍,〔一〕雅好閩人,而君又沈文肅公之孫婿,〔二〕才名藉甚,故榮頗欲羅致之。五月,榮既至天津,乃招君入幕府。君入都請命於南海,問可就否?南海曰:"就之何害,若能責以大義,怵以時變,從容開導其迷謬,暗中消遏其陰謀,亦大善事也。"於是君乃決就榮聘,已而舉應經濟特科。〔三〕會少詹王錫蕃薦君於朝,〔四〕七月召見,上命將奏對之語再謄出呈覽,蓋因君操閩語,上不盡解也。君退朝具摺奏上,摺中稱述師說甚詳。皇上既知爲康某之弟子,因信任之,遂與譚君等同授四品卿銜,入軍機參預新政。〔五〕十日之中,所陳奏甚多,上諭多由君所擬。

〔一〕案:孫葆田《瓜爾佳文忠公神道碑》及《清史稿·榮祿傳》只說"出爲西安將軍",都沒有"爲福州將軍"的記載。惟《清史稿》於林氏傳也說"榮祿先爲福州將軍"。前後不同,疑據此文。事之確實與否,待考。

〔二〕陳衍《林旭傳》:"同邑沈瑜慶者,以道員需次江南。有女鵲,聰穎能文詞,貌英爽。瑜慶必欲以字佳士。省墓歸,從旭塾師,見旭文字,異其博贍,觀其少不颺,意猶豫,然終妻之,贅於金陵。"《清史稿·沈葆楨傳》:"沈葆楨字幼丹,福建侯官人。道光二十七年進士。……光緒元年……擢兩江總督兼通商大臣。五年……卒,諡文肅。子……瑜慶,……官至貴州巡撫。"

〔三〕李希聖《鈞天同夢錄·經濟特科表》:"禮部侍郎唐景崇保中書林旭。"

〔四〕陳衍《林旭傳》:"中朝方令京外官四品以上薦舉人才,翰林學士王錫蕃奏薦旭。"案王錫蕃時爲詹事府少詹事,陳傳誤。《德宗實錄》:二十四年"七月十三日諭:少詹事王錫蕃奏敬保通達時務人才一摺,……内閣候補中書林旭,著該衙門傳知該員,預備召見。"《戊戌履霜錄》:"王錫蕃者,山東黃縣人也。(梁氏《戊戌政變記》作江蘇省人,誤。)字季樵。光緒丙子舉人。初以少詹事督學福建,林旭出其門。"梁氏《戊戌政變記》:"王錫蕃……七月,超擢署禮部左侍郎。今革職。"

〔五〕康有爲自訂年譜:"上之用林旭,以其奏摺稱師,知爲我門生。"餘詳上注。

初二日,皇上賜康先生密諭,令速出京,亦交君傳出,蓋深信之也。〔一〕既奉密諭,譚君等距踊呼號。時袁世凱方在京,謀出密詔示之,激其義憤,而君不謂然,〔二〕作一小詩代簡致之譚等曰:"伏蒲泣血知何用?〔三〕慷慨何曾報主恩。〔四〕願爲公歌千里草,〔五〕本初健者莫輕言。"〔六〕蓋指東漢何進之事也。〔七〕及變起,同被捕,〔八〕十三日斬於市。臨刑呼監斬吏問罪名,吏不顧而去,君神色不稍變云。〔九〕著有《晚翠軒詩集》若干卷,長短句及雜文若干卷。〔一〇〕妻沈靜儀,沈文肅公葆楨之孫女,得報,痛哭不欲生,將親入都

收遺骸，爲家人所勸禁，乃仰藥以殉。〔一〕

〔一〕詳下《譚嗣同傳》注。
〔二〕《戊戌履霜錄》："二十九日（案：七月）召銳（案：楊銳）入宮，……出手詔一道，命就有爲商之。銳退語嗣同，嗣同捧詔大哭，奔告有爲，有爲曰：'太后當國幾四十年，是更變多而猜忌甚，未可口舌爭也。'嗣同曰：'是不難，當爲主上了之。'引有爲入臥室，取盤灰作書，密謀招袁世凱入黨，用所部新建軍，圍頤和園，以劫太后，遂錮之。有爲執嗣同手，瞠視良久曰：'母后固若是其可劫耶？'（案：康譜自言如何勸袁勤王之事前後很詳，這裏所説恐非事實。）嗣同曰：'此兵諫也，事成請自拘於司敗，古人有行之者矣。'次日以告梁啓超、林旭，啓超稱善，旭言：'世凱巧詐多智謀，恐事成難制，請召董福祥。'嗣同不可。"案：此事康譜説得最詳，自爲第一手材料，已引注在下《譚嗣同傳》。這裏所以引《履霜錄》者，因它引有林旭不贊成的話和傳文符合且與下文有關係的緣故。
〔三〕《漢書·史丹傳》："丹以親密臣，得侍視疾，候上間獨寢時，丹直入臥內，頓首伏青蒲上。"注："應劭曰：'以青規地曰青蒲。'孟康曰：'以蒲青爲席，用蔽地也。'"案：《近代詩鈔》作"青蒲飲泣知何補"。
〔四〕《近代詩鈔》作"慷慨難酬國士恩"。
〔五〕《續漢書·五行志》："獻帝踐阼之初，京師童謠曰：'千里草，何青青？十日卜，不得生。'案千里草爲董，十日卜爲卓。"案：志本謂董卓，這裏是借指董福祥。《近代詩鈔》作"欲爲君歌千里草"。
〔六〕《後漢書·袁紹傳》："字本初，汝南汝陽人。靈帝崩，紹勸何進徵董卓等衆軍，脅太后誅宦官，及卓將兵至，議欲廢立，復言劉氏種不足復遺。紹勃然曰：'天下健者，豈惟董公。'橫刀長揖徑出，懸節於上東門，而奔冀州。"案：這裏是借指袁世凱。

〔七〕《後漢書·何進傳》："異母女弟選入掖庭爲貴人，有寵於靈帝，立爲皇后。……張角等起，以進爲大將軍。帝崩，皇子辯即位，何太后臨朝，進與太傅袁隗輔政。進知中官天下所疾，及秉朝政，陰規誅之，……袁紹素善養士，能得豪傑用，其從弟術，亦尚氣俠，故並厚待之。與紹定籌策，以白太后，太后不聽，紹等又爲畫策，多召四方猛將，及諸豪傑，使並引兵向京城，以脅太后，進然之，以紹爲司隸校尉。謀積日頗泄，八月，進入長樂白太后，請盡誅諸常侍以下，宦官……張讓等使人潛聽，具聞其語，及進出，尚方監渠穆拔劍斬進於嘉德殿前。……紹遂閉北宮門，捕宦者，無少長皆殺之。"案：何進的事，並不和當時情形有多大相同，不過姓氏巧合，借來比方罷了。這首詩，或者以爲入獄後所作，如詩題林氏《晚翠軒集》作《獄中絕句》，《近代詩鈔》作《獄中示復生》。《石遺室詩話》也說："戊戌六士之難，暾谷在獄中有一絕句傳誦於外。"又說："當時疾暾谷者，謂暾谷實與謀；袒暾谷者，謂此詩他人所爲，嫁名於暾谷；余謂此無庸爲暾谷諱也。無論是時余居蓮華寺，暾谷無日不來，千里草二語，實有論議而主張之者；但以詩論，首二句先從事敗說起，後二句乃追溯未敗之前，吾謀如是，不待咎其不用，而不用之咎在其中，如此倒戟而出之法，非平日揣摩後山絕句深有得者，豈能爲此，舍暾谷無他人也。"所說和這裏不同。惟魏元曠《堅冰志》說："譚嗣同以袁世凱可屬大事，謀使以兵劫頤和園，先行廢弑，乃臨朝堂，大誅拒命者，林旭以詩止之曰：'本初健者莫輕言。'嗣同不聽。"與此符合。但因詩意含渾，也不能決其誰是誰非。以常情來說，梁氏和林旭最稔，而且同與謀劃，梁氏應該得其真實，玩詩意，"願爲公歌千里草"是當時勸諫的口氣，一本作"欲爲君歌……"更加顯見，好像不是事後追咎的説法。陳衍雖説林旭"無日不來"，到底是個局外人，只憑傳説來批評罷了。吳其昌《梁啓超傳》説："這裏借用董卓、袁紹的故事來比喻董福祥與袁世凱，意思是説：這種辦法，恐怕將來董福祥、袁世凱之流，挾天子以令諸侯，那真不可收拾了。"吳是梁氏的學生，談戊戌掌故，往往得諸梁氏所説。這裏的話，比較可靠。

〔八〕康有爲自訂年譜："九日（案八月初九日）林旭入直被捕。"《南社詩話》："有老獄卒劉一鳴者，戊戌政變時，曾看守譚嗣同等六人。其言曰：……林旭美秀如處子，在獄時時作微笑。"

〔九〕枝巢子《舊京瑣記》："戊戌六君子中，林東谷（案：是林暾谷的錯誤。）年最少，才具亦最明敏。其死東市也，神色不變，唯仰天冷笑而已。"案章炳麟《革命道德説》："林旭素佻達。先逮捕一夕，知有變，哭於教士李佳白之堂。"根據上面兩條所引這種哭訴的話未必可信。陳衍《林旭傳》説："旭寒人子，然不能惡衣菲食，時徵歌選伎，車馬甚都，瑜慶不能給，則熱中取上第。"這大約就是"佻達"之説的由來吧。陳傳又説："旭平日居一室中，行坐觀書談論，片晷不少寧，倦則鼾矣。"可見他個性的一斑。陳傳又説："旭死年二十有四。"案梁氏下文云："暾谷少余一歲。"戊戌政變的一年，梁氏二十六歲，那麽林氏遇難時應爲二十五歲，而非二十四歲。

〔一〇〕《戊戌六君子遺集》輯有《晚翠軒集》二卷。林氏有詩云："荒洲風物見枇杷，青實茸茸指有加。欲傍小軒題晚翠，已成昨日憶天涯。"據此可知他軒名的由起，蓋取周興嗣枇杷晚翠的話。而康有爲《六哀詩》林君旭詩説："晚翠自名軒，完節無愧此，每見青琅玕，傷心淚瀰瀰。"是以竹爲晚翠，那是錯了。

〔一一〕《清史稿》本傳："妻沈葆楨孫女。聞變，仰藥不死，以毁卒。"陳衍《林旭傳》:"旭……無子。……妻鵲字孟雅。哀毀逾歲卒。嘗從陳書、陳衍學詩文辭,有《崦樓詩詞集》一捲。"《崦樓詞‧浪淘沙》:"報國志難酬,碧血誰收?篋中遺稿自千秋。腸斷招魂魂不到,雲暗江頭。　綉佛舊妝樓,我已君休!萬千悔恨更何尤。拚得眼中無盡淚,共水長流。"案:這詞是哀悼林氏的。相傳林氏"畜於婦翁,婦鬱鬱不樂,乃援例官內閣中書,被薦,遂爲軍機章京"(見陳傳說)。卒致殉難,所以有"萬千悔恨"的話了。

論曰:曒谷少余一歲,余以弟畜之。曒谷故長於詩詞,喜吟咏,余規之曰:"詞章乃娛魂調性之具,偶一爲之可也。若以爲業,則玩物喪志,〔一〕與聲色之累無異。方今世變日亟,以君之才,豈可溺於是。"君則幡然戒詩,盡割舍舊習,從南海治義理經世之學,豈所謂從善如不及邪?〔二〕榮禄之愛曒谷,羅致曒谷,致敬盡禮,一旦則悍然不問其罪否,駢而戮之,彼豺狼者豈復有愛根邪?翻手爲雲,覆手爲雨,〔三〕朝杯酒,暮白刃,雖父母兄弟猶且不顧,他又何怪!

〔一〕梅賾《書‧旅獒》:"玩人喪德,玩物喪志。"傳:"以器物爲戲弄,則喪其志。"
〔二〕《左傳》成公八年:"從善如流。"
〔三〕杜甫詩:"翻手爲雲覆手雨。"是說人情的翻覆無常。

劉光第傳

劉君字裴村,四川富順縣人。性端重敦篤,〔一〕不苟言笑,志節嶄然。〔二〕博學能文詩,〔三〕善書法。詩在韓、杜之間,〔四〕書學魯公,氣骨森竦嚴整,肖其爲人。〔五〕弱冠後成進士,授刑部主事,〔六〕治事精嚴。光緒二十年,以親喪去官,教授鄉里,提倡實學,蜀人化之。官京師,閉戶讀書,不與時流所謂名士通,故人鮮知者。〔七〕及南海先生開保國會,君翩然來爲會員。〔八〕七月,以陳公寶箴薦,召見,加四品卿銜,充軍機章京,參預新政。〔九〕

〔一〕沈曾植《哭裴村》詩:"詩書敦雅德。"
〔二〕《劉楊合傳》:"君容貌言語逡逡如鄙人,而深醇堅定,激發有古烈士風。"
〔三〕《清史稿》本傳:"通周官禮及大小戴記。"
〔四〕《劉楊合傳》:"工爲古文,雄厚肖昌黎。詩學少陵,時輩罕與抗手。積稿逾尺,不輕示人。嘗言:'詩文必無一贋語而不欺其志,斯無愧著作。'故其志有不可,既見之詩文,即以自勵,斬然若出於一,其言行相顧如此。"《石遺室詩話》:"裴村筆力雅健,思路迥不猶人。讀雜詩中'文鳳見季世'一首,不啻自道。"
〔五〕康有爲《六哀詩》劉君光第詩:"小字作顏書,剛健少婀娜。"唐顏真卿封魯郡公,人稱顏魯公。
〔六〕《劉楊合傳》:"未冠廢童子試,陳令君錫鬯奇其才,厚遇之,因得壹志讀書。壬午舉於鄉,癸未聯捷成進士,授刑部主事。"案:《歷代名人年里碑傳總表》說光第生於一八五九年,不知何據?姑如是說,那末癸未是光緒九年,公元一八八三年,他已二十五歲了。
〔七〕枝巢子《舊京瑣記》:"劉裴村沈靜好學,在刑部同官時,不輕聞其發言，而皮裏陽秋，偶詢一人一事，輒能言之娓娓。"《清史稿》本傳："因讞獄，忤長官，遂退而閉户勤學，絶跡不詣署。"《劉楊合傳》："某司寇以君勤慎，將倚用，君旋讞某獄，司寇受人私謁，欲君枉法徇之，君堅執不撓，司寇無如何。"陳三立《劉裴村衷聖齋文集序》："君淡泊遺物，不輕與人接，人亦莫由窺其藴。"

〔八〕詳上《楊鋭傳》第二段注。

〔九〕劉光第《衷聖齋文集・與厚弟書》："兄於七月十二日，爲湘撫陳論薦，（共十數人，同鄉有楊叔喬侍讀、王雪澄觀察、薛次申觀察，薛現丁憂。）奉旨均預備召見。叔喬十六日，兄十九日，均蒙召見詢問，兄對頗詳直，即於二十日得被恩命，賞給四品卿銜，著在軍機章京（即俗稱小軍機是也）上行走，參預新政，欽此。（此同楊鋭、譚嗣同、林旭共四人，不過分看條陳時務之章奏耳。因有參預新政四字，遂爲嫉妒者詬病，勢如水火，將來恐成黨禍。）兄本擬明歲節省得餘錢，爲買山之資，便可歸田，乃無端爲此異遇覊絆；且又人情不定，新舊兩黨，互争朝局，（好在兄並無新舊之見，舊者均須用好，新人天下方可久存。）兄實寒心，惟聖恩高厚，急切不忍去耳。"《清史稿》本傳："一日召見，力陳時危民困，外患日迫，亟宜虛懷圖治。上稱善。"《劉楊合傳》："方命之下也，君自以不克任樞要，恐終以戇直賈禍，將同楊君（案：楊鋭）力辭，疏具矣，鄉人某力勸之，遂已。時言路大開，章奏日數百，君竟日披覽，於可否咸加簽識，以待宸斷。政府僚友見者，謂君於政事，無新舊畛域，斟酌最平允焉。退直後語所親曰：兹事體大，吾終不任，行將急假歸矣；其新政措理失宜，將於召對時切言之。"案：據上所引，劉氏在參預新政中是搖擺不定的，在初受職的時候，認爲是"異遇覊絆"，可以知道他對變法是並無認識。隨後又發生患得患失的心情,一方面感到新舊兩黨互爭朝局而寒心;一方面又以聖恩高厚而急切不能去,很想中立於新舊之間以求無咎。雖然較楊鋭的"遇事補救,稍加裁抑",要高明一些,但不能不把他和楊鋭一起畫入維新派的右翼了。

初,君與譚君尚未識面,至是既同官,又同班,_{故事,軍機章京凡兩班,輪日入直,時君與譚君同在二班云。}〔一〕則大相契。譚君以爲京師所見高節篤行之士,罕其比也。向例,凡初入軍機者,内侍例索賞錢,君持正不與;禮親王軍機首輔,〔二〕生日祝壽,同僚皆往拜,君不往;軍機大臣裕禄擢禮部尚書,〔三〕同僚皆往賀,君不賀;謂時事艱難,吾輩拜爵於朝,當勖王事,豈有暇奔走媚事權貴哉?其氣節嚴厲如此。〔四〕七月二十六日,有湖南守舊黨曾廉上書請殺南海先生及余,深文羅織,謂爲叛逆。皇上恐西后見之,將有不測之怒,乃將其摺交裕禄,命轉交譚君,按條詳駁之。〔五〕譚君駁語云:"臣嗣同以百口保康、梁之忠,若曾廉之言屬實,臣嗣同請先坐罪。"君與譚君同在二班,乃並署名曰:"臣光第亦請先坐罪。"譚君大敬而驚之。君曰:"即微皇上之命,亦當救志士,況有君命耶?僕不讓君獨爲君子也。"〔六〕於是譚君益大服君。

〔一〕楊鋭家書:"劉與譚一班,兄與林一班。"劉光第與厚弟書:"兄二日一班,每日須於三更後入直,忙迫極矣。"
〔二〕禮親王名世鐸。據《清史稿》光緒十年三月入軍機,十一年即任首輔到二十七年罷值。

〔三〕《清史稿·裕禄傳》:"字壽山,喜塔臘氏,滿洲正白旗人。光緒二十四年,召爲軍機大臣、禮部尚書,兼總理各國事務衙門。"

〔四〕《劉楊合傳》:"既入直樞府,某藩司循例饋諸章京,君獨辭却。或曰:'人受而君獨拒,得毋過自高乎?'君赧然謝之。尋常燕會酒食亦多不至。"《衷聖齋文集·與厚弟書》:"兄又不分軍機處錢一文,(他們每年可分五百之譜,貪者數不止此。)又不受炭別敬。(方寫此信時有某藩司送來別敬,兄以向不收禮,璧還之。)"也可見他氣節嚴歷的一斑。

〔五〕蘇繼祖《戊戌朝變紀聞》:"七月二十二日,湖南舉人曾廉請殺康有爲、梁啓超。劾康有爲、梁啓超叛逆不道,其在湖南時務學堂講義,專主民權自由。上令譚嗣同逐款批駁,始呈太后閱看。"案:曾廉《應詔上封事》,其二曰去邪慝,下説:"臣竊見工部主事康有爲,跡其學問行事,並不足與王安石比論,而其字則曰長素。長素者,謂其長於素王也。臣又觀其所作《新學僞經考》、《孔子改制考》諸書,爐亂聖言,參雜邪説,至上孔子以神聖明王傳世教主徽號。蓋康有爲嘗主泰西民權平等之説,意將以孔子爲摩西,而己爲耶穌,大有教皇中國之意,而特假孔子大聖借賓定主,以風示天下。故平白誣聖,造爲此名,……必率天下而爲無父無君之行,臣誠不知其置皇上於何地也。康有爲進而梁啓超之徒將相繼而進矣。梁啓超在康有爲之門,號曰越賜,聞尚有超回等名,亦思駕孔門而上之。蓋康有爲以孔子爲自作之聖,而六經皆托古;梁啓超以康有爲爲自創之聖,而六經待新編。其事果行,則康氏之學,將束縛天下而一之。……康有爲、梁啓超乃舞文誣聖,聚衆行邪,假權行教之人,臣謂皇上當斬康有爲、梁啓超以塞邪慝之門,而後天下人心自靖,國家自安。"後又有《附陳康有爲梁啓超罪狀片》,中說:"梁啓超上年充湖南時務學堂教習,……惟恃康有為無父無君之邪說,廣誘人心,……所著學生日記等類,悖謬之言,不一而足。其大可惶駭者,如言君統太長;又言今變法必自天子降尊始。其令人萬不敢述而不忍不言者,如論《孟子》,則指本朝輕賦為大貉小貉;論《揚州十日記》,則指本朝用兵為民賊,令人髮指眦裂等語。"以上所說,就是這裏所謂深文羅織。深文是說用法深刻,《漢書‧張湯傳》:"湯與趙禹共定諸律令,務在深文。"羅織是說陷人罪網,《舊唐書‧來俊臣傳》:"招集亡賴,令其告事,共為羅織,千里響應。"

〔六〕案:劉君志節嶄然,素不隨人唯諾,所引諸事可見,此事必出於自主無疑。乃《戊戌履霜錄》說什麼"曾廉之劾有為也,譚嗣同與同班值宿,邀與聯名以百口保之,不能力拒,故並及於難。"在他以為替他呼冤,其實是厚誣劉君了。

變既作,四卿同被逮下獄,〔一〕未經訊鞫。〔二〕故事,提犯自東門出則宥,出西門則死。十三日,使者提君等六人自西門出,同人未知生死,君久於刑部,諳囚獄故事,太息曰:"吾屬死,正氣盡。"聞者莫不揮涕。〔三〕君既就義,其嗣子赴市曹伏屍痛哭一日夜以死。〔四〕君家貧,堅苦刻厲,〔五〕詩文甚富,〔六〕就義後,未知其稿所在。

〔一〕《劉楊合傳》:"未幾禍作,君前後入直凡九日。八月初九日,君方入直,被逮去。(案康有為自訂年譜說:劉光第……聞捕,乃自投獄中。《清史稿》同。)蜀人官京曹者欲聯名具疏,訟君及楊君銳冤;會獄急,又刑部未敢訊,方奏請重臣會審,獄詞未具,不得上。"

〔二〕《清史紀事本末》:"例捕罪犯,必加訊鞫,廉得其實,然後殺之。深秀等既下獄,刑部請派大臣會訊,太后命軍機大臣會同刑部、都察院嚴行審訊。隨召見刑部尚書趙舒翹,命嚴究其事。舒翹曰:'此輩無父無君之禽獸,殺無赦,何問爲?若稽時日,恐有中變。'蓋懼外人干涉也。太后領之。及會訊日,刑部各官方到堂,坐待提訊,而忽有無庸訊鞫,即行處斬之命,聞者相顧聘眙。"案:惲毓鼎《崇陵傳信録》則説爲御史黄桂鋆所促成,他説:"譚、楊、劉、林及康廣仁之死,御史黄桂鋆實促之,疏謂該員罪狀已明,可無事審訊。説者謂桂鋆恐對簿時牽及聖躬也。"

〔三〕《劉楊合傳》:"八月十三日詔下,遂及難。是日刑部官吏以會訊紿諸人,諸人不知,君見所出門,詫曰:'未訊而誅,何哉?'命跪聽旨,君不可,且曰:'祖宗例:臨刑呼冤者,即盜賊,提牢官代陳堂上官,請復訊。未訊而誅,我輩縱不足惜,如國體何?如祖制何?'堂上官不應。再言之,則曰:'我奉命監斬耳,他何知?'皂隸捽君跪,君崛然,同獄者皆無言,楊君鋭曰:'裴村跪跪,遵旨而已。'君乃跪。就兩市時,神氣沖夷澹定如平日。行刑後,身挺立不僕,觀者敬嘆,咸焚香羅拜,謂劉君不死矣。鄉人某某出巨金斂君,寄柩蓮花庵,朝官公車無一人不來吊,外省來吊亦百數十人,皆相向痛哭。"

〔四〕吴其昌《梁啓超傳》:"梁先生親爲其昌追述當時的情形説:'裴村臨刑,其嗣子不過十四歲或十六歲,倉卒……趕赴刑場,向監斬官剛毅叩頭流血,請代父死,不允。既斬,抱其父頭而哭,立時嘔血,半夜而死。'"案:此事別的記載都没有説過,高楷合傳最詳,也不及,傳中説夫人儉德,率子女操作,也不説嗣子事。

〔五〕《劉楊合傳》："家奇貧。……性廉介，非舊交，雖禮饋皆謝絕。其夫人自入都至歸，凡十一年，未嘗一出門。宅中惟一老僕守門，凡炊爨灑掃，皆夫人率子女躬其任。其境遇困苦，爲人所不堪，君處之怡然。君惡京師塵嚚，於南西門外，僦廢圃，有茅屋數間，籬落環焉，躬耕課子，二三友人過訪，則沽白酒、煮芋麥餉客。"案某書謂當"緹騎到門，其夫人方踞地澣衣，或叱之曰：'汝主何在？捕者至矣！'不知爲夫人也。"也可見他堅苦刻厲化及家人的一斑。

〔六〕《戊戌六君子遺集》中有劉光第《介白堂詩集》二卷；成都昌福公司有鉛印《衷聖齋詩文集》兩册，上册爲詩集，較《六君子遺集》本略有增補，下册爲文集。

論曰：裴村之識余，介□□□先生。□□先生，有道之士也，余以是敬裴村。然裴村之在京師，閉門謝客，故過從希焉。南海先生則未嘗通拜答，但於保國會識一面，而於曾廉之事，裴村以死相救。嗚呼，真古之人哉，古之人哉！與裴村未稔，故不能詳記行誼，雖然，犖犖數端，亦可以見其概矣。

譚嗣同傳

譚君字復生，〔一〕又號壯飛，〔二〕湖南瀏陽縣人。少倜儻有大志，淹通羣籍，能文章，〔三〕好任俠，善劍術。〔四〕父繼洵，官湖北巡撫。〔五〕幼喪母，爲父妾所虐，備極孤孽苦，〔六〕故操心危，慮患深，而德慧術智日增長焉。〔七〕弱冠，從軍新疆，遊巡撫劉公錦棠幕府。〔八〕劉大奇其才，將薦之於朝，會劉以養親去官，不果。〔九〕自是十年，來往於直隸、新疆、甘肅、陝西、河南、湖南、湖北、江蘇、安徽、浙江、臺灣各省，〔一〇〕察視風土，物色豪傑，然終以巡撫君拘謹，〔一一〕不許遠遊，未能盡其四方之志也。自甲午戰事後，益發憤提倡新學，首在瀏陽設一學會，集同志講求磨礪，實爲湖南全省新學之起點焉。〔一二〕時南海先生方倡強學會於北京及上海，天下志士，走集應和之。〔一三〕君乃自湖南溯江，下上海，遊京師，將以謁先生，而先生適歸廣東，〔一四〕不獲見。余方在京師強學會，任記纂之役，始與君相見，〔一五〕語以南海講學之宗旨，經世之條理，則感動大喜躍，自稱私淑弟子，〔一六〕自是學識更日益進。

〔一〕譚嗣同《寥天一閣文・先妣徐夫人逸事狀》："嗣同……生既十二年，染疫獨厚，……短死三日，仍更蘇。……大人以是字嗣同復生矣。"

〔二〕譚氏《三十自紀》："……嗣同……既壯，……處內外虎爭文無所用之日，丁盛衰互紐膂力方剛之年……由是自名壯飛。"

〔三〕譚氏《三十自紀》："五歲受書，即審四聲，能屬對。十五學詩，二十學文。""少受《易》，因及三《禮》……《春秋》。"又《仁學・界說》："凡爲仁學者……於中國當通《易》、《春秋公羊傳》、《論語》、《禮記》、《孟子》、《莊子》、《墨子》、《史記》，及陶淵明、周茂叔、張橫渠、陸子、王陽明、王船山、黃梨洲之學。"

〔四〕譚氏《仁學》："若機有可乘，則莫若爲任俠，亦足以伸民氣倡勇敢之風。"又《與沈小沂書一》："嗣同弱嫻技擊，身手尚便，長弄弧矢，尤樂馳騁。往客河西，嘗於隆冬朔雪，挾一騎兵，間道疾馳，凡七晝夜，行千六百里。巖谷阻深，都無人跡，載飢載渴,斧冰作糜。比達,髀肉狼藉,濡染褌襠。此同輩所目駭神戰,而嗣同殊不覺。"案:近人陶菊隱《新語林》記通臂猿胡七說:"譚先生居在北京半截胡同……的時候,我和單刀王五每天必和他見面。……譚先生向我學鋼、太極拳、形意拳和雙刀。我認爲雙刀不及單刀好,……單刀是王五的絶技,所以我把王五介紹給他,我兩人同時教授他的武藝。"

〔五〕繼洵字敬甫。咸豐九年進士。授主事,歷員外、郎中,外放甘肅道員。光緒十六年,升任湖北巡撫,謹飭自守而已,戊戌變法,兩湖總督張之洞屢次約他聯名奏陳新政,他都謝絶。及政變,嗣同遇害,繼洵以父子關係,免官回籍,憂懼而死。

〔六〕蕭汝霖《譚嗣同傳》:"嗣同母早喪,失愛於父。嗣同起敬起孝,冀格親心。"費行簡《近代名人小傳》:"譚繼洵素寵妾,嗣同以嫡出,因不得父歡。"譚氏《仁學·自敍》:"吾自少至壯,遍遭綱倫之厄,涵泳其苦,殆非生人所能任受,瀕死累矣,而卒不死。由是益輕其生命,以爲塊然軀殼,除利人之外,復何足惜。深念高望,私懷墨子摩頂放踵之志矣。"

〔七〕《孟子·盡心上》:"人之有德慧術知者,恒存乎疢疾。獨孤臣孽子,其操心也危,其慮患也深,故達。"朱熹注:"孤臣,遠臣;孽子,庶子,皆不得於君親,而常有疢疾者也。達謂達於事理,即所謂德慧術知也。"案:嗣同並不是庶子,因爲他不得於父,所以這樣說。《清史稿·譚嗣同傳》說:"嗣同倜儻有大志,視倫常舊說,若無足措意者。繼洵素謹飭,以是頗見惡。"據《仁學·自敍》,這裏所說直是倒因爲果;以後的事,怎能說明早年的失愛。

〔八〕案:此事疑誤。考譚氏《三十自紀》紀光緒元年到二十年的遊踪非常詳細,沒有說到過新疆。他"弱冠"是光緒十年,即公元一八八四年。這一年,整年隨他父親在甘肅蘭州。《三十自紀》説"九年春赴蘭州,十一年歸河南",哪有赴新疆遊幕的事。他挽劉錦棠的對聯説:"東漢人行舉主三年之服,深知慚薦剡,酒綿何止爲情親。"自注:"昔巡撫新疆時,余兄弟皆蒙其疏薦。""兄"指他的二哥嗣襄。他爲嗣襄作行述説:"嗣由新疆巡撫劉錦棠奏保,以直隸州知州用。"但從未到過新疆,因爲保薦所得只不過一個空名而已,所以反到臺灣去當差。見行述。嗣同當然也是如此,雖然得到劉錦棠的保薦,並没有遊他的幕,所以挽聯只説"薦剡",没説追隨等話,這是很顯然的。大約梁氏只知道他和劉錦棠的關係,而不很確實,就想當然地這樣説了。康有爲《六哀詩》作在後,他説譚氏"足跡遍西域",也用梁説,後人不察,都承其誤。(如《清史稿》本傳和蕭汝霖、蔡丏因等所作的傳及幾種年譜都是。蕭汝霖傳還加上一句"錦棠去官,乃西窮河源",這更想當然了。錦棠之離新疆,據《清史稿》爲光緒十三年。這一年,譚氏也整年在蘭州,《三十自紀》説"十二年春抵蘭州,十四年夏歸湖南",哪有"西窮河源"的事呢?附辯於此。)《清史稿·劉錦棠傳》:"劉錦棠字毅齋,湖南湘鄉人。……光緒……九年,擢兵部右侍郎,加尚書銜。旋除新疆巡撫。……先是錦棠以祖母老病,累疏乞歸省,不許;十三年,申前議,始俞允。二十年,晉錫一等男。未幾卒。"

〔九〕此事也誤,譚氏已得劉錦棠的疏薦。詳上條注。

〔一〇〕譚氏《三十自紀》:"十年中……行……都八萬餘里,引而長之,堪繞地球一周。經大山若朱圉、鳥鼠、崆峒、六盤、太華、終南、霍山、匡廬無算;小水若涇、渭、漆、沮、潏、灞、洮、潼、澧、藍、伊、洛、澗、瀍、恒、衛、汾、沁、滹沱、無定、沅、澧、蒸、渌無算;形勢勝跡益無算。"

〔一一〕翁同龢《翁文恭公日記》:"光緒廿三年丁酉三月廿七

日……譚敬甫中丞來談，此人拘謹，蓋禮法之士。"

〔一二〕案：梁氏《戊戌政變記》附錄一"改革起原"說湖南瀏陽有羣萌學會，大約就是這裏所說的。羣萌學會的章程說："本會以羣萌爲名，蓋因羣學可由此而萌也。他日合羣既廣，即竟稱之爲羣學會。"

〔一三〕《戊戌政變記·改革起原》："喚起吾國四千年之大夢，實自甲午一役始也。……乙未和議既定，康有爲上書言變法下手之方，先後緩急之序。此書不克上達，康有爲以爲望變法於朝廷，其事頗難，然各國之革政，未有不從國民而起者，故欲倡之於下，以喚起國民之議論，振刷國民之精神，使厚蓄其力，以待他日之用。……乃倡設強學會於北京，京朝士大夫集者數十人，袁世凱、文廷式與焉，英、米人士亦有列名會員者；每一日一集，集則有所演說。時張之洞爲南洋大臣，聞而善之，寄五千金以充會中之用。然大學士徐桐、御史褚成博等咸欲劾之。九月，康有爲出京遊南京，說張之洞謀設強學分會於上海，張大喜，會遂成。此會所辦之事爲五大端：一譯東西文書籍，二刊布新報，三開大圖書館，四設博物儀器院，五建立政治學校，我國之有協會有學社自此始也。"

〔一四〕康有爲自訂年譜："自上書不達之後，日以開會之義，號之於同志。陳次亮謂辦事有先後，當以報先通其耳目，而後可舉會。報開兩月，輿論漸明，……日出與士大夫講辨，告以開會之故，七月集客，於是三日一會於炸子橋嵩雲草堂，來者日衆。……於是大學士徐桐、御史褚成博皆欲劾奏，沈子培、陳次亮促即行，乃留卓如辦事，而以八月二十九日出京。"

〔一五〕梁氏《三十自述》："乙未七月，京師強學會開，余被委爲會中書記員。不三月，爲言官所劾，會封禁，而余居會所數月。其年始交譚復生、楊叔嶠、吳季清鐵樵、子發父子。"案：梁氏認識了嗣同，傾倒備至。他給康有爲的信説："敬甫之子復生，才識明達，魄力絶倫，所見未有其比，惜佞西學太甚，伯里璽之選也。因鐵樵相稱來拜。公子之中，此爲最矣。"嗣同有詩贈梁，見《秋雨年華之館叢脞書》。

〔一六〕《孟子·離婁下》："予未得爲孔子徒也，予私淑諸人也。"趙注："淑，善也。我未得爲孔子門徒也，我私善之於賢人耳，蓋恨其不得學於大聖也。"案：後人凡是信仰這個人而不能從他做學生，叫做私淑弟子，和孟子本意是略有出入的。

時和議初定，人人懷國恥，士氣稍振起，君則激昂慷慨，大聲疾呼，〔一〕海内有志之士，睹其丰采，聞其言論，知其爲非常人矣。以父命就官爲候補知府，需次金陵者一年，〔二〕閉户養心讀書，冥探孔、佛之精奧，會通羣哲之心法，衍繹南海之宗旨，〔三〕成《仁學》一書。〔四〕又時時至上海與同志商量學術，討論天下事，〔五〕未嘗與俗吏一相接，君常自謂作吏一年，無異入山。〔六〕時陳公寶箴爲湖南巡撫，其子三立輔之，慨然以湖南開化爲己任。〔七〕丁酉六月，黄君遵憲適拜湖南按察使之命，〔八〕八月，徐君仁鑄又來督湘學，〔九〕湖南紳士□□□□□□□□等蹈厲奮發，提倡桑梓，〔一〇〕志士漸集於湘楚。陳公父子與前任學政江君標，〔一一〕乃謀大集豪傑於湖南，并力經營，爲諸省之倡。於是聘余及□□□□□□等爲學堂教習，〔一二〕召□□□歸練兵，〔一三〕而君亦爲陳公所敦促，即棄官歸，安置眷屬於其瀏陽之鄉，而獨留長沙，與羣志士辦新政。於是湖南倡辦之事，若内河小輪船也，商辦礦務也，湘粤鐵路也，〔一四〕時務學堂也，〔一五〕武備學堂也，保衛局也，〔一六〕南學會也，〔一七〕皆君所倡論擘畫者，而以南學會最爲盛業。設會之意，將合南部諸省志士，聯爲一氣，相與講愛國之理，求救亡之法，而先從湖南一省辦起，蓋實兼學會與地方議會之規模焉。地方有事，公議而行，此議會之意也；每七日大集衆而講學，演說萬國大勢及政學原理，此學會之意也。〔一八〕於時君實爲學長，〔一九〕任演說之事，每會集者千數百人，君慷慨論天下事，聞者無不感動，故湖南全省風氣大開，君之功居多。

〔一〕案：自甲午戰爭屢敗，譚氏憤而作《思緯壹壹臺短書——報貝元徵》，凡二萬四千言，引申王夫之"無其器則無其道"的唯物觀念和"日新"的進化歷史觀，以及黃宗羲的民主思想，認爲二千年來都是"暴秦之弊法，且幾於無法"。提出必需變法的理論主張，和酌取西方富國之術的主張。並抨擊洋務派連洋務的枝葉也沒有講到，"反驅天下人才入於頑鈍貪詐"。他的變法具體主張如：變衣冠，遷都中原，與天下更始，改革漕務、河務，講求水利，廢除科舉，創辦各類學校，舉辦鐵路、礦業，振興工商業，改用鈔票；並陳變法的辦法："一曰籌變法之費，一曰利變法之用，一曰嚴變法之衛，一曰求變法之才。"（此節取楊生蓼庵《譚氏年譜》）

〔二〕《清史稿》本傳："以同知入貲爲知府，銓江蘇。"案："同知"這個職名疑即劉錦棠所保薦。和他哥哥保薦所得的直隸州知州，品級是相似的。《宋史·馬廷鸞傳》"需次六年"，需次是挨着次序，等待補官的意思。

〔三〕衍繹是推廣的意思。

〔四〕梁氏《三十自述》:"丙申三月,去京師,七月,時務報開,余專任撰述之役。時譚復生宦隱金陵,間月至上海,相過從,連輿接席。復生著《仁學》,每成一篇,輒相商榷。"又《清代學術概論》:"晚清思想界有一彗星,曰瀏陽譚嗣同。……其新學之著作,則有《仁學》,亦題曰'臺灣人所著書',蓋中多譏切清廷,假臺人抒憤也。書成,自藏其稿,而寫一副本畀其友梁啓超。啓超在日本印布之,始傳於世。《仁學》自敍曰:'吾將哀號流涕,強聒不舍,以速其衝決網羅。衝決利祿之網羅,衝決俗學若考據若詞章之網羅,衝決全球羣學羣教之網羅,衝決君主之網羅,衝決倫常之網羅,衝決天之網羅……然既可衝決,自無網羅,真無網羅,乃可言衝決。……'《仁學》内容之精神,大略如是。英奈端倡'打破偶像'之論,遂啓近代科學,嗣同之'衝決網羅',正其義也。《仁學》之作,欲將科學哲學宗教冶爲一爐,而更使適於人生之用,真可謂極大膽極遼遠之一種計劃。……嗣同幼治算學,頗深造;亦嘗盡讀所謂'格致'類之譯書;將當時所能有之科學知識,盡量應用。又治佛教之'唯識宗''華嚴宗',用以爲思想之基礎,而通於科學。又用今文學家'太平''大同'之義,以爲世法之極軌,而通於佛教。嗣同之書,蓋取資於此三部分,而組織之以立己之意見;……《仁學》之政論,歸於世界主義,其言曰:'《春秋》大一統之義,天地間不當有國也。'又曰:'不惟發願救本國,並彼極盛之西國,與夫含生之類,一切皆度之,……不可自言爲某國人,當平視萬國皆其國,皆其民。'篇中此類之論,不一而足,皆當時今文學派所日倡道者。"

〔五〕據孫寶瑄日記,譚氏在上海往還者還有宋恕、吳嘉瑞、夏曾佑、胡惟志和孫寶瑄。此外還有麥孟華、蒯光典等。

〔六〕譚氏《致汪康年書》:"如仙人降謫,困辱泥涂。"可以看出他當時的牢落情緒。

〔七〕《清史稿·陳寶箴傳》："寶箴字右銘,江西義寧人。舉人。……光緒二十年,擢直隷布政使,入對時,中東戰亟,見上形容憂悴,請日讀《周易》,以期變不失常。馬關和約成,泣曰:'殆不國矣。'明年擢湖南巡撫。湘俗故闇僿,寶箴思以一隅致富強,爲東南倡。先後設電信、置小輪、建制造槍彈廠;又立保衛局、南學會、時務學堂;延梁啓超主湘學,湘俗大變。又疏請釐正學術,及練兵籌款諸大端,上皆嘉納。康有爲言事數見效,因上言楊銳、劉光第、譚嗣同、林旭佐新政,上方詔求通變才,遂擢京卿參新政。於是四人上書論時事無顧忌,寶箴又言四人雖才,恐資望輕,視事過易,願得厚重大臣如之洞者領之。疏上,而太后已出訓政,誅四京卿,罪及舉主,寶箴去官。其子主事三立亦革職。"《戊戌履霜錄》:"陳三立字伯嚴。光緒己丑進士,官吏部主事。交遊最廣,與黃遵憲、江標、熊希齡善,因希齡獲交梁啓超。"

〔八〕《清史稿·黃遵憲傳》:"黃遵憲字公度,嘉應州人。以舉人爲道員,歷湖南長寶鹽法道,署按察使。時寶箴爲巡撫,行新政,遵憲營倡民治,於是略仿西國巡警之制,設保衛局,凡與民利民瘼相麗而爲一方民力能舉者,悉屬之,領以民望而官輔其不及焉。尋奉出使日本之命,未行而黨禍起,遂罷歸。"

〔九〕《清史稿·徐致靖傳》:"……子仁鑄,時以編修督湘學,倡新學。……八月,太后復出訓政,……仁鑄……罷官。"

〔一○〕案:缺名是恐防牽累。這裏的缺名,據蔡丏因譚傳所說同力經營湖南新政的人物,大約是皮錫瑞、唐才常、熊希齡三人。

〔一一〕趙炳麟《柏巖文存·江京卿傳》:"江京卿名標,字建霞,江蘇元和人也。第光緒己丑進士,授編修。尋放湖南學政。湖南多氣節之士,強幹可任,而惡談西藝獨烈。摽欲開其風氣,擴其心智,創刻《湘學報》。取士喜新奇,文不合於常格,湘人以此謗摽,任滿回京。……至京,會變法議大行,未幾……假歸,而朝廷知摽名,擢四品京卿,未就職,新政敗。"

〔一二〕皮名振《皮鹿門年譜》:"光緒二十三年丁酉,……義寧陳右銘中丞撫湘,設時務學堂於長沙,聘新會梁卓如(啓超)任總教習,吳縣李繹琴(維格)教西學。分教則有瀏陽唐黻丞(才常)、石棣楊葵園(自超)、番禺韓樹生(文舉)、歸善區雲樵(榘甲)、東莞葉仲遠(覺邁)。"案:據此則缺名或爲李維格、唐才常兩人。

〔一三〕缺名待考。

〔一四〕所説新政大都已見上第七條注。

〔一五〕陳寶箴《時務學堂招考示》:"據前國子監祭酒王紳先謙等呈請設立時務學堂前來,當經本部除批准先行立案,……現今核定章程,學生以一百二十名爲限,均由各府廳州縣學官紳士查報匯册考試。本年議定暫租衡清試館開辦,延聘中西學教習,擇期開學,一面拓地建堂,(案:據湖南開辦時務學堂大概章程説:'學堂地基已購定省城北門外侯家壋高岸田數百畝。')擬先行考取六十名入堂肄業,其餘六十名,俟下次行文各府廳州縣錄送學生來省,定期補考,以足其額。"湖南開辦時務學堂大概章程:"一、……擇取十二歲至十六歲聰俊樸實子弟入堂肄業。……一、學生所學,中西並重,西文由淺及深,按格而習;中文則照總教習所定課程,讀專精之書及涉獵之書,一年後再分門教授,各隨其性之所近,令治專門學問。一、學生入堂,以五年學成出堂爲限。……"

〔一六〕詳上第八條注。譚嗣同有《記官紳集議保衛局事》一文。

〔一七〕皮名振《皮鹿門年譜》:"光緒二十四年戊戌,德宗鋭意行新政,湘省既設報館,興學堂,會嘉應黃公度任寶道兼署臬司,元和江建霞、宛平徐研甫相繼爲學政。正月,更與陳右銘及子伯嚴、熊秉三(案:秉三,熊希齡字)、譚復生、戴宣翹諸公創設南學會於長沙,留公居湘,延任學長,分學術、政教、天文、輿地四門,公主講學術,黃公度講政教,譚復生講天文,鄒沅帆講輿地。"

〔一八〕梁氏《南學會敍》:"歲十月,啓超以湘中大夫君子之督責,辭不獲命,乃講學長沙。既至,而湘之大夫君子,適有南學會之設,……兩歲以來,官與紳一氣,士與民一心,百廢具舉,異於他日,其可以強天下而保中國者,莫湘人若也。今諸君子既發大願,先合南部諸省而講之,庶幾官與官接,官與士接,士與民接,省與省接,爲中國熱力之起點,而上下從兹其矩絜,學派從兹其溝通,而數千年之古國,或尚可以自立於天地也。"又《戊戌政變記》附錄二《湖南廣東情形》:"南學會爲全省新政之命脈,雖名爲學會,實兼地方議會之規模。先由巡撫派選本地紳士十人爲總會長,繼由此十人各舉所知,輾轉汲引,以爲會員,每州每縣皆必有會員三人至十人之數,選各州縣好義愛國之人爲之。會中每七日一演說,黃遵憲、譚嗣同、梁啓超及學長(皮錫瑞)等,輪流演說中外大勢、政治原理、行政等,欲以激發保教愛國之熱心,養成地方自治之氣力。將以半年之後,選會員之高等,留爲省會之會員;其次者則散歸各州縣,爲一州一縣之分會員。蓋當時正德人侵奪膠州之時,列國分割中國之論大起,故湖南志士仁人作亡後之圖,思保湖南之獨立。而獨立之舉,非可空言,必其人民習於政術,能有自治之實際然後可,故先爲此會以講習之,以爲他日之基;且將因此而推諸於南部各省,則他日雖遇分割,而南中國猶可以不亡,此會之所以名爲南學會也。"

〔一九〕據上兩條,則南學會學長實爲皮錫瑞,且出梁氏自言,這裏説是譚復生,不知何故。又《皮鹿門年譜》説:"學會開講,官紳士民集者三百餘人。"這裏説"每會集者千數百人",恐也失實。皮譜説:"四月二十日仍赴江西,主經訓書院講席。"或是皮錫瑞行後,學長一職由嗣同擔任吧。

今年四月,定國是之詔既下,君以學士徐公致靖薦,〔一〕被徵,適大病不能行,至七月乃扶病入覲,〔二〕奏對稱旨,皇上超擢四品卿銜軍機章京,與楊鋭、林旭、劉光第,同參預新政,〔三〕時號爲軍機四卿。參預新政者,猶唐、宋之參知政事,實宰相之職也。〔四〕皇上欲大用康先生,而上畏西后,不敢行其志。數月以來,皇上有所詢問,則令總理衙門傳旨;先生有所陳奏,則著之於所進呈書之中而已。自四卿入軍機,然後皇上與康先生之意始能少通,〔五〕鋭意欲行大改革矣,而西后及賊臣忌益甚,未及十日,而變已起。

〔一〕詳上《康廣仁傳》第八段第一條注和本傳第二段第九條注。據《清史稿‧陳寶箴傳》,上言譚嗣同等四人佐新政是出於寶箴;然康有爲自訂年譜説:"上之用譚嗣同,以其與我同爲徐學士及李苾園尚書所薦。"《戊戌履霜錄》也説徐仁鑄密疏譚、梁、康學行,求父致靖薦達,或是陳、徐二人同時所薦。
〔二〕案:譚嗣同《秋雨年華之館叢脞書‧光緒戊戌北上留別内子詩》,有序説:"戊戌四月初三日,余治裝將出遊。"據此則嗣同的北行早在四月,或出而又歸,或並未成行,已不能詳考了。
〔三〕見上《楊鋭傳》第二段注。

〔四〕案：參知政事的名稱，始於唐代。唐代以侍中和中書令爲真宰相，另外以他官參掌的就加參知政事等名稱。宋代以同平章事爲宰相，參知政事做他的副手。徐度《却掃篇》説："國朝中書宰相、參知政事，多不過五員，兩相則三參，三相則兩參。"

〔五〕康有爲自訂年譜："時復生實館於我，林暾谷亦日日來，上意有所傳，吾欲有所白，皆譚、林通之。時李苾園尚書奏薦甚力，上以忌西后，未敢顯然用，故用譚、林、楊、劉代之，上之意極苦矣。"

初，君之始入京也，與言皇上無權、西后阻撓之事，君不之信，及七月二十七日，皇上欲開懋勤殿設顧問官，命君擬旨，先遣内侍捧歷朝聖訓授君，傳上言謂康熙、乾隆、咸豐三朝，有開懋勤殿故事，令查出引入上諭中，蓋將以二十八日親往頤和園請命西后云。君退朝，乃告同人曰："今而知皇上之真無權矣。"至二十八日，京朝人咸知懋勤殿之事，以爲今日諭旨將下，而卒不下，於是益知西后與帝之不相容矣。〔一〕二十九日，皇上召見楊鋭，遂賜衣帶詔，有"朕位幾不保，命康與四卿及同志速設法籌救"之詔，君與康先生捧詔慟哭，而皇上手無寸柄，無所爲計。〔二〕時諸將之中，惟袁世凱久使朝鮮，講中外之故，力主變法，君密奏請皇上結以恩遇，冀緩急或可救助，詞極激切。八月初一日，上召見袁世凱，特賞侍郎，初二日復召見，〔三〕初三日夕，君徑造袁所寓之法華寺，直詰袁曰："君謂皇上如何人也？"袁曰："曠代之聖主也。"君曰："天津閲兵之陰謀，君知之乎？"袁曰："然，固有所聞。"君乃直出密詔示之曰："今日可以救我聖主者,惟在足下,足下欲救則救之。"又以手自撫其頸曰:"苟不欲救,請至頤和園首僕而殺僕,可以得富貴也。"袁正色厲聲曰:"君以袁某為何如人哉?聖主乃吾輩所共事之主,僕與足下,同受非常之遇,救護之責,非獨足下,若有所教,僕固願聞也。"君曰:"榮祿密謀,全在天津閱兵之舉,足下及董、聶三軍,皆受榮所節制,將挾兵力以行大事。〔四〕雖然,董、聶不足道也,天下健者,惟有足下。若變起,足下以一軍敵彼二軍,保護聖主,復大權,清君側,肅宮廷,指揮若定,不世之業也。"袁曰:"若皇上於閱兵時疾馳入僕營,傳號令以誅奸賊,則僕必能從諸君子之後,竭死力以補救。"君曰:"榮祿遇足下素厚,足下何以待之?"袁笑而不言,袁幕府某〔五〕曰:"榮賊並非推心待慰帥者,昔某公欲增慰帥兵,榮曰:'漢人未可假大兵權。'蓋向來不過籠絡耳。即如前年胡景桂參劾慰帥一事,胡乃榮之私人,榮遣其劾帥,而已查辦昭雪之以市恩。〔六〕既而胡即放寧夏知府,旋陞寧夏道,此乃榮賊心計險極巧極之處,慰帥豈不知之?"君乃曰:"榮祿固操、莽之才,〔七〕絕世之雄,待之恐不易易。"袁怒目視曰:"若皇上在僕營,則誅榮祿如殺一狗耳。"因相與言救主之條理甚詳,袁曰:"今營中鎗彈火藥,皆在榮賊之手,而營哨各官,亦多屬舊人,事急矣,既定策,則僕須急歸營,更選將官,而設法備貯彈藥,則可也。"〔八〕乃丁寧而去。〔九〕時八月初三夜漏三下矣。至初五日,袁復召見,至初六日,變遂發。〔一〇〕

〔一〕案:開懋勤殿設顧問官事詳上《政變原因答客難》第四段注。

譚嗣同不知道載湉真無權，上面《政變原因答客難》也談到，康有爲自訂年譜和《清史稿》也都有記載，大同小異，不再引了。

〔二〕詳上《楊銳傳》注。
〔三〕康有爲自訂年譜：『慮九月天津閱兵即行廢立，夙夜慮此，以將帥之中，袁世凱夙駐高麗，知外國事，講變法，昔與同辦強學會，知其人與董、聶一武夫迥異，擁兵權，可救上者，只此一人，而袁與榮祿密，慮其爲榮祿用，不肯從也。先於六月令徐仁祿毅甫遊其幕，與之狎，以觀其情，袁傾向我甚至。使毅甫以詞激之，謂"我與卓如、芝棟、復生，屢奏薦於上，上言榮祿謂袁世凱跋扈不可大用，不知公何爲與榮不洽？"袁恍然悟曰："昔常熟欲增我兵，榮祿謂漢人不能任握大兵權。常熟曰：曾、左亦漢人，何嘗不能任大兵？然榮祿卒不肯增也。"毅甫歸告，知袁爲我所動，決策薦之，於是事急矣。先是爲徐學士草摺薦袁，請召見加官優獎之，又交復生遞密摺，請撫袁以備不測。上即降旨，召袁世凱二十九日至京師，而是日上召見於頤和園。交密詔與楊銳帶出，稱"朕位且不保，令與諸同志設法密救。"初一日，降旨嘉獎袁世凱，賞給侍郎。初三日早，暾谷持密詔來，跪誦痛哭激昂，二十九日交楊銳帶出之密詔，楊銳震恐，不知所爲計，亦至是日，由林暾谷交來（案：可參考上《楊銳傳》注），與復生跪讀痛哭，乃召卓如及二徐（案：指徐瑩甫、毅甫兄弟）、幼博來，經畫救上之策，袁幕府徐菊人（案：名世昌）亦來。吾乃相與痛哭以感動之，徐菊人亦哭，於是大衆痛哭不成聲。乃屬譚復生入袁世凱所寓，說袁勤王。』内藤順太郎《袁世凱傳》：『袁世凱號慰亭，前清咸豐九年八月二十日，生於河南省陝州府項城縣。……光緒二十一年十月，醇親王、慶親王與軍機大臣會商，奏請改革軍制，新建陸軍於天津,派員督練。奏稱查軍務所差委浙江温處道袁世凱樸實勇敢,通曉軍事,相應請旨派袁世凱督練新建之陸軍,假以事權,使專責任。二十四年七月,袁得榮禄之推獎,於是入覲。"

〔四〕案:天津閱兵事已詳上《康廣仁傳》注。董即董福祥,也已見前注。聶即聶士成,《清史稿·聶士成傳》說:"字功亭,安徽合肥人。初從袁甲三軍,同治初,改隸淮軍,日韓亂起,授直隸提督,和議成,還駐蘆臺。北洋創立武衛軍,改所部三十營爲前軍,與宋慶、董福祥、袁世凱並爲統帥,是爲武衛四軍。二十六年,英法諸國聯軍至,士成三分其軍,喋血八晝夜,遂殞於陣。"

〔五〕案:袁幕府某似爲徐世昌。

〔六〕日本内藤順太郎《袁世凱傳》:"光緒二十二年三月,御史胡景桂論小站之兵事,謂浪費國帑,誅僇無辜,於是北京政府派榮禄仔細檢閱,覆奏具稱軍隊甚爲整備,袁蒙温諭。"市恩是說把私人的恩惠來討好人家。見《唐書·裴耀卿傳》。

〔七〕操、莽就是曹操、王莽。

〔八〕案:世傳袁世凱有《戊戌日記》,也記譚嗣同求救的事,但語多出入,且有誣衊譚嗣同的話。這裏不引了。

〔九〕《漢書·谷永傳》:"以丁寧陛下。"丁寧是鄭重囑付的意思。

〔一〇〕近人《袁世凱全傳》:"光緒帝以變法事多被太后掣肘,而朝臣之反對新法者,亦日短帝於太后之前,於是宮廷之嫌隙起。時世凱方握兵柄,且與康梁等爲同志,康梁等奉帝密旨,謀於世凱。世凱自任以兵圍太后所居之頤和園,勿令干預朝政,而陰告變於北洋大臣榮禄,誣帝及康梁等欲殺太后。榮禄者,太后之親戚,最得信任者也,聞世凱言,大驚,乘夜至頤和園,密達太后,太后遂復下垂簾訓政之諭,幽帝於別宮。"案枝巢子《舊京瑣記》說:"德宗之幽居瀛臺,因肝疾而怫鬱愈甚,日書項城名，以志其憤。隆裕視疾，蓋常見之。及大漸，書片紙私與隆裕曰：殺余者某人。故隆裕親政，首逐項城云。"合前後的事來看，袁世凱的陰險，載湉的怨毒，可不言而喻了。

時余方訪君寓，對坐榻上，有所擘畫，而抄捕南海館_{康先生所居也}之報忽至，旋聞垂簾之諭，〔一〕君從容語余曰："昔欲救皇上，既無可救；今欲救先生，亦無可救，吾已無事可辦，惟待死期耳！雖然，天下事知其不可而爲之，足下試入日本使館謁伊藤氏，〔二〕請致電上海領事而救先生焉。"余是夕宿於日本使館。〔三〕君竟日不出門以待捕者，捕者既不至，則於其明日入日本使館，與余相見，勸東遊，且攜所著書及詩文辭稿本數册，家書一篋託焉，〔四〕曰："不有行者，無以圖將來；不有死者，無以酬聖主。今南海之生死未可卜，程嬰、杵臼，〔五〕月照、西鄉，〔六〕吾與足下分任之。"遂相與一抱而別。初七八九三日，君復與俠士謀救皇上，事卒不成。〔七〕初十日，遂被逮。〔八〕被逮之前一日，日本志士數輩，苦勸君東遊，君不聽，再四強之，君曰："各國變法，無不從流血而成，今中國未聞有因變法而流血者，此國之所以不昌也。有之，請自嗣同始。"卒不去，故及於難。〔九〕君既繫獄，題一詩於獄壁曰："望門投宿思張儉，忍死須臾待杜根，〔一〇〕我自橫刀向天笑，去留肝膽兩崑崙。"〔一一〕蓋念南海也。以八月十三日斬於市，春秋三十有三。〔一二〕就義之日，觀者萬人，君慷慨神氣不少變。時軍機大臣剛毅監斬，〔一三〕君呼剛前曰："吾有一言。"剛去不聽，乃從容就戮。〔一四〕嗚呼，烈矣！

〔一〕《清史紀事本末》:"楊崇伊、張仲炘上封事於太后,請訓政,翌晨,太后垂簾之詔下。"

〔二〕康有為自訂年譜:"卓如與復生謀所以救我者,皆以為必無生理矣。復生促卓如入日使館姑請伊藤設法救之。伊藤聞而頓足,電滬日領事小田切,然無能為力也。"案:伊藤氏即日本伊藤博文。於戊戌政變前七日到北京。餘詳詩選《壯別》第三首注。

〔三〕詳見詩選《壯別》第三首注。

〔四〕案:《新建設》雜誌載陳叔通所作《譚嗣同就義與梁啓超出亡》一文說:"譚嗣同為湖北巡撫譚繼洵之子,政變時,北京有俠客某,願負責挾嗣同逃出北京。嗣同恐其父連坐,正代父寫家信,信中無非痛戒其子如何如何,以見其父教子之嚴。信甫寫完,緹騎已至,遂被捕棄市,家亦查抄。當時凡薦主如內閣學士李端棻、湖南巡撫陳寶箴皆革職,李且下獄。但繼洵並無處分,或即因查抄時發見家信,有人為解釋,故獲免。於此可見嗣同之從容就義而仍不忘其父,誠無愧仁人義士矣!此段軼聞,為江陰夏孫桐閏枝告余者。夏為光緒壬辰翰林,時在京供職。"吳其昌《梁啓超傳》:"民國十六年夏,梁先生親和其昌講:譚嗣同氏在百忙中間還代他的父親先上一個'黜革忤逆子嗣同'的奏片,使他老父免於罪戾。"雖然和上引略異,大致是相同的。

〔五〕《史記·趙世家》:"晉景公之三年,大夫屠岸賈欲誅趙氏,韓厥告趙朔趣(案:即促字)亡。朔不肯。賈不請,而擅與諸將攻趙氏於下宮,殺趙朔、趙同、趙括、趙嬰齊,皆滅其族。趙朔妻成公姊,有遺腹,走公宮匿。趙朔客曰公孫杵臼,杵臼謂朔友人程嬰曰:'胡不死?'程嬰曰:'朔之婦有遺腹,若幸而男,吾奉之;即女也,吾徐死耳。'居無何,而朔婦免身生男,屠岸賈聞之，索於宮中，……已脫。公孫杵臼曰：'立孤與死孰難？'程嬰曰：'死易，立孤難耳。'公孫杵臼曰：'子強爲其難者，吾爲其易者，請先死。'乃二人謀取他人嬰兒負之，匿山中，程嬰出，謬謂諸將軍曰：'誰能與我千金，吾告趙氏孤處。'諸將許之，隨程嬰攻公孫杵臼，遂殺杵臼與孤兒。諸將以爲趙氏孤兒良已死，然趙氏真孤乃反在，程嬰卒與俱匿山中，居十五年，於是景公乃與韓厥立趙孤兒，攻屠岸賈，滅其族。"

〔六〕案：月照、西鄉都是日本人。詳見詩選《去國行》注。

〔七〕康有爲自訂年譜："是時上幽南海瀛臺中，王小航與日人謀踰南苑救上；譚復生與京師俠士大刀王五亦謀救上，皆未及事。"

〔八〕案：康有爲自訂年譜作"九日被捕"。

〔九〕光緒二十四年八月十三日《國聞報》："有西人自北京來，傳述初六、七日中國朝局既變，即有某國駐京公使署中人，前往康氏弟子譚嗣同處，以外國使館可以設法保護之說諷之。譚嗣同曰：'丈夫不作事則已，作事則磊磊落落，一死亦何足惜！且外國變法未有不流血者，中國以變法流血者，請自譚嗣同始。'即糾數十人謀大舉，事未作而被逮。"

〔一〇〕《後漢書·張儉傳》："張儉字元節，山陽高平人。延熹八年，爲東部督郵。中常侍侯覽不軌，儉舉劾，由是結仇覽等；鄉人朱並懷怨恚，上書告儉爲黨；於是刊章討捕。儉遁走，望門投止，莫不重其名行，破家相容。流轉東萊，止李篤家。外黃令毛欽操兵到門，篤曰：'張儉知名天下，而亡非其罪，寧忍執之乎？'欽嘆息而去。建安初，徵爲衛尉，卒。"又《杜根傳》：杜根字伯堅，潁川定陵人。永初元年，舉孝廉，爲郎中。時鄧后臨朝，權在外戚。根以安帝年長，宜親政事，與同時郎上書直諫。太后大怒，收執根等，令盛以縑囊，於殿上撲殺之。得蘇，逃爲酒家保。鄧氏誅，拜侍御史。遷濟陰太守，還家卒。案"望門投宿"梁氏《飮冰室詩話》引作"望門投止"，用《後漢書》原文，是對的。

〔一一〕梁氏《飮冰室詩話》："譚瀏陽獄中絕筆詩，各報多登之，日本人至譜爲樂歌，海宇傳誦，不待述矣。但其詩中所指之人，或未能知之，……所謂兩崑崙者，其一指南海，其一乃俠客大刀王五，瀏陽作《吳鐵樵傳》中所稱王正誼者是也。王五爲幽燕大俠，以保鏢爲業，其勢力範圍，北及山海關，南及清江浦，生平專以鋤强扶弱爲事。瀏陽少年嘗從之受劍術，以道義相期許。戊戌之變，瀏陽與謀奪門迎辟，事未就而瀏陽被逮，王五懷此志不衰。庚子八月，有所布畫，忽爲義和團所戕，齎志以没。"案：魏元曠《魏氏全書》有《鑣客王子賓傳》，子賓是王正誼的字，傳說："庚子有獻攻使館之策者，竊以王五名附之，其書後爲敵兵所得，五因及於難。"和梁氏所說不同。庚子八月，聯軍方占北京，義和團已失敗，不會給義和團殺害的，魏傳說是。《南社詩話》："老獄卒劉一鳴……曰：譚在獄中，意氣自若，終日繞行室中，拾地上煤屑，就粉牆作書。問何爲？笑曰：作詩耳。可惜劉不文，不然可爲之筆錄，必不止'望門投止思張儉'一絕而已也。"

〔一二〕案譚氏《三十自紀》說："同治四年生。"那末戊戌殉難，當爲三十四歲。這裏誤。

〔一三〕《清史稿·剛毅傳》："剛毅字子良，滿洲鑲藍旗人。……光緒……二十四年以工部尚書、協辦大學士。"

〔一四〕案譚氏《秋雨年華之館叢脞書》載臨終語云："有心殺賊，無力回天，死得其所，快哉快哉！"梁氏《上粵督李傅相書》："譚復生之言曰：'魂當爲厲，以助殺賊。'所謂魂者何物哉？即百千萬億繼起者之怒氣與熱力而已。"

君資性絕特,於學無所不窺,而以日新爲宗旨,〔一〕故無所沾滯,善能舍己從人,故其學日進,每十日不相見,則議論學識必有增長。少年曾爲考據、箋注、金石：刻鏤、詩古文辭之學,亦好談中國古兵法,〔二〕三十歲以後,悉棄去。〔三〕究心泰西天算、格致、政治、歷史之學,〔四〕皆有心得。又究心宗教,當君之與余初相見也,極推崇耶氏兼愛之教,〔五〕而不知有佛,不知有孔子,既而聞南海先生所發明《易》、《春秋》之義,〔六〕窮大同太平之條理,〔七〕體乾元統天之精意,〔八〕則大服。〔九〕又聞華嚴性海之説,〔一〇〕而悟世界無量,現身無量,無人無我,無去無住,無垢無浄,舍救人外更無他事之理。聞相宗識浪之説,〔一一〕而悟衆生根器無量,〔一二〕故説法無量,種種差別,與圓性無礙之理,〔一三〕則益大服。自是豁然貫通,〔一四〕能匯萬法爲一,能衍一法爲萬,無所罣礙,而任事之勇猛亦益加。作官金陵之一年,日夜冥搜孔、佛之書,〔一五〕金陵有居士楊文會者,博覽教乘,熟於佛故,以流通經典爲己任。〔一六〕君時時與之遊,〔一七〕因得遍窺三藏,〔一八〕所得日益精深。其學術宗旨,大端見於《仁學》一書,〔一九〕又散見於與友人論學書中。所著書《仁學》之外,尚有《寥天一閣文》二卷,《莽蒼蒼齋詩》二卷,《遠遺堂集外文》一卷,《劄記》一卷,《興算學議》一卷,已刻。〔二〇〕《思緯吉凶臺短書》一卷,〔二一〕《壯飛樓治事》十篇,〔二二〕《秋雨年華館叢脞書》四卷,〔二三〕《劍經衍葛》一卷,《印録》一卷,〔二四〕並《仁學》皆藏於余處。又政論數十篇,見於《湘報》者,及與師友論學論事書數十篇,余將與君之石交□□□□　□□□□等共搜輯之，〔二五〕爲譚瀏陽遺集若干卷。其《仁學》一書，先擇其稍平易者，附印《清議報》中，〔二六〕公諸世焉。君平生一無嗜好，持躬嚴整，面棱棱有秋肅之氣。〔二七〕無子女。妻李閏，爲中國女學會創辦董事。〔二八〕

〔一〕譚氏《仁學》："孔曰：'革去故，鼎取新。'又曰：'日新之謂盛德。'夫善至於日新而止矣。夫惡亦至於不日新而止矣。天不新，何以生？地不新，何以運行？日月不新，何以光明？四時不新，何以寒暑發斂之迭更？草木不新，豐縟者歇矣；血氣不新，經絡者絕矣；以太不新，三界萬法皆滅矣。"又《報貝元徵書》："夫大易觀象，變動不居，四序相宣，匪用其故。天以新爲運，人以新爲生，湯以日新爲三省，孔以日新爲盛德，川上逝者之嘆，水哉水哉之取，唯日新故也。未生之天地，今日是也；已生之天地，今日是也，亦日新故也。……今日之神奇，明日即化腐臭。道限之以無窮，學造之以不已，庸詎有一義之可概，一德之可得乎？……蓋日新者，行之而後見，泛然言之，徒滋陳跡而已。"

〔二〕康有爲《六哀詩》譚君嗣同詩："抵掌好談兵。"案：譚氏談兵的著作有《兵制篇》。

〔三〕譚氏《莽蒼蒼齋詩補遺序》："天發殺機，龍蛇起陸，猶不自懲，而爲此無用之呻吟，抑何靡歟？三十年前之精力，敝於所謂考據、詞章，垂垂盡矣。施於世，無一當焉，憤而發篋畢棄之。"

〔四〕案《禮記·大學》："致知在格物。"朱熹注："格，至也；物猶事也。窮至事物之理，欲其極處無不到也。"因此清末稱物理、化學、博物等叫做格致學。

〔五〕案：梁氏初識譚氏後，寫信給康有爲，說他"惜佞西學太甚"（信已引見上），就是指此。

〔六〕梁氏《康南海傳》："先生以爲……六經皆孔子手定，然《詩》《書》《禮》《樂》，皆因前世所有而損益之，惟《春秋》則孔子自作焉，《易》則孔子繫辭焉。故求孔子之道，不可不於《易》與《春秋》，《易》爲靈魂界之書，《春秋》爲人間世之書，所謂致廣大而盡精微，極高明而道中庸，孔教精神，於是乎在。"

〔七〕《康南海傳》："先生之治《春秋》也，首發明改制之義。以爲孔子愍時俗之敝，思一革而新之，故進退千古，制定法律，以貽來者。《春秋》者孔子所立憲法案也，所以導中國脫野蠻之域，而進於文明也。故曰《春秋》天子之事也。但孔子所處之時勢地位，既不能爲梭倫，（案：梭倫爲希臘七賢的第一個，曾任執政官，創制憲法。）亦不必爲盧梭，故託諸記事，立其符號，傳諸口說，其微言大義，則在《公羊》、《穀梁》二傳，及《春秋繁露》等書。其有未備者，可推甲以知乙，舉一以反三也。乃著《孔子改制考》，以大暢斯旨。次則論三世之義。《春秋》之例，分十二公爲三世，有據亂世，有升平世，有太平世。據亂、升平，亦謂之小康，太平世亦謂之大同，其義與《禮運》所傳相表裏焉。小康爲國別主義，大同爲世界主義，小康爲督制主義，大同爲平等主義，凡世界非經過小康之級，則不能進至大同，而既經過小康之級，又不可以不進至於大同，孔子立小康義以治現在之世界，立大同義以治將來之世界。小康之義，門弟子皆受之，而荀卿一派爲最盛，傳於兩漢，立於學官，及劉歆竄入古文經，而荀學之統亦篡矣；宋元明儒者，別發性理，稱脫劉歆之範圍，而皆不出於荀學之一小支。大同之學，門弟子受之者蓋寡，子游、孟子稍得其崖略，然其統中絕。先生乃著春秋三世義、大同學説等書,以發明孔子之真意。"案:後梁氏作《清代學術概論》,也論及康有爲太平大同之説,其大略説:"有爲……喜言'通三統','三統'者,謂夏商周三代不同,當隨時因革也;喜言'張三世','三世'者,謂據亂世、升平世、太平世,愈改而愈進也;有爲政治上變法維新之主張,實本於此。有爲謂孔子之改制,上掩百世,下掩百世,故尊之爲教主,誤認歐洲之尊景教爲治强之本,故恒欲儕孔子於基督,乃雜引讖緯之言以實之,於是有爲心目中之孔子,又帶有神秘性矣。"前説一味推崇,後説較有批判。但後説太略,不能詮釋本傳的幾個問題。前説較詳,和本傳的寫作時期相近,思想也比較銜接;且當時所以能使譚氏信服者,必有其訴動之處,所以兩取了。

〔八〕《康南海傳》:"若夫大易,則所謂以元統天,天人相與之學也。孔子之教育,與佛説華嚴宗相同,衆生同源於性海,捨衆生亦無性海,世界原具含於法界,捨世界亦無法界。故孔子教育之大旨,多言世間事,而少言出世間事,以世間與出世間,非一非二也。雖然,亦有本焉,爲尋常根性人説法,則可使由之而不使知之;若上等根性者,必當予以無上之智慧,乃能養其無上之願力。故孔子繫《易》,以明魂學,使人知區區軀殼,不過偶然幻現於世間,無可愛惜,無可留戀,因能生大勇猛,以捨身而救天下。"案:此種説法和下文有關,且和譚氏的殉難也有影響。

〔九〕案:譚氏初見梁氏贈詩有"大成大辟大雄氏,據亂升平及太平,五始當王訖麟獲,三言不識乃雞鳴。人天帝網光中見,來去雲孫脚下行,漫共龍蛙争寸土,從知教主亞洲生。""……斯文未喪寄生國,公法居然賣餅家,聞道潮音最親切,更從南海覓靈槎。"多用康有爲之説,並示傾倒的意思。

〔一〇〕《大方廣佛華嚴經》："諸大菩薩究竟無量無邊菩薩所行,悉從種種性海中起種種正直身心。"案這是説真如法性,没有不周遍的,形容它的至廣至大,所以叫做性海。

〔一一〕《楞伽阿跋多羅寶經》："譬如巨海浪,斯由猛風起,洪波鼓冥壑,無有斷絶時。藏識海常住,境界風所動,種種諸識浪,騰躍而轉生。"

〔一二〕《大日經疏》："略説法有四種,謂三乘及秘密乘,雖不應悋惜,然應觀衆生,量其根器,而後與之。"案:根器是指學佛者的能力。

〔一三〕《楞嚴經》："如來觀地水火風,本性圓融,周遍法界,湛然常住。"

〔一四〕朱熹《大學章句》："一旦豁然貫通焉。"

〔一五〕譚氏上歐陽瓣薑師書:"重發大願,晝夜精治佛咒,不少間斷。"

〔一六〕張爾田《楊仁山居士别傳》:"居士名文會,自號仁山。安徽石埭人。旅食金陵。卒年七十有五。曾隨曾惠敏、劉芝田兩使英法。"沈曾植《楊居士塔銘》:"居士於三學教典,搜集藏外若干種,選擇大藏輯要若干種,校刻大藏全經,已成者若干種。寓抉擇於甄綜宏通之中,至精且當,又非前人比。嗚呼盛已!居士之學,以馬鳴爲理宗,以法藏爲行願,以賢首、蓮池爲本師。性相圓融,禪淨徹證。所著書若干卷。"

〔一七〕梁氏《飲冰室詩話》:譚瀏陽之有得於佛學,知瀏陽者皆能言之。然瀏陽之學佛,實自金陵楊仁山居士,其遺詩有金陵聽説法一章,即居士所説也。

〔一八〕佛家稱經律論爲三藏,分三種:一、小乘三藏,以《四部阿含經》等爲經藏,四分五分十誦律等爲律藏,《六足論》、《發智論》等爲論藏,見《智度論》;二、大乘三藏,以《華嚴經》等爲經藏,《梵網經》等爲律藏,《阿毗達摩經》等爲論藏,見《攝大乘論》;三、大小三藏,是合大小乘而立的,一、聲聞藏,二、緣覺藏,三、菩薩藏,見《阿闍世王經》。

〔一九〕已見上。梁氏《清議報一百册祝辭並論報館之責任及本館之經歷》一文説:"譚瀏陽之仁學,以宗教之魂,哲學之髓,發揮公理,出乎天天,入乎人人。衝重重之網羅,造劫劫之慧果。其思想爲吾人所不能達,其言論爲吾人所不敢言。"

〔二〇〕以上四種除《興算學議》外,最初自刻於《東海褰冥氏三十以前舊學四種》中,《寥天一閣文》二卷,《莽蒼蒼齋詩》二卷,補遺一卷,《遠遺堂集外文》初編一卷,續編一卷。後張元濟所編《戊戌六君子遺集》及上海文明書局出版的《譚瀏陽全集》,又收入重印。舊學四種的另一種爲《石菊影廬筆識》二卷。梁氏這裏沒有提到。上卷"學篇"共七十六則;下卷"思篇"共五十四則。

〔二一〕案:吉凶應作壹壹,爲氤氳的古文,也作絪緼。壹壹是元氣交密吉凶未分的意思,所以中從吉凶。這裏直作吉凶,就沒有意義了。譚嗣同《短書序》云:"王仲任有言:彼短書之家,世俗之人也。……嗣同……恐自不出於世俗,遂標曰短書。"餘詳上第二段第四條注。

〔二二〕未見。

〔二三〕《戊戌變法書目解題》:"是書録譚嗣同三十以後所作雜録詩文,如贈梁卓如先生詩,戊戌北上留別内子詩,獄中題壁詩,臨終語等。致歐陽瓣薑師書中,論及變法,謂宜設算學格致館,除購讀譯出之西書外,宜閲各種新聞報紙。對算學格致甚爲着重。報唐佛塵才常書,論及辦礦,不主張官辦,謂'上權太重,民權盡失。'"案:這裏所著録的譚氏遺著,據上文係譚氏被捕前交與梁氏的。那末《書目解題》所説獄中題壁詩、臨終語等,是後來輯入,並非原本。

〔二四〕以上兩種未見。上文說"善劍術",又說"少年曾為……金石刻鏤……之學",即據此而言的。

〔二五〕《史記·蘇秦列傳》:"此所謂棄仇讎而得石交者也。"案:石交是說堅固的友誼。《飲冰室詩話》說:"余乙未秋,與譚瀏陽定交,叩其友,則曰二十年刎頸交,紱臣一人而已。"紱臣就是唐才常。這裏的缺名,第一個無疑的是他,還有兩個却不能確指了。

〔二六〕案:《清議報》於一八九九年在日本橫濱發刊,梁氏任總撰述,助手是麥孟華和區榘甲。宗旨在維持清議,激發正氣,增長學識,溝通聲氣及發揚東亞學術。見梁氏所作《清議報敍例》。據此則此傳當作於戊戌年後了。

〔二七〕鮑昭《蕪城賦》:"稜稜霜氣。"《翁文恭公日記》:"光緒廿二年四月二十三日,譚嗣同高視闊步,世家子弟中桀傲者也。"

〔二八〕近人陳乃乾《譚嗣同年譜》:"室李氏閏,長沙李壽蓉女。"又:"卒後無子女,以仲兄泗生子傳煒嗣。"

論曰:復生之行誼幕落,轟天撼地,人人共知,是以不論,論其所學:自唐、宋以後,咕嗶小儒,〔一〕徇其一孔之論,以謗佛毀法,固不足道,而震旦末法流行,〔二〕數百年來,宗門之人,耽樂小乘,墮斷常見,〔三〕龍象之才,〔四〕罕有聞者,以為佛法皆清淨而已,寂滅而已。〔五〕豈知大乘之法,〔六〕悲智雙修,〔七〕與孔子必仁且智之義,〔八〕如兩爪之相印。惟智也,故知即世間即出世間,無所謂淨土,〔九〕即人即我,無所謂眾生,世界之外無淨土,眾生之外無我,故惟有舍身以救眾生。佛說:"我不入地獄,誰入地獄?"孔子曰:"吾非斯人之徒與而誰與？天下有道,丘不與易。"故即智即仁焉。〔一〇〕既思救衆生矣,則必有救之之條理,故孔子治《春秋》,爲大同小康之制,千條萬緒,皆爲世界也,爲衆生也,舍此一大事,無他事也。華嚴之菩薩行也,所謂誓不成佛也,《春秋》三世之義,救過去之衆生,與救現在之衆生,救現在之衆生,與救將來之衆生,其法異而不異;救此土之衆生,與救彼土之衆生,其法異而不異;救全世界之衆生,與救一國之衆生,救一人之衆生,其法異而不異:此相宗之唯識也。因衆生根器各各不同,故説法不同,而實法無不同也。〔一一〕既無浄土矣,既無我矣,則無所希戀,無所罣礙,無所恐怖,夫浄土與我且不愛矣,復何有利害毁譽稱譏苦樂之可以動其心乎？故孔子言不憂不惑不懼,佛言大無畏,蓋即仁即智即勇焉。通乎此者,則游行自在,可以出生,可以入死,可以仁,可以救衆生。〔一二〕

〔一〕《禮記·學記》:"今之教者,呻其占畢。"陳澔《集説》:"占,視也;畢,簡也。言今之教人者,但吟諷所占視之簡牘,不能通其緼奧。"案:據此則呫應作占。

〔二〕《翻譯名義集》:"東方屬震,是日出之方,故云震旦。"案震旦或謂是支那的轉音。《瑜伽師地論》:"末法時生諸聲聞相云何可知,謂諸聲聞於當來世法末時生,法末時者,所謂大師般涅槃後,聖教没時。"《隋書·經籍志》:"佛所説:我滅度後,正法五百年,象法一千年,末法三千年。"案末是微的意思,是説道化微末。

〔三〕《法華經·方便品》:"若以小乘化,乃至於一人,我則墮慳果,此事爲不可。"案：佛教的所謂乘，是指佛的教法，可以運載衆生使各到達證果的地位。分大中小三乘。凡是修行求小乘的須陀洹、斯陀含、阿那含、阿羅漢四果和中乘的辟支佛果的，都爲小乘。梁氏《論中國學術思想變遷之大勢》説："佛滅度後數百年間，五印所傳，但有小乘，小乘之中，復生分裂。其派衍於外國者，無不貪樂偏義，謗毁圓乘。"

〔四〕《智度論》："是五千阿羅漢，於諸阿羅漢中最大力，以是故言如龍如象，水行中龍力大，陸行中象力大。"案：佛教中稱修行勇猛有大能力的人叫龍象。

〔五〕梁氏《論佛教與羣治之關係》："明乎菩薩與獨覺之别，則佛教之非厭世教可知。宋儒之謗佛者，動以是爲清净寂滅而已，是與佛之大乘法適成反比例者也。"

〔六〕《寶積經》："諸佛如來正覺所行之道，彼乘名爲大乘。"《法華經》："若有衆生從佛世尊聞法信受，勤修精進，愍念安樂無量衆生，利益天人，度脱一切，是爲大乘。"

〔七〕《法事贊》："釋迦諸佛，皆乘弘誓，悲智雙具，不捨含情。"案悲智就是慈悲和智慧。《論佛教與羣治之關係》："佛教之最大綱領曰：'悲智雙修。'自初發心以迄成佛，恒以轉迷成悟爲一大事業。"

〔八〕《孟子·公孫丑上》："昔者子貢問於孔子曰：'夫子聖矣乎？'孔子曰：'聖則吾不能。我學不厭而教不倦也。'子貢曰：'學不厭，智也；教不倦，仁也。仁且智，夫子既聖矣。"

〔九〕《攝論》："所居之土，無有五濁，如彼玻瓈珂等，名清净土。"

〔一〇〕《論佛教與羣治之關係》："佛……曰'不厭生死，不愛涅槃'，又曰'地獄天堂，皆爲净土。'何以故？菩薩發心，當如是故。世界既未至'一切衆生皆成佛'之位置，則安往而得一文明極樂之地，彼迷而愚者，既待救於人，無望能造新世界焉矣；使悟而智者，又復有所歆於他界，而有所厭於儕輩，則進化之責誰與任之也？故佛弟子有問佛者曰：'誰當下地獄？'佛曰：'佛當下地獄。不惟下地獄也，且常住地獄，不惟常住也，且常樂地獄，不惟常樂也，且莊嚴地獄。'夫學道而至於莊嚴地獄，則其悲願之宏大，其威力之廣遠，豈復可思議也。"梁氏《論支那宗教改革》："佛爲一大事出世，説法四十九年，皆爲度衆生也，孔子之立教行道，亦爲救民也。故曰：'天下有道，丘不與易也。'其意正如佛説所謂'我不入地獄，誰入地獄'之意也。故佛法以慈悲爲第一義，孔子以仁慈爲第一義，孔子曰：'苟志於仁矣，無惡也。'故孔子爲救民故，乃至日日屈身以干謁當時諸侯卿相，欲借手以變革弊政，進斯民於文明幸福也。"

〔一一〕《論支那宗教改革》："佛之大乘法，可以容一切，故華嚴法界，事事無礙，事理無礙。孔子之大同教，亦可以容一切，故《中庸》謂萬物並育而不相害，道並行而不相悖，惟其不相悖也，故無妨並行。如三世之義，據亂之與升平，升平之與太平，其法制多相反背，而《春秋》並容納之，不以反背爲傷者，蓋世運既有種種之差別，則法制各適其宜，自當有種種不同也。如佛之説法，因衆生根器有差別，故法亦種種不同，而其實法則皆同也。苟通乎此義，則必無門户水火之争，必無賤彼貴我之患。此大同之規模，所以廣大也。"案："唯識"已見上注。

〔一二〕《論佛學與羣治之關係》："夫人生也有涯，而知也無涯，故爲信仰者，苟不擴其量於此數十寒暑以外，則其所信者終有所撓。瀏陽《仁學》云：'好生而惡死，可謂大惑不解者矣，蓋於不生不滅瞢焉，瞢而惑，故明知是義，特不勝其死亡之懼，縮朒而不敢爲，方更於人禍之所不及，益以縱肆爲惡，而顧景汲汲，而四方蹙蹙，惟自慰快已爾，天下豈復有可治也。今使靈魂之説明，雖至闇者猶知死後有莫大之事及無窮之苦樂，必不於生前之暫苦暫樂，而生貪着厭離之想，知天堂地獄森列於心目，必不敢欺飾放縱，將日遷善以自兢惕，知身爲不死之物，雖殺之亦不死，則成仁取義，必無怛怖於其衷，且此生未及竟者，來生固可以補之，復何所憚而氋氋。'嗚呼！此應用佛學之言也，瀏陽一生，得力在此。"案：譚、梁所説"靈魂不死"和"地獄天堂"等等，宗教迷信是我們持無神論者所堅决反對的，但是在當時他們所以敢於變法，甚至捨生取義，多少受此類學説的影響，那末研究他們的歷史，就不能不過而存之了。

少年中國説[一]

　　日本人之稱我中國也，一則曰老大帝國，再則曰老大帝國。是語也，蓋襲譯歐西人之言也。嗚呼！我中國其果老大矣乎？梁啓超曰：惡，是何言！是何言！吾心目中有一少年中國在。

　　欲言國之老少，請先言人之老少：老年人常思既往，少年人常思將來。惟思既往也，故生留戀心；惟思將來也，故生希望心。惟留戀也，故保守；惟希望也，故進取。[二]惟保守也，故永舊；惟進取也，故日新。惟思既往也，事事皆其所已經者，故惟知照例；惟思將來也，事事皆其所未經者，故常敢破格。老年人常多憂慮，少年人常好行樂。惟多憂也，故灰心；惟行樂也，故盛氣。惟灰心也，故怯懦；惟盛氣也，故豪壯。惟怯懦也，故苟且；惟豪壯也，故冒險。惟苟且也，故能滅世界；惟冒險也，故能造世界。老年人常厭事，少年人常喜事。惟厭事也，故常覺一切事無可爲者；惟好事也，故常覺一切事無不可爲者。[三]老年人如夕照，少年人如朝陽；老年人如瘠牛，少年人如乳虎；[四]老年人如僧，少年人如俠；老年人如字典，[五]少年人如戲文；[六]老年人如鴉片煙，少年人如潑蘭地酒；[七]老年人如別行星之隕石，[八]少年人如大洋海之珊瑚島；[九]老年人如埃及沙漠之金字塔，[一〇]少年人如西伯利亞之鐵路；[一一]老年人如秋後之柳,少年人如春前之草;老年人如死海之瀦爲澤,〔二〕少年人如長江之初發源:此老年與少年性格不同之大略也。梁啓超曰:人固有之,國亦宜然。

〔一〕案文集目錄,此文爲庚子所作,庚子是公元一九〇〇年,梁氏二十八歲。文中敍清政府老臣有"但求其一二年内洋人不來,強盜不起,我已快活過一世矣"的話,好像作在義和團起義、八國聯軍入寇以前。梁氏《三十自述》説:"居夏威夷半年,至庚子六月,……而義和團變已大起,……内地函電促歸國,比及日本,已聞北京失守之報。"則此文或作於六月以前,在夏威夷時。梁氏於下一年作《清議報祝辭》説:"内容之重要者則……有《少年中國説》、《呵旁觀者文》、《過渡時代論》等,開文章之新體,激民氣之暗潮。"可知此等文爲梁氏新體文的開始,很自喜的。選此一篇以概其餘。

〔二〕梁氏《論進取冒險》:"凡人生莫不有兩世界,其在空間者曰實跡界,曰理想界;其在時間者,曰現在界,曰未來界。實跡與現在屬於行爲,理想與未來屬於希望,而現在所行之實跡,即爲前此所懷理想之發表,而現在所懷之理想,又爲將來所行實跡之券符,然則實跡者,理想之子孫,未來者,現在之父母也。故人類所以勝於禽獸,……惟有希望故,有理想故,有未來故。希望愈大則進取冒險之心愈雄。"可以參看。

〔三〕梁氏《中國積弱溯源論》:"今世之持論者……曰安静也,曰持重也,曰老成也,皆譽人之詞也。曰喜事也,曰輕進也,曰紛更也,皆貶人之詞也。有其舉之莫敢廢,有其廢之莫敢舉,一則曰依成法,再則曰查舊例,務使全國之人如木偶,如枯骨,入於隤然不動之域然後已。……言學術則曰寧静,言治術則曰安静,處事不計是非,而首禁更張,躁妄喜事之名立,百端由是廢弛矣。用人不問賢不肖,而多方遏抑,少年意氣之論起,柄權則頽暮矣。"雖不是老少對言,意思是相類的。

〔四〕案:乳虎本是指産子的母老虎,《漢書・酷吏傳》:"寧見乳虎,無直(案:同值)寧成之怒。"注:"猛獸産乳,養護其子,則搏噬過常,故以喻也。"這裏是說吃乳的稚虎。

〔五〕是比喻呆板枯燥。

〔六〕是比喻活潑有趣。

〔七〕潑蘭地即Brandy,通譯白蘭地。酒名。性强烈,可以振奮精神。故以喻少年。

〔八〕隕星炸裂而墜地叫做隕石。

〔九〕珊瑚島是海中珊瑚蟲骨骼凝成的礁石,露出海面的,叫做珊瑚島。色澤美麗,氣概雄偉,所以把它比喻少年。

〔一〇〕金字塔是埃及古王的墳墓。大約在公元前三〇〇〇年頃,用石建築,底面爲四方形,側面爲三角形,遠望如金字狀之塔,故譯此名。最大的基廣十三畆,底邊各長七百五十五呎,高五百呎。共用青石二百三十萬塊,平均每塊重二噸半。至今大小還存七十多座。

〔一一〕嚴復《上皇帝萬言書》:"自聖彼得堡以抵海參威,一經兩海,中間徑六七千迷盧,多窮徼荒寒之地,俄不惜籌數百兆之費,創爲西伯利亞鐵路以通之。英通海而俄通陸,道成則有以奪英之商權而大得志。"案:鐵路全長五千四百英里。

〔一二〕死海在巴勒斯坦南部,耶路撒冷的東面約旦谷中。長四十七哩,最闊處約九哩,爲世界地形最低洼的地方。水中含鹽分百分之二十五,魚類不生,故名。

梁啓超曰:傷哉,老大也! 潯陽江頭琵琶婦,當明月繞船,楓葉瑟瑟,衾寒於鐵,似夢非夢之時,追想洛陽塵中春花秋月之佳趣;〔一〕西宮南內,〔二〕白髮宮娥,一燈如穗,三五對坐,談開元、天寶間遺事,〔三〕譜《霓裳羽衣曲》;〔四〕青門種瓜人,〔五〕左對孺人,顧弄孺子,〔六〕憶侯門似海珠履雜遝之盛事;〔七〕拿破侖之流於厄蔑,〔八〕阿剌飛之幽於錫蘭,〔九〕與三兩監守吏或過訪之好事者,〔一〇〕道當年短刀匹馬,馳騁中原,席捲歐洲,〔一一〕血戰海樓,〔一二〕一聲叱咤,〔一三〕萬國震恐之豐功偉烈,〔一四〕初而拍案,繼而撫髀,〔一五〕終而攬鏡。〔一六〕嗚呼!面皺齒盡,〔一七〕白髮盈把,頹然老矣。若是者舍幽鬱之外無心事,舍悲慘之外無天地,舍頹唐之外無日月,〔一八〕舍歎息之外無音聲,舍待死之外無事業,美人豪傑且然,而況於尋常碌碌者耶?生平親友,皆在墟墓,起居飲食,待命於人,今日且過,豈知他日,今年且過,豈恤明年,〔一九〕普天下灰心短氣之事,〔二〇〕未有甚於老大者。於此人也,而欲望以拏雲之手段,〔二一〕回天之事功,〔二二〕挾山超海之意氣,〔二三〕能乎不能?

〔一〕白居易《琵琶行》:"潯陽江頭夜送客,楓葉荻花秋瑟瑟,⋯⋯醉不成歡慘將別,別時茫茫江浸月。忽聞水上琵琶聲,主人忘歸客不發,⋯⋯移船相近邀相見,添酒回燈重開宴,千呼萬喚始出來,猶抱琵琶半遮面。⋯⋯自言本是京城女,家在蝦蟆陵下住,十三學得琵琶成,名屬教坊第一部,曲罷長教善才服,妝成每被秋娘妒,五陵年少爭纏頭,一曲紅綃不知數,鈿頭銀篦擊節碎,血色羅裙翻酒污,今年歡笑復明年,秋月春風等閒度。弟走從軍阿姨死,暮去朝來顏色故,門前冷落車馬稀,老大嫁作商人婦。商人重利輕別離,前月浮梁買茶去,去來江口守空船,繞船明月江水寒,夜深忽夢少年事,夢啼妝淚紅闌干。"案:蝦蟆陵在長安,那末京城自指長安。這裏説洛陽,是和原詩不符的。杜甫《茅屋爲秋風所破歌》:"布衾多年冷似鐵。"

〔二〕《公羊傳》僖公二十年:"西宫者何?小寢也。"注:"西宫者,小寢内室,諸侯……右媵居西宫。"案:此當泛指。《雍録》:"興慶宫在都城東南角,人主亦於此出政,故又號南内。"案:興慶宫本是唐玄宗李隆基在藩時的住宅,即位後,置爲宫。在今陝西西安市。

〔三〕王建(案:一作元稹)《行宫》詩:"寥落古行宫,宫花寂寞紅。白頭宫女在,閒坐説玄宗。"案:開元、天寶爲唐玄宗年號。

〔四〕《樂府詩集》:《唐逸史》曰:"羅公遠多秘術,嘗與玄宗至月宫,仙女數百,皆素練霓衣,舞於廣庭。問其曲,曰霓裳羽衣,帝默記其音調而還。明日召樂工,依其音調,作《霓裳羽衣曲》。"《樂苑》曰:"《霓裳羽衣曲》,開元中,西涼府節度楊敬述進。"鄭愚曰:"玄宗至月宫,聞仙樂,及歸,但記其半。會敬述進婆羅門曲,聲調相符,遂以月中所聞爲散序,敬述所進爲曲,而名霓裳羽衣也。"案:鄭愚應作鄭嵎,所説見他的《津陽門詩》注中。這曲當是原出婆羅門的,後加以改編,欲神其事,遂有月宫的傳説,鄭嵎調和的話,可以推想。

〔五〕《史記·蕭相國世家》:"召平者,故秦東陵侯。秦破,爲布衣,貧,種瓜於長安城東,瓜美,故世俗謂之東陵瓜,從召平以爲名也。"《漢書》:"霸城門,民間所謂青門也。"《三輔黄圖》:"長安城東出南頭第一門曰霸城門,民見門色青,因曰青門。"阮籍《詠懷》詩:"昔聞東陵瓜,近在青門外。"

〔六〕江淹《恨賦》:"敬通見抵,罷歸鄉里,閉關却掃,塞門不仕,左對孺人,顧弄稚子。"案:孺人謂妻。孺子應從此作稚子。

〔七〕尤袤《全唐詩話》:"崔郊……其姑有婢端麗……鬻於連帥于頔,郊思慕無已。其婢因寒食來從事家,值郊,郊贈之以詩曰:'侯門一入深如海,從此蕭郎是路人。'"《史記·春申君列傳》:"趙平原君使人於春申君,……趙使欲夸楚,爲瑇瑁簪,刀劍室以珠玉飾之,請命春申君客。春申君客三千餘人,其上客皆躡珠履,以見趙使,趙使大慚。"

〔八〕拿破侖就是拿破侖第一,法屬科西嘉島人。由執政進爲終身執政,又進爲法蘭西皇帝,並兼意大利王。這時歐洲除一二國外,幾全被他懾服。一八一四年,各國聯軍攻下巴黎,逼他退位,被放於地中海的厄爾巴島。但不到一年,又卷土重來,及滑鐵盧爲英普聯軍擊敗,又被放於大西洋中心的聖赫勒拿島。後六年亡。這裏作"流於厄蔑",厄蔑似爲厄爾巴的音誤,並且不是最後放逐的地點。

〔九〕阿刺飛一譯阿拉比(一八三九——九一一),埃及軍人。因反對雇用外人和限制英法的管理權等,頗獲得軍隊中之同情。一八八二年,任陸軍次長,又陞任部長。倡導國家主義,反抗英法,引起戰爭,後爲英軍所敗,被放於錫蘭。阿刺飛在各方面都不能和拿破侖同日而語,只有兵敗被放是很相同的。

〔一〇〕拿破侖在聖赫勒拿島備受看守者羅何的嚴厲監視。

〔一一〕席捲歐洲是指拿破侖。拿破侖於一七九六年攻意大利,陷孟德亞,迫教皇和奧地利,奪倫比底及萊茵河左岸之地。一七九八年,攻埃及,以斷英國與印度的聯絡,陸戰得勝而海軍則敗於英將納爾遜。一八〇〇年攻奧地利,於意大利北部之馬倫哥,大破奧軍。一八〇五年,各國對法大同盟成立,他欲大舉侵入英國,而海軍又失利,陸上則仍破奧軍,陷維也納,又進而破奧俄聯軍於奧斯脫里兹。一八〇六年,又連破普魯士軍,陷柏林。一八〇七年,又破俄普聯軍於弗里德蘭,此外又敗葡萄牙,併荷蘭,拘西班牙王,而代以自己的弟弟。一八〇九年,又擊敗奧地利軍,幽禁教皇。但到一八一二年遠攻俄國失敗,就一蹶不振了。

〔一二〕這當是指阿剌飛和英將開俾爾鏖戰的地方。

〔一三〕《史記·淮陰侯列傳》:"項王喑噁叱咤,千人皆廢。"《索隱》:"叱咤,發怒聲。"

〔一四〕《漢書·敍傳》:"豐功厚利積纍之業。"案:拿破侖在被放時,口授監者寫平生事蹟,成回憶錄一書。

〔一五〕撫髀,撫一作拊,《漢書·馮唐傳》:"迺拊髀。"拊髀是説拍大腿,表示興奮或感慨的意思。餘詳下詩選《東歸感懷》詩注。

〔一六〕攬是持的意思。

〔一七〕皴音 cūn,《梁書·武帝紀》:"手爲皴裂。"皴是説皮膚受寒坼裂,和皸字音義都相近。皮膚坼裂不一定是老年,疑皴爲皺之誤。《首楞嚴經》:"汝今發白麵皺。"

〔一八〕王褒《洞簫賦》:"頹唐遂往。"案:頹唐本是形容聲音的從高而低,後人却用來形容意興不好和精神不振了。

〔一九〕《詩·邶風·谷風》:"遑恤我後。"陳奐《詩毛氏傳疏》:"遑古只作皇,《禮記》、《左傳》皆作皇。皇,暇也。皇恤我後,言不暇憂我後人也。"案:這裏是説哪有空閒憂愁明年怎樣過。

〔二〇〕王羲之帖:"當今人物眇然,而艱疾若此,令人短氣。"短氣是失望喪氣的意思。

〔二一〕李賀《致酒行》:"少年心事當拏雲,"形容少年志氣的高遠。

〔二二〕《後漢書·單超傳》:"左(案指左悺)回天。"這是形容左悺的權力大,可以挽回天意。

〔二三〕《孟子·梁惠王上》:"挾太山以超北海。"《墨子·兼愛》也説"挈太山以超江河。"大約戰國時有這種俗諺。

嗚呼！我中國其果老大矣乎？立乎今日，以指疇昔，唐虞三代，若何之郅治；〔一〕秦皇漢武，若何之雄傑；〔二〕漢唐來之文學，若何之隆盛；康乾間之武功，若何之烜赫；歷史家所鋪敍，詞章家所謳歌，何一非我國民少年時代良辰、美景、賞心、樂事之陳跡哉？〔三〕而今頹然老矣，昨日割五城，明日割十城，〔四〕處處雀鼠盡，〔五〕夜夜雞犬驚，十八省之土地財產，已爲人懷中之肉，四百兆之父兄子弟，已爲人注籍之奴，豈所謂"老大嫁作商人婦"者耶？嗚呼！憑君莫話當年事，憔悴韶光不忍看，楚囚相對，〔六〕岌岌顧影，〔七〕人命危淺，朝不慮夕，〔八〕國爲待死之國，一國之民爲待死之民，萬事付之奈何，一切憑人作弄，亦何足怪。

〔一〕唐虞三代郅治的傳説，如《尚書》所説堯舜時代的讓德和禪讓，《説苑》諸書所説堯的治道；《史記》諸書所説舜的治功；《淮南》諸書所説夏禹的勤勞天下；《呂覽》諸書所説商湯的慈恤黔首；《史記》諸書所説周初成康之際，刑措不用。

〔二〕秦皇的雄傑，如：成一統，置郡縣，集君權，開邊地等。漢武的雄傑，如：逐匈奴，通西域，定朝鮮，併兩粵，平西南夷，其他如秦皇的改官制、治馳道、實關中、同文字車軌度量衡；漢武的崇儒術、策賢良、用儒吏、從夏正，都給後世以很大的影響。

〔三〕謝靈運《擬魏太子鄴中集詩序》："天下良辰、美景、賞心、樂事，四者難併。"

〔四〕蘇洵《權書·六國》："今日割五城，明日割十城，然後得一夕安寢，起視四境而秦兵又至矣。"

〔五〕《新唐書·張巡傳》："睢陽食盡,至羅雀掘鼠,煮鎧弩以食。"

〔六〕《左傳》成公九年："晉侯觀於軍府,見鍾儀,問之曰:南冠而縶者誰也? 有司對曰:鄭人所獻楚囚也。"《世說新語·言語》:"過江諸人,每至美日,輒相邀新亭,藉卉飲宴,皆相視流涕,唯王丞相(王導)愀然變色曰:'當共戮力王室,克復神州,何至作楚囚相對?'"此"楚囚"借喻困窘。

〔七〕案:此似用《左傳》趙武的事。昭公元年傳:"秦后子……見趙孟,趙孟曰:'秦君何如?'對曰:'無道。'趙孟曰:'亡乎?'對曰:……國無道而年穀和熟,天贊之也,鮮不五稔。趙孟視蔭曰:'朝夕不相及,誰能待五。'"杜注:"蔭,日景也。"視日景就是此文的顧影。岌岌是高和危的意思,形容面臨死亡,時間短促的危急心情。

〔八〕李密《陳情表》:"日薄西山,氣息奄奄,人命危淺,朝不慮夕。"這是說生命危險,朝不保夕。

　　梁啓超曰:我中國其果老大矣乎? 是今日全地球之一大問題也。如其老大也,則是中國爲過去之國,即地球上昔本有此國,而今漸漸滅,他日之命運殆將盡也;如其非老大也,則是中國爲未來之國,即地球上昔未現此國,而今漸發達,他日之前程且方長也。欲斷今日之中國爲老大耶? 爲少年耶? 則不可不先明國字之意義。夫國也者何物也? 有土地,有人民,以居於其土地之人民而治其所居之土地之事,自制法律而自守之,有主權,有服從,人人皆主權者,人人皆服從者。夫如是斯謂之完全成立之國。〔一〕地球上之有完全成立之國也,自百年以來也。完全成立者,壯年之事也;未能完全成立而漸進於完全成立者,少年

之事也。故吾得一言以斷之曰：歐洲列邦在今日爲壯年國，而我中國在今日爲少年國。〔二〕

〔一〕梁氏《世界大勢及中國前途》："國家者，人類最高之社會也。當其未成國家以前，實經過種種形色之社會進化而來，進而至於國家，極矣。"案：合此以觀，可以知道梁氏當時對國字意義的見解。這種見解，都是美化了資本主義的國家機構。但在當時"民不知有國，國不知有民"（見梁氏《論近世國民競爭之大勢及中國前途》）的舊中國裏，他的話還是有積極作用的。

〔二〕梁氏《世界大勢及中國前途》說："世界上諸國並立，其發達有先後遲速之不齊，於是有已成熟之國焉，有未成熟而方在進化半途中之國焉。何謂已成熟之國？內部之組織已完，必用之機關咸備，政治修明，民力充實，如人之已達成年，膚革盈實，官能效靈，意思行爲，皆能無待於外而能自立者也。未成熟之國，則內部之組織未完，各部之機關未備，或雖備矣，而未能盡其用，如彼孩童然，對內對外，而種種未能自立者也。"又自注說："或謂於此兩種之外，別有所謂衰老國者，吾以爲不然。凡人必經過壯年，乃能達於老境，國亦當然。國若何而始爲壯？即吾所謂組織已完、機關咸備者是也。試問今世通稱老大帝國、老大王國者，曾經過此時代否也？雖建國歷數千歲，亦只能與未成年之兒童同視而已。此等國家，苟無外力摧折之，則永劫之後，亦當有終達於成熟之一日。但時不待人，未到其期，而遇狂風橫雨，中道夭折者比比然耳。"案：這文作於丁未年，即一九〇七年，也就是作此文後的七年。這一段立意是相同的，但詞氣蕭索，和本文不可同日而語了。所說中國還是少年，在當時是很有積極性和鼓舞作用的。

夫古昔之中國者，雖有國之名，而未成國之形也。或爲家族之國，〔一〕或爲酋長之國，〔二〕或爲諸侯封建之國，〔三〕或爲一王專制之國，〔四〕雖種類不一，要之其於國家之體質也，有其一部而缺其一部。正如嬰兒自胚胎以迄成童，其身體之一二官支，〔五〕先行長成，此外則全體雖粗具，然未能得其用也。故唐虞以前爲胚胎時代，殷周之際爲乳哺時代，由孔子而來至於今爲童子時代，逐漸發達，而今乃始將入成童以上少年之界焉。其長成所以若是之遲者，則歷代之民賊有窒其生機者也。譬猶童年多病，轉類老態，或且疑其死期之將至焉，而不知皆由未完全未成立也。非過去之謂，而未來之謂也。

〔一〕指原始社會的氏族制度，梁氏《中國專制政治進化史論》："族制政體，實萬國政治之起源。……家族者，各自發生而日寖龐大者也。"

〔二〕《中國專制政治進化史論》："此族與彼族相遇，則不能無爭，爭則一族之中，必須有人焉起而統率之，於是……酋長之制起。……董子稱'九皇六十四民'；莊子所述有大庭氏、柏皇氏、中央氏、栗陸氏、驪連氏、赫胥氏、尊盧氏、祝融氏、混沌氏、昊英氏、有巢氏、葛天氏、無懷氏等；老子稱'鄰國相望，雞犬之聲相聞，其民老死不相往來'；蓋古者舟車未通，一山之障，一河之隔，輒自成一部落，其時酋長之多，不知紀極。……堯舜以前……純爲酋長政治。"案：據近人一般討論，堯舜至夏禹還是酋長政治，堯舜的禪讓，就是許多部落的聯盟，共同選舉一人當大酋長，夏禹的即位，也是如此。

〔三〕《中國專制政治進化史論》："封建何自起？起於周。封建云者，以其既得的土地而分與人之謂也。……封建羣侯，既占優勢，則兼併盛行，而土著部落馴至不能自立，故有周七百餘年間爲封建政治全盛時代。"

〔四〕《中國專制政治進化史論》："及秦始皇夷六國，置郡縣，而封建之跡一掃。……中國數千年來，政治界變動最劇之秋也。有郡縣，然後土地人民直隸於中央政府，而專制之實乃克舉。……故自始皇置三十六郡，而專制政體之精神形質始具備焉矣。"

〔五〕官支就是五官四肢。

且我中國疇昔，豈嘗有國家哉，不過有朝廷耳。我黃帝子孫，聚族而居，立於此地球之上者既數千年，而問其國之爲何名，則無有也。夫所謂唐、虞、夏、商、周、秦、漢、魏、晉、宋、齊、梁、陳、隋、唐、宋、元、明、清者，則皆朝名耳。朝也者，一家之私產也；國也者，人民之公產也。〔一〕朝有朝之老少，國有國之老少，朝與國既異物，則不能以朝之老少而指爲國之老少明矣。文、武、成、康，周朝之少年時代也；〔二〕幽、厲、桓、赧，則其老年時代也。〔三〕高、文、景、武，漢朝之少年時代也；〔四〕元、平、桓、靈，則其老年時代也。〔五〕自餘歷朝，莫不有之，凡此者，謂爲一朝廷之老也則可，謂爲一國之老也則不可。一朝廷之老且死，猶一人之老且死也，於吾所謂中國者何與焉？然則，吾中國者，前此尚未出現於世界，而今乃始萌芽云爾。天地大矣，前途遼矣,美哉,我少年中國乎!

〔一〕梁氏《中國積弱溯源論》:"吾中國有最可怪者一事,則以數百兆人立國於世界者數千年,而至今無一國名也。夫曰支那也,曰震旦也,曰釵拿也(案:釵拿即支那的轉音),是他族之人所以稱我者,而非吾國民自命之名也。曰唐、虞、夏、商、周也,曰秦、漢、魏、晉也,曰宋、齊、梁、陳、隋、唐也,曰宋、元、明、清也,皆朝名也,而非國名也。蓋數千年來,不聞有國家,但聞有朝廷,每一朝之廢興,而一國之稱號即與之爲存亡,豈不大可駭而大可悲耶?是故吾國民之大患,在於不知國家爲何物,因以國家與朝廷混爲一談,寖假而以國家爲朝廷之所有物焉,此實文明國民之腦中所夢想不到者也。今夫國家者,全國人之公產也;朝廷者,一姓之私業也。國家之運祚甚長,而一姓之興替甚短;國家之面積甚大,而一姓之位置甚微。朝廷云者,不過偶然一時爲國民中巨擘之巨室云爾。有民而後有君,天爲民而立君,非爲君而生民;有國家而後有朝廷,國家能變置朝廷,朝廷不能吐納國家。其理本甚易明,而我國民數千年醉迷於誤解之中,無一人能自拔焉,真可奇也。"

〔二〕《史記·周本紀》:"公季卒,子昌立,是爲西伯,西伯曰文王。……篤仁、敬老、慈少,日中不暇食以待士,士以此多歸之。……崇侯虎譖西伯於殷紂,乃囚於羑里,……閎夭之徒求有莘氏美女……獻之紂,乃赦西伯。西伯陰行善,諸侯皆來決平。……自岐下而徙都豐,明年西伯崩。太子發立,是爲武王。九年,東觀兵,至於盟津。是時諸侯不期而會盟津者八百諸侯,皆曰:'紂可伐矣。'武王曰:'未可也。'居二年,聞紂昏亂,暴虐滋甚,……乃……東伐紂,……紂兵皆崩,……紂走,自燔於火而死。……於是封功臣謀士,……偃干戈,振兵釋旅,示天下不復用也。武王……崩,太子誦代立,是爲成王。……成王既崩,太子釗遂立,是爲康王。……成康之際,天下安寧,刑錯四十餘年不用。"

〔三〕《史記·周本紀》:"夷王崩,子厲王胡立。……行暴虐侈傲,國人謗王,王……監謗者,……國人莫敢言,道路以目。……三年,乃相與畔襲厲王,王出奔於彘。……宣王崩,子幽王宮涅立。……嬖愛褒姒,……廢……申侯女……申后及太子。申侯怒,與繒西夷犬戎攻幽王,遂殺幽王驪山下。……於是諸侯乃即申侯而共立故幽王太子宜臼,是爲平王。平王之時,周室衰微。諸侯強併弱。……平王崩,太子洩父蚤死,立其子林,是爲桓王。三年,鄭莊公朝,桓王不禮。十三年,伐鄭,鄭射傷桓王。……慎靚王立六年崩,子赧王延立。王赧時,東西周分治,王赧徙都西周。……五十九年,秦昭王……使將軍摎攻西周,西周君犇秦,盡獻其邑,……秦歸其君於周。王赧卒,周民遂東亡,秦……遷西周公於𢠸狐。後七歲,秦莊襄王滅東西周。"

〔四〕《通鑑》:"秦二世元年,九月,沛人劉邦起兵於沛。劉邦字季,……陳涉起,……父老率子弟共殺沛令,迎劉季,立以爲沛公。二年……項梁爲楚上柱國……沛公往焉。項梁……求得楚懷王孫心,立以爲楚懷王。……項梁死,懷王遣沛公西略地,收陳王項梁散卒以伐秦。漢元年冬十月,至霸上,秦王子嬰降軹道旁。二月,項羽自立爲西楚霸王,……立沛公爲漢王。……二年四月伐楚。五年冬十月,漢王追項羽至固陵,十二月,項王至垓下,……自刎而死。二月,漢王即皇帝位。……十二年四月,帝崩。""呂太后崩,諸呂欲爲亂,……已誅,……諸大臣相與陰謀曰:'……代王(恒)方今高帝見子最長,……立長固順,……'代王遂即天子位。……既施惠天下,諸侯四夷,遠近歡洽。……南越稱制,改號不敢爲帝。除肉刑,除田之租稅。文帝後七年崩。……太子(啓)即皇帝位,……朝臣議削吳,……吳王遂起兵,膠西、膠東、菑川、濟南、楚、趙亦皆反。……凡三月,皆破滅。……景帝後三年帝崩。……太子(徹)即位……班固贊曰:'……周云成康,漢言文景,美矣!……孝文孝景,清浄恭儉,安養天下。……自是之後,孝武内窮侈靡,外攘夷狄,天下蕭然,財力耗矣。'"案:漢武帝劉徹的重要大事已見上第三段注。

〔五〕《通鑑・漢紀》:"宣帝……黄龍元年,冬十二月,帝崩,……太子奭即皇帝位。……元帝竟寧元年五月,帝崩。班彪贊曰:元帝多材藝,……少而好儒。及即位,徵用儒生,委之以政,貢(貢禹)薛(薛廣德)韋(韋玄成)匡(匡衡)迭爲宰相,而上牽制文義,優遊不斷,孝宣之業衰焉。""哀帝元壽二年六月,帝崩。……無嗣……迎中山王箕子(後更名衎)以爲嗣。……大司馬(王)莽秉政……權日盛。……平帝元始元年,莽賜號曰安漢公。……王莽恐帝外家衛氏奪其權,皆留中山不得至京師。……莽……升宰衡,位在諸侯王上。……五年,時帝春秋益壯,以衛后故,怨不悦。冬十二月,莽因臘日上椒酒,置毒,……帝崩。""質帝本初元年六月,……帝……崩。……迎蠡吾侯志入南宫,其日即皇帝位。……桓帝永康元年十二月,帝崩。……奉迎解瀆亭侯宏……即皇帝位。……靈帝中平六年四月,帝崩。……(司馬)光曰:'……桓靈之昏虐,保養奸回,過於骨肉,殄滅忠良,甚於寇仇,積多士之憤,蓄四海之怒,於是……遂使……大命隕疾,不可復救。'"

瑪志尼者,意大利三傑之魁也。〔一〕以國事被罪,逃竄異邦，〔二〕乃創立一會，名曰少年意大利。〔三〕舉國志士，雲涌霧集以應之，〔四〕卒乃光復舊物，〔五〕使意大利爲歐洲之一雄邦。〔六〕夫意大利者，歐洲第一之老大國也，自羅馬亡後，土地隸於教皇，政權歸於奧國，殆所謂老而瀕於死者矣，〔七〕而得一瑪志尼，且能舉全國而少年之，況我中國之實爲少年時代者耶？堂堂四百餘州之國土，凛凛四百餘兆之國民，豈遂無一瑪志尼其人者。

〔一〕梁氏《意大利建國三傑傳》："瑪志尼（Ginseppe Mazzini，生於治那阿市，今譯熱那亞），一士人子也。年十三，入於市立大學。其時正去維也納會議（一八一四年九月英俄奧普四國所主持的最反動的會議）後三年。法國革命之反動力大作，奧大利之壓抑愈甚，而國運（指意大利）日以益非。……自茲以往，惟著深墨喪制之服，……瑪曰：'……自覺悲氣沈沈而來襲心，使人哀，使人老，……吾其無國之民，吾其服國喪以終吾年。'……年十七，……侍母散步於治那阿海岸，忽一巨人……脱帽而施禮，……母則泫然，探懷中，出若干金錢，揾一掬之淚，納諸巨人破帽中。瑪志尼問母，……母曰：'此愛國男兒也，彼等欲救國而事不成，離父母，割妻子，流竄至於此。'瑪志尼心大感動，其犧牲一身以酬國民之志，實始於此。加里波的（Ginseppe Garibaldi，生於尼士府），舟人子也。性慷慨義烈，感物易哀，嫉不義如讎，喜鳴不平，……趨義赴難，視生命如鴻毛也。……年未十五，已浩然有以國事爲己任之志。嘗語人曰：'予誓復我意大利，還我古羅馬。'自茲以往，吐棄一切，惟注精神於革命一事。加富爾（Camillo Benso Pi Cavour），撒的尼亞王族之一貴公子也。其出身既與彼二傑異,其少年之經歷,亦自不同,始蓋一自侶不遜紈袴無賴之惡少年也。……既而欲爲軍人,入焦靈兵學校,自是始嚮學,研精測算。年十六,卒業,爲測地官。……爾後年齒漸長,……思爲國家有所盡力,……頗來往於治那阿諸地,與諸亡命相往來,呼吸自由之空氣,貴族之習氣一變。"案三人以後事概括如下:一八四八年,意大利受法國二月革命的波動,所在起義驅逐奥軍的統治,撒的尼亞王被舉爲民族解放的軍事領袖,不久失敗;另一解放運動的領袖則爲瑪志尼,與加里波的驅逐教皇,一八四九年二月,建立了羅馬共和國,但又爲法軍所破滅。革命既敗,加富爾出輔撒的尼亞新王,爲瑪志尼所反對,然他外結強援,内收民心,凡先後三入相,粗定了統一的規模。一八五九年,意奥戰起,加里波的以徒黨助戰,及南意大利失政,人民起義,又率部助攻,瑪志尼爲之謀主,不兩旬而舉之,南北始復合。瑪志尼與加富爾雖爲政敵,而他的少年意大利黨往往或以直接或以間接以助其成。所以梁氏説:"無瑪志尼,則雖有百加富爾而大功終不可就,故造意大利者,三傑也,而造彼二傑者,瑪志尼也。"梁氏寫這篇文章是由瑪志尼"少年意大利"一語而啓發的,所以較詳細地介紹了他們。

〔二〕這大約是指一八三〇年瑪志尼以加波拿里黨徒身分參加政治活動而被放的事。《三傑傳》說:"千八百三十年,法國第二革命起,時瑪志尼二十五歲,……風潮所簸,影響徧及,加波拿里黨復揚其餘燼,蜂起於各郡國。奥國移兵剿洗,瞬息勘定。而瑪志尼爲偵吏所賣,逮繫獄中者六月,僅減死一等,見放於意大利境外。……越在法國。"

〔三〕《三傑傳》:"初意大利當十八世紀以前,已有哲理家文學家但丁……等,微言永嘆,大聲疾呼,以革新匡復之義導其國民。流風漸播,於是有加波拿里黨之設。(案:撒的尼亞王查理士阿爾拔,和法皇拿破侖第三在未即位前都參加過。)加波拿里者,燒炭之義,實秘密革命之盟社也。……瑪志尼以愛國熱血之所涌,思有所憑藉,乃投入加波拿里黨。既而,……以爲此黨之人,血氣有餘,而道心不足。……欲成大事者,不可不先置成敗利鈍於度外,今日不成,期以明日,今年不成,期以來年,如是乃至十年、二十年、百年、數百年所不辭也;及身不成,期之於子,子猶不成,期之於孫,如是乃至曾孫、玄孫、來孫所不辭也;吾力不成,期諸吾友,吾友不成,期諸吾友之友,乃至吾黨不成,期諸他黨所不辭也;惟求行吾志貫徹吾主義而已。……非有此等氣魄此等識想者,不足以言革命,不足以言天下事。而欲養成此氣魄此識想,不可不推本於學力,不可不推本於道德。瑪志尼深察加波拿里黨之不足語於此也,於是脱離之。自組織一黨,名曰少年意大利。其……綱領曰:'少年意大利'者,意大利人中之信進步、義務兩公例而確認我意大利爲有天賦一國民的資格之諸同志所結合而成者也。入此會者,以再建一自由平等獨立自主之意大利爲目的,凡在此目的外之思想動作悉犧牲之。以兹決心,組織此會。"

〔四〕《三傑傳》:"黨體既立,應者如響,自學生而學生,自青年而青年,其結合之速力,幾爲前古所未曾有。時加里波的方夙夜皇皇,所在募同志,偶遇此少年意大利黨員之一人,乃始知世有所謂瑪志尼者,其所志所事正與己同,大喜,遂投身入會。……瑪志尼之見放也,遁於法國之麻士禾市,自創一報館,即以其黨名名之曰'少年意大利',以其高尚純潔之理想,博通宏贍之學識,縱橫透闢之文詞,灑熱血於筆端,伸大義於天壤。舉國志士應之者雲起水涌。"《漢書‧蒯通傳》:"雲合霧集。"這裏是形容羣衆的趨附。

〔五〕史可法《覆多爾袞書》:"幸其光復舊物也。"《左傳》哀公元年:

"不失舊物。"光復舊物就是恢復舊業。

〔六〕《三傑傳》:"十九世紀之下半紀,距今最近數十年之間,儼然一新造國,涌出於殘碑纍纍荒殿寂寂之裏。泱泱然擁有五十餘萬之精兵,二百六十餘艘之軍艦,六千餘英里之鐵路,十一萬餘英方里之面積,二千九百餘萬同族之人民。內舉立憲之美政,外揚獨立之威烈,雪數十代祖宗之大恥,還二千年歷史之光榮,此亦革命家達士里阿所當瞑於九原(案:達士里阿一譯達志格里阿,爲撒的尼亞貴族。嘗輔撒的尼亞王阿爾拔,阿爾拔解放運動失敗,遜位於他的兒子英瑪努埃,達士里阿先加富爾爲相二年後,薦加富爾自代。)而大詩人但丁所當且感且泣,而始願不及者矣。"

〔七〕《三傑傳》:"今之意大利,古之羅馬也。自般琶、西莎兒以來,以至阿卡士大帝之世,併吞歐羅巴、亞細亞、阿非利加之三大陸,而建一大帝國。……當此之時,天下者羅馬之天下,於戲,何其盛也!何圖一旦爲北狄所蹂躪,日削月蹙,再軛於回族,三軛於西巴尼亞,四軛於法蘭西,五軛於日耳曼,……支離憔悴,年甚一年。直至十九世紀之初期,而山河破碎,益不可紀極,東縣於法,西隸於奧,中央夷於班,意大利三字僅爲地理上之名詞(案:這是梅特涅侮辱意大利的話),而非政治上之名詞者,千餘年於茲矣。"

龔自珍氏之集有詩一章,題曰《能令公少年行》,〔一〕吾嘗愛讀之,而有味乎其用意之所存。我國民而自謂其國之老大也,斯果老大矣;我國民而自知其國之少年也,斯乃少年矣。西諺有之曰:"有三歲之翁,有百歲之童。"然則國之老少,又無定形,而實隨國民之心力以爲消長者也。吾見乎瑪志尼之能令國少年也,吾又見乎我國之官吏士民能令國老大也,吾爲此懼！夫以如此壯麗濃郁翩翩絕世之少年中國,〔二〕而使歐西、日本人謂我爲老大者何也？則以握國權者皆老朽之人也。非哦幾十年八股,〔三〕非寫幾十年白摺,〔四〕非當幾十年差,非捱幾十年俸,〔五〕非遞幾十年手本,〔六〕非唱幾十年諾,〔七〕非磕幾十年頭,〔八〕非請幾十年安,〔九〕則必不能得一官,進一職。其内任卿貳以上,〔一〇〕外任監司以上者,〔一一〕百人之中,其五官不備者,殆九十六七人也,非眼盲,則耳聾,非手顫,則足跛,否則半身不遂也。〔一二〕彼其一身飲食步履視聽言語,尚且不能自了,須三四人在左右扶之捉之,乃能度日,於此而乃欲責之以國事,是何異立無數木偶而使之治天下也。且彼輩者,自其少壯之時,既已不知亞細、歐羅爲何處地方,〔一三〕漢祖、唐宗是那朝皇帝;〔一四〕猶嫌其頑鈍腐敗之未臻其極,又必搓磨之,陶冶之,待其腦髓已涸,血管已塞,氣息奄奄,〔一五〕與鬼爲鄰之時,〔一六〕然後將我二萬里山河,四萬萬人命,一舉而畀於其手。嗚呼！老大帝國,誠哉其老大也。而彼輩者,積其數十年之八股、白摺、當差、捱俸、手本、唱諾、磕頭、請安,千辛萬苦,千苦萬辛,乃始得此紅頂花翎之服色,中堂大人之名號,〔一七〕乃出其全副精神,竭其畢生力量,以保持之。如彼乞兒,拾金一錠,雖轟雷盤旋其頂上,而兩手猶緊抱其荷包,他事非所顧也,非所知也,非所聞也。於此而告之以亡國也,瓜分也,彼烏從而聽之,烏從而信之。即使果亡矣,果分矣,而吾今年既七十矣八十矣,但求其一兩年內，洋人不來，強盜不起，我已快活過了一世矣。〔一八〕若不得已，則割三頭兩省之土地，奉申賀敬，〔一九〕以換我幾個衙門；賣三幾百萬之人民作僕爲奴，以贖我一條老命，有何不可，有何難辦。嗚呼！今之所謂老后、老臣、老將、老吏者，其修身、齊家、治國、平天下之手段，〔二〇〕皆具於是矣。"西風一夜催人老，凋盡朱顏白盡頭。"使走無常當醫生，〔二一〕齎催命符以祝壽，〔二二〕嗟乎痛哉！以此爲國，是安得不老且死，且吾恐其未及歲而殤也。

〔一〕《清史稿·文苑傳》："龔巩祚原名自珍，字瑟人。仁和人。初由舉人援例爲中書。道光時，成進士。……宗人府主事改禮部。官中書時，上書……論西北塞外部落源流山川形勢……凡五千言，後復上書論禮部四司宜沿革者亦三千言。其文字驁桀，出入經史百家，自成學派。著有……《定盦詩文集》。"《定盦詩集·能令公少年行》序曰："龔子自禱祈之所言也。雖弗能遂，酒酣歌之，可以怡魂而澤顏焉。"詩曰："蹉跎虖公！公今言愁愁無終，公毋哀吟婭姹聲沈空。酌我五石雲母鍾，我能令公顏丹鬢綠而與年少爭光風。聽我歌此勝絲桐。貂毫署年年甫中（案：此詩作於道光元年，龔氏三十歲），著書先成不朽功，名驚四海如雲龍，攫拿不定光影同，徵文考獻陳禮容，飲酒結客橫才鋒，逃禪一意飯宗風。……噫嚱！少年萬恨填心胸，消災解難疇之功？吉羊解脫文殊童，著我五十三參中，蓮邦縱使緣未通，它生且生兜率宮。"

〔二〕《史記·平原君列傳》："太史公曰：'平原君，翩翩濁世之佳公子也。'"蔡邕《陳太丘碑文》："絕世超倫。"案：翩翩是說態度的美好。絕世就是絕代，世所少見的意思。

〔三〕八股已見上。徐大椿《道情·時文嘆》:"讀書人,最不濟,爛時文,爛如泥。國家本爲求賢計,誰知道,變做了欺人技。三句承題,兩句破題,搖頭擺尾,便道是聖門高弟。到得那歲考日,鄉試期,房行墨卷,汪汪念到三更際。讀得來口角離奇,眼目凄迷,兩個肩頭,一高一低。也不曉得三通、四史,是何等文章,也不曉得漢祖、唐宗,是那一朝的皇帝。即使做得官來,也是百姓朝廷遭晦氣。"形容苦讀,可謂窮形盡相了。

〔四〕康有爲《廣藝舟雙楫·干祿》:"國朝……翰林大考、試差朝考、殿試散館皆舍文而論書。其中格者,編、檢授學士,進士殿試得及第,朝考一等,上者魁多士,下者入翰林。其書不工者,編、檢罰俸,進士、庶吉士散爲知縣。御史,言官也;軍機,政府也,一以書課試。下至中書、教習,皆試以楷法。……馬醫之子,苟能工書,雖目不通古今,可起徒步,積資取尚、侍,耆老可大學士。苟不工書,雖有孔墨之才,曾史之德,不能階清顯,況敢問卿相。……百餘年來,斯風大扇,童子之試,已係去取,於是負床之孫,披藝之子,獵縹捉袵,争言書法,提筆伸紙,競講摺策。……應製之書,約分二種:一曰大卷,應殿試者也;一曰白摺,應朝考者也。試差、大考、御史、軍機,中書、教習,皆用白摺,歲、科、生員、童子試,則用薄紙卷,字似摺而略大,則摺派也;優、拔朝考,翰林散館,則用厚紙大卷,而字略小,則策派也。二者相較,摺用爲多。"光緒二十四年七月初七日《中外日報》評論:"翰林非至三品,則不敢棄八股、詩賦、小楷,以考翰詹、考試差之胥恃此也。故士子自通籍而後試外吏者,五年、十年,猶或可稍有閱歷,稍長見識,……至京師翰林諸公,其所營營者,則詩賦耳,小楷耳。"

〔五〕梁氏《中國積弱溯源論》:"中國之任官也,首狹其登進之途,使舉國無賢無愚,皆不得不俯首以就此途,以消磨其聰明材力,消磨略盡,然後用之。用之又非器其才也,限之以年,繩之以格。資格既老,雖盲瘖亦能躋極品;年俸未足,雖雋才亦必屈下僚。"

〔六〕《五石瓠》:"萬曆……後以青殼粘前後葉而綿紙六扣稱手本,爲下官見上官所投。"

〔七〕陸游《老學庵筆記》:"按古所謂揖,但舉手而已;今所謂喏,乃始於江左諸王。方其時,惟王氏子弟爲之;故支道林入東,見王子猷兄弟還,人問諸王何如?答曰:'見一羣白項烏,但聞啞啞聲。'即今喏也。故曰唱喏。"案:前人作揖,口中還要致頌詞,所以叫做唱喏。這裏喏作諾,是錯誤的。

〔八〕《中國積弱溯源論》:"吾聞官場有六字之秘訣,曰:'多叩頭,少講話。'"案:這是嘉道間大官曹振鏞的話。朱克敬《瞑庵雜識》説:"曹文正公晚年恩遇益隆,身名俱泰。門生請問其故,曹曰:'無他,但多磕頭,少説話耳。'"

〔九〕案:這是指滿族人下對上致敬的動作,又名打跧。

〔一〇〕案:秦漢以來,職官有九卿,元魏加置少卿,爲卿的副手,因此叫做卿貳。貳就是副的意思。這個制度,一直沿至清代。清代如大理、太常、光禄、太僕、鴻臚等寺,都有正卿、少卿,正卿正三品,少卿正四品。詳《清史稿·職官志》。

〔一一〕案:據吳曾《能改齋漫録》,監司之名,始於晉代,本是指當時的刺史,後來隨代而異,宋代指諸路轉運使之帶按察任務的;元明是指提刑按察司。到了清代則指守巡各道。

〔一二〕半身不遂是説中風偏枯的病。

〔一三〕亞細即亞細亞之簡稱。

〔一四〕案:似用徐大椿《道情·時文嘆》的話,已見上引。

〔一五〕奄奄是沒有生氣的形容詞。

〔一六〕元好問詩:"暮與山鬼鄰。"這裏是説去死不遠。

〔一七〕案：唐代於中書省設政事堂，爲宰相辦事的地方，見《新唐書・百官志》。後世因稱宰相叫中堂。案：大人的稱呼，宋以前，大都是稱父母，元以後，始以稱大官僚。詳趙翼《陔餘叢考》"大人"條。

〔一八〕案龍啓瑞《上梅伯言書》已説："今之督撫，……大抵容身固寵，視疆場若無覩，苟及吾身幸無事，他日自有執其咎者。"大約當梁氏時，更每況愈下了。

〔一九〕申有陳的意思。見朱駿聲《説文通訓定聲》。

〔二〇〕《禮記・大學》："物格而後知至，知至而後意誠，意誠而後心正，心正而後身修，身修而後家齊，家齊而後國治，國治而後天下平。"

〔二一〕世俗迷信，以爲有人的魂靈夜間能爲冥世的閻王服役，拘捕壽限已屆的人歸陰，叫做"走無常"。

〔二二〕催命符即閻王所差鬼役拘捕生魂的文牒、牌票。

梁啓超曰：造成今日之老大中國者，則中國老朽之冤業也；〔一〕製出將來之少年中國者，則中國少年之責任也。彼老朽者何足道，彼與此世界作別之日不遠矣，而我少年乃新來而與世界爲緣。如僦屋者然，〔二〕彼明日將遷居他方，而我今日始入此室處。〔三〕將遷居者，不愛護其窗櫳，〔四〕不潔治其庭廡，〔五〕俗人恒情，亦何足怪。若我少年者，前程浩浩，後顧茫茫，中國而爲牛、爲馬、爲奴、爲隸，則烹臠鞭箠之慘酷，惟我少年當之；中國如稱霸宇内，主盟地球，〔六〕則指揮顧盼之尊榮，惟我少年享之，於彼氣息奄奄，與鬼爲鄰者，何與焉？彼而漠然置之，猶可言也；我而漠然置之，不可言也。使舉國之少年而果爲少年也，則吾中國爲未來之國,其進步未可量也;使舉國之少年而亦爲老大也,則吾中國爲過去之國,其漸亡可翹足而待也。[七]故今日之責任,不在他人,而全在我少年。少年智則國智,少年富則國富,少年強則國強,少年獨立則國獨立,少年自由則國自由,少年進步則國進步,少年勝於歐洲則國勝於歐洲,少年雄於地球則國雄於地球。紅日初升,其道大光;[八]河出伏流,一瀉汪洋。潛龍騰淵,鱗爪飛揚;乳虎嘯谷,百獸震惶。鷹隼試翼,[九]風塵吸張;奇花初胎,[一〇]矞矞皇皇。[一一]干將發硎,[一二]有作其芒。[一三]天戴其蒼,[一四]地履其黃。[一五]縱有千古,橫有八荒。[一六]前途似海,來日方長。美哉我少年中國,與天不老;壯哉我中國少年,與國無疆!

"三十功名塵與土,八千里路雲和月。莫等閑白了少年頭,空悲切。"此岳武穆《滿江紅》詞句也,作者自六歲時即口受記憶,至今喜誦之不衰。自今以往,棄哀時客之名,更自名曰少年中國之少年。

作者附識。

〔一〕冤是冤孽。業是造作,即梵語的羯磨。説中國的老大,是一班老朽的冤孽造作成的。

〔二〕僦音 jiù,租賃的意思。

〔三〕《詩‧豳風‧七月》:"入此室處。"

〔四〕段玉裁《説文解字注》:"櫺皆言橫直爲窗櫺通明。"

〔五〕《説文解字》:"廡,堂下周屋也。"

〔六〕就是主持國際盟會,充當盟主。

〔七〕鄭玄《禮記·檀弓》注："消盡爲漸。"

〔八〕《易·益卦》："其道大光。"

〔九〕隼音zhǔn,猛禽類,一名鶻。

〔一〇〕司空圖《詩品》："奇花初胎。"

〔一一〕揚雄《太玄經·交》："物登明堂,喬喬皇皇。"范望注："喬喬,物長春風之聲貌也;皇皇,猶熒熒也。"案:都是美盛的形容詞。

〔一二〕《吳越春秋》："干將,吳人;莫邪,干將之妻也。干將作劍,莫邪斷髮翦爪,投於爐中,金鐵乃濡,遂以成劍。陽曰干將,陰曰莫邪。"案:這裏是指劍。《莊子·養生主》："刀刃若新發於硎。"陸德明《經典釋文》："硎音刑,磨石也。"

〔一三〕《史記·天官書》："作作有芒。"作是形容光芒的四射。

〔一四〕《詩·王風·黍離》："悠悠蒼天。"傳："據遠視之蒼蒼然,則稱蒼天。"

〔一五〕《易·坤卦·文言》："天玄而地黃。"

〔一六〕賈誼《過秦論》"并吞八荒之心",八荒是指八方極遠的地方。

論進步〔一〕

泰西某說部載有西人初航中國者,聞羅盤針之術之傳自中國也,〔二〕又聞中國二千年前即有之也,默忖此物入泰西,不過數紀,而改良如彼其屢,效用如彼其廣,則夫母國數千年之所增長,當更何若?登岸後不遑他事,先入市購一具,乃問其所謂最新式者,則與歷史讀本中載十二世紀時亞剌伯人傳來之羅盤圖,〔三〕無累黍之異,〔四〕其人乃廢然而返云。此雖諷刺之寓言,實則描寫中國羣治濡滯之狀,談言微中矣。〔五〕

〔一〕案:此文爲梁氏一九〇二年所作《新民說》中的第十篇。這一年二月梁氏在日本橫濱山下町創辦《新民叢報》,《新民說》就是作始於這個時候的。它的敍論說:"國也者,積民而成,國之有民,猶身之有四肢五臟筋脈血輪也。未有四肢已斷,五臟已瘵,筋脈已傷,血輪已涸,而身猶能存者;則亦未有其民愚陋怯弱涣散混濁而國猶能立者。故欲其身之長生久視,則攝生之術不可不明,欲其國之安富尊榮,則新民之道不可不講。"一九〇二年爲清光緒二十八年壬寅。梁氏三十歲。
〔二〕梁氏《中國歷史研究法》:"指南針由中國人發明,此西史上所艷稱,美人夏德所著《中國古代史》考之甚詳。"
〔三〕《宋書‧禮志》:"指南車其始周公所作,以送方外遠使,地域平漫,迷於東西,造立此車,使常知南北。至於秦漢,其制無聞,後漢張衡始復創造;漢末喪亂,其器不存,魏明帝青龍中,令博士馬鈞更造之而車成;晉亂,復亡。石虎使解飛、姚興使令狐生又造焉;安帝義熙十三年,宋武帝平長安,始得此車,范陽人祖沖之有巧思,常謂宜更構造,宋順帝昇明末,齊王爲相,命造之焉。車成,試之,其制甚精,百屈千回,未嘗移變。"案:古代的指南車,沒有說明是否用磁石針,但戰國末年韓非已說"先王立司南以端朝夕",見《韓非子・有度》。說"先王"明指戰國以前;說"端朝夕"或已運用到天文方面。《論衡・是應》說:"司南之杓,投之於地,其柢指南。"則司南就是磁針盤的雛型。《韓非子》舊注說"司南即指南車",雖不對,然指南車之用磁針,亦可推想。到了趙宋仁宗時,已利用到軍事方面,見當時出版的《武經總要》。後來沈括說:"方家以磁石磨針鋒則能指南。"更詳細說明磁針儀器裝置的各種方法,並且發現了磁針的偏角。朱彧《萍洲可談》也說:"海舶……舟師識地理,夜則觀星,晝則觀日,陰晦觀指南針。"則又利用到航行了。由此說來,吾國指南磁針的進步歷史是很明確的。夏德所考,雖引古書很博,但有許多臆說,如:此種知識失傳很久,是後爲相地師用以覘家宅墳墓等風水,其用作航海者之指導,據最早而可靠之說蓋在十二世紀中國與蘇門答臘貿易時,以爲阿剌伯的旅行者或從中國之相地師處見此物而取之,以供航海之用。然後再由彼等傳到中國。

〔四〕《漢書・律曆志》:"權輕重者不失黍絫。"注:"十黍爲絫。"累黍就是黍絫,是說微細。

〔五〕《史記・滑稽列傳》:"談言微中,亦可以解紛。"

吾昔讀黃公度《日本國志》,〔一〕好之,以爲據此可以盡知東瀛新國之情狀矣,入都見日使矢野龍谿,〔二〕偶論及之,龍谿曰:"是無異據《明史》以言今日中國之時局也。"〔三〕余怫然,叩其説,龍谿曰:"黄書成於明治十四年,〔四〕我國自維新以來,每十年間之進步,雖前此百年不如也,然則二十年前之書,非《明史》之類而何。"吾當時猶疑其言,東遊以來,證以所見,良信。斯密亞丹《原富》〔五〕稱"元代時有意大利人瑪可波羅遊支那,歸而著書,述其國情,〔六〕以較今人遊記,殆無少異。"吾以爲豈惟瑪氏之作,即《史記》、《漢書》二千年舊籍,其所記載,〔七〕與今日相去能幾何哉?夫同在東亞之地,同爲黄族之民,而何以一進一不進,霄壤若此?〔八〕

〔一〕黄遵憲《日本國志》自序:"既居東二年,稍稍習其文,讀其書,與其士大夫交遊,遂發凡起例,創爲《日本國志》一書。朝夕編輯,甫創稿本,復奉命充美國總領事官。乙酉之秋,由美回華,家居有暇,乃閉門發篋,重事編纂,又幾閲兩載,而後書成,凡爲類十二,爲卷四十。"薛福成《日本國志序》:"採書至二百餘種,費日力至八九年,都五十餘萬言。"

〔二〕梁氏《自由書·傳播文明三利器條》説:"於日本維新之運有大功者小説亦其一端也。……如……矢野龍谿之《經國美談》……"自注:"矢野氏……日本文學界之泰斗,進步黨之魁傑也。"

〔三〕《四庫全書總目提要》:"《明史》三百三十六卷,……張廷玉等撰,乾隆四年七月二十五日書成表進。"

〔四〕案《日本國志》自序末署"光緒十三年夏五月"。光緒十三年實爲日本明治二十年。這裏有誤。

〔五〕嚴復《斯密亞丹傳》:"斯密亞丹者,斯密其氏,亞丹其名,蘇格蘭之噶谷邨人也。入英之鄂斯福國學,居之六年,既卒業,居額丁白臘,以辭令之學授徒。繼而主格拉斯高名學講習,其明年,改主德行學,又時時以計學要義演説教人。蓋斯密平生著作傳者僅十餘種,《原富》最善,《德性論》次之,皆於此時肇其始矣。歸里杜門十年,而《原富》行於世。書出,各國傳譯,言計之家,偃然宗之。居久之,斯密爲格拉斯高國學祭酒,年六十四矣。逾三年死。"

〔六〕瑪可波羅或譯作馬哥孛羅,意大利的維尼斯人。生於一二五一年,卒於一三二四年。他得元世祖奇渥温忽必烈的愛幸,做了大官,住在中國一共有十六年之久。回去以後,作了一本遊記,是研究元代史事和社會情况的重要資料,各國都有翻譯,我國也有好幾個譯本。

〔七〕《史記》原名《太史公書》,一百三十卷。漢司馬遷撰。趙翼説:"遷爲太史令即編纂史事,乃元封二年,至征和二年,前後共十八年。"那末《史記》作始於公元前一〇九年,完成當在前九一年。《漢書》一百二十卷,後漢班固撰。趙翼説:"考其始末,凡經四人手,閲三四十年,至建初中乃成。"建初是後漢章帝劉炟的年號,一共八年,是公元七六——八三年。

〔八〕霄壤就是天地。

中國人動言郅治之世在古昔,〔一〕而近世則爲澆末,爲叔季,〔二〕此其義與泰西哲學家進化之論最相反。〔三〕雖然,非讕言也,〔四〕中國之現狀實然也。試觀戰國時代,學術蠭起,或明哲理,或闡技術,〔五〕而後此則無有也;兩漢時代,治具粲然,宰相有責任,地方有鄉官,〔六〕而後此則無有也;自餘百端,類此者不可枚舉。夫進化者天地之公例也,譬之流水,性必就下,譬之拋物,勢必向心,苟非有他人焉從而搏之,有他物焉從而吸之,則未有易其故常者。然則吾中國之反於彼進化之大例,而演出此凝滯之現象者,殆必有故,求得其故而討論焉,發明焉,則知病而藥於是乎在矣。

〔一〕郅是大和盛的意思。
〔二〕《後漢書·黨錮傳》序:"叔末澆訛,王道陵缺。"《陳書·後主紀》:"屬當澆末。"案:澆是薄的意思。《左傳》僖公二十四年疏:"伯仲叔季,長幼之次也,故通謂國衰爲叔世,將亡謂季世。"
〔三〕梁氏《論學術之勢力左右世界》:"前人以爲黃金世界在於昔時,而末世日以墮落。自達爾文出,然後知地球人類,乃至一切事物,皆循進化之公理,日赴於文明。凡人類智識所能見之現象,無一不可以進化之大理貫通之,故進化論出,而前者宗門迷信之論,盡失所據,教會中人惡達氏滋甚,謂有一魔鬼住於其腦云。"
〔四〕《玉篇》:"讕,誣言相加被也。"音 lán,讕言就是胡説。
〔五〕梁氏《論中國學術思想變遷之大勢》:"全盛時代,以戰國爲主,而發端實在春秋之末,孔北老南,對壘互峙,九流十家,繼軌並作,如春雷一聲,萬綠齊茁於廣野,如火山乍裂,熱石競飛於天外。壯哉!盛戰!非特中華學界之大觀,抑亦世界學史之偉跡也。……古籍中記載最詳者,爲《漢書·藝文志》,其所本者,劉歆《七略》也。篇中《諸子略》,實爲學派論之中心點,而《兵書略》、《術數略》、《方技略》,亦學術界一部之現象也。"

〔六〕梁氏《中國前途之希望與國民責任》："太子……生於深宮之中，不離阿保之手，其趨惡恒視常人爲更易。而百僚士庶之箴諫謗議，總不能有節制驕主之實力，天道之邃遠，乃更不足以動其心矣，於是聖人之所以限制君主者，遂幾於窮。而於其間乃別得一法焉，則置丞相以爲天子之貳，而大重其權，天子御坐爲起，在輿爲下，事無大小，悉以咨之，然後施行，而使之負其責任，故有災異失政，則策免之，此其立法之本意。以視今世立憲國之所謂責任內閣，幾於具體而微矣。故黃梨洲謂君位傳子，相位傳賢而天下治（《明夷待訪錄·置相》），誠知言也。"近人鄧氏《中華二千年史》："漢制三公九卿皆有所職，分理庶政，非天子之私人，故遇大事，有所詔命，必下廷臣議之。至於丞相，爲天子副貳，其位極尊，權亦極重。"案漢制，丞相與太尉、御史大夫稱三公，又稱三司，本周秦官，責任是很大。《漢書·百官公卿表》說："相國、丞相，掌丞天子，助理萬機。"趙翼《廿二史劄記》說："西漢三公之官，無所不統，觀安帝詔謂'三司之職，內外是監'，順帝詔謂'刺史二千石之選，歸任三司'，此雖東漢之詔而職任實自西京，可見選用牧守，舉劾姦邪，皆三公之責。"

論者必曰：由於保守性質之太強也。是固然也，雖然，吾國中人保守性質何以獨強，是亦一未解決之問題也。且英國人以善保守聞於天下，而萬國進步之速，殆莫英若，又安見夫保守之必爲羣害也。吾思之，吾重思之，其原因之由於天然者有二，由於人事者有三：

一曰大一統而競爭絕也：競爭爲進化之母，此義殆既成鐵案矣。泰西當希臘列國之時，政學皆稱極盛；〔一〕洎羅馬分裂,〔二〕散爲諸國,復成近世之治,以迄於今,皆競爭之明效也。夫列國並立,不競爭則無以自存。其所競者,非徒在國家也,而兼在個人。非徒在強力也,而尤在德智。分途並趨,人自爲戰,而進化遂沛然莫之能禦。故夫一國有新式鎗炮出,則他國棄其舊者恐後焉,非是不足以操勝於疆場也;一廠有新式機器出,則他廠亦棄其舊者恐後焉,非是不足以求贏於闤闠也。〔三〕惟其然也,故不徒恥下人,而常求上人,昨日乙優於甲,今日丙駕於乙,明日甲還勝丙,互相傲,互相妒,互相師,如賽馬然,如鬬走然,如競漕然,〔四〕有橫於前,則後焉者自不敢不勉,有躡於後,則前焉者亦不敢即安,此實進步之原動力所由生也。中國惟春秋、戰國數百年間分立之運最久,而羣治之進,實以彼時爲極點;自秦以後,一統局成,而爲退化之狀者,千餘年於今矣。豈有他哉?競爭力銷乏使然也。〔五〕

二曰環蠻族而交通難也:凡一社會與他社會相接觸,則必產出新現象,而文明遂進一步,上古之希臘殖民,〔六〕近世之十字軍東征,〔七〕皆其成例也。然則統一非必爲進步之障也,使統一之於內,而交通之於外,則其飛躍或有更速者也。中國環列皆小蠻夷,其文明程度,無一不下我數等,一與相遇,如湯沃雪,縱橫四顧,常覺有天上地下唯我獨尊之概,始而自信,繼而自大,終而自畫。〔八〕至於自畫,而進步之途絕矣。不寧惟是,所謂諸蠻族者,常以其牛羊之力,水草之性,來破壞我文明,於是所以抵抗之者,莫急於保守我所固有,中原文獻,漢官威儀,實我黃族數千年來

戰勝羣裔之精神也。〔九〕夫外之既無可師法以爲損益之資，內之復不可不兢兢保持以爲自守之具，則其長此終古也亦宜。〔一〇〕

以上由於天然者。

三曰言文分而人智局也：文字爲發明道器第一要件，〔一一〕其繁簡難易，常與民族文明程度之高下爲比例差。列國文字，皆起於衍形，〔一二〕及其進也，則變而衍聲。〔一三〕夫人類之語言遞相差異，經千數百年後而必大遠於其朔者，勢使然也。故衍聲之國，言文常可以相合，衍形之國，言文必日以相離，社會之變遷日繁，其新現象新名詞必日出，或從積累而得，或從交換而來，故數千年前一鄉一國之文字，必不能舉數千年後萬流匯沓羣族紛拏時代之名物意境而盡載之，〔一四〕盡描之，此無可如何者也。言文合，則言增而文與之俱增，一新名物新意境出，而即有一新文字以應之，新新相引而日進焉。言文分，則言日增而文不增，或受其新者而不能解，或解矣而不能達，故雖有方新之機，亦不得不窒。〔一五〕其爲害一也。言文合，則但能通今文者，已可得普通之智識，其古文之學，如泰西之希臘羅馬文字。待諸專門名家者之討求而已，故能操語者即能讀書，而人生必需之常識，可以普及。言文分，則非多讀古書通古義，不足以語於學問，故近數百年來學者，往往瘁畢生精力於《說文》、《爾雅》之學，〔一六〕無餘裕以從事於實用，夫亦有不得不然者也。其爲害二也。且言文合而主衍聲者，識其二三十之字母，通其連綴之法則，望文而可得其音，聞音而可解其義。言文分而主衍形者,則《蒼頡篇》三千字,〔一七〕斯爲字母者三千,《說文》九千字,〔一八〕斯爲字母者九千,《康熙字典》四萬字,〔一九〕斯爲字母者四萬,夫學二三十之字母與學三千、九千、四萬之字母,其難易相去何如?〔二〇〕故泰西、日本婦孺可以操筆札,車夫可以讀新聞。而吾中國或有就學十年,而冬烘之頭腦如故也。〔二一〕其爲害三也。夫羣治之進,非一人所能爲也,相摩而遷善,相引而彌長,得一二之特識者,不如得百千萬億之常識者,其力逾大而效逾彰也。我國民既不得不疲精力以學難學之文字,學成者固不及什一,即成矣,而猶於當世應用之新事物新學理,多所隔閡,此性靈之濬發所以不銳,而思想之傳播所以獨遲也。

　　四曰專制久而民性漓也：天生人而賦之以權利,且賦之以擴充此權利之智識,保護此權利之能力,故聽民之自由焉,自治焉,則羣治必蒸蒸日上；有桎梏之、戕賊之者,〔二二〕始焉窒其生機,繼焉失其本性,而人道乃幾乎息矣。故當野蠻時代,團體未固,人智未完,有一二豪傑起而代其責,任其勞,羣之利也。過是以往,久假不歸,則利豈足以償其弊哉？譬之一家一廛之中,家長之待其子弟,廛主之待其伴傭,皆各還其權利而不相侵,自能各勉其義務而不相忮,如是而不浡焉以興,吾未之聞也；不然者,役之如奴隸,防之如盜賊,則彼亦以奴隸盜賊自居,有可以自逸可以自利者,雖犧牲其家其廛之公益以爲之,所不辭也,如是而不萎焉以衰,吾未之聞也。故夫中國羣治不進,由人民不顧公益使然也；人民不顧公益,由自居於奴隸盜賊使然也；其自居於奴隸盜賊,由霸者私天下爲一姓之產,而奴隸盜賊吾民使然也。善夫立憲國之政黨政治也,彼其黨人,固非必皆秉公心禀公德也,固未嘗不自爲私名私利計也。雖然,專制國之求勢利者,則媚於一人,立憲國之求勢利者,則媚於庶人。媚一也,而民益之進不進,於此判焉。政黨之治,凡國必有兩黨以上,其一在朝,其他在野,在野黨欲傾在朝黨而代之也,於是自布其政策,以掊擊在朝黨之政策,曰使吾黨得政,則吾所施設者如是如是,某事爲民除公害,某事爲民增公益。民悅之也,而得占多數於議院,而果與前此之在朝黨易位,則不得不實行其所布之政策,以副民望而保大權,而羣治進一級焉矣。前此之在朝黨,既幡而在野,〔二三〕欲恢復其已失之權力也,又不得不勤察民隱,〔二四〕悉心布畫,求更新更美之政策而布之曰:彼黨之所謂除公害增公益者,猶未盡也。使吾黨而再爲之,則將如是如是,然後國家之前途愈益向上。民悅之也,而復占多數於議院,復與代興之在朝黨易位,而亦不得不實行其所布之政策,以副民望而保大權,而羣治又進一級焉矣。如是相競相軋,相增相長,以至無窮,其競愈烈者,則其進愈速,歐美各國政治遷移之大勢,大率由此也。是故無論其爲公也,即爲私焉,而其有造於國民固已大矣。若夫專制之國,雖有一二聖君賢相,徇公廢私,〔二五〕爲國民全體謀利益,而一國之大,鞭長難及,〔二六〕其澤之真能徧逮者,固已希矣。就令能之,而所謂聖君賢相者,曠百世不一遇,而桓、靈、京、檜,〔二七〕項背相望於歷史,〔二八〕故中國常語稱一治一亂,〔二九〕又曰治日少而亂日多,豈無萌蘖,〔三〇〕其奈此連番之狂風橫雨何哉?進也以寸,而退也以尺,進也以一,而退也以十,所以歷千百年而每下愈況也。

五曰學說隘而思想窒也:凡一國之進步,必以學術思想爲之母,而風俗政治皆其子孫也。中國惟戰國時代,九流雜興,〔三一〕道術最廣,〔三二〕自有史以來,黃族之名譽,未有盛於彼時者也。秦、漢而還,孔教統一。夫孔教之良,固也。雖然,必強一國人之思想使出於一途,其害於進化也莫大。自漢武表章六藝,罷黜百家,凡非在六藝之科者絕勿進,〔三三〕爾後束縛馳驟,日甚一日,虎皮羊質,霸者假之以爲護符,〔三四〕社鼠城狐,賤儒緣之以謀口腹,〔三五〕變本加厲,而全國之思想界銷沈極矣。敍歐洲史者,莫不以中世史爲黑闇時代。夫中世史則羅馬教權最盛之時也,舉全歐人民,其軀殼界,則糜爛於專制君主之暴威,其靈魂界,則匐伏於專制教主之縛軛,故非惟不進,而以較希臘、羅馬之盛時,已一落千丈強矣。〔三六〕今試讀吾中國秦漢以後之歷史,其視歐洲中世史何如?吾不敢怨孔教,而不得不深惡痛絕夫緣飾孔教、利用孔教、誣罔孔教者之自賊而賊國民也。

以上由於人事者。

夫天然之障,非人力所能爲也,而世界風潮之所簸蕩所衝激,已能使吾國一變其數千年來之舊狀。進步乎!進步乎!當在今日矣!雖然,所變者外界也,非内界也。内界不變,雖日烘動之鞭策之於外,其進無由。天下事無無果之因,亦無無因之果,我輩積數千年之惡因,以受惡果於今日,有志世道者,其勿遽責後此之果,而先改良今日之因而已。

〔一〕希臘因爲地理上的關係,分成了許多的城邦,各城邦各有法律、軍隊和神祇,各城邦的居民各愛其本邦,常和其他的城邦爭雄競長,但也有聯合幾個城市而成爲一大城邦的,如雅典、斯巴達、亞各斯、底比斯等。希臘的文化就在這互爭雄長的局面下蓬勃發展起來了。尤其是雅典成爲希臘文化的中心。

〔二〕羅馬的分裂是始於東西兩帝的分治。

〔三〕《廣雅·釋宮》:"闤闠,道也。"王念孫《疏證》:"案:闤爲市垣,闠爲市門,而市道即在垣與門之內,故亦得闤闠之名。"案:闤闠音 huán huì,後人多作市肆講。

〔四〕《玉篇》:"漕,水轉運也。"

〔五〕大一統不定爲進步之障,梁氏下文有說明。

〔六〕希臘人的南下殖民,歷史家稱他們好像水上的波浪一般,後浪接着前浪,進入希臘半島以後,就和愛琴文化融合了。

〔七〕十字軍就是歐洲的基督教徒要奪回塞爾柱族突厥人所佔據的耶路撒冷聖地而起的戰爭。從公元一〇九六年到一二七〇年,這二百年中,幾乎每隔二三十年總有一次遠征軍出發,規模巨大的大概有七次,第六第七兩次從征的都以赤十字作爲肩章,所以有這個稱號。中間雖曾奪回過兩次,建立耶路撒冷王國,但終於失敗了。失敗儘管失敗,然於歐亞二洲的交通和文化上起了很大的作用,還是得能償失的。

〔八〕自畫就是自己不求長進。蓋從《論語·雍也》"今汝畫"一語而來。

〔九〕裔,本訓衣邊,因此引申邊疆也叫邊裔,邊疆上的異族也叫裔夷。

〔一〇〕終古就是久遠。

〔一一〕《易·繫辭》:"形而上者謂之道,形而下者謂之器。"

〔一二〕近人何炳松《外國史》:"文字發達的第一步就是用簡陋的

圖書來代表一件事情或者一個故事。這種文字就是歷史上所謂象形文字,所有古代文明國的文字,如中國、巴比倫都是如此。"

〔一三〕曾紹廉《西洋古代史》:"埃及人之文字,苟僅爲一種連貫之圖形,則對於信、憎、愛、美等字將永不能寫出,但及埃及之圖形人多數變爲表音之符號時,於是對於其所知之任何字,無論其所指之事物能否以圖畫表示,均能寫出之矣。既有表音符號,而真正文字乃最初產生,真正文字之產生於尼羅河居民中,實較古代世界任何他處爲早。埃及文字所包含之符號,最後達六百以上,其中許多表示全數之字音,並將二以上之字音符號連合而成複合的字音符號,每一種複合的字音符號表示一字,故其文字遂變成許多複合的符號,每一種複合的符號爲一字,積許多字而成一句。最後復發明一種連貫之符號,每一符號僅表示一字,此即可稱爲字母的符號,或可稱爲真正的字母。此種字母共計二十四個,當紀元前三千年以前,埃及人即久已發明之,此實吾人所知最古之字母。"

〔一四〕匯沓就是匯聚雜沓,紛拏就是紛爭,引申爲紛紜錯亂的意思。

〔一五〕案:譚嗣同已啓其端,他在《仁學》中説:"語言文字,萬有不齊,越國即不相通,愚賤尤難遍曉;更若中國之象形字,尤爲之梗也。"

〔一六〕《漢書·藝文志》:"《爾雅》三卷二十篇。"案:今存十九篇,相傳是周公姬旦創作,後來孔丘、卜商、叔孫通、梁文先後增補,信否已不可知道了。《説文》的全名是《説文解字》,共十五卷。後漢許慎撰。

〔一七〕段玉裁《説文解字注》:"李(案李斯)之七章,趙(案趙高)之六章,胡毋(案胡毋敬)之七章,各爲一篇,《漢志》最目(案:最目即總目)合爲《倉頡》一篇者,因漢時閭里書師合爲三篇,斷六十字以爲一章,凡五十五章,並爲《倉頡篇》故也。六十字爲一章者凡五十五,然則自秦至司馬相如以前,小篆只有三千三百字耳。"

〔一八〕許慎《說文解字敘》:"此十四篇,五百四十部也,九千三百五十三文。"

〔一九〕《康熙字典》四十二卷是清康熙帝玄燁叫張玉書等編撰的。凡十二集,一百十九部,四萬多字。

〔二〇〕譚嗣同《仁學》:"盡改象形字爲諧聲,各用土語,互譯其意,朝授而夕解,彼作而此述,則地球之學可合而一。"案:梁氏這裏所說似受他的影響。

〔二一〕趙璘《因話錄》:"唐鄭薰主試,誤以顏標是魯公後,取爲狀元,舉子嘲曰:主司頭腦太冬烘,錯認顏標作魯公。"葉夢得《避暑錄話》:"唐人言冬烘,是不了了之語。"案:後人借來譏笑村塾先生。

〔二二〕《周禮・秋官・掌囚》:"中罪桎梏。"鄭玄注:"在手曰梏,在足曰桎。"桎梏音 zhì gù。《孟子・告子上》:"將戕賊杞柳而後以爲桮棬也。"案:戕賊就是殘害。

〔二三〕幡是變動的意思。

〔二四〕《國語・周語》:"勤卹民隱。"案:民隱就是人民的痛苦。

〔二五〕徇是從的意思。

〔二六〕《左傳》宣公十五年:"古人有言曰:'雖鞭之長,不及馬腹。'天方授楚,未可與爭。雖晉之強,能違天乎?"案:後人就成爲一句成語"鞭長莫及",比喻力所不及的意思。

〔二七〕桓是指後漢桓帝劉志,靈是指後漢靈帝劉宏,劉志和劉宏是著名的昏君。京是指北宋的姦相蔡京,史稱"凡四出執國政,遍佈戚黨,疾視人民,遂有靖康之變,天下罪京爲六賊之首,貶死"。檜是指南宋姦相秦檜,史稱"力持和議,阻止恢復,殺岳飛,竄張浚、趙鼎,一時忠臣良將,誅鋤略盡"。

〔二八〕《後漢書·左雄傳》:"監司項背相望,與同疾疢。"李注:"項背相望謂前後相顧。"後用爲相屬不絕的意思。

〔二九〕《孟子·滕文公下》:"天下之生久矣,一治一亂。"

〔三〇〕《孟子·告子上》:"非無萌蘗之生焉。"萌就是芽,芽旁出叫做蘗。這裏是比方國家也有些進步。

〔三一〕九流就是《漢書·藝文志·諸子略》所說的十家除去小說家。

〔三二〕《莊子·天下》:"古之所謂道術者,果惡乎在?曰:無乎不在。"

〔三三〕《漢書·武帝紀》贊:"孝武初立,卓然罷黜百家,表章六經。"又《董仲舒傳》對策曰:"《春秋》大一統者,天地之常經,古今之通誼也。今師異道,人異論,百家殊方,指意不同,是以上亡以持一統;法制數變,下不知所守;臣愚以爲諸不在六藝之科、孔子之術者,勿使並進,邪辟之說滅息,然後統紀可一而法度可明,民知所從矣。"

〔三四〕《傳燈錄》:"耽原爲惠忠國師侍者,云須要覓個護身符子。"案:護身符本指僧侶的度牒,後人對凡是爲非作惡者所依靠的特種勢力也叫護身符或護符。

〔三五〕社鼠城狐見詩選《去國行》注。《荀子·非十二子》:"弟佗其冠,神禫其辭,禹行而舜趨,是子張氏之賤儒也;正其衣冠,齊其顔色,嗛然而終日不言,是子夏氏之賤儒也;偷儒憚事,無廉恥而耆飲食,必曰君子固不用力,是子游氏之賤儒也。"

〔三六〕歐洲中古時代教權高於一切,西歐的全部變成了一個絕大的宗教團體,等於一個國家,掌握最高權力的是住在羅馬的教皇,他對各國教士有絕對的統制權,下面設立許多官職,處理各種教務。教會有複雜的法制，有規定的通用文字（拉丁文），它除享有領土中的賦稅和其他捐費外，還可徵收教稅；它不但管轄教士，還可以管轄和教會有關的人民；它不但可以法律處分教士，還可以設立牢獄，長期監禁；假使有人反抗教會，或懷疑教會的權力，就可給以反對上帝的罪名，判處死刑，也可想見它的薰天氣焰了。

新民子曰：吾不欲復作門面語，吾請以古今萬國求進步者，獨一無二不可逃避之公例，正告我國民。其例維何？曰破壞而已。〔一〕

不祥哉！破壞之事也！不仁哉！破壞之言也！古今萬國之仁人志士，苟非有所萬不得已，豈其好爲僥詭涼薄，〔二〕憤世嫉俗，快一時之意氣，以事此事而言此言哉？蓋當夫破壞之運之相迫也，破壞亦破壞，不破壞亦破壞，破壞既終不可免，早一日則受一日之福，遲一日則重一日之害。早破壞者，其所破壞可以較少，而所保全者自多；遲破壞者，其所破壞不得不益甚，而所保全者彌寡。用人力以破壞者，爲有意識之破壞，則隨破壞隨建設，一度破壞，而可以永絕第二次破壞之根，故將來之樂利，可以償目前之苦痛而有餘；聽自然而破壞者，爲無意識之破壞，則有破壞無建設，一度破壞之不已而至於再，再度不已而至於三，如是者可以歷數百年千年，而國與民交受其病，至於魚爛而自亡。〔三〕嗚呼！痛矣哉破壞！嗚呼！難矣哉不破壞！

聞者疑吾言乎？吾請與讀中外之歷史。中古以前之世界，一膿血世界也。英國號稱近世文明先進國，自一千六百六十年以後,至今二百餘年無破壞。其所以然者,實自長期國會之一度大破壞來也;〔四〕使其憚破壞,則安知乎後此之英國,不爲十八世紀末之法蘭西也。〔五〕美國自一千八百六十五年以後,至今五十餘年無破壞,其所以然者,實自抗英獨立、放奴戰爭之兩度大破壞來也;〔六〕使其憚破壞,則安知乎後此之美國,不爲今日之秘魯、智利、委內瑞辣、亞爾然丁也。〔七〕歐洲大陸列國,自一千八百七十年以後,〔八〕至今三十餘年無破壞,其所以然者,實自法國大革命以來,綿亙七八十年空前絶後之大破壞來也;使其憚破壞,則安知乎今日之日耳曼、意大利不爲波蘭,今日之匈加利及巴幹半島諸國不爲印度,今日之奧大利不爲埃及,今日之法蘭西不爲疇昔之羅馬也。〔九〕日本自明治元年以後,至今三十餘年無破壞,其所以然者,實自勤王討幕、廢藩置縣之一度大破壞來也;使其憚破壞,則安知乎今日之日本,不爲朝鮮也。〔一○〕夫吾所謂二百年來、五十年來、三十年來無破壞云者,不過斷自今日言之耳。其實則此諸國者,自今以往,雖數百年千年無破壞,吾所敢斷言也。何也?凡破壞必有破壞之根原。孟德斯鳩曰:"專制之國,其君相動曰輯和萬民,實則國中常隱然含有擾亂之種子,是苟安也,非輯和也。"〔一一〕故擾亂之種子不除,則蟬聯往復之破壞終不可得免,而此諸國者,實以人力之一度大破壞,取此種子芟夷蘊崇之,絶其本根而勿使能殖也。〔一二〕故夫諸國者,自今以往,苟其有金革流血之事,則亦惟以國權之故,構兵於域外,容或有之耳,若夫國內相鬩糜爛鼎沸之慘劇,〔一三〕吾敢決其永絕而與天地長久也。今我國所號稱識時俊傑,[一四]莫不豔羨乎彼諸國者,其羣治之光華美滿也如彼,其人民之和親康樂也如彼,其政府之安富尊榮也如彼,而烏知乎皆由前此之仁人志士,揮破壞之淚,絞破壞之腦,敝破壞之舌,禿破壞之筆,瀝破壞之血,填破壞之屍,以易之者也。嗚呼!快矣哉破壞!嗚呼!仁矣哉破壞!

此猶僅就政治一端言之耳,實則人羣中一切事事物物,大而宗教、學術、思想、人心、風俗,小而文藝、技術、名物,何一不經過破壞之階級以上於進步之途也?故路得破壞舊宗教而新宗教乃興,[一五]倍根、笛卡兒破壞舊哲學而新哲學乃興,[一六]斯密破壞舊生計學而新生計學乃興,[一七]盧梭破壞舊政治學而新政治學乃興,[一八]孟德斯鳩破壞舊法律學而新法律學乃興,[一九]歌白尼破壞舊曆學而新曆學乃興,[二〇]推諸凡百諸學,莫不皆然。而路得、倍根、笛卡兒、斯密、盧梭、孟德斯鳩、歌白尼之後,復有破壞路得、倍根、笛卡兒、斯密、盧梭、孟德斯鳩、歌白尼者,其破壞者,復有踵起而破壞之者,隨破壞,隨建設,甲乙相引,而進化之運,乃遞衍於無窮。凡以鐵以血而行破壞者,破壞一次,則傷元氣一次。故真能破壞者,則一度之後,不復再見矣。以腦以舌而行破壞者,雖屢摧棄舊觀,只受其利,而不蒙其害,故破壞之事無窮,進步之事亦無窮。又如機器興而手民之利益不得不破壞,[二一]輪舶興而帆檣之利益不得不破壞,鐵路電車興而車馬之利益不得不破壞,公司興而小資本家之利益不得不破壞,"托辣士特"(Trust)興而尋常小公司之利益不得不破壞。[二二]當其過渡迭代之頃,非不釀婦歎童號之慘,極棼亂杌陧之觀也;及建設之新局既定，食其利者乃在國家，乃在天下，乃在百年，而前此蒙破壞之損害者，亦往往於直接間接上得意外之新益。善夫！西人之恒言曰："求文明者，非徒須償其價值而已，而又須忍其苦痛。"夫全國國民之生計，爲根本上不輕搖動者，而當夫破壞之運之相代乎前也，猶且不能恤小害以擲大利，而況於害有百而利無一者耶？故夫歐洲各國自宗教改革後，而教會教士之利益被破壞也；自民立議會後，而暴君豪族之利益被破壞也；英國改正選舉法，千八百三十二年。〔二三〕而舊選舉區之特別利益被破壞也；美國布禁奴令，千八百六十五年。而南部素封家之利益被破壞也。此與吾中國之廢八股，而八股家之利益破壞；革胥吏，而胥吏之利益破壞；改官制，而宦場之利益破壞，〔二四〕其事正相等。彼其所謂利者，乃偏毗於最少數人之私利，而實則陷溺大多數人之公敵也。諺有之："一家哭何如一路哭。"〔二五〕於此而猶曰不破壞不破壞，吾謂其無人心矣。夫中國今日之事，何一非盡大多數人而陷溺之者耶？而八股、胥吏、官制其小焉者也。

欲行遠者不可不棄其故步，〔二六〕欲登高者不可不離其初級，若終日沾滯呆立於一地，而徒望遠而歎，仰高而羨，吾知其終無濟也。若此者，其在毫無阻力之時，毫無阻力之地，而進步之公例固既當如是矣，若夫有阻之者，則鑿榛莽以闢之，烈山澤而焚之，〔二七〕固非得已。苟不爾，則雖欲進而無其路也。諺曰："螫蛇在手，壯士斷腕。"〔二八〕此語至矣！不觀乎善醫者乎？腸胃癥結，非投以劇烈吐瀉之劑，而決不能治也；瘡癰腫毒，非施以割剖洗滌之功，而決不能療也，若是者，所謂破壞也。苟其憚之，而日日進參苓以謀滋補，塗珠珀以求消毒，〔二九〕病未有不日增而月劇者也。夫其所以不敢下吐瀉者，慮其耗虧耳，所以不敢施割剖者，畏其苦痛耳，而豈知不吐瀉而後此之耗虧將益多，不割剖而後此之苦痛將益劇，循是以往，非至死亡不止，夫孰與忍片刻而保百年，苦一部而養全體也。且等是耗虧也，等是苦痛也，早治一日，則其創夷必較輕，緩治一日，則其創夷必較重，此又理之至淺而易見者也。而謀國者乃昧焉，此吾之所不解也。大抵今日談維新者有兩種：其下焉者，則拾牙慧蒙虎皮，〔三〇〕借此以為階進之路，西學一八股也，〔三一〕洋務一苞苴也，〔三二〕遊歷一暮夜也，〔三三〕若是者固不足道矣；其上焉者，則固嘗悴其容焉，焦其心焉，規規然思所以長國家而興樂利者，至叩其術，最初則外交也，練兵也，購械也，製器也，稍進焉則商務也，開礦也，鐵路也，進而至於最近，則練將也，警察也，教育也，此犖犖諸大端者，是非當今文明國所最要不可缺之事耶？雖然，枝枝節節而行焉，步步趨趨而摹仿焉，其遂可以進於文明乎？其遂可以置國家於不敗之地乎？吾知其必不能也。何也？披綺羅於嫫母，〔三四〕只增其醜；施金鞍於駑駘，〔三五〕只重其負；刻山龍於朽木，〔三六〕只驅其腐；築高樓於鬆壤，只速其傾，未有能濟者也。今勿一一具論，請專言教育。夫一國之有公共教育也，所以養成將來之國民也。而今之言教育者何如？各省紛紛設學堂矣，而學堂之總辦提調，〔三七〕大率皆最工於鑽營奔競能仰承長吏鼻息之候補人員也；學堂之教員,大率皆八股名家弋竊甲第武斷鄉曲之鉅紳也;〔三八〕其學生之往就學也,亦不過曰此時世妝耳,〔三九〕此終南徑耳,〔四〇〕與其從事於閉房退院之詩云子曰,〔四一〕何如從事於當時得令之 ABCD,考選入校,則張紅然爆以示寵榮,吾粵近考取大學堂學生者皆如是。資派遊學,則苞苴請託以求中選。若此者,皆今日教育事業開宗明義第一章,〔四二〕而將來爲一國教育之源泉者也。試問循此以往,其所養成之人物,可以成一國國民之資格乎?可以任爲將來一國之主人翁乎?可以立於今日民族主義競爭之潮渦乎?吾有以知其必不能也。不能,則有教育如無教育,而於中國前途何救也?請更徵諸商務。生計界之競爭,是今日地球上一最大問題也,各國所以亡我者在此,我國之所以爭自存者亦當在此。商務之當整頓,夫人而知矣。雖然,振興商務,不可不保護本國工商之權利。欲保護權利,不可不頒定商法。僅一商法不足以獨立也,則不可不頒定各種法律以相輔。有法而不行,與無法等,則不可不定司法官之權限。立法而不善,弊更甚於無法,則不可不定立法權之所屬。壞法者而無所懲,法旋立而旋廢,則不可不定司法官之責任。推其極也,非制憲法,開議會,立責任政府,而商務終不可得興。今之言商務者,漫然曰吾興之吾興之而已,吾不知其所以興之者持何術也?夫就一二端言之,既已如是矣,推諸凡百,莫不皆然,吾故有以知今日所謂新法者之必無效也。何也?不破壞之建設,未有能建設者也。夫今之朝野上下,所以汲汲然崇拜新法者,〔四三〕豈不以非如是則國將危亡乎哉?而新法之無救於危亡也若此,有國家之責任者當何擇矣。

〔一〕案：梁氏所持諸説，常爲當時人所驚駭，保守的不必講了，就是號爲進步的，也不能没有異議，尤其是對破壞等的論調，如嚴復説："任公妙才，下筆不能自休，自《時務報》發生以來，所持宗旨，則前後易觀者甚衆，然此猶有良知進行之説爲之護符，顧而至於主暗殺，（案：梁氏於一九一三年作《暗殺之罪惡》一文，已極言其罪惡其野蠻了。）主破壞，其筆端又有魔力，足以動人。主暗殺，則人因之而倜然暗殺；主破壞，則人又羣然争爲破壞矣。敢爲非常可喜之論，而不知其種禍無窮。"其實按之實際，他都有所受，並不是什麽創論。梁氏《自由書》"破壞主義"條説："日本明治之初，政府新易，國論紛糅。伊藤博文、大隈重信、井上馨等共主破壞主義，又名突飛主義，務摧倒數千年之舊物，行急激之手段。當時諸人皆居於東京之築地，一時目築地爲梁山泊云。"據此可知他的破壞論是得於日本維新派的；他在《清代學術概論》中引譚嗣同《仁學》説："吾華人慎毋言華盛頓、拿破侖矣，志士仁人，求爲陳涉、楊玄感，以供聖人之驅除，死無憾焉；若機無可乘，則莫若爲任俠，亦足以伸民氣、倡勇敢之風。"梁氏在"任俠"下加注"暗殺"兩字。據此則暗殺論是得於譚嗣同的。梁氏所持議論如破壞論等，在當時自有其進步作用，但所謂破壞，最高不過制憲法、開議會、立責任政府而止，則仍是改良，特出以激烈的語調罷了。嚴氏所評，雖本意在譴責梁氏，而在今日看來，反覺許之太過罷。

〔二〕案：俶詭，《莊子・德充符》和《天下》篇都作諔詭，《齊物論》又作吊詭，章炳麟《解故》説："吊詭即《天下》篇之諔詭，與俶儻之俶同字，吊俶古音近。"俶儻就是倜儻，倜有高（見《荀子・

君道》)和遠(見《荀子‧非十二子》)的意思,俶義當與相同,高遠有至意和極意,那末俶詭就是極詭,陸德明《經典釋文》說:"吊,至也;詭,異也。"可證。俶音tì。涼也是薄的意思。

〔三〕《公羊傳》僖公十九年:"梁亡。此未有伐者,其言梁亡何?自亡也;其自亡奈何?魚爛而亡也。"何休注:"梁君隆刑峻法,百姓一旦相率俱去,狀若魚爛,魚爛從內發,故云爾。"

〔四〕十七世紀英國資產階級革命,至一六六〇年英王查理二世發表宣言,允諾赦免一切曾參加革命的人和保障革命期間所獲得的土地產權等。

〔五〕指法國大革命。

〔六〕案:美國的抗英獨立開始於一七七三年,波士頓人民抗拒英政府的無理徵稅拋棄了茶葉,所謂茶葉黨的暴動,其後英政府的壓迫愈來愈厲害,殖民地人民的反抗也愈來愈激烈,一七七四年第一次大陸會議,決定各殖民地暫時和母國停止貿易;一七七五年,開始在勒克星敦攻擊英國的軍隊;接著,在第二次大陸會議中,決定長期抗戰,召募軍隊,並舉畢盛頓為領袖;一七七六年七月四日,正式宣佈脫離英國,成為一個獨立的國家;一七八一年,美國得到法國的援助,擊敗了英國的主力軍隊,一七八三年英國纔正式承認美國的獨立。放奴戰爭始於一八六一年,原因是美國南部各州多大農場,完全依靠從非洲販買來的黑種人去耕種,一向是視同牛馬,稱做黑奴。至於北部各州絕大部分為工商業,很想利用黑人來增加財富,嫌美國南部的農奴制度約束了自己雇用的自由,於是大談其人道主義,主張打倒人種不平等制度。這個問題,噪鬧了很久,到一八六〇年恰巧素來揭櫫廢止奴隸制度的共和黨領袖林肯當了總統,就引起了南部的獨立和內戰,先後相持達五年之久。最後南部失敗,黑人奴隸得到解放。一千八百六十五年,就是戰爭結束的那年。
〔七〕都是拉丁美洲的小國。
〔八〕案:一千八百七十年是普法戰爭法國失敗的那一年,已詳上《論不變法之害》第九段注。
〔九〕一七八九年七月十四日那天,巴黎人民的隊伍,摧毀了象徵法國專制暴政的巴士底監獄,釋放了囚犯,革命的火焰就這樣燃燒起來了,結果是資產階級在人民的血泊中建立了政權,一七九二年九月二十二日,國民議會議決廢除帝制,建立共和,這是所謂第一次共和的建設。中間經過國外的干涉,國內的鬥爭,拿破侖的獲取政權,恢復帝制,對外侵略,最後失敗,和波旁族皇統的延續;一八四八年二月,巴黎人民又起來打倒波旁族政權,於是資產階級依靠人民的力量,第二次的共和政府又產生了,這一次革命後來帶上了全歐洲的性質。因爲資產階級的忘恩負義,竟演出了"六月天"的大慘殺,並成就了拿破侖侄子路易·波拿巴的巧取政權,再度恢復帝制,那就是上面說過的在一八七〇年普法戰爭中被俘的拿破侖第三,接着資產階級第三次共和政府在巴黎工人和市民們對普魯士入寇的堅強抗戰下又成立了。但是他們依舊是忘恩負義,初則陰謀解除工人們的武裝,等到失敗逃亡後,又卷土重來百計控毀無產階級專政的第一個政權——巴黎公社,這是一八七〇年以後的事了。以上是法國大革命以來綿亙七八十年的情況,由此引起歐洲各國的影響,尤其是德意志、意大利、匈牙利、奧地利等國或改革,或革命,或統一,或合併,因爲牽涉太多,不再詳疏。其他也多見前注。
〔一〇〕《日本國志·一統志》:"明治二年五月,立府藩縣一致之制,以舊藩主充知藩事,賜歲入十一;廢公卿諸侯之稱,概爲華族,其臣隷爲士族。"注:"改藩主二百七十六名爲藩知事,名府藩縣合一之制。"餘詳上《論不變法之害》"睦仁""日本敗於三國"各條注及詩選《去國行》各條注。朝鮮事詳詩選《朝鮮哀詞》等注。

〔一一〕見嚴復譯孟德斯鳩《法意》。

〔一二〕《左傳》隱公六年:"周任有言曰:'爲國家者,見惡如農夫之務去草焉,芟夷蘊崇之,絕其本根,勿使能殖,則善者信矣。'"杜注:"芟,刈也;夷,殺也;蘊,積也;崇,聚也。"

〔一三〕《詩·小雅·常棣》:"兄弟鬩於牆。"傳:"鬩,很也。"《孟子·盡心下》:"糜爛其民而戰之。"糜爛是說血肉糜爛。《後漢書·王允傳》:"義民鼎沸。"鼎沸是說形勢洶涌,像鼎裏的沸水一樣。

〔一四〕裴松之《三國志·諸葛亮傳》注引《襄陽記》:"劉備訪世事於司馬德操,德操曰:'儒生俗士,豈識時務,識時務者,在乎俊傑。'"

〔一五〕路得通譯路德,德國人。生於一四八三年,是一個礦工的兒子。畢業於耶爾福大學,曾出家做修道士,二十五歲又當了大學的哲學講師。這個時代,教會腐敗到極點,教皇出賣贖罪符斂錢。一五一七年,他作九十五條論文表示反對;又作致日耳曼貴族的通告,鼓勵改革教會;這是反對德國天主教會和教皇權力的公開鬥爭的導火綫。新舊的鬥爭就普遍展開了。他被教皇驅逐出教,但得薩克森選侯的保護,用民族語言翻譯原爲拉丁文的祈禱詞並制定教會組織和儀式各項。一五二九年,德意志帝國國會通過了反對宗教改革的決議。有些貴族反對,從這時起,凡信仰路德的宗教改革學說的人,就被稱爲新教徒。一五三〇年,路德在奧格斯堡的大會上,提出若干信條,新教的基礎就奠定下來了。新教並沒有廢除宗教儀式,只不過使它適合於資產階級的要求而已,和天主教以及所有其他宗教一樣,宣揚對神、對其他超自然力量和彼岸世界的信仰。馬克思說:"路德戰勝了信神的奴役制,只是因爲他用信仰的奴役制代替了它。"

〔一六〕梁氏《近代文明初祖二大家之學說》:"倍根,英國人。生於一千五百六十一年(明嘉靖四十年),卒於一千六百二十六年(明天啓六年)。"案:倍根通譯培根。《近世文明初祖二大家之學說》:"笛卡兒,法國人。生於一千五百九十六年(明萬曆二十四年)。幼受學於教會所立之學校,久之,不滿志於其功課,慨然曰:'吾與其埋首於此迂腐陳編,不如自探造化之典籍。'乃辭黌舍。爲義勇兵有年,復棄去,遊歷歐洲諸國。自言:'天下事一劇臺耳,吾自登場爲傀儡,何如置身場外,靜觀自得哉。'乃屛居荷蘭二十餘年,以爲宗教政治之自由,惟此國爲最也。以千六百五十年(順治七年)卒。"

〔一七〕斯密已見上注。

〔一八〕梁氏《盧梭學案》:"盧梭,法國人。匠人子,以一千七百十二年生於瑞士之日内瓦府。家貧窶。天資穎敏,刻苦砥礪,嶄然有睥睨千古之概。千七百四十九年,窮乏益酷。後肆力政治之學,與老師宿儒不合,羣將媒孽之,避至日内瓦府,欲爲瑞士人民,瑞人阻之,不得已還巴黎。又排斥耶教之豫言奇跡者,得謗益甚,又奔瑞士,爭論不合,復還巴黎。會法政府搜捕甚急,乃微服而行。千七百六十六年,赴英倫敦,與僚友議不合,又還法國。自變姓名,潛居諸州郡,而屢與人齟齬,卒歸巴黎。自謂天下之人皆讎視我也,遂發狂疾。仁刺達伯惜其有志不遂,與田宅數畝自養。千七百七十一年,著《波蘭政體考》,七十八年成。此書鴻富奧博,而於民約之旨三致意焉。是年三月,發狂自戕。"

〔一九〕嚴復《孟德斯鳩傳》:"孟德斯鳩,法國南部幾奄郡人也。姓斯恭達,名察理。世爲右族,家承兩邑之封,曰布來德,曰孟德斯鳩,世即以其所封稱之。生一千六百八十九年。論治道,道盧梭輩先路。年二十五,入博爾都郡議院爲議員。又繼其季父爲主席。年幾四九,退歸林墅。補博士。發憤爲《法意》一書,凡十有四年,行於世。各國迻譯,一載間板重者二十二次。拿破侖更張法典,《法意》其星宿海也。年六十六,卒於家。"

〔二〇〕哥白尼是宇宙的太陽中心說的創造者。波蘭多龍人。生於一四七三年。少入克拉考學院學習神學醫學,又學數學和天文學。一五〇〇年師事意大利天文學家來喬蒙達努斯,凡五年。回國後,任愛爾墨蘭主教。一五〇七年,開始寫作有名的《天體運行》一書,一五三〇年成。一五四三年歿,書始出版。他關於地球圍繞太陽運行以及地球每晝夜自轉一周的理論,極有力地打擊了宗教、教會和教會中關於上帝創造世的無稽之談,推翻了從亞理士多德以來把天體運動和地球運動對立起來的經院式的觀點,並爲後來關於太陽系自然地產生和發展的學說的出現創造了條件。恩格斯認爲哥白尼的學說是"自然界研究工作借以宣佈自己獨立的……革命行動……自然科學從神學中解放出來的紀元從此開始。"當時教會曾採取宗教裁判的一切手段來和哥白尼學說進行殘酷的鬥爭。

〔二一〕陶穀《清異錄》:"木匠總號運金之藝,又曰手民手貨。"案:手民就是手工業者,後來專指出版業工人,太狹隘了。

〔二二〕托拉士特,梁氏後又譯作托辣斯,有《二十世紀之巨靈——托辣斯》一文。今通譯托拉斯。托拉斯本是"信"的意思,資本家標榜信用,取作壟斷聯合形式之一的名稱。它是從生產積聚中發展起來的。結成托拉斯的資本家的主要目的,是獲得壟斷高額利潤,爭奪原料產地和投資範圍,並與競爭者鬥爭。十九世紀八十年代,在美國產生了第一批托拉斯,而且在美國獲得廣泛的推廣。在資本主義總危機時期,它越來越廣泛的開始滲入其他資本主義國家的工業。在資本主義國家的最重要工業部門中,一小撮勢力雄厚的托拉斯占統治地位,它們鼓勵和指導本國的帝國主義政策。

〔二三〕案:英國改正選舉法爲進步黨領袖羅素於一八三一年三月提出者,至明年始獲通過。

〔二四〕《光緒政要》劉坤一、張之洞《第二次會奏變法事宜疏》:"一、去書吏。蠹吏害政,相沿已二千年。臣等歷年來所見部文,不過查敍舊案,核算數目,下等司官皆優爲之,此輩一無所長,但工作弊索賄;至外省各衙門書吏,弊竇亦多,若督撫衙門之兵房,藩司之吏房、户房,州縣之户糧房、税契房,皆所不免,而州縣爲尤甚。緣兵燹以後,魚鱗册多已無存,催徵底册,皆在書吏之手,緩欠飛灑,弊混極多,把持州縣,盤剥鄉民,税契一項,包攬隱匿,官無如何。其實無論大小衙門,書吏伎倆皆極庸劣,所能爲者,不過例行公事,依樣壺盧而已。兹擬將各省書吏,一律汰除,改用委員。"

〔二五〕朱熹《名臣言行錄》:"范仲淹取班簿,視不才監司,一筆勾之。富弼曰:'六丈則是一筆,焉知一家哭矣!'公曰:'一家哭何如一路哭耶?'"

〔二六〕《莊子·秋水》:"且子獨不聞夫壽陵餘子之學行於邯鄲與?未得國能,又失其故行矣,直匍匐而歸耳。"案:"失其故行",《漢書·敍傳》作"失其故步",故步就是舊時行步的方法。

〔二七〕《孟子·滕文公上》:"益烈山澤而焚之。"

〔二八〕《史記·田儋列傳》:"齊曰蝮螫手則斬手,螫足則斬足,何者?爲害於身也。"陳琳檄:"蝮蟲在手,則壯士斷其節。"陸龜蒙詩："蝮蛇一螫手,壯士疾解腕。"《爾雅·釋魚》："蝮虺博三寸,首大如擘。"

〔二九〕珀指虎珀。

〔三〇〕《世說新語·文學》："殷中軍（案殷浩）云康伯未得我牙後慧。"後人說偷竊人家議論叫拾人牙慧。《揚子法言·吾子》："羊質而虎皮,見草而說,見豺而戰,忘其皮之虎矣。"

〔三一〕案：這句意思是借西學來求進身和借八股來求進身没有兩樣。

〔三二〕梁氏《李鴻章》："洋務二字,不成其爲名詞也,雖然,名從主人,不得不以洋務二字總括其中世二十餘年之事業。"案：下面又說"洋人之所務"意思就是懂得外國事務。《荀子·大略》："苞苴行與？讒夫興與？"注："貨賄必以物苞裹,故總謂之苞苴。"

〔三三〕當時提倡到國外觀光,增進見識,叫做遊歷。凡是苞苴請託都不敢在白晝而在暮夜,所以這些醜事都以暮夜代表之。

〔三四〕劉向《列女傳》："黃帝妃曰嫫母,於四妃之班居下,貌甚醜而最賢。"

〔三五〕《楚辭·九辯》："却騏驥而不乘兮,策駑駘而取路。"駑駘是劣馬。

〔三六〕《書·皋陶謨》："山、龍、華蟲作會。"蔡傳："山、取其鎮也,龍、取其變也,華蟲,雉,取其文也。會,繪也。"

〔三七〕總辦就是校長,提調就是總務長。

〔三八〕甲乙第是科舉等第的名稱。"弋竊甲第",指僥幸考中了進士。

〔三九〕白居易詩："時世妝,時世妝,自出城中傳四方。"時世妝就是時髦的妝束。

〔四〇〕《新唐書·盧藏用傳》："司馬承禎嘗召至闕下,將還山,藏用指終南曰：'此中大有嘉處。'承禎徐曰：'以僕視之，仕宦之捷徑耳。'藏用慚。"案：終南，山名，是秦嶺的主峰，在唐都長安的南面。盧藏用熱中做官而不得升調，乃隱居終南山，希望天子加以注意，後來果然被徵召，所以司馬承禎這樣譏諷他。後來凡是易於入仕的法兒，都叫終南捷徑。

〔四一〕閉房、退院喻失時。（閉房謂女子失寵，退院謂不當家的老和尚。）意謂古代的經典已經不時髦了。

〔四二〕開宗明義是《孝經》首章的名稱，邢昺疏："開，張也；宗，本也；明，顯也；義，理也。言此章開張一經之宗本，顯明五孝之義理，故曰開宗明義也。"後人凡是做事發端，説明綱要，也叫開宗明義。

〔四三〕《漢書・揚雄傳》："不汲汲於富貴。"注："汲汲，欲速之義，如井汲之爲也。"

然則救危亡求進步之道將奈何？曰：必取數千年橫暴混濁之政體，破碎而齎粉之，使數千萬如虎如狼如蝗如蝻如蟋如蛆之官吏，失其社鼠城狐之憑藉，然後能滌蕩腸胃以上於進步之途也；必取數千年腐敗柔媚之學説，廓清而辭闢之，〔一〕使數百萬如蠹魚如鸚鵡如水母如畜犬之學子，〔二〕毋得搖筆弄舌，舞文嚼字，爲民賊之後援，然後能一新耳目以行進步之實也。而其所以達此目的之方法有二：一曰無血之破壞，二曰有血之破壞。無血之破壞者，如日本之類是也；有血之破壞者，如法國之類是也。中國如能爲無血之破壞乎？吾馨香而祝之。中國如不得不爲有血之破壞乎？吾衰絰而哀之。〔三〕雖然，哀則哀矣，然欲使吾於此二者之外，而別求一可以救國之途，吾苦無以爲對也。

嗚呼！吾中國而果能行第一義也，則今日其行之矣，而竟不能，則吾所謂第二義者遂終不可免。嗚呼！吾又安忍言哉！嗚呼！吾又安忍不言哉！

吾讀宗教改革之歷史，見夫二百年干戈雲擾，全歐無寧宇，〔四〕吾未嘗不頞憾。吾讀一千七百八十九年之歷史，見夫殺人如麻，一日死者以十數萬計，〔五〕吾未嘗不股慄。雖然，吾思之，吾重思之，國中如無破壞之種子，則亦已耳，苟其有之，夫安可得避。中國數千年以來歷史，以天然之破壞相終始者也。遠者勿具論，請言百年以來之事：乾隆中葉，山東有所謂教匪者王倫之徒起，三十九年平；〔六〕同時有甘肅馬明心之亂，據河州、蘭州，四十六年平；〔七〕五十一年，臺灣林爽文起，諸將出征，皆不有功，歷二年，五十二年而福康安、海蘭察督師，乃平；〔八〕而安南之役又起，五十三年乃平；〔九〕廓爾喀又内犯，五十九年乃平；〔一〇〕而五十八年詔天下大索白蓮教首領，不獲，官吏以搜捕教匪為名，恣行暴虐，亂機滿天下；〔一一〕五十九年，貴州苗族之亂遂作；〔一二〕嘉慶元年，白蓮教遂大起於湖北，蔓延河南、四川、陝西、甘肅，而四川之徐天德、王三槐等，又各擁眾數萬起事，至七年乃平；〔一三〕八年，浙江海盜蔡牽又起，九年，與粤之朱濆合，十三年乃平；〔一四〕十四年，粤之鄭乙又起，十五年乃平；〔一五〕同年，天理教徒李文成又起，十八年乃平；〔一六〕不數年，而回部之亂又起，凡歷十餘年，至道光十一年乃平；〔一七〕同時湖南之趙金龍又起，十二年平；〔一八〕天下彫敝之既極，始稍蘇息，而鴉片戰役又起矣，〔一九〕道光十九年，英艦始入廣東，二十年，旋逼乍浦，犯寧波，廿一年，取舟山、厦門、定海、寧波、乍浦,遂攻吳淞,下鎮江,廿二年,結南京條約,乃平;〔二〇〕而兩廣之伏莽,已徧地出沒無寧歲,〔二一〕至咸豐元年,洪、楊遂乘之而起,蹂躪天下之半,〔二二〕而咸豐七年,復有英人入廣東擄總督之事,〔二三〕九年,復有英、法聯軍犯北京之事,〔二四〕而洪氏據金陵凡十二年,至同治二年始平;〔二五〕而捻黨猶逼京畿,危在一髮,七年始平;〔二六〕而回部、苗疆之亂猶未已,復血刃者數載,及其全平,已光緒三年矣;〔二七〕自同治九年天津教案起,〔二八〕而後民教之鬨,連緜不絕;〔二九〕光緒八年,遂有法國安南之役,十一年始平;〔三〇〕二十年,日本戰役起,廿一年始平;〔三一〕廿四年,廣西李立亭、四川余蠻子起,廿五年始平;〔三二〕同年,山東義和團起,蔓延直隸,幾至亡國,為十一國所挾,廿七年始平;〔三三〕今者二十八年之過去者,不過一百五十日耳,而廣宗鉅鹿之難,以袁軍全力,歷兩月乃始平之;〔三四〕廣西之難,至今猶蔓延三省,未知所屆;〔三五〕而四川又見告矣。〔三六〕由此言之,此百餘年間,我十八行省之公地,何處非以血為染,我四百餘兆之同胞,何日非以肉為糜,前此既有然,而況乎繼此以往,其劇烈將仟佰而未有艾也。昔人云:"一慚之不忍,而終身慚乎?"〔三七〕吾亦欲曰:一破壞之不忍,而終古以破壞乎?我國民試矯首一望,見夫歐、美、日本之以破壞治破壞,而永絕內亂之萌蘖也,不識亦曾有動於其心而為臨淵之羨焉否也?〔三八〕

且夫懼破壞者,抑豈不以愛惜民命哉?姑無論天然無意識之破壞,如前所歷舉內亂諸禍,必非煦煦孑孑之所能弭也，〔三九〕即使弭矣，而以今日之國體，今日之政治，今日之官吏，其以直接間接殺人者，每歲之數，又豈讓法國大革命時代哉？十年前山西一旱，而死者百餘萬矣；〔四〇〕鄭州一決，而死者十餘萬矣；〔四一〕冬春之交，北地之民，死於凍餒者，每歲以十萬計；近十年來，廣東人死於疫癘者，每歲以數十萬計；而死於盜賊與迫於飢寒自爲盜賊而死者，舉國之大，每歲亦何啻十萬。夫此等雖大半關於天災乎？然人之樂有羣也，樂有政府也，豈不欲以人治勝天行哉？有政府而不能爲民捍災患，然則何取此政府爲也？天災之事關係政府責任，余別有論。嗚呼！中國人之爲戮民久矣，天戮之，人戮之，暴君戮之，汙吏戮之，異族戮之，其所以戮之之具，則飢戮之，寒戮之，夭戮之，癘戮之，刑獄戮之，竊賊戮之，干戈戮之。文明國中有一人橫死者，無論爲冤慘爲當罪，而死者之名，必出現於新聞紙中三數次乃至百數十次，所謂貴人道重民命者，不當如是耶？若中國則何有焉？草薙耳，禽獮耳。〔四二〕雖日死千人焉，萬人焉，其誰知之？其誰殣之？〔四三〕亦幸而此傳種學最精之國民，野火燒不盡，春風吹又生，〔四四〕其林林總總者如故也，〔四五〕使稍矜貴者，吾恐周餘子遺之詩，〔四六〕早實見於今日矣。然此猶在無外競之時代爲然耳。自今以往，十數國之飢鷹餓虎，張牙舞爪，吶喊蹴踏，以入我闉而擇我肉，數年數十年後，能使我如埃及然，將口中未下咽之飯，挖而獻之，猶不足以償債主；能使我如印度然，日日行三跪九叩首禮於他族之膝下，乃僅得半腹之飽。不知愛惜民命者，何以待之？何以救之？我國民一念及此，當能信吾所謂"破壞亦破壞，不破壞亦破壞"

者之非過言矣，而二者吉凶去從之間，我國民其何擇焉！其何擇焉！昔日本維新主動力之第一人曰吉田松陰者，嘗語其徒曰："今之號稱正義人，觀望持重者，比比皆是，是爲最大下策。何如輕快捷速，打破局面，然後徐圖占地布石之爲愈乎？"日本之所以有今日，皆恃此精神也，皆遵此方略也。吉田松陰，日本長門藩士，以抗幕府被逮死。維新元勳山縣、伊藤、井上等，皆其門下士也。今日中國之弊，視四十年前之日本又數倍焉，而國中號稱有志之士，舍松陰所謂最大下策者，無敢思之，無敢迫之，無敢行之，吾又烏知其前途所終極也。

雖然，破壞亦豈易言哉？瑪志尼曰：〔四七〕"破壞也者，爲建設而破壞，非爲破壞而破壞。使爲破壞而破壞者，則何取乎破壞，且亦將並破壞之業而不能就也。"吾請更下一解曰：非有不忍破壞之仁賢者，不可以言破壞之言；非有能回破壞之手段者，不可以事破壞之事。而不然者，率其牢騷不平之氣，小有才而未聞道，取天下之事事物物，不論精粗美惡，欲一舉而碎之滅之，以供其快心一笑之具，尋至自起樓而自燒棄，自蒔花而自斬刈，囂囂然號於衆曰：吾能割捨也，吾能決斷也，若是者直人妖耳。故夫破壞者，仁人君子不得已之所爲也。孔明揮淚於街亭，〔四八〕子胥泣血於關塞，〔四九〕彼豈忍死其友而遺其父哉？

〔一〕梁氏《論中國學術思想變遷之大勢》："魏晉六朝間……實道家言獨佔之時代也。其文學亦彪炳可觀，而發揮厭世精神亦最盛，所謂'對酒當歌，人生幾何，譬如朝露，去日苦多'等語，其代表也。此皆老子'芻狗萬物'、楊朱'奚遑死後'之意也。

雖我國二千年文學皆此等音響，而魏晉六朝爲尤甚焉，曾無雄奇進取之氣，惟餘靡靡頹惰之音，老、楊之毒焰使然也。……老學之毒……不止魏晉六朝，即自唐以後至今日，其風猶未息。"

〔二〕梁氏《夏威夷遊記》自注："余嘗戲名詞章家爲鸚鵡名士。"案：此譏一般詞章家沒有創造能力，只是向古人學舌。可參看詩選《贈別鄭秋蕃》注。 郭景純《江賦》："水母目蝦。"案：水母屬腔腸動物，舊說水母沒有眼睛，靠蝦的目纔能行動。這是譏諷沒有真知灼見隨人短長的人。畜犬大約係指效忠民賊的人，有人說是用犬儒的典故，是不對的。

〔三〕《左傳》僖公六年："大夫衰絰。"案：衰同縗，是一種麻布的喪服，被在胸前的。絰是麻葛做的象帶一樣的喪服。《六書故》："在首爲首絰，在腰爲腰絰。"絰音 dié。

〔四〕這是指十字軍東征事。已見上注。

〔五〕這是指法國大革命事。已見上注。

〔六〕案：據《清史稿·高宗本紀》：山東壽張縣王倫等起事在乾隆三十九年九月乙卯，辛酉，王倫圍臨清，丙子，就說臨清平，王倫自焚死，前後只有二十一天。這裏說王倫起於乾隆中葉，三十九年平，是錯誤的。

〔七〕案：據《清史稿》，乾隆四十六年，據有甘肅河州、蘭州的是撒拉爾回族蘇四十三等，起事在三月壬寅，六月癸巳蘇四十三等被殺。這裏所說的馬明心大約是和蘇四十三等在一起的。

〔八〕案：據《清史稿》，乾隆五十一年十二月丙寅，福建彰化縣林爽文起事；五十二年二月，林爽文攻臺灣府；七月，以海蘭察爲參贊大臣赴臺灣；八月，命福康安爲將軍，赴臺灣，督辦軍務；五十三年二月，獲林爽文。

〔九〕《清史稿》："乾隆五十三年六月戊申，安南人阮惠等叛，逐其國王黎維祁；十二月，收復黎城，復封黎維祁爲安南國王。"

〔一〇〕《清史稿》："乾隆五十三年冬十月庚寅，廓爾喀侵後藏，五十七年八月戊子，福康安奏廓爾喀酋拉時納巴都爾等乞降，許之。"案：這裏作"五十九年乃平"，九是七字的錯誤。

〔一一〕《清史稿》："乾隆五十九年八月，福康安奏四川大寧教匪謝添秀等傳習邪教，蔓延陝西、湖北、河南，諭爲捕治。……九月，命福寧駐襄陽督緝……冬十月壬戌，勒保奏獲邪教首犯劉松，命安徽嚴緝其徒劉之協，……十一月，河南扶溝縣知縣劉清蕭疏防，劉之協潛逃。"案：這裏作五十八年，八應作九。

〔一二〕《清史稿》："乾隆六十年二月丙辰，貴州松桃廳苗石柳鄧等，湖南永綏苗石三保等作亂；辛未，湖南永順苗張廷仲等作亂。"案：據此則苗族的起義是在六十年，這裏說是五十九年，是錯誤的，起義的不但是貴州，還有湖南，並且看以後的記錄，湖南比貴州打得更凶。

〔一三〕《清史稿·仁宗本紀》：嘉慶元年春正月，湖北枝江宜都教匪起；二月己亥，湖北當陽教匪起；二年五月，惠齡奏教匪姚之富等由白馬石搶渡漢江入川；三年八月，獲教匪王三槐；己酉，張誠基奏江西西寧州教匪作亂，剿平之；五年七月，馬慧裕奏獲傳教首犯劉之協；十二月甲寅，陝西教匪徐添德竄湖北，湖北教匪冉學勝竄陝西；七年十二月，額勒登保、德楞泰、勒保、惠齡、吳熊光會報川陝楚教匪蕩平。《清朝全史》："時聶傑人、張正謨之徒起於荆州，姚之富、齊林之妻王氏起於襄陽，孫士鳳、徐天德、冷天禄起於四川，張士龍、張漢湖、張天倫起於陝西，有席捲西部諸省之勢。清廷始以爲小醜，不足介意，今忽變爲大敵，實出意外。"案：據額勒登保等的會奏，好像白蓮教起義軍的敗滅在七年的冬天，其實起義軍並未完全消滅，直到嘉慶九年九月，《清史稿》有那末一條說："辛卯，以搜捕三省餘匪净盡,甄敍額勒登保以次有差。"或者比較實在些。

〔一四〕《清史稿》:"嘉慶九年六月壬戌,玉德等奏海盜蔡牽擾及鹿耳門,突入汕木寨;十一年春正月壬子,海盜蔡掌陷鳳山縣;十四年二月,福建總兵許松年殲斃海盜朱濆;九月己巳,張師誠疏報王德禄、邱良功合剿海盜蔡牽,緊逼賊船,沖斷船尾,蔡牽落海淹斃。"案:這裏"十三年乃平",三爲四之誤。

〔一五〕案:《清史稿·仁宗本紀》不載鄭乙的事。

〔一六〕《清史稿》:"嘉慶十八年九月,河南滑縣八卦教李文成糾衆謀逆,知縣强克捷死之,直隸長垣、山東曹縣賊黨咸應;戊寅,姦人陳爽數十人,突入紫金城,將逼内宫,皇次子(案就是道光帝旻寧)用槍殪其一人;一登月華門墻,執旗指揮,皇次子再用槍擊之墜,健鋭、火器營兵入,盡捕斬之;辛巳,林清就擒;十一月,斃李文成。"案:天理教起義軍的進襲清宫廷,使顒琰嚇得膽戰心驚,以爲"非常之事,漢唐宋明之所未有"。也可見愛新覺羅王朝的摇摇欲墜了。

〔一七〕《清史稿·宣宗本紀》:"道光四年冬十月乙丑,回酋張格爾入烏魯克卡倫,官軍失利;六年秋七月庚子,張格爾陷和闐城;八月,回酋巴布頂等陷英吉沙爾,甲戌,張格爾陷喀什噶爾城,進陷葉爾羌;七年春正月丁酉,和闐回衆降,尋復爲張格爾所陷;夏四月壬子,長齡等克喀什噶爾,張格爾遁;八月正月壬戌,長齡奏獲張格爾,五月,張格爾磔於市;十年八月戊午,安集延回復入喀什噶爾;十二月丙申,喀什噶爾、英吉沙爾回匪平。"案:據此則回民起義的基本結束是在道光十年的冬天而不是十一年。

〔一八〕《清史稿》:"道光十二年,二月戊寅,湖南江華縣瑶賊趙金龍作亂;四月乙巳,盧坤等敗瑶賊於羊泉,獲趙金龍子;五月壬子,趙金龍已斃,餘賊悉平。"案：據此,趙金龍起義的終始只有兩個月,都在十二年。這裏的寫法好像是起於十一年,止於十二年,或者意在夸大起義的始末,上面也有類此的情形,但於史實是不很符合的。

〔一九〕《柔遠記》："鴉片煙一曰波畢,一曰阿芙蓉,一曰阿片。本罌粟殼所造,産印度之孟加拉及麻打拉薩、孟買等處,有公班、白皮、紅皮、大小土之分。明中葉始入中國,康熙初以藥材入口,時尚無吸食者,歲不過二百箱。自英吉利蠶食印度諸部,遂專擅印度鴉片之利,以分售各處,乾隆季年,閩粵吸食漸多。……道光十八年,黃爵滋奏：'自鴉片流入中國……道光三年至十一年,歲漏銀一千七百萬兩,十一年至十四年,歲漏銀二千餘萬,漸漏至三千萬之多；福建、浙江、山東、天津各海口,合之亦數千萬兩；以中土有用之財,填海外無窮之壑,爲此害人之物,漸成病國之憂。'……道光十九年,春正月,欽差大臣林則徐至廣東查禁鴉片煙。夏四月,毀鴉片烟土。十一片,罷英吉利互市。二十二年八月,英吉利來津要撫,以琦善爲欽差大臣赴粤,罷林則徐。"案：上面所説鴉片戰爭的起因,不過是一個表面現象。實際是英國的資本主義侵略者急於想傾銷他們的商品,而封建的中國,在廣大的農村中,家庭的手工業是和小農業緊密結合着的,找不到廣大的市場；他們所需要的中國絲茶,又不願向廣州的公行付出現銀購買；於是壟斷英國對華貿易的東印度公司,就勾結了廣東的官吏,從海關人員以至督撫,通過賄賂和走私,輸入鴉片,進行對中國財富的掠奪。

〔二〇〕《清史稿》："道光十九年,十一月庚子,英船入廣東海港,林則徐督官軍擊走之。二十年六月丁丑,林則徐等奏擊毀載煙洋艇。庚辰英船入浙洋,圍定海縣城,甲申陷定海；秋七月癸已,英船犯浙江乍浦海口,犯福建厦港炮臺,參將陳勝元擊却之(案:時鄧廷楨爲閩浙總督);秋七月甲辰,英船泊天津口外,遞訊與琦善訴屈;乙卯,英船至山海關等處;八月丙子,英人復侵福建厦門,提督陳階平等擊走之;九月己亥,英船入浙江慈谿、餘姚二縣内洋;十一月,英人陷定海;二十一年春正月己丑,英人寇廣東虎門,琦善逮問;二月壬午,英人陷虎門炮臺及烏涌卡邊,水師提督關天培等死之;四月己丑,英人陷廣東城外炮臺;癸丑,以廣東省城圍急,准奕山等奏令英人通商;七月庚辰,英人陷厦門;八月辛丑,英人復大舉寇浙江,戊申再陷定海,總兵王錫朋、鄭國鴻、葛雲飛等死之;九月乙卯,英人陷鎮海,欽差大臣裕謙死之;辛酉,英人陷浙江寧波府;十一月戊寅,英人陷餘姚縣,復入慈谿;十二月癸巳,英人陷浙江奉化縣;丙午英船寇乍浦,戊申寇臺灣淡水雞籠;二十二年四月乙未,英人陷乍浦;五月壬戌,英人陷江蘇寶山縣,提督陳化成死之;丁卯英人陷上海縣;六月癸巳,英船寇京口,丙申寇鎮江,丁酉陷鎮江,副都統海齡死之;七月甲寅,英船寇江寧省城,命伊利布等議款,癸亥,耆英請與英兵官定約,允所請。"案:南京條約嚴重地破壞了中國的主權,中國人民開始被套上外國資本主義侵略者所加上的鎖鏈。

〔二一〕《易‧同人》:"伏戎于莽。"孔穎達《正義》:"伏潛兵戎于草莽之中。"案:這件事,《清史稿》中只有斷爛的幾條:《宣宗紀》:"道光二十七年十一月庚子,湖南道州匪竄廣西灌陽縣。""二十八年夏四月,辛未,廣西灌陽、平樂、陽朔等縣匪平。""二十九年六月丙子,廣東陽山英德等縣匪平。十二月丁亥,湖南新寧賊分竄廣西。"《文宗紀》:"道光三十年五月,詔鄭祖琛(案:鄭爲廣西巡撫):廣西會匪四起,應時捕剿疏報,勿得諱飾。"已能看出當時起義軍的聲勢。近人羅爾綱

《太平天國史稿・會黨起義表》說得很詳細,可以參看。

〔二二〕《太平天國史稿・天王本紀》:"天王洪秀全,廣東花縣人。潛懷革命之志,創立拜上帝會,自稱天父次子,奉天父命下凡救世,謀以宗教發動革命。道光二十四年春,偕馮雲山入廣西貴縣傳教,越三年,設機關於桂平紫荆山,派黨四出,勸人敬拜上帝,鄉民信其説,從者日衆。道光末,廣西大饑,天地會黨,所在起事,全桂騷動。道光三十年夏六月,天王遂乘機與雲山、楊秀清、蕭朝貴、韋正、石達開、秦日綱、胡以晄等發動會衆起革命。是年十月初一日,會衆集中桂平金田村,編立營伍。十二月初十日,會衆歡呼慶祝天王生日,遂起義於金田,建號太平天國,傳檄四方,討伐滿清,時公元一八五一年一月十一日也。"《清史稿・洪秀全傳》:"論曰:秀全以匹夫倡革命,改元易服,建號定都,立國逾十餘年,用兵至十餘省,南北交爭,隱然敵國。"案:太平天國的起義實在道光三十年,這裏作咸豐元年是錯誤的。

〔二三〕《清史稿・文宗本紀》:"咸豐七年十二月庚申,英人入廣東省城,劫總督葉名琛以去,詔革名琛職。"薛福成《書漢陽葉相廣州之變》:"使相耆英與英吉利訂江寧之約,定廣州、福州、廈門、寧波、上海港口通商,又有許英領事官居五處城邑專理商賈事宜之語。粵人合辭訴大府,請毋許洋人入城,不省,乃大起團練。是時耆英總督兩廣,英人以入城請,納之懼激變,期以二年後踐約。既鹿邑徐廣縉爲總督,漢陽葉名琛爲巡撫,英人以兵輪闖入粵河,申前約,總督密召諸鄉團練,先後至者逾十萬人,告以衆怒不可犯,英酋懼,不復言入城事。咸豐二年,巡撫坐遷總督。英人以入城之約爲粵民所撓,居常悒悒,兼憾葉相之摧阻。六年九月,有水師千總巡粵河,遇一划艇,張英國旗,知奸民慣借英旗以自護也,登艇大索,執十三人,拔其旗。西洋通例,以下旗爲大辱,英領事館官與公使及水師提督密謀,欲乘此時求入城,責歸所獲十三人,不省,久不得要領。七年十一月庚寅,敵據海珠炮臺,並擊總督署;辛卯,洋人登城;戊戌,英人括總督署中財物,並取布政司庫銀二十萬兩以去;己亥,擁葉相上火輪船至香港;八年三月,挾至印度之孟加臘,三月丁丑卒。"

〔二四〕《漢陽葉相廣州之變》:"英人……因粵事,益知中國易與,遂糾法俄美三國兵船北上,駛入大沽,阻我海運,立約而還。既而約事中變,科爾沁以重兵扼大沽,九年,擊敗英法兵船。英人退至香港,益募閩粵亡命,操練不出。十年,復悉銳犯大沽北塘炮臺,連敗官軍,陷天津,逼京師,寇焰披猖,海内震動,英法兩國乃迫索巨餉,別訂約章,大得便利,視舊約加倍蓰焉。"

〔二五〕《太平天國史稿‧天王本紀》:"太平天國癸好(案:就是癸丑)三年正月初七日,天王率衆水陸東下,布告討滿復華大義、天國平等公有之主張,所過城邑,望風歸附。二月初二日進薄南京,十四日地道發,破南京外城,明日破内城。……天王既定江南,建都南京,號曰天京。"《幼天王本紀》:"太平天國甲子十四年四月十九日,天王崩。二十四日,即位,號曰幼天王。六月初六日,太平門地道轟發,清軍越城入,天京遂陷。幼天王從羣兒北走荒谷中,被執,殉國南昌市。"案:太平天國甲子十四年爲清同治三年,這裏作同治二年誤。

〔二六〕《太平天國史稿》:"捻本蘇魯皖之交一秘密結社,居則爲農,出則爲捻。太平天國既興,命師北伐,捻亦豎旗起事,響應天朝。然所在剽掠,尚無大志。及太平天國癸開十三年(案:即清同治二年癸亥),其根據地雉河集被覆,捻衆無地逃生,始合於太平軍。明年,太平天國西征軍扶王陳德才、遵王賴文光等由陝西東歸援天京，大軍經豫鄂皖境，捻衆來會，文光等以軍法部勒之，遂成勁旅。既而天京失守，德才軍潰，清軍肆意屠殺，捻衆無歸，捻首張宗禹、任化邦、李蘊泰諸傑與文光同心合力與清軍相抗。殪僧格林沁於曹州，俘郭松林於鍾祥，覆劉銘傳於安陸，斬彭毓橘於蘄水，威震清京。使曾國藩、李鴻章、左宗棠之徒，疲於奔命。自古覆亡之餘，兵威之盛，未有及此者也。太平天國已墮之緒業，捻軍實繼之。其後雖終不免於敗滅，而竟延天國正朔至四年之久，亦可謂盛矣。"

〔二七〕一八五四年貴州苗族人民和一八五五年雲南回族人民，爆發反清鬬爭。一八六一年，陝西和甘肅的回族爆發反清鬬爭，一八六四年新疆的回族上層分子，在帝國主義嗾使下，進行武裝分裂割據，爲左宗棠所平定。

〔二八〕《清史稿・邦交志三》："同治九年，夏五月，天津民擊殺法領事豐大業。初，天津喧傳天主教堂迷拐幼孩，抉眼割心爲藥料，人情洶洶。三口通商大臣崇厚等詣法領事豐大業赴堂同訊，觀者麕集，偶與教堂人違言，磚石相拋擊。豐大業怒，徑至崇厚署忿詈，至擬以洋槍，出遇劉傑，復以槍擊傷某僕，遂羣起毆斃豐大業。鳴鑼集衆，焚燬教堂洋房數處，教民及洋人數十人。事聞，命大學士直隸總督曾國藩赴津查辦。國藩至津，示諭士民，宣布懷柔外國、息事安民之意。法公使羅淑亞以四事相要，尋牒請將府縣官及提督國瑞抵罪，國藩拒之。奏稱仁慈堂查出男女，訊無被拐情事，請將道府縣三員均撤任查辦。報可。遂於八月擬結，辦爲首十數人。"案：這案曾國藩對外則曲意彌縫，對內則殘酷鎮壓，但還不能得法人的歡心。當時人民憤怒異常，稱他賣國賊。後來改由李鴻章辦理，恰巧普法戰起，這案無形消弭，鴻章就竊取外交能手的稱號了。

〔二九〕《清朝全史》："法人在中國南部的行動，強暴不法，頗招清國官民之怨恨，故其鬱積之憤氣，遂宣泄於一般之天主教徒者，亦自然之勢也。廣東、貴州以至其他各地，辱害教士，焚燒教堂，所在而有。"

〔三〇〕《清史稿・邦交志》："同治十二年，法人侵越南，入河内省城。越南向隸藩屬，自法據西貢，脅越人訂約，許於紅江通舟。曾紀澤與法外部言，法越私訂之約，中國不能認。不省。八年二月，法兵船由西貢駛至海防進口，三月陷河內省。始遣提督黃桂蘭等軍出關。法公使要求中國退兵……畫紅江南北為界，……不允。……九年三月戰事起，法據南定。會越王薨，法以兵脅嗣王，立新約，盡攘其兵權、利權、政權。並申明越境全歸保護，中國不得干預。中國聞之，乃命……彭玉麟辦粵防。會山西、北寧連陷，官軍退守太原。法乘勢擾浙閩，陷基隆、澎湖，至是始戰。十年二月，諒山大捷。法忽請和，而要挾中國不再與聞越事，議久不決。五月，攻諒山，敗走。六月，攻臺北基隆，為劉銘傳所敗。七月，法水師提督孤拔入閩毀船廠，復分兵擾東京、臺灣，陷基隆、窺諒山。十一年正月，犯鎮南關，大創之，並炮斃孤拔於南洋。法人乃請和。"案：這次戰役，我軍屢勝，諒山之戰，馮子材更使法軍吃了大虧，是晚清對外歷史上所從來沒有的，按理在議和的時候，應該硬朗些了。可是昏庸的清政府，在天津還是訂了辱國的條約，把越南的保護權依舊出讓給法國，總算沒有賠錢。

〔三一〕中日戰役已見上注。

〔三二〕案《清史稿》："光緒二十四年六月，鬱林梧州土匪會匪相結為亂，陷容、興業、陸川三縣。"大約就是李立亭的事。據二十四年六月二十七日《國聞報》，這一年廣西還有侯成帶起義的事，可以補梁氏所不及。《國聞報》說："據《時務日報》云：此次倡亂之首侯成帶，爲洪逆匪黨陳金江部將，戰勝攻取，頗倚賴之。及後勢危，投誠於蔣果敏公益澧，積升至參將。馮子材宮保……器重之，諒山一役，頗著戰功。……中日之役，統領某軍。及後和議告成，撤差回粵，該匪首無差可得，羽黨數千人遂無以爲生，痛恨於心，生此禍階。又聞該匪首已年七旬，精神尚如四五十歲人。……其用兵也，謀略兼優，紀律嚴明，將士有擾盜民間一物者，即軍前正法。……此次攻城破邑，戕官而不傷民云。廣東訪事來信云前報中國官兵與廣西土匪在梧州西境曾經開仗，官兵敗死有千五百人之多，並非虛言。"余蠻子不見有記載，《清朝全史》說："二十四年及五年，仇教之亂又起，此實起於仇教有名之油蠻子，於一八九一年之事變（案：指光緒十七年揚子江流域所起的教案）亦有關係，其結果則以法國公使之請求，北京政府乃宣告油蠻子之死刑，經過六年，始被捕下獄，然地方官有庇護此兇漢者，遂得出獄，彼乃愈發泄其生平仇教之戾氣，遂於四川省捕法宣教師孚爾里而幽禁之。由法國公使強硬之談判，往復論難，於一八九九年一月二十二日孚爾里乃得釋放，但釋放之理由，不過清國政府與兇徒油蠻子一種調和之手段而已。"它所謂的油蠻子和這裏的余蠻子，姓名只一字之差，所差的字聲音又相近，並且時間同、地點同，其爲一人是無疑的了。不過他和一般的起義者不很相同。

〔三三〕羅惇曧《庚子國變記》："義和拳起嘉慶時，光緒庚子，……山東……民間傳習義和拳，以扶清滅洋爲幟。時各省都鬧教案，外人逼我甚，民情益憤，聞滅洋說，爭鼓吹之。義和拳自山東蔓延及於直隸，聚衆稱義和團。慈禧太后以戊戌政變，康有爲遁，英人庇之，大恨。己亥冬，端王載漪謀廢立，先立載漪之子溥儁爲大阿哥,載漪使人諷各國公使入賀,不聽,有違言,載漪慎甚,日夜謀報復。會義和團起,以滅洋爲幟,載漪大喜,乃言諸太后,遂命刑部尚書趙舒翹、大學士剛毅先後往,道之入京師,至者萬餘人。義和團既借仇教爲名,指光緒帝爲教主,蓋指戊戌變法,倣法外洋,爲帝大罪也。太后與載漪挾以爲重,欲實行廢立。五月,日本書記杉山彬出永定門,董福祥遣兵殺之,義和團於右安門焚教民居,繼焚順治門內教堂。載漪請圍攻使館,殺使臣,太后許之。太后諭各國使臣入總理衙門議,德使克林德先行,載漪使所部殺之,太后旋命董福祥及武衛中軍攻交民巷,月餘不能下。二十五日下詔宣戰,詔書以外人索大沽口爲詞,而大沽口已先於二十一日失守矣。天津陷,京師大震。七月二十日,北京城破。"《清史稿·邦交志五》:"光緒二十六年五月,駐京德使克林德爲拳團所戕。七月,德與英、法、俄、美、日本、荷蘭、意、比、奧、瑞十一國聯軍入北京。時命李鴻章爲全權大臣入京議和。"劉彥《中國近時外交史》:"光緒二十七年七月二十五日,北京和議成。"

〔三四〕案:此事不見《清史稿》,廣宗、鉅鹿是兩縣名,在清都屬直隸省順德府,袁軍是袁世凱軍,日本內藤順太郎《袁世凱傳·直隸總督時代》:"直隸省廣宗縣之景廷賓據件只村,衆達萬餘人,自號大元帥,攻各處之教堂,南宮、新河、威縣、任縣、隆平、柏鄉等處,皆爲震動。袁遣段祺瑞等剿平之。威縣趙洛鳳,亦集衆數千人作亂,稱爲景廷賓復仇,派倪嗣沖、段祺瑞討平之。"但沒有說到鉅鹿的事。

〔三五〕案:《清史稿》關於這一年的廣西軍事僅有"二月,廣西遊匪戕法軍官;五月丙寅,廣西匪陷廣南之皈朝,雲南官軍擊走之"兩條。惟下一年六月載有人向那拉氏討好上徽號,那拉氏有"廣西兵事方殷,不許"的話,可知當時廣西事態的嚴重。又這一年的十二月丙辰載"廣西匪首覃志發等伏誅";三十年十一月壬午又載"廣西匪首陸亞發伏誅",可知這次起義的首領是覃陸兩人。事歷三年,所以當時有未知所屆的慨嘆話。"蔓延三省"大約是指雲南兩廣。

〔三六〕案:《清史稿》光緒二十八年不見有四川見告的事。

〔三七〕《左傳》昭公三十一年:"公在乾侯,季孫從,知伯如乾侯,子家子曰:'公與之歸,一慚之不忍,而終身慚乎?'"

〔三八〕《漢書·董仲舒傳》:"臨淵羨魚,不如退而結網。"注:"言當自求之。"

〔三九〕韓愈文:"彼以煦煦為仁,孑孑為義,其小之也則宜。"案:煦煦是和惠的意思,孑孑是細小的意思。

〔四〇〕《清史稿·德宗紀》:"光緒三年,是歲山陝大旱,人相食。"

〔四一〕《清史稿·河渠志一·黃河》:"光緒……十三年八月,決鄭州,奪溜由賈魯河入淮,直注洪澤湖,正河斷流,王家圈旱口乃塞。……黃流漫溢,河南州縣如:中牟、尉氏、扶溝、鄢陵、通許、太康、西華、淮寧、祥符、沈邱、鹿邑,多被淹浸,水深四五尺至一二丈。"

〔四二〕韓愈文:"至紛不可治,乃草薙而禽獮之。"案:草薙禽獮就是說,像野草一樣地割除、禽獸一樣地獵殺。

〔四三〕魏收《魏書·高祖紀》:"路見壞冢露棺,駐輦殣之。"殣是埋的意思。

〔四四〕這是白居易《草》詩的三四兩句。

〔四五〕柳宗元文:"總總而生,林林而羣。"案:林林、總總都是衆多的意思。

〔四六〕《詩·大雅·雲漢》:"周餘黎民,靡有孑遺。"朱集傳:"孑,無右臂貌;遺,餘也。言大亂之後,周之餘民,無復有半身之遺者。"

〔四七〕瑪志尼詳上《少年中國說》注。

〔四八〕《三國志·蜀書·諸葛亮傳》:"亮身率諸軍取祁山,關中響震。魏明帝西鎮長安,命張郃拒亮,亮使馬謖督諸軍在前,與郃戰於街亭,謖違亮節度,舉動失宜,大為郃所破。亮拔西縣數千家,還於漢中,戮謖以謝衆。"

〔四九〕《史記·伍子胥列傳》:"費無忌……日夜言太子短於王,平王乃召其太傅伍奢考問之,太子建亡奔宋。無忌言於平王曰:'伍奢有二子,皆賢,不誅,且為楚憂。'王……使人召二子,尚就執,伍胥貫弓執矢嚮使者,使者不敢進,伍胥遂亡。奢聞子胥之亡也,曰:'楚國君臣,且苦兵矣。'伍尚至楚,楚并殺奢與尚也。伍胥奔吳,到昭關,昭關欲執之,遂獨身步走,至江,有一漁父乘船渡伍胥,至於吳。"

論小說與羣治之關係[一]

欲新一國之民，不可不先新一國之小說。[二]故欲新道德，必新小說；欲新宗教，必新小說；欲新政治，必新小說；欲新風俗，必新小說；欲新學藝，必新小說；乃至欲新人心，欲新人格，必新小說。何以故？小說有不可思議之力支配人道故[三]。

吾今且發一問：人類之普通性，何以嗜他書不如其嗜小說？答者必曰：以其淺而易解故，以其樂而多趣故。是固然。雖然，未足以盡其情也。文之淺而易解者，不必小說；尋常婦孺之函札，官樣之文牘[四]，亦非有艱深難讀者存也，顧誰則嗜之？不寧惟是，彼高才贍學之士，能讀墳典索邱[五]，能注蟲魚草木[六]，彼其視淵古之文與平易之文，應無所擇，而何以獨嗜小說？是第一說有所未盡也。小說之以賞心樂事為目的者固多[七]，然此等顧不甚為世所重，其最受歡迎者，則必其可驚可愕可悲可感，讀之而生出無量噩夢[八]，抹出無量眼淚者也。夫使以欲樂故而嗜此也，而何為偏取此反比例之物而自苦也？是第二說有所未盡也。吾冥思之，窮鞠之[九]，殆有兩因：凡人之性，常非能以現境界而自滿足者也；而此蠢蠢軀殼[一〇]，其所能觸能受之境界[一一]，又頑狹短局而至有限也；故常欲於其直接以觸以受之外，而間接有所觸有所受，所謂身外之身、世界外之世界也〔一二〕。此等識想，不獨利根衆生有之〔一三〕，即鈍根衆生亦有焉〔一四〕。而導其根器〔一五〕，使日趨於鈍，日趨於利者，其力量無大於小説。小説者，常導人游於他境界，而變換其常觸常受之空氣者也。此其一。人之恒情，於其所懷抱之想像，所經閱之境界，往往有行之不知，習矣不察者。無論爲哀、爲樂、爲怨、爲怒、爲戀、爲駭、爲憂、爲慚，常若知其然而不知其所以然；欲摹寫其情狀，而心不能自喻，口不能自宣，筆不能自傳。有人焉，和盤托出，徹底而發露之，則拍案叫絶曰：善哉善哉！如是如是！所謂"夫子言之，於我心有戚戚焉"〔一六〕。感人之深，莫此爲甚。此其二。此二者實文章之真諦，筆舌之能事。苟能批此窾，導此窾〔一七〕，則無論爲何等之文，皆足以移人。而諸文之中能極其妙而神其技者，莫小説若。故曰：小説爲文學之最上乘也！由前之説，則理想派小説尚焉〔一八〕；由後之説，則寫實派小説尚焉〔一九〕。小説種目雖多，未有能出此兩派範圍外者也。

〔一〕案：這篇是一九〇二年即光緒二十八年壬寅作。梁氏三十歲。這一年的冬天，梁氏在橫濱創刊了《新小説》，大約就是這個時候寫的，闡明小説的重要性。他一向重視小説，認爲是暴露和宣傳的利器，戊戌變法失敗以後，就想寫一部關於政變的小説，但沒有寫成，康有爲《聞菽園居士欲爲政變説部詩以速之》詩説："我遊上海考書肆，羣書何者銷流多？經史不如八股盛，八股無如小説何。鄭聲不倦雅樂睡，人情所好聖不呵。自從戊戌八月後，天昏霧黑暗山河：……頃者開科買士心，秀才得意羣呻吟。君國淪亡彼豈識，科第偸竊衆所欽。舊黨獻諛狂一國，大周受命頌駴駴。是非顛倒人心變，哀哉神州其陸沉！頗欲移挽恨無術，皺眉搔首天雨陰。聞君董狐説小説，以敵八股功最深；衿纓市井皆快覩，上達下達眞妙音。方今大地此學盛，欲爭六藝爲七岑。去年卓如欲述作，荏苒不成失靈藥。或托樂府或稗官，或述前聖或後覺，儗出一治更一亂，普問人心果何樂？庶俾四萬萬國民，茶餘睡醒用戲謔。……"所説的"去年卓如欲述作，荏苒不成失靈藥"兩句，就是指此而言的。這首詩作於一九〇〇年即光緒二十六年庚子，那末"去年"就是一八九九年了。這首詩把小説的地位抬得非常高，高得和兩千多年來認爲至尊無上的六藝一樣看待，成爲七個最高峰，小説在舊傳統的眼光看來，是"不足齒之儕"，不要説六藝，就是諸子十流，説它"君子弗爲"，也硬把它擠出去，只説九流；（案：《漢志》小説家和後世所謂小説當然不很相同，但西漢末桓譚《新論》説："小説家合殘叢小語，近取譬喻以作短書，治身理家，有可觀之辭。"則未嘗没有相似之處。在今日欲討小説之源，不能不上溯十流的小説家。魯迅《中國小説史略》也是從這時敍起。）後來的史家和目錄學家所列的小説，也不是一般性的小説，一般性的小説在圖書分類上是從來没有地位的。魯迅《中國小説史略》裏説得很清楚，它説："至於宋之平話，元明之演義，自來盛行民間，其書故當甚夥，而史志皆不錄。惟明王圻作《續文獻通考》，高儒作《百川書志》，皆收《三國志演義》及《水滸傳》，清初錢曾作《也是園書目》亦有通俗小説《三國志》等三種，宋人詞話《燈花婆婆》等十六種。然《三國》、《水滸》，嘉靖中有都察院刻本，世人視若官書，故得見收，後之書目，尋即不載，錢曾則專事收藏，偏重版本，緣爲舊刻，始以入錄，非於藝文有真知,遂離叛於曩例也。史家成見,自漢迄今,蓋略同,目錄亦史之支流,固難有超其分際者矣。"何況上躋六藝之林呢！這在中國歷史上確是破天荒的看法,并且強調它對社會的作用和對政治服務的作用,也是前人從來沒有說過的。梁氏和他的老師康氏所以有這種理論,是受當時西洋文學的影響。西洋文學以小說爲最上乘。且十九世紀尤多名著,如英國之狄更斯、法國之巴爾扎克、俄國之托爾斯泰等都是以小說寫社會現實,客觀上起了暴露黑暗作用。梁氏《情聖杜甫》(五)中說:"近代歐洲寫實文學,那一家不是專寫社會黑暗方面呢！"即是指十九世紀的歐洲各國小說而言。

〔二〕案:梁氏作此文的同一年二月,在日本橫濱創辦《新民叢報》作《新民說》若干篇,中有《釋新民之義》一篇說:"新民云者:非欲吾民盡棄其舊以從人也,新之義有二:一曰淬厲其所本有而新之;二曰採補其所本無而新之。二者缺一,時乃無功。"又案梁氏《自由書·傳播文明三利器》說:"於日本維新之運有大功者,小說亦其一端也。明治十五六年間,民權自由之聲,遍滿國中。於是西洋小說中,言法國、羅馬革命之事者,陸續譯出,有題爲自由者,有題爲自由之燈者,次第登於新報中。自是譯泰西小說者日新月盛,……其原書多英國近代歷史小說之作也。翻譯既盛,而政治小說之著述亦漸起,如柴東海之《佳人奇遇》,……矢野龍溪之《經國美談》等。著書之人,皆一時之大政論家,寄託書中之人物,以寫自己之政見,固不得專以小說目之。"可以證明這兩句話。

〔三〕《維摩經·不思議品》:"諸佛菩薩有解脫,名不可思議。"案不可思議是佛家形容道理的玄妙,事情的神奇,不可能把心來想,不可能把言語來論議。

〔四〕歐陽脩《歸田錄》:"文章須是官樣。"從前官家公文有一定的格式，所以叫做官樣。

〔五〕《左傳》昭公十二年："左史倚相趨過，王（楚靈王）曰：'是良史也，……是能讀三墳、五典、八索、九邱。'"杜注："皆古書名。"孔疏："賈逵曰：'三墳，三王之書；五典，五帝之典。'"《文選》潘岳《閒居賦》注引賈逵《左傳》注："八索，素王之法。"孔疏："賈逵曰：'九邱，九州，亡國之戒。'"其他説法還多，都是臆説，全不可信，賈逵也是一樣，姑備一説罷了。

〔六〕案：《爾雅》有釋草、釋木、釋蟲、釋魚四篇，這裏是用韓愈詩"《爾雅》注蟲魚，定非磊落人"的詩意，有着譏笑考據家考訂瑣碎的意思。

〔七〕謝靈運《擬魏太子詩序》："天下良辰、美景、賞心、樂事，四者難併。"

〔八〕《周禮·春官·占夢》："二曰噩夢。"鄭玄注："杜子春云：'噩當爲驚愕之愕，謂驚愕而夢。'"孫詒讓《周禮正義》："驚愕則心爲之感動，故因而成夢。"

〔九〕窮鞫是深究的意思。

〔一〇〕蠢蠢本是形容蟲類的蠕動，這裏是借來形容人類的行動。

〔一一〕"觸"和"受"都是用佛家的説法，身根所對的境界叫做觸，心所領受叫做受。

〔一二〕身外身，如《華嚴經》説善財入彌勒樓閣，見無數善財各參彌勒等。世界外世界可參閲《華嚴經·華藏世界品》世界外更有世界，廣大周遍，無窮無盡。

〔一三〕《法華經》："有佛子心净，柔軟亦利根。"案：利根是説人的根性敏悟，能够生出妙解。

〔一四〕《法華經·藥草喻品》："正見邪見，鈍根利根。"案：鈍根是説的根性愚鈍。

〔一五〕《大日經疏》："略説法有四種，謂三乘及秘密乘，雖不應吝惜,然應觀衆生,量其根器,而後與之。"案:這是說修道的人,能力有高下,如根和器的多寡大小的不同。

〔一六〕見《孟子·梁惠王上》,戚戚是形容心的沖動。

〔一七〕案:這是用《莊子》的話而略改。《莊子·養生主》說:"批大郤,導大窾。"本是形容庖丁用刀解牛深入筋節空隙的巧妙,這裏借來比喻寫作得到了竅門。

〔一八〕理想派小說就是浪漫主義的。

〔一九〕寫實派小說就是現實主義的。

抑小說之支配人道也,復有四種力:一曰熏,熏也者,如入雲煙中而爲其所烘,如近墨朱處而爲其所染〔一〕,《楞伽經》所謂"迷智爲識,轉識成智"者〔二〕,皆恃此力。人之讀一小說也,不知不覺之間,而眼識爲之迷漾〔三〕,而腦筋爲之搖颺,而神經爲之營注,今日變一二焉,明日變一二焉,刹那刹那〔四〕,相斷相續,久之而此小說之境界,遂入其靈臺而據之〔五〕,成爲一特別之原質之種子。有此種子故,他日又更有所觸所受者,旦旦而熏之,種子愈盛,而又以之熏他人,故此種子遂可以徧世界。一切器世間、有情世間之所以成、所以住〔六〕,皆此爲因緣也。而小說則巍巍焉具此威德以操縱衆生者也〔七〕。二曰浸,熏以空間言,故其力之大小,存其界之廣狹;浸以時間言,故其力之大小,存其界之長短。浸也者,入而與之俱化者也。人之讀一小說也,往往既終卷後,數日或數旬而終不能釋然。讀《紅樓》竟者〔八〕,必有餘戀,有餘悲;讀《水滸》竟者〔九〕,必有餘快,有餘怒。何也?浸之力使然也。等是佳作也,而其卷帙愈繁、事實愈多者,則其浸人也亦愈甚!如酒焉:作十日飲,則作百日醉。我佛從菩提樹下起,便説偌大一部《華嚴》[一〇],正以此也。三曰刺,刺也者,刺激之義也。熏、浸之力,利用漸[一一];刺之力,利用頓[一二]。熏、浸之力,在使感受者不覺;刺之力,在使感受者驟覺。刺也者,能入於一刹那頃,忽起異感而不能自制者也。我本藹然和也,乃讀林沖雪天三限[一三]、武松飛雲浦厄[一四],何以忽然髮指[一五]?我本愉然樂也,乃讀晴雯出大觀園[一六]、黛玉死瀟湘館[一七],何以忽然淚流?我本肅然莊也,乃讀實甫之琴心、酬簡[一八],東塘之眠香、訪翠[一九],何以忽然情動?若是者,皆所謂刺激也。大抵腦筋愈敏之人,則其受刺激力也愈速且劇。而要之必以其書所含刺激力之大小爲比例。禪宗之一棒一喝[二〇],皆利用此刺激力以度人者也。此力之爲用也,文字不如語言。然語言力所被,不能廣、不能久也,於是不得不乞靈於文字[二一]。在文字中,則文言不如其俗語,莊論不如其寓言[二二],故具此力最大者,非小説末由!四曰提,前三者之力,自外而灌之使入;提之力,自内而脱之使出,實佛法之最上乘也。凡讀小説者,必常若自化其身焉,——入於書中,而爲其書之主人翁。讀《野叟曝言》者,必自擬文素臣[二三];讀《石頭記》者,必自擬賈寶玉;讀《花月痕》者,必自擬韓荷生若韋癡珠[二四];讀梁山泊者,必自擬黑旋風若花和尚;雖讀者自辯其無是心焉,吾不信也。夫既化其身以入書中矣,則當其讀此書時,此身已非我有,截然去此界以入於彼界,所謂華嚴樓閣[二五],帝網重重〔二六〕,一毛孔中萬億蓮花〔二七〕,一彈指頃百千浩劫〔二八〕,文字移人,至此而極!然則吾書中主人翁而華盛頓,則讀者將化身爲華盛頓;主人翁而拿破侖,則讀者將化身爲拿破侖;主人翁而釋迦、孔子,則讀者將化身爲釋迦、孔子,有斷然也。度世之不二法門〔二九〕,豈有過此?此四力者,可以盧牟一世〔三〇〕,亭毒羣倫〔三一〕,教主之所以能立教門,政治家所以能組織政黨,莫不賴是。文家能得其一,則爲文豪;能兼其四,則爲文聖。有此四力而用之於善,則可以福億兆人;有此四力而用之於惡,則可以毒萬千載。而此四力所最易寄者惟小說。可愛哉小說!可畏哉小說!

〔一〕案:這是用晉傅玄的話。《太平御覽》卷二四四引傅玄《太子少傅箴》:"近朱則赤,近墨者黑。"是比喻人的性情,常因習染的關係而改變它的好或壞。

〔二〕案:這兩句,含義很繁。現在僅扼要地説一下:據《攝大乘論》説:"真俗二智,更互相違。"《佛性論》説:"般若(案:般若就是智慧。)有二:一、無分別真智,二、有分別俗智。""迷智爲識"是説迷於無分別真智,成爲眼、耳、鼻、舌、身意等了別之識;(了別的意義詳下。)"轉識成智"是説轉變了別之識,成爲無分別真智。《唯識論》説:"凡夫有八識,至如來轉爲四智。"(案:八識就是眼、耳、鼻、舌、身、意六識,外加末那識和阿賴耶識。末那就是意,意是思量的意思。阿賴耶是含藏的意思。前七識都是生分別智,就是俗智;第八識分有漏無漏,那有漏部分,也是生分別智,所以要轉識,成爲如來的四智。四智:一爲大圓鏡智,是轉第八識;二爲平等性智,是轉第七識的;三爲妙觀察智,是轉第六識的;四爲成所作智,是轉眼、耳、鼻、舌、身等五識的。)梁氏《佛教心理學淺測》說:"我們因爲不明白五蘊皆空的道理,(案:五蘊指色、受、想、行、識五種。色蘊即眼耳鼻舌身諸根。)誤認五蘊相續的狀態爲我,於是生出我見。……結果不惟傷害人,而且令自己生無限苦惱。……人類沉迷於這種生活,鬧到内界精神不能統一,長在交戰混亂狀態中。所以如此者,全由不明真理,佛家叫它無明。我們如何纔能脱離這種'無明'狀態呢?要靠智慧去戰勝它。最關鍵的一句話是轉識成智。"可以參證。

〔三〕眼識是佛經八種心法的第一種,又和耳、鼻、舌、身稱前五識。略見前條。是眼根對色塵時所生的識。識謂了別,了是瞭解,別是分別。《順正理論》:"識謂了別者,是唯總取境相義,各各總取彼境相,各各了別。謂彼眼識雖有色等多境現前,然唯取色,不取聲等。"

〔四〕《仁王護國般若經》:"一念中有九十刹那,一刹那有九百生滅。"《大唐西域記》:"時極短者,謂刹那也。"

〔五〕《莊子·庚桑楚》:"不可内於靈臺。"郭注:"靈臺者心也。"

〔六〕《楞嚴經》:"無始衆生世界生纏縛故,於器世間不能超越。"案:器世間是指一切衆生所住居的國土世界,所以又稱器世界。《大乘阿毘達磨集論》:"何等有情生即有情世間,謂諸有情生那落迦傍,生餓鬼人天趣中。"案:有情世間和器世間相對稱,指一切的有生者,所以又稱衆生世間。《唯識述記》:"言世間者,可毁壞故,墮世中故,名爲世間。"梁氏《論佛教與羣治之關係》有自注説:"佛説有所謂器世間、有情世間者,一指宇宙,一指衆生也。"可參證。成、住都是佛家劫名。《阿毘達磨大毘婆沙論》:"經二十中劫世間成,二十中劫成已住,此合名成劫。"案:成劫是指從初禪天下到地獄界次第成立的時期,住劫是指此世間安穩成住的時期。和壞、空兩個劫合並稱四劫。每劫有二十中劫。八十中劫，合成一個大劫。

〔七〕後來梁氏又作《告小説家》一文，中有可作這一段的注脚者。它説："自元明以降，小説勢力入人之深，漸爲識者所共認。蓋全國大多數人之思想業識，強半出自小説，言英雄則《三國》、《水滸》、《説唐》、《征西》；言哲理則《封神》、《西遊》；言情緒則《紅樓》、《西厢》；自餘無量數之長章短帙，樊然雜陳，而各皆分占勢力之一部分。此種勢力，蟠結於人人之腦識中，而因發爲言論行事，雖具有過人之智慧過人之才力者，欲其思想盡脱離小説之束縛，殆爲絶對不可能之事。夫小説之力，曷爲能雄長他力？此無異故，蓋人之腦海如熏籠然，其所感受外界之業識如煙，每煙之過，則熏籠必留其痕，雖拂拭洗滌之，而終有不能去者存。其煙之霏襲也愈數，則其熏痕愈深固，其煙質愈濃，則其熏痕愈明顯。夫熏籠則一孤立之死物耳，與他物不相聯屬也。人之腦海，則能以所受之熏，還以熏人，且自熏其前此所受者而擴大之，而繼演於無窮，雖其人已死，而薪盡火傳，猶蜕其一部分，以遺其子孫，且集合焉以成爲未來之羣衆心理。蓋業之熏習其可畏如是也。而小説也者，恒淺易而爲盡人所能解，雖富於學力者，亦常貪其不費腦力也而藉以消遣，故其霏襲之數，既有以加於他書矣，而其所敍述，恒必予人以一種特別之刺激，譬之則最濃之煙也。故其熏染感化力之偉大，舉凡一切聖經賢傳詩古文辭，皆莫能擬之。然則小説在社會教育界所占之位置，略可識矣。"案：本文和這篇所説的"熏"，好像也是本於佛經的《成唯識論》："依何等義，立熏習名？所熏能熏，各具四義，令種生長，故名熏習。"又："如是能熏與所熏，識俱生俱滅，熏習義成，令所熏中種子生長，如熏苣勝（案：苣勝即胡麻），故名熏習。"

〔八〕《紅樓》即《紅樓夢》，原名《石頭記》，又名《金玉緣》。魯迅《中國小說史略》說:"乾隆中(一七六五年頃),有小說曰《石頭記》者忽出於北京,歷五六年而盛行,其本只八十回。……比乾隆五十七年(一七九二),乃有百二十回之排印本出,改名《紅樓夢》,字句亦時有不同。……全書所寫,雖不外悲喜之情,聚散之跡,而人物事故,則擺脫舊套,與在先之人情小說甚不同,……敍述皆存本真,見聞悉所親歷,正因寫實,轉成新鮮。而世人忽略此言,每欲別求深義,揣測之說,久而遂多。……曹雪芹實生於榮華,終於零落,半生經歷,絕似'石頭',著書西郊,未就而沒。晚出全書,乃高鶚續成之者矣。"

〔九〕《水滸》就是《水滸傳》。水滸是指梁山泊。泊在今山東壽張縣東南的梁山下面,也稱梁山泊。相傳宋代的宋江等一百零八條好漢聚義於此,所以作爲書名。現在這個泊已變成平地了。《中國小說史略》說:"《水滸》故事亦爲南宋以來流行之傳說,宋江亦實有其人。《宋史》卷二十二,載'徽宗宣和三年,淮南盜宋江等犯淮陽軍,遣將討捕,又犯京東、江北,入楚海州界,命知州張叔夜招降之'。……宋江等嘯聚梁山泊時,其勢實甚盛,《宋史》三百五十三亦云:'轉略十郡,官軍莫敢攖其鋒。'於是自有奇聞異說,生於民間,輾轉繁變,以成故事,復經好事者掇拾粉飾,而文籍以出。……此種故事,當時載在人口者必甚多,雖或已有種種書本,而失之簡略,或多舛迕,於是又復有人起而薈萃取捨之,綴爲巨帙,使較有條理,可觀覽,是爲後來之大部《水滸傳》。其綴集者,或曰羅貫中,或曰施耐庵,或曰施作羅編,或曰施作羅續。"

〔一〇〕《華嚴經》全稱爲《大方廣佛華嚴經》,是釋迦牟尼成道後第一次說法。相傳有上中下三本:上本,三千大千世界微塵數偈;中本,四十九萬八千偈;下本,十萬偈。今僅傳下本,我國譯本,初都抄略,至唐譯得四萬五千偈,比較最多,外加別行的《普賢行願品》,還不到原數的三分之二。梁氏《論中國學術思想變遷之大勢》說:"我佛世尊從菩提樹下起,即爲深位菩薩文殊、普賢尊説華嚴三十八品十萬偈,實佛乘中甚深微妙,一乘最極之法門也。"

〔一一〕漸是佛家教法的一種,凡歷劫修行方出生死之法,名爲漸教。《止觀經》:"漸名次第,藉淺由深。"和頓教相對。這裏是借來比喻的。

〔一二〕《圓覺經》:"頓機衆生,從此開悟。"案:佛教凡頓悟頓成佛果之法,名爲頓教。這裏也是借喻。

〔一三〕"林冲雪天三限"見《水滸傳》第十回,回目是"林冲雪夜上梁山"。三限指王倫與林冲三日限,若三日内有投名狀來,便容入伙的事。

〔一四〕"武松飛雲浦厄"見《水滸傳》第二十九回,回目是"武松大鬧飛雲浦"。所謂厄,指蔣門神託張團練買通張都監陷害武松,謀殺於飛雲浦的事。

〔一五〕《史記·刺客列傳》:"士皆瞋目,髮盡上指冠。"案:髮指是形容憤怒到極點。

〔一六〕"晴雯出大觀園",見《紅樓夢》第七十七回,回目是"俏丫鬟抱屈夭風流"。是述晴雯受讒被逐身故的事。

〔一七〕"黛玉死瀟湘館"見《紅樓夢》九十八回,回目是"苦絳珠魂歸離恨天"。

〔一八〕實甫就是王實甫,元朝大都人。據他的《麗春堂雜劇》譜金完顏某事,末了有頌禱金皇的話,可以知道他本是金人,金亡後,纔入元朝的。所著《西廂記》最爲有名。清無名氏《曲海總目提要》說:"《西廂記》元王實甫撰,草橋驚夢後四出,關漢卿補。事據《會真記》待月西廂而作,乃元稹實事,而嫁名於張生也。鶯鶯者乃崔鵬之女,於稹爲中表。"陶宗儀《輟耕録》

説:"董解元,金章宗時人,所著《西廂記》唱本,爲王實甫《西廂記》所自出。"焦循《易餘籥錄》也説:"王實甫《西廂記》全藍本於董解元,談者未見董書,遂極口稱道實甫耳。"琴心爲《西廂記》第二本第四齣(元曲慣例以四齣爲一本)敍紅娘教張生彈琴引鶯鶯事;酬簡爲第四本第一齣,敍鶯鶯夜就張生書齋事。汲古閣《六十種曲》本琴心作鶯鶯聽琴,在第九齣;酬簡作月下佳期,在第十三齣。

〔一九〕東塘是清孔尚任的別號。日本青木正兒《中國近世戲曲史》據《顏氏尺牘姓氏考》、《湖海集序》、《山左詩鈔》説:"尚任字季重,號東塘,又號肯堂,自稱雲亭山人。山東曲阜人。康熙二十三年,……特授國子博士。尋以疏通淮安揚州諸河河口事,奉命赴淮揚,……頻與此間名士開文酒會,所交甚多。還朝後,經戶部主事升員外郎,以事辭官,遂歸。"又説:"孔之《桃花扇》,與洪昇之《長生殿》,並爲清代戲曲雙璧,爲藝苑定論,有'南洪北孔'之稱。……《桃花扇》以明末崇禎間所謂四公子之一人侯方域與南京秦淮名妓李香君之情事爲主,包括明末遺事而作。……方域自楊文驄處獲聞李香君絕色……至李香君處定情,題詩宮扇贈香君,後漕撫田仰強娶香君,香君死拒,以方域所贈宮扇亂打,遂昏倒傷額,他日文驄訪香君,展宮扇,上血痕斑斑,蓋囊日守樓受傷時所染者也。文驄素善畫,點染之,遂成一幀折枝桃花圖。因云:'真乃桃花扇也'",所以名叫《桃花扇》。"訪翠"在第五出,敍侯方域訪李香君的事;眠香在第六出,敍侯方域和李香君定情的事。案:梁氏以戲曲爲小説,或以戲曲附入小説,是前人對小説概念、性質搞不清的原故。

〔二〇〕禪宗是佛教宗派的一種,又名心宗,稱教外別傳,和法相、天臺、華嚴同爲大乘上法。梁氏《論中國學術思想變遷之大勢》説:"此宗歷史,相傳靈山會上,釋尊拈花,迦葉微笑,正法眼藏,於兹授受。其後迦葉尊者以衣鉢受阿難,中間經歷馬鳴、龍樹、天親等二十七代,密密相傳,不著一字,直至達摩禪師。自迦葉迄達摩,是爲印度二十八祖。達摩承二十七祖之命,東渡震旦,當梁武帝普通七年,始至廣東。後入嵩山,面壁十年,始得傳法之人,傳已遂入滅,故達摩亦稱震旦禪宗初祖。二祖慧可、……四祖道信,皆依印度師祖之例,不説法,不著書,惟求得傳鉢之人,即自圓寂。至五祖弘忍,始開山授徒,玉泉神秀爲首座,竟不能傳法,而六祖大鑒慧能以不識一字之賃舂人受衣鉢焉。後神秀復師六祖,悟大法,於是乎禪宗有南北二派,南慧能、北神秀也。自六祖以後,鉢止不傳,然而教外密傳,遂極光大,宋明以來,益滔滔披靡天下。"棒喝見詩選注。

〔二一〕《左傳》哀公二十四年:"晉侯將伐齊,使來乞師,曰:昔臧文仲以楚師伐齊取穀,宣叔以晉師伐齊取汶陽,寡君欲徼福於周公,願乞靈於臧氏。"杜注:"以臧氏世勝齊,故乞其威靈。"後來作爲乞求靈效來幫助自己的意思。

〔二二〕《莊子·天下》:"以天下爲沈濁,不可與莊語,……以寓言爲廣。"郭注:"一云:莊,正也。"成玄英疏:"寓,寄也。"《莊子·寓言》:"寓言十九,藉外論之。親父不爲其子媒,親父譽之,不若非其父者也。"郭注:"寄之他人,則十言而九見信。"

〔二三〕金武祥《江陰藝文志》凡例:"夏二銘先生之《野叟曝言》。"案:二銘名敬渠,江蘇江陰縣人,二銘是他的號。《江陰縣誌·文苑傳》説:"敬渠字懋修。諸生。英敏績學。"《中國小説史略》:"以小説爲皮學問文章之具,與寓懲勸,同意而異用者,在清蓋莫先於《野叟曝言》。其書光緒初始出,回數多至百五十四回,……内容以文白爲之主。白字素臣,'是錚錚鐵漢,落落奇才,……止崇正學,不信異端'。凡人臣榮顯之事,爲士人意想所不及者,此書幾畢載矣。"

〔二四〕《小奢摩館脞録》:"《花月痕》一書,出於閩縣魏子安……手筆,託名眠鶴主人。"謝章鋌《魏子安墓誌銘》:"君名秀仁,字子安,侯官人。權奇有氣。年二十八,舉鄉試。累應春官不第,乃遊晉,遊秦、蜀。君見時事多可危,言不見異,而亢臟抑鬱之氣,無所發舒,因遁爲稗官小説,託於兒女子之私,名其書曰《花月痕》,其言絶沈痛。"《中國小説史略》:"《花月痕》十六卷,五十二回,光緒中始流行。略謂韋癡珠、韓荷生皆偉才碩學,遊幕并州,極相善,亦同遊曲中,又各有相眷妓,韋者曰秋痕,韓者曰采秋。韋不遇,尋亡,秋痕殉焉。韓則以平寇功,累遷至封侯,采秋久歸韓,亦得一品夫人封典。其布局蓋在使升沈相形,行文亦惟以纏綿爲主。設升沈兩途,各擬想其所能至,窮或類韋,達當如韓,故雖自寓一己,亦遂離而二之矣。"

〔二五〕《大方廣佛華嚴經》:"於時此大莊嚴樓閣忽然廣博,無有邊際。金剛爲地,寶玉覆上,無量寶華及諸摩尼,普散其中,處處盈滿。琉璃爲柱,衆寶合成,大光摩尼之所莊嚴,閻浮檀、金如意、寶玉周置其上,以爲嚴飾。"

〔二六〕見詩選《二十世紀太平洋歌》注。

〔二七〕《觀佛三昧海經》:"佛於衆中舉身放光,前八萬四十,左八萬四十,右八萬四十,後八萬四十,頂八萬四十。是諸毛孔,一孔一毛。旋生一毛,毛端有百萬億塵數蓮花。"案:這是説無礙境界。

〔二八〕《維摩經》:"度百千劫猶如彈指。"

〔二九〕度世是説度越世俗。不二法門就是不二之理,如平等,沒有彼此的分別,所以説不二。《維摩經·入不二法門品》:"文殊曰：善哉！善哉！無有文字語言，是真不二法門也。"《舊十地經》："師言不二法門，即阿黎耶識。"案"阿黎耶識"就是上面所説"阿賴耶識"的異譯。

〔三〇〕《淮南子·要略》："盧牟六合。"高誘注："盧牟猶規模也。"

〔三一〕《老子》："亭之毒之。"馬其昶《老子故》："《淮南子》注：'亭，平也。'馬融《易》注：'毒，治也。'"丁福保《老子注》："傅奕引《史記》云：'亭，凝結也。'《廣雅》云：'毒，安也。'"案：兩説都可通。

小説之爲體，其易入人也既如彼，其爲用之易感人也又如此，故人類之普通性，嗜他文不如其嗜小説，此殆心理學自然之作用〔一〕，非人力之所得而易也。此又天下萬國凡有血氣者莫不皆然，非直吾赤縣神州之民也〔二〕。夫既已嗜之矣，且徧嗜之矣，則小説之在一羣也，既已如空氣如菽粟〔三〕，欲避不得避，欲屏不得屏〔四〕，而日日相與呼吸之餐嚼之矣。於此其空氣而苟含有穢質也，其菽粟而苟含有毒性也，則其人之食息於此間者，必顦顇，必萎病，必慘死，必墮落，此不待蓍龜而決也〔五〕。於此而不潔淨其空氣，不別擇其菽粟，則雖日餌以參苓〔六〕，日施以刀圭〔七〕，而此羣中人之老、病、死、苦〔八〕，終不可得救。知此義，則吾中國羣治腐敗之總根原，可以識矣。吾中國人狀元宰相之思想何自來乎？小説也〔九〕；吾中國人佳人才子之思想何自來乎？小説也〔一〇〕；吾中國人江湖盜賊之思想何自來乎？小説也〔一一〕；吾中國人妖巫狐鬼之思想何自來乎？小説也〔一二〕。若是者，豈嘗有人焉，提其耳而誨之〔一三〕，傳諸鉢而授之也〔一四〕？而下自屠爨販卒嫗娃童稚〔一五〕，上至大人先生高才碩學，凡此諸思想必居一於是。莫或使之，若或使之。蓋百數十種小說之力直接間接以毒人，如此其甚也。即有不好讀小說者，而此等小說，既已漸漬社會，成爲風氣；其未出胎也，固已承此遺傳焉；其既入世也，又復受此感染焉。雖有賢智，亦不能自拔，故謂之間接。今我國民，惑堪輿〔一六〕，惑相命〔一七〕，惑卜筮〔一八〕，惑祈禳〔一九〕，因風水而阻止鐵路〔二〇〕，阻止開礦〔二一〕，爭墳墓而闔族械鬬〔二二〕，殺人如草〔二三〕，因迎神賽會〔二四〕而歲耗百萬金錢，廢時生事，消耗國力者，曰惟小說之故。今我國民慕科第若羶〔二五〕，趨爵祿若鶩〔二六〕，奴顏婢膝〔二七〕，寡廉鮮恥，惟思以十年螢雪〔二八〕，暮夜苞苴〔二九〕，易其歸驕妻妾、武斷鄉曲一日之快〔三〇〕，遂至名節大防〔三一〕掃地以盡者，曰惟小說之故。今我國民輕棄信義，權謀詭詐〔三二〕，雲翻雨覆〔三三〕，苛刻涼薄〔三四〕，馴至盡人皆機心〔三五〕，舉國皆荆棘者，曰惟小說之故。今我國民輕薄無行，沈溺聲色，綣戀床第〔三六〕，纏綿歌泣於春花秋月，銷磨其少壯活潑之氣；青年子弟，自十五歲至三十歲，惟以多情、多感、多愁、多病爲一大事業〔三七〕，兒女情多，風雲氣少〔三八〕，甚者爲傷風敗俗之行，毒徧社會，曰惟小說之故〔三九〕。今我國民綠林豪傑〔四〇〕，徧地皆是，日日有桃園之拜〔四一〕，處處爲梁山之盟〔四二〕，所謂“大碗酒，大塊肉，分秤稱金銀，論套穿衣服”等思想〔四三〕，充塞於下等社會之腦中，遂成爲哥老、大刀等會〔四四〕，卒至有如義和拳者起，淪陷京國，啓召外戎〔四五〕，曰惟小說之故。嗚呼！小說之陷溺人羣，乃至如是！乃至如是！大聖鴻哲數萬言諄誨之而不足者,華士坊賈一二書敗壞之而有餘〔四六〕!斯事既愈爲大雅君子所不屑道,則愈不得不專歸於華士坊賈之手。而其性質,其位置,又如空氣然,如菽粟然,爲一社會中不可得避、不可得屏之物,於是華士坊賈,遂至握一國之主權而操縱之矣。嗚呼!使長此而終古也,則吾國前途,尚可問耶?尚可問耶?故今日欲改良羣治,必自小說界革命始!欲新民,必自新小說始!

〔一〕心理學是關於人類有機體最高神經活動的科學。

〔二〕《史記·孟子列傳》:"騶衍……以爲儒者所謂中國者,於天下乃八十一分居其一分耳,中國名曰赤縣神州,赤縣神州內自有九州,禹之序九州是也,不得爲州數。中國外如赤縣神州者九,乃所謂九州也。"

〔三〕《宋史·程顥傳》:"其言之旨,若布帛菽粟然。"案:菽粟就是豆和米,食的必需品,因此凡是必需的,最有益的,就用這句話作比喻。

〔四〕屏音 bǐng,是除去的意思。《論語·堯曰》:"屏四惡。"

〔五〕《易·繫辭傳》:"探賾索隱,鈎深致遠,以定天下之吉凶,成天下之亹亹者,莫大乎蓍龜。"蓍龜都是古代占卜的用具,筮用蓍,卜用龜。

〔六〕餌是食的意思,《後漢書·馬援傳》:"常餌薏苡實。"參苓都是藥類中的滋補品。

〔七〕刀圭是量藥的器具。李時珍《本草綱目·序例》:"凡散藥云刀圭者,十分方寸匕之一,准如梧桐子大也;方寸匕者,作匕正方一寸,抄散取不落爲度。"注:"匕即匙也。"

〔八〕《法華經》科注:"生老病死,四苦也。"

〔九〕 如夏敬渠的《野叟曝言》、張劭的《平山冷燕》等。戲劇受小說這種影響,窠臼尤深。

〔一〇〕 古一點的如白行簡的《李娃傳》、元稹的《會真記》,近的如《石頭記》等。

〔一一〕 如《宣和遺事》所記的梁山泊聚義本末,後來就演爲《水滸傳》。這些聚義反抗封建惡勢力的英雄們,在封建社會看起來,是江湖盜賊。

〔一二〕 古一點的如六朝的鬼神志怪書,干寶《搜神記》、託名陶潛《搜神後記》、劉敬叔《異苑》等;後一點的如宋代的志怪書《太平廣記》的大部分,和洪邁《夷堅志》等;明代的神魔小說《四遊記》、一百回本《西遊記》、《封神演義》等;清代的如蒲松齡《聊齋志異》、紀昀《閱微草堂筆記》等。

〔一三〕《詩・大雅・抑》:"非面命之,言提其耳。"孔疏:"非但對面命語之,我又親提撕其耳,庶其志而不忘。"案:提耳而誨,就是根據這兩句詩意,形容懇切教誨。

〔一四〕《傳燈錄》:"五祖衣鉢傳與盧行者。"案:衣是袈裟,鉢是食具,都是和尚們最重要的資物,傳得衣鉢,就是代表得到真傳,或也單說傳鉢。後世凡是師弟相傳都借用傳衣鉢的說法。

〔一五〕 爨音 cuàn,指燒飯菜的廚師等。

〔一六〕 堪輿本指天道地道,見《漢書》顏師古注引許慎說。《漢書・藝文志》五行家有《堪輿金匱》十四卷,雖已失傳,但《淮南子・天文訓》、《風俗通義》和《周禮正義》所引堪輿說,多屬天文五行方面,並不專言地道。不知怎的,後世只指相地者叫做堪輿,這裏也是指相地者而言。

〔一七〕 相命是說相面和算命。

〔一八〕 卜筮已見上注第五條。

〔一九〕祈禳是説祈福除殃。
〔二〇〕何啓、胡禮垣《新政論議》："中國於鐵路，其利豈曰不知，而或以爲假道於敵人，或以爲有傷於風水，道旁作舍，事用無成。"
〔二一〕鄭觀應《盛世危言·開礦篇》："我中土地大物豐，萬匯之精華所萃，五金之盤薄鬱積於深山窮谷者，更僕數之未易終也。……大半封禁未開，良爲可惜。推原其故，由於……風水之説，深入人心，動以傷殘龍脈爲辭，環請封禁，不知地形之吉凶，本無關地寶之藴藏。"
〔二二〕械鬪是説聚衆持械的私鬪。
〔二三〕沈明臣詩："殺人如草不聞聲。"
〔二四〕陸游詩："鄰家賽神會。"案：從前世俗逢神的誕日，具備儀仗、音樂、雜戲等等，迎神出廟，周遊街巷，叫做賽會。據説這樣可以得到神的福佑，使人口平安，五穀豐登。
〔二五〕《莊子·徐無鬼》："羊肉不慕蟻，蟻慕羊肉，羊肉羶也。舜有羶行，百姓悦之。"案：慕是愛羡的意思。這裏是用《莊子》的話，比喻當時人們愛羡科舉，好像螞蟻愛羡羊肉的羶味。
〔二六〕鶩應作鶩。《埤雅》："鶩善趨。"鶩就是鴨，它喜歡成羣趨走，所以借它來形容熱中爵禄趨炎附勢的人。故説若鶩。騖是亂走的意思，與此不合。
〔二七〕陸龜蒙詩："奴顔婢膝真乞丐。"奴顔婢膝是形容卑屈求媚。
〔二八〕螢雪是用車胤囊螢、孫康映雪讀書的故事。《晉書·車胤傳》："胤博學多通，家貧不常得油，夏月則練囊盛數十螢火以照書，以夜繼日焉。官至吏部尚書。"廖用賢《尚友録》："晉孫康，京兆人。性敏好學，家貧，燈無油，於冬月嘗映雪讀書。後官至御史大夫。"案：刻苦讀書，原是很好的事，假使專以禄利爲目的，那就錯誤了。這裏的"十年螢雪"就是這個意思。

〔二九〕苞苴本是包裹的意思；後來又假爲饋送的意思，因爲饋送是需要包裹；再由饋送引伸爲賄賂的意思，《荀子・大略》説：“苞苴行與。”這裏是説賄賂。

〔三〇〕歸驕妻妾，是用《孟子》的話。《孟子・離婁下》：“齊人有一妻一妾而處室者，其良人出則必饜酒肉而後反，其妻問所與飲食者，則盡富貴也。其妻……蚤起，施從良人之所之，遍國中無與立談者，卒之東郭之墦間，之祭者，乞其餘，不足，又顧而之他，此其爲饜足之道也。其妻歸告其妾，……訕其良人而相泣於中庭。而良人未之知也，施施從外來，驕其妻妾。”武斷鄉曲見《史記》。《史記・平準書》：“兼併豪黨之徒，以武斷於鄉曲。”《索隱》：“鄉曲豪富無官位，而以威勢主斷曲直，故曰武斷也。”

〔三一〕大防指禮防。《禮記・經解》：“夫禮，禁亂之所由生，猶坊（案：坊即防）止水之所自來也。”

〔三二〕權謀是説權變的計謀。《漢書・孔光傳》：“傅太后……長於權謀。”

〔三三〕見杜甫詩。已見上。

〔三四〕涼就是薄。《左傳》莊公三十二年：“虢多涼德。”

〔三五〕馴至就是漸至。《易・坤卦》：“馴至其道。”機心就是機變的心理。《莊子・天地》：“有機事者必有機心。”

〔三六〕第本來是説床板，是用竹來編的，又叫簀，見《爾雅》。後來叫床也叫第，見《方言》。

〔三七〕多愁多病用《西廂記》文。

〔三八〕鍾嶸《詩品》：“張華詩，恨其兒女情多，風雲氣少。”

〔三九〕梁氏《告小説家》：“今之所謂小説文學者……其什九則誨盜與誨淫而已，或則尖酸輕薄毫無取義之遊戲文也。於以煽誘舉國青年子弟，使其桀黠音濡染於險詖鉤距，作姦犯科，而慕擬某種偵探小説中之一節目;其柔靡者浸淫於目成魂與,踰墻鑽穴,自比於每種豔情小説之主人翁,於是其思想習於污賤齷齪,其行誼習於邪曲放蕩,其言論習於詭隨尖刻。近十年來,社會風習,一落千丈,何一非謂新小説者階之厲,循此橫流,更閲數年,中國殆不陸沈焉不止也。"這是專指一些有毒素的新小説而言,可以參考。

〔四〇〕緑林本是西漢末年農民起義的一部分,因爲隱藏在緑林山中,所以用作稱號。見《後漢書·劉玄傳》。緑林山在今湖北省當陽縣的北面。後來舊社會習慣就稱盜爲緑林。

〔四一〕桃園之拜是指《三國演義》中劉關張桃園三結義的故事。

〔四二〕指《水滸傳》英雄聚義的故事。

〔四三〕見《水滸傳》。

〔四四〕已見上文注。

〔四五〕義和拳已見上注。案:這一次波瀾壯闊的反帝運動,清統治者改鎮壓爲利用,承認這個組織爲合法,並派遣官員或官員的走狗,打入在組織裏面,來奪取這個運動的領導權。所以這一運動的悲慘失敗,清朝統治者應該負全部責任的。梁氏在這裏反把這個責任加在反帝運動的人民頭上,完全顛倒了黑白;還説什麽"惟小説之故",又無理地歸咎於小説,這又完全不合於邏輯。他站在改良主義的立場,只知道爲清政權開脱罪名,纔有這種謬論。

〔四六〕華士是指華而不實的唸書人。坊賈是指開書坊的買賣人。

情聖杜甫[一]

一

今日承詩學研究會囑託講演，可惜我文學素養很淺薄，不能有甚麽新貢獻，只好把咱們家裏老古董搬出來和諸君摩挲一番，題目是"情聖杜甫"。在講演本題以前，有兩段話應該簡單說明：

第一，新事物固然可愛，老古董也不可輕輕抹煞。内中藝術的古董，尤爲有特殊價值。因爲藝術是情感的表現，情感是不受進化法則支配的；不能説現代人的情感一定比古人優美，所以不能説現代人的藝術一定比古人進步。

第二，用文字表出來的藝術——如詩詞歌劇小説等類，多少總含有幾分國民的性質。因爲現在人類語言未能統一，無論何國的作家，總須用本國語言文字做工具；這副工具操練得不純熟，縱然有很豐富高妙的思想，也不能成爲藝術的表現。

我根據這兩種理由，希望現代研究文學的青年，對於本國二千年來的名家作品，着實費一番工夫去賞會他，那麽，杜工部自然是首屈一指的人物了。

〔一〕案：這一篇是一九二二年五月二十一日在北京某處的詩學研究會上所演講的，這個會可能是在清華學校，因爲這一年的三月二十五日所寫的《中國韻文》裏頭所表現的情感一文的前言說："本學期在清華學校講國史，校中文學社諸生，請爲文學的課外講演，輒拈此題。……"因此推想，這個詩學研究會或者就是當時清華學校文學社中的一個組織。這一篇在文集裏都編在《屈原研究》一文之後，但屈原研究作在本年十一月，這一篇則作在五月，按編年來講，是應該互易的，本書旨在編年，把他前後掉換了。一九二二年是民國十一年壬戌，梁氏正五十歲。

二

杜工部被後人上他徽號叫做"詩聖"。〔一〕詩怎麼樣纔算"聖"，標準很難確定，我們也不必輕輕附和。我以爲工部最少可以當得起情聖的徽號。因爲他的情感的內容，是極豐富的，極真實的，極深刻的。他表情的方法又極熟練，能鞭辟到最深處，〔二〕能將他全部完全反映不走樣子，能像電氣一般，一振一蕩的打到別人的心絃上，中國文學界寫情聖手，沒有人比得上他，所以我叫他做情聖。

我們研究杜工部，先要把他所生的時代和他一生經歷略敍梗概，看出他整個的人格：兩晉六朝幾百年間，可以說是中國民族混成時代，中原被異族侵入，攙雜許多新民族的血；江南則因中原舊家次第遷渡，把原住民的文化提高了。當時文藝上南北派的痕跡顯然，〔三〕北派真率悲壯，南派整齊柔婉，在古樂府裏頭，最可以看出這分野。唐朝民族化合作用，經過完成了，[四]政治上統一，影響及於文藝，自然會把兩派特性合冶一爐，形成大民族的新美。[五]初唐是黎明時代，盛唐正是成熟時代。[六]內中玄宗開元間四十年太平，[七]正孕育出中國藝術史上黃金時代。到天寶之亂，[八]黃金忽變爲黑灰。時事變遷之劇，未有其比。當時蘊蓄深厚的文學界，受了這種激刺，益發波瀾壯闊。杜工部正是這個時代的驕兒。他是河南人，[九]生當玄宗開元之初。[一〇]早年漫遊四方，大河以北都有他足跡，[一一]同時大文學家李太白、高達夫，都是他的摯友。[一二]中年值安禄山之亂，[一三]從賊中逃出，跑到甘肅的靈武謁見肅宗，補了個"拾遺"的官，[一四]不久告假回家。又碰着饑荒，在陝西的同谷縣，幾乎餓死。[一五]後來流落到四川，依一位故人嚴武。嚴武死後，四川又亂，他避難到湖南，在路上死了。他有兩位兄弟，一位妹子，都因亂離難得見面。[一六]他和他的夫人也常常隔離，[一七]他一個小兒子，因饑荒餓死，[一八]兩個大兒子，晚年跟着他在四川。[一九]他一生簡單的經歷，大略如此。

他是一位極熱腸的人，又是一位極有脾氣的人。從小便心高氣傲，不肯趨承人。他的詩道：

以兹悟生理，獨恥事干謁。（《奉先咏懷》）

又說：

白鷗沒浩蕩，萬里誰能馴。[二〇]（《贈韋左丞》）

可以見他的氣概。嚴武做四川節度，他當無家可歸的時候去投奔他，然而一點不肯趨承將就，相傳有好幾回冲撞嚴武，幾乎嚴武容他不下哩。〔一〕他集中有一首詩，可以當他人格的象徵：

> 絕代有佳人，幽居在空谷。自言良家子，零落依草木。……在山泉水清，出山泉水濁。侍婢賣珠回，牽蘿補茅屋。摘花不插鬢，採柏動盈掬。〔二〕天寒翠袖薄，日暮倚修竹。（《佳人》）

這位佳人，身分是非常名貴的，境遇是非常可憐的，情緒是非常溫厚的，性格是非常高抗的，這便是他本人自己的寫照。

〔一〕案：杜甫詩聖的稱號據楊慎以爲始於宋代楊萬里，《升庵外集》說："楊誠齋云：李太白之詩，列子之御風也；杜少陵之詩，靈均乘桂舟駕玉車也。無待者神於詩者歟？有待而未嘗有待者，聖於詩者歟？"其后王世貞、王士禎也都稱杜甫爲聖。其實唐元稹已說："子美……盡得古人之體勢，而兼今人之所獨專，使仲尼考鍛其旨要，尚不知貴其多乎哉？苟以爲能所不能，無可無不可，則詩人以來，未有如子美者。"《新唐書》本傳也說："甫渾涵汪茫，千匯萬狀，兼古今而有之，他人不足，甫乃厭餘，殘膏剩馥，沾丐後人多矣。"雖然當時還沒有加上"詩聖"的桂冠，但隱然就以"大成至聖"待之了。

〔二〕《程子語錄》："學要鞭辟近裏。"案：本是說爲學的策勵切實，後來也借作文字寫得深刻講了。

〔三〕《北史・文苑傳》："永明、天監之際，太和、天保之間，洛陽、江左,文雅尤甚,彼此好尚,雅有異同。江左宮商發越,貴於清綺;河朔詞義貞剛,重乎氣質。氣質則理勝其詞,清綺則文過其意。理深者便於時用,文華者宜於詠歌。此其南北詞人得失之大較也。"

〔四〕《通鑑·唐紀》:"太宗嘗謂侍臣曰:自古帝王雖平定中夏,不能服戎狄,朕才不逮古人,而成功過之。所以能及此者,自古皆貴中華賤夷狄,朕獨愛之如一,故其種落皆依朕如父母。"

〔五〕《新唐書·文藝傳》:"高祖、太宗大難始夷,沿江左餘風,綺句繪章,揣合低昂,故王楊爲之伯;玄宗好經術,羣臣稍厭雕琢,索理致,崇雅黜浮,氣益雄渾,則燕許擅其宗;是時唐已百年,諸儒爭自名家,大曆、貞元間,美才輩出,……言詩則杜甫、李白……"

〔六〕高棅《唐詩品彙》:"有唐三百年詩,衆體備矣。……略而言之,則有初唐、盛唐、中唐、晚唐之不同。詳而分之,貞觀、永徽之時,虞魏諸公,稍離舊習,王楊盧駱,因加美麗,劉希夷有閨闈之作,上官儀有婉媚之體,此初唐之始制也;神龍以還,洎開元初,陳子昂古風雅正,李巨山文章宿老,沈宋之新聲。蘇張之大手筆,此初唐之漸盛也;開元、天寶間,則有李翰林之飄逸,杜工部之沈鬱,孟襄陽之清雅,王右丞之精緻,儲光羲之真率,王昌齡之聳俊,高適、岑參之悲壯,李頎、常建之超凡,此盛唐之盛者也;……"

〔七〕《新唐書·玄宗紀》:"勵精圖治,開元之際,幾致太平。"杜佑《通典·食貨》:"開元……至十三年封泰山,米斗至十三文,青齊穀斗至五文,自後天下無貴物,兩京米斗不至二十文,面三十二文,絹一匹二百一十文。東至汴州,西至岐州,夾路列店肆待客,酒饌豐盈,每店皆有驢,貨客乘,倏忽數十里,謂之驛驢；南詣荊襄，北至太原、范陽，西至蜀川涼府，皆有店肆，以供商旅，遠適數千里，不持寸刃。"杜甫《憶昔》詩："憶昔開元全盛日，小邑猶藏萬家室。稻米流脂粟米白，公私倉廩俱豐實。九州道路無豺虎，遠行不勞吉日出，齊紈魯縞車班班，男耕女桑不相失。宮中聖人奏雲門，天下朋友皆膠漆，百餘年間未災變，叔孫禮樂蕭何律。"案：以上所引，可以看出當時表面上的太平景象，實則社會經濟矛盾非常尖銳，經不起李隆基他們統治集團的盡情揮霍，最大的原因是：一、軍費的浩大，二、淫樂的無節，所以不到安祿山的造反，紙糊的太平架子，已搖搖欲倒了。

〔八〕《新唐書・安祿山傳》："天寶十四載十一月，反范陽，兵凡十五萬，號二十萬。師行六十里。時兵暴起，州縣發官鎧仗，皆穿朽鈍折不可用，持梃鬭，弗能亢，吏皆棄城匿，或自殺，不則就禽，日不絕。……據東京，明年正月，僭稱雄武皇帝，國號燕。"

〔九〕馮至《杜甫傳》說：杜甫的遠祖是京兆杜陵人，所以他自稱"京兆杜甫"；他又屬於襄陽杜氏的支派，所以史書上說他是襄州襄陽人；他降生的地點則在河南鞏縣。

〔一〇〕呂汲公《詩譜》："墓誌、本傳皆言公年五十九歲，卒於大曆五年庚戌，則當生於唐睿宗先天元年壬子。"案：先天元年是開元元年的前一年，蔡興宗、魯訔、黃鶴所作的杜甫年譜都同。

〔一一〕黃鶴《杜工部年譜》："開元十九年辛未，公年二十，遊吳越，自是下姑蘇，渡浙江，遊剡溪，……二十三年乙亥，自吳越歸，赴京兆。二十五年丁丑遊齊趙。"

〔一二〕《新唐書・文藝傳》："李白字太白，其先客巴西。十歲通詩書，既長隱岷山。天寶初，南入會稽，與吳筠善，筠被召，故白亦至長安。往見賀知章,知章見其文,嘆曰:'子謫仙人也。'言於玄宗,召見,論當世事,奏頌一篇,有詔供奉翰林。白自知不爲親近所容,懇求還山,帝賜金放還。安禄山反,轉側宿松匡廬間,永王璘辟爲府僚佐,璘起兵,逃還彭澤。璘敗當誅,郭子儀……請解官以贖,有詔長流夜郎,會赦,還潯陽。坐事下獄,釋囚後,依當涂令李陽冰,遂卒當涂。"又《高適傳》:"字達夫,渤海人。少落魄,不治生業,客梁宋間。舉有道科,屢擢諫議大夫,後爲四川節度使,徵入爲左散騎常侍。年五十始爲詩,即工。"案朱鶴齡説:"太白自翰林放歸,客遊梁宋齊魯,公相從賦詩,正在天寶三四載,舊譜謂開元二十五年公從高適、李白過汴州登吹臺懷古,謬。"朱説是對的,從高適,當然和李白是同一時的。

〔一三〕案:天寶十四載十一月,安禄山反,天寶十四載爲公曆七五五年,甫四十四歲。

〔一四〕年譜:"肅宗至德元載丙申六月,聞肅宗即位,自鄜羸服奔行在,遂陷賊中。二載丁酉四月,脱賊,謁上鳳翔,拜左拾遺。"案:靈武是李亨即位的地方,杜甫上謁時,李亨已把政府搬到了鳳翔,甫有自京竄至鳳翔喜達行在所詩,可證。這裏説他"跑到甘肅的靈武謁見肅宗",是錯誤的。

〔一五〕案《新唐書》本傳:"時所在寇奪,甫家寓鄜,彌年艱窶,因許甫自往省視,從還京師。出爲華州司功,關輔饑,輒棄官去,客秦州,負薪採橡栗自給。"這和他的詩文所説,大致是符合的。年譜根據他的詩文,有更詳細的記載,它説:"至德二載丁酉,八月,墨制放還鄜州省家,十一月,上還西京,公扈從。乾元元年戊戌六月,出爲華州司功,冬晚,離官間至東都。二年己亥,春,回華州,關輔饑,七月,棄官,西去度隴,客秦州,十月往同谷。"這裏説告假回家,就逃荒到同谷,是不符合事實的。

〔一六〕趙次公杜詩注:"公四弟,曰穎、曰觀、曰豐、曰占,穎、觀、豐,各在他郡,惟占從入蜀,有舍弟占歸草堂詩。"案:這裏說"他有兩位兄弟",大約讀《同谷七歌》"有弟有弟在遠方,三人各瘦何人強",誤以杜甫也算在三人中間,所以說爲兩位,實則三人是指穎、觀、豐而言的。杜甫的母親崔氏早死,這四個弟弟和一個嫁給韋氏的妹妹,都是杜甫的繼母盧氏所生。

〔一七〕元稹《杜君墓係銘》:"夫人弘農楊氏女,父曰司農少卿怡。"

〔一八〕案杜甫在天寶十四載冬所作的《自京赴奉先縣詠懷》詩說:"老妻寄異縣,十口隔風雪,誰能久不顧,庶往共飢渴。入門聞號咷,幼子飢已卒,吾寧舍一哀,里巷亦嗚咽。所愧爲人父,無食致夭折,豈知秋禾登,貧窶有倉卒。"此即他小兒子因饑荒餓死的事實。

〔一九〕他長子叫宗文,次子叫宗武,屢屢見於他詩裏,但元稹《墓係銘》和《舊唐書》本傳,只說子宗武,沒有說到宗文,大約宗文是早死。

〔二〇〕案:上文有"今欲東入海,即將西去秦"兩句,白鷗承入海句來,自比白鷗,將滅沒於烟波浩蕩之中,誰能馴服我呢?萬里是指海和秦的距離。秦指長安,做詩時正在應詔到長安求試,被姦相李林甫阻擋以後,所以鬱勃如此。

〔二一〕《新唐書》本傳:"甫……性褊躁傲誕,嘗登武床,瞪視曰:嚴挺之乃有此兒。武亦暴猛,外若不爲忤,中銜之,一日欲殺甫及梓州刺史章彝,集吏於門,武將出,冠鉤於簾三,左右白其母,奔救得止。"案:這事出唐人范攄所作的《雲溪友議》,完全是謠言,不可信,已有許多人辯論過了。

〔二二〕這是比貞心不改。

三

他是個最富於同情心的人。他有兩句詩：

窮年憂黎元，嘆息腸內熱。(《奉先詠懷》)[一]

這不是瞎吹的話，在他的作品中，到處可以證明。這首詩底下便有兩段說：

彤庭所分帛，本自寒女出。鞭撻其夫家，聚斂貢城闕。[二](同上)

又說：

況聞內金盤，盡在衛霍室。中堂舞神仙，煙霧散玉質。暖客貂鼠裘，悲管逐清瑟。勸客駝蹄羹，霜橙壓香橘。朱門酒肉臭，路有凍死骨。……[三](同上)

這種詩幾乎純是現代社會黨的口吻。他做這詩的時候，正是唐朝黃金時代，全國人正在被鏡裏霧裏的太平景象醉倒了。[四]這種景象映到他的眼中，却有無限悲哀。

他的眼光，常常注視到社會最下層，這一層的可憐人那些狀況，別人看不出，他都看出；他們的情緒，別人傳不出，他都傳出。他著名的作品"三吏"、"三別"，[五]便是那時代社會狀況最真實的影戲片。《垂老別》的：

老妻臥路啼，歲暮衣裳單。熟知是死別，且復傷其寒。此去必不歸，還聞勸加餐。[六]

《新安吏》的：[七]

>肥男有母送,瘦男獨伶俜。〔八〕白水暮東流,青山猶哭聲。莫自使眼枯,收汝淚縱橫。眼枯即見骨,天地終無情。〔九〕

《石壕吏》的:〔一〇〕

>三男鄴城戍。〔一一〕一男附書至,二男新戰死。存者且偷生,死者長已矣。〔一二〕

這些詩是要作者的精神和那所寫之人的精神併合爲一,纔能做出。他所寫的是否他親聞親見的事實,抑或他腦中創造的影像,且不管他;總之他做這首《垂老別》時,他已經化身做那位六七十歲拖去當兵的老頭子,做這首《石壕吏》時,他已經化身做那位兒女死絕衣食不給的老太婆,所以他說的話,完全和他們自己說一樣。

他還有《戲呈吳郎》一首七律,〔一三〕那上半首是:

>堂前撲棗任西鄰,無食無兒一婦人。不爲家貧寧有此,只緣恐懼轉須親。……

這首詩,以詩論,並沒什麼好處,但敍當時一件瑣碎實事,——一位很可憐的鄰舍婦人偷他的棗子吃,因那人的惶恐,把作者的同情心引起了。這也是他注意下層社會的證據。

有一首《縛雞行》,〔一四〕表出他對於生物的泛愛,而且很含些哲理:

>小奴縛雞向市賣,雞被縛急相喧爭。家人厭雞食蟲蟻,未知雞賣還遭烹。蟲雞於人何厚薄,吾叱奴人

解其縛。難蟲得失無時了,注目寒江倚山閣。

有一首《茅屋爲秋風所破歌》,〔一五〕結尾幾句説道:

……安得廣廈千萬間,大庇天下寒士俱歡顏。風雨不動安如山。嗚呼!何時眼前突兀見此屋,吾廬獨破被凍死亦足。

有人批評他是名士説大話,但據我看來,此老確有這種胸襟,因爲他對於下層社會的痛苦,看得真切,所以常把他們的痛苦當作自己的痛苦。

〔一〕案:這首詩是作於天寶十四載的冬天,已見上注,距離安禄山的叛變,大概没有幾天,李王朝處在積薪厝火之上,除了李隆基他們一小撮的統治集團還在做荒淫的夢以外,大都有燕巢危幕的感覺,何況偉大的現實主義詩人像杜甫這樣,感覺當更敏銳了。這十個字包括了憂天憫人無限的傷感。

〔二〕張衡賦:"玉階彤庭。"彤庭是指紅漆的宮庭。這四句是説李隆基晚年的税歛之苛,賞賜之濫。《新唐書·楊國忠傳》説:"國忠已得柄,處決機務,自任不疑,又便佞,專徇帝嗜欲,不顧天下成敗。"可以知道當時壓迫人民專求享受的情形。

〔三〕王嗣奭《杜臆》:"天寶八載,帝引百官觀左藏,以國用豐衍,賞賜貴妃之家,無有限極。十載,帝爲禄山起第,窮極壯麗,既成,幄簾器皿,充牣其中,雖禁中不及。禄山生日,帝及貴妃,賜衣服寶器酒饌甚厚。故彤庭分帛,衛霍金盤,朱門酒肉等語,皆道其實,真詩史也。"案:衛霍謂前漢的衛青、霍去病,他們都以裙帶關係,做到大將,引來比楊國忠等;中堂神仙二句,是説楊貴妃和他的姊妹;以下泛説。趙翼《甌北詩話》説:

"朱門兩句,本有所自,而一入少陵手,便覺驚心動魄,似從古未經人道者。"案:杜甫最擅長這種對照寫法,他有一首《驅豎子摘蒼耳》詩說:"富家厨肉臭,戰地骸骨白。"和此相同。

〔四〕案:被鏡裏霧裏的太平景象醉倒的人,只是李隆基"深居燕適"的一些人物,何嘗是全國人民。就是同在統治集團中的楊國忠,雖然別有用心,但也見到安禄山的必將叛變了。

〔五〕"三吏"是《新安吏》、《潼關吏》、《石壕吏》;"三別"是《新婚別》、《垂老別》、《無家別》。都是肅宗乾元二年,即公曆七五九年,杜甫自洛陽回華州的路上感事而作的。這時正在郭子儀等九節度圍安禄山的兒子安慶緒於鄴城失敗以後,所以寫得特別愁慘。

〔六〕這是寫垂老的人子孫陣亡已盡,自己從戎,和老妻訣別的一節。

〔七〕《新唐書‧地理志》:"新安縣屬河南府。"

〔八〕伶俜是孤單的形容詞。

〔九〕仇兆鰲《杜少陵集詳注》:"不言朝廷而言天地,諱之也。"據此天地是李王朝的代名詞,意思是說就是哭到眼枯見骨,李王朝是無情的,誰來理你呢?還是別哭罷。這是寫連年戰爭,壯丁抽盡以後,竟至抽及中男,悲痛送別的一節。

〔一〇〕王應麟《困學紀聞‧評詩》:"石壕吏,蓋陝州陝縣之石壕鎮也。"案:陝縣今仍舊。

〔一一〕《通鑑‧唐紀》:"乾元元年,冬十月,郭子儀……拔衛州,慶緒走,子儀等追之至鄴,……圍之。二年二月,郭子儀等九節度使圍鄴城,築壘再重,壅漳水灌之。"案:這是戍鄴城的事,後來因爲史思明來救鄴城,九節度軍沒有統帥,進退不一而潰敗了。下文"二男新戰死",就是指這個戰役。

〔一二〕這五句是老婦對捉人的吏所說的話。

〔一三〕張遠《杜詩會粹》："大曆二年，公移居東屯，以瀼西草堂藉吳寓居。"案：大曆是唐代宗李豫的年號。二年爲公元七六七年，東屯瀼西都在夔州。瀼西的屋子西鄰，住着一個窮苦婦人，本來常懷着恐懼到杜甫家去偷打棗子吃，杜甫從來沒有禁止她，現在新房客來了，却要插籬防止，於是杜甫就寫這首詩來勸住他。

〔一四〕案：黃鶴《杜工部詩集補注》說這首詩"當是大曆元年冬西閣所作。"西閣在夔州。

〔一五〕案：朱鶴齡《杜工部詩集輯注》從魯訔草堂詩箋本，以爲是上元二年成都作。上元是肅宗乾元後的年號，二年爲公元七六一年。

四

他對於一般人如此多情，對於自己有關係的人，更不待說了。我們試看他對朋友：那位因陷賊貶做台州司户的鄭虔，〔一〕他有詩送他道：

……便與先生應永訣，九重泉路盡交期。〔二〕

又有詩懷他道：〔三〕

天台隔三江，〔四〕風浪無晨暮。鄭公縱得歸，老病不識路。……（《有懷台州鄭十八司户》）

那位因附永王璘造反長流夜郎的李白，他有詩夢他道：〔五〕

死別已吞聲，生別常惻惻。江南瘴癘地，逐客無消息。〔六〕故人入我夢,明我長相憶。恐非平生魂,路遠不可測。魂來楓林青,魂返關塞黑。〔七〕君今在羅網,何以有羽翼。落月滿屋梁,猶疑照顏色。水深波浪闊,毋使蛟龍得。〔八〕(《夢李白》二首之一)

這些詩不是尋常應酬話,他實在拿鄭、李等人當一個朋友,對於他們的境遇,所感痛苦,和自己親受一樣,所以做出來的詩,句句都帶血帶淚。

他集中想念他兄弟和妹子的詩,前後有二十來首,處處至性流露。最沈痛的如《同谷七歌》中:〔九〕

有弟有弟在遠方,三人各瘦何人強。〔一〇〕生別展轉不相見,胡塵暗天道路長。前飛駕鵝後鶖鶬,〔一一〕安得送我置汝旁。嗚呼!三歌兮歌三發,汝歸何處收兄骨。

有妹有妹在鍾離,〔一二〕良人早沒諸孤癡。〔一三〕長淮浪高蛟龍怒,〔一四〕十年不見來何時。扁舟欲往箭滿眼,杳杳南國多旌旗。〔一五〕嗚呼!四歌兮歌四奏,林猿為我啼清晝。

他自己直系的小家庭,光景是很困苦的,愛情却是很穠摯的。他早年有一首思家詩:〔一六〕

今夜鄜州月,〔一七〕閨中只獨看。遙憐小兒女,未解憶長安。〔一八〕香霧雲鬟濕,清輝玉臂寒。何時倚虛幌,〔一九〕雙照淚痕干。〔二〇〕(《月夜》)

這種緣情旖旎之作,〔二一〕在集中很少見。但這一首已可證

明工部是一位溫柔細膩的人。他到中年以後,遭值多難,家屬離合,經過不少的酸苦。亂前他回家一次,小的兒子餓死了。他的詩道:

> ……老妻寄異縣,〔二二〕十口隔風雪。誰能久不顧,庶往共飢渴。入門聞號咷,幼子餓已卒。〔二三〕吾寧舍一哀,裏巷亦嗚咽。所愧爲人父,無食致夭折。〔二四〕……(《奉先詠懷》)

亂後和家族隔絕,有一首詩:〔二五〕

> 去年潼關破;〔二六〕妻子隔絕久。……自寄一封書,今已十月後。〔二七〕反畏消息來,寸心亦何有。……
> (《述懷》)

其後從賊中逃歸,得和家族團聚,他有好幾首詩寫那時候的光景:〔二八〕《羌村》三首中的第一首:〔二九〕

> 崢嶸赤雲西,〔三○〕日腳下平地。柴門鳥雀噪,歸客千里至。妻孥怪我在,驚定還拭淚。世亂遭飄盪,生還偶然遂。〔三一〕鄰人滿牆頭,〔三二〕感嘆亦歔欷。〔三三〕夜闌更秉燭,〔三四〕相對如夢寐。

《北征》裏頭的一段:〔三五〕

> 況我墮胡塵,〔三六〕及歸盡華髮。經年至茅屋,妻子衣百結。〔三七〕慟哭松聲回,悲泉共幽咽。平生所嬌兒,顏色白勝雪;見耶背面啼,〔三八〕垢膩腳不襪。床前兩小女,補綻才過膝;〔三九〕海圖坼波濤,舊繡移曲折;天吳及紫鳳,顛倒在裋褐。〔四○〕老夫情懷惡,嘔泄臥數

日。那無囊中帛，救汝寒凛栗！粉黛亦解苞，衾裯稍羅列。[四一]瘦妻面復光，癡女頭自櫛；學母無不爲，曉妝隨手抹；移時施朱鉛，[四二]狼籍畫眉闊。[四三]生還對童稚，似欲忘飢渴。問事競挽鬚，誰能即嗔喝。翻思在賊愁，甘受雜亂聒。

其後挈眷避亂，路上很苦。他有詩追敍那時情況道：[四四]

憶昔避賊初，北走經險艱。[四五]夜深彭衙道，[四六]月照白水山。[四七]盡室久徒步，逢人多厚顏。……癡女飢咬我，啼畏虎狼聞。懷中掩其口，反側聲愈嗔。小兒強解事，故索苦李餐。一旬半雷雨，泥濘相牽攀。……（《彭衙行》）

他合家避亂到同谷縣山中，又遇着饑荒，靠草根木皮活命，[四八]在他困苦的全生涯中，當以這時候爲最甚。他的詩說：

長鑱長鑱白木柄，[四九]我生托子以爲命。黃獨無苗山雪盛，[五〇]短衣數挽不掩脛。此時與子空歸來，男呻女吟四壁靜。……（《同谷七歌》之二）

以上所舉各詩寫他自己家庭狀況，我替他起個名字叫做"半寫實派"。他處處把自己主觀的情感暴露，原不算寫實派的作法。但如《羌村》、《北征》等篇，多用第三者客觀的資格，描寫所觀察得來的環境和別人情感，從極瑣碎的斷片詳密刻畫，確是近世寫實派用的方法，所以可叫做半寫實。這種作法，在中國文學界上，雖不敢說是杜工部首創，却可以説是杜工部用得最多而最妙。從前古樂府裏頭，雖然有些，但不如工部之描寫入微。這類詩的好處在真，事愈寫得詳，真情愈發得透。我們熟讀他，可以理會得"真即是美"的道理。

〔一〕《新唐書·鄭虔傳》："鄭虔，鄭州滎陽人。天寶初，爲協律郎，玄宗愛其才，更置廣文館，以爲博士。善圖山水，好書，嘗自寫其詩，併畫以獻，帝大署其尾曰：'鄭虔三絶。'遷著作郎。安禄山反，僞授虔水部郎中，因稱風緩，潛以密章達靈武。賊平，貶台州司户參軍卒。"《通鑑》："至德二載十二月，陷賊官六等定罪。"案：至德是李亨即位後的年號，鄭虔坐流貶，是六等罪的第三等。台州今爲臨海縣。這詩的原題是"送鄭十八虔貶台州司户，傷其臨老陷賊之故，闕爲面別，情見乎詞"。當作於這個時候，詩的第五句説"蒼惶已就長途往"，好像就在這一年裏。這年是公元七五七年。
〔二〕末一句，見杜甫的直率，在一般人總要説些客套的希望話了。後來鄭虔果然死於台州。
〔三〕黃鶴補注："至德二載，虔貶台州司户，公有詩送行，明年又有春深逐客一詩，此詩又在其後，當在乾元二年秦華間作，末云'相望無所成'，蓋在棄官以後耶？"
〔四〕仇兆鰲詳注："三江，長江、浙江、曹娥江也。"
〔五〕薛仲邕《李太白年譜》："至德元載，太白入廬山，永王璘爲江陵府都督，重其才名，辟爲府僚佐，及璘擅引舟師東下，脅以偕行。二載二月，永王璘兵敗，太白亡走彭澤，坐繫潯陽獄，宣慰大使崔渙……推覆清雪釋其囚。乾元元年，終以永王事，長流夜郎。二年，未至夜郎，遇赦，得釋。"案：據此則此詩可能作於乾元二年。永王璘和李白的事,後人頗多聚訟。在此尚非重要,姑仍從舊說。

〔六〕這兩句幾全用隋孫萬壽《遠戍江南寄京邑親友》詩"江南瘴癘地,從來多逐臣"語意。杜句多獨造,似此少見。

〔七〕案:這兩句是暗用《楚辭·招魂》:"湛湛江水兮,上有楓林,目極千里兮傷春心,魂兮歸來哀江南"的意思。

〔八〕案:李白《寄王明府》詩說:"去年左遷夜郎道,今年赦放巫山陽。"李白流貶的道路,是從潯陽經洞庭出長江上三峽……杜甫所說的"水深波浪闊",正是指此而言。至於到巫山就被赦回,杜甫是不知道的,所以詩說"逐客無消息",可證。

〔九〕王嗣奭《杜臆》:"同谷縣唐屬成州,元以同谷縣省入,明則改州爲縣,考今志,成縣有杜甫故居。"案成州今甘肅成縣。

〔一〇〕合杜甫前後的詩來看,他四個弟弟除杜占隨他從秦州到西蜀相處很久外,其他三位,杜穎和杜觀大約住在山東,杜豐則住在河南。這裏所說的遠方,就是指此而言。

〔一一〕駕鵝就是野鵝,鶖像鶴而大,善於吃蛇,鶬也是鶴類。駕音 jiā,鶖音 qiū,鶬音 cāng。

〔一二〕杜甫有《元日寄韋氏妹》詩說:"近聞韋氏妹,迎在漢鍾離。"就是指她。《新唐書·地理志》:"濠州鍾離郡有鍾離縣。"案:鍾離縣久廢,故城在今安徽省鳳陽縣東北境。

〔一三〕案:《元日寄妹》詩說"郎伯殊方鎮",郎伯就是丈夫,則他妹妹丈夫時在鍾離作官。據黃鶴補注,定此詩作於至德二載元日。到這時乾元二年,前後纔三年,却說"良人早沒",良人也是指丈夫,可知這個"早"字,不是說遲早,而是說早年,就是說年輕死去。

〔一四〕鍾離屬於淮河水系。今鳳陽東面十八里地有個臨淮關,就濱着淮河河岸。

〔一五〕案:"箭滿眼"當指郭子儀、李光弼等和史思明相拒事。"南國多旌旗"當指康楚元、張嘉延破據荆襄事,《通鑑·唐紀》:"乾元二年八月,康楚元、張嘉延據襄州作亂,楚元自稱南楚霸王,九月,張嘉延襲破荆州,有衆萬餘人。商州刺史韋倫討之,十一月荆襄皆平。"這一年十月,杜甫到同谷,不到一個月就入蜀了。所以做此詩時,只知多旌旗而已。

〔一六〕黄鶴補注:"天寶十五載八月,公自鄜州赴行在,爲賊所得。時身在長安,家在鄜州,故作此詩。"案:天寶十五載的七月,李亨即位於靈武,即改元至德,爲公元七五六年,甫已四十五歲,並非早年。

〔一七〕鄜州,今陝西鄜縣。鄜音 fū。

〔一八〕楊倫《杜詩鏡銓》:"時公方陷賊中。"

〔一九〕幌就是帷。

〔二〇〕《杜臆》:"公本思家,偏想家人思己,已進一層;至念及兒女不能思,又進一層。鬟濕臂寒,看月之久也,月愈好而苦愈增,語麗情悲。末又想到聚首時,對月舒愁之狀,詞旨婉切,見此老鍾情之至。"

〔二一〕陸機《文賦》:"詩緣情而綺靡。"

〔二二〕異縣指奉先,他的家屬寄居所在。奉先,今陝西蒲城縣。

〔二三〕《通鑑》:"天寶十三載,……自去歲水旱相繼,關中大饑。"

〔二四〕《漢書·五行志》:"父喪子曰折。"

〔二五〕黄鶴補注:"此當是至德二載夏,拜拾遺後作。"

〔二六〕《通鑑》:"天寶十四載十二月,河西隴右節度使哥舒翰拜兵馬副元帥,以討禄山,軍於潼關。至德元載六月,上遣使趣進兵復陝洛,翰不得已,引兵出關,己丑遇崔乾祐之軍,大敗。辛卯,乾祐進攻潼關,克之。"《新唐書·哥舒翰傳》:"翰率兵出關,次靈寶縣之西原,爲賊所乘,自相踐躪,墜黄河死者數萬人。"案潼關破，李隆基大恐，不久就逃跑了。

〔二七〕趙次公注："十月謂自去年寄書，已經十月，非指孟冬之十月。公往問家室，在閏八月初吉，此詩尚在閏月之前。"

〔二八〕案：以下所引《羌村》和《北征》的詩，都是至德二載任左拾遺後，因爲喜歡直言，和李亨的關係搞得不好，允許他回家，就在這一年的閏八月初動身到家所作的。並不是從賊中逃歸。

〔二九〕蔡夢弼《杜工部草堂詩箋》："鄜州圖經：州治洛交縣。羌村，洛交村墟。"

〔三〇〕崢嶸，高峻的意思。

〔三一〕遂是成的意思。

〔三二〕申涵光《説杜》："杜詩，鄰人滿墻頭，……摹寫村落田家情事如見。"

〔三三〕歔欷是哭泣的聲音。

〔三四〕陸游《老學庵筆記》："夜闌更秉燭，意謂夜已深矣，宜睡，而復秉燭，以見久客喜歸之意。僧德洪妄云'更當平聲讀'，烏有是哉。"

〔三五〕仇兆鰲《詳注》："公自行在往鄜州，鄜州在鳳翔東北，故以'北征'命篇。"黃鶴補注："此詩至德二載九月作。"

〔三六〕指被拘長安的事。

〔三七〕王隱《晉書》："董威輦拾殘繒，輒結爲衣，號曰百結。"

〔三八〕耶即爺字。

〔三九〕本是衣縫解裂叫做綻，後來補裂也叫做綻。音 zhàn。

〔四〇〕朱鶴齡注："海圖天吳紫鳳，皆所綉之物，以舊綉補綻爲裋衣，故波濤拆，綉紋移，天吳紫鳳皆顛倒也。"案：天吳，水神。見《山海經》。裋(shù)褐，粗服，《漢書·貢禹傳》："妻子糠豆不贍，裋褐不完。"

〔四一〕衾就是被，裯就是床帳。

〔四二〕朱鉛就是胭脂花粉。

〔四三〕劉績《霏雪錄》："唐時婦女畫眉尚闊。"

〔四四〕案：下面的詩，黃希《杜詩補注》說："公避寇在天寶十五載，此云別來歲月周，知詩是至德二載追憶避賊時事，非謂歸鄜州如此也。"據年譜，杜甫於天寶十四載十一月，往奉先，接着安祿山反，明年五月，從奉先到白水，依靠他的舅氏崔少府，六月，又從白水到鄜州。這首詩就是敍從白水逃難到鄜州，中經彭衙的艱險經過。

〔四五〕案：白水在奉先的北面，鄜州又在白水的北面。

〔四六〕錢謙益《杜工部集箋注》："《元和郡縣誌》：'司州白水縣，漢彭衙縣地，春秋秦晉戰於彭衙是也。'《寰宇記》：'彭衙故城，在白水縣東北六十里。'"案今陝西白水縣仍舊。

〔四七〕白水經白水縣東北入黃河，山以水名。

〔四八〕《舊唐書》本傳說"採梠自給"，《新唐書》說"採橡栗自給"，就是根據《同谷七歌》的第一首所說"歲拾橡栗隨狙公"。這裏所說"靠草根樹皮活命"，"草根"大約指下文所引的"黃獨"，"吃樹皮"詩集和本傳都沒有記載，當是夸大之詞。

〔四九〕钁是挖土的工具，柄很長。

〔五〇〕黃庭堅《杜詩箋》："黃獨狀如芋子，肉白皮黃，蔓延生葉，似蘿摩，梁漢人蒸食之，江東謂之土芋。"蔡夢弼《草堂詩箋》："黃獨根惟一顆而色黃，故謂之黃獨。"

五

杜工部的"忠君愛國"，前人恭維他的很多，不用我再添話。他集中對於時事痛哭流涕的作品，差不多占四分之一，若把他分類研究起來，不惟在文學上有價值，而且在史料上有絶大價值。爲時間所限，恕我不徵引了。内中價值最大者，在能確實描寫出社會狀況，及能確實謳吟出時代心理。剛纔舉出半寫實派的幾首詩，是集中最通用的作法，此外還有許多是純寫實的。試舉他幾首：

> 獻凱日繼踵，〔一〕兩蕃静無虞。〔二〕漁陽豪俠地，〔三〕擊鼓吹笙竽。雲帆轉遼海，秔稻來東吳。〔四〕越羅與楚練，〔五〕照耀輿臺軀。〔六〕主將位益崇，〔七〕氣驕凌上都。〔八〕邊人不敢議，議者死路衢。〔九〕（《後出塞》五首之四）

讀這些詩，令人立刻聯想到現在軍閥的豪奢專横。——尤其逼肖奉、直戰爭前張作霖的狀況。〔一〇〕最妙處是不著一個字批評，但把客觀事實直寫，自然會令讀者嘆氣或瞪眼。又如《麗人行》那首七古，〔一一〕全首將近二百字的長篇，完全立在第三者地位觀察事實。從"三月三日天氣新"，到"青鳥飛去銜紅巾"，占全首二十六句中之二十四句，〔一二〕只是極力鋪敍那種豪奢熱鬧情狀，不惟字面上没有譏刺痕跡，連骨子裏頭也没有。直至結尾兩句：

> 炙手可熱勢絶倫，慎莫近前丞相嗔。

算是把主意一逗。但依然不著議論，完全讓讀者自去批評。這種可以説諷刺文學中之最高技術。因爲人類對於某種社會現象之批評，自有共同心理，作家只要把那現象寫得真切，自然會使讀者心理起反應，若把讀者心中要説的話,作者先替他傾吐無餘,那便索然寡味了。杜工部這類詩,比白香山《新樂府》高一籌,〔一三〕所爭就在此。《石壕吏》《垂老別》諸篇,所用技術,都是此類。

工部的寫實詩,什有九屬於諷刺類。不獨工部爲然,近代歐洲寫實文學,那一家不是專寫社會黑暗方面呢?但杜集中用寫實法寫社會優美方面的亦不是没有。如《遭田父泥飲》那篇:〔一四〕

> 步屧隨春風,〔一五〕村村自花柳。田翁逼社日,〔一六〕邀我嘗春酒。酒酣夸新尹,〔一七〕畜眼未見有。回頭指大男,"渠是弓弩手。名在飛騎籍,〔一八〕長番歲時久。〔一九〕前日放營農,〔二〇〕辛苦救衰朽。差科死則已,〔二一〕誓不舉家走。今年大作社,拾遺能住否?"叫婦開大瓶,盆中爲吾取。……高聲索果栗,欲起時被肘。〔二二〕指揮過無禮,未覺村野醜。月出遮我留,仍嗔問升斗。〔二三〕

這首詩把鄉下老百姓極粹美的真性情,一齊活現。你看他父子夫婦間何等親熱;對於國家的義務心何等鄭重;對於社交何等爽快,何等懇切。我們若把這首詩當個畫題,可以把篇中各人的心理從面孔上傳出,便成了一幅絶好的風俗畫。我們須知道:杜集中關於時事的詩,以這類爲最上乘。

〔一〕案:這一首主要是寫安禄山未叛前的恃功驕横。姚汝能《安禄山事跡》:"禄山誘降阿布思落,其男女一萬口送於京師,玄宗御勤政樓受之；又遣其子慶緒，獻奚、契丹及同羅、阿布思生口三千人，金銀錦罽，駝馬奚車，布於闕下，玄宗大悅，張樂以會將士。"

〔二〕朱鶴齡輯注："《舊唐書》：'奚與契丹兩國，常遞爲表裏，號曰兩蕃。'據《新書·安祿山傳》：'天寶四載，奚、契丹殺公主以叛祿山。八月，祿山紿契丹諸酋，大置酒，毒焉，既酣，悉斬其首，獻馘闕下。'《通鑑·唐紀》：'十三載，祿山奏擊破奚、契丹，其王李日越。十四載，奏破奚、契丹，'此所謂'静無虞'也。"

〔三〕《薊州圖經》："州城西北有漁山，郡在山南，故曰漁陽。"案：隋置漁陽郡，在今河北省薊縣、平谷縣一帶，並置漁陽縣爲郡治；唐改爲薊州。唐天寶中，置范陽節度使，管轄有今河北省大興、宛平、昌平、房山、安次、寶坻等縣地，節度衙門，就在薊州。據《新唐書·安祿山傳》，他是在天寶三載，代裴寬爲范陽節度使的。後來就從這裏開始叛變，所以白居易《長恨歌》說："漁陽鼙鼓動地來。"

〔四〕朱鶴齡輯注："隋唐時，於揚州置倉，以備海運，饋東北邊。祿山鎮范陽，江淮輓輸，千里不絕。《昔遊》詩：'幽燕盛用武，供給亦勞哉！吳門轉粟帛，泛海陵蓬萊。'與此同意。"

〔五〕越州出羅，見《唐書》，可以做裳。練是練袍，楚使被練三千侵吳，見《左傳》。

〔六〕輿臺是古代貴族家僕役的名稱，見《左傳》。《通鑑·唐紀》："天寶十三載二月，安祿山奏：'臣所部將士，討奚、契丹、九姓、同羅等，勳效甚多，乞不拘常格，超資加賞，仍好寫告身，付臣軍授之。'於是除將軍者五百餘人，中郎將者二千餘人。"案：這二千五百多人中間，大約很多是安祿山的僕役。後來至德二載杜甫作《避地》詩說"奴僕且旌旄"，盧元昌《杜詩闡》

〔七〕《新唐書·安祿山傳》："七載賜鐵券,封柳城郡公,九載,進東平郡王,……拜河東節度使,既兼制三道,意益侈。"

〔八〕《安祿山事跡》："祿山自歸范陽,逆節漸露,使者至,稱疾不迎,嚴介士於前後,戒備而後見之,無復臣禮。中使馮神威賚璽書召祿山,祿山踞床不起,但云聖人安隱。"

〔九〕《安祿山事跡》："或言祿山反者,玄宗縛送祿山,道路相目,無敢言者。"

〔一〇〕張作霖是軍閥割據時代最反動的軍閥之一,投靠日帝國主義者,割據了東北數省,作威作福,無所不至,後來失寵於日帝,被炸死。

〔一一〕案:黃鶴補注以爲作於天寶十二載春。天寶十二載,爲公元七五三年。麗人是指楊貴妃的三姊妹,當時李隆基封她們爲韓、虢、秦三國夫人。

〔一二〕這二十四句是"三月三日天氣新,長安水邊多麗人,態濃意遠淑且真,肌理細膩骨肉匀,綉羅衣裳照暮春,蹙金孔雀銀麒麟,頭上何所有？翠爲匌葉垂鬢唇；背後何所有？珠壓腰衱穩稱身；就中雲幕椒房親,賜名大國虢與秦。紫駝之峰出翠釜,水精之盤行素鱗,犀箸厭飫久未下,鸞刀縷切空紛綸,黃門飛鞚不動塵,御厨絡繹送八珍。簫鼓哀吟感鬼神,賓從雜遝實要津,後來鞍馬何逡巡？當軒下馬入錦茵,楊花雪落覆白蘋,青鳥飛去銜紅巾。"

〔一三〕白居易詩集中有《新樂府》兩卷,一共是五十首。

〔一四〕黃鶴補注:"此當是寶應元年春社作。"案:寶應是李亨死的那一年所改年號,爲公元七六二年,這時杜甫在成都。泥飲是強拉喝酒的意思。原題下面還有"美嚴中丞"四字,嚴中丞就是嚴武,他這時做綿州刺史,兼劍南東西節度使,又兼御史中丞,所以有這個稱呼。

〔一五〕沈約《宋書·袁粲傳》:"粲爲丹陽尹,常步屧白楊郊野。"屧就是草鞋。

〔一六〕社是祈禱農事的集會。《禮記·月令》:"仲春之月,擇元日,命民社。"衛湜《集説》:"元日,近春分前後戊日。"宗懍《荆楚歲時記》:"社日,四鄰併結宗會社,宰牲牢,爲屋於樹下,先祭神,然後享其胙。"

〔一七〕新尹就是新官,指嚴武。

〔一八〕《新唐書·兵志》:"擇材勇者爲番頭,習弩射,又有羽林軍飛騎亦習射。"

〔一九〕張遠《杜詩會粹箋》:"舊兵一萬五千,分爲六番,以次更代,今曰長番,長在籍,無更代也。"

〔二〇〕楊倫《鏡銓》:"放歸務農也。"案:長番沒有更代,一旦放歸,所以特別感激。

〔二一〕仇兆鰲《詳注》:"雜色差科,在長番之外者。"

〔二二〕這一句就是泥飲的説明。盧元昌《杜詩闡》:"本傳載'公住浣花裏,好與田畯野老相狎蕩。'此詩既曰'邀我嘗春酒',再曰'拾遺能住否?'又曰'盆中爲我取','欲起時被肘',狎蕩之態想見矣。"《杜臆》:"公詩'田父邀皆去',此章可證。"案:以上所引可見杜甫接近下層生活的一斑。

〔二三〕楊倫《鏡銓》:"升斗,酒量也。"

六

工部寫情,能將許多性質不同的情緒,歸攏在一篇中,而得調和之美。例如《北征》篇,大體算是憂時之作。然而

"青雲動高興，幽事亦可悅"以下一段，純是玩賞天然之美。〔一〕"夜深經戰場，寒月照白骨"以下一段，憑弔往事。〔二〕"況我墮胡塵"以下一大段，純寫家庭實況，忽然而悲，忽然而喜。〔三〕"至尊尚蒙塵"以下一段，正面感慨時事，一面盼望內亂速平，一面又憂慮到憑藉回鶻外力的危險。〔四〕"憶昨狼狽初"以下到篇末，把過去的事實，一齊涌到心上。〔五〕像這許多雜亂情緒迸在一篇，調和得恰可，非有絕大力量不能。

工部寫情，往往愈拶愈緊，愈轉愈深，像《哀王孫》那篇，〔六〕幾乎一句一意，試將現行新符號去點讀他，差不多每句都須用"。"符或"；"符。他的情感，像一堆亂石，突兀在胸中，斷斷續續的吐出，從無條理中見條理，真極文章之能事。

工部寫情，有時又淋漓盡致一口氣說出，如八股家評語所謂"大開大合"。這種類不以曲折見長，然亦能極其美。集中模範的作品，如《憶昔行》第二首，從"憶昔開元全盛日"起到"叔孫禮樂蕭何律"止，〔七〕極力追述從前太平景象，從社會道德上贊美，令意義格外深厚。自"豈聞一縑直萬錢"到"復恐初從亂離說"，〔八〕翻過來說現在亂離景象，兩兩比對，令讀者膽戰肉躍。

工部還有一種特別技能，幾乎可以說別人學不到，他最能用極簡的語句，包括無限情緒，寫得極深刻。如《喜達行在所》三首中第三首的頭兩句：〔九〕

死去憑誰報，歸來始自憐。

僅僅十個字,把十個月內虎口餘生的甜酸苦辣都寫出來,這是何等魄力。又如前文所引《述懷》篇的

> 反畏消息來。〔一〇〕

五個字,寫亂離中擔心家中情狀,真是驚心動魄。又如《垂老別》裏頭:

> 勢異鄴城下,〔一一〕縱死時猶寬。

死是早已安排定了,只好拿期限長些作安慰,(原文是寫老妻送行時語。)這是何等沈痛。又如前文所引的:

> 鄭公縱得歸,老病不識路。〔一二〕

明明知道他絕對不得歸了,讓一步雖得歸,已經萬事不堪回首。此外如:

> 帶甲滿天地,胡爲君遠行。〔一三〕
> 萬方同一概,吾道竟何之。(《秦州雜詩》)〔一四〕

> 國破山河在,城春草木深。〔一五〕
> 親朋無一字,老病有孤舟。(《登岳陽樓》)〔一六〕

> 古往今來皆涕淚,斷腸分手各風煙。
> (《公安送韋二少府》)〔一七〕

之類,都是用極少的字表極複雜極深刻的情緒,他是用洗練工夫用得極到家,所以說:"語不驚人死不休。"〔一八〕此其所以爲文學家的文學。

悲哀愁悶的情感易寫，歡喜的情感難寫。古今作家中，能將喜情寫得逼真的，除却杜集《聞官軍收河南河北》外，[一九]怕没有第二首。那詩道：

> 劍外忽聞收薊北，[二〇]初聞涕淚滿衣裳。却看妻子愁何在，漫卷詩書喜欲狂。白日放歌須縱酒，青春結伴好還鄉。即從巴峽穿巫峽，便下襄陽到洛陽。[二一]

那種手舞足蹈情形，從心坎上奔迸而出，我說他和古樂府的《公無渡河》是同一樣筆法。[二二]彼是寫忽然劇變的悲情，此是寫忽然劇變的喜情，都是用快光鏡照相照得的。

〔一〕《北征》"青雲動高興，幽事亦可悦"以下一段是："山果多瑣細，羅生雜橡栗，或紅如丹砂，或黑如點漆，雨露之所濡，甘苦齊結實。緬思桃源内，益嘆身世拙。"

〔二〕"夜深經戰場，寒月照白骨"以下一段是："潼關百萬師，往者散何卒？遂令半秦民，殘害爲異物。"因爲潼關一失守，關内即不可保，這是他於家於國最痛心的事，所以這樣慨嘆。

〔三〕已見上第四段。

〔四〕"至尊尚蒙塵"以下一段是："幾日休練卒，仰觀天色改，坐覺妖氛豁。陰風西北來，慘淡隨回鶻，其王願助順，其俗善馳突，送兵五千人，驅馬一萬匹，此輩少爲貴，四方服勇決，所用皆鷹騰，破敵過箭疾，聖心頗虛佇，時議氣欲奪。伊洛指掌收，西京不足拔，官軍請深入，蓄鋭可俱發，此舉開青徐，旋瞻略恒碣，昊天積霜露，正氣有肅殺，禍轉亡胡歲，勢成擒胡月，胡命其能久，皇綱未宜絕。"

〔五〕"憶昨狼狽初"以下到篇末是："事與古先別。奸臣竟菹醢，同惡隨蕩析。不聞夏殷衰，中自誅褒妲。周漢獲再興，宣光果明哲。桓桓陳將軍，仗鉞奮忠烈，微爾人盡非，於今國猶活。淒涼大同殿，寂寞白獸闥，都人望翠華，佳氣向金闕，園林固有神，灑掃數不缺，煌煌太宗業，樹立甚宏達。"

〔六〕《哀王孫》仇兆鰲以爲作於天寶十五載九月間。《通鑑・唐紀》："潼關既敗，乙未黎明，上獨與貴妃姊妹、皇子、妃主、皇孫、楊國忠、韋見素、魏方進、陳玄禮及親近宦官宮人出延秋門，妃主皇孫之在外者，皆委之而去。"案：杜甫所哀的王孫，就是當時所委去的。詩説："長安城頭頭白烏，夜飛延秋門上呼，又向人家啄大屋，屋底達官走避胡。金鞭斷折九馬死，骨肉不得同馳驅。腰下寶玦青珊瑚，可憐王孫泣路隅。問之不肯道姓名，但道困苦乞爲奴。已經百日竄荊棘，身上無有完肌膚。高帝子孫盡龍準，龍種自與常人殊。豺狼在邑龍在野，王孫善保千金軀。不敢長語臨交衢，且爲王孫立斯須。昨夜東風吹血腥，東來橐駝滿舊都。朔方健兒好身手，昔何勇鋭今何愚？竊聞天子已傳位，聖德北服南單于。花門剺面請雪恥，慎勿出口他人狙。哀哉王孫慎勿疏，五陵佳氣無時無。"

〔七〕已見上第二段第七條注引。王嗣奭《杜臆》説："此是既爲工部郎後，追憶往事也，故以憶昔爲題，乃廣德二年嚴武幕中作。"案：廣德是李亨的兒子代宗李豫的第一個年號，二年爲公曆七六四年。

〔八〕案：這一段是"豈聞一絹直萬錢，有田種穀今流血，洛陽宮殿燒焚盡，宗廟新除狐兔穴，傷心不忍問耆舊，復恐初從亂離説。小臣魯鈍尤所能，朝廷記識蒙禄秩，周宣中興望我皇，灑淚江漢身衰疾"。

〔九〕案：這詩題的全文爲"自京竄至鳳翔，喜達行在所"。或本以上面六字，作爲小注。仇兆鰲《詳注》說："舊注：'公自京竄至鳳翔，在至德二年夏四月。'"

〔一〇〕見上第四段引。

〔一一〕已詳上第三段第十一條注。

〔一二〕見上第四段引。

〔一三〕案：此缺題，題爲《送遠》。黃鶴《補注》："此當是乾元二年去秦州時所作。"

〔一四〕案：這是《秦州雜詩》的第四首，咏鼓角的。"同一概"一本作"聲一概"。仇兆鰲《詳注》："秦州雜詩，乾元二年秋，至秦州後作。"唐秦州治成紀，今甘肅天水縣。

〔一五〕案：此缺題，題爲《春望》。黃鶴《補注》："此當是至德二年三月陷賊營所作。"

〔一六〕黃鶴《補注》："當時大曆三年作。"案：大曆是李豫第三個年號，三年爲公元七六八年。甫五十七歲。

〔一七〕黃鶴《補注》："當是大曆三年秋晚作。"公安故城，今湖北公安縣東北。

〔一八〕案：這是《江上值水如海勢，聊短述》詩的第二句，這詩，仇兆鰲以爲是上元二年作。上元是李亨第三個年號，二年爲公元七六一年。

〔一九〕仇兆鰲《詳注》說："此廣德元年在梓州作。"案：廣德元年當作寶慶二年，史朝義的滅亡，在這年的正月，到七月纔改元廣德。

〔二〇〕劍外謂劍閣以外，指梓州也。《水經・漾水注》："小劍戍北，西去大劍三十里，連山絕險，飛閣通衢，故謂之劍閣。"案劍閣的南面，唐置劍門縣，今爲四川劍閣縣。《舊唐書・史思明傳》："寶應元年十月，遣元帥雍王領河東朔方諸節度、回紇兵馬赴陝，僕固懷恩與回紇左殺爲先鋒，自澠池入；李抱玉自河陽入；副元帥李光弼自陳留入；與朝義戰於北邙山下，逆賊敗績。……投汴州，僞將張獻拒之，乃渡河北投幽州。二年正月，賊僞范陽節度李懷仙於莫州生擒之，送款來降，梟首至闕下。"

〔二一〕仇兆鰲《詳注》引舊注："巴縣有巴峽，巫山縣有巫峽，襄陽屬楚，洛陽屬河南。"案：巴峽在今湖北巴東縣西，巫峽在今四川巫山縣東。顧宸注解："公先世爲襄陽人，祖依藝爲鞏令，徙河南，父閑爲奉天令，徙杜陵，而田園尚在洛陽。"案：甫此詩有自注"余田園在東京"。東京就是洛陽。

〔二二〕樂府《箜篌引》："公無渡河！公竟渡河。渡河而死，當奈公何！"崔豹《古今注》："朝鮮津卒霍裏子高，晨起刺船，有一白首狂夫，披髮提壺，亂流而渡，其妻隨而止之，不及，遂墮河而死。妻援箜篌而鼓之，作公無渡河之曲，聲甚悽愴，曲終亦投河而死。子高還語其妻麗玉，麗玉傷之，乃作箜篌而寫其聲，名曰《箜篌引》。"

七

工部流連風景的詩比較少，但每有所作，一定於所詠的景物觀察入微。便把那景物做象徵，從裏頭印出情緒。如：

> 竹涼侵臥內，野月滿庭隅。重露成涓滴，稀星乍有無。暗飛螢自照，〔一〕水宿鳥相呼。〔二〕萬事干戈裏，空悲清夜徂。（《倦夜》）〔三〕

題目是"倦夜"，景物從初夜寫到中夜後夜，是獨自一個人有心事，睡不着，疲倦無聊中所看出的光景。〔四〕所寫環境，句句和心理反應。又如：

> 風急天高猿嘯哀，渚清沙白鳥飛回。無邊落木蕭蕭下，不盡長江滾滾來。……（《登高》）〔五〕

雖然只是寫景，却有一位老病獨客秋天登高的人在裏頭。便不讀下文"萬里悲秋常作客，百年多病獨登臺"兩句，已經如見其人了。又如：

> 細草微風岸，危檣獨夜舟。星垂平野闊，月涌大江流。……（《旅夜書懷》）〔六〕

從寂寞的環境上領略出很空闊很自由的趣味。末兩句説"飄飄何所似，天地一沙鷗"，把情緒一點便醒。

所以工部的寫景詩，多半是把景做表情的工具。像王、孟、韋、柳的寫景，〔七〕固然也離不了情，但不如杜之情的分量多。

〔一〕王符《潛夫論》："螢飛耀自照。"
〔二〕董仲舒《春秋繁露》："水鳥夜半水生，感其生氣，益相呼而鳴。"
〔三〕張遠《會粹箋》："竟夕不寐故曰倦夜。"王嗣奭《杜臆》："此詩必到村後作。"案：此詩前有《到村》詩，當是指此。仇兆鰲《詳注》於《到村》詩題下説："此乞假而暫到村也。"又引舊注説："廣德二年秋作。"
〔四〕仇兆鰲《詳注》："竹迎風，故涼，月當空，故滿，此初夜之景；露凝竹而成涓滴，星近月而乍有無，此深夜之景；月落以後，暗螢自照,竹林以外,宿鳥相呼,此夜盡之景;萬事干戈,此終宵所思,初秋夜短,故嘆其易徂。"

〔五〕朱鶴齡《輯注》:"舊編成都詩内,按詩有猿嘯哀之句,定爲夔州作。"案年譜:"大曆元年春,自雲安之夔州,居之。三年正月,去夔出峽。"甫在夔凡過兩個秋天,今已不能確指是哪一年。

〔六〕黄鶴《補注》:"當是永泰元年,去成都,舟下渝忠時作。"案年譜:"永泰元年正月,辭幕府,四月,嚴武卒,五月,遂離蜀南下,自戎州至渝州,六月,至忠州,秋至雲安,居之。"這詩是在《倦夜》之後,《登高》之前。

〔七〕王是王維,字摩詰,河東人。開元時中進士,官尚書右丞,後人稱他王右丞。孟是孟浩然,襄陽人。早年隱居鹿門山,遊長安,賦詩,爲張九齡、王維所贊美,没有出仕。詩和王維齊名,稱王孟。韋是韋應物,京兆長安人。官左司郎中,出爲蘇州刺史。後人稱他韋左司或韋蘇州。詩近陶潛,稱陶韋。柳是柳宗元,字子厚,祖先是河東人,生於長安,官到柳州刺史,後世稱柳柳州。詩和韋應物齊名,稱韋柳。

八

詩是歌的笑的好呀?還是哭的叫的好?換一句話説:詩的任務在贊美自然之美呀?抑在呼訴人生之苦?再換一句話説:我們應該爲做詩而做詩呀,抑或應該爲人生題中某項目的而做詩?這兩種主張,各有極强的理由;我們不能作極端的左右袒,也不願作極端的左右袒。依我所見：人生目的不是單調的，美也不是單調的。爲愛美而愛美，也可以說爲的是人生目的；因爲愛美本來是人生目的的一部分。訴人生苦痛，寫人生黑暗，也不能不說是美。因爲美的作用，不外令自己或別人起快感；痛楚的刺激，也是快感之一；例如膚癢的人，用手抓到出血，越抓越暢快。象情感恁麼熱烈的杜工部，他的作品，自然是刺激性極強，近於哭叫人生目的那一路；主張人生藝術觀的人，固然要讀他。但還要知道：他的哭聲，是三板一眼的哭出來，節節含着真美；主張唯美藝術觀的人，也非讀他不可。我很慚愧：我的藝術素養淺薄，這篇講演，不能充分發揮"情聖"作品的價值；但我希望這位情聖的精神，和我們的語言文字同其壽命；尤盼望這種精神有一部分注入現代青年文學家的腦裏頭。

屈原研究[一]

一

中國文學家的老祖宗,必推屈原。從前並不是沒有文學,但沒有文學的專家。如《三百篇》及其他古籍所傳詩歌之類,好的固不少,但大半不得作者主名,而且篇幅也很短。我們讀這類作品,頂多不過可以看出時代背景或時代思潮的一部分。欲求表現個性的作品,頭一位就要研究屈原。

屈原的歷史,在《史記》裏頭有一篇很長的列傳,[二]算是我們研究史料的人可欣慰的事。可惜議論太多,事實仍少。我們最抱歉的,是不能知道屈原生卒年歲和他所享年壽。據傳文大略推算,他該是西紀前三三八至二八八年間的人,年壽最短亦應在五十上下。[三]和孟子、莊子、趙武靈王、張儀等人同時。[四]他是楚國貴族;[五]貴族中最盛者昭、屈、景三家,[六]他便是三家中之一。他曾做過"三閭大夫"。據王逸説[七]:"三閭之職,掌王族三姓,曰昭、屈、景。屈原序其譜屬,率其賢良,以厲國士。"然則他是當時貴族總管了。他曾經得楚懷王的信用,官至"左徒"。[八]據本傳説:"入則與王圖議國事,以出號令;出則接遇賓客,應對諸侯,王甚任之。"可見他在政治上曾占很重要的位置。

其後被上官大夫所讒，懷王疏了他。[九]懷王在位三十年，西紀前三二八至二九七。[一〇]屈原做左徒，不知是那年的事，但最遲亦在懷王十六年前三一二[一一]以前。因為那年懷王受了秦相張儀所騙，已經是屈原見疏之後了。[一二]假定屈原做左徒在懷王十年前後，那時他的年紀最少亦應二十歲以上，[一三]所以他的生年，不能晚於西紀前三三八年。屈原在位的時候，楚國正極強盛，[一四]屈原的政策，大概是主張聯合六國，共擯強秦，保持均勢，[一五]所以雖見疏之後，還做過齊國公使。[一六]可惜懷王太沒有主意，時而擯秦，時而聯秦，任憑縱橫家擺弄。卒至"兵挫地削，亡其六郡，身客死於秦，爲天下笑。"本傳文。[一七]懷王死了不到六十年，楚國便亡了。[一八]屈原當懷王十六年以後，政治生涯像已經完全斷絕。其後十四年間，大概仍居住郢都武昌[一九]一帶。因為懷王三十年將入秦之時，屈原還力諫，[二〇]可見他和懷王的關係，仍是藕斷絲連的。懷王死後，頃襄王立，[二一]前二九八。屈原的反對黨，越發得志，便把他放逐到湖南地方去，[二二]後來竟鬧到投水自殺。[二三]

屈原什麼時候死呢？據《卜居》篇說："屈原既放，三年不得復見。"《哀郢》篇說[二四]："忽若不信兮，至今九年而不復。"假定認這兩篇為頃襄王時作品，則屈原最少當西紀前二八八年仍然生存。他脫離政治生活專做文學生活，大概有二十來年的日月。

屈原所走過的地方有多少呢？他著作中所見的地名如下：

令沅湘兮無波,使江水兮安流。〔二五〕
遭吾道兮洞庭。〔二六〕
望涔陽兮極浦。〔二七〕
遺余佩兮澧浦。〔二八〕　　右《湘君》
洞庭波兮木葉下。
沅有芷兮澧有蘭。
遺余褋兮澧浦。　　右《湘夫人》
哀南夷之莫吾知兮,旦余濟乎江湘。〔二九〕
乘鄂渚而反顧兮。〔三〇〕
邸余車兮方林。〔三一〕
乘舲船余上沅兮。
朝發枉陼兮夕宿辰陽。〔三二〕
入溆浦余儃佪兮,迷不知吾之所如。深林杳以冥冥兮,乃猨狖之所居。……山峻高以蔽日兮,下幽晦以多雨。霰雪紛其無垠兮,雲霏霏而承雨。〔三三〕　　右《涉江》

發郢都而去閭兮。〔三四〕
過夏首而西浮兮,顧龍門而不見。〔三五〕
背夏浦而西思兮。〔三六〕
惟郢路之遼遠兮,江與夏之不可涉。〔三七〕　　右《哀郢》
長瀨湍流,泝江潭兮。狂顧南行,聊以娛心兮。
低佪夷猶,宿北姑兮。〔三八〕　　右《抽思》
浩浩沅湘,紛流汨兮。　　右《懷沙》
遵江夏以娛憂。〔三九〕　　右《思美人》
指炎神而直馳兮,吾將往乎南疑。〔四〇〕　　右《遠遊》

路貫廬江兮左長薄。〔四一〕　右《招魂》

內中說郢都,說江夏,是他原住的地方,洞庭湘水,自然是放逐後常來往的,都不必多考據。最當注意者,《招魂》說的"路貫廬江兮左長薄",像江西廬山一帶,也曾到過。但《招魂》完全是浪漫的文學,不敢便認爲事實。《涉江》一篇,含有紀行的意味,內中說"乘舲船余上沅",說"朝發枉陼,夕宿辰陽",可見他曾一直遡著沅水上遊,到過辰州等處。〔四二〕他說的"峻高蔽日,霰雪無垠"的山,大概是衡嶽最高處了。他的作品中,像"幽獨處乎山中"〔四三〕,"山中人兮芳杜若",〔四四〕這一類話很多。我想他獨自一人在衡山上過活了好些日子,他的文學,諒來就在這個時代大成的。

最奇怪的一件事,屈原家庭狀況如何,在本傳和他的作品中,連影子也看不出。《離騷》有"女嬃之嬋媛兮,申申其詈餘"兩語。王逸注說:"女嬃,屈原姊也。"〔四五〕這話是否對,仍不敢說。〔四六〕就算是真,我們也僅能知道他有一位姐姐,其餘兄弟妻子之有無,一概不知。就作品上看來,最少他放逐到湖南以後過的都是獨身生活。

〔一〕案:這一篇和上一篇都是一九二二年所作的演講稿。不過上一篇是作在北方,這一篇是作在南方。是十一月三日,在南京東南大學文哲學會上所講的。據他的《先秦政治思想史自序》說:他是秋間自北京來南京講學的,中間還生過心臟病,但沒有中止,大約就在這個時候。

〔二〕傳在《史記》第八十四卷,和漢賈誼同傳。重要部分,梁氏已記載在下面,這裏不抄錄了。

〔三〕陳瑒《屈子生卒年月考》,據《離騷》"攝提貞於孟陬兮,惟庚寅吾以降",以爲惟楚宣王二十七年戊寅,建寅之月己巳朔,庚寅爲月之二十二日。屈子殆以此年生,即周顯王二十六年也。其卒之年,未能確定。約在頃襄王九年後數年中,屈子壽五十餘矣。案:周顯王二十六年,當爲公元前三四三年,據陳氏說假定他的死是頃襄王十一年左右,十一年是周赧王二十七年,就是公元前二八八年屈原爲五十六歲。這和梁氏所推算相差不遠。但也有人説他死在楚懷王入秦以前,年紀不到四十五;也有説他死在頃襄王三年,年四十八;也有人説他死在頃襄王二十一年,年六十六;還有人説他死在頃襄王二十六年,年七十一;各有理由,很難確定,惟生年則很少異議的。

〔四〕案《史記·孟子列傳》説:"遊事齊宣王,宣王不能用,適梁,梁惠王不果所言。"又《莊子列傳》説:"與梁惠王、齊宣王同時。"據《史記·六國年表》周顯王二十六年爲梁惠王二十八年,齊宣王即位的前一年,屈原雖和孟莊年代相及,但歲數相差很遠;周顯王四十一年,爲楚懷王元年,張儀始爲秦相,四十四年,爲趙武靈王元年,和他們兩人,年歲是比較接近的。

〔五〕《史記》本傳:"屈原者名平,楚之同姓也。"

〔六〕洪興祖《楚辭補注》:"《戰國策》,楚有昭奚恤;《元和姓纂》云:'屈,楚公族芈姓之後,楚武王子瑕食采於屈,因氏焉,屈重、屈蕩、屈建、屈平並其後,'又云:'景,芈姓,楚有景差。'漢徙大族昭、屈、景三姓於關中。"案:徙楚昭、屈、景居關中,見《史記·劉敬叔孫通列傳》。

〔七〕《後漢書·文苑傳》:王逸字叔師,南郡宜城人也。順帝時爲侍中。著《楚辭章句》行於世。

〔八〕案：楚懷王名熊槐。左徒的職位是相當高的，春秋時，楚官有左尹右尹，宋官有左師右師，或是國君兄弟或是近族所擔任的，左尹的地位僅次於令尹，令尹等於別國的宰相。左徒大概是這一類。《史記》本傳說："入則與王圖議國事，以出號令，出則接遇賓客，應對諸侯。"可以想見其重要。後來春申君黃歇，也做過左徒，由左徒即升令尹，見《史記·楚世家》。更可證明它地位的高了。《史記正義》説："蓋今左右拾遺之類。"拾遺的官，既小且冷，是唐時大詩人杜甫擔任過的，完全和此不同。

〔九〕《史記》本傳："上官大夫與之同列，爭寵而心害其能。懷王使屈原造爲憲令，屈平屬草藁未定，上官大夫見而欲奪之，屈平不與。因讒之曰：'王使屈平爲令，衆莫不知，每一令出，平伐其功，曰以爲非我莫能爲也。'王怒而疏屈平。"王逸《楚辭章句》："同列大夫上官靳尚妒害其能，共譖毀之，王乃疏屈原。"

〔一〇〕案：楚懷王的三十年是公元前二九九年，這裏作二九七，是錯誤的。

〔一一〕案：當作前三一三。

〔一二〕《史記·楚世家》："懷王……十六年，秦欲伐齊，而楚與齊從親，秦惠王患之，乃宣言張儀免相，使張儀南見楚王。"又本傳："張儀佯去秦，厚幣委質事楚，曰：'秦甚憎齊，楚誠能絕齊，秦願獻商於之地六百里。'楚懷王貪而信張儀，遂絕齊。使使如秦受地，張儀詐之曰：'儀與王約六里，不聞六百里。'楚使怒去，歸告懷王。懷王怒，大興師伐秦，秦發兵擊之，大破楚師於丹陽，遂取楚之漢中地；楚王乃悉發國中兵，以深入擊秦，戰於藍田，魏聞之，襲楚至鄧，楚兵懼，自秦歸，而齊竟怒不救楚，楚大困。"

〔一三〕案：近人劉永濟《箋屈六論》以爲屈原"官左徒當在楚懷王

十一年前後。"懷王十一年是公元前三一八年,屈原只有二十六歲。

〔一四〕案:《史記》楚懷王六年,楚使柱國昭陽將兵攻魏,破之襄陵,得八邑。又移兵攻齊,齊王患之,陳軫適爲秦使齊,説昭陽,引還。八年,齊封田嬰於薛,因楚怒,欲中止,公孫閈爲嬰説楚王,乃許之。十一年,齊楚趙魏韓燕同伐秦,楚爲從長。據此則當時楚之強盛可知。

〔一五〕《箋屈六論》:"王應麟曰:'秦之争天下在韓、魏。'蓋六國惟韓、魏最近秦,韓、魏不服,則秦兵不能遠略。張儀欲連衡,必説韓、魏事秦。齊、楚欲伐秦,必連韓、魏與共,秦、齊争長,皆在勝韓、魏之後,秦、楚交絶,則秦還韓、魏侵地。……楚以大國,介齊、秦之間,與秦則齊恐,與齊則秦懼。秦欲併天下,必先弱楚,故齊助楚戰,則張儀以地詐楚而敗齊、楚之交。楚與秦親,則湣王遺書激楚而解秦、楚之約。齊、楚之地,東西遠隔,而國勢相敵,固皆欲得楚,以相劫持。然使齊、秦二國,強弱一失其衡,則劫持之局壞。劫持之局壞,則楚亦不能無患。故齊破於燕,厪免於亡,秦遂連年用兵於楚,至於焚陵滅都,而楚因以不振。爲楚謀者,必北連韓、魏,以扼秦吭,東講齊交,以樹強援,而後可安枕無患。劉向《新序》曰:'秦欲吞滅諸侯,屈原爲楚東使齊,以結強黨。秦惡之。'《楚世家》載昭睢諫懷王,亦有深善齊、韓,以求復侵地之議。武關之會,昭睢曾與屈子同諫。及懷王入秦不返,又獨排羣議而奠嗣君,則亦屈子儔也。然則楚之賢者,固皆主交齊連韓矣。"

〔一六〕《史記》本傳:"明年(案:楚懷王十六年的明年)春,割漢中地與楚以和,楚王曰:'不願得地,願得張儀而甘心焉。'張儀聞,請往如楚。又因厚幣用事者臣靳尚,而設詭辯於懷王之寵姬鄭袖,懷王竟聽鄭袖,復釋去張儀。是時屈平既疏,不復在位,使於齊,顧反,諫懷王曰:'何不殺張儀?'懷王悔,追張儀不及。"

〔一七〕《史記》本傳:"懷王以不知忠臣之分,故内惑於鄭袖,外欺於張儀,疏屈平而信上官大夫、令尹子蘭,兵挫地削,亡其六郡,身客死於秦,爲天下笑,此不知人之禍也。"

〔一八〕案:楚懷王熊槐死在周赧王十九年,即公元前二九六年,楚的滅亡,在秦王政的二十四年,即公元前二二三年,那末懷王的死,距離楚國的亡,應該是七十多年。屈原死後到楚亡,纔是六十多年。

〔一九〕戴震《屈原賦通釋》:"郢,《説文》云:'故楚都,在南郡江陵北十里。'杜元凱注《左氏春秋》云:'今南郡江陵縣北紀南城是。'江陵今屬湖北荆州府,故江陵城,即府治縣附郭也。"案楚郢都有二:一是楚文王熊貲所都的,就是杜預所説的江陵縣北紀南城;一是楚平王熊居所都的,就是屈原所哀的郢,在今江陵東南的郢縣故城。《史記·楚世家》説"文王熊貲始都郢",又説"平王城郢",《正義》引《括地志》説:"紀南故城在荆州江陵縣北五十里。至平王更城郢,故郢城是也。"可證兩郢皆在江陵附近,從來没有人説郢就是武昌,不知梁氏何據。

〔二〇〕《史記》本傳:"時,秦昭王與楚婚,欲與懷王會,懷王欲行,屈平曰:'秦,虎狼之國,不可信,不如無行。'懷王稚子子蘭勸王行,奈何絶秦歡,懷王卒行。入武關,秦伏兵絶其後,因留懷王,……竟死於秦。"

〔二一〕楚懷王會武關被留後的下一年,他的太子横就即王位,是爲頃襄王,楚懷王的死,已是頃襄王即位後的三年了。不是楚懷王死後,頃襄王纔即位的。

〔二二〕屈原的反對黨就是令尹子蘭等的親秦派賣國集團,《史記》本傳:"令尹子蘭……使上官大夫短屈原於頃襄王,頃襄王怒而遷之。"《楚辭章句》："襄王復用讒言,遷屈原於江南。"
〔二三〕《史記》本傳："作《懷沙》之賦,於是懷石,遂自投汨羅以死。"
〔二四〕《哀郢》是九章的第三篇。
〔二五〕《屈原賦通釋》："沅水出牂柯,故且蘭,今湖南靖州西南,水自貴州黎平府流入州境。湘水出零陵陽海山,山在今廣西桂林府興安縣南九十里。二水同注洞庭,而北會於江。"案:靖州今靖縣,黎平府今黎平縣,興安縣今仍舊。江即長江。
〔二六〕《屈原賦通釋》："洞庭,《春秋傳》所謂江南之夢,韓非書所謂五湖,《戰國策》所謂五渚,以湘、資、沅、澬、澧五水之所會,故稱五矣。或謂之巴丘湖,或謂之重湖。在長沙下雋西北,今湖南岳州府巴陵縣西南也。"案:巴陵縣今爲岳陽市。
〔二七〕《屈原賦通釋》："涔水,胡朏明(案名渭)以爲即岐江之南派,會澧水,注洞庭。禹時南派盛大,爲江之經流,故《禹貢》導江,又東至於澧,戰國時則南流如帶,謂之涔水,而目北派爲大江,此由涔陽橫大江是也。北派於《禹貢》爲荆州之沱。"
〔二八〕《屈原賦通釋》："澧浦,《水經注》云:'澧水流注於洞庭湖,俗謂之曰澧江口是。'其地在今湖南岳州府華容縣南,漢長沙下雋之西北境。"案:華容縣今仍舊。
〔二九〕王夫之《楚辭通釋》："南夷,今辰、沅苗種也。"
〔三〇〕《屈原賦通釋》："鄂渚,在今湖北武昌府江夏縣西,江中黄鵠磯上三百步。劉子政《説苑》所稱'昔鄂君乘青翰之舟,下鄂渚,浮洞庭',即此也。"
〔三一〕《楚辭章句》："方林,地名。"近人劉永濟《九章通箋》："方林非可指實。"
〔三二〕《屈原賦通釋》："枉陼,在今常德府武陵縣南。《水經注》云:'沅水東徑臨沅縣南,又東歷小灣,謂之枉渚。'是也。自枉渚西溯沅,得辰陽。《水經注》云:'沅水東徑辰陽縣南,東合辰水,徑其縣北,舊治在辰水之陽,故即名焉,《楚辭》所謂夕宿辰陽者也。'"案:武陵縣今爲常德市。

〔三三〕《屈原賦通釋》:"溆浦在今辰州府辰溪縣南。"案辰溪縣今仍舊。

〔三四〕《楚辭章句》:"言己始發郢,去我閭里。"案閭不是地名。

〔三五〕《屈原賦通釋》:"夏首在今江陵縣東南。《水經注·夏水》篇云:'江津豫章口東,有中夏口,是夏水之首,江之氾也。屈原所謂過夏首而西浮,顧龍門而不見也。龍門即郢之東門也。'今江陵縣東南有豫章口,又東即中夏口。"

〔三六〕《屈原賦通釋》:"夏水、沔水合流徑魯山東南,注於江,爲夏浦。《春秋傳》謂之夏汭。今湖北漢陽府漢陽縣東漢口是。"案:漢陽縣今爲武漢市漢陽區。

〔三七〕《屈原賦通釋》:"夏水首受江入沔,合沔以會於江,其所經之地,皆在楚紀郢以東。"

〔三八〕《楚辭章句》:"北姑,地名。"案:不能確指。

〔三九〕《楚辭章句》:"循兩水涯以娛志也。"案:兩水謂江水、夏水。

〔四〇〕《楚辭章句》:"過衡山而觀九疑也。"《屈原賦通釋》:"九疑山在零陵營道南,今湖南永州府寧遠縣南六十里。"案:寧遠縣今仍舊,在零陵縣南。

〔四一〕《楚辭章句》:"廬江、長薄,地名也。"《楚辭補注》:"《前漢·地理志》廬江出陵陽東南,北入江。"

〔四二〕《九章通箋》:"王氏《通釋》、戴氏《音義》,皆以屈子由陸南行入湘,此篇所述西程,由鄂渚陸行至洞庭,再乘舲船溯沅湘而西上,經枉渚宿辰陽,以抵沅西之溆浦,皆至明晰。"

〔四三〕見《九章·涉江》。

〔四四〕見《九歌·山鬼》。

〔四五〕《楚辭章句》:"女嬃,屈原姊也。嬋媛,猶牽引也。"《補注》:"《説文》云:'嬃,女字也,音須。賈侍中説:楚人謂姊曰嬃。'前漢有吕須,取此爲名。《水經注》引袁崧云:'屈原有賢姊,聞原放逐,亦來歸喻,令自寬全,鄉人冀其見從,因名曰秭歸。縣北有原故宅,宅之東北有女嬃廟,擣衣石猶存,秭與姊同。'觀女嬃之意,蓋欲原爲寧武子之愚,不欲爲史魚之直耳。"

〔四六〕張雲璈《選學膠言》:"《文選集解》云:'嬃者賤妾之稱,比黨人也。嬋媛,妖態也。'"梁章鉅《文選旁證》:"朱氏綬曰:'以下文衆不可户説兮觀之,則女嬃自宜以黨人解之。若内被姊詈,不得歸於衆也。'"

二

我們把屈原的身世大略明白了,第二步要研究那時候爲什麽會發生這種偉大的文學?爲什麽不發生於别國而獨發生於楚國?何以屈原能占這首創的地位?第一個問題,可以比較的簡單解答。因爲當時文化正漲到最高潮,哲學勃興,〔一〕文學也該爲平行綫的發展。内中如《莊子》、《孟子》及《戰國策》中所載各人言論,都很含著文學趣味。所以優美的文學出現,在時勢爲可能的。第二第三兩個問題,關係較爲複雜。依我的觀察,我們這華夏民族,每經一次同化作用之後,文學界必放異彩。〔二〕楚國當春秋初年,純是一種蠻夷,〔三〕春秋中葉以後,纔漸漸的同化爲"諸夏"。〔四〕屈原生在同化完成後約二百五十年。那時候的楚國人,可以説是中華民族裏頭剛剛長成的新分子,好像社會中纔成年的新青年。從前楚國人，本來是最信巫鬼的民族，〔五〕很含些神祕意識和虛無理想，像小孩子喜歡幻構的童話。到了與中原舊民族之現實的倫理的文化相接觸，自然會發生出新東西來。這種新東西之體現者，便是文學。楚國在當時文化史上之地位既已如此。至於屈原呢，他是一位貴族，對於當時新輸入之中原文化，自然是充分領會。他又曾經出使齊國，那時正當"稷下先生"數萬人日日高談宇宙原理的時候，〔六〕他受的影響，當然不少。他又是有怪脾氣的人，常常和社會反抗。後來放逐到南荒，在那種變化詭異的山水裏頭，過他的幽獨生活，特別的自然界和特別的精神作用相擊發，〔七〕自然會產生特別的文學了。

屈原有多少作品呢？《漢書·藝文志·詩賦略》云："屈原賦二十五篇。"據王逸《楚辭章句》所列，則《離騷》一篇，《九歌》十一篇，《天問》一篇，《九章》九篇，《遠遊》一篇，《卜居》一篇，《漁父》一篇。尚有《大招》一篇，注云："屈原，或言景差。"然細讀《大招》，明是摹仿《招魂》之作，其非出屈原手，像不必多辯。但別有一問題頗費研究者，《史記·屈原列傳》贊云："余讀《離騷》《天問》《招魂》《哀郢》，悲其志。"是太史公明明認《招魂》爲屈原作。然而王逸説是宋玉作。逸，後漢人，有何憑據，竟敢改易前説？大概他以爲添上這一篇，便成二十六篇，與《藝文志》數目不符；他又想這一篇標題，像是屈原死後別人招他的魂，所以硬把他送給宋玉。依我看，《招魂》的理想及文體，和宋玉其他作品很有不同處，應該從太史公之説，歸還屈原。然則《藝文志》數目不對嗎？又不然。《九歌》末一篇《禮魂》，只有五句,實不成篇。《九歌》本侑神之曲,十篇各侑一神;《禮魂》五句,當是每篇末後所公用。〔八〕後人傳鈔貪省,便不逐篇寫錄,總擺在後頭作結。王逸鬧不清楚,把他也算成一篇,便不得不把《招魂》擠出了。我所想象若不錯,則屈原賦之篇目應如下:

《離騷》一篇〔九〕

《天問》一篇〔一〇〕

《九歌》十篇:《東皇太一》〔一一〕《雲中君》〔一二〕《湘君》〔一三〕《湘夫人》《大司命》〔一四〕《少司命》《東君》〔一五〕《河伯》〔一六〕《山鬼》〔一七〕《國殤》〔一八〕

《九章》九篇〔一九〕:《惜誦》〔二〇〕《涉江》〔二一〕《哀郢》〔二二〕《抽思》〔二三〕《思美人》〔二四〕《惜往日》〔二五〕《橘頌》〔二六〕《悲回風》〔二七〕《懷沙》〔二八〕

《遠遊》一篇〔二九〕

《招魂》一篇〔三〇〕

《卜居》一篇〔三一〕

《漁父》一篇〔三二〕

今將這二十五篇的性質,大略説明:

(一)《離騷》 據本傳,這篇爲屈原見疏以後使齊以前所作,當是他最初的作品。起首從家世敍起,好像一篇自傳。篇中把他的思想和品格,大概都傳出,可算得全部作品的縮影。

(二)《天問》 王逸説:"屈原……見楚先王之廟及公卿祠堂圖畫天地山川神靈琦瑋僪佹,〔三三〕及古賢聖怪物行事,……因書其壁,呵而問之。"我想這篇或是未放逐以前所作,因爲"先王廟"不應在偏遠之地。這篇體裁,純是對於相傳的神話發種種疑問,前半篇關於宇宙開闢的神話所起疑問,後半篇關於歷史神話所起疑問。對於萬有的現象和理法懷疑煩悶,是屈原文學思想出發點。

（三）《九歌》 王逸説："沅湘之間,其俗信鬼而好祀,其祠必作樂鼓舞以樂諸神。屈原放逐,竄伏其域。……見其詞鄙陋,因爲作《九歌》之曲,上陳事神之敬,下以見己之冤。"這話大概不錯。"九歌"是樂章舊名,不是九篇歌,所以屈原所作有十篇,〔三四〕這十篇含有多方面的趣味,是集中最"浪漫式"的作品。

（四）《九章》 這九篇並非一時所作,大約《惜誦》、《思美人》兩篇,似是放逐以前作;《哀郢》是初放逐時作;《涉江》是南遷極遠時作;《懷沙》是臨終作。其餘各篇,不可深考。這九篇把作者思想的内容分別表現,最《離騷》的放大。

（五）《遠遊》 王逸説："屈原履方直之行,不容於世。……章皇山澤,〔三五〕無所告訴。乃深惟元一,〔三六〕修執恬漠,思欲濟世,則意中憤然。文采秀發,遂叙妙思;託配仙人,與俱遊戲。周歷天地,無所不到;然猶懷念楚國,思慕舊故。"我説:《遠遊》一篇,是屈原宇宙觀人生觀的全部表現。是當時南方哲學思想之現於文學者。

（六）《招魂》 這篇的考證,前文已經説過。這篇和《遠遊》的思想,表面上像恰恰相反,其實仍是一貫。這篇講上下四方,没有一處是安樂土,那麽,回頭還求現世物質的快樂怎麽樣呢?好嗎?他的思想,正和葛得的《浮士特》(Goethe：Faust)劇上本一樣,[三七]《遠遊》便是那劇的下本。總之這篇是寫懷疑的思想歷程最惱悶最苦痛處。

(七)《卜居》及《漁父》《卜居》是説兩種矛盾的人生觀,《漁父》是表自己意志的抉擇。意味甚爲明顯。

〔一〕梁氏《論中國學術思想變遷之大勢》:"全盛時代,以戰國爲主,而發端實在春秋之末,……求其所以致此之原因,蓋有七事:一由於藴蓄之宏富也,一由於社會之變遷也,一由於思想言論之自由也,一由於交通之頻繁也,一由於人材之見重也,一由於文字之趨簡也,一由於講學之風盛也。"

〔二〕《論中國學術思想變遷之大勢》:"生理學之公理,凡兩異性相合者,其所得結果必加良,此例殆推諸各種事物而皆同者也。……我中華當戰國之時,南北兩文明相接觸,而古代之學術思想達於全盛,及隋唐間與印度文明相接觸,而中世之學術思想大放光明。……"

〔三〕《史記·楚世家》:"當周夷王之時,……熊渠曰:'我蠻夷也,不與中國之號謚。'"

〔四〕《史記·楚世家》:"文王……十一年,齊桓公始霸,楚亦始大。……成王惲元年,布德施惠,結舊好於諸侯,使人獻天子,天子賜胙,曰:'鎮爾南方,夷越之亂,無侵中國。'於是楚地千里。"

〔五〕《列子·説符》:"楚人鬼而越人機。"張湛注:"信鬼神與機祥。"《漢書·地理志》:"楚地信巫鬼,重淫祀。"王逸《楚辭章句》:"昔楚國南郢之邑,沅湘之間,其俗信鬼而好祠。"

〔六〕《史記·田敬仲完世家》:"宣王喜文學遊說之士,自如騶衍、淳于髡、田駢、接子、慎到、環淵之徒七十六人,皆賜列第,爲上大夫,不治而議論。是以齊稷下學士復盛,且數百千人。"又《孟子列傳》:"自騶衍與齊之稷下先生,如淳于髡、慎到、環淵、接子、田駢、騶奭之徒,各著書,言治亂之事。……慎到,趙人。田駢、接子,齊人。環淵,楚人。皆學黃老道德之術。……自如淳于髡以下,皆命曰列大夫,爲開第康莊之衢,高門大屋,尊寵之。"裴駰《集解》引劉向《別錄》:"齊有稷門,城門也,談說之士,期會於稷下也。"

〔七〕案:"擊發"似應作激發。

〔八〕戴震《屈原賦注》:"《禮魂》一章,概言人鬼之有常祀者。"案似和梁氏所說相近。

〔九〕案:篇名已有一二上見,未釋,現在集中略釋於下。《史記》本傳:"離騷者,猶離憂也。"班固說:"離猶遭也。"

〔一〇〕戴震《屈原賦注》:"問,難也。天地之大,有非恒情所可測者,設難疑之。"

〔一一〕《漢書·郊祀志》:"天神貴者太一。"《文選》五臣注:"祠在楚東,以配東帝,故曰東皇。"

〔一二〕《屈原賦注》:"雲師也。"

〔一三〕《史記》:"始皇問博士曰:'湘君何神?'博士對曰:'聞之,堯女舜之妻而葬此。'"劉向《列女傳》:"舜陟方死於蒼梧,二妃死於江湘之間,俗謂之湘君。"《楚辭補注》:"堯之長女娥皇爲舜正妃,故曰君,其二女女英自宜降曰夫人也。"

〔一四〕《周禮·大宗伯》:"以槱燎祀司中司命"疏:"星傳云:'三臺,上臺司命,又文昌宮第四曰司命。'"《屈原賦注》:"三臺,上臺曰司命,主壽夭,《九歌》之大司命也;文昌宮四曰司命,主災祥,《九歌》之少司命也。"

〔一五〕《漢書·郊祀志》有東君。《屈原賦注》:"東君,日也。"

〔一六〕《屈原賦注》:"河神也。"

〔一七〕《楚辭補注》:"《莊子》曰:'山有夔。'《淮南》曰:'山出嘄陽,楚人所祠。'豈此類乎?"案《史記·秦始皇本紀》:"山鬼固不過知一歲事也。"

〔一八〕《楚辭補注》:"謂死於國事者。"

〔一九〕《楚辭章句》:"章者,著也,明也。言己所陳忠信之道,甚著明也。"

〔二〇〕《屈原賦注》:"誦者,言前事之稱,惜誦,悼惜而誦言之也。"

〔二一〕《屈原賦注》:"至此重遭讒謗,濟江而南,往斥逐之所,蓋頃襄復遷之江南時也。"

〔二二〕案:此篇開頭說:"皇天之不純命兮,何百姓之震愆? 民離散而相失兮,方仲春而東遷。"戴氏《音義》:"屈原東遷,疑即當頃襄元年,秦發兵出武關攻楚,大敗楚軍,取析十五城而去時。"哀郢是哀其祖國的貼危。

〔二三〕舊解抽爲拔,吳汝綸讀抽爲紬,謂"紬,酬也。"

〔二四〕《楚辭章句》:"言己憂思念懷王也。"

〔二五〕《楚辭章句》:"先時見任身親近也。"

〔二六〕《楚辭章句》:"美橘之有是德。"

〔二七〕《楚辭章句》:"回風爲飄,飄風回邪,以興讒人。"

〔二八〕《史記》本傳:"乃作《懷沙》之賦,於是懷石,遂自投汨羅以死。"

〔二九〕《楚辭章句》:"託配仙人,與俱遊戲,周列天地,無所不到。"

〔三〇〕《楚辭章句》:"招者召也,以手曰招,以言曰召,魂者身之精也。……欲以復其精神,延其年壽。"

〔三一〕《楚辭章句》:"卜己居世,何所宜行。"
〔三二〕《楚辭章句》:"屈原放逐在江湘之間,而漁父避世隱身,……遇屈原,怪而問之,遂相應答。"
〔三三〕儵佹就是譎詭。
〔三四〕《楚辭補注》:"案《九歌》十一首,《九章》九首,皆以九爲名者,取簫韶九成,啓九辯九歌之義。騷經曰:'奏九歌而舞韶兮,聊假日以媮樂。'即其義也。"案:啓九辯九歌,詳《山海經·大荒西經》。
〔三五〕揚雄《羽獵賦》:"章皇周流。"李善《文選》注:"章皇猶彷徨也。"
〔三六〕"惟"就是思,"玄一"是指文中"羨韓衆之得一"一類的話。得一見《老子》。
〔三七〕葛得,今通譯歌德或哥德,德國人。一七四九年,生在馬茵的法蘭克福地方。學法律,但却潛心於文藝。著《少年維特的煩惱》,始有盛名。曾任公國首相、大學教授、劇場監督,還從過軍。一八〇八年四月,《浮士特》第一卷完成,一八三一年,《浮士特》第二卷發行。《浮士特》今譯《浮士德》,是劇本名。分上下兩卷,四十八場。取材於宗教革命時代,描述一個名叫浮士特的,開始研究哲學和科學,都沒有成功,於是又研究魔術,爲惡魔所纏繞,經過了許多變化,終於上昇到天國,和愛人團聚。

三

　　研究屈原,應該拿他的自殺做出發點。屈原爲什麽自殺呢? 我說:他是一位有潔癖的人,爲情而死。他是極誠專慮的愛戀一個人,定要和他結婚;但他却懸著一種理想的條件,必要在這條件之下,纔肯委身相事。然而他的戀人老不理會他!不理會他,他便放手,不完結嗎?不不!他決然不肯!他對於他的戀人,又愛又憎,越憎越愛;兩種矛盾性日日交戰;結果拿自己生命去殉那"單相思"的愛情!他的戀人是誰?是那時候的社會。

屈原腦中,含有兩種矛盾原素:一種是極高寒的理想,一種是極熱烈的感情。《九歌》中《山鬼》一篇,是他用象徵筆法描寫自己人格。其文如下:

若有人兮山之阿,被薜荔兮帶女蘿。

既含睇兮又宜笑,子慕予兮善窈窕。〔一〕

乘赤豹兮從文狸,辛夷車兮結桂旗;被石蘭兮帶杜蘅,折芳馨兮遺所思。

余處幽篁兮終不見天,路險艱兮獨後來。〔二〕

表獨立兮山之上,雲容容兮而在下;杳冥冥兮羌晝晦,東風飄兮神靈雨。

留靈脩兮憺忘歸,歲既晏兮孰華予。〔三〕

采三秀兮於山間,石磊磊兮葛蔓蔓;怨公子兮悵忘歸,君思我兮不得閒。〔四〕

山中人兮芳杜若,飲石泉兮蔭松柏;君思我兮然疑作。〔五〕

雷填填兮雨冥冥,猨啾啾兮狖夜鳴;風颯颯兮木蕭蕭,思公子兮徒離憂。〔六〕

我常說:若有美術家要畫屈原,把這篇所寫那山鬼的精神抽顯出來，便成絕作。他獨立山上，雲霧在脚底下，用石蘭、杜若種種芳草莊嚴自己，眞所謂"一生兒愛好是天然",〔七〕一點塵都染汙他不得。然而他的"心中風雨",沒有一時停息，常常向下界"所思"的人寄他萬斛情愛。那人愛他與否，他都不管；他總說"君是思我",不過"不得閒"罷了，不過"然疑作"罷了。所以他十二時中的意緒，完全在"雷塡塡、雨冥冥、風颯颯、木蕭蕭"裏頭過去。

他在哲學上有很高超的見解；但他決不肯耽樂幻想，把現實的人生丟棄。他說：

惟天地之無窮兮，哀人生之長勤。〔八〕往者余弗及兮，來者吾不聞。（《遠遊》）

他一面很達觀天地的無窮，一面很悲憫人生的長勤，這兩種念頭，常常在腦裏輪轉，他自己理想的境界，盡够受用。他說：

道可受兮不可傳，其小無內兮其大無垠。無滑而魂兮，〔九〕彼將自然。壹氣孔神兮，〔一〇〕於中夜存。虛以待之兮，無爲之先。庶類以成兮，此德之門。（同上）

這種見解，是道家很精微的所在；他所領略的，不讓前輩的老聃和並時的莊周。〔一一〕他曾寫那境界道：

經營四荒兮，周流六漠。〔一二〕上至列缺兮，〔一三〕降望大壑。下崢嶸而無地兮，上寥廓而無天。視儵忽而無見兮，〔一四〕聽惝怳而無聞。〔一五〕超無爲以至清兮，與泰初而爲鄰。〔一六〕（同上）

然則他常住這境界翛然自得,豈不好嗎?然而不能。他說:

> 余固知謇謇之爲患兮,[一七]忍而不能捨也。(《離騷》)

他對於現實社會,不是看不開,但是捨不得。他的感情極銳敏,別人感不著的苦痛,到他腦筋裏,便同電擊一般。他說:

> 微霜降而下淪兮,悼芳草之先零。……誰可與玩斯遺芳兮,晨向風而舒情。……(《遠遊》)

又說:

> 惜吾不及見古人兮,吾誰與玩此芳草。(《思美人》)

一朵好花落去,"干卿甚事?"但在那多情多血的人,心裏便不知幾多難受。屈原看不過人類社會的痛苦,所以他

> 長太息以掩涕兮,哀民生之多艱。(《離騷》)

社會爲什麼如此痛苦呢?他以爲由於人類道德墮落。所以說:

> 時繽紛其變易兮,[一八]又何可以淹留。蘭芷變而不芳兮,荃蕙化而爲茅。[一九]何昔日之芳草兮,今直爲此蕭艾也![二○]豈其有他故兮,莫好脩之害也。[二一]……固時俗之從流兮,又孰能無變化?覽椒蘭其若此兮,又況揭車與江蘺?[二二](《離騷》)

所以他在青年時代便下決心和惡社會奮鬪。常怕悠悠忽忽把時光耽誤了。他説：

> 汨余若將不及兮,[二三]恐年歲之不吾與。朝搴毗之木蘭兮,[二四]夕攬洲之宿莽。[二五]日月忽其不淹兮,春與秋其代序。惟草木之零落兮,恐美人之遲暮。不撫壯而棄穢兮,何不改乎此度也。(《離騷》)

要和惡社會奮鬪,頭一件是要自拔於惡社會之外。屈原從小便矯然自異,就從他外面服飾上也可以見出。他説：

> 余幼好此奇服兮,年既老而不衰。帶長鋏之陸離兮,[二六]冠切雲之崔巍。[二七]被明月兮珮寶璐,[二八]世溷濁而莫余知兮,吾方高馳而不顧。(《涉江》)

又説：

> 高余冠之岌岌兮,[二九]長余佩之陸離。芳與澤其雜糅兮,[三〇]惟昭質其猶未虧。[三一](《離騷》)

《莊子》説："尹文作爲華山之冠以自表。"[三二]當時思想家作些奇異的服飾以表異於流俗,想是常有的。屈原從小便是這種氣概。他既決心反抗社會,便拿性命和他相搏。他説：

> 民生各有所樂兮,余獨好脩以爲常。雖體解吾猶未變兮,豈余心之可懲。[三三](《離騷》)

又説：

> 既替余以蕙纕兮,[三四]又申之以攬茝。[三五]亦余

> 心之所善兮,雖九死其猶未悔。(《離騷》)

又说:

> 與前世而皆然兮,吾又何怨乎今之人。吾將董道而不豫兮,〔三六〕固將重昏而終身。〔三七〕(《涉江》)

也從發心之日起,便有絕大覺悟,知道這件事不是容易。他賭咒和惡社會奮闘到底,他果然能實踐其言,始終未嘗絲毫讓步。但惡社會勢力太大,他到了"最後一粒子彈"的時候,只好潔身自殺。我記得在羅馬美術館中曾看見一尊額爾達治武士石雕遺像,據說這人是額爾達治國幾百萬人中最後死的一個人,眼眶承淚,頰脣微笑,右手一劍自刺左脅。〔三八〕屈原沉汨羅,就是這種心事了。

〔一〕《楚辭章句》:"若有人謂山鬼也。阿,曲隅也。薜荔,香草也,緣木而生。女蘿,菟絲也。睇,微眄貌也。窈窕,好貌。"《屈原賦注》:"擬山鬼之狀,而因代其語。"

〔二〕《文選》五臣注:"赤豹、文狸,皆奇獸也。"《楚辭補注》:"以辛夷番木爲車,結桂枝以爲旌旗也。"《屈原賦音義》:"辛夷,今之木筆。"《楚辭章句》:"石蘭、杜蘅皆香草。"《屈原賦音義》:"杜蘅,俗所呼馬蹄香者也。"《屈原賦注》:"篁,竹叢也。"《屈原賦注》:"言山鬼之出,而因代其語。上章山鬼謂人慕己,此章則山鬼親人。"

〔三〕《楚辭章句》:"表,特也。"《文選》五臣注:"容容,雲出貌,杳,深也;晦,暗也,羌,語詞也。"《楚辭章句》:"言東風飄然而起,則神靈應之而雨。"靈脩,靈,神也;脩,遠也。憺,安也。晏,晚也。《屈原賦注》:"此言人至山鬼之所而留之,已下三章則所留之人既去而爲離憂之辭也。"

〔四〕《楚辭章句》:"三秀謂芝草也。"《補注》:"磊,衆石貌。"

〔五〕《屈原賦通釋》:"杜若,今之高良薑,其實謂之紅豆蔻。"《楚辭補注》:"然,不疑也;疑,未然也。是非交作,不知所決也。"

〔六〕《文選》五臣注:"填填,雷聲;冥冥,雨貌;啾啾,猨聲。"《屈原賦通釋》:"狖,卬鼻長尾,禮謂之蜼。"《屈原賦注》:"三章之次,始望其來,曰:意者君思我而不得閒乎?繼望之不來,則莫必其思我,而疑信交作也,終望之甚,曰:徒我思君,如此離憂耳。"

〔七〕《牡丹亭還魂記·驚夢》:"你道翠生生出落的裙衫兒茜,豔晶晶花簪八寶填,可知我常一生兒愛好是天然。"

〔八〕《說文解字》:"勤,勞也。"

〔九〕《楚辭補注》:"滑,亂也。"

〔一〇〕《楚辭補注》:"壹,專也。孔,甚也。"

〔一一〕案:"道可受兮不可傳",就是《莊子》"道可傳而不可受"的意思,語意好像相反,洪氏《補注》說:"可受以心,不可傳以言語。"實則和《莊子》是一致的;"其小無內兮其大無垠",就是《莊子》"至大無外,謂之大一,至小無內,謂之小一"的意思;"壹氣孔神兮於中夜存"就是《老子》"湛兮似或存"的意思;"虛以待之兮"就是《莊子》"氣者虛而待物"的意思;"無爲之先"就是《老子》"不敢爲天下先"的意思;"此德之門"就是《老子》"玄之又玄,衆妙之門"的意思。

〔一二〕《楚辭補注》:"六漠,六合也。"案:上下四方叫做六合。

〔一三〕《楚辭補注》:"欼與缺同。《大人賦》云:'貫列缺之倒影。'注:'列缺,天閃也。'"案:天閃就是天上閃電。

〔一四〕《莊子·大宗師》:"儵然而往。"儵今作倏,儵忽就是倏忽。

〔一五〕《楚辭補注》:"惝怳,耳不諦也。"

〔一六〕《莊子·天地》："泰初有無,無有無名。"《列子·天瑞》："太初者,氣之始也。"

〔一七〕《楚辭章句》："謇謇,忠貞貌,《易》曰:'王臣謇謇,匪躬之故。'"案:今《易》作"蹇蹇"。

〔一八〕《文選》五臣注："繽紛,亂也。"

〔一九〕《屈原賦通釋》："蘭,今之都梁香。芷,白芷也,或謂之茝。荃,或謂之白昌,昌蒲之無劍脊者。蕙,《春秋傳》謂之薰,今所謂零陵香也。"

〔二〇〕《楚辭補注》："蕭艾,賤草。"《屈原賦通釋》："蕭,《爾雅》謂之萩。"

〔二一〕《楚辭補注》："時人莫有好自脩潔者,故其害至荃蕙爲茅、芳草爲艾也。"

〔二二〕《屈原賦通釋》："揭車,黃葉白花。江離,大葉芎藭也,其苗謂之江離。"

〔二三〕《楚辭章句》："汩,去貌。"

〔二四〕《楚辭章句》："搴,取也;阰,山名。"《補注》："搴音蹇,《說文》:'拔取也。'《本草》云:'木蘭皮似桂而香,狀如楠樹,高數仞。'"

〔二五〕《楚辭章句》："攬,採也。草生不死者,楚人名曰宿莽。"

〔二六〕《史記·孟嘗君列傳》："長鋏歸來乎?"《楚辭章句》："長鋏,劍名。"《文選》五臣注："陸離,劍低昂貌。"

〔二七〕《文選》五臣注："切雲,冠名。"《楚辭章句》："崔巍,高貌。"

〔二八〕《楚辭章句》："在背曰被。寶璐,美玉也。"《補注》："《淮南》曰:'明月之珠。'"

〔二九〕《楚辭章句》："岌岌,高貌。"

〔三〇〕《楚辭章句》："芳,德之臭也;澤,質之潤也。糅,雜也。"

〔三一〕《文選》五臣注："唯獨守其明潔之質,猶未爲自虧損也。"

〔三二〕見《莊子·天下》。尹文,齊人,與宋鈃俱遊稷下,說齊宣王,先公孫龍,著書一篇。案:鄭子臧好聚鷸冠,楚鶡冠子作鷸羽冠,都是一樣的。
〔三三〕《楚辭章句》:"言己好脩忠信,以爲常行,雖獲罪支解,志猶不艾也。"
〔三四〕《楚辭章句》:"纕,佩帶也。"
〔三五〕《屈原賦注》:"蕙纕攬茝,喻所陳告之事。"
〔三六〕《楚辭章句》:"薫,正也;豫,猶豫也。"
〔三七〕《楚辭章句》:"昏,亂也,言思慮交錯。"
〔三八〕額爾達治當即 Carthage,今通譯迦太基,梁氏以粵土音譯之,所以不大準確。迦太基在今非洲北部突尼斯附近。最初爲腓尼基人所據,後乃成爲獨立國。商業逐漸發達,勢力遍及地中海西部和西班牙南部。和羅馬爭商業霸權,引起戰爭,自公元前二六五年起至前一四六年止,竟遷延至百年之久,戰爭凡三次,史稱布匿戰爭。第三次戰爭的四年之間,羅馬竟把繁華的迦太基城夷爲平地,領土收爲行省,建國八百餘年之迦太基就此滅亡了。

四

　　余既滋蘭之九畹兮,〔一〕又樹蕙之百畮。〔二〕畦留夷以揭車兮,〔三〕雜杜蘅與芳芷。冀枝葉之峻茂兮,〔四〕願俟時乎吾將刈。雖萎絕其亦何傷兮,哀衆芳之蕪穢。〔五〕(《離騷》)

這是屈原追敍少年懷抱。他原定計劃,是要多培植些同志出來,協力改革社會。到後來失敗了。一個人失敗有什麼要緊,最可哀的是從前滿心希望的人,看著墮落下去。所謂"衆芳蕪穢",就是"昔日芳草,今爲蕭艾",這是屈原最痛心的事。

他想改革社會,最初從政治入手。因爲他本是貴族,與國家同休戚;〔六〕又曾得懷王的信任,自然是可以有爲。他所以"奔走先後"與聞國事,〔七〕無非欲他的君王能彀"及前王之踵武"。〔八〕《離騷》。無奈懷王太不是材料:

> 初旣與余成言兮,〔九〕後悔遁而有他。〔一〇〕余旣不難夫離別兮,傷靈脩之數化。〔一一〕(《離騷》)

> 昔君與我誠言兮,曰黃昏以爲期。〔一二〕羌中道而回畔兮,反旣有此他志。(《抽思》)

他和懷王的關係,就像相愛的人已經定了婚約,忽然變卦。所以他說:

> 心不同兮媒勞,恩不甚兮輕絕。……交不忠兮怨長,期不信兮告余以不閒。(《湘君》)

他對於這一番經歷,很是痛心,作品中常常感慨。內中最纏綿沈痛的一段是:

> 吾誼先君而後身兮,〔一三〕羌衆人之所仇。〔一四〕專惟君而無他兮,又衆兆之所讎。〔一五〕壹心而不豫兮,〔一六〕羌不可保也。疾親君而無他兮,〔一七〕有招禍之道也。思君其莫我忠兮,忽忘身之賤貧。事君而不貳兮,迷不知寵之門。〔一八〕忠何罪以遇罰兮,亦非余心之所志。行不羣以顛越兮,〔一九〕又衆兆之所咍。〔二〇〕……(《惜誦》)

他年少時志盛氣鋭,以爲天下事可以憑我的心力立刻做成;不料纔出頭便遭大打擊。他曾寫自己心理的經過,説道:

> 昔余夢登天兮,魂中道而無杭。[二一]吾使厲神占之兮,[二二]曰有志極而無旁。[二三]……
>
> 吾聞作忠以造怨兮,忽謂之過言。九折臂而成醫兮,吾至今而知其信然。[二四](《惜誦》)

他受了這一回教訓,煩悶之極。但他的熱血,常常保持沸度,再不肯冷下去。於是他發出極沈摯的悲音。説道:

> 閨中既已邃遠兮,[二五]哲王又不寤。[二六]懷朕情而不發兮,余焉能忍與此終古。[二七](《離騷》)

以屈原的才氣,倘肯稍爲遷就社會一下,發展的餘地正多。他未嘗不盤算及此,他託爲他姐姐勸他的話,説道:

> 女嬃之嬋媛兮,申申其詈余。[二八]曰:"鯀婞直以亡身兮,終然夭乎羽之野。[二九]汝何博謇而好脩兮,紛獨有此姱節。[三〇]薋菉葹以盈室兮,判獨離而不服。[三一]衆不可戸説兮,孰云察余之中情。[三二]世並舉而好朋兮,夫何煢獨而不余聽?"[三三]……(《離騷》)

又託爲漁父勸他的話,説道:

> 夫聖人者,不凝滯於物,而能與世推移。舉世皆濁,何不淈其泥而揚其波?[三四]衆人皆醉,何不餔其糟而歠其醨?[三五](《漁父》)

他自己亦曾屢屢反勸自己,説道:

> 懲於羹者而吹齏兮,[三六]何不變此志也?欲釋階而登天兮,猶有曩之態也。(《惜誦》)

説是如此,他肯嗎?不不!他斷然排斥"遷就主義"。他説:

> 刓方以爲圜兮,[三七]常度未替。[三八]易初本迪兮,[三九]君子所鄙。……玄文處幽兮,矇瞍謂之不章。[四〇]離婁微睇兮,瞽以爲無明。[四一]……邑犬羣吠兮,吠所怪也。非俊疑傑兮,固常態也。(《懷沙》)

他認定真理正義,和流俗人不相容;受他們壓迫,乃是當然的。自己最要緊是立定脚跟,寸步不移。他説:

> 嗟爾幼志,有以異兮。獨立不遷,豈不可喜兮。深固難徙,廓其無求兮。[四二]蘇世獨立,[四三]橫而不流兮。(《橘頌》)

他根據這"獨立不遷"主義,來定自己的立場,所以説:

> 固時俗之工巧兮,偭規矩而改錯。[四四]背繩墨以追曲兮,[四五]競周容以爲度。忳鬱邑余侘傺兮,[四六]吾獨窮困乎此時也。寧溘死以流亡兮,[四七]余不忍爲此態也。鷙鳥之不羣兮,自前世而固然。何方圜之能周兮,夫孰異道而相安。屈心而抑志兮,忍尤而攘詬。[四八]伏清白以死直兮,固前聖之所厚。[四九](《離騷》)

易卜生最喜歡講的一句話[五〇]:All or nothing。要整個,不然寧可什麼也沒有。屈原正是這種見解。"異道相安",他認爲和方圓相周一樣,是絕對不可能的事。中國人愛講調和,屈原不然,他只有極端:"我決定要打勝他們,打不勝我就死。"這是屈原人格的立脚點,他説也是如此説,做也是如此做。

〔一〕《楚辭章句》:"滋,蒔也。"《説文解字》:"畹,三十畝也。"

〔二〕晦同畝。

〔三〕《屈原賦注》:"畦,猶隴也。"《屈原賦通釋》:"留夷,詩謂之勺藥。"

〔四〕《楚辭章句》:"冀,幸也。峻,長也。"

〔五〕《屈原賦注》:"蕪穢,如後所云蘭芷變而不芳之屬是也,非誠好脩,有不隨世遇轉移乎,是屈原之所哀矣。"

〔六〕《國語·晉語》:"爲晉休戚,不背本也。"案:休就是喜和好,戚就是憂。

〔七〕《離騷》:"忽奔走以先後兮。"

〔八〕《楚辭章句》:"踵,繼也;武,跡也。"

〔九〕《楚辭補注》:"成言謂誠信之言,一成而不易也。"案:《九章·抽思》作誠言。

〔一〇〕《楚辭章句》:"遁,隱也。"

〔一一〕《楚辭章句》:"化,變也。"

〔一二〕《屈原賦注》:"日加戌曰黄昏,此以女子之嫁者爲比,有成言,有昏期,至中路而見棄,豈其有罪也。"案:《離騷》也説"曰黄昏以爲期"。古時舉行婚禮,規定在黄昏的時候,《儀禮·士昏禮》疏説:"士娶妻之禮,以昏爲期,因而名焉。"後來纔加一個女字傍,作爲分别。

〔一三〕《楚辭補注》:"誼與義同。"

〔一四〕《楚辭章句》:"羌,然辭也。"

〔一五〕《楚辭章句》:"兆,衆也。"

〔一六〕《楚辭章句》:"豫,猶豫也。"

〔一七〕朱熹《楚辭集注》:"疾猶力也。"

〔一八〕《楚辭補注》:"《老子》云'寵爲不寵',非君子之所貴也。屈原惟不知出此,故以信見疑,以忠被謗。"

〔一九〕《楚詞章句》:"顛,殞;越,墜。"

〔二〇〕《楚辭章句》:"哈,笑也,楚人謂相啁笑曰哈。"《説文解字》:"哈,蚩笑也。"音 hāi。

〔二一〕《楚辭補注》:"杭與航同。"

〔二二〕《楚辭章句》:"厲,神。"補注:"《禮記》:王立七祀,有泰厲,諸侯有公厲,大夫有族厲。注云:厲主殺罰。"

〔二三〕《楚辭章句》:"傍,輔也。"

〔二四〕《楚辭章句》:"言人九折臂,更歷方藥,則成良醫,乃自知其病;吾被放棄,乃信知讒佞爲忠直之害也。"《左傳》定公十三年:"三折肱知爲良醫。"

〔二五〕《爾雅·釋宮》:"宮中之門謂之闈,其小者謂之閨。"《楚辭章句》:"邃,深也。"

〔二六〕《屈原賦注》:"寱,猶遌也。"案:和遌、迕都通,遇着的意思。

〔二七〕《楚辭補注》:"《九歌》曰:'長無絶兮終古。'《九章》曰:'去終古之所居。'終古猶永古也。《考古記》注曰:'齊人之言終古,猶言常也。'"

〔二八〕《楚辭章句》:"申申,重也。"

〔二九〕《楚辭章句》:"《帝系》曰:'顓頊後五世而生鯀。'婞,很也。"《補注》:"東坡曰:'《史記》:殛鯀於羽山,以變東夷;《楚詞》:鯀婞直以亡身;則鯀蓋剛而犯上者耳。若小人也,安能以變四夷之俗哉?'如左氏之言,皆後世流傳之過,《九章》亦云:

‘行婞直而不豫兮，鯀功用而不就。’羽山東裔，在海中。”案：洪注是。《禮記·祭法》説：“厲山氏之有天下也，其子曰農，能殖百穀，夏之衰也，周棄繼之，故祀以爲稷。舜勤衆事而野死，鯀鄣鴻水而殛死。此皆有功烈於民者也。非此族也，不在祀典。”鄭注説：“殛死，謂不能成其功也。”據此則鯀不但不是惡人，而且是有功烈的人，《吕氏春秋·行論》説他反對堯舜禪讓，或者就是方命犯上的罪由，這也是所謂君子之過，所以屈原假託姊姊的罵，把他來自比。鯀一作鮌，禹的父親。

〔三〇〕《屈原賦注》：“博謇，博古而有謇謇之行。”《楚辭補注》：“紛，盛貌。”朱駿聲《離騷補注》：“姱節，節當作飾。”案：朱説是對的，“姱飾”就是上文的“繁飾”。

〔三一〕《楚辭章句》：“薋，蒺藜也；菉，王芻也；葹，枲耳也，皆惡草。以喻讒佞。……。判，别也。”《屈原賦注》：“薋菉葹，喻衆之所尚，原獨判然捨棄之。”

〔三二〕《楚辭章句》：“屈原外困羣佞，内被姊詈，知世莫識，言己之心志所執，不可户説人告，誰能察我之中情善否也。”

〔三三〕《屈原賦注》：“察余之余，余，屈原也；余聽之余，女嬃自余也。”

〔三四〕《説文》：“湿，濁也。……一曰滑泥，一曰出水貌。”

〔三五〕《文選》五臣注：“餔，食也。歠，飲也。糟、醨皆酒滓。”

〔三六〕《楚辭章句》：“言人有歠羹而中熱，心中懲忿，見齏則恐而吹之。”《補注》：“鄭康成云：‘凡醯醬所和，細切爲齏。’”

〔三七〕《楚辭章句》：“刓，削也。”

〔三八〕《楚辭章句》：“替，廢也。”

〔三九〕《屈原賦注》：“迪猶導也，達也，語之轉。初之本迪，猶工有規畫繩墨矣。”案：《史記》本傳引“迪”作由，近人劉氏《九章通箋》疑“本”爲“不”字的錯誤，應作“易初不由”。備一説。

〔四〇〕《楚辭補注》:"有眸子而無見曰矇,無眸子曰瞍。"
〔四一〕《楚辭章句》:"離婁,古明目者也,《孟子》曰'離婁之明'。"
〔四二〕《楚辭補注》:"凡與世遷徙者,皆有求也,吾之志,舉世莫得而傾之者,無求於彼故也。"
〔四三〕《禮記·樂記》鄭玄注:"更息曰蘇。"案:更息就是死而復生。
〔四四〕《楚辭章句》:"偭,背也。錯,置也。"偭音 miàn。
〔四五〕《楚辭章句》:"追猶隨也。"
〔四六〕《楚辭補注》:"忳,悶也;鬱邑,憂貌。"《楚辭章句》:"侘傺,失志貌。"
〔四七〕《楚辭補注》:"溘,奄忽也。"
〔四八〕《離騷補注》:"攘,襄也。攘詬猶包羞也。"
〔四九〕《屈原賦注》:"言不忍爲時俗工巧,誠如鷙鳥不羣,方圜異道,寧受一時之尤詬,而爲前聖所取也。"
〔五〇〕易卜生(1828—1906),挪威的大戲劇家。他的劇本多數是屬於社會的,世稱他是一個對近代社會的彈劾者,常常是捉着現社會的問題議論而與因襲和僞善相搏戰。

五

不肯遷就,那麼,丟開罷。怎麼樣呢?這一點,正是屈原心中常常交戰的題目。丟開有兩種:一是丟開楚國,二是丟開現社會。丟開楚國的商榷,所謂:

思九州之博大兮,豈惟是其有女。〔一〕……
何所獨無芳草兮,爾何懷乎故宇。(《離騷》)

這種話就是後來賈誼弔屈原說的"歷九州而相君兮,何必懷此都也"。屈原對這種商榷怎麼呢?他以爲舉世溷濁,到處都是一樣。他說:

> 溘吾遊此春宫兮,折瓊枝以繼佩。及榮華之未落兮,相下女之可詒。〔二〕
>
> 吾令豐隆乘雲兮,〔三〕求宓妃之所在。〔四〕解佩纕以結言兮,〔五〕吾令謇脩以爲理。〔六〕紛總總其離合兮,忽緯繣其難遷。〔七〕……望瑶臺之偃蹇兮,〔八〕見有娀之佚女。〔九〕吾令鴆爲媒兮,〔一〇〕鴆告余以不好。雄鳩之鳴逝兮,余猶惡其佻巧。〔一一〕……
>
> 及少康之未家兮,留有虞之二姚。〔一二〕理弱而媒拙兮,〔一三〕恐導言之不固。〔一四〕時溷濁而嫉賢兮,好蔽美而稱惡。……(《離騷》)

這些話怎樣解呢?對於這一位意中人,已經演了失戀的痛史了,再換別人,只怕也是一樣。宓妃嗎?緯繣難遷;有娀嗎?不好,佻巧。〔一五〕二姚嗎?導言不固。總結一句,就是舊戲本說的笑話:"我想平兒,平兒老不想我。"〔一六〕怎麼樣他纔會想我呢?除非我變個樣子;然而我到底不肯;所以任憑你走遍天涯地角,終久找不著一個可意的人來結婚。於是他發出絕望的悲調,說:

> 忽反顧以流涕兮,哀高丘之無女。〔一七〕(《離騷》)

他理想的女人,簡直沒有。那麼,他非在獨身生活裏頭甘心終老不可了。

舉世溷濁的感想,《招魂》上半篇表示得最明白。所謂:

> 魂兮歸來,東方不可以託些。……魂兮歸來,南方不可以止些。……魂兮歸來,西方之害流沙千里些。……魂兮歸來,北方不可以止些。……魂兮歸來,君無上天些。……魂兮歸來,君無下此幽都些。〔一八〕……

似此"上下四方多賊姦",〔一九〕有那一處可以說是比"故宇"強些呢?〔二〇〕所以丟開楚國,全是不徹底的理論,不能成立。

丟開現社會,確是徹底的辦法。屈原同時的莊周,就是這樣。〔二一〕屈原也常常打這個主意。他說:

> 悲時俗之迫阨兮,願輕舉以遠遊。(《遠遊》)

他被現社會迫阨不過,常常要和他脫離關係,宣告獨立。而且實際上,他的神識,亦往往靠這一條路得些安慰。他作品中表現這種理想者最多。如:

> 駕青虯兮驂白螭,〔二二〕吾與重華遊兮瑤之圃。〔二三〕登崑崙兮食玉英。〔二四〕與天地兮同壽,與日月兮同光。〔二五〕(《涉江》)

> 與女遊兮九河,〔二六〕衝風起兮水揚波。〔二七〕乘水車兮荷蓋,駕兩龍兮驂螭。登崑崙兮四望,心飛揚兮浩蕩。(《河伯》)

> 春秋忽其不淹兮,奚久留此故居。軒轅不可攀援

兮,[二八]吾將從王喬而遊戲。[二九]餐六氣而飲沆瀣兮,[三〇]漱正陽而含朝霞。[三一]保神明之清澄兮,精氣入而粗穢除。順凱風以從遊兮,[三二]至南巢而一息;[三三]見王子而宿之兮,[三四]審壹氣之和德。(《遠遊》)

穆眇眇之無垠兮,[三五]莽芒芒之無儀。[三六]聲有隱而相感兮,物有純而不可爲。[三七]藐蔓蔓之不可量兮,[三八]縹綿綿之不可紆。[三九]……上高岩之峭岸兮,處雌蜺之標顚。[四〇]據青冥而攄虹兮,遂儵忽而捫天。[四一]……(《悲回風》)

邅吾道夫崑崙兮,[四二]路脩遠以周流。揚雲霓之晻靄兮,[四三]鳴玉鸞之啾啾。[四四]朝發軔於天津兮,[四五]夕余至乎西極。[四六]鳳皇翼其承旂兮,[四七]高翺翔之翼翼。[四八]忽吾行此流沙兮,[四九]遵赤水而容與。[五〇]麾蛟龍使梁津兮,[五一]詔西皇使涉余。[五二]……屯余車其千乘兮,[五三]齊玉軑而並馳。[五四]駕八龍之婉婉兮,[五五]載雲旗之委蛇。[五六]抑志而弭節兮,[五七]神高馳之邈邈。奏九歌而舞韶兮,[五八]聊假日以媮樂。[五九](《離騷》)

諸如此類,所寫都是超現實的境界,都是從宗教的或哲學的想像力構造出來。倘使屈原肯往這方面專做他的精神生活,他的日子原可以過得很舒服,然而不能。他在《遠遊》篇,正在說"絕氛埃而淑尤兮,[六〇]終不反其故都",底下忽然接著道:

> 恐天時之代序兮,耀靈曄而西征。〔六一〕微霜降而下淪兮,悼芳草之先零。

他在《離騷》篇,正在説"假日媮樂",底下忽然接著道:

> 陟升皇之赫戲兮,〔六二〕忽臨睨夫舊鄉。僕夫悲余馬懷兮,蜷局顧而不行。〔六三〕

乃至如《招魂》篇把物質上娛樂敷陳了一大堆,煞尾却説道:

> 皋蘭被徑兮斯路漸,〔六四〕湛湛江水兮上有楓。〔六五〕目極千里兮傷春心,魂兮歸來哀江南。

屈原是情感的化身,他對於社會的同情心,常常到沸度。看見衆生苦痛,便和身受一般,這種感覺,任憑用多大力量的麻藥也麻他不下。正所謂"此情無計可消除,纔下眉頭,却上心頭"〔六六〕。説丢開嗎?如何能彀呢?他自己説:

> 登高吾不説兮,入下吾不能。〔六七〕(《思美人》)

這兩句真是把自己心的狀態,全盤揭出。超現實的生活不願做,一般人的凡下現實生活又做不來,他的路於是乎窮了。

〔一〕《楚辭章句》:"言我思念天下博大,豈獨楚國有臣而可止乎。"案以淑女比賢士。

〔二〕《楚辭章句》:"春宮,東方青帝舍也。"《補注》:"瓊,玉之美者。"《屈原賦注》:"瓊玉色美,因以爲凡潔美者之通稱。"《爾雅》:"草謂之榮,木謂之華。"《屈原賦注》:"下女,侍女也。所折瓊枝,當及其榮華未落,以詒下女,使通己之志於淑女也。"

〔三〕《楚辭章句》:"豐隆,雲師。"

〔四〕《楚辭章句》:"宓妃,神女。"《楚辭補注》:"宓音伏。"《屈原賦注》:"所在,謂其地也。念古昔,思來者,故求其地以往,以冀遇今之淑女。"

〔五〕《楚辭補注》:"《洛神賦》云:'願誠素以先達兮,解玉佩而要之。'亦此意。"

〔六〕《屈原賦注》:"蹇脩,媒之美稱,蹇蹇而脩治,不阿曲也。"孫詒讓《札迻》:"理即行理之理,《左傳》昭十三年云:'行理之命,無月不至。'杜注云:'行理,使人通聘問者。'此理亦猶言使也。與媒義略同。故下文云:'理弱媒拙兮。'《九章·抽思》云:'理弱而媒不通兮。'又《思美人》云:'令薜荔以爲理,因芙蓉以爲媒。'皆理、媒並舉。"

〔七〕《楚辭章句》:"緯繣,乖戾也。"案:緯繣一作敽懂,《説文》:"敽,戾也。"《玉篇》:"懂,乖戾也。"

〔八〕案《説文解字》:"瑶,玉之美者。"瑶臺,見下注。《楚辭章句》:"偃蹇,高貌。"

〔九〕《楚辭補注》:"李善引《吕氏春秋》:'有娀氏有二佚女,爲九成之臺。'《淮南子·墜形訓》:'有娀在不周之北,長女簡翟,少女建疵。'注云:'姊妹二人在瑶臺也。'"案:近人劉永濟説:"佚女指異國之才。上文求之國内不可得,乃思得異國之士,與己同趣者而用之。然異國之遺賢,既不得良介以通意,又不能去國以自求,即令有之,幾何不爲彼國賢君所先得,故下文曰'恐高辛之先我'也。五臣本吕延濟曰:'帝嚳,喻諸國賢君。'是也。"備一説。

〔一〇〕《楚辭章句》:"鴆,運日也,羽有毒,可殺人,以喻讒佞賊害人也。"

〔一一〕《屈原賦通釋》:"雄鳩,食桑葚之鳩,似山鵲而短尾多聲。"案雄鳩多聲,喻佻巧的人多語言。
〔一二〕《楚辭章句》:"少康,夏后相之子也。有虞,國名,姚姓,舜後也。昔寒浞使澆殺夏后相,少康逃奔有虞,虞因妻以二女而邑於綸,有田一成,有衆一旅,能布其德,以收夏衆,遂誅滅澆,復禹之舊績。屈原設至遠方之外,博求衆賢,索宓妃則不肯見,求簡狄又後高辛,幸若少康,留止有虞,而得二妃,以成顯功。"案:二姚事見《左傳》哀公元年。
〔一三〕已詳上注。
〔一四〕《楚辭章句》:"恐媒人弱鈍,達言於君,不能堅固,復使回移也。"
〔一五〕案:佻巧指雄鳩,不是指有娀,這裏似和《離騷》原意不很符合。
〔一六〕案:這兩句出自《打櫻桃》劇本。《打櫻桃》一名《文章會》。
〔一七〕《屈原賦注》:"淑女以比賢士,自視孤特,哀無賢士與己爲侶,此原求女之意也。"
〔一八〕《楚辭章句》:"幽都,地下。地下幽冥,故稱幽都。"
〔一九〕《招魂》:"天地四方多賊姦些。"
〔二〇〕"故宇"見上。
〔二一〕案:如《莊子·天下》所說:"以天下爲沈濁,不可與莊語,……獨與天地精神往來,而不敖倪於萬物,不譴是非,以與世俗處。……上與造物者遊而與無終始者爲友。"就是這種思想的代表。
〔二二〕《文選》五臣注:"虬螭皆龍類。"《說文解字》:"驂,駕三馬也。"
〔二三〕《楚辭章句》:"重華,舜名。"《補注》:"《山海經》云:槐江之山,上多琅玕金玉,實惟帝之平圃。"案:《山海經》是古代神話的彙編，屈原作品中所說的神話，往往相類，這是一例。

〔二四〕《爾雅‧釋地》："西北之美者，有崑崙虛之璆琳琅玕焉。"

〔二五〕案：《九歌‧雲中君》也說"與日月兮齊光"，這和莊子思想也相近，莊子說"吾與日月參光"，"吾與天地爲常"。

〔二六〕《楚辭補注》："女讀作汝。九河名見《爾雅》。《書》曰：'九河既道。'注曰：'河水分爲九道，在兗州界。'"

〔二七〕《文選》五臣注："衝風，暴風也。"

〔二八〕《史記‧五帝本紀》："黃帝者，姓公孫，名曰軒轅。"攀援好像用黃帝龍迎昇天小臣攀龍髯求上的神話。

〔二九〕劉向《列仙傳》："王子喬，周靈王太子晉也。"

〔三〇〕《楚辭章句》："《陵陽子明經》：春食朝霞，秋食淪陰，冬飲沆瀣，夏食正陽，併天地玄黃之氣，是爲六氣也。"案：《漢書‧司馬相如傳》注："應劭曰：'《列仙傳》陵陽子言：夏食沆瀣，沆瀣，夜半氣也。'"和王逸《章句》所引不同。

〔三一〕《陵陽子明經》："正陽者，南方日中氣也，朝霞者，日始欲出赤黃氣也。"案這或是後世道家修煉派附會屈原之說而成的。

〔三二〕《爾雅》："南風謂之凱風。"

〔三三〕《楚辭補注》："《山海經》：'丹穴之山，有鳥焉，五彩而文曰鳳鳥。'南巢，豈南方鳳鳥之所巢乎？成湯放桀於南巢，乃廬江居巢，非此南巢也。"

〔三四〕《屈原賦注》："宿之，謂止之使宿。"

〔三五〕賈誼《鵩賦》："沕穆無窮。"《史記索隱》："沕穆，深微貌。"

〔三六〕《屈原賦注》："儀猶像也。"

〔三七〕《屈原賦注》："純猶專也。"

〔三八〕藐蔓蔓，一作邈漫漫，義同，邈就是遠。

〔三九〕《楚辭章句》："細微之思，難斷絕也。"《說文解字》："紆，縈也。"

〔四〇〕《爾雅・釋天》："蜺爲挈貳。"郭璞注："蜺,雌虹也。"邢昺疏："郭氏音義云:'虹雙出,色鮮盛者爲雄,雄爲虹;闇者爲雌,曰蜺。'"案:霓是本字,蜺是借字。《楚辭補注》："標,杪也。顛,頂也。"

〔四一〕《楚辭補注》："攄,舒也。抈,撫也。"

〔四二〕《楚辭章句》："邅,轉也,楚人名轉曰邅。"《屈原賦注》："戰國時,言仙者託之崑崙,故多不經之説,篇内寓言及之,不必深求也。"案:屈原作品裏有些地名,涉於荒怪,不能指實的,都應這樣看。

〔四三〕《楚辭章句》："揚,披也。"《補注》："晻靄,暗也,冥也。"

〔四四〕《詩・小雅・蓼蕭》："和鸞雝雝。"毛傳："在軾曰和,在鑣曰鸞。"《文選》五臣注："鸞,車軡也。"

〔四五〕軔是指支住車輪不使轉動的木頭,發是拿掉。拿掉了軔,車子可以行動,所以開始行動叫做發軔。《爾雅・釋天》："析木謂之津,箕斗之間漢津也。"疏："天河在箕斗二星之間,隔河須津梁以渡,故謂此次爲析木之津。"

〔四六〕《淮南子・墬形訓》："西方曰西極之山,曰閶闔之門。"

〔四七〕《楚辭章句》："翼,敬也;旂,旗也,畫龍虎爲旂也。"案:這句是説鳳皇很恭敬地拿着旗。

〔四八〕翼翼是保護的意思,舊注講和氣,不合。

〔四九〕《書・禹貢》："導弱水,餘波入於流沙。"案:流沙就是沙漠。

〔五〇〕《廣雅》："崑崙虛,赤水出其東南。"《莊子・人間世》："以求容與其心。"案:容與就是放任,有時形容舒閒。這裏是任情玩兒的意思。

〔五一〕這裏的梁字作動詞講,説造橋樑。津是水渡,見《説文解字》。

〔五二〕《楚辭章句》："西皇,帝少皞也。"涉是渡的意思。

〔五三〕《文選》五臣注："屯,聚也。"

〔五四〕《屈原賦注》："軑，轂端錔也。《方言》：'關之東西曰輨，南楚曰軑。'齊玉軑言並轂而馳。"案：轂就是車軸頭。

〔五五〕婉婉同踠踠，形容龍行。

〔五六〕委蛇同逶迤。《詩·召南·羔羊》："委蛇委蛇。"鄭玄箋："委曲自得之貌。"蛇音 yí。

〔五七〕案：弭是按，節是節度，就是緩急有一定的規律。弭節就是按着節度，緩緩地走着。《楚辭章句》說："言己雖乘雲龍，猶自抑按弭節徐行。"

〔五八〕《楚辭章句》："韶，九韶，舜樂也。"

〔五九〕《楚辭補注》："顏師古云：'此言遭遇幽厄，中心愁悶，假延日月，苟爲娛樂耳。'"

〔六〇〕《楚辭章句》："淑，善也。尤，過也。"《補注》："淑尤，言其善有以過物也。"

〔六一〕《楚辭章句》："靈曄，電貌，《詩》云：'曄曄震電。'"

〔六二〕《屈原賦注》："皇，《毛詩》云天也。"《楚辭補注》："赫戲，炎盛也。"

〔六三〕《楚辭章句》："蜷局，詰屈不行貌。屈原設去世離俗，周天匝地，意不忘舊鄉，忽望見楚國，僕御悲感，我馬思歸，蜷局詰屈而不肯行，此終志不去，以詞自見，以義自明也。"

〔六四〕《楚辭章句》："皋，澤也；被，覆也；漸，沒也。"《文選》五臣注："言埋沒凋落。"

〔六五〕湛湛是深的意思，《文選》作沈沈，也訓深。《楚辭補注》："《說文》云：楓木厚葉弱，枝善搖，漢宮殿中多植之，至霜後，葉丹可愛。"

〔六六〕案：這是宋女詞人李清照的詞句。清照號易安，《嫏嬛記》說："李易安結褵未久，其夫趙明誠即負笈遠遊，易安不忍別，覓錦帕，書《一翦梅》以送之。詞云：'……一種相思，兩處閒愁。此情無計可消除,纔下眉頭,却上心頭。'"
〔六七〕案《楚辭章句》說:"事上得位,我不好,也隨俗顯榮,非所樂也。"這是表面的說法,下面梁氏說得好。

六

對於社會的同情心既如此其富,同情心刺戟最烈者,當然是祖國,所以放逐不歸,是他最難過的一件事。他寫初去國時的情緒道:

> 發郢都而去閭兮,怊荒忽之焉極。〔一〕楫齊揚以容與兮,哀見君而不再得。望長楸而太息兮,涕淫淫其若霰。〔二〕過夏首而西浮兮,〔三〕顧龍門而不見。〔四〕……將運舟而下浮兮,上洞庭而下江。去終古之所居兮,〔五〕今逍遙而來東。羌靈魂之欲歸兮,何須臾而忘返。背夏浦而西思兮,哀故都之日遠。(《哀郢》)
>
> 望孟夏之短夜兮,〔六〕何晦明之若歲。惟郢路之遼遠兮,魂一夕而九逝。曾不知路之曲直兮,南指月與列星。願徑逝而不得兮,魂識路之營營。〔七〕(《抽思》)

內中最沈痛的是:

> 曼余目以流觀兮,〔八〕冀一反之何時。鳥飛返故居兮,狐死必首丘。〔九〕信非余罪而放逐兮,何日夜而忘之。(《哀郢》)

這等作品,真所謂"一聲河滿子,雙淚落君前"。〔一〇〕任憑是鐵石人，讀了怕都不能不感動哩！

他在湖南過的生活，《涉江》篇中描寫一部分如下：

乘舲船余上沅兮，〔一〕齊吳榜以擊汰。〔二〕船容與而不進兮，淹回水而凝滯。朝發枉陼兮，夕宿辰陽。苟余心其端直兮，雖僻遠之何傷。入溆浦余儃佪兮，〔三〕迷不知吾所如。〔四〕深林杳以冥冥兮，乃猨狖之所居。山峻高以蔽日兮，下幽晦以多雨。霰雪紛其無垠兮，雲霏霏而承宇。哀吾生之無樂兮，幽獨處乎山中。吾不能變心而從俗兮，固將愁苦而終窮。

大概他在這種陰慘岑寂的自然界中過那非社會的生活，〔五〕經了許多年。像他這富於社會性的人，如何能受？他在那裏

退靜默而莫余知兮，進號呼又莫吾聞。（《惜誦》）

他和惡社會這場血戰，真已到矢盡援絕的地步。肯降服嗎？到底不肯。他把他的潔癖堅持到底。說道：

安能以身之察察，〔六〕受物之汶汶者乎？〔七〕寧赴湘流，葬於江魚腹中。又安能以皓皓之白，而蒙世俗之塵埃乎？（《漁父》）

他是有精神生活的人，看著這臭皮囊，〔八〕原不算什麼一回事。他最後覺悟到他可以死而且不能不死，他便從容死去。臨死時的絕作說道：

人生有命兮，各有所錯兮。〔九〕定心廣志，余何畏

懼兮。曾傷爰哀,〔二〇〕永嘆喟兮。世溷不吾知,人心不可謂兮。知死不可讓兮,願勿愛兮。〔二一〕明告君子,吾將以爲類兮。〔二二〕(《懷沙》)

西方的道德論,説凡自殺皆怯懦。依我們看:犯罪的自殺是怯懦,義務的自殺是光榮。匹夫匹婦自經溝瀆的行爲,〔二三〕我們誠然不必推獎他。至於"志士不忘在溝壑,勇士不忘喪其元"〔二四〕,這有什麼見不得人之處?屈原説的"定心廣志何畏懼","知死不可讓願勿愛",這是怯懦的人所能做到嗎?

《九歌》中有贊美戰死的武士一篇,〔二五〕説道:

　　……出不入兮往不反,平原忽兮路超遠。〔二六〕帶長劍兮挾秦弓,〔二七〕首雖離兮心不懲。誠既勇兮又以武,終剛強兮不可陵。〔二八〕身既死兮神以靈,子魂魄兮爲鬼雄。〔二九〕(《國殤》)

這雖屬侑神之詞,實亦寫他自己的魄力和身分。我們這位文學老祖宗留下二十多篇名著,給我們民族偌大一份遺產,他的責任算完全盡了。末後加上這汨羅一跳,把他的作品添出幾倍權威,成就萬劫不磨的生命,永遠和我們相摩相蕩。呵呵!"誠既勇兮又以武,終剛強兮不可陵。"呵呵!屈原不死!屈原惟自殺故,越發不死!

〔一〕《莊子‧天地》:"怊乎若嬰兒之失其母。"怊是悵恨的意思。

〔二〕《説文解字》:"楸,梓也。"一作萩,《史記‧貨殖列傳》:"淮北、常山、巴南、河濟之間,千樹萩,其人與千户等。"楸是一種珍貴的喬木。這裏大概有同《孟子》喬木世臣的感慨,否則,爲什麼要"太息""涕淫淫"呢?淫淫是流的形容詞,霰就是雪珠,雪珠不可流,那末淫淫該是解作滾動了。

〔三〕《屈原賦注》:"西浮者,既過夏首而東,復溯洄以望楚都。"
〔四〕《楚辭補注》:"《水經注》云:'龍門即郢城之東門。'又伍端修《江陵記》云:'南關三門,其一名龍門,一名修門。'"
〔五〕《楚辭章句》:"遠離先祖之宅舍也。"
〔六〕《楚辭補注》:"上云曼遭夜之方長,此云望孟夏之短夜者,秋夜方長而夏夜最短,憂不能寐,冀夜短而易曉也。"
〔七〕《屈原賦注》:"營營,《毛詩》云:'往來貌。'"
〔八〕《說文解字》:"曼,引也。"
〔九〕《禮記·檀弓上》:"禮不忘其本,古之人有言曰:'狐死正丘首,仁也。'"陳澔注:"狐雖微獸,丘其所窟藏之地,故及死而猶正其首以向丘,不忘其本也。"《淮南子》:"鳥飛反鄉,狐死首丘,各得其所生。"大約即本此。
〔一〇〕張祜《宮詞》:"故國三千里,深宮二十年,一聲河滿子,雙淚落君前。"河一本作何。《古今詞話》:"《何滿子》一名《斷腸詞》。相傳文宗疾亟,目孟才人,孟請歌畢,指笙囊就縊,爰歌《何滿子》,一聲腸斷而殞。張祜爲詩以吊之云:'一聲何滿子,雙淚落君前。'今用長短句。"郭茂倩《樂府詩集》:"白居易曰:'《何滿子》,開元中滄州歌者,臨刑進此曲以贖死,竟不得免。'"
〔一一〕《屈原賦注》:"舲船,小船有窗櫺者。自洞庭而舟行遡沅也。"
〔一二〕《屈原賦注》:"小楫謂之榜。汰,浪淘沙土也。"
〔一三〕《屈原賦注》:"舟行由沅入溆,至遷所也。"儃佪就是邅迴,已見上注。

〔一四〕如就是到。

〔一五〕鮑照《舞鶴賦》："去帝鄉之岑寂。"岑就是高，寂就是靜。

〔一六〕《老子》："俗人察察。"察察是明白辨析的意思，這裏引申作潔白講。

〔一七〕《楚辭補注》："汶汶，《荀子》引作惽惽。惽惽，不明也。"案汶汶似也應作不明解，不明就是溷濁。王解作蒙垢塵，洪解作沾辱，都是望文生義。

〔一八〕道家修煉派以爲人體是最臟的，叫做臭皮囊。他們託名於純陽真君所謂《了三得一經》説："竟將五官六腑敗壞於臭皮囊中。"

〔一九〕《楚辭章句》："錯，安也。"

〔二〇〕《屈原賦注》："曾，纍也。"王念孫《讀書雜誌》餘編《楚辭》引之曰："爰哀，謂哀而不止也，爰哀與曾傷相對爲文，《方言》曰：凡哀注而不止曰咺。"案曾就是增字。

〔二一〕《楚辭補注》："屈子以爲知死之不可讓，則捨生而取義可也，所惡有甚於死者，豈復愛七尺之軀哉？"

〔二二〕《楚辭章句》："類，法也。"

〔二三〕《論語·憲問》："豈若匹夫匹婦之爲諒也，自經於溝瀆而莫之知也。"匹夫匹婦就是平民老百姓，經就是縊，就是吊死，溝瀆就是溝壑。

〔二四〕這兩句見《孟子·滕文公下》和《萬章下》。本是孔子嘆美虞人的話。元是腦袋，志士愈窮愈堅强，常常想到死了沒有棺槨，就是丢棄在溝壑裏，也不悔恨；勇士輕視自己的生命，常常想到戰鬥而死，就是喪失了腦袋，也不顧惜。

〔二五〕就是《國殤》篇。

〔二六〕案：路超遠是説去家遼遠。

〔二七〕《楚辭章句》："言身雖死，猶帶劍持弓，示不舍武也。"案：秦地産弓,故稱秦弓。
〔二八〕陵是侵侮的意思。
〔二九〕案:"子"指國殤。洪氏《考異》説:"一云'魂魄毅',一云'子魄毅'。"王氏《章句》注這句説:"言國殤既死之後,精神强壯,魂魄武毅,長爲百鬼之雄傑也。"那末王氏原本是作"魂魄毅兮爲鬼雄"的。

七

以上所講,專從屈原作品裏頭體現出他的人格,我對於屈原的主要研究,算是結束了。最後對於他的文學技術,應該附論幾句。

屈原以前的文學,我們看得著的只有《詩經三百篇》。《三百篇》好的作品,都是寫實感。實感自然是文學主要的生命;但文學還有第二個生命,曰想像力。從想像力中活跳出實感來,纔算極文學之能事。就這一點論,屈原在文學史的地位,不特前無古人,截到今日止,仍是後無來者。因爲屈原以後的作品,在散文或小説裏頭想像力比屈原優勝的或者還有;在韻文裏頭,我敢説還没有人比得上他。

他作品中最表現想像力者,莫如《天問》《招魂》《遠遊》三篇。《遠遊》的文句,前頭多已徵引,今不再説。《天問》純是神話文學,把宇宙萬有,都賦予他一種神秘性,活像希臘人思想。〔一〕《招魂》前半篇説了無數半神半人的奇情異俗,令人目搖魄蕩。後半篇説人世間的快樂,也是一件一件的從他腦子裏幻構出來。至如《離騷》:什麽靈氛,什麽巫咸,什麼豐隆、望舒、蹇脩、飛廉、雷師,這些鬼神,都拉來對面談話,或指派差事。什麼宓妃,什麼有娀佚女,什麼有虞二姚,都和他商量愛情。鳳皇、鴆、鳩、鵙鴆,都聽他使喚,或者和他答話。虯龍、虹霓、鸞,或是替他拉車,或是替他打傘,或是替他搭橋。蘭、茝、桂、椒、芰荷、芙蓉,……無數芳草,都做了他的服飾。崑崙、縣圃、咸池、扶桑、蒼梧、崦嵫、閶闔、閬風、窮石、洧盤、天津、赤水、不周……種種地名或建築物,都是他腦海裏頭的國土。又如《九歌》十篇,每篇寫一神,便把這神的身分和意識都寫出來。想像力豐富瑰偉到這樣,何止中國,在世界文學作品中,除了但丁《神曲》外,〔二〕恐怕還沒有幾家殼得上比較哩!

班固説:"不歌而誦謂之賦。"〔三〕從前的詩,諒來都是可以歌的,不歌的詩,自"屈原賦"始。〔四〕幾千字一篇的韻文,〔五〕在體格上已經是空前創作,那波瀾壯闊,層叠排奡,〔六〕完全表出他氣魄之偉大。有許多話講了又講,正見得纏綿悱惻,〔七〕一往情深,〔八〕有這種技術,纔配説"感情的權化"。

寫客觀的意境,便活給他一個生命,這是屈原絕大本領。這類作品,《九歌》中最多。如:

> 君不行兮夷猶,〔九〕蹇誰留兮中洲?〔一〇〕美要眇兮宜脩,〔一一〕沛吾乘兮桂舟。〔一二〕令沅湘兮無波,使江水兮安流。(《湘君》)
>
> 帝子降兮北渚,〔一三〕目眇眇兮愁予。嫋嫋兮秋風,〔一四〕洞庭波兮木葉下。……沅有芷兮澧有蘭,思

公子兮未敢言。〔一五〕……(《湘夫人》)

　　秋蘭兮麋蕪,〔一六〕羅生兮堂下。〔一七〕綠葉兮素枝,芳菲菲兮襲予。……秋蘭兮青青,〔一八〕綠葉兮紫莖。滿堂兮美人,忽獨與余兮目成。〔一九〕入不言兮出不辭,乘回風兮載雲旗。悲莫悲兮生別離,樂莫樂兮新相知。荷衣兮蕙帶,儵而來兮忽而逝。〔二〇〕夕宿兮帝郊,〔二一〕君誰須兮雲之際。……〔二二〕(《少司命》)

　　子交手兮東行,〔二三〕送美人兮南浦。〔二四〕波滔滔兮來迎,魚鱗鱗兮媵予。〔二五〕(《河伯》)

這類作品,讀起來,能令自然之美,和我們心靈相觸逗,如此,纔算是有生命的文學。太史公批評屈原道:〔二六〕

　　其文約,其辭微,〔二七〕其志潔,其行廉。〔二八〕其稱文小而其指極大,〔二九〕舉類邇而見義遠。〔三〇〕其志潔,故其稱物芳;〔三一〕其行廉,故死而不容自疏。〔三二〕濯淖汙泥之中,〔三三〕蟬蛻於濁穢,〔三四〕不獲世之滋垢,〔三五〕皭然泥而不滓者也。〔三六〕推此志也,雖與日月爭光可也。(《史記》本傳)

雖未能盡見屈原,也算略窺一斑了。我就把這段作爲全篇的結束。

〔一〕如荷馬的《伊里哀》和《奧德賽》兩種史詩及希臘神話等。
〔二〕但丁(一二六五——一三二一),意大利詩人。生於佛羅稜斯。《神曲》是一三〇〇年,他三十五歲,出使羅馬時,開始做的。這時正當新世紀的開端,四方教徒,雲集羅馬,他有所感,自謂好像見到天堂、净土、地獄的異象,寫起了神遊的經過:地獄凡九等,净土凡七等,最後遇到了他所最愛慕的比特麗斯,一同上到天堂,天也分爲九等,最上的叫晶天。凡一萬多行,經過十八年,方纔寫成。凡是他的玄想、政論、美意苦思,和一切牢騷鬱勃都寄託在裏面。

〔三〕見《漢書·藝文志》。誦就是諷,現在叫做背讀。賦就是敷,就是鋪陳事物。

〔四〕《漢書·藝文志》:"古者諸侯卿大夫交接鄰國,以微言相感,當揖讓之時,必稱詩以諭其志。春秋之後,周道寖壞,聘問歌詞,不行於列國,學詩之士,逸在布衣,而賢人失志之賦作矣。大儒孫卿及楚臣屈原離讒憂國,皆作賦以風,皆有惻隱古詩之義。"

〔五〕案:《離騷》凡二千四百六十三字。

〔六〕韓愈詩:"妥貼力排奡。"排奡是矯健的意思。

〔七〕潘岳《寡婦賦》:"思纏綿以瞀亂兮。"纏綿是固結不解的意思;裴子野《雕蟲論》:"若悱惻芬芳,楚騷爲之祖。"悱惻是内心悲傷的意思。

〔八〕《世説新語·任誕》:"桓子野每聞清歌,輒喚奈何,謝公(安)聞之曰:子野可謂一往有深情。"一往情深,就是人情感觸不能自已的意思。

〔九〕《楚辭章句》:"君謂湘君;夷猶,猶豫也。"

〔一〇〕謇是發聲的詞。

〔一一〕《楚辭章句》:"要眇,好貌。脩,飾也。"

〔一二〕《孟子·梁惠王上》:"如水之就下,沛然誰能御之。"沛是水流的形容詞。

〔一三〕帝子指湘夫人。

〔一四〕《楚辭補注》:"嫋,長弱貌。"

〔一五〕《屈原賦注》："公子猶帝子。"
〔一六〕《爾雅·釋草》："蘄茞、蘪蕪。"郭注："香草。"
〔一七〕羅是羅列。
〔一八〕《詩·衛風·淇水》："綠竹青青。"青青,茂盛的意思。
〔一九〕《屈原賦注》："獨親己也。成者結好之謂。"
〔二〇〕《莊子》成玄英疏："儵為有,忽為無。"
〔二一〕《楚辭章句》："帝謂天帝。"
〔二二〕《文選》五臣注："須,待也。"
〔二三〕《楚辭章句》："子謂河伯也。"《莊子·秋水》："河伯順流而東行。"
〔二四〕《楚辭章句》："美人,屈原自謂。"《屈原賦注》："將由南浦以歸,河在楚之北。"
〔二五〕《屈原賦注》："媵之言送也,從也。'波來迎','魚媵予',自傷也。"
〔二六〕案:下一節本是司馬遷評論《離騷》的話,這裏梁氏借來評論屈原的全部作品。
〔二七〕文是字,辭是語,約是簡,微是不顯著。
〔二八〕廉是方正。
〔二九〕"小"就是上面所謂"約",指是意旨。這是說明文約的道理。
〔三〇〕這是說明辭微的道理。
〔三一〕如說蘭茞椒桂之類。
〔三二〕這說他殉國自殺。
〔三三〕《讀書雜誌》："濁、淖、污、泥四字同義,皇侃曰:'濁謂不淨之汁也。'《廣雅》曰:'淖,濁也。'是濁淖皆汙濁之名。"
〔三四〕蛻是脫殼。
〔三五〕《讀書雜誌》："獲者辱也,《廣雅》:'獲,辱也。'又曰:'濩、辱,污也。'濩亦獲也。"錢大昕《十駕齋養新錄》:"滋與兹同,《說文》:'兹,黑也。'《春秋傳》:'何故使吾水兹。'"

〔三六〕皭是白淨的意思。泥而不滓就是涅而不緇的意思,雖然染它也不會臟。《讀書雜誌》說:"泥而不滓"即承"不獲"言之。

詩　選

去國行〔一〕

嗚呼！濟艱乏才兮，儒冠容容。〔二〕佞頭不斬兮，〔三〕俠劍無功。君恩友仇兩未報，死於賊手毋乃非英雄。割慈忍淚出國門，〔四〕掉頭不顧吾其東。〔五〕東方古稱君子國，〔六〕種族文教咸我同。爾來封狼逐逐磨齒瞰西北，〔七〕唇齒患難尤相通。〔八〕大陸山河若破碎，巢覆完卵難爲功。〔九〕我來欲作秦廷七日哭，〔一〇〕大邦猶幸非宋聾。〔一一〕却讀東史説東故，〔一二〕卅年前事將毋同。〔一三〕城狐社鼠積威福，〔一四〕王室蠢蠢如贅癰。〔一五〕浮雲蔽日不可掃，〔一六〕坐令螻蟻食應龍。〔一七〕可憐志士死社稷，前僕後起形影從。〔一八〕一夫敢射百決拾，〔一九〕水户薩長之間流血成川紅。〔二〇〕爾來明治新政耀大地，〔二一〕駕歐凌美氣葱蘢。旁人聞歌豈聞哭，此乃百千志士頭顱血淚回蒼穹。〔二二〕吁嗟乎！男兒三十無奇功，誓把區區七尺還天公。〔二三〕不幸則爲僧月照，〔二四〕幸則爲南洲翁。〔二五〕不然高山蒲生象山松蔭之間占一席，〔二六〕守此松筠涉嚴冬，〔二七〕坐待春回終當有東風。吁嗟乎！古人往矣不可見，山高水深聞古踪。瀟瀟風雨滿天地，飄然一身如轉蓬，〔二八〕披髮長嘯覽太空。前路蓬山一萬重，〔二九〕掉頭不顧吾其東。

〔一〕梁氏《三十自述》："戊戌，年二十六。入京師，南海先生方開保國會，余多所贊畫奔走。四月，被召見，命辦大學堂譯書局事務。時朝廷銳意變法，百度更新。南海先生深受主知，言聽諫行，復生、暾谷、叔嶠、裴邨，以京卿參預新政，余亦從諸君子之後，黽勉盡瘁。八月政變，六君子爲國流血，南海以英人仗義出險，余遂乘日本大島兵艦而東，九月至日本。"又《記南海先生出險事》："八月初十日，啓超與日本領事自天津下塘沽。"這是他逃亡去國的經過。"行"是樂曲的名稱。

〔二〕《史記·酈生列傳》："諸客冠儒冠來者。"案：儒冠是説儒者所戴的冠，後來就把它代表儒者。《漢書·翟方進傳》："何持容容之計，無忠固意。"案容容是隨衆和同的意思。

〔三〕《漢書·朱雲傳》："臣願賜尚方斬馬劍，斷佞臣一人，以屬其餘。"案：這裏的"佞"是指當時破壞變法最力的榮祿等而言。

〔四〕杜甫《送孔巢父謝病歸遊江東》詩："巢父掉頭不肯住。"

〔五〕江淹《別賦》："割慈忍愛，離邦去里。"

〔六〕《淮南子·墜形訓》："東方有君子之國。"案：《山海經》也説君子之國，但不説東方。這裏是指日本。

〔七〕張衡《思玄賦》："射嶓冢之封狼。""封"是大的意思。《易·頤卦》："虎視眈眈，其欲逐逐。""逐逐"是競求的意思。案：這是指帝俄窺伺我西北。

〔八〕《左傳》僖公五年："諺所謂輔車相依，唇亡齒寒者。""唇齒"比喻休戚相關，好像唇和齒那樣切近。

〔九〕《世説新語·言語》："覆巢之下，安有完卵乎？"是同歸於盡的意思。

〔一〇〕《左傳》定公四年："吳入郢，申包胥如秦乞師，立依於庭墻而哭，日夜不絶聲，勺飲不入口。七日。秦哀公爲之賦《無衣》，九頓首而坐。秦師乃出。"案：這裏是梁氏以申包胥自比，以秦比日本，希望日本幫助救中國。梁氏在政變後，去國前，曾到北京日本使館去見日使林權助"請解皇帝之幽閉"，見下《壯別》詩第三首注。則當然也是請求幫助的一點。

〔一一〕《左傳》宣公十四年："申舟以孟諸之役惡宋，曰：鄭昭宋聾。"案：聾是愚暗糊塗的意思。梁氏幸日本不是宋聾，是求援之切。

〔一二〕"東故"就是日本的故實。故實就是故事。

〔一三〕"將毋同"見《晉書・阮瞻傳》。案"將毋"是疑而不決的意思。《助字辨略》說："《韓詩外傳》云：'客曰：入乎？將毋？'入乎將毋者，言將入乎？抑猶未可乎？疑詞也。"

〔一四〕《晉書・謝鯤傳》："隗誠始禍，然城狐社鼠也。"城狐社鼠，比方小人憑仗君主的勢力，把持政權，好像城中的狐，社中的鼠，要把它去掉，又怕壞了城社。

〔一五〕《左傳》昭公二十四年："今王室實蠢蠢焉。""蠢蠢"是形容亂象。《公羊傳》襄公十六年："君若贅旒然。""贅"同綴，就是係屬。"旒"，旗上的旒。旒係於旗被人執持，好像太阿倒執一樣。這裏本來是用這個典實，但旒字不協韻，就改作"贅癰"，贅當作贅疣講了。這都是說當時日本政在幕府，國王不過擁個虛位罷了。

〔一六〕陸賈《新語》："邪臣之蔽賢，猶浮雲之障日月。"《古楊柳辭》："讒邪害公正，浮雲蔽白日。"

〔一七〕《韓詩外傳》卷八："夫吞舟之魚大矣，蕩而失水，則爲螻蟻所制。""螻蟻"就是螻蛄和螞蟻。班固《答賓戲》："應龍潛於潢汙，魚黿媟之。"李善《文選》注："項岱曰：天有九龍，應龍有翼。"案螻蟻比幕府，應龍比日皇。

〔一八〕黃遵憲《人境廬詩草・近世愛國志士歌序》："日本自將軍主政凡五百年，世不知有王。及西人劫盟，幕府主和，諸藩主戰。於是議尊王，議攘夷，議尊王以攘夷。繼知夷之不可攘，復變而講和戎之利。而大藩聯衡,幕府傾覆,尊王之事大定矣。當家康初政,頗欲與外國通商,繼而天草教徒作亂,遂一意鎖港,杜絕內外,下令逐教士,炮擊外船,識者深憂之。外舶紛擾,屢戰屢蹶,有論海防者,有議造炮艦者,有欲留學外國者,德川氏皆嚴禁之。唱尊王者觸大忌,唱通番者犯大禁,幕府均下令逮捕,黨獄橫興,株連甚眾。而有志之士,前僕後起,踵趾相接,視死如歸。死於刀鋸,死於囹圄,死於逃遁,死於牽連,死於刺殺者,蓋不可勝數。卒以成中興之業,維新之功,可謂偉矣。"餘詳上文注。

〔一九〕《詩·小雅·車攻》:"決拾既佽。"決拾是射具。《戰國策·楚策》:"其君好發者,其臣決拾。"

〔二〇〕薩長即薩摩長門,與水戶皆日本地名。為大藩所在地。

〔二一〕《日本國志·國統志》:"明治元年三月,帝親臨公卿諸侯,設五誓:曰萬機決於公論;曰上下一心;曰朝幕一途;曰洗舊習,從公道;曰求知識於寰宇。""二年二月,置集議院,徵諸藩士為議員;撤諸道關;廢磔焙二刑;許發印新聞紙。三月,置待詔院。""三年十二月,頒新律綱領。""八年四月,廢左右院;置元老院、大審院;敕建立憲政體。六月,始開地方官議會。七月,議定全國民會公選法。"案:這是明治新政的大概。

〔二二〕杜甫詩:"殺聲落日回蒼穹。""蒼穹"就是蒼天。案這裏的"回蒼穹"是回天的意思。

〔二三〕《左傳》昭公十三年:"是區區者而不余畀。"案"區區"是藐小的意思。《荀子·勸學》:"曷足以美七尺之軀哉。"案:"七尺"是說人身的長度。

〔二四〕《近世愛國志士歌》自注:"僧月照,西京清水住持也。出入公卿門,日謀勤王之事,幕府忌之。遂改姓易裝,避難於薩摩,又走日向投海死。"關機《近世日本外史》:"安政五年冬,清水法性院僧月照投薩海死。月照慷慨尚氣，與鹿兒島人西鄉隆盛結交。及直弼逮捕志士，事連月照，月照西走，與隆盛俱投海。有舟子濟之，月照終死，隆盛更生。"案：梁氏《記東俠》有月照傳。

〔二五〕日本岡本監輔《日本中興先覺志》："西鄉隆盛號南洲。"《日本國志‧國統志》："隆盛爲維新元勳，與木戶孝允、大久保利通稱爲三傑，明治六年十月，隆盛辭職，十年三月作亂鹿兒島，戰沒。"

〔二六〕高山、蒲生、象山、松蔭四人，都是日本維新前的愛國志士。現在根據《近世愛國志士歌》自注、《近世日本外史》及梁氏《飲冰室詩話》、《自由書》等，介紹他們的簡史如下：高山名正芝，又稱彥九郎，字仲繩，上野人。每語君國輒哭，卒以哭動全國，世名之哭癡。嘗過東寺，見足利尊氏之墓，數其逆罪，鞭之三百。後西遊，久留米，自刃於旅寓。蒲生名秀實，字君平，下野人。作《山陵志》以寓尊王；作《不恤緯》以寓攘夷。上書幕府，幾陷重法。象山爲佐久間啓之字，松代人。喜讀西書，凡銃炮及築壘、造艦諸技，皆研究其術。當時薩長肥土諸藩議防海者，多師象山。後爲門人吉田矩方畫策航海，事發下獄，久之，得釋。時水戶藩士，結黨連名，請宣佈攘夷詔。象山獨主開港，將上書，爲暴客刺死。松蔭即吉田矩方。松蔭其字，蔭一作陰。長門人。受兵學於象山。會幕府託和蘭購兵艦，象山曰："仰給於外，不如遣人往學之爲愈也。"幕府不納，矩方聞之感憤。時墨（美）艦泊浦賀港，象山實司警衛事，乃密謀求附載。墨將以犯禁送致幕府，卒被刑，年不過三十。日本維新後人物，多其所造出者也。案：他在獄中所著的《幽囚錄》中說："……今急修武備，艦略具，炮略足，則宜開發內諸侯。乘間奪加模、察加、澳都加。諭琉球朝貢，會同內諸侯,責朝鮮納質、奉貢,如古盛時。北割滿洲之地,南收臺灣、呂宋諸島,漸示進取之勢。然後愛民養士,慎守邊圉,則可謂善保國矣。……培養國力,兼弱攻昧,割取朝鮮、滿洲,并吞中國。所失於俄、美者,可以取償於朝鮮、滿洲……"可見此人實是侵華的老祖宗,後來的伊藤博文、大隈重信、田中義一等都是他的徒子徒孫。

〔二七〕儲光羲詩:"節操方松筠。"筠就是竹。松耐歲寒,竹有堅節,來比方節操的堅貞。

〔二八〕《後漢書·輿服志》:"上古聖人見轉蓬始知爲輪。""轉蓬"就是蓬草遇大風,拔起了根,隨風旋轉。

〔二九〕這是用李商隱"更隔蓬山一萬重"句意,比方前程遙遠而險阻。

讀陸放翁集四首〔一〕

詩界千年靡靡風，〔二〕兵魂消盡國魂空。〔三〕集中什九從軍樂，〔四〕亘古男兒一放翁。中國詩家無不言從軍苦者，惟放翁則慕爲國殤，至老不衰。〔五〕

〔一〕陸游（一一二五──一二一〇），字務觀，號放翁，山陰（今紹興）人。南宋大詩人，力主抗金，以恢復國家統一。有《渭南文集》、《劍南詩稿》、《老學庵筆記》等著作多種，後人合輯爲《陸放翁全集》。案《飲冰室合集》本目錄題下寫"清光緒二十五年"，則是一八九九年在日本時作。梁氏二十七歲。

〔二〕《史記·殷本紀》："使師涓作新淫聲，北里之舞，靡靡之樂。"靡靡是形容靡曼不振。

〔三〕《飲冰室詩話》："中國人無尚武精神，其原因甚多，而音樂靡曼亦其一端，此近世識者所同道也。吾中國向無軍歌，其有一二，若杜工部之《前後出塞》，蓋不多見，然於發揚蹈歷之氣尤缺，此非徒祖國文字之缺點，抑亦國運升沈所關也。"

〔四〕案：《劍南詩稿》中，關於說從軍樂的詩很多，整篇的如：《出塞曲》、《大將出師歌》、《軍中雜歌八首》、《雪中忽起從戎之興戲作四首》等；斷句如：《登城》詩"誰能提萬騎，大呼擁馬鬣，奇兵四面出，快若霜掃葉，植旗朝受降，馳騎夜奏捷"。《過采石有感》詩"唾手每思雙羽箭，快心初見萬樓船"。《獨酌有懷南鄭》詩"投筆書生古來有，從軍樂事世間無"。《弋陽道中遇大雪》詩"少年頗愛軍中樂，跌宕不耐微官縛，憑闌寓目一悵然,思爲君王掃河洛"等。

〔五〕趙翼《甌北詩話》:"放翁入蜀後,在宣撫使王炎幕下,經臨南鄭,瞻望鄠杜,志盛氣鋭,真有唾手燕雲之意。其詩之言恢復者十之五六;出蜀以後,猶十之三四;七十以後,固無復有功名之志矣,然其《感中原舊事》云:'乞傾東海洗胡沙。'《老馬行》云:'中原旱蝗胡運衰,王師北伐方傳詔,一聞戰鼓意氣生,猶能爲國平燕趙。'則此心猶耿耿不忘也。臨殁猶有'王師北定中原日,家祭無忘告乃翁'之句,則放翁之素志可見矣。"案"慕爲國殤"如《前有樽酒行》:"戰場橫屍勝床第",《太息》詩:"平生鐵石心,忘家思報國,即今冒九死,家國兩無益,中原久喪亂,志士淚橫肌。"這種詩意,集中也是屢見不尟的。

辜負胸中十萬兵,〔一〕百無聊賴以詩鳴。〔二〕誰憐愛國千行淚,説到胡塵意不平。放翁集中胡塵等字,凡數十見,蓋南渡之音也。〔三〕

〔一〕《宋史·范仲淹傳》:"小范老子胸中自有數萬甲兵。"案:陸游《弋陽道中遇大雪》詩有云:"夜聽簌簌窗紙鳴,恰似鐵馬相磨聲。起傾斗酒歌出塞,彈壓胸中十萬兵。"這裏是用他的成句。

〔二〕百無聊賴是毫無意味和興趣的意思。

〔三〕陸游詩中説"胡塵""逆胡"的如:《舒悲》詩"中原失枝梧,胡塵暗河洛",《秋夜》詩"遺民淚盡胡塵裏,南望王師又一年",《夏夜大醉醒後有感》詩"客遊山南夜望氣,頗謂王師當入秦,欲傾天上河漢水,盡洗關中胡虜塵",《戰城南》詩"逆胡欺天負中國",《關山月》詩"中原干戈古亦聞,豈有逆胡傳子孫,遺民忍死望恢復,幾處今宵垂淚痕",還有説虜説仇和説賊的,如:

《聞虜亂有感》詩"近聞虜亂自相殘,秋風撫劍淚汍瀾",《感興》詩"爾來十五年,殘虜尚遊魂,遺民淪左衽,何由雪煩冤",《書憤》詩"剖心莫寫孤臣憤,抉眼終看此虜平",《夜讀東京記》詩"幅員萬里宋乾坤,五十一年仇未復",《眉州驛舍》詩"皇天震怒賊得長,三年胡星失光芒"。可以見他切齒腐心,不忘恢復的情形。

嘆老嗟卑却未曾,用放翁原句。〔一〕轉因貧病氣崚嶒。〔二〕英雄學道當如此,笑爾儒冠怨杜陵。〔三〕放翁集中只有夸老頌卑,未嘗一嘆嗟,誠不愧其言也。〔四〕

〔一〕案:"嘆老嗟卑却未曾"句見《劍南詩稿》卷二十八《登山亭》詩。尚有《歲暮》詩也說:"已無嘆老嗟卑意。""嘆老嗟卑"取李翺《幽懷賦》"或嗟老而羞卑"意。

〔二〕例如:《病中》詩"忍窮安晚境,留病壓災年",《自述》詩"窮來志益堅",《晚步》詩"貧甚不爲明日計,興來猶作少年狂",《獨夜》詩"兩年失微祿,始覺困羈旅,傾身營薪米,得食已過午。人觀不堪憂,意氣終自許,藜藿若大庖,草廬若萬礎。平生師顏原,本自藐晉楚。悠然臥北窗,殘鐙翳復吐"。崚嶒本是形容山的重叠高峻,這裏借來比喻他的品德。

〔三〕杜甫詩:"紈袴不餓死,儒冠多誤身:……騎驢三十載,旅食京華春,朝扣富兒門,暮隨肥馬塵,殘杯與冷炙,到處潛悲辛。"杜陵本地名,在今陝西長安縣東南,爲漢宣帝劉詢的墳墓,唐杜甫住在陵的西邊,因以自號,如杜甫《進西嶽賦表》:"臣本杜陵諸生。"後人就把杜陵稱他了。

〔四〕他的夸老例如:《夜坐》詩"酒狂寧限老,詩思正無窮",《排悶》詩"負痾不即死,遂作諸老殿。却觀所更歷,殆是金百煉",

《冬夜不寐》詩"八十將軍能滅虜，白頭我欲事功名"。頌卑例如：《病起》詩"位卑未敢忘憂國"，《送芮國器司業》詩"曾見灰寒百僚底，真能山立萬夫前"。案陸遊詩中也屢有嘆老、老境、老嘆等詩，但並不衰颯，這是與眾不同的。

朝朝起作桐江釣，〔一〕昔昔夢隨遼海塵，〔二〕恨殺南朝道學盛，〔三〕縛將奇士作詩人。〔四〕宋南渡後，愛國之士欲以功名心提倡一世者亦不少，如陳龍川、葉水心等，亦其人也。然道學盛行，掩襲天下士皆奄奄無生氣矣，一二人豈足以振之。〔五〕

〔一〕案：浙江經桐廬縣，合桐溪，一名桐江。據趙翼《陸放翁年譜》："淳熙十三年，先生年六十二歲，差知嚴州府。七月三日到嚴州任。十五年，在嚴州。四月，以任將滿，乞祠祿，未報。七月十日歸家。"桐江經嚴州境，但陸遊未知嚴州府以前，已屢有詩說釣桐江，如《月夜泛小舟》詩："落月愁思把釣鉤，……桐江一葉真奇策。"《病中夜興》詩："釣車且作桐江夢，莫念安西萬里行。"《秋興》詩："明朝烟雨桐江岸，且占丹楓繫釣舟。"或者是桐江有嚴子陵的釣臺，所以使他這樣向往。
〔二〕《列子·周穆王》："昔昔夢爲國君。"張湛注："昔昔，夜夜也。"遼海指金。這一句是說他不忘恢復的意思。他不忘恢復的詩占全詩絕大部分，不舉例了。
〔三〕案：《宋史》有《道學傳》。宋代道學以程顥、程頤的學派爲最盛，傳到了南宋的朱熹，成爲全盛時代。當時的士大夫階層，大都是他的門生故舊，因此在社會裏有絕大的勢力；又因所謂道學對一般人心很能起麻痹的作用，這是合了統治階級的脾胃的，常常加以推崇和獎勵，所以他的學說在當時竟成爲一種定型的社會意識形態。

〔四〕這一句的意思原注説得明白。現在再説説陸游受道學的影響，陸游是一個很豪邁的人，但他自蜀東歸，正當朱熹講學提倡的時候，不知怎的，兩人關係很接近，因此受了影響，他題朱熹的武夷精舍詩説："有方爲子换凡骨，來讀晦翁新著書。"可以想見他的醉心了。從此他的詩中就有一些道學的氣味，但是朱熹還嫌他不够格，説什麽"能太高，跡太近，恐爲有力者所牽挽"。他晚年替韓侂胄做了兩篇記：一篇是《南園記》，勉勵他不要忘記祖先的遺烈；一篇是《閱古泉記》，勸他早退，並没有一點獻媚權門的意思。但是道學們因爲韓侂胄得罪了朱熹，就株連到陸游，坐他不能保全晚節的罪名，《宋史》竟把朱熹的話作爲定案的有力佐證，真所謂莫須有的冤獄了。道學的束縛人，可見一斑。

〔五〕陳龍川就是陳亮，亮字同甫，永康人，著有《龍川集》，所以稱他陳龍川。《宋史》稱他"才氣超邁，喜談兵，志存經濟。隆興初，上中興五論，不報。其學自孟子後，惟推王通"。葉水心就是葉適，適字正則，號水心，永嘉人。史稱他"志氣慷慨，雅以經濟自負。官寶文閣待制，兼江淮制置史。韓侂胄欲開兵端，以適有大仇未復之言，重之。侂胄誅，遂奪職"。陳亮，永康人，稱永康學；葉適，永嘉人，稱永嘉學，後或並稱永嘉學派。永嘉學派講實用，講事功，反對朱熹一派的空談性命。如《宋史·陳亮傳》載亮的話説："今世之儒士，自以爲得正心誠意之學者，皆風痹不知痛癢之人也。舉一世安於君父之仇，而方低頭拱手以談性命，不知何者爲性命乎？……嘗曰：研窮義理之精微，辨析古人之同異，原心於秒忽，較禮於分寸，以積累爲工，以涵養爲正，睟面盎背，則於諸儒誠有愧焉；至於堂堂之陣，正正之旗，風雨雲雷，交發而並至，龍蛇虎豹，變現而出没，推倒一世之智勇，開拓萬古之心胸，自謂差有一日之長。"《宋史》説：儒士、諸儒"蓋指朱熹、吕祖謙等云"。葉適在他的《習學記言序目》裏説："'仁人正誼不謀利，明道不計功。'此語初看極好，細看全疏闊。古人以利與人而不自居其功，故道義光明。……既無功利，則道義者，乃無用之虛語耳。"可以知道他們學説的大概。

壯別

選第一、十、十一、十五、十八、廿五六首

首塗前五日,〔一〕柏原東畝餞之於箱根之環翠樓。〔二〕酒次,出縑紙索書。〔三〕爲書"壯哉此別"四字,且係以小詩一首,即此篇第一章是也。舟中十日,了無一事,忽發異興,纍纍成數十章。因最録其同體者,〔四〕題曰壯別,得若干首。

丈夫有壯別,不作兒女顏。風塵孤劍在,〔五〕湖海一身單。天下正多事,年華殊未闌。〔六〕高樓一揮手,來去我何難。

〔一〕《三十自述》:"己亥冬間,美洲人招往遊,應之。以十一月首途,道出夏威夷島,其地華商二萬餘人,相繫留,因暫住焉。創夏威夷維新會。適以治疫故,航路不通,遂留半年。"案己亥是一八九九年。梁氏《夏威夷遊記》説:"西曆十二月十九日始發東京。"那末"首途前五日"是十二月的十四日了。

〔二〕柏原東畝是日本人,和梁氏交情很好,梁氏贈他的詩有"許國同憂樂,論交託死生"兩句,可以知道他們的友誼了。箱根山屬君澤鄉,見《日本國志・地理志》注。環翠樓在箱根塔之澤,見梁氏詩自注。

〔三〕縑是細密的絹,可以畫畫。

〔四〕最有聚和總計的意思。見《公羊傳》隱公元年注和《史記·衛將軍驃騎列傳》。
〔五〕杜甫詩:"風塵三尺劍。"
〔六〕闌有晚和盡的意思。這一句是說年紀很輕。這時梁氏只有二十七歲。

狂簡今猶昔,〔一〕裁成意若何?〔二〕轍環人事瘁,〔三〕棒喝佛恩多。〔四〕翼翼酬衣帶,〔五〕冥冥慎網羅。〔六〕圖南近消息,〔七〕為我托微波。〔八〕寄別南海先生一首。先生東還時,在橫濱為半日談。今在香港,且將有南洋之行。

〔一〕《論語·公冶長》:"吾黨之小子狂簡。"朱熹注:"狂簡,志大而略於事也。"案這裏是梁氏自謙的話。
〔二〕《易·泰卦》:"後以財成天地之道。"案財一作裁,裁成是裁制成就的意思。
〔三〕韓愈《進學解》:"昔者孟軻好辯,孔道以明,轍環天下,卒老於行。"轍環是奔走四方,車跡環繞的意思。
〔四〕釋普濟《五燈會元》:"枉費精神施棒喝。"案棒喝是禪家的話。禪家祖師接人,或用棒,或用喝,來警覺迷悟者。梁氏於康有為是師生關係,所以上面一、二、四三句全用師生典實。相傳梁氏"以康有為為自創之聖",梁氏"在康門,號曰越賜",已見上文選《六君子傳》注,這裏以孔孟尊康有為,傳說是有因的。章炳麟《駁康有為論革命書》也說:"尊稱聖人,自謂教主。"
〔五〕《詩·大雅·大明》:"小心翼翼。"翼翼是恭敬的形容詞。衣帶是指衣帶中的密詔。見《三國志·蜀書·先主傳》。這裏是指戊戌政變前光緒帝載湉給康有爲的密詔。有爲出亡後，有詩説："孤臣幸負傳衣帶，碧海波濤夜夜心。"即指此事。這時載湉已被慈禧太后那拉氏所幽閉。梁氏《記南海先生出險事》："七月二十九日，朕位不保之密詔忽下，康乃發憤思救護。而初二日旋降明詔促行，而初三日又由林旭交到第二次密諭，促行益急，乃於初四日告行。"康有爲自編年譜："初三日早，暾谷持密詔來，草密摺謝恩，並誓死救皇上。"張伯楨《南海康先生傳》："先生出亡時，曾草奉詔求救文，布告海内，聲討太后十大罪狀。謂：比諸飛燕之啄皇孫，則天之禍宗室，殆有過之。"香港《中國郵報・中國之危機》："康氏説：'我在上海的時候，就曾要求那裏的英國領事打電報報告英國外交部，請求他們給皇帝陛下以援助。'"這是救護載湉酬答密詔的事實。

〔六〕揚雄《法言・問明》："鴻飛冥冥，弋人何篡焉。"案這是勸有爲遠禍。

〔七〕"圖南"見《莊子・逍遥遊》。這句是指有爲打算到南洋去。

〔八〕曹植《洛神賦》："托微波而通辭。"波是指目光。此似指電告，微波藉指電報。

赫赫皇華記，〔一〕淒淒去國吟，〔二〕出匡恩未報，〔三〕贈縞愛何深。〔四〕重話艱難業，商量得失林。〔五〕只身浮海志，〔六〕使我憶松陰。別伊藤侯一首。〔七〕余去年出險之役，及今次遠遊之費，皆感侯之賜。侯臨別殷勤有所語，且舉吉田松陰蹈海事及己前者遊學時艱辛之狀以相告。〔八〕

〔一〕"皇皇者華"是《詩・小雅》篇名，小序説："君遣使臣也，送之以禮樂，言遠而有光華也。"後人就把皇華二字作爲稱頌使臣的詞語。據光緒廿四年七月三十日《國聞報》:"日前相伊藤博文於二十九日入京。"案距離政變,只有七天。

〔二〕見上《去國行》。

〔三〕《史記·孔子世家》:"過匡,匡人聞之,以爲魯之陽虎,陽虎嘗暴匡人,匡人於是遂止孔子,孔子狀類陽虎,拘焉。五日,拘孔子益急,孔子使從者爲寧武子臣於衛,然後得去。"梁氏在政變發生時,逃奔日本公使館,是伊藤博文設法救他出險的,所以引此來比況。案:伊藤博文是日本帝國主義侵略政策的積極推行者。他在戊戌政變前來中國和政變後之救梁氏,實質上都是企圖插手中國內政的政治投資。

〔四〕《左傳》襄公二十九年:"吳季札聘於鄭,見子產如舊相識,與之縞帶,子產獻紵衣焉。"縞就是絹。後人因用縞紵作爲朋友的餽贈。

〔五〕《史記·高祖功臣侯年表序》:"觀所以尊寵及所以廢辱,亦當世得失之林也。"案凡是叢集的地方都叫做林。

〔六〕《論語·公冶長》:"乘桴浮於海。"

〔七〕伊藤侯就是伊藤博文,因爲他當時封侯爵,所以稱他侯。他生於日本周防,爲長門藩士。少時學於吉田松陰。後和木戶孝允、大久保通利等奔走國事。明治維新後,提倡廢藩。先後做過參與官、駐美公使、制度局總裁等官。時政府立新制,改設內閣,他就出任第一次內閣總理。其後又數次組閣,封侯。日本對中國和朝鮮的侵略戰爭,他是主要策劃者。一九〇四年,被任爲韓國統監,實即朝鮮的太上皇,後又改任爲韓太子輔育長,這樣就完成了滅亡朝鮮的毒計,因功升封公爵。一九〇九年,至我國哈爾濱,爲朝鮮志士安重根所刺殺。詳下《秋風斷藤曲》注。

〔八〕吉田松陰蹈海事見《去國行》注。伊藤博文少時由長門藩主的資助,和井上馨等留學於英國,凡一年。後因長門藩和外國鬭爭,於是回國。

第一快心事,東來識此雄。〔一〕學空秦火後,〔二〕伯有自述《昔日譚》一書,自言其所學淵源。〔三〕功就楚歌中。〔四〕伯一生立於逆境,作事時遇反對,每挫敗而氣轉壯,卒底於成。余最服之。〔五〕大陸成爭鹿,〔六〕滄瀛蟄老龍,〔七〕牛刀勿小試,〔八〕留我借東風。〔九〕別大隈伯一首。〔一〇〕

〔一〕"此雄"指大隈重信。
〔二〕"秦火"謂秦始皇焚書。
〔三〕大隈重信初封伯爵,所以稱伯。他於學問要想探源於上古,故詩這樣説。
〔四〕《史記·項羽本紀》:"項王軍壁垓下,兵少食盡,漢軍及諸侯兵圍之數重。夜聞漢軍四面皆楚歌,曰:漢皆已得楚乎?是何楚人之多也。"後人把"四面楚歌"借作備受壓迫,環境險惡的意思。
〔五〕大隈重信在一八七六年任大藏相的時候,因爲反對北海道官有產業的出賣,受到當權者的怨恨;又以主張開設國會,爲閣僚們所反對,因此下野。一八八三年,任外務大臣,和各國修訂條約,以聘請外國人當法官的條件,來求治外法權的廢除,大爲人民所反對,又下野。一八八九年,爲福岡玄洋社的來島恒喜所刺,失去了右足。一八九六年,任內閣總理兼外務大臣,因自由、進步兩黨的互軋,又辭職。這是一生立於逆境的事實。
〔六〕《六韜》:"取天下若逐野鹿,而天下共分其肉。"這裏説亞洲大陸正成列强爭奪的對象。

〔七〕滄瀛就是滄海。蘇軾《檜》詩："根到九原無曲處，世間惟有蟄龍知。"這裏蟄龍是比大隈重信，他這時正下野鄉居的時候，所以這樣說。

〔八〕《論語·陽貨》："割雞焉用牛刀。"這是比喻大材不必小試。

〔九〕這仍是改良派對帝國主義求助的幻想。用小說羅貫中《三國志演義》諸葛亮借東風的故事來比況。從來詩人雖也有用東風的故事，如杜牧詩"東風不與周郎便"，不過用史書"周瑜部將黃蓋取蒙衝十艘載荻柴，詐降曹操，時東南風急，中江舉帆，餘船以次俱進，同時發火，火烈風猛，船往如箭，盡燒北船"的話，不涉民間傳說的。清初王士禎作了一首落鳳坡弔龐士元詩，是用地方志，但和《三國志演義》偶合，被人譏笑得淋漓盡致。梁氏這種用法，在當時說來，是非常大膽的。這與康梁尊視小說和梁氏所謂"詩界革命"有關，所以詳說一下。

〔一〇〕大隈重信一八三八年生於日本佐賀。少時就學長崎。維新後，歷任外交、會計、大藏等職務，並累次組閣。封伯爵。後來成爲侵略我國的急先鋒，在第一次世界大戰中，日本乘各國無力東顧之際，悍然據我膠州，並迫訂毒辣無比的二十一條件等，都在他任首相時進行的。以此進封侯爵。一九二二年死。林權助《談談我的七十年》說："梁來日本，伊藤公是要幫忙，然而不久，大隈君把這幫忙的麻煩，自願地承擔了。伊藤公在這種時候，態度爽快，所以大隈君對梁和康都幫助了。"從這裏可以知道梁和大隈的關係，所以這樣恭維他。他們拉攏中國改良派，後來也拉攏資產階級革命派，根本目的不在於幫助中國進步，而是想把改良運動、革命運動引向適合於日本帝國主義的方向，獲得更多的利益罷了。

孕育今世紀，〔一〕論功誰蕭何？〔二〕華華盛頓拿拿破侖總餘子，〔三〕盧盧梭孟孟的斯鳩實先河。〔四〕赤手鑄新腦，雷音殄古魔。〔五〕吾儕不努力，負此國民多。

〔一〕梁氏所謂"今世紀"實指資產階級革命以後的世界史。
〔二〕蕭何是漢高祖劉邦的第一功臣。這裏是借來比喻孕育新世紀的功勳誰是第一。
〔三〕華盛頓是北美合衆國的創建者。生於維琴尼亞州的西莫阿蘭地方。和英國苦戰八年，完成獨立。兩任總統。拿破侖詳上文選《少年中國說》注。《後漢書・禰衡傳》："餘子碌碌，不足數也。"案梁氏偏激地強調新思想、新學術的巨大革新作用，因而將華、拿等政治家貶爲"餘子"，意爲遠不及思想家的次流人物。
〔四〕盧、孟已詳見上文選《論進步》注。今欲見梁所謂"先河"之意，引他《論學術之勢力左右世界》的話於下："歐洲古來，有階級制度之習，一切政權教權，皆爲貴族所握，平民則視若奴隸焉。及盧梭出，以爲人也者，生而有平等之權，即生而當享自由之福，此天之所以與我，無貴賤一也。於是著《民約論》，大倡此議，謂國家之所以成立，乃由人民合羣結約，以衆力而自保其生命財產者也，各從其意之自由，自定約而自守之，自立法而自遵之，故一切平等。若政府之首領及各種官吏，不過衆人之奴僕而受託以治事者耳。自此說一行，歐洲學界，如平地起一霹靂，如暗界放一光明，風馳雲卷，僅十餘年，遂有法國大革命之事。自茲以往，歐洲列國之革命，紛紛繼起，卒成今日之民權世界。"又說："十八世紀以前，政法學之基礎甚薄，一任之於君相之手，聽其自腐敗自發達。及孟德斯鳩出，始分別三種政體，論其得失，使人知所趨向；又發明立法行法司法三權鼎立之說，後此各國靡然從之,政界一新,漸進以迄今日;又極論聽訟之制,謂當廢拷訊,設陪審,歐美法庭,遂爲一變;又謂販賣奴隸之業,大悖人道,攻之不遺餘力,實爲後世美英俄諸國放奴善政之嚆矢。其他所發之論,爲法蘭西及歐洲諸國所採用,遂進文明者,不一而足。"《禮記・學記》:"三王之祭川也,皆先河而後海,或源也或委也,此之謂務本。"疏:"河爲海本,源爲委本,是務其本也。"這裏是說倡導在前。

〔五〕《維摩經》:"雷音菩薩。"又:"演法無畏,猶獅子吼,其所講説,乃如雷震。"釋肇曰:"獅子吼,無畏音也。凡所言説,不畏羣邪異學,喻獅子吼,衆獸下之。"案雷音是如來具五種音之一。這裏是比方盧、孟二氏的學問,足以廓清中世紀的封建勢力和封建思想。

極目覽八荒,〔一〕淋漓幾戰場。虎皮蒙鬼蜮,〔二〕龍血昆玄黄。〔三〕世紀開新幕,此詩成於西曆一千八百九十九年十二月二十七日,去二十世紀僅三日矣。風潮集遠洋。泰西人呼太平洋爲遠洋。作者今日所居之舟,來日所在之洋,即二十世紀第一大戰場也。欲閑閑未得,横槊數興亡。〔四〕

〔一〕八荒就是八極。
〔二〕《詩・小雅・何人斯》:"爲鬼爲蜮。"案:蜮一名祝影蟲,相傳含沙射人,身就發瘡。鬼和蜮都能害人,比方當時帝國主義的陰謀家。
〔三〕《易・坤卦》:"龍戰于野,其血玄黄。"這是比當時列強爭雄。
〔四〕《南史・桓榮祖傳》:"曹操、曹丕上馬横槊,下馬談論。"《通俗文》:"矛長丈八謂之槊。"

二十世紀太平洋歌〔一〕

亞洲大陸有一士，自名任公其姓梁，〔二〕盡瘁國事不得志，斷髮胡服走扶桑。〔三〕扶桑之居讀書尚友既一載，耳目神氣頗發皇，〔四〕少年懸弧四方志，〔五〕未敢久戀蓬萊鄉，〔六〕逝將適彼世界共和政體之祖國，〔七〕問政求學觀其光，乃於西曆一千八百九十九年臘月晦日之夜半，〔八〕扁舟橫渡太平洋。其時人靜月黑夜悄悄，怒波碎打寒星芒，海底蚊龍睡初起，欲噓未噓欲舞未舞深潛藏。其時彼士兀然坐，澄心攝慮遊窅茫，正住華嚴法界第三觀，〔九〕帝網深處無數鏡影涵其旁。〔一〇〕驀然忽想今夕何夕地何地，乃在新舊二世紀之界綫，東西兩半球之中央。不自我先，不自我後，〔一一〕置身世界第一關鍵之津梁。〔一二〕胸中萬千塊壘突兀起，〔一三〕斗酒傾盡蕩氣回中腸，〔一四〕獨飲獨語苦無賴，曼聲浩歌歌我二十世紀太平洋。〔一五〕巨靈擘地鑱鴻荒，〔一六〕飛鼉碎影神螺僵，〔一七〕上有搏土頑蒼蒼，〔一八〕下有積水橫泱泱，〔一九〕搏土爲六積水五，〔二〇〕位置錯落如參商。〔二一〕爾來千劫千紀又千歲，〔二二〕倮蟲緣虱爲其鄉。〔二三〕此蟲他蟲相闌天演界中復幾劫，〔二四〕優勝劣敗吾莫強。〔二五〕主宰造物役物物，〔二六〕莊嚴地土無盡藏。〔二七〕初爲據亂次小康，〔二八〕四土先達爰濫觴：〔二九〕支那印度邈以隔，〔三〇〕埃及安息侯官嚴氏考定小亞細亞即漢之安息，今從之。〔三一〕鄰相望，地球上古文明祖國有四:中國、印度、埃及、小亞細亞是也。〔三二〕厥名河流時代第一紀,〔三三〕始脫行國成建邦。〔三四〕衣食衍衍鄭白沃,〔三五〕貿遷僕僕浮荼糧,〔三六〕恒河鬱壯殑迦長,〔三七〕揚子水碧黄河黄,〔三八〕尼羅埃及河名一歲一泛濫,〔三九〕姚臺姚弗里士河、臺格里士河皆安息大河名。蜿蜿雙龍翔,〔四○〕水哉水哉厥利乃爾溥,浸濯暗黑揚晶光。〔四一〕此後四千數百載,羣族内力逾擴張,乘風每駕一葦渡,〔四二〕搏浪乃持三歲糧。《漢書·西域傳》言渡西海不得風,或三歲乃達。西海即地中海也。〔四三〕就中北辰星拱地中海,〔四四〕葱葱鬱鬱騰光鋩,〔四五〕岸環大小都會數百計,積氣淼淼盤中央。〔四六〕自餘各土亦爾爾,海若凱奏河伯降,〔四七〕波羅的與阿剌伯,西域兩極遙相望;〔四八〕亞東黄渤謂黄海、渤海壯以闊,〔四九〕亞西尾閭身毒洋;謂印度洋。〔五○〕斯名内海文明時代第二紀,〔五一〕五洲寥邈殊中央。〔五二〕蟄雷一聲百靈忙,翼輪降空神鳥翔,哥侖布初到美洲,土人以爲天神,見其船之帆謂爲翼也。〔五三〕咄哉世界之外復有新世界,〔五四〕造化乃爾神秘藏。閣龍日本譯哥侖布以此二字。歸去舉國狂,〔五五〕帝者挾幟民贏糧,〔五六〕談瀛海客多於鯽,〔五七〕莽土倏變華嚴場。〔五八〕曷來大洋文明時代始萌蘖,〔五九〕亘五世紀堂哉皇。〔六○〕其時西洋謂大西洋。權力漸奪西海謂地中海。席,〔六一〕兩岸新市星羅棋布氣焰長虹長。〔六二〕世界風潮至此忽大變,天地異色神鬼瞠;輪船鐵路電綫瞬千里,縮地疑有鴻秘方;〔六三〕四大自由謂思想自由、言論自由、行爲自由、出版自由。塞宙合,奴性銷爲日月光;〔六四〕懸崖轉石欲止不得止,〔六五〕愈競愈劇愈接愈厲,卒使五洲同一堂。流血我敬伋頓曲,覓得檀香山、澳大利亞洲者,後爲檀島土民所殺。〔六六〕衝鋒我愛麥寨郎。以千五百十九年始繞地球一周者。〔六七〕鼎鼎數子只手挈大地,〔六八〕電光一掣劍氣磅礴太平洋。〔六九〕太平洋!太平洋!大風泱泱,〔七〇〕大潮滂滂,張肺歙地地出沒,〔七一〕噴沫衝天天低昂,〔七二〕氣吞歐墨者八九,〔七三〕況乃區區列國誰界疆。異哉!似此大物隱匿萬千載,禹經亥步無能詳,〔七四〕毋乃吾曹軀殼太小君太大,棄我不屑齊較量。君兮今落我族手,遊刃當盡君所長。〔七五〕吁嗟乎!今日民族帝國主義正跂扈,〔七六〕俎肉者弱食者強,〔七七〕英獅俄鷲東西帝,〔七八〕兩虎不鬭羣獸殃;後起人種日耳曼,國有餘口無餘糧,〔七九〕欲求尾閭今未得,〔八〇〕拚命大索殊皇皇;〔八一〕亦有門羅主義北美合衆國,〔八二〕潛龍起蟄神采揚,〔八三〕西縣古巴東菲島,中有夏威八點烟微茫,〔八四〕太平洋變裏湖水,遂取武庫廉奚傷;〔八五〕蕞爾日本亦出定,〔八六〕座容卿否容商景。我尋風潮所自起,有主之者吾弗詳,物競天擇勢必至,〔八七〕不優則劣兮不興則亡。〔八八〕水銀鑽地孔乃入,〔八九〕物不自腐蟲焉藏,〔九〇〕爾來環球九萬里,一砂一草皆有主,旗鼓相匹強權強,〔九一〕惟餘東亞老大帝國一塊肉,〔九二〕可取不取毋乃殃。〔九三〕五更肅肅天雨霜,〔九四〕鼾聲如雷臥榻傍,〔九五〕詩靈罷歌鬼罷哭,問天不語徒蒼蒼。〔九六〕噫嚱吁!太平洋!太平洋!君之面兮錦綉壤,〔九七〕君之背兮修羅場,〔九八〕海電兮既設,艦隊兮愈張,西伯利亞兮鐵道卒業,〔九九〕巴拿馬峽兮運河通航,〔一〇〇〕爾時太平洋中二十世紀之天地,悲劇喜劇壯劇慘劇齊輨轚。〔一〇一〕吾曹生此豈非福,飽看世界一度兩度爲滄桑。〔一〇二〕滄桑兮滄桑,轉綠兮回黃,〔一〇三〕我有同胞兮四萬五千萬,〔一〇四〕豈其束手兮待僵,〔一〇五〕招國魂兮何方,〔一〇六〕大風泱泱兮大潮滂滂。吾聞海國民族思想高尚以活潑,〔一〇七〕吾欲我同胞兮御風以翔,〔一〇八〕吾欲我同胞兮破浪以颺。〔一〇九〕海雲極目何茫茫,濤聲徹耳逾激昂,〔一一〇〕黿腥龍血玄以黃,〔一一一〕天黑水黑長夜長,滿船沈睡我徬徨,濁酒一斗神飛揚,漁陽三疊魂慴傷,〔一一二〕欲語不語懷故鄉。緯度東指天盡處,〔一一三〕一綫微紅出扶桑,酒罷詩罷,但見寥天一鳥鳴朝陽。〔一一四〕

〔一〕案：這是梁氏在一八九九年末赴夏威夷途中所作,詳《新大陸遊記》。各本編在澳亞歸舟詩後,合集本並在題下寫"光緒二十七年",都是錯誤的,現在把它更正。太平洋為五大洋之一,見下。它在亞洲之東,美洲之西。一五一九年葡萄牙航海家麥哲倫在大風浪之後到了這裏,看它風平浪靜,給了這個名稱。

〔二〕據項士元《梁任公年譜稿》說："己亥秋改別號任厂為任公。"

〔三〕《史記·吳太伯世家》："文身斷髮。"又《趙世家》："武靈王……十九年,……今吾將胡服騎射以教百姓。"張元濟《戊戌政變的回憶》："戊戌八月,政變發生,梁啟超逃到日本使館,由日本人帶他出走,到塘沽上船。榮祿派王修植追梁,上船檢查,時梁啟超已剪去髮辮,改穿日本和服。後梁逃亡日本。"《山海經·海外東經》："黑齒國下有湯谷,湯谷上有扶桑。"郭璞注："《東夷傳》曰：倭國東四十餘里有裸國,裸國東南有黑齒國。"案郭璞當是據《魏志·東夷傳》。後人附會,就把"扶桑"作為日本的別名。

〔四〕《三十自述》："戊戌九月至日本,自此居東京者一年。稍能讀東文,思想爲之一變。"《孟子·萬章下》:"以友天下之善士爲未足,又尚論古之人,頌其詩,讀其書,不知其人可乎,是以論其世也,是尚友也。"尚友是上與古人做朋友。枚乘《七發》:"發皇耳目。""皇"是明的意思。

〔五〕《孔子家語·觀鄉射》:"懸弧之義。"注:"弧,弓也。男子生則懸弧於其門,明必有射事也。"《禮記·內則》:"世子生,射人以桑弧蓬矢六,射天地四方。"注:"天地四方,男子所有事也。"

〔六〕《列子·湯問》:"渤海之東有五山,五曰蓬萊。"案:這亦指日本。

〔七〕案:這裏所謂"世界共和政體之祖國"是指美國。他《自由書》裏有篇文章叫"自由祖國之祖"也是說美國。可以知道當時梁氏醉心於西方資產階級民主主義之深了。直到後來到了美國以後,崇美思想纔打了折扣。"逝"各本都作"誓"是錯誤的。"逝"是取《詩》"逝將去女"的意思,根據梁氏《新大陸遊記》改正。他這一次旅行,本來是想到美國去的,所以這樣說,但到了夏威夷以後,遇到了防疫,行旅不通,沒有去成,就回國了。直到後四年(一九〇三年)方才成行。

〔八〕案梁氏《夏威夷遊記》說:"西曆十二月十九日,始發東京。二十日,乘香港丸,發橫濱。三十一日,舟抵檀香山(案即夏威夷)。"那麼詩所說的,是一時興到,文人夸張的話,不是實在的。又案陽曆十二月稱做臘月,也是他隨便的地方。這月的三十一日,正是陰曆的十一月二十九日,並且是小建,詩稱"晦日"是很巧妙的。

〔九〕杜順《華嚴法界觀》:"法界者,所觀之境;三觀者,能觀之心也。第三爲周遍含容觀,完具理之一一事性,如其理性之法界融通一一事相,亦遍含容一切法界而重重無盡也。"案:這裏是寫自己當時體會理性中的周遍含容境界,承上句澄心攝慮而來。這種說法是得之康有爲。他在《南海康先生傳》裏說到法界的理想說:"先生之於佛學也,純得力大乘,而以華嚴宗爲歸。華嚴奧義,在於法界究竟,圓滿極樂。先生乃求其何者爲圓滿?何者爲極樂?以爲棄世界而尋法界,必不得圓滿;在世苦而出世樂,必不得極樂;故務於世間造法界焉。於是原本佛說'捨世界外無法界'一語,以專肆力於造世界,……冥造此大同之制。"康有爲《將去日本示從亡諸子梁任甫……》詩說"華嚴國土吾能現",就是指他理想上的大同世界。這裏當然和這種思想有關。

〔一〇〕《大方廣佛華嚴經》:"普現如來所有境界,如天帝網於中布列。"《通路記》:"忉利天王帝釋宮殿,張網覆上,懸網飾殿,彼網皆以寶珠作之。……宮殿網珠,如是交映,重重影現,隱映互彰,重重無盡。"《大佛頂如來密因修證了義諸菩薩萬行首楞嚴經》:"取八圓鏡各安其方,又取八鏡覆懸虛空,相對,使其形影重重相涉,至第七日,十方如來,一時出現。"案:這裏是形容理想境界的光明華妙。康有爲《與菽園論詩兼寄任公……》詩也說"華嚴帝網重重現",其義也同。這種空想的大同主義,影響給譚嗣同也很大,在譚傳裏已說過了。

〔一一〕兩句見《詩·小雅·正月》和《大雅·瞻卬》。

〔一二〕《後漢書·蓋延傳》:"壞津梁。"津是渡口,梁是橋,是說交通孔道。

〔一三〕《世說新語·任誕》:"阮籍胸中壘塊。"壘塊就是塊壘,形容胸中不平之氣。

〔一四〕曹丕樂府:"女娥長歌,聲協宮商。感心動耳,蕩氣迴腸。"案:"蕩氣迴腸"是說心氣動蕩,腸子也跟了回旋。

〔一五〕無賴就是無聊,也就是不快樂。《列子·湯問》:"韓娥曼聲長歌。"曼是長的意思。案：以上是第一段。

〔一六〕干寶《搜神記》："二華之山本一山也，當河，河水過之而曲行，河神巨靈以手擘開其上，以足蹋離其下，中分爲兩，以利河流。"《玉篇》："鑱，刺也。"這裏有鬪的意思。鴻荒同洪荒，指遠古。謝靈運文："洪荒莫傳。"

〔一七〕據《世界史綱》記載："陸上爬蟲類與水中之菊石類（似烏賊，有螺式殼。）其盛衰相併而行。在中生代巖石中，此螺式殼之化石種類甚多。迄今不復有孑遺，唯真珠鸚鵡螺似稍近之。"（案《南洲異物志》："鸚鵡螺狀如覆杯，頭如鳥，頭向其腹，視如鸚鵡，故名。"飛黿已詳上文選《變法通議序》注。）

〔一八〕搏是以手圜之。蒼蒼指大陸。《莊子・逍遥遊》："天之蒼蒼，……其視下也，亦若是則已矣。"郭象注："鵬之自上以視地，亦若人之自地視天。"

〔一九〕泱泱是深廣的意思，見《詩・小雅》"瞻彼洛矣"毛傳。

〔二〇〕舊分世界陸地爲六：一、亞細亞洲，二、歐羅巴洲，三、阿非利加洲，四、大洋洲，五、北亞美利加洲，六、南亞美利加洲；分水爲五：一、太平洋，二、大西洋，三、印度洋，四、北冰洋，五、南冰洋。這是從意大利人利瑪竇的説法。

〔二一〕案：古以參商爲二星名，參在西方，商在東方。其實即是一個金星，朝暮所見不同而已。

〔二二〕《續仙傳》："丁約曰：儒謂之世，釋謂之劫，道謂之塵。"《祖廷事苑》："成住壞空謂之劫。"這是就世界成壞而立的數量。《正法念處經》："或於一劫至百千劫，生死流轉。"紀的説法，古今不同。古時普通以十二年歲星一周爲一紀；古曆法又以一千五百二十年爲一紀；古史家把太古分爲十紀，那年數更多了。今以百年爲一紀。這裏當是指今而言的。

〔二三〕《禮記・月令》正義引《大戴禮》和《樂緯》説："倮蟲三百六

十,聖人爲之長。"倮同裸,是説身上没有羽毛鱗介。緣,圍繞;虱,名詞動用,濫厠。緣虱,意爲繁演衆多,厠身其中。

〔二四〕《詩・小雅・常棣》:"兄弟鬩於墙。"毛傳:"鬩,很也。"案:鬩音 xì,是鬬狠的意思。進化論創於一八五九年達爾文所出版的《物種探源》。它以"物競天擇,適者生存"爲進化的原因,所以也稱天演論。梁氏著有《天演學初祖達爾文之學説及其略傳》。這裏是説天演的變化在世界中不知道經過了多少時間。

〔二五〕梁氏《達爾文之學説及其略傳》:"達爾文以爲生物變遷之原因,皆由生存競争,優勝劣敗之公例而來。而勝敗之機,有由於自然者,有由於人爲者。"

〔二六〕《莊子・大宗師》:"偉哉夫造物者,將以予爲此拘拘。"成玄英疏:"造物猶造化也。"役物物,役使萬物。

〔二七〕《華嚴探原記》:"莊嚴有二義:一是具德義;一是交飾義。"案地土是交飾義。又:"出生業用無窮,故曰無盡藏。"案:以上爲第二段。

〔二八〕何休《公羊傳解詁序》:"傳《春秋》者,非一本據亂而作。"案據亂是指《公羊傳》隱元年"於所傳聞之世見起治於衰亂之中"而言。小康見《禮記・禮運》。是小小安康的意思。案康有爲《論語注》:"孔子之爲《春秋》,張爲三世,蓋推進化之理而言之。孔子生當據亂之世,今者大地既通,歐美大變,蓋進至升平之世矣;異日大地大小如一,國土既盡,種類不分,風化齊同,則如一而太平矣。"又《中庸注》:"孔子發明據亂、小康之制多。"這裏所説是完全根據康氏的。

〔二九〕四土指下文四個國家。濫觴見《孔子家語・三恕》。《文選》郭璞《江賦》注引王肅曰:"觴所以盛酒者,言其微也。"案:這是説開始很微小,好象水的發源,微小得一酒盞似的。

〔三〇〕《翻譯名義集》:"支那,此云文物國,即贊美此方是文物衣冠之地也。"《日本國志・鄰交志》:"華夏,印度人稱曰震旦,或曰支那,日本亦稱曰支那。"印度古譯身毒、天竺、信度。位南亞印度半島。梁氏《地理與文明之關係》:"中國與印度之間,無一路可適用於行軍通商者,雪山峻險,帕米爾盛夏積雪,故舍海路外,無可以相通之道。"所以這裏説"邈以隔"。

〔三一〕嚴氏就是嚴復,福建侯官人。詳下注。

〔三二〕埃及,位非洲東北部。安息,古波斯國名。《史記・大宛列傳》:"西則安息。"其地和埃及同濱地中海,故説"鄰相望"。《老子》:"鄰國相望。"

〔三三〕這是説人類文明最初是依着河流而發展。

〔三四〕《史記・大宛列傳》:"烏孫行國,隨畜,與匈奴同俗。"行國就是遊牧的國家。

〔三五〕《易・漸卦》:"飲食衎衎。"衎衎是快樂的形容詞。鄭白是兩條渠名。都在今陝西。《史記・河渠書》:"韓使水工鄭國間説秦,令鑿涇水,自中山西邸瓠口爲渠,溉澤鹵之地四萬餘頃,命曰鄭國渠。"《漢書・溝洫志》:"元始元年,趙中大夫白公復奏穿渠引涇水,溉田四千五百餘頃,因名曰白渠。"班固《兩都賦》:"下有鄭白之沃。"

〔三六〕貿遷,商品交換。《晉書・食貨志》:"貿遷有無,各得其所。"浮茶糧,舉茶和糧兩種商品,以概其餘。僕僕是奔波繁忙的樣子。

〔三七〕玄奘《大唐西域記》:"殑伽河舊曰恒河。又曰恒伽,誤也。"案:這裏把它分開説。恒河一稱岡底斯河,全長一六八零哩。

〔三八〕案:原來長江下遊江都京口之間的一段叫做揚子江,因爲這裏舊有揚子津和揚子縣的緣故。後來就把它爲全江的稱呼了。

〔三九〕尼羅河由開羅向南爲上埃及,阿剌伯人稱爲幸運之地。南流到了非洲中東部的高原,時有大雨,河中洪水橫流,泛濫於農田的上面,水退便有一層肥美的黑土留下,這便是埃及得天獨厚之處。

〔四〇〕《地理與文明之關係》:"亞細亞之乇弗里士河、臺格里士河其利滋溥。"蜿蜿是形容龍的行動,見張衡《西京賦》。雙龍是形容兩河的長。

〔四一〕"水哉水哉"見《孟子·離婁下》。王士禛詩:"墨光黯淡生光晶。"案:以上爲第三段。

〔四二〕乘風用《南史·宗愨傳》"願乘長風破萬里浪"的話。一葦用《詩·衛風·河廣》:"一葦杭之。"葦,蘆之長大者。一葦可渡,説其便利。

〔四三〕案自注説:"《漢書·西域傳》言渡西海不得風,或三歲乃達。"這是後漢班超派甘英使大秦,到了條支將渡海,安息西界船人對他説的話。實見《後漢書·西域傳》。

〔四四〕《論語·爲政》:"譬如北辰,居其所而衆星拱之。"《爾雅·釋天》:"北極謂之北辰。"《天象玩占》:"北極五星在紫微宫中,一曰天樞,二曰北辰,天之最尊星也,其紐星,天之樞也。天運無窮,三光迭耀,而極星不移,故曰居其所而衆星拱之。"地中海是世界最大的内海,橫在歐非二洲之間。梁氏《新大陸遊記》:"洎夫腓尼西亞人勃興以來,地中海遂爲歷史之中樞。若喀西士,若希臘,若羅馬,皆以軍艦商船,以爭産業上軍事上之牛耳。緊何故乎?蓋國民興盛之要具,舍此末由。彼羅馬之霸九州,全在其掌握地中海航權之時代。是其例矣。至羅馬滅亡之後,其南方海濱,爲全歐文明之中堅者,猶亙數世。地中海之勢力,不亦偉耶!"

〔四五〕《後漢書·光武紀》:"氣佳哉,鬱鬱葱葱然。"鬱鬱葱葱,是氣盛的形容詞。

〔四六〕淼淼,形容大水和闊流。

〔四七〕《莊子·秋水》:"河伯順流而東行,至於北海,望洋向若而嘆。"成玄英疏:"河伯,河神也,姓馮名夷。若,海神也。"屈原《遠遊》:"令海若舞馮夷。"凱奏就是奏凱歌。凱古作愷,《周禮·春官·樂師》:"凡軍大獻,教愷歌。"疏:"大獻者,謂師克勝,獻捷於祖廟也。"後人因謂戰勝爲奏凱。

〔四八〕波羅的海在歐洲西北,爲歐洲最深的海灣。阿刺伯海爲印度洋的一部。一北一南,所以説"兩極遙相望"。西域在我國古典詩文中,一般習慣指今新疆及中亞一帶,但這裏是指歐洲。

〔四九〕黃海在我國的東面。凡是鴨綠江口以南,長江口以北的各個省份,都是濱臨這個海的。渤海在我國的東北,外面就是黃海。遼寧、河北和山東的北部都是濱臨這個海的。

〔五〇〕尾閭見《莊子·秋水》。《文選》嵇康《養生論》李善注引司馬彪《莊子》注:"尾者在百川之下,故稱尾。閭者聚也,水聚族之處,故稱閭也。"身毒見上。印度洋爲五大洋之一,也見上。它在印度之南,亞澳非三洲的中間。

〔五一〕案:這是説人類文明漸漸由內河擴張到內海。

〔五二〕案:以上爲第四段。

〔五三〕案:據外國史記載,意大利人哥倫布謂地體混圓,航西不止,當抵印度,否則西方必有一大陸。一千四百九十二年八月三日,率一百二十人,駕三隻船,自巴路港出發。二月餘,認一島嶼在前,舟人鼓樂,一齊鼓棹傍岸。土人成羣來觀,駭愕甚,以爲神人乘大鳥自天降至,蓋以船爲鳥、以帆爲羽翼也。問地名,答曰:"瓜亞那哈尼。"哥倫布以爲天助,更名曰三薩瓦多。是爲十月十一日事。

〔五四〕梁氏《論民族競爭之大勢》自注:"歐人常稱西半球爲新世界。"

〔五五〕《禮記·雜記下》:"一國之人皆若狂。"案詩言全國都爲哥侖布的新發現而激動若狂。

〔五六〕《莊子·胠篋》:"贏糧而趨之。"贏是擔負的意思。

〔五七〕李白詩:"海客談瀛洲。"

〔五八〕《華嚴經》爲佛成道後第一次説法。華同花。華嚴是以花裝飾,喻德行完美。這裏意爲草莽未闢之荒原,轉眼變成文明樂土。

〔五九〕《漢書·司馬相如傳》:"回車聿來兮。"《正字通》:"聿來猶言聿來,今詩家以爲去來。"案:這裏是作"聿來"解,聿是語助詞。或作粵,或作遹,都通。萌蘖見《孟子·告子上》。義同萌芽。芽之横出的叫蘖。

〔六〇〕班固《典引》:"唐哉皇哉。"這裏作堂哉皇,作闊大解。

〔六一〕梁氏《新大陸遊記》:"權力日漸推移,北方諸國稍嶄然顯頭角,商船貿易,日以發達。而北海、波羅的海及比斯加灣沿岸諸市,日見興旺。而冒險勇敢之商人,來往於大西洋之歐岸者如織。英俄班葡法諸國競張幟於海外,一以博名譽,一以謀大洋上利益之優先權。其後遂尋得好望角航路與美洲新大陸,於是大西洋海權左右世界,其位置與昔時之地中海同。"

〔六二〕班固《西都賦》:"星羅雲布。"比喻交錯散布的意思。

〔六三〕葛洪《神仙傳》:"費長房有神術,能縮地脈,千里在目前宛然,放之復舒如舊。"《漢書·劉向傳》:"……淮南(王)有《枕中鴻寶苑秘書》,書言神仙使鬼物爲金之術。"鴻秘方指神奇的法術。

〔六四〕常建詩:"兵氣銷爲日月光。"

〔六五〕梁氏《自由書》："西人有言：'革新之機，如轉巨石於危崖，不動則已，動則機勢不可遏，必赴壑而後止。'"

〔六六〕佉頓曲一譯佉頓廓。梁氏《夏威夷遊記》引《檀島志》："一千七百八十八年，英人佉頓廓氏始到此地。"

〔六七〕麥賽郎，今譯麥哲倫，或譯麥折倫。梁氏《祖國大航海家鄭和傳》："葡人麥折倫橫渡太平洋，啓非律賓羣島，繞世界一周。"自注："一五一九至一五二二年。"案《世界名人傳》說："最先環行世界的，是一個叫做卡諾的海軍少尉。當出發時，是航海大家麥哲倫引領前去的。他們的船隻於一五一九年九月二十日由塞維爾動身西行，於一五二二年九月八日由東方返國。麥哲倫則已去世，他的行程已歷地球之半，不道到了斐律濱，與斐島土人作戰陣亡了。"據此則繞地球一周的不是麥哲倫，而是卡諾。

〔六八〕鼎鼎，盛大的意思。

〔六九〕磅礴，充塞的意思。以上爲第五段。

〔七〇〕《左傳》襄公二十九年："美哉泱泱乎，大風也哉。"泱泱是形容風聲的宏大。

〔七一〕這是說海洋潮汐隨着月球引力而漲落，好像肺的呼吸一般。古書有地肺之說，與此無關。歙音 xī，本是縮鼻吸氣，這裏是當吸字講。

〔七二〕木玄虛《海賦》："更相觸搏，飛沫起濤。"

〔七三〕司馬相如《子虛賦》："吞若雲夢者八九於其胸中，曾不蒂芥。"這裏借來形容太平洋的廣大，可以一口氣吞下歐洲、美洲那樣大小八九個。

〔七四〕案《論衡》、《吳越春秋》、《顏氏家訓》都說："《山海經》爲禹、益所作。"所以《山海經》又稱禹經。其實是一種傳說罷了。《山海經·海外東經》："帝命豎亥步自東極，至於西極，五億

〔七五〕《莊子·養生主》:"恢恢乎其於遊刃,必有餘地矣。"遊刃就是運動刀鋒。後人凡説善於對付事情就叫遊刃有餘。

〔七六〕梁氏《論民族競争的大勢》:"民族主義者,實製造近世國家之原動力也。此主義既行,於是各民族咸汲汲然務養其特性,自風俗、習慣、法律、文學、美術皆自尊其本族所固有,而與他族相競争,如羣虎互睨,各不相下。範圍既日推日廣,界綫亦日接日近,漸有地小不足以回旋之概。夫内力既充,而不得不思伸於外,於是由民族主義,一變而爲民族帝國主義,遂成十九世紀末一新之天地。"案:梁氏所説的民族主義,是資産階級民族主義,正是"由民族主義一變而爲民族帝國主義"這一種。資本主義發展到帝國主義階段,就把狹隘的大民族主義作爲向外侵略的思想工具和替奴役其他民族政策辯護的工具。至於在殖民地、半殖民地以及中立國家的民族主義,則是反對殖民主義,維護本民族的獨立,不能和前者相提並論。梁氏未能作原則性的區别。"跋扈"是暴横的意思。見《後漢書·朱浮傳》。

〔七七〕《史記·項羽本紀》:"如今人方爲刀俎,我爲魚肉。"韓愈文:"弱之肉,强之食。"

〔七八〕英以獅爲國徽;帝俄在十五世紀後半,伊凡第三娶羅馬帝的侄女,開始稱尊號叫沙,用羅馬雙鷲徽章。我國詩人就以獅代表英,鷲代表帝俄。《史記·秦本紀》:"昭王十九年,王爲西帝,齊爲東帝。"案:這以秦齊喻英與帝俄。嚴復上光緒的萬言書裏,概括當時英俄兩帝國主義的情況説:"歐洲各國之事,約而言之,大抵英俄兩大權之所舉措而已。"可作參考。

〔七九〕日耳曼民族本來是北歐的蠻族。四世紀末年,受亞洲匈奴民族的壓迫,逐漸南移,纔開始發展起來。今日的英、法、德、奧諸國,都是它的後代。但現在專以日耳曼指德國,這裏也是如此。

〔八〇〕梁氏《世界大勢及中國前途》:"所謂求尾閭於外者,其目的安在?亦曰欲舉他國民所資以營養者奪之以自營而已。然因於時,因於地,而所施的手段,往往而異:瀦其地,係其人民以爲奴,使從事力作,以滋溢我生產,此一種也;厚徵其稅歛,吸其脂膏,以輦致諸本國,此又一種也;徙民以實其地,使其民不堪競爭而即於澌滅,此又一種也;投資本於其地,利用其土地勞力,而盡吸其贏,此又一種也。"

〔八一〕大索見《史記・留侯世家》,是大搜索的意思。

〔八二〕當十九世紀的初期,歐洲掀起了反動政治的逆潮,先有拿破侖,後有梅特涅神聖同盟的那些黑幫,向世界各地伸手攫取殖民地,美洲當然也不能例外。這時的美國還沒有參與世界問題的必要和可能,同時看到了這種攫奪的情形,爲了保全自己的勢力和西半球的獨霸,那時的總統門羅,就於一八二三年十二月致書於他們的國會,宣佈對外方針。大意是:凡要在西半球擴張其勢力的,即可斷定爲危害合衆國的和平和安全的行爲。合衆國在過去不干涉歐洲及其殖民地的問題,今後也不會有這種行動。但南北美洲的事,亦斷不許歐洲各國干涉,假使對美洲大陸而欲試行其武力干涉,就不能不認其爲對合衆國懷有敵意。人們稱它爲門羅主義。

〔八三〕《易・乾卦》:"潛龍勿用。"這是比喻美國好像藏在地下的蛟龍一樣動起來了。在十九世紀的末期,美國的經濟已大大發展,就不顧所謂門羅主義而積極向外侵略求索殖民地了。

〔八四〕梁氏《自由書・二十世紀的新鬼》:"美國自華盛頓創業,門羅昌言,皆務保疆,不務攻取。自麥堅尼就任以來,一舉而縣古巴,再舉而吞夏威夷,三舉而攘菲列賓。共和主義一變而爲帝國主義。"又《清議報一百册祝詞》:"美國之縣菲律賓也,是其伸權力於東方之第一著,而將來雄飛於二十世紀之根據地也。""縣"是動詞,就是變成直屬郡縣的意思。古巴是北美西印度羣島中最大的一個島。本是西班牙的屬地,一八九八年美國打敗西班牙以後,這地和菲律賓、夏威夷一併奪取了。一九〇二年,古巴成立共和國,但仍在美國的統治下。菲島就是菲律賓,在我國臺灣南面,有島大小三千多。也是西班牙的屬地,一八九八年,割給美國。一九三五年,成立共和國,和古巴一樣,仍在美國的統治下。夏威就是夏威夷,在太平洋中,居亞洲、澳洲、北美洲的中點。八點指它全島的八島。梁氏《夏威夷遊記》說:"檀山全島,統名夏威。凡爲連珠形大小八島,其首府則漢挪路盧都城也,其次爲夏威,爲道威,爲茂宜,爲莫洛雞,爲蘭尼,爲卡富拉威,爲尼孝。"案:漢挪路盧今通譯火奴魯魯,在八島之一的阿胡島上。其他七島通譯夏威夷、考愛、茅伊、摩羅開、拉奈、卡呼拉伊、尼海鳥。"八點烟微茫"是取李賀《夢天》詩:"遥望齊州九點烟"詩意,而加以變化的。

〔八五〕《漢書·高帝紀》:"立武庫。"《晉書·杜預傳》:"號曰杜武庫,言其無所不有也。"案:據《晉書·五行志》武庫藏有"累代異寶",可知爲儲物的所在,所以説無所不有也。並不是專儲武器的。這裏是指古巴等三地。《孟子·離婁下》:"可以取,可以無取,取傷廉。"案梁氏《新大陸遊記》引盧斯福演説:"吾國民有不可不熟察者一事,即吾國在太平洋上過去及現在所占之優勢及其根原是也。太平洋,洋中之最大者也。而此最大洋,在今世紀中,當爲吾美國獨一無二之勢力範圍。雖然,欲就最大之事業者,不可不負最大之責任。"由此可見二十世紀初期美國統治者野心勃勃的一斑了。後來《柏林公報》馬上給以攻擊說:"美國之懷抱野心以欲盜太平洋,匪伊朝夕,至其明目張膽無忌憚以言之,自此度始。雖然,我歐洲列國,其與太平洋有密切之關係者亦不尠,盧斯福之佳夢,殆未易遽踐也。"可見當時帝國主義者爭奪太平洋矛盾的尖銳了。

〔八六〕《左傳》昭公七年:"蕞爾國。"蕞是小的意思。出定是佛家的話。《觀無量壽經》:"出定入定,恒聞妙法。行者所聞,出定之時,憶持不捨。"案:定是佛家修習的方法,息慮凝心的意思,入定是說心定於一,出定是說由定而出。這裏比喻日本原來是閉關自守,現在也居然登上世界的政治舞臺了。可參看上《壯別》詩第四首注。

〔八七〕梁氏《天演學初祖達爾文之學說及其略傳》:"所謂天然淘汰者何也?此義達爾文初不敢武斷,其後苦思力索,旁徵博較,然後尋出物競天擇的公理:此物與彼物,同在一地,而枯菀殊科者,必其物有特別之點,與天然之境遇相適,則能自存焉,能傳種焉。"案:"物競天擇",是按照嚴復赫胥黎《天演論》的譯文。"物競"就是達爾文《物種起源》所說的"生存競爭"。"天擇"就是《物種起源》所說的"自然選擇"。所謂"生存競爭",因為自然條件經常作用於生物體,生物體為了生存,必須跟自然條件作鬥爭,這就是生存競爭。不同種的生物之間,經常有直接或間接的競爭,一種生物的活動,往往直接間接地危害到另一種生物的生存,這種叫做種間競爭。但也有種間互助和種間的種種複雜關係,達爾文都用"生存競爭"一語來概括。但除此以外,還包括他想象中的種內競爭——同種生物間的生存競爭。他認為生物經常生殖過剩,而食物的供給又有限制,於是為了生存,就發生種內競爭。所謂"自然選擇",是指自然條件的作用。自然條件可分為無機的和有機的兩部分:寒冷、炎熱、潮濕、乾燥等是無機的自然條件;植物和動物等,是有機的自然條件。生物體是緊緊地依存於周圍的自然條件的。當自然條件變更得非常劇烈的時候,便有大批生物體死亡;當這些條件緩慢地變更的時候,便有許多生物體跟着發生變異。變得不能夠適應新條件的生物體,就被淘汰,這就是所謂"天然淘汰";變得能夠適應新環境的生物體,就生存下來,這就是所謂"適者生存"了。達爾文把這種保存和淘汰的過程跟人工選擇相比,把它叫做"自然選擇"。

〔八八〕《達爾文之學說及其略傳》:"天然淘汰優勝劣敗之理,實普行於一切邦國、種族、宗教、學術、人事之中,無大無小,而一皆爲此天演大例之所範圍。不優則劣,不存則亡,其機間不容發。"案:梁氏用達爾文進化論來解釋社會現象,以至國際鬥爭,當時意在激發人民覺醒,愛國自救,理論本身則有嚴重錯誤,易導致模糊正義鬥爭與非正義侵略的界綫。

〔八九〕蘇軾文:"如水銀瀉地,無孔不入。"

〔九〇〕《荀子·勸學》:"肉腐出蟲,魚枯生蠹。"蘇軾《志林》:"物必先腐焉而後蟲生之。"

〔九一〕梁氏《亞洲地理大勢論》:"今者撒哈拉中一粒之沙,皆有主人翁矣。"又《自由書·論強權》:"強權云者,強者之權利之義也。本英語,加藤氏譯爲今名。"又《國家思想變遷異同論》:"強權派,斯賓塞之徒代表之。……強權派之言曰:天下無天授之權利,惟有強者之權利而已。故衆生有天然之不平等,自主之權當以血汗而獲得之。國家者,由競爭淘汰不得已而合羣以對外敵者也。故政府當有無限之權,而人民不可不服從其義務。是即新帝國主義之原動力也。……及其弊也,陷於侵略主義,蹂躪世界之和平。"案:斯賓塞把社會發展過程生物化,以致於得出關於存在着生物學上的優等民族和劣等民族的種族主義論斷,助長了帝國主義的侵略性。

〔九二〕梁氏《少年中國説》:"日本人之稱我中國也,一則曰老大帝國,再則曰老大帝國,是語也,蓋襲譯歐西人之言也。"

〔九三〕《漢書·蕭何傳》引《周書》:"天予不取,反受其咎。"《史記·越王句踐世家》:"范蠡曰:'會稽之事,天以越賜吴,吴不取,今天以吴賜越,越其可逆天乎?且夫天與弗取,反受其咎。'"

〔九四〕《詩·豳風·七月》:"九月肅霜。"王士禎詩:"西風蕭蕭天雨霜。"

〔九五〕岳珂《桯史》:"王師徵包茅於李煜,徐騎省鉉將命請緩師,其言累數千。上諭之曰:'江南亦何罪,但天下一家,卧榻之側,豈容他人鼾睡耶!'"

〔九六〕王逸《楚辭·天問序》:"《天問》者,屈原之所作也。"洪興祖《楚辭補注》:"天固不可問,聊以寄吾之意耳。……國無人,莫我知也,知我者其天乎?此《天問》所爲作也。"以上爲第六段。

〔九七〕謂地面風景美麗好像錦綉一般。

〔九八〕《佛説觀佛三昧海經》:"毗摩質多羅阿修羅王興四兵往攻帝釋。立大海水,踞須彌山頂,九百九十九手同時俱作,撼善見城,搖須彌山,四大海水,一時波動。是時帝釋坐善法堂,發大誓願:'般若波羅蜜是大明咒,是無上咒,無等等咒,審實不虚,我持此法,當成佛道,令阿修羅自然退散。'作是語時,於虛空中有四刀輪,帝釋功德,故自然而下。當阿修羅上時,修羅耳鼻手足一時盡落,令大海水赤如洴汁。時阿修羅即便驚怖,遁走無處,入藕絲孔。"後人因此把戰場叫作修羅場。

〔九九〕已見上文選《少年中國説》注。梁氏《歐洲地理大勢論》:"斯拉夫民族,俄羅斯人其代表也。其經營泰東也,則横貫萬里不毛之西伯利亞,建一空前絕後之大鐵路。其氣象何等雄偉,其掌蹠何等高遠,斯拉夫民族之事業,此其代表矣。"

〔一〇〇〕案:巴拿馬運河爲橫貫巴拿馬地峽,聯絡哥倫、巴拿馬兩港間的運河。一九〇三年七月,巴拿馬獨立,美國立即搶先承認它,因此騙得了運河開鑿權。到一九一四年纔告成,實在作此詩後的十五年。這裏所說的通航,是指法人雷賽布初次試鑿的事。

〔一〇一〕鞈鞳似應作鞳鞈,本作鏜鞳,鐘鼓聲,見《集韻》。蘇軾文:"款坎鏜鞳,魏獻子之歌鐘也。"這裏倒用以叶韻。

〔一〇二〕葛洪《神仙傳》麻姑自說云:"接侍以來,已見東海三爲桑田。向到蓬萊,又水淺於往日,會時略半耳,豈將復爲陵陸乎?"後人以喻世事變遷的迅速。

〔一〇三〕古樂府:"回黃轉綠無定期。"

〔一〇四〕梁氏《中國史上人口之統計》:"西人之稱我者動曰四百八兆,此道光二十二年料民之數也。"案《世界年鑒》:清光緒二十七年人口調查爲四〇七二五三〇一九人。

〔一〇五〕"束手"本爲縛手的意思,見《史記·春申君列傳》,後人引伸爲毫無作爲的意思。

〔一〇六〕招魂,有招死者的,如《儀禮·喪大記》注所說的"招魂復魄";有招生者的,如王逸《楚辭·招魂序》所說的"宋玉憐哀屈原魂魄放佚,厥命將落,故作招魂,欲以復其精神,延其年壽。""國魂"的名詞,是當時從日本大和魂的說法而來的。

〔一〇七〕梁氏《地理與文明之關係》:"海也者,能發人進取之雄心者也。試一觀海,忽覺超然萬彙之表,而行爲思想皆得無限自由。故久於海上者能使其精神日以勇猛,日以高尚,此古來瀕海之民所以比於陸居者活氣較勝,進取較銳。"

〔一〇八〕《莊子·逍遙遊》:"夫列子御風而行,泠然善也。"這裏是比方活潑進取。
〔一〇九〕以上爲第七段。
〔一一〇〕"逾"和愈通,《淮南子·主術訓》:"亂乃逾甚。"就是亂乃愈甚。
〔一一一〕見上《壯別》詩注。
〔一一二〕庾信詩:"杵急漁陽摻。"陳耀文《天中記》引徐鍇曰:"摻,三撾鼓也。"《後漢書·禰衡傳》:"衡方爲漁陽參撾,聲節悲壯,聽者莫不慷慨。"注:"參撾是擊鼓之法。"憯,悲傷的意思。
〔一一三〕地球上各地的緯綫和赤道相距的弧度叫做緯度。
〔一一四〕《詩·大雅·卷阿》:"鳳皇鳴矣,於彼高岡。梧桐生矣,於彼朝陽。"《世説新語·賞譽》:"顧彦先鳳鳴朝陽。"以上爲第八段。

留别梁任南汉挪路卢〔一〕
选第二、三两首

冤霜六月零,〔二〕愤泉萬壑哀,〔三〕蓼莪不可誦,〔四〕遊子肝腸摧。〔五〕魑魅白晝行,〔六〕噬人如草萊,〔七〕勞勞生我恩,慘慘入泉臺。〔八〕悠悠者蒼天,〔九〕哀哀者誰子,〔一〇〕人孰無天性,〔一一〕人孰無毛裹,〔一二〕孰無淚與血,孰無肺與腑,海枯山可移,〔一三〕此恨安可補?〔一四〕沈沈復沈沈,〔一五〕怨毒乃如此。〔一六〕

〔一〕梁任南,廣東南海人。是夏威夷的僑商。梁氏這篇的第一首,有"吾宗有俊傑,名義何淵醰,遠慕聖之任,近思吾道南",又有"我昔乘槎來,求友嘵其音,與君一夕話,把臂遂入林。篳路辟蒿萊,事事同苦甘,豈直意氣交,每爲道義談"。可以知道他的爲人和跟梁氏的交情。漢挪路盧今譯火奴魯魯,是夏威夷羣島的首邑。梁氏於己亥冬到夏威夷,明年庚子六月回日本,見《三十自述》。此詩作於西歸前,庚子爲一九〇〇年,梁氏二十八歲。
〔二〕《北堂書鈔》引《淮南子》:"鄒衍事燕惠王盡誠,左右譖之王,王係之,夏五月,天爲之下霜。"庾信《哀江南賦》:"冤霜夏零。"案這裏是指梁任南家屬無辜被捕的冤獄。黃鴻壽《清史紀事本末》:"光緒二十五年十一月,命李鴻章署理兩廣總督。太后以康黨在海外氣勢日甚,患之。以華商多粵籍,乃使鴻章督粵,以從事於鎮壓。鴻章抵粵,捕係海外義民三人家族,南海梁任南之祖母,時年九十餘,竟死於獄。"梁氏《李鴻章》裏也説到這件事,但没有提及梁任南。據詩下文,不是祖母而是母親,可以糾正《紀事本末》的錯誤。

〔三〕庾信《哀江南賦》:"憤泉秋沸。"杜甫詩:"哀壑有光留户庭。"

〔四〕《晉書·王裒傳》:"隱居教授,讀詩至'哀哀父母,生我劬勞',恒三復流涕,門人爲廢《蓼莪》篇。"案:《蓼莪》是《詩·小雅》篇名,小序説:"孝子痛不得終養也。"王裒的父親是被司馬昭殺害的,情形正和梁任南相似,引這個故事來比擬,是非常恰當的。

〔五〕《史記·高祖本紀》:"遊子悲故鄉。"指遠遊作客的人。孟郊詩:"慈母手中綫,遊子身上衣。"也是這個意思。

〔六〕魑魅,山林中爲人害的怪物,見《左傳》文公十八年文,此喻當時統治階級的爪牙。《左傳》作螭魅。

〔七〕《漢書·賈誼傳》:"其視殺人,若艾草菅然。"

〔八〕泉臺就是墳墓,黄滔詩:"泉臺月桂分。"

〔九〕《詩·王風·黍離》:"悠悠蒼天。"悠悠是憂愁的意思。

〔一〇〕指梁任南。

〔一一〕《禮記·中庸》:"天命之謂性。"《漢書·宣帝紀》:"父子之親,夫婦之道,天性也。"

〔一二〕《詩·小弁》:"不屬於毛,不離於裏。"毛是膚體的餘末,裏是心腹,喻父母和子女是至親的意思。

〔一三〕鄭允端詩:"石爛與海枯,行人歸故鄉。"《列子·力命》有"愚公移山"的寓言故事。

〔一四〕這是説海可枯,山可移,但是這終天之恨是無法彌補的。

〔一五〕"沈沈"是深的形容詞,這裏是説恨的深。

〔一六〕《史記·伍子胥列傳》:"怨毒之於人甚矣哉。"

瀝血一杯酒，〔一〕與君兄弟交，君母即我母，君仇即吾仇。況我實君累，〔二〕君更不我尤，〔三〕我若不報君，狗彘之不猶。〔四〕勸君且勿哭，今哭何所求？磨刀復磨刀，〔五〕去去不暫留，〔六〕上有天與日，鑒我即我謀。〔七〕我行為公義，〔八〕亦復為私仇，〔九〕腳蹴舊山河，手提賊人頭，與君拜墓下，一慟為君酬。萬一事不成，國殤亦足豪，〔一〇〕雲霄六君子，〔一一〕來軫方且遒。〔一二〕誰能久鬱鬱？〔一三〕長為儒冠羞。

〔一〕韓愈詩："瀝血以書辭。"
〔二〕任南為梁氏牽累，家屬被逮。見上。
〔三〕《論語·憲問》："不尤人。"尤是歸咎於人的意思。
〔四〕《荀子·榮辱》："憂忘其身，內忘其親，上忘其君，則是人也，而曾狗彘之不若也。"狗同狗，彘就是猪，見揚雄《方言》。猶是如的意思，不猶就是不若。
〔五〕就是楚白公厲劍復仇的意思。《左傳》哀公十六年："楚太子建之被讒也，奔……於鄭，……遂殺。……其子曰勝，在吳子西召之為白公。請伐鄭，……他日又請，許之。……晉人伐鄭，楚救之，與之盟。勝怒曰：'鄭人在此，仇不遠矣。'自厲劍。秋七月，殺子西……"
〔六〕"去去"本為促人快去的詞，見《世說新語·寵禮》。這裏只是自己說快去！快去！
〔七〕《詩·衛風·氓》："來即我謀。"即是就的意思。
〔八〕案《三十自述》說："庚子六月，方欲入美，而義和團變已大起，內地消息，風聲鶴唳，一日百變。已而屢得內地函電，促歸國，遂回馬首而西，比及日本，已聞北京失守之報。七月急歸滬，方思有所效，抵滬之翌日，而漢口難作，唐、林、李、蔡、黎、傅(案謂唐才常、林圭、李炳寰、蔡忠浩、黎科、傅良弼。)諸烈先後就義，公私皆不獲救。"所説"漢口難作"，是指唐才常獨立軍失敗的事。尚秉和《辛壬春秋》説："初，康有爲之至日，湖南黨人唐才常，亦赴東京謁有爲，有爲欲煽動哥老會起兵，復皇帝政權，命才常反滬，創設中國獨立協會，有爲亦自海外募巨資來港。既而聞哥老會與孫文有隙，厚賕之，其首領遂與唐才常等合，密謀爲變，而以漢口爲樞紐。會二十六年，北京拳團亂，八國聯軍入都。遂欲乘隙起獨立軍，同時起事。狄楚賢任財政，容閎主外交，康有爲、梁啓超運籌海外，定十月朔大舉矣。未幾，事爲湖廣總督張之洞所聞，唐才常、林述唐、傅良弼、黎科，同被捕死。"據此，這次梁氏的回國，是爲了參加獨立軍的運動，所以他説"我行爲公義。"

〔九〕私仇如康有爲自編年譜説："汪穰卿告上海縣引捕役來大同局及卓如之家逮捕。"又説："卓如之鄉亦於十七日被圍，其遠族一孕婦墮孕而死，嗚呼慘哉！"又一八九八年十月七日《字林西報》載："康有爲要求英國保護梁啓超的戚屬……被捕者包括他的繼母、嬸母、叔父、兄弟、侄兒及其他二人。"

〔一〇〕楊復禮《梁任公年譜》引某君《任公事略》："戊戌夏月，與同人約曰：'吾國人不能捨身救國者非以家累，即以身累，我輩從此相約，非破家不能救國，非殺身不能成仁。'"這也可見他蓄意捨身救國的一斑。屈原《九歌》有《國殤》篇，洪興祖《楚辭補注》："謂死於國事者。"

〔一一〕雲宵就是天上，指死者，如云"在天之靈"。

〔一二〕《後漢書·左周黃傳論》："往車雖折，而來軫方遒。"軫就是車，遒是強勁的意思。

〔一三〕《漢書·韓信傳》："安能鬱鬱久居此乎。"鬱鬱是沈悶的意思。

東歸感懷〔一〕

極目中原暮色深,〔二〕蹉跎負盡百年心,〔三〕那將涕淚三千斛,〔四〕換得頭顱十萬金。〔五〕鵑拜故林魂寂寞,〔六〕鶴歸華表氣蕭森,〔七〕恩仇稠疊盈懷抱,〔八〕撫髀空爲梁父吟。〔九〕

〔一〕這是一九〇〇年六月梁氏自夏威夷東歸時所作的。
〔二〕案：這是指本年義和團起義,帝國主義聯軍入寇事。《清史稿·德宗紀》："五月,外軍攻大沽口……遂陷。六月,外兵襲天津,聶士成死之,天津陷。"
〔三〕這是說救國失敗。
〔四〕這是說憂國之深。
〔五〕《清史紀事本末》："光緒二十五年十一月,懸賞購拿康有爲、梁啓超。時聞海外各埠相率立保皇會,言者謂會中宗旨保皇帝不保太后,疑爲有爲等所立,電各國駐使出示禁止,復懸重賞購綫,緝拿有爲、啓超。啓超自日本遺書警鴻章,勿爲后黨作荆卿。逾年正月,命南洋閩浙廣東督撫,懸賞十萬兩,緝拿有爲與啓超。"梁氏另有紀事詩,也說："君看十萬頭顱價,遍地鉏麑欲嗜人。"可以知道他當時環境的險惡了。
〔六〕杜甫《杜鵑》詩："有竹一頃餘,喬木上參天,杜鵑暮春至,哀哀叫其間,我見常再拜,重是古帝魂。"案：這裏是以杜鵑比載湉,這時載湉被那拉氏幽於瀛臺,所以說"魂寂寞"。
〔七〕《搜神後記》："丁令威本遼東人,學道於靈虛山。後化鶴歸遼，集城門華表柱，時有少年舉弓欲射之，鶴乃飛，徘徊空中而言曰：'有鳥有鳥丁令威，去家千年今始歸，城郭如故人民非，何不學仙冢纍纍。'遂高上衝天。"張協詩："荒楚鬱蕭森。"蕭森是衰颯的意思。這句是比自己的歸國。

〔八〕恩仇就是上面《去國行》所說的君恩友仇。謝靈運詩："巖峭嶺稠叠。"稠叠就是重叠。

〔九〕《三國志·蜀書·先主傳》注引《九州春秋》："備住荆州數年，嘗於表坐起至厠，見髀裏肉生，慨然流涕。還坐，表怪問備，備曰：'吾嘗身不離鞍，髀肉皆消，今不復騎，髀裏肉生。日月若馳，老將至矣，而功業不建，是以悲耳。'"《三國志·蜀書·諸葛亮傳》："亮好爲《梁父吟》。"這句感嘆年華虛度，救國之志不遂。

劉荆州[一]

　　二千年後劉荆州,[二]雄鎮江黄最上游。[三]筆下高文蠹魚矢,[四]帳前飛將爛羊頭。[五]湖北洋操統領夫己氏者,[六]節度使所寵之俊僕也。[七]忍將國難供談柄,[八]敢與民權有夙仇。[九]聞説魏公加九錫,[一○]似君詞賦更無儔。[一一]

〔一〕案：劉荆州在題目上是説後漢末的劉表,《後漢書·劉表傳》説："劉表字景升,山陽高平人,魯恭王之後也。初平元年,詔書以表爲荆州刺史。"其實是影射當時的湖廣總督張之洞,因爲地域、官位和人物都差不多。張的簡歷已詳上文選《楊深秀傳》注。梁氏在所寫李鴻章的傳記裏説：張之洞是"浮華之人"，"常趨巧利"，又"虛憍、狹隘、殘忍、苛察"。他和梁氏本有關係,經過戊戌政變,就斷絶了。光緒二十六年庚子,那拉后將廢光緒,梁氏寫信責他附逆時説："閣下今日避啓超若將浼己,從前之交誼既已盡絶,非惟閣下絶啓超,抑啓超亦絶閣下也。"可以看出一個大概。後來張之洞又殘殺了自立會的志士,已略見上《留别梁任南》詩注。詩中的第六句就是指這一件事。詩末又説魏公加九錫當是指榮禄受賜,事在庚子閏八月到西安時,見《清史稿·德宗紀》和榮禄本傳。此推測如不誤,則此詩之作當在閏八月以後了。時爲一九○○年,梁氏二十八歲。他的《三十自述》説："庚子七月急歸滬,抵滬之翌日,而漢口難作。遂去適香港,渡南洋,道印度,遊澳洲,……"不能確定他作於什麼地方。

〔二〕漢獻帝劉協初平元年到光緒二十六年,只一千八百年左右,這裏是舉成數。

〔三〕江黃,清之黃州、九江兩府,泛指湖北等地。《清史稿·職官志》:"湖廣總督駐武昌。"所以説"雄鎮江黃最上遊"。

〔四〕《西京雜記》:"揚子雲曰:廊廟之下,朝廷之中,高文典册用相如。"案高文是説隆重的大著作。韓愈詩:"豈殊蠹書蟲,生死文字間。"案:蠹魚就是蠹書蟲。一名蟫。矢同屎。見《史記·廉頗藺相如列傳》。這裏是譏笑張之洞的大著作,咬文嚼字,陳辭濫調,不過如蠹魚的屎而已。

〔五〕《三國志·魏書·吕布傳》:"布便弓馬,膂力過人,號爲飛將。"案飛將是形容戰將的矯捷。《後漢書·劉玄傳》:"其所授官爵者,皆羣小賈豎,或有膳夫庖人,長安爲之語曰:'竈下養,中郎將;爛羊胃,騎都尉;爛羊頭,關内侯。'"案:這是譏笑張之洞的用人不當。

〔六〕《左傳》文公十四年:"終不曰公,曰夫己氏。"杜預注:"猶言某甲。"案:這是稱人的代詞,帶輕視的意味。

〔七〕節度使,是唐代外任大官名,專制一方,凡官屬、財政、軍隊等,都有自主之權。這裏是借來指張之洞湖廣總督的地位。俊僕是説長得漂亮的僕人。胡鈞《張文襄公年譜》光緒二十二年丙申(西曆一八九六年)二月設護軍營練洋操條下注説:"以奏調回鄂之護軍營更選募新兵,足兩營,曰護軍前營、護軍後營。以都司張彪、參將岳嗣儀管帶。募德將爲總教習。"這裏所説"所寵俊僕夫己氏",據傳説,是指張彪。

〔八〕《三國志·蜀書·先主傳》:"臣退惟寇賊不梟,國難未已。"案:國難是説國家大的危難。這裏大約是指庚子八國聯軍的事。高士奇《天禄識餘》:"近人以口實爲談柄,或云笑柄,非也；古人清談，多執麈尾，故有談柄之名。《傳燈錄》'栖雲寺大朗法師，每談論，手執松枝，以爲談柄'是也。"案：這句疑指張之洞的《抱冰堂弟子記》，內以雜談掌故之形式，攻訐戊戌變法、自立會諸志士，幸國難以矜己功。

〔九〕案：民權當是指自立會事，胡鈞《張文襄公年譜》說："光緒二十六年七月二十七日，於漢口破獲黨人機關。二十八日，新隄富有票匪起事，……分派軍隊嚴防剿辦。"張之洞《擒誅自立會匪頭目摺》說："會匪……乃大逆康有爲主使調度，其伙黨分占各省，其巢穴即在上海，於租界內設有國會總會。其會名曰自立會，其軍名曰自立軍，勾煽三江兩湖等處哥老會匪，定期七月二十九日，武昌、漢口、漢陽三處同時起事。先於二十七日訪有端倪，密飭員弁在漢口地方李慎德堂及寶順里內拿獲兩湖分會總匪首唐才常，匪首林圭、李虎生等三十餘名。當即將該匪首唐才常等二十名正法示儆。旋在嘉魚縣拿獲匪黨蔣國才，搜獲各匪口號名單，……係康有爲爲正龍頭，梁啓超爲副龍頭。……誅殛之期，當不遠矣。"這就是敢與民權有夙仇的事實。夙仇是說一貫仇恨。

〔一○〕案：魏公是說後漢的曹操，曹操於建安十八年五月，封魏公，又加九錫。見《三國志·魏書》。何休《公羊傳解詁》莊公元年"王使榮叔來錫桓公命"注說："禮有九錫：一曰車馬，二曰衣服，三曰樂則，四曰朱戶，五曰納陛，六曰虎賁，七曰弓矢，八曰鈇鉞，九曰秬鬯。"從前王莽奪取漢朝政權以前，曾先加九錫，曹操是仿傚王莽的。這裏大概是暗指那拉后的死黨，最反動的榮祿。據《清史稿·大學士年表》：榮祿自光緒二十二年四月，以兵部尚書協辦，一直到二十九年三月死，一直任大學士。大學士的地位，等於漢朝的丞相。加九錫是指榮祿在庚子年到西安受到那拉后賞賜的事。《清史稿》本傳説："聯軍入京，兩宫西幸，駐蹕太原，榮禄請赴行在，不許，命爲留京辦事大臣。已而詔詣西安，既至，寵禮有加，賞黄馬褂，賜雙眼花翎、紫韁。"

〔一一〕當光緒十八年李鴻章七十生日的時候，張之洞作了一篇壽文祝賀他，據説"運典切合時事"，後來有人彈劾他，還牽涉這件事，説他所做壽文，"極意諛頌"。這裏是説像你這樣好文章是没有比得上的，想來聽見榮禄野心日益得逞，又要作文去奉迎獻媚了。

志未酬〔一〕

　　志未酬,志未酬,問君之志幾時酬?〔二〕志亦無盡量,酬亦無盡時。世界進步靡有止期,〔三〕吾之希望亦靡有止期。〔四〕衆生苦惱不斷如亂絲,〔五〕吾之悲憫亦不斷如亂絲。〔六〕登高山復有高山,〔七〕出瀛海復有瀛海。〔八〕任龍騰虎躍以度此百年兮,〔九〕所成就其能幾許?〔一〇〕雖成少許,不敢自輕,不有少許兮,多許奚自生。〔一一〕但望前途之宏廓而寥遠兮,〔一二〕其孰能無感於餘情。〔一三〕吁嗟乎,男兒志兮天下事,但有進兮不有止,言志已酬便無志。

〔一〕這一首是以詩的第一句作爲篇名的,古時的詩,往往如此。如《詩·風》的第一首叫《關雎》,《雅》的第一首叫《鹿鳴》,《頌》的第一首叫《清廟》,都是從首句得名的。酬是償的意思。據原集這詩和後面所選《自厲》兩首,都排在《澳亞歸舟雜興》詩之後,大約是同時所作,在一九〇一年的春夏之交。
〔二〕梁氏自庚子自立會起義失敗,辛丑四月由澳回日以後,自己説:"所志所事,百無一就。"所以有"志未酬"的感慨。
〔三〕梁氏自澳回日以後,新學方面,好像進了一步。這一年和下一年,介紹了不少的當時所謂新學説。如:霍布士、斯片挪莎、盧梭等學案,近世文明初祖二大家——倍根、笛卡兒和孟德斯鳩、邊沁、頡德等學説或傳略,研究達爾文的學説,也在這個時候。當時受影響最深的,當爲盧梭和達爾文兩人,這裏所説，大約是據達氏而言的。他在《論學術之勢力左右世界》一文中論達爾文説：「前人以爲黄金世界在於昔時，而末世日以墮落，自達爾文出，然後知地球人類，乃至一切事物，皆循進化之公理，日赴於文明；前人以爲天賦人權，人生而皆有自然應得之權利，及達爾文出，然後知物競天擇，優勝劣敗，非圖自强，則決不足以自立。達爾文者，實舉十九世紀以後之思想徹底而一新之者也。是故凡人類智識所能見之現象，無一不可以進化之大理貫通之，政治法制之變遷，進化也；宗教道德之發達，進化也；風俗習慣之移易，進化也。數千年之歷史，進化之歷史，數萬里之世界，進化之世界也。」

〔四〕梁氏《新民説・論進取冒險》説：「進取冒險之性質何物乎？……一曰生於希望。凡人生莫不有兩世界：其在空間者，曰實跡界，曰理想界；其在時間者，曰現在界，曰未來界。實跡與現在，屬於行爲，理想與未來，屬於希望，而現在所行之實跡，即爲前此所懷理想之發表；而現在所懷之理想，又爲將來所行實跡之券符。然則實跡者，理想之子孫，未來者，現在之父母也。故人類所以勝於禽獸，文明所以勝於野蠻，惟有希望故，有理想故，有未來故。希望愈大，則其進取冒險之心愈雄。……蓋丈夫之所以立於世者，莫不有第二之世界，以爲其歸宿之一故鄉，各懷希望以奔於無極之長途，此世運所以日進步也。」這文作於作詩的下一年，是這句的恰好注脚。

〔五〕《般若燈論》：「有情者續續生，故曰衆生。」《僧伽吒經》：「復有異人，曾受苦惱。」案：苦惱是説困苦懊惱。梁氏研究佛學始於十九歲，是受康有爲的影響。《三十自述》説：「辛卯，余年十九。南海先生……常爲語佛學之精奥博大。」

〔六〕悲憫是説憐憫衆生。這種以救世主自命而輕視羣衆的思想，和康有爲同一謬誤。

〔七〕梁氏《論進步》:"欲行遠者不可不棄其故步,欲登高者必離其初級,若夫有阻之者,則鑿榛莽以辟之,烈山澤以焚之。"也是以登山比喻進步的。

〔八〕《史記·孟子列傳》:"中國外,如赤縣神州者九……有裨海環之,……乃爲一州,如此者九,乃有大瀛海環其外。"

〔九〕盧照鄰文:"龍騰豹變。"案:這裏是説干大事業的人。

〔一〇〕古詩:"河漢清且淺,相去復幾許?"案:幾許就是幾何、多少;這裏是没有多少的意思。

〔一一〕《世説新語·賞譽》:"王懷祖以真率,少許便足對人多許。"案:少許就是一些、一點的意思。

〔一二〕符載文:"神機弘廓。"案:宏廓是廣大的意思,寥遠是深遠的意思。

〔一三〕《世説新語·文學》:"袁彦伯作《北征賦》,……攬筆益云:感不絶於余心,泝流風而獨寫。"

廣詩中八賢歌﹝一﹞

詩界革命誰歟豪？﹝二﹞因明鉅子天所驕，﹝三﹞驅役教典庖丁刀，﹝四﹞何況歐學皮與毛。﹝五﹞諸暨蔣智由觀雲。﹝六﹞君邃於佛學，尤好慈恩宗，因自號因明子。﹝七﹞東甌布衣識絶倫，﹝八﹞梨洲以後一天民，﹝九﹞我非狂生生自云，﹝一〇﹞詩成獨泣問麒麟。﹝一一﹞平陽宋恕平子。﹝一二﹞枚叔理文涵九流，﹝一三﹞五言直逼漢魏遒，﹝一四﹞蹈海歸來天地秋，﹝一五﹞西狩吾道其悠悠。﹝一六﹞余杭章炳麟太炎。﹝一七﹞義寧公子壯且醇，﹝一八﹞每翻陳語逾清新，﹝一九﹞嚙墨咽淚常苦辛，竟作神州袖手人。﹝二〇﹞義寧陳三立伯嚴。君昔贈余詩有"憑闌一片風雲氣，來作神州袖手人"之句。哲學初祖天演嚴，﹝二一﹞遠販歐鉛攙亞槧，﹝二二﹞合與莎米謂莎士比亞及米兒頓，皆歐洲近世大詩人也。爲鰈鶼，﹝二三﹞奪我曹席太不廉。﹝二四﹞侯官嚴復幾道。放言玩世曾皈庵，﹝二五﹞造物無計逃鎸鑱，﹝二六﹞曼歌花叢酒正酣，﹝二七﹞説經何時詩道南。﹝二八﹞湘鄉曾廣鈞重伯。﹝二九﹞君昔爲予畫扇，作齊詩圖，跋語云：任公好予所治齊詩圖，予之詩道南矣。其狂率類此。絶世少年丁令威，﹝三〇﹞選字穠俊文深微，﹝三一﹞佯狂海上胡不歸，﹝三二﹞故山猿鶴故飛飛。﹝三三﹞豐順丁惠康叔雅。﹝三四﹞君遂之節如其才，﹝三五﹞呼天不應歸去來，﹝三六﹞海枯石爛詩魂哀，吁嗟吾國其無雷。﹝三七﹞淮南吴保初彦復。﹝三八﹞君抗疏憂國事，不得達，棄官歸，且凍餓，厚禄故人書招之，不出山也。

〔一〕案：梁氏的朋友邱煒菱有《詩中八賢歌》，詠康有爲、黃遵憲等，末一人爲梁氏，詩云："神州俠士任公任，日對天地悲飛沉，傾四海水作潮音，廿世紀中誰知音。"見潘飛聲作的《在山泉詩話》。後來梁氏把它擴充，所以叫做廣，好像劉峻推廣朱穆的《絕交論》作《廣絕交論》一般。此詩據梁氏《飲冰室詩話》是在澳洲作，有些本子編在《澳亞歸舟詩》和《太平洋歌》的後面，是錯誤的。梁氏《三十自述》說："居澳半年。"他的離澳據《贈別鄭秋蕃》詩的自注，是在辛丑三月後，那末他的到澳，當在庚子十月前後，此詩必作於這六個月中，但不能確定爲庚子還是辛丑了。合集本題下寫"光緒二十七年"應當可信。

〔二〕詩界革命的說法，可參看前言和下《贈別鄭秋蕃》詩注。

〔三〕因明是蔣智由的別號，見下。《經典釋文》引向秀《莊子》注："墨家號其道理成者爲鉅子。"這裏是說偉大的人物。《漢書·匈奴傳》："胡者天之驕子也。""天所驕"就是天所驕寵的意思。

〔四〕據《飲冰室詩話》說："往在美洲，見《清議報》文苑有題因明子稿者，大心醉之。顧以爲夏穗卿作，蓋其理想魄力，無一不肖穗卿也。在澳洲作《廣詩中八賢歌》，首頌因明，而下注穗卿。及東還始知其誤，改正之。"但他所改只不過一個姓名，而詩中所講的事實，仍是屬於夏曾佑的，如這裏所謂"驅役教典"，全是夏的作風。庖丁刀見《莊子·養生主》："庖丁爲文惠君解牛，曰：'今臣之刀十九年矣，所解數千牛矣，而刀刃若新發於硎。彼節者有間，而刀刃者無厚，以無厚入有間，恢恢乎其於遊刃必有餘地矣。'"

〔五〕皮毛是比方淺薄。

〔六〕梁氏推其與黃公度、夏穗卿爲近世詩界三傑。

〔七〕慈恩宗是佛教宗派名。梁氏《論中國學術思想變遷之大勢》："慈恩宗以開祖爲慈恩故。唐貞觀三年玄奘三藏求法西行，孑身遍歷五印，得禮戒賢，盡受五大論、十支論，博通因明聲諸學。歸國以後，宏暢斯旨。玄奘高足窺基，號慈恩法師。悉受微言，妙達玄旨，於是述疏證義，確立宗規，本宗大成，實由於是。"這一宗是窮究萬法的性相，所以又名法相宗，中有《唯識論》，宣明萬法唯識的道理，所以也名唯識宗。《瑜伽師地論》："何因明處？謂於觀察義中諸所有事。"是印度古代學者所習五明的一種，相類於近世的論理學。

〔八〕東甌布衣是指宋恕。宋氏浙江平陽縣人，平陽在漢屬東甌，《寰宇記》："永嘉爲東甌。"

〔九〕梨洲是黃宗羲的別號。宗羲字太沖，浙江餘姚人。當明亡時，曾經舉義兵謀恢復，失敗後，隱居不出。著作很多，《明夷待訪錄》一書尤對清末革命思想有很大的影響。宋恕是研究黃氏學說的人。陳詩《宋徵君事略》說："先生……篤嗜顏習齋、黃梨洲二氏之說，曰：'顏近子夏，黃近子遊、孟子，世苟有以黃學爲體，顏學爲用者，則治平可基。'"《孟子・盡心上》："有天民者，達可行於天下，而後行之者也。"注："天民，知道者也。"

〔一〇〕《史記・酈食其列傳》："臣里中有酈生，年六十餘，長八尺，人皆謂之狂生，生自謂我非狂生。"

〔一一〕《孔叢子》："叔孫氏之車子鉏商，樵於野而獲麟焉，衆莫之識，以爲不祥。夫子往觀焉，泣曰：'麟也！麟出而死，吾道窮矣。'乃歌曰：'唐虞世兮麟鳳遊，今非其時兮來何求？麟兮麟兮吾心憂。'"案：《清議報・文苑》中，有署名"獨泣問麒麟客"者，當是宋平子的筆名，所以這裏這樣說。

〔一二〕《宋徵君事略》："字平子，原名恕，後慕張平子之爲人，易名衡。幼而敏慧,耽書篤志,既壯,著《卑議》四篇,有似王符、仲長統之言。光緒二十九年,詔開經濟特科,歸安朱少宗伯祖謀疏薦於朝,不赴。旋遊日本,越歲乃還。年四十有九……没。……有《六齋有韻無韻文集》。"馬敍倫《平陽宋君別傳》:"初名存禮……以諸生主講南北學校。"章炳麟文:"平子性奇傀,治瑜伽梵方之學,知微者莫如平子。"

〔一三〕枚叔,章炳麟的字。《漢書·藝文志·諸子略》儒、道、陰陽、法、名、墨、縱橫、雜、農、小説凡十流,去小説稱九流。《後漢書·張衡傳》:"劉向父子領校秘書,閲定九流。"章炳麟《菿漢微言》:自序"少時治經,謹守樸學。雖嘗博觀諸子,略識微意,亦隨順舊義耳。遭世衰微,不忘經國,尋求政術,歷覽前史,獨於荀卿、韓非所説爲不可易。繼閲佛藏,涉獵《華嚴》《法華》《涅槃》諸經,義解漸深,卒未闚其究竟。及囚繫上海,三歲不覿,專修慈氏世親之書。從入之途,與平生樸學相似,易於契機。解此以還,乃達大乘深趣。既出獄,東走日本,盡瘁光復之業。鞅掌餘閒,旁及彼土所譯希臘、德意志哲人之書。……却後爲諸生説《莊子》……而釋《齊物》,乃與《瑜伽》《華嚴》相會。……頃來重繹莊書,……凡古近政俗之消息,社會都野之情狀,華梵聖哲之義諦,東西學人之所説,……余操'齊物'以解紛,明'天倪'以爲量,割制大理,莫不孫順。"可以見他"涵九流"的大概。

〔一四〕章炳麟《國故論衡·辨詩》:"自《商頌》以來,歌詩失紀,未有如今日者也!物極則變,今宜取近體一切斷之;古詩斷自簡文以上;唐有陳張杜李之徒,稍稍删節其要,足以繼風雅,盡正變。"他的作詩宗旨是如此。論文則非常推崇魏晉,在《論式》裏説:"雅而不核,近於誦數,漢人之短也!廉而不節,近於彊鉗;肆而不制,近於流蕩;清而不根,近於草野,唐宋之過也！有其利無其病者，莫若魏晉！"這裏所稱，不過泛論罷了。

〔一五〕《史記·魯仲連列傳》："連有蹈東海而死耳。"這裏是借來比方章炳麟因爲反清入獄，被釋後避往日本的事。魯仲連要"蹈海"是爲了"義不帝秦"，此也隱寓炳麟不帝清之意。"天地秋"是指庚子八國聯軍入寇事。

〔一六〕案：《清議報·文苑》有署名"西狩"者，當爲炳麟當時所用筆名，蓋以"西狩獲麟"隱寓"炳麟"的"麟"字，並暗寓我道不行之意。或以爲指那拉后、光緒帝在庚子年逃往西安事，但炳麟爲反清最烈的人，不應對他這樣説罷？

〔一七〕章炳麟字枚叔，因崇拜顧炎武，炎武初名絳，也曾改名絳。又字太炎。浙江餘杭人。富於民族思想。清光緒間，先後任《時務》《昌言》等報撰述。以言論激烈，避禍臺灣，又避日本。一九〇二年，在東京發起中夏亡國二百四十二年紀念會來紀念亡明，鼓吹反清。不久回國，創愛國學社於上海，宣傳革命，斥清王朝爲建虜，被逮下獄。釋出後，復到日本，加入同盟會。民國後，袁世凱任以顧問、籌邊使等職來羈縻他，及將稱帝，他不爲用，復被幽禁。袁死得釋。講學各地，晚寓蘇州。一九三六年卒。

〔一八〕義寧公子指陳三立，字伯嚴。《飲冰室詩話》説："陳伯嚴吏部，義寧撫軍之公子也。與譚瀏陽齊名，有兩公子之目。義寧湘中治績，多其所贊畫。"案：義寧撫軍指三立的父親陳寶箴，寶箴江西義寧州人，戊戌政變前任湖南巡撫，故稱義寧撫軍。詳上文選《譚嗣同傳》。

〔一九〕《石遺室詩話》："散原（三立號）爲詩，不肯作一習見語。於當代能詩鉅公，嘗云某也紗帽氣，某也館閣氣，蓋其惡俗惡熟者至矣。然其佳處可以泣鬼神、訴真宰者，未嘗不在文從字順中也。"《飲冰室詩話》:"陳伯嚴……其詩……醲深俊微,吾謂於唐宋人集中罕見倫比。"著有《散原精舍詩文集》等。

〔二〇〕《史記·孟子列傳》:"以爲儒者所謂中國者,於天下乃八十一分居其一分耳,中國名曰赤縣神州,赤縣神州内自有九州,禹之序九州是也。"元好問詩:"世事今歸袖手看。"案:此翻三立贈詩之意。是説他自從戊戌政變被黜以後,只能嚙墨咽淚寫着感慨的詩,這樣一個熱愛祖國的人,只能袖着手坐看祖國的變化了。

〔二一〕近人王栻《嚴復論》:"一八九五——一八九八年,嚴復所陸續發表的論文,使他成爲被全國注意的人物,但當時影響最大……的,是他所翻譯的……《天演論》。《天演論》原書名《進化與倫理》,是英國生物學家赫胥黎的論文集。嚴復選譯其中前二篇,簡稱爲《天演論》。可以説,進化論之輸入中國,是從嚴復開始的。嚴復之翻譯《天演論》……目的是要運用進化論所謂'物競天擇,適者生存'的基本原理,向全國人士敲起祖國危亡的警鐘。"

〔二二〕《西京雜記》:"揚子云好事,常懷鉛提槧,從諸計吏,訪殊方絶域四方之語,以爲裨補輶軒所載。"案:槧是木片,又叫做牘;鉛是鉛粉筆,用來修改誤字;多是著作時所需要的工具。這裏是説他翻西文成中文。

〔二三〕莎士比亞是英國第一流戲劇家。少年時代傳説曾做過伶人和詩人。一五八七年到倫敦。一五九二年起,在張柏林戲院當演員,又和青年伯爵薩穰普頓相往來,把生平第一次所作的詩歌投贈,名譽頓起。不到十多年就成了英國最著名的戲劇家和詩人了。一六一二年,還鄉隱居,隔了四年就死去了。米兒頓是英國的大詩人。在莎士比亞死前八年誕生於倫敦。學於劍橋大學,少壯時代已寫了不少名作。一六三八年,旅行意大利。歸國後,投身於政治的論爭,反抗暴政,擁護共和的理論。一六五二年,失明。晚年非常貧困,偉大的敍事詩——《失樂園》就是作於此時的。《爾雅·釋地》:"東方有比目魚焉,不比不行,其名謂之鰈。南方有比翼鳥焉,不比不飛,其名謂之鶼鶼。"這裏借用爲並駕齊驅的意思。

〔二四〕《梁書·朱异傳》:"年二十,詣都,尚書令沈約面試之,因戲异曰:'卿年少,何乃不廉?'异逡巡未達其旨,約乃曰:'天下惟有文義棋書,卿一時將去,可謂不廉也。'"

〔二五〕䭲庵是曾廣鈞的別號。黃遵憲有贈他的詩説:"上接孟荀驂論縱,旁通騷賦楚歌狂。"又有懷他的詩説:"籠人意氣談天口。"可以説明這裏的"放言玩世"四個字。

〔二六〕宋無詩:"鐫鑱物象危。"鐫是鑿,鑱是刺,這裏是説他的詩筆鋒利,就是天帝那末偉大神化,也逃不了它的刻畫的。

〔二七〕曼歌即長歌。花叢大約是指妓寮。醰,酒味長也。音 tán。

〔二八〕《後漢書·鄭玄傳》:"入關,事扶風馬融;及將歸,融喟然謂門人曰:'鄭生今去,吾道東矣。'"

〔二九〕陳衍《近代詩鈔》:"曾廣鈞字重伯,號䭲庵。湖南湘鄉人。光緒己丑進士。官廣西知府。有《環天室詩集》。"

〔三〇〕丁令威本來是仙人的姓名,這裏是借指丁叔雅惠康。

〔三一〕《飲冰室詩話》:"丁叔雅户部,雨生中丞子也,卓犖有遠志,憂國如痗,而詩尤以神味勝。"

〔三二〕陳衍《石遺室詩話》:"叔雅家有園林,富藏書,旁及書畫金石瓷器,皆足雄視一時,而皆棄不顧。一身流轉江湖,若窮士之飄泊無依者。"

〔三三〕孔稚珪《北山移文》:"蕙帳空兮夜鶴怨,山人去兮曉猿驚。"

〔三四〕《石遺室詩話》:"丁惠康字叔雅,廣東豐順人。邑諸生,官分部主事。"

〔三五〕君遂，吳保初的號。《飲冰室詩話》："吳君遂刑部，武壯公長慶子也，以氣節聞一時，其詩肖其爲人。"康有爲《吳彥復墓誌》："光緒之季，郎曹有二公子：爲潮陽丁惠康叔雅，廬江吳保初彥復，並以文學才節顯聞於世。然皆不得志，行吟澤畔，一發於詩。"

〔三六〕《飲冰室詩話》："君遂……丁酉抗疏陳時事，請變法，格不得達，浩然掛冠歸。"陶潛有《歸去來辭》。

〔三七〕無雷，似指沒有震聾發聵的作用。

〔三八〕陳衍《吳保初傳》："吳保初，安徽廬江人也。字彥復，一字君遂。清故提督長慶次子，以蔭補主事。"又《近代詩鈔》："吳保初有《北山樓集》。"

贈別鄭秋蕃兼謝惠畫

辛丑三月澳洲作[一]

魯屠漆室泣,[二]周蠢嫠緯悲,[三]謀國自有肉食輩,[四]干卿甚事,胡乃長歎而累欷?[五]覆巢之下無完卵,[六]智者怵惕愚者嬉,[七]天下興亡各有責,[八]今我不任誰貸之?[九]吾友滎陽鄭秋子,[一〇]志節卓犖神嶔崎,[一一]熱心直欲爐天地,[一二]視溺己溺飢己飢。[一三]少年學書更學劍,[一四]顧盼中原生雄姿,[一五]此才不學萬人敵,[一六]大隱於市良自嗤。[一七]一槎渡海將廿載,[一八]縱橫商戰何淋漓,[一九]眼底騈羅世界政俗之同異,[二〇]腦中孕含廿紀思想之瑰奇。[二一]青山一髮望故國,[二二]每一念至魂弗怡,不信如此江山竟斷送,[二三]四百兆中無一是男兒。[二四]去年堯臺頒衣帶,[二五]血淚下感人肝脾,義會不脛走天下,[二六]日所出入咸聞知。[二七]君時奮臂南天隅,[二八]毀家紓難今其時,[二九]悲歌不盡銅駝淚,[三〇]魂夢從依敬業旗。[三一]誓拯同胞苦海苦,[三二]誓答至尊慈母慈,[三三]不願金高北斗壽東海,[三四]但願得見黃人捧日、崛起大地,而與彼族齊驅馳。[三五]我渡赤道南,[三六]識君在雪黎,[三七]貌交淡於水,[三八]魂交濃如飴。[三九]風雲滿地我行矣,[四〇]壯別寧作兒女悲,知君有絕技,[四一]餘事猶稱老畫師。[四二]君畫家法兼中外,[四三]蹊徑未許前賢窺;[四四]我昔倡議詩界當革命,〔四五〕狂論頗頷作者頤。〔四六〕吾舌有神筆有鬼,〔四七〕道遠莫致徒自嗤;〔四八〕君今革命先畫界,術無與併功不訾。〔四九〕我聞西方學藝盛希臘,〔五〇〕實以繪事爲本支,〔五一〕爾來蔚起成大國,〔五二〕方家如鯽來施施。〔五三〕君持何術得有此,方駕士蔑凌頗離,英人阿利華士蔑,近世最著名畫師也。希臘人頗離奴特,上古最著名畫師也。〔五四〕一縑脱稿列梳會,〔五五〕君嘗以所畫寄陳博覽會,評賞列第一云。博覽會西名曰益士彼純,又名曰梳。萬歐謂歐羅巴人也。嘖嘖驚且咍,〔五六〕乃信支那人士智力不讓白晳種,〔五七〕一事如此他可知。我不識畫却嗜畫,悉索無饜良貪癡,五日一水十日石,〔五八〕君之惠我無乃私。棱棱神鷹兮歷歷港嶼,〔五九〕君所贈余畫,一爲飛鷹搏鴉圖,一爲雪港歸舟圖,皆君得意之作也。雪黎港口稱世界第一,畫家喜畫之,而佳本頗難。〔六〇〕繚以科葛米訥兮藉以蘆絲,〔六一〕西人有一種花名曰科葛米納,意言勿忘我也,吾譯之爲長毋相忘花。蘆絲即玫瑰花。君所贈畫,雜花烘繚,穠豔獨絶。畫中之理吾不解,畫外之意吾領之。君不見鷙鳥一擊大地肅,〔六二〕復見天日掃霧翳,〔六三〕山河錦綉永無極,〔六四〕爛花繁錦明如斯;又不見今日長風送我歸,〔六五〕欲別不別還依依,〔六六〕桃花潭水兮情深千尺,〔六七〕長毋相忘兮攀此繁枝。〔六八〕君遺我兮君畫,我報君兮我詩,畫體維新詩半舊,五雀六燕慚轉滋。〔六九〕媵君一語君聽取,〔七〇〕人生離別尋常耳,桑田滄海有時移,男兒肝膽長如此,〔七一〕國民責任在少年,君其勉旃吾行矣。〔七二〕

〔一〕鄭秋蕃爲澳大利亞雪黎市的中國僑商,是維新會中人。《三十自述》説:"庚子七月抵滬之翌日,而漢口難作,留滬十日遂去。適香港,渡南洋,遂道印度,遊澳洲,應彼中維新會之招也。居澳半年,由西而東,環洲歷一周而還,辛丑四月後至日本。"此詩自注辛丑三月澳洲作,那是將要離澳的時候。辛丑是公曆一九○一年,他二十九歲。澳洲是大洋洲中最主要的大陸,在南半球太平洋和印度洋的中間。

〔二〕案劉向《列女傳》說:"魯漆室邑之女,過時未適人,倚柱而嘯。其鄰婦謂曰:'何嘯之悲也,子欲嫁耶?'女曰:'我憂魯君老,太子幼。夫魯國有患者,君臣父子皆被其辱,婦人獨安所避乎?'"《韓詩外傳》說:"魯監門之女嬰,相從績,中夜而泣涕。其偶曰:'何謂而泣也?'嬰曰:'吾聞衛世子不肖,所以泣也。'"案:漆室女嘯而未泣。梁所謂"泣",大約是涉女嬰事而錯誤的。

〔三〕周螽見上《去國行》注第十五條。《左傳》昭公二十四年:"嫠不恤其緯而憂宗周之隕,爲將及焉。"杜注:"嫠,寡婦也。織者常苦緯少,寡婦所宜憂。"案:緯是織橫絲。傳的意思是說寡婦不憂她的緯少,而憂國家的亂亡,禍將及到自己身上。

〔四〕《左傳》莊公十年:"齊師伐我,公將戰。曹劌請見,其鄉人曰:'肉食者謀之,又何間焉。'劌曰:'肉食者鄙,未能遠謀。'"肉食指在位食祿的人。

〔五〕馬令《南唐書·馮延巳傳》:"元宗樂府詞云'小樓吹徹玉笙寒',延巳有'風乍起,吹皺一池春水'之句,皆爲警策。元宗嘗戲延巳'吹皺一池春水,干卿何事?'""干卿甚事"就是關你什麼事。《玉篇》:"欷,悲也,泣餘聲也。"

〔六〕見上《去國行》注第九條。

〔七〕怵惕,驚動的意思。

〔八〕顧炎武《日知錄》:"有亡國,有亡天下。易姓改號,謂之亡國;仁義充塞,而至於率獸食人,人將相食,謂之亡天下。保國者,其君其臣,肉食者謀之;保天下者,匹夫之賤,與有責焉耳矣。"

〔九〕貸和貣同。《説文》:"貣,從人求物也。"

〔一〇〕滎陽是鄭姓的族望。秋子二字各本無,依別鈔本添。

〔一一〕卓犖,特出的意思。嶔崎,高峻的意思。

〔一二〕賈誼《鵩鳥賦》:"天地爲爐兮造化爲工。"案:梁氏的朋友韓孔廣詩有此句,或梁氏用他的。

〔一三〕《孟子·離婁下》:"禹思天下有溺者,由己溺之也,稷思天下有飢者,由己飢之也。"

〔一四〕《史記·項羽本紀》:"項籍少時,學書不成,去學劍,又不成,項梁怒之。籍曰:書足以記姓名而已;劍,一人敵,不足學。學萬人敵。"

〔一五〕《三國志·蜀書·諸葛亮傳》:"雄姿傑出。"

〔一六〕見上。

〔一七〕王康琚詩:"大隱隱朝市。"《太平御覽》引王隱《晉書》:"鄧粲曰:'夫隱之爲道,朝亦可隱,市亦可隱,隱初在我,不在乎人。'"

〔一八〕案:此用《荊楚歲時記》"張騫使大夏尋河源乘槎"的故事,比鄭的出國渡海。

〔一九〕資本主義國家在國外爭奪市場,激烈得好像戰爭一樣,因此有商戰的名稱。

〔二〇〕《楚辭》:"駢羅兮列陳。"駢羅就是羅列的意思。

〔二一〕瑰有怪和偉的意思。

〔二二〕蘇軾詩:"杳杳天低鶻沒處,青山一髮是中原。"

〔二三〕陸游詩:"如此江山坐付人。"韓愈詩:"斷送一生惟有酒。"斷送是棄絕的意思。

〔二四〕陳師道《後山詩話》:"花蕊夫人誦其國亡詩曰:'……十四

萬人齊解甲，寧無一個是男兒。'"

〔二五〕案《史記·五帝本紀·正義》引《括地志》說："故堯城在濮州鄄城縣東北十五里。《竹書》云：'昔堯德衰，爲舜所囚也。'"這裏梁氏比光緒的幽囚，則應作堯城而不應作堯臺。考《山海經·海內北經》說："帝堯臺……在崑崙東北。"郭璞注："此蓋天子巡狩所經過，夷狄慕聖人恩德，共爲築立臺觀，以標顯其遺跡。"又《初學記》引《始興記》云："含洭縣有堯山，堯巡狩至於此，立行臺也。"都和幽囚無關。康有爲《戊戌八月國變記事詩》也說"堯臺悼聖躬"，蓋康先誤用而梁氏承之。庾信《哀江南賦》："竟遭夏臺之禍，終視堯城之變。"或用此而涉誤的。

〔二六〕義會指維新會。《劉子·薦賢章》："玉無翼而飛，珠無脛而行。"今凡不待推行而能迅速傳佈的事物，就叫不脛而走。

〔二七〕《隋書·屬國傳》："大業三年，遣使朝貢，其國書曰：'日出處天子致書日沒處天子無恙。'"這裏是說整個世界。

〔二八〕南天就是南方。

〔二九〕《左傳》莊公三十年："鬭穀於菟爲令尹，自毀其家，以紓楚國之難。"毀家就是破產，紓是緩的意思，難是患難，紓難就是救國。

〔三〇〕《晉書·索靖傳》："靖有先識遠量，知天下將亂，指洛陽宮門銅駝嘆曰：會見汝在荊棘中耳。"

〔三一〕詳上文選《六君子傳·楊深秀傳》注。戊戌政變後，很多人把那拉氏比作武則天，如康有爲《戊戌國變紀事詩》："更無敬業卒，空討武曌文。"黃遵憲《七用前韻》詩："夢鸚終悔臨朝武。"所以這裏也說希望有徐敬業這種人，來討伐今天的武曌。

〔三二〕《法華經·壽量品》："我見諸衆生，没在於苦海。"

〔三三〕帝制時代稱皇帝叫做"至尊",這裏是指載湉。"慈母慈"是贊美載湉像慈母般慈愛。

〔三四〕《新唐書·尉遲敬德傳》:"王曰:'公之心如山岳然,雖積金至斗,豈能移之。'"《古泉匯》:"厭勝吉語中有錢一種,面背方牌內有福如東海,壽比南山字,兼繪人與山海形。"案:明劉基《誠意伯集》有《壽山福海圖歌》,壽比南山見《南史》。

〔三五〕《太平御覽》引《符瑞圖》:"日二黃人守者,外國人方自來降。"案崔豹《古今注》作"政治和平,則黃人守日"。

〔三六〕赤道爲地球表面上距離南北極相等的各點連結而成的大圈,分地球爲南北二半球。澳洲在南半球已見上。

〔三七〕雪黎今譯悉尼,吾國華僑習慣上稱作雪黎港。在澳大利亞約克遜港內,是新南威爾士的首邑。

〔三八〕《禮記·表記》:"君子之接如水,小人之接如醴,君子淡以成,小人甘以壞。"

〔三九〕飴就是麥芽糖。案:這兩句雖本《禮記》,意思却改變了。

〔四〇〕這個時候,帝俄侵略滿洲,要挾訂約,八國聯軍的和約還在擱淺之中,戰事有隨時觸發的可能,所以說"風雲滿地"。

〔四一〕"絕技"是特別的技能,見潘岳《射雉賦》。

〔四二〕杜甫詩:"酒後常稱老畫師。"

〔四三〕專門的學問,師弟授受,自成一個派系的,叫做家法。

〔四四〕"蹊徑",這裏是說學問的門徑。

〔四五〕梁氏《夏威夷遊記》:"余雖不能詩,然嘗好論詩:以爲詩之境界,被千餘年來鸚鵡名士占盡矣。雖有佳章佳句,一讀之,似在某集中曾相見者,是最可恨也。故今日不作詩則已,若作詩,必爲詩界之哥倫布、瑪賽郎然後可。欲爲詩界之哥倫布、瑪賽郎,不可不備三長:第一要新意境,第二要新語句,而又須以古人之風格入之,然後成其爲詩。不然,如移木星、金星之動物以實美洲,瑰偉則瑰偉矣,其如不類何。若三者具備,則可以爲二十世紀支那之詩王矣。宋明人善以印度之意境語句入詩,有三長具備者,如:東坡之'溪聲便是廣長舌,山色豈非清静身''夜來八萬四千偈,他日如何舉似人'之類,真覺可愛。然此境至今日,又已成舊世界,今欲易之,不可不求之於歐洲。歐洲之意境語句,甚繁富而瑋異,得之可以陵轢千古,涵蓋一切,今尚未有其人也。"這是梁氏詩界革命主張的大概。

〔四六〕郭璞詩:"洪崖頷其頤。"李商隱詩:"言訖屢頷天子頤。"頷頤就是點頭。

〔四七〕朱國禎《涌幢小品》:"王弇州不善書,好談書法,其言曰:'吾腕有鬼,吾眼有神。'"

〔四八〕張衡《四愁詩》:"路遠莫致倚惆悵。"

〔四九〕李商隱詩:"功無與讓恩不訾。"不訾即無限。

〔五〇〕希臘在伯里克理斯時代爲學藝極盛的初期,自伯里克理斯死後,希臘學藝還繼續發皇了整整六十年,前後共約一百年爲希臘學藝的黄金時代。

〔五一〕希臘繪畫家自從發明木版畫以後,得到羣衆的喜愛,大家可以把美麗的畫圖來裝點住屋,因此藝術受到鼓勵,繪畫的進步,就有一日千里之勢。同時影響到建築和雕刻等各方面。當時雅典名畫家亞帕羅多拉斯發現透視畫法的原則,以哲學家柏拉圖的重望來反對它,但也不能阻止這種新法的最後勝利,可以知道繪事影響之大了。

〔五二〕蔚是文采很盛的意思,見《漢書・敍傳》注。大國是比方繪畫成爲一種獨特偉大的藝術。

〔五三〕《莊子・秋水》:"見笑於大方之家。"方是法的意思,後人因謂某種有學問的人叫做方家。"來施施"見《詩・王風・丘中有麻》。施施是舒行的意思。

〔五四〕"方駕"是不相上下的意思。阿利華士蔑,不詳。頗離奴特,今譯坡留格諾托斯。前五世紀的希臘大畫家。生於塔索斯島,移居雅典。他的繪畫多半是屬於英雄的事蹟,只用黑白赤黄四色,沒有陰影,也沒有體肉,只是嚴格的綫描,却很能於精神的表現獲得成功。

〔五五〕"脱稿"本是説文章寫成,這裏借説畫稿完成。

〔五六〕"哈"是快樂的意思。

〔五七〕《左傳》昭公二十六年:"有君子白晳。"案:這裏是指白種人。晳應作皙,《説文》:"皙,人色白也。"

〔五八〕杜甫《戲題王宰畫山水圖歌》:"十日畫一水,五日畫一石,能事不受相促迫,王宰始肯留真跡。"

〔五九〕棱棱見鮑照《蕪城賦》。本來是説霜威,這裏是形容鷹的威棱。

〔六〇〕雪黎港是澳大利亞第一大都會,形勢天成,風景極好,並且又是澳洲工商業和海陸要道的中心。

〔六一〕《漢書·敍傳》:"繚以周垣。"注:"繚,繞也。"屈原《九歌·東皇太一》:"蕙肴蒸兮蘭藉。"藉是襯的意思。

〔六二〕《史記·酷吏列傳》:"以鷹擊毛鷙爲治。"《集解》:"鷙鳥將擊,必張毛羽也。"

〔六三〕《玉篇》:"雰,霧氣也。"翳,遮蔽的意思。

〔六四〕《爾雅·釋訓》:"子子孫孫引無極也。"史遊《急就章》:"長樂無極。"

〔六五〕見上《太平洋歌》注第四十三條。

〔六六〕《楚辭》王逸《九思·傷時》:"志戀戀兮依依。"依依是思慕的意思。

〔六七〕李白《贈汪倫》詩:"桃花潭水深千尺,不及汪倫送我情。"

《明一統志》:"桃花潭在寧國府涇縣西南一百里,深不可測。"案:涇縣在安徽省。

〔六八〕繁枝,多枝條的意思。

〔六九〕《九章算術·方程》:"今有五雀六燕,集稱之衡,雀俱重,燕俱輕;一雀一燕交而處,衡適平。併燕雀重一斤。問燕雀一枚,各重幾何?"這裏以"五雀"喻鄭畫,以"六燕"喻己詩,表示自謙的意思。

〔七〇〕媵本義是陪嫁的人,這裏作贈送意。

〔七一〕《史記·淮陰侯列傳》:"輸肝膽。"這裏指愛國的熱誠。

〔七二〕《詩·唐風·采苓》:"舍旃舍旃。"《廣雅》:"旃,之也。"勉旃就是勉之的意思。

自厲二首〔一〕

平生最惡牢騷語,作態呻吟苦恨誰。〔二〕萬事禍爲福所倚,〔三〕百年力與命相持。〔四〕立身豈患無餘地,報國惟憂或後時。未學英雄先學道,肯將榮瘁校羣兒。〔五〕

〔一〕案:這詩乙丑重編本排在《澳亞歸舟雜興》詩的後面,《澳亞歸舟贈小畔四郎》詩的前面,那末一定也作於澳亞歸舟中的。《三十自述》說:"辛丑四月,復至日本。"據此,這詩是作於辛丑年春夏間的。《梁任公年譜稿》則說作於返日後,那末是四月以後了。厲是勸勉的意思,《漢書·儒林傳》:"以厲賢材焉。"和勵同。

〔二〕呻吟是痛苦的聲音。

〔三〕《老子》:"禍兮福之所倚。"

〔四〕《列子·力命》:"力謂命曰:'若之功,奚若我哉?'命曰:'汝奚功於物而欲比朕。'力曰:'壽夭、窮達、貴賤、貧富,我力之所能也。'"梁氏《子墨子學說》第三節《非命》:"明夫天演公例者,必不肯棄自力於不用,而惟命之從也。"案:這裏是說人生百年中應該用自己的力量和命運鬥爭。

〔五〕榮瘁就是榮枯的意思。

獻身甘作萬矢的,〔一〕著論求爲百世師,〔二〕誓起民權移舊俗,更研哲理牖新知。〔三〕十年以後當思我,〔四〕舉國猶狂欲語誰？〔五〕世界無窮願無盡，海天寥廓立多時。

〔一〕梁氏《與上海某某等報館主筆書》："……使鄙人而能忘中國者，則隨波逐流，自枉所見，迎合社會心理，而月賣文數萬言以自活，則亦何處不得區區齋鹽為送老之具者，則舉國亦可以忘我，而相忌之言亦可以永息矣。無奈稟賦之受之於天者，不能自制，欲餔糟啜醨而盡然有所不能自安於其心，故常以一身為萬矢之的而不悔也。"可作這句注腳。

〔二〕《孟子》："聖人百世之師也。"

〔三〕《詩》："天之牖民。"牖同誘，"牖民"就是誘導百姓。案：梁氏在這個時候正研究霍布士、盧梭民約的學說，本年先後作兩氏學案，而醉心盧梭更甚。詩中的前四句，隱隱地把盧梭來自比。

〔四〕案《盧梭學案》說："一千七百九十四年，法人念盧梭發明新學之功，改葬遺骸，又刻石肖像於日內瓦府。"這一句也是自比盧梭的。他在《與上海某某等報館主筆書》中也說："數年以後，無論中國亡與不亡，舉國行當思我耳。"

〔五〕《宋書·袁粲傳》："昔有一國，國中一水曰狂泉，國人飲此水，無不狂。唯國君穿井而汲，獨得無恙。國人既並狂，反謂國主之不狂為狂。"

自題新中國未來記〔一〕
選第二首

　　却横西海望中原,〔二〕黄霧沈沈白日昏。〔三〕萬壑豕蛇誰是主?〔四〕千山魑魅闃無人。〔五〕青年心死秋梧悴,老國魂歸蜀道難。〔六〕道是天亡天不管,〔七〕竭來予亦欲無言。〔八〕

〔一〕《新中國未來記》是一九〇二年梁氏所作的一篇理想的政治小説。他在緒言裏説:"此編月出一册,册僅數回,非亘數年,不能卒業。"但現在所存,只有四回,蓋尚未完成之作。宗旨在推行盧梭所主張的聯邦民主制理想。這詩共兩首,原插在小説第二回裏,假託是書中主人翁黄克强做的。

〔二〕這是説在日本西望祖國。

〔三〕這是比喻祖國在腐朽的清王朝統治下,整個是暗無天日。

〔四〕《左傳》定公四年:"吳爲封豕長蛇,以薦食上國。"杜注:"謂吳食害如蛇豕。"案這裏是比喻當時的所謂"列强"食害中國,已是"喧賓奪主"了。

〔五〕魑魅已見上《留別梁任南》詩第一首注。這是説當時的統治階級和奴才們的穢形醜態好像魑魅魍魎一般,已經是毫無人性了。《易·豐卦》:"闃其無人。"闃是静的意思。

〔六〕這裏是説青年人心灰意冷,好像秋後梧桐的憔悴,祖國復興的希望將如蜀道一般,有上天之難。《莊子·田子方》:"夫哀莫大於心死。"

〔七〕《史記‧項羽本紀》:"項王自度不得脫,謂其騎曰:'吾起兵至今八歲矣,身七十餘戰,未嘗敗北,然今卒困於此,此天之亡我,非戰之罪也。'"
〔八〕曷來已見上《太平洋歌》注第五十九條。《論語‧陽貨》:"予欲無言。"

愛國歌四章〔一〕

泱泱哉!〔二〕吾中華。最大洲中最大國,〔三〕廿二行省爲一家。〔四〕物産腴沃甲大地,天府雄國言非夸。〔五〕君不見,英日區區三島尚崛起,〔六〕況乃堂喬吾中華。〔七〕結我團體,振我精神,二十世紀新世界,雄飛宇内疇與倫。〔八〕可愛哉!吾國民。可愛哉!吾國民。

〔一〕此詩合集本題下寫"光緒二十九年",那末是作於一九〇三年的。梁氏《新大陸遊記》説:"癸卯正月廿三日啓程赴美,九月十二日,乘中國皇后船返亞洲,廿三日至橫濱。"癸卯就是一九〇三年,此詩作於美,還是作於日,已不可考。這一年梁氏三十一歲。

〔二〕泱泱見上《太平洋歌》注第七十條。

〔三〕最大洲謂亞洲。梁氏《亞洲地理大勢論》:"大哉亞細亞,問其面積,則占全世界陸地三分之一也。……若我中華,豈非亞細亞大陸之中心點而數千年來之主人哉。"又《中國地理大勢論》:"中國之面積,十五倍於日本;合歐洲列國如瑞典、那威、丹麥、奧大利、匈加利、德意志、瑞士、伊大利、荷蘭、比利時、法蘭西、西班牙、葡萄牙,其幅員僅足與我頡頏。中國者,名爲一國,實一洲也。"

〔四〕清代本分國内爲直隸、山東、山西、陝西、甘肅、河南、江蘇、浙江、安徽、江西、湖南、湖北、四川、福建、廣東、廣西、雲南、貴州十八省,後來又增置奉天、吉林、黑龍江、新疆等四省,共爲二十二省。

〔五〕《戰國策·秦策》:"田肥美,民殷富,戰車萬乘,奮擊百萬,沃野千里,蓄積饒多,地勢形便,此所謂天府。"案:天府就是形勝富饒的地方。梁氏《論支那獨立的實力與日本東方政策》:"歐洲人之言曰:'支那者世界之天府也。'"

〔六〕英國本土包括大不列顛和愛爾蘭(愛爾蘭是一九二一年獨立的,這時還沒有脱離。)兩部分,大不列顛又分爲英格蘭、蘇格蘭,所以他説三島,其實此外還有五百多小島。日本本土爲本州、九州、四國、北海道四個大島。這裏是混説。

〔七〕喬是美盛的意思。

〔八〕疇就是誰。

芸芸哉!〔一〕吾種族。黄帝之胄盡神明,〔二〕寖昌寖熾遍大陸。〔三〕縱横萬里皆兄弟,〔四〕一脈同胞古相屬。〔五〕君不見,地球萬國户口誰最多?四百兆衆吾種族。〔六〕結我團體,振我精神,二十世紀新世界,雄飛宇内疇與倫。可愛哉!我國民。可愛哉!我國民。

〔一〕《老子》:"夫物芸芸。"芸芸是盛多的意思。

〔二〕《子華子》:"昔者軒轅二十五宗,故黄祚衍於天下。"胄就是後代。見《左傳》襄公十四年注。神明就是天神。黄帝有乘龍登天成天神的神話,這樣説來,他的後代就爲天神的子孫了。

〔三〕《詩·魯頌·閟宫》:"俾爾熾而昌。"熾昌是興盛的意思。

〔四〕《論語·顔淵》:"四海之内,皆兄弟也。"

〔五〕張載《西銘》:"民吾同胞。"

〔六〕見上《太平洋歌》注。

彬彬哉！〔一〕吾文明。五千餘歲歷史古，〔二〕光焰相續何繩繩。〔三〕聖作賢述代繼起，〔四〕浸濯沈黑揚光晶。君不見，褐來歐北天驕驟進化，寧容久屙吾文明。結我團體，振我精神，二十世紀新世界，雄飛宇内疇與倫。可愛哉！我國民。可愛哉！我國民。

〔一〕《論語・雍也》："文質彬彬。"彬彬是文質完備的意思。
〔二〕我國正史託始於黃帝，黃帝時代相傳約當公元前二千七百年頃，距今約五千年以上。
〔三〕近人柳詒徵《中國文化史》："世界開化最早之國，曰巴比倫，曰埃及，曰印度，曰中國。比而觀之，中國獨壽。……以今日所傳書籍確有可稽者言之，據《書・堯典》，則應託始於西元前二千四百年；據龜甲古文，則作於西元前一千二百年；據《詩經》，則作於西元前一千一百年；至共和紀元以後，則逐年事實，皆有可考，是在西元前八百四十一年。漢唐而降，雖有異族入主之時，然以今日……言之，則女真、蒙古、滿洲諸族，皆吾中國之人。……並世諸國……較之，未有若吾國之多歷年所者也。"繩繩是不絕的意思，見《詩・周南・螽斯》朱熹注。
〔四〕《禮記・中庸》："父作之，子述之。"《韻會》："凡終人之事，纂人之言，皆曰述。"述是遵依前人的意思。

轟轟哉！〔一〕我英雄。漢唐鑿孔縣西域，〔二〕歐亞搏陸地天通。〔三〕每談黃禍豐且栗，〔四〕百年噩夢駭西戎。〔五〕君不見,博望定遠芳踪已千古,〔六〕時哉後起我英雄。〔七〕結我閉體,振我精神,二十世紀新世界,雄飛宇内疇與倫。可愛哉!我國民。可愛哉!我國民。

〔一〕文天祥詞:"要烈烈轟轟做一場。"轟轟是盛大的意思。

〔二〕《史記・大宛列傳》:"張騫鑿空。"《集解》:"蘇林曰:鑿空,開通也。騫始開通西域道也。"《漢書・張騫傳》顏師古注:"空,孔也,猶言始鑿其孔穴也。故此下言當空道而《西域傳》謂孔道也。"案:漢通西域開始於武帝劉徹時,原意在打擊和削弱匈奴。首先揭開這場歷史劇幕的人,就是劉徹手下的張騫。張騫第二次再出使西域,西域大部分都服屬了。到了東漢曾經中斷了六十五年,直至和帝劉肇的時候,竇憲大破匈奴,跟着班超重定了西域,五十多國都來朝貢,中國的聲威,達到了地中海的東海岸,這是從古所無的。至於唐代,在太宗李世民和他兒孫高宗李治、玄宗李隆基的時代裏,國威的隆盛,更是沒有倫比,單就西方的發展來講,高昌、龜茲、党項、吐谷渾、朱俱波、焉耆、疏勒、于闐、天竺、罽賓、吐蕃、康國、波斯、甘棠、泥婆羅、石等,都有朝貢、聘問的關係,通商的就更多了。

〔三〕梁氏《張博望班定遠合傳》:"秦漢之間,東西民族,皆已成熟,務伸權力於域外。羅馬帝國將興,而阿利安族文明將馳驟於地中海之東西岸,顧不能越葱嶺以求通於我國。據近世史家所考據,西域人呼希臘人曰'伊耶安',即'耶宛'之轉音,故大宛國者即大希臘國之一部也。蓋此地早為帕德利亞之希臘人所蔓延,《史記》載其俗與泰西古代多相類,蓋中國、希臘兩文明種之相接實起於是。是黃種人與阿利安種交通之起源也。又史稱烏孫本塞地也,大月氏西破走塞王,塞王南越懸度,大月氏居其地。塞種者,即今日西人所謂沁謨種,古代巴比倫人,猶太之所屬也。是黃種人與沁謨人交通之起源也。""定遠(班超封侯的稱號)之定西域,……是時羅馬方强,用兵於西亞細亞,屢破安息。中國日擴而西,羅馬日擴而東,上古世界兩大文明,幾相接觸,《後漢書・西域傳》所謂大秦即羅馬也。超既定西域,迨永元九年,又使部將甘英使大秦,臨大海欲度,而安息船人謂三月乃得度,亦有二歲者,乃止。"《國語・楚語》:"是謂絶地天通。"這裏是説如地天的可通。

〔四〕過去歐洲有些人懼怕黄色人種的逐漸强盛,將有蹂躪白色人種的危險,好像十三四世紀的蒙古人侵入歐洲一樣,叫做黄禍。還有一些陰謀家們以此來作侵略我國的借口,一九〇〇年八國聯軍之一的德帝國主義者,當進軍之前,就是這樣宣傳的。

〔五〕《周禮・春官・占夢》:"二曰噩夢。"鄭玄注:"杜子春云:噩當爲驚愕之愕,謂驚愕而夢。""西戎"這裏是指歐洲人。

〔六〕張騫,封博望侯,漢中人。班超,封定遠侯,扶風平陵人。梁氏有《張博望班定遠合傳》。芳踪是説前賢的遺跡。

〔七〕《論語・鄉黨》:"時哉時哉。"

聞英寇雲南俄寇伊犁感憤成作〔一〕

涕淚已消殘臘盡，〔二〕入春所得是驚心。〔三〕天傾已壓將非夢，〔四〕雅廢夷侵不自今。〔五〕安息葡萄柯葉悴，〔六〕夜郎蒟醬信音沈。〔七〕好風不度關山路，奈此中原萬里陰。

〔一〕案梁氏《中國前途之希望與國民責任》說："乃者俄兵壓蒙伊，英兵入片馬，法人乘之窺滇桂，旬日之間，三邊繹騷。"據乙丑重編本目錄，此文作於辛亥，辛亥爲清宣統三年，即公曆一九一一年。"繹騷"的事，即此題所云。據此文小序有"春寒"云云，與此詩開首兩句更爲符合，那末此詩是作於一九一一年春初的。合集本目錄此詩注光緒三十三年，是錯誤的。乙丑重編本排在《庚戌歲暮感懷》後，不誤。一九一一年，梁氏三十九歲。

〔二〕當時吾國危機四伏，所以說得這樣沈痛。

〔三〕《中國前途之希望與國民責任》的小序說："春寒索居，俯仰多感，三邊烽火，一日數驚。"所驚心的就是英俄入寇的事。

〔四〕《淮南子·墜形訓》："昔者共工與顓頊爭爲帝，怒而觸不周之山，天柱折，地維絶，天傾西北。"《左傳》昭公四年："初穆子去叔孫氏，適齊，夢天壓己，弗勝。"

〔五〕《詩》小序："小雅盡廢，則四夷交侵，中國微矣。"

〔六〕《史記·大宛列傳》："張騫使月氏歸，爲天子言曰：'大宛去漢可萬里，其俗有蒲桃酒，多善馬。'"《漢書·西域傳》："大宛左右，以蒲桃爲酒。宛王遺入侍，漢使採蒲桃、苜蓿種歸，種離宮館傍，極望焉。"又："大宛……土地、風氣、物類、民族與大月氏、安息同。"案蒲桃後作葡萄，一作蒲陶。

〔七〕《史記·西南夷列傳》："唐蒙風指曉南越，南越食蒙蜀枸醬，蒙問所從來，曰：'道西北牂柯。'牂柯江廣數里，出番禺城下。蒙歸，至長安，問蜀賈人，賈人曰：'獨蜀出枸醬，多持竊出市夜郎。夜郎者，臨牂柯江，南越以財物役屬夜郎，西至同師，然亦不能臣使也。'"《集解》："徐廣曰：'枸一作蒟，音窶。'駰案《漢書音義》曰：'枸木似穀樹，其葉似桑葉，用其葉作醬酢美。蜀人以爲珍味。'"案：這裏是把安息當新疆，夜郎當雲南。"柯葉悴""信音沈"是説兩地被寇後的情形。

臺灣竹枝詞〔一〕
選第二、三、四、五、六、八計六首

晚涼步墟落，〔二〕輒聞男女相從而歌，〔三〕譯其辭意，惻惻然若不勝《谷風》、《小弁》之怨者。〔四〕乃掇拾成什，〔五〕爲遺黎寫哀云爾。〔六〕

韭菜花開心一枝，花正黃時葉正肥。〔七〕願郎摘花連葉摘，到死心頭不肯離。首句直用原文。

相思樹底説相思，〔八〕思郎恨郎郎不知。樹頭結得相思子，〔九〕可是郎行思妾時？全島所至植相思子。

手握柴刀入柴山，柴心未斷做柴攀。〔一〇〕郎自薄情出手易，柴枝離樹何時還。首二句直用原文。

郎搥大鼓妾打鑼，稽首天西媽祖婆。〔一一〕今生夠受相思苦，乞取他生無折磨。〔一二〕臺人最迷信所謂天上聖母者，亦稱爲媽祖婆，謂其神來自福建，每歲三月迎賽若狂。

綠陰陰處打檳榔，〔一三〕蘸得蒟醬待勸郎。願郎到口莫嫌澀，〔一四〕個中甘苦郎細嘗。〔一五〕教郎早來郎恰晚，教郎大步郎寬寬。〔一六〕滿擬待郎十年好，〔一七〕五年未滿愁心肝。全首皆用原文，點竄數字。

〔一〕臺灣在福建省東南海中，和福建的福州及泉、漳等地遙遙相對，爲山東、江蘇、浙江、福建、廣東各省的屏蔽，與祖國大陸血肉相連,好像母和子一樣,絶不是任何暴力所可分割的。梁氏於清政府割臺給日本後的十六年,即一九一一年二月二十二日,自日本須磨出發赴臺灣考察,臺灣的遺民,還是冒着危險,懷抱了十二萬分的熱情歡迎他。他在這"劇目怵心"的環境裏,做了很多的詩和詞,現在只選風格比較特殊一些的幾首。竹枝,樂府名。郭茂倩《樂府詩集》說:"竹枝本出於巴渝。唐貞元中,劉禹錫在沅湘,以里歌鄙陋,乃依騷人《九歌》,作竹枝九章,教里中兒歌之,由是盛於貞元、元和之間。禹錫曰:竹枝,巴歈也。巴兒聯歌,吹短笛擊鼓以赴節,歌者揚袂睢舞,其音協黃鐘、羽,末如吳聲,含思宛轉,有淇濮之豔焉。"後人竹枝詞多改騷體爲七絶,以咏風土,這幾首是屬於這種類型的。詞中大半是直譯原文,在前人的作品裏很是少見,即在同時梁氏所贊美的黃遵憲《都踴歌》,以爲是詩家的狡獪,還有早年的《山歌》九首,也都沒有這樣大膽,可說是當時的創作了。一九一一年,梁氏三十九歲。

〔二〕墟落就是村落。這幾首詩各本都編在《萊園雜咏》後,據梁氏遊臺灣書牘,萊園在臺中,那末這裏所說的村落,大約也在臺中。

〔三〕近人徐氏《臺灣綜覽》:"臺灣番族……不問男女老幼都喜歡音樂、舞蹈及歌謠。……歌謠多爲祭祀用的古謠;另外還有俗謠,俗謠是表示友愛、戀愛等抒情歌謠。"

〔四〕案:《谷風》、《小弁》都是《詩・小雅》的篇名。小序說:"《谷風》,刺幽王也,天下俗薄,朋友道絶焉。""《小弁》,刺幽王也,太子之傅作焉。"體會詩意都是親故睽離相怨的意思,照舊說《谷風》是朋友相怨;《小弁》是周幽王姬宫涅的太子宜臼被廢而作,那末是父子相怨;他們雖然是怨,但是怨而不怒,前人以爲這是可貴的。

〔五〕從前凡是十數都叫什，如：軍營制度，十人叫什，它的長叫什長。《詩》的雅頌每十篇也叫什。後人因此稱詩竟也叫什，那是失掉"什"的原意了。這裏的什，還是從習慣作詩解。

〔六〕遺黎就是遺民。《書·堯典》："黎民於變時雍。"蔡沈傳："黎，黑也，民首皆黑，故曰黎民。"

〔七〕《羣芳譜》："韭……長葉青翠，八月開小白花成叢。"案：這裏說花黃，或者是臺灣產的特點。

〔八〕李時珍《本草綱目》："相思子生嶺南，樹高丈餘，白色，其葉似槐，其花似皂莢，其莢似扁豆，其子大如小豆，半截紅色，半截黑色。"梁氏《相思樹詩》："終日思君君不知，長門買賦更無期。山山綠徧相思樹，正是江南草長時。"

〔九〕《古今詩話》："相思子圓而紅。故老言：昔有人沒於邊，其妻思之，哭於樹下而卒，因以名之。"

〔一○〕攀是挽的意思，就是挽斷它。

〔一一〕《周禮·春官·太祝》鄭注："稽首，拜，頭至地也。"孔疏："稽是稽留之義，頭至地多時，則爲稽首也，拜中最重。"澎湖和臺灣都有媽祖宮，就是媽祖婆的廟。趙翼《陔餘叢考·天妃》："吾鄉陸廣霖進士云：'臺灣……土人呼神爲媽祖。遇風浪危急，呼媽祖，則神披髮而來，其效立應。媽祖云者，蓋閩人在母家之稱也。'"

〔一二〕白居易詩："少裏兼遭病折磨。"折磨是挫折磨難的意思。

〔一三〕羅願《爾雅翼》："陶隱居云：檳榔出交廣間，小者名蒳子，向陽曰檳榔，向陰曰大腹。"嵇含《南方草木狀》："檳榔樹高十餘丈，皮似青桐，節如斑竹，下本不大，上枝不小，稠直亭亭，千萬若一，森秀無柯。"

〔一四〕《南方草木狀》："檳榔……味苦澀。""澀"就是味濇口。

〔一五〕朱熹《檳榔》詩："個中有味要君參。"蘇軾《食檳榔》詩："吸津得微甘,著齒隨亦苦。"
〔一六〕寬寬是寬緩不迫切的意思。
〔一七〕滿是完全的意思。

拆屋行〔一〕

麻衣病瘵血濡足,〔二〕負攜八雛路旁哭。窮臘慘栗天雨霜,〔三〕身無完裙居無屋。〔四〕自言近市有數椽,〔五〕太翁所搆垂百年,〔六〕中停雙楹未滿七,〔七〕府帖疾下如奔弦。〔八〕節度愛民修市政,〔九〕要使比戶成殷閴,〔一〇〕袖出圖樣指且畫,剋期改作無遷延。〔一一〕懸絲十命但恃粥,〔一二〕力單弗任惟哀憐。吏言稱貸豈無路,〔一三〕敢以巧語干大權,不然官家爲汝辦,〔一四〕率比旁舍還租錢。〔一五〕出門十步九回顧,月黑風淒何處路,只愁又作流民看,〔一六〕明朝捉收官裏去。〔一七〕彼中凡無業遊民皆拘作苦工。市中華屋連如雲,〔一八〕哀絲豪竹何紛紛,〔一九〕遊人爭說市政好,不見街頭屋主人。

〔一〕這一首也是在臺中作的,梁氏《遊臺灣書牘》第四信說:"吾兹行乃大失望,……臺灣之足稱爲善政者,則萬國之公政,無論措之何地而皆準者也;若夫臺灣特有之施政,爲日本内地及他文明國所未行者,斯則非直吾國所能學,抑又非吾之所忍言也。吾旬日來劌心怵目,無淚可揮,擬仿白香山《秦中吟》爲詩數十章記之。"下面錄有《斗六吏》、《墾田令》兩首,就是仿《秦中吟》作的。此首雖未錄,當然爲一時之作。第四信的末尾署臺中丸山旅館發,所以定此詩爲臺中作。信又說:"臺灣自有所謂土地收用規則者,與日本現行之土地收用法迥別,凡官吏認公益事業所必要者,得任意強取人民之所有,而所謂行政訴訟、行政訴願者絕無其途,前年斗六廳下,至出警吏數百,合圍强攫,尤其最著者耳,其他類此者月有所聞。臺灣人之財產所有權,固無一時可以自信自安也。……寄語國中父老昆弟,勿以亡國爲口頭禪,勿謂爲大國順民可以耕食鑿飲也。"這一段可作此詩題解。

〔二〕古時麻衣用作禮服或常服,後來專指斬衰齊衰等喪服而言。這裏也指喪服。

〔三〕窮臘就是窮冬,就是臘將盡的意思。

〔四〕杜甫詩:"有孫母未去,出入無完裙。"

〔五〕"椽"就是椽子,所以覆瓦。後來就把它代表屋子,數椽就是數間屋。

〔六〕太翁,曾祖父,見《南史·齊本紀》。這裏大概指丈夫的曾祖父。

〔七〕《說文解字》:"椹,棺櫬也。"《北史·胡國珍傳》:"詔自始薨至七七,皆爲設千僧齋。"案這裏的"未滿七",就是說死去還沒有到七七四十九天。

〔八〕杜甫詩"府帖昨夜下",案:這裏的"府"指日本的臺灣總督府,梁氏《遊臺灣書牘》第三信說:"此間百無所有,惟有一總督府耳。總督,天帝也。立憲國之君,視之蔑如矣。""帖"指文告。奔弦是形容他的急迫。

〔九〕杜佑《通典·職官》:"唐……分天下州縣制爲諸道,每道置使,理於所部,其邊方有寇戎之地,則加以旌節,謂之節度使,自景雲二年四月,始以賀拔延嗣爲涼州都督,充河西節度使,得以軍事專殺,行則建節府,樹六纛,外任之重莫比焉。"案:這裏是指日本的臺灣總督。愛民是反說。

〔一〇〕比,連接的意思。殷闐,豐盛的意思。

〔一一〕《後漢書·鍾離意傳》:"與剋期,俱至,無或違者。"剋期就

〔一二〕杜甫詩："兩京三十口,雖在命如絲。"這裏是説生活的艱危。
〔一三〕《孟子・滕文公上》："又稱貸而益之。"稱貸就是借債。
〔一四〕官家就是公家。
〔一五〕《孟子・盡心上》："羿不爲拙射變其彀率。"釋文："率,法也。"
〔一六〕流離失所的災民叫做流民。
〔一七〕趙令畤《侯鯖錄》："真宗東封,徵處士楊樸至,問曰：'臨行有人作詩祖送否？'對曰：'臣妻有詩云：更休落魄貪杯酒,亦莫猖狂愛咏詩,今日捉將官裏去,這回斷送老頭皮。'"
〔一八〕曹植詩："生存華屋處。"華屋是説華美的房屋。
〔一九〕杜甫詩："初絃哀絲動豪竹。"

甲寅冬，假館著書於西郊之清華學校，成歐洲戰役史論，賦示校員及諸生〔一〕

在昔吾居夷，〔二〕希與塵客接，〔三〕箱根山一月，〔四〕歸裝稿盈篋，〔五〕吾居東所著述多在箱根山中。雖匪周世用，〔六〕乃實與心愜，如何歸乎來？〔七〕兩載投牢筴。〔八〕愧俸每顙泚，〔九〕畏譏每憮魄，〔一〇〕冗材憚享犧，〔一一〕遐想醒夢蝶。〔一二〕推理悟今吾，〔一三〕乘願理夙業。〔一四〕郊園美風物，〔一五〕昔遊記攸怵，〔一六〕願言賃一廡，〔一七〕庶以客孤笈。〔一八〕其時天降凶，〔一九〕大地血正喋，〔二〇〕蘊怒夙爭鄭，〔二一〕導釁忽刺鞅。〔二二〕賈勇羞目逃，〔二三〕鬪智屢踵躡，〔二四〕遂令六七雄，〔二五〕傞舞等中魘。〔二六〕瀾倒竟疇障？〔二七〕天墜真已壓。〔二八〕狂勢所簸薄，〔二九〕震我臥榻魿。〔三〇〕未能一丸封，〔三一〕坐遭兩黶挾。〔三二〕吾衰復何論？〔三三〕天僇困接摺。〔三四〕猛志落江湖，〔三五〕能事寄簡牘，〔三六〕試憑三寸管，〔三七〕貌彼五雲叠。〔三八〕庀材初類匠，〔三九〕詗勢乃如諜，〔四〇〕遡往既纏纆，〔四一〕衡今逾喋喋。〔四二〕有時下武斷，〔四三〕快若髡赴鑷，〔四四〕哀我久宋聾，〔四五〕持此飼葛餡。〔四六〕藏山望豈敢，〔四七〕學海願亦輒。〔四八〕月出天宇寒，攜影響廊屧，〔四九〕苦心碎池凌，〔五〇〕老淚潤階葉。咄哉此局棋，圻角驚急劫，〔五一〕錯節方我罣，〔五二〕畏途與誰涉？〔五三〕莘莘年少子，〔五四〕濟川汝其楫，〔五五〕相期共艱危，

甲寅冬,假館著書於西郊之清華學校,成歐洲戰役史論,賦示校員及諸生

活國厝妥帖。〔五六〕當爲雕鳶墨,〔五七〕莫作好龍葉。〔五八〕夔空復憐蚿,〔五九〕目苦不見睫。〔六〇〕來者儻暴棄,〔六一〕耗矣始愁慴。〔六二〕急景催跳丸,〔六三〕我來亦旬浹,〔六四〕行袖東海石,〔六五〕還指西門堞。〔六六〕慚非徙薪客,〔六七〕徒效恤緯妾,〔六八〕晏歲付勞歌,〔六九〕口呿不能噆。〔七〇〕

〔一〕案:甲寅爲民國三年,即公曆一九一四年。這一年的七月二十八日第一次世界大戰爆發,這次戰爭主要戰場在歐洲,所以當時只叫歐戰。後來梁氏應上海商務印書館的請求,在冬天作了《歐洲大戰史論》二十章。這裏作《歐洲戰役史論》,大約是前名。清華學校即現在北京清華大學的前身。一九一四年,梁氏四十二歲。

〔二〕《論語·子罕》:"子欲居九夷。"案這裏是說他自己住在日本。

〔三〕塵客就是俗客。

〔四〕箱根山已見上《壯別》詩小序注第二條。

〔五〕《梁任公年譜稿》:"一九一二年八月,任公歸國。"

〔六〕匪同非。《離騷》:"雖不周於今之人兮。"周是合的意思。

〔七〕《孟子·離婁上》:"盍歸乎來。"

〔八〕《莊子·達生》:"祝宗人玄端以臨牢筴,說彘曰:汝奚惡死?"《經典釋文》:"李云:'牢,豕室也。筴,木欄也。'"案:這裏的牢筴,是比當時的齷齪官場。梁氏於一九一二年回國後,歷任袁世凱政府的顧問和司法部總長,本年又請他當幣制局總裁,所以他這樣說。

〔九〕韋應物詩:"邑有流亡愧俸錢。"《孟子·滕文公上》:"其顙有泚。"趙岐注:"顙,額也;泚,汗出泚泚然也,中心慙,故汗泚泚然出於額。"

〔一〇〕范仲淹文:"憂讒畏譏。"懾,恐懼。

〔一一〕冗有散的意思,冗材就是散材。《左傳》昭公二十二年:"賓孟適郊,見雄雞自斷其尾。問之,侍者曰:'自憚其犧也。'"案:憚犧就是怕爲犧牲去奉宗廟,所以自加殘毀。這裏是說不願做官,大約是指辭去幣制局總裁事。

〔一二〕《晉書·謝安傳》:"嘗與王羲之登冶城,悠然遐想,有高世之志。"案遐是遠的意思。《莊子·齊物論》:"昔者莊周夢爲胡蝶,栩栩然胡蝶也,自喻適志與!不知周也。俄然覺,則蘧蘧然周也。"案:這裏是說名利之夢覺醒了。

〔一三〕《莊子·田子方》:"雖忘乎故吾,吾有不忘者存。"郭象注:"雖忘故吾而新吾已至,未始非吾,吾何患焉。"案:新吾即今吾。辛棄疾詞:"追往事,嘆今吾。"

〔一四〕夙業就是舊業。

〔一五〕清華學校在北京西郊清華園內,所以稱郊園。

〔一六〕攸,所的意思。見《詩·大雅·韓奕》箋。怡就是樂,見《玉篇》。

〔一七〕《詩·邶風·二子乘舟》:"願言思子。"毛傳:"願,每也。"但這裏還是常訓欲的意思。《後漢書·梁鴻傳》:"居廡下,爲人賃舂。"案:這裏雖用梁鴻的事,但不過說租一間屋子罷了。

〔一八〕客是寄的意思。孤是單獨的意思。笈是可以背負的書箱。

〔一九〕梅賾《書·咸有一德》:"惟天降災祥。"案:這裏是指第一次世界大戰的爆發。這一次戰爭是由一九一四年七月二十八日奥地利因皇太子爲塞爾維亞人刺死,向塞爾維亞宣戰而開始的。它的釀成當然是千因萬緣,但可一言以蔽之:是由兩個資本主義國家集團間最大的矛盾所引起的。

〔二〇〕《漢書·文帝紀》:"新喋血京師。"注:"如淳曰:'殺人流血滂沱爲喋血。'師古曰:喋本字當作蹀,蹀謂履涉之耳。"

音 dié。

〔二一〕《左傳》襄公八年:"子產曰:'小國無文德而有武功,禍莫大焉。楚人來討,能勿從乎?從之,晉師必至。晉楚伐鄭。自今鄭國,不四五年,弗得寧矣。'"這裏的"鄭"是指坡士尼亞、赫斯戈維納二州。梁氏《歐洲大戰史論》:"一九〇八年,奧人併吞坡士尼亞、赫斯戈維納二州,遂爲今茲戰禍之媒。"又《歐戰蠡測》:"塞本中世一雄國也,其疆域跨有巴爾干西北境之一大部分,今奧屬之坡士尼亞、赫斯戈維納二州,皆其舊境。中間爲土耳其所滅,直至十九世紀之初,始與坡、赫兩州之民同叛土,遂建塞國,而坡、赫仍隸於土,塞人乃日謀併有坡、赫。而一八七八年柏林會議之結果,德人市恩於奧,竟奪二州於土耳其之手,而委奧統治,塞人與二州之民皆大怨。"

〔二二〕刺歙是指後漢初蜀的割據者公孫述派人刺死劉秀手下大將來歙的事。見《後漢書·來歙傳》。這裏是借來比喻奧太子菲的南的被刺。《歐洲大戰史論》:"今次戰役,肇自奧、塞。奧、塞交惡,以奧皇儲遇難案爲之媒。奧皇儲菲的南及其妃之遇害實一千九百十四年六月二十八日,距奧、塞宣戰前恰一月也。其遇害之地,爲奧境內坡士尼亞州之首府。皇儲之臨幸斯州,爲閱兵,設想塞爾維亞與門的內哥兩國軍聯合侵奧而演習防守進取之略也。途間遂爲兇客所襲,拳銃三發,與妃並命。"《歐戰蠡測》:"兇客二人,當場就逮,皆塞爾維亞人也。而其主使者則爲塞京之國民共屬協會,此協會之干部員,皆塞國當道要人也。"

〔二三〕《左傳》成公二年:"齊高固入晉師,桀石以投人。禽之,而乘其車,以徇齊壘,曰:'欲勇者,賈余餘勇。'"注:"賈,賣也,言己勇有餘,欲賣之。"《孟子·公孫丑上》:"北宮黝之養勇也,不膚撓,不目逃,思以一豪挫於人,若撻之於市朝。"案:羞目逃是說假使眼睛被刺而轉睛逃避是可羞的。

〔二四〕《史記·項羽本紀》:"項王謂漢王曰:'天下匈匈數歲者,徒以吾兩人耳,願與漢王挑戰,決雌雄,毋徒苦天下之民父子爲也!'漢王笑謝曰:'吾寧鬭智,不願鬭力。'"《戰國策·秦策》:"昔者六晉之時,智氏最強,滅破范、中行,帥韓、魏以圍趙襄子,決晉水以灌晉陽,智伯出行水,韓康子御,魏桓子驂乘,智伯曰:'始吾不知水之可亡人之國也,今乃知之!'汾水利以灌安邑,絳水利以灌平陽,魏桓子肘韓康子,康子履魏桓子,躡其踵,肘足接於車上,而智氏分矣。"案:躡踵是韓康子把脚踏魏桓子的脚後跟,因爲不敢明說,所以把肘足來示意。這兩句是說明這次帝國主義戰爭中兩方面爾虞我詐的各種動態。

〔二五〕初期參加戰爭的有奧地利、塞爾維亞、門的內哥、俄羅斯、德意志、法蘭西、比利時、英吉利八個國家。

〔二六〕《詩·小雅·賓之初筵》:"屢舞傞傞。"毛傳:"傞傞,舞不止也。"音 suō。《正字通》:"人氣窒,心懼神亂則厭。"本音 yǎn,這裏讀 yī。《歐戰蠡測》:"人但見以區區奧儲一命案,忽然而奧塞戰,忽然而奧俄戰,忽然而俄德戰,忽然而法、英、比、日、土、門皆戰。殆如中國劇臺上之演武,翹其羽塗其面者錯雜跳擲以出,其有以異於中風狂走者幾希。一旦深入以求其故,然後知其間因果連屬,蓋一一皆出於自然之運,必至之符。"

〔二七〕韓愈《進學解》:"障百川而東之,回狂瀾於既倒。"《書·堯典》:"疇咨若時登庸。"疇就是誰。

〔二八〕《列子·天端》:"杞國有人憂天地崩墜,身亡所寄,廢寢食者。"真己壓,已見上《聞英寇雲南》詩注第四條。

〔二九〕張衡《西京賦》:"籤林薄。"薛綜注:"籤,揚也。"薄是旁薄,《漢書·揚雄傳》:"旁薄羣生。"案:"籤薄"就是動搖廣被的意思。

〔三〇〕已見上《太平洋歌》注第九十五條。廣韻:"鮯,駒,鼻息。"鮯音 hā。案這裏是指一九一四年八月二十三日日本藉口英日同盟向德宣戰,進攻青島,並佔據我膠濟鐵路的事。近人張乃燕《世界大戰全史》說:"日本……欲借日英同盟爲口實,覬參預此次之戰爭,八月四日,英人對德宣戰,二十七日,日本向德宣戰,宣言交還膠州灣於我國。二十七日,日海軍始佔膠州灣前面諸小島,九月二十七日……攻青島,十一月二日,德軍降伏。……我國宣佈對歐戰嚴守中立,日本置若罔聞,蓄意破壞,欲乘此時機,囊括山東。"……時袁方謀僭竊,歐洲列強又無暇東顧,日人利此時機,違背前約,不將膠州灣交還中國,且進而提出二十一條,以制中國之死命矣。"

〔三一〕《後漢書·隗囂傳》:"今天水完富,士馬最強,元請以一丸泥,爲大王東封函谷關。"案這裏是說我不能守住膠濟。

〔三二〕《史記·范雎列傳》:"坐須賈於堂下,置莝豆其前,令兩黥徒夾而馬食之。"案這裏的兩黥徒是比方德和日兩個帝國主義,因爲它們的狗咬狗,把我們夾在中間受苦。

〔三三〕《論語·述而》:"甚矣吾衰也。"案這時梁氏纔四十二歲。

〔三四〕《禮記·大學》:"辟則爲天下僇矣。"案:接摺應作桱楷,《莊子·在宥》:"吾未知聖知之不爲桁楊桱楷也。"《經典釋文》:"司馬云:'桱楷,械楔。'崔云:'桱楷,桎梏梁也。'《淮南》曰:'大者爲柱梁,小者爲桱楷也。'"案:桱楷音 jiē xí。大概是桎梏的開關楔子。這裏是說天給他刑罰,好像上了無形的桎梏一般。

〔三五〕陶潛詩:"猛志固常在。"

〔三六〕《易·繫辭》:"天下之能事畢矣。"能事就是所能的事。

〔三七〕三寸管就是筆。

〔三八〕《周禮·春官·保章氏》:"以五雲之物,辨吉凶水旱降豐荒之祲象。"五雲就是五色雲。這裏是指戰爭的"波譎雲詭"和"如火如荼"。

〔三九〕"庀"音 pǐ，是備具的意思。

〔四〇〕《史記・淮南王列傳》："爲中詗長安。"詗是偵察的意思。《左傳》桓公十二年："使伯嘉諜之。"諜就是間諜。

〔四一〕"纚纚"義同灑灑，不絕的意思。和《離騷》的"索胡繩之纚纚"有別。

〔四二〕《史記・匈奴列傳》："喋喋而占占。"喋喋是形容多言。

〔四三〕《史記・平準書》："兼併豪黨之徒以武斷於鄉曲。"《索隱》："鄉曲豪富無官位，而以威勢主斷曲直，故曰武斷也。"這裏是說只憑自己的見解，來判斷事理，那是他的謙虛話。

〔四四〕韓愈詩："連年收科第，若摘頷底髭。"王安石詩："汝翁那更鑷髭鬚。"案：這裏是韓詩的意，形容輕鬆容易。

〔四五〕宋聾已見上《去國行》注第十一條。

〔四六〕《孟子・滕文公下》："湯居亳，與葛爲鄰，葛伯放而不祀。湯使人問之曰：'何爲不祀？'曰：'無以供犧牲也。'湯使亳衆往爲之耕，老弱饋食。葛伯率其民，要其有酒食黍稻者奪之，不授者殺之，有童子以黍肉餉，殺而奪之。書曰：'葛伯仇餉'，此之謂也。"案：饁音 yè，就是送飯。這裏不過借這件故事來比方他把這部著作給當時的統治階級作爲精神上的食糧罷了。《歐洲大戰史論》的末一章題目是"戰役所波及於中國之影響"，大約算是食糧中的重要部分。

〔四七〕《史記・太史公自序》："厥協六經異傳，整齊百家雜語，藏之名山。"

〔四八〕《揚子法言・學行》："百川學海而至於海，丘陵學山不至於山，是故惡夫畫也。"案：這裏是說每願和百川一樣學着海，日求進步。

甲寅冬,假館著書於西郊之清華學校,成歐洲戰役史論,賦示校員及諸生　　475

〔四九〕范成大《吳郡記》:"響屧廊在靈巖山。相傳吳王令西施輩步屧,廊虛而響,故名。"《説文解字》:"屧,履中薦也。"朱駿聲《説文通訓定聲》:"字亦作屟。如今婦女鞵中所施木底也。"案:屧音 xiè。這一句是説獨個兒走着回廊。

〔五〇〕《初學記》卷七引《風俗通》:"積冰曰凌。"案:這裏是説一片苦心好像池裏的冰一樣碎掉了。

〔五一〕張説《虬髯客傳》:"文皇來,道士一見,慘然斂棋子曰:'此局全輸矣。於此失却局,奇哉!救無路矣。'"錢謙益詩:"飛角侵邊劫正闌。"案:坼是分裂的意思,角指棋局的角,下棋以邊和角爲貴,棋中緊迫處叫做劫。全句是説敵手把重要的棋角分裂後,使人驚駭是緊急的時候了。這是指日人強佔膠濟,造成緊急局勢。

〔五二〕《後漢書・虞詡傳》:"志不求易,事不避難,臣之職也。不遇槃根錯節,何以別利器乎?"案:槃根錯節比喻艱難的事情。

〔五三〕《莊子・達生》:"夫畏涂者,十殺一人,則父子兄弟相戒也,必盛卒徒而後敢出也。"案:涂同途,畏途就是危險的路途。

〔五四〕《國語・晉語》:"莘莘征夫。"莘莘是衆多的意思。

〔五五〕梅賾《書・説命》:"若濟巨川,用汝作舟楫。"

〔五六〕孫楚《與孫皓書》:"愛民活國,道家所尚。"厝同措,安置的意思。

〔五七〕《韓非子・外儲説》:"墨子爲木鳶,三年而成,蜚一日而敗。"這裏借來説明應該提倡科學。

〔五八〕《新序・雜事》:"子張見魯哀公七日而哀公不禮,託僕夫而去曰:'君之好士也,有似葉公子高之好龍。鉤以寫龍,屋室雕文以寫龍,於是天龍聞而下之,窺頭於牖,施尾於堂。葉公見之,棄而還走,失其魂魄,五色無主。"案:葉公的葉音 shè。

〔五九〕《莊子・秋水》:"夔憐蚿,……夔謂蚿曰:'吾以一足趻踔而行,予無如矣,今子之使萬足,獨奈何?'"《經典釋文》:"夔,一足獸也。司馬云:'蚿,馬蚿蟲也。'"案:夔音 kuí,蚿音 xián。

〔六〇〕《史記·越世家》:"齊使者曰:'吾不貴其用智之如目,見毫毛而不見其睫也。'"案:這兩句是說我憐惜你們青年,所以這樣地告誡,但自己又怎樣呢?又苦沒有自知之明。

〔六一〕《孟子·離婁上》:"自暴者不可與言也,自棄者不可與有為也。言非禮義,謂之自暴也;吾身不能居仁由義,謂之自棄也。"

〔六二〕《史記·高祖功臣侯年表》序:"隕命亡國耗矣。"耗就是盡,耗矣就是完了。慄音 dié,是怕懼的意思。

〔六三〕曹鄴《金井怨》:"西風吹急景。"杜牧詩:"跳丸日月十經秋。"案:這裏責望青年很切,要他們在國家多難的時候學墨子的實用,不應同葉公一樣,徒騖虛名。假使青年一代沒有希望,那就完了。

〔六四〕浹是周匝的意思。

〔六五〕蘇軾詩:"我持此石歸,袖中有東海。"案這裏好像是指他的《歐洲大戰史論》。

〔六六〕案:這是說他著作完成回到城裏去。

〔六七〕《漢書·霍光傳》:"客有過主人者,見其竈直突,傍有積薪,客謂主人更為曲突,遠徙其薪,不者,且有火患。主人默然不應。俄而家果失火,鄰里共救之,幸而得息。於是殺牛置酒,謝其鄰人,灼爛者在於上行,餘各以功次坐,而不錄言曲突者。人謂主人曰:'鄉使聽客之言,不費牛酒,終亡火患;今論功而請賓,曲突徙薪亡恩澤,燋頭爛額者為上客耶?'"

〔六八〕恤緯已見上《贈別鄭秋蕃》詩注。

〔六九〕晏歲就是歲暮。

〔七〇〕《莊子·秋水》:"公孫龍口呿而不合。"又《天運》:"予口張而不能噏。"呿音 qū,是張口;噏音 xié,是合口。

寄趙堯生侍御以詩代書〔一〕

山中趙邠卿,〔二〕起居復何似?〔三〕去秋書千言,短李爲我致,〔四〕坐客睹欲奪,我怒幾色市;〔五〕比復憑羅隱,〔六〕寄五十六字,〔七〕把之不忍釋,浹旬同卧起。〔八〕稽答信死罪,〔九〕慚報亦有以:〔一〇〕昔歲黄巾沸,〔一一〕偶式鄭公里;〔一二〕豈期薑桂性,〔一三〕遽攖魑魅忌;〔一四〕青天大白日,〔一五〕横注射工矢。〔一六〕公憤塞京國,豈直我髮指。〔一七〕執義别有人,〔一八〕我僅押紙尾。〔一九〕怪君聽之過,〔二〇〕喋喋每掛齒,〔二一〕謬引汾陽郭,遠拯夜郎李。〔二二〕我不任受故,欲報斯輒止。復次我所歷,〔二三〕不足告君子。自我别君歸,嘐嘐不自揆,〔二四〕思奮軀塵微,以救國卵累,〔二五〕無端立人朝,〔二六〕月矙迅逾紀。〔二七〕君思如我戆,豈堪習爲吏。自然柄入鑿,〔二八〕窘若磨旋螘。〔二九〕默數一年來,至竟所得幾,口空瘏罪言,〔三〇〕骨反銷積毁。〔三一〕君昔東入海,〔三二〕勸我衽慎阯,〔三三〕戒我坐垂堂,〔三四〕歷歷語在身。〔三五〕由今以思之,智什我豈翅。〔三六〕坐是欲有陳,操筆則顙泚。〔三七〕今我竟自拔,遂我初服矣。〔三八〕所欲語君者,百請述一二:一自繫匏解,〔三九〕故業日以理,避人恒兼旬,深蟄西山阯。〔四〇〕冬秀餐雪檜,秋豔摘霜柿。曾踏居庸月,〔四一〕眼界空夙滓;曾飲玉泉水,〔四二〕洌芳沁煌脾。〔四三〕自其放遊外,則溺於文事,乙乙蠶吐絲,〔四四〕汩汩蠟泫淚,〔四五〕日率數千言,今略就千紙。持之以入市,所易未甚菲。〔四六〕苟能長如茲,餒凍已可抵。君常憂我貧,聞此當一喜。去春花生日,〔四七〕吾女既燕爾,〔四八〕其壻夙嗜學,〔四九〕幸不橘化枳。〔五〇〕兩小今隨我,〔五一〕述作亦斐亹。〔五二〕君詩遠垂問,紉愛豈獨彼。〔五三〕諸交舊踪跡,君倘願聞只:〔五四〕羅瘦跌宕姿,〔五五〕視昔且倍蓰,〔五六〕山水詩酒花,名優與名士,作史更制禮,〔五七〕應接無停晷,百凡皆芳潔,一事略可鄙,索笑北枝梅,〔五八〕楚璧久如屣;〔五九〕曾蟄蟄更密,〔六〇〕足已絕塵軌,田居詩十首,〔六一〕一首千金值,蟄庵躬耕而喪其貲。〔六二〕豐歲猶調飢,〔六三〕騫舉義弗仕,〔六四〕眼中古之人,〔六五〕惟此君而已;彩筆江家郎,翔雲。〔六六〕在官我肩比,〔六七〕金玉競自保,〔六八〕不與俗波靡,〔六九〕近更常爲詩,就我相礱砥,〔七〇〕君久不見之,見應刮目視。〔七一〕三子君所篤,交我今最摯。陳徵宇林宰平黃孝覺黃哲維梁衆異,〔七二〕舊社君同氣,〔七三〕而亦皆好我,襟抱互弗閟;〔七四〕更二陳弢庵、石遺一林畏廬,〔七五〕老宿衆所企,〔七六〕吾間一詣之,則以一詩贄;〔七七〕其在海上者,〔七八〕安仁潘若海嘻顱頷,〔七九〕顧未累口腹,〔八〇〕而或損猛志;〔八一〕孝侯周孝懷特可哀,〔八二〕悲風生陂圯,〔八三〕君曾否聞知,備禮致吊誄,〔八四〕此君孝而愚,〔八五〕長者宜督譬。凡茲所舉似,〔八六〕君或諗之備,〔八七〕欲慰君索居,〔八八〕詞費茲毋避。〔八九〕大地正喋血,〔九〇〕毒螫且潛沸,〔九一〕一髮之國命,〔九二〕懍懍馭朽轡。〔九三〕吾曹此餘生,孰審天所置,戀舊與傷離,適見不達耳。以君所養醇,〔九四〕宜夙了此旨;故山兩年間,〔九五〕何藉以適己? 篋中新詩稿,曾添幾尺咫?〔九六〕

其他藏山業,〔九七〕幾種竟端委?〔九八〕酒量進抑退?〔九九〕抑遵昔不徙?或言比持戒,我意告者詭,豈其若是恝,〔一〇〇〕辜此郫筒美;〔一〇一〕所常與釣遊,〔一〇二〕得幾園與綺?〔一〇三〕門下之俊物,〔一〇四〕又見幾騄駬?〔一〇五〕健腳想如昨,較我步更駛,〔一〇六〕蛾眉在戶牖,〔一〇七〕賈勇否再儓?〔一〇八〕瑣瑣此問訊,〔一〇九〕一一待蜀使。今我寄此詩,媵以歐戰史,〔一一〇〕去臘青始殺,〔一一一〕敝帚頗自喜,〔一一二〕下酒代班籍,〔一一三〕將弗笑遼豕;〔一一四〕尤有亞匏集,〔一一五〕我嗜若膾炙,〔一一六〕謂有清一代,三百年無此,〔一一七〕我見本井蛙,〔一一八〕君視爲然否?我操茲豚蹄,責報乃無底:〔一一九〕第一即責君,索我詩瘢痏,〔一二〇〕首尾涂乙之,〔一二一〕益我學根柢;〔一二二〕次則昔癸丑,禊集西郊沚,〔一二三〕至者若而人,〔一二四〕詩亦雜瑾玼,〔一二五〕丐君補題圖,賢者宜樂是;〔一二六〕復次責詩卷,手寫字櫛比,〔一二七〕凡近所爲詩,不問近古體,多多斯益善,〔一二八〕求添吾弗恥;〔一二九〕最後有所請,申之以長跪,〔一三〇〕老父君夙敬,〔一三一〕生日今在邇,行將歸稱觴,〔一三二〕乞寵以巨製,烏私此區區,〔一三三〕君義當不諉。〔一三四〕浮雲西南行,望中蜀山紫,懸想詩到時,春已滿杖履,〔一三五〕努力善眠食,〔一三六〕開抱受蕃祉,〔一三七〕桃漲趁江來,〔一三八〕竚待剖雙鯉,〔一三九〕歲乙卯人日,〔一四〇〕啓超拜手啓。〔一四一〕

〔一〕趙堯生名熙,號香宋,堯生是他的字。四川榮縣人。清末由翰林院編修轉江西道監察御史。陳衍說他"詩才敏捷,下筆百十韻或數十首立就,造詣在唐宋之間"。梁氏在舊詩方面,很受他的影響。侍御就是御史的別名。這詩作於一九一五年的初春。他自一九一〇年和趙熙訂交以後,詩的復古色彩更為濃厚,但"以詩代書"雖然已見於唐人,像這詩的單行直下,很少排偶,全用書信格式,在詩的作法來講,也可說是創格了。從此以後,十多年間,詩不多作,選詩就到此截止了。一九一五年,梁氏四十三歲。

〔二〕趙邠卿名歧,邠卿是他的字,長陵人。《後漢書》有傳。這裏是指趙熙。《石遺室詩話》說趙熙"壬子後自滬歸蜀,寄居重慶,又次年歸榮縣"。壬子的下一年是一九一三年,趙熙這時給陳衍詩有"我自入山無出理"句,那末這裏的山中就是指榮縣,榮縣多山。

〔三〕起居本指日常動止,後人把問候人家的起居也叫起居了。如《新五代史·李琪傳》:"羣臣五日一隨宰相入見內殿,謂之起居。"

〔四〕《新唐書·李紳傳》:"為人短小精悍,時號短李。"這裏是指轉達趙熙書信的姓李人,今不能知道他的名字了。

〔五〕《戰國策》:"怒於室者色於市。"這裏是說幾乎當眾發怒。

〔六〕羅隱字昭諫,餘杭人。《舊五代史》有傳。這裏是指下文的"羅癭"。羅名惇曧,字掞東,號癭公,廣東順德人。

〔七〕五十六字謂七律一首,大約即趙熙所作的《上任父詩》,詳下。

〔八〕浹旬已見上《甲寅冬假館著書》詩注第六十四條。

〔九〕《南齊書·張融傳》:"常稽遲不進。"稽有留滯的意思。《史記·馮唐列傳》:"臣誠愚,觸忌諱,死罪死罪。"案:古時章奏和書牘常用死罪字樣,表達引咎的意思。

〔一〇〕以,原因。

〔一一〕黃巾是東漢末年一次農民大起義的標誌,首領是鉅鹿人張角等,他們利用宗教迷信來組織農民,軍中都戴黃巾,所以當時就把黃巾稱這個農民隊伍了。這裏是借指一九一三年重慶討袁運動。時爲一九一三年八月四日，駐重慶師長熊克武響應江西都督李烈鈞、安徽都督柏文蔚討伐袁世凱，宣佈獨立，任四川討袁軍總司令。蘇粵閩湘各省也相繼起兵，是謂二次革命之役，又曰癸丑之役。不久，各地討袁軍先後失敗，九月十二日，重慶也取消獨立。

〔一二〕《後漢書・鄭玄傳》：「建安元年，自徐州還高密，道遇黃巾賊數萬人，見玄皆拜，相約不敢入縣境。」案：鄭玄是北海高密人。「式」本是車上的橫木，古代男子立乘，假使要行敬禮，就低頭靠在式上。後來就把「式」字當作敬禮解了。這裏是借來比喻趙熙在重慶得到討袁軍的尊重。趙熙是傾向革新的，和四川民黨多相契合。

〔一三〕《宋史・晏敦復傳》：秦檜使人誘勸敦復，敦復答曰：「吾薑桂之性，到老愈辣，請勿言。」

〔一四〕《孟子・盡心下》：「莫之敢攖。」攖是觸犯的意思。魑魅已見上《留別梁任南》詩第一首注第六條。

〔一五〕李白詩：「青天白日摧紫荊。」

〔一六〕《漢書・五行志》：「蜮生南越，在水旁，能射人，南方謂之短弧。」注：「即射工也。」

〔一七〕《史記・刺客列傳・荊軻傳》：「士皆瞋目，髮盡上指冠。」髮指是憤怒到極點的意思。

〔一八〕《漢書・賈捐之傳》：「執義不回。」

〔一九〕押尾是說簽名字於文書的結尾。又名押字。案《石遺室詩話》說：「堯生……《上任父》前四句云：『無名死近不才身，一發餘生賜老民，寡識送將襧處士，反騷留得屈靈均。』即言癸丑重慶之亂，有假託君名肇事者，幾被連及，任公諸人營救乃白也。」案：因爲趙熙是傾向革新的，及討袁軍失敗，平常嫉忌趙熙的人——魑魅就造謠生事,或向袁政府告密,說他和革命軍有關,來陷害他。後來得到梁氏等爲之辯護,纔算無事,因爲這時的梁氏是袁政府的紅人啊!詩話所說"重慶之亂",是替袁政府張目的讕言;又說"假託君名肇事",也決非事實,討袁何必借重一個無拳無勇的前清遺老呢?

〔二〇〕"聽之過"就是過聽,《韓詩外傳》卷二:"晉文侯使李離爲大理,過聽殺人。"過聽就是誤聽。

〔二一〕喋喋已見上《甲寅冬假館著書》詩注第四十二條。陸游詩:"餘事勿掛齒。"案:掛齒就是嘴上說到。

〔二二〕《新唐書·李白傳》:"永王璘辟爲府僚佐。璘起兵,逃還彭澤。璘敗,當誅。初白遊并州,見郭子儀,奇之,子儀嘗犯法,白爲救免;至是,子儀請解官以贖,有詔長流夜郎。"案郭子儀封汾陽王。夜郎在今貴州桐梓縣境。

〔二三〕"復次"是又的意思。這個詞是從佛經上來的。

〔二四〕《孟子·盡心下》:"其志嘐嘐然。"案:嘐音 xiāo,"嘐嘐"是志大言大的意思。揆是度量的意思。

〔二五〕《史記·范雎列傳》:"秦王之國,危於累卵。"

〔二六〕無端是沒來由的意思。這句是說他做袁世凱政府的司法總長。近人錢基博《現代中國文學史》說:"袁世凱以鳳凰熊希齡爲國務總理,而以啓超長教育,啓超堅辭。世凱聞,昌言:'大局如此!社會責我不用新人,及竭誠相推,而新人復望望然!'啓超乃親見世凱,自明出處之義。會希齡入,世凱乃謂'君可自與商之!'苦辭往復,不得要領出,希齡黯然,世凱乃語人曰:'任公不任,成何說話!'啓超不得已,起爲司法總長。"這大約就是"無端立人朝"的經過情形。但所說僅是表面現象,梁燕孫《年譜》說:"民國建立後,國民、進步兩黨成對峙,宋案發生後,進步黨接近政府,至平二次革命,進步黨尤致力,故以熊梁等組閣。"這倒是當時的實情。

〔二七〕月躔就是月所歷的度次。《漢書·律曆志》:"日月初躔。"注:"孟康曰:'躔,舍也。'"音chán。紀謂十二個月。

〔二八〕宋玉《九辨》:"圜鑿而方枘兮,吾知其鉏鋙而難入。"鑿是鑿子,枘是柄,鑿受柄的地方是圓的,而要方的木柄塞進去,是格格不相容的。

〔二九〕《晉書·天文志》:"天旁轉如推磨而左行,日月右行,隨天左轉,故日月實東行,而天牽之以西没。譬之於蟻行磨之上,磨左旋而蟻右去,磨疾而蟻遲,故不得不隨磨左回焉。"黃庭堅詩:"枉過一生蟻旋磨。"

〔三〇〕《詩·豳風·鴟鴞》:"予口卒瘏。"毛傳:"瘏,病也。"音tú。《新唐書·杜牧傳》:"牧追咎長慶以來,朝廷措置無術,復失山東,巨封劇鎮,所以係天下輕重,不得承襲輕授,皆國家大事,嫌不當位而言,實有罪,故作《罪言》。"案:梁氏於一九一二年作有《罪言》一文,但這時還未入袁政府。

〔三一〕鄒陽《於獄上書自明》:"積毁銷骨。"案:梁氏在一九一四年四月《跋周印昆所藏左文襄書牘》説:"印昆與啓超同生亂世,不能爲畸處巖穴之行,寒苦盜廩,而以任天下事自解嘲,其視昔賢所以善保金玉者何如哉!"可以看出他當時恐懼積毁的情形。梁氏既幫袁世凱,跟國民黨爲敵,二次革命失敗以後,或者有鳥盡弓藏之感吧。

〔三二〕這是説趙熙到日本去。

〔三三〕《禮記·曲禮》:"請衽何趾。"案:"衽"就是卧席。原意是説小輩替長輩敷設卧席,問足向何方,古人席地而坐,不像後世有一定床位的那樣。這裏是借説出處的地位要審慎。

〔三四〕《漢書·司馬相如傳》:"鄙諺曰:'家累千金,坐不垂堂。'"沈欽韓《漢書疏證》:"《論衡·四諱》:'毋承屋檐而坐,恐瓦墮擊人首也。'"案：《論衡》所說就是漢諺"坐不垂堂"的意思。這裏是說要隨處小心，不可大意。

〔三五〕《晉書·劉寔傳》："歷歷相次。"歷歷是分明的意思。

〔三六〕"翅"就是啻的通借字。啻是但和僅的意思。這一句是說你的聰明，豈但十倍於我。是一種倒裝句法。

〔三七〕潁泚已見上《甲寅冬假館著書》詩注第九條。

〔三八〕案：這一句是由兩個故實組織起來的，《晉書·孫綽傳》："綽有高尚之志，居會稽，遊放山水十餘年，乃作《遂初賦》以致其意；後官散騎常侍，會桓溫欲經緯中國，擬移都洛陽，綽上疏諫阻，溫不悅曰：'何不尋君《遂初賦》，知人家國事耶？'"《離騷》"退將復修吾初服"，遂初是說成遂隱退的初心；初服是說沒有做官前初始清潔的衣服。李白詩："久辭榮祿遂初衣。"已把它合起來用了。

〔三九〕《論語·陽貨》："吾豈匏瓜也哉，焉能繫而不食？"案：這是孔子回答他的學生子路勸告不要答應佛肸的召喚的兩句話。本意是我豈能象匏瓜一樣，老是干掛在那裏不飲食嗎？後人就把匏繫當作官事牽率的代名詞，如陸游詩"匏繫不得從"。這裏也是這個意思。"解"就是解除職務。梁氏《余之幣制金融政策》一文後的附言說："吾著此論時為四年一月十日距辭職後半月也。"那末辭職當在三年十二月二十五六日左右。三年就是一九一四年。所辭的職務為袁政府的幣制局總裁。

〔四〇〕西山在北京的西面，包括潭柘、翠微、玉泉、香山幾個名勝地，這是北京有名的八景之一，叫西山積雪。《說文解字》"阯，基也。"這裏是說山腳下。

〔四一〕高誘《淮南子》注："居庸在上谷沮陽之東。"居庸是山名，在北京市昌平縣的西北。也是八景之一，叫居庸疊翠。山中有一個著名的關隘，叫居庸關。

〔四二〕玉泉在西山　名勝玉泉山的下面，也是八景之一，叫玉泉垂虹。徐獻忠《水品》："玉泉山在西山大功德寺西數百步，山之北麓，鑿石爲螭頭，泉從口出，潴而爲池，瑩澈照映，其水甘潔，上品也。"

〔四三〕《說文通訓定聲》："沁假借爲浸，唐人詩用沁脾字，此漬灌之意。"字書沒有瘂字，大約是瘂字的錯誤。《集韻》："瘂，病也。"音 niè。

〔四四〕陸機《文賦》："思乙乙其若抽。"李善《文選》注："乙，難出之貌；《說文》曰：'陰氣尚強，其出乙乙然。'乙音軋。"

〔四五〕元稹詩："蠟淚短光衰。"泫是水滴下垂的意思。

〔四六〕指《歐洲大戰史論》、《歐戰蠡測》及《余之幣制金融政策》等文而言。

〔四七〕《誠齋詩話》："東京以二月十二日爲花朝。"案：現在習慣還以這天爲花生日。

〔四八〕"吾女"指梁氏的長女思順，字令嫻。燕爾是説新婚。《詩·邶風·谷風》："宴爾新昏。"毛傳："宴，安也。"陳奐《詩毛氏傳疏》："全詩宴安字皆假作燕，惟'宴爾新昏'作宴。"後人把"宴爾"也改作燕爾。昏是古婚字。

〔四九〕日本橋川時雄《中國文化界人物總鑒》："梁思順……駐日本總領事周國賢夫人。"

〔五〇〕《周禮·冬官·考工記》："橘踰淮而北爲枳。"《晏子春秋·內篇》："橘生淮南則爲橘，生於淮北則爲枳，葉徒相似，其實味不同，所以然者何？水土異也。"這裏是説人不會改樣。

〔五一〕李白《長干行》："同居長干里，兩小無嫌猜。"

〔五二〕孫綽《遊天台山賦》："彤雲斐亹以翼櫺。"注："斐亹，文貌。"

〔五三〕《離騷》："紉秋蘭以爲佩。"洪興祖《補注》："《方言》曰：'續，楚謂之紉。'"案紉是聯綴的意思，謂聯綴秋蘭，佩戴在身上。

後人不知如何竟把紉佩作感佩用,實是不足爲訓的。這裏還是沿習慣作感佩解。

〔五四〕《説文解字》:"只,語已詞也。"案:用在語尾,一般都是表達決定或感嘆的。如《詩·燕燕》的"仲氏任只",《柏舟》的"母也天只,不諒人只",都是。

〔五五〕羅癭已見上注第六條。江淹《恨賦》:"跌宕文史。"注:"跌宕,放逸也。"

〔五六〕《孟子·滕文公上》:"或相倍蓰。"注:"蓰,五倍也。"

〔五七〕作史指羅惇曧所著《太平天國戰紀》、《中法兵事本末》、《中日兵事本末》、《威海衛燼師記》、《割臺記》、《德宗繼統私紀》、《庚子國變記》等而言。制禮不詳。當時袁政府有禮制館的設立,或他在那裏工作,所以這樣説。

〔五八〕陸游詩:"不愁索笑無多子。"索笑是求笑的意思。《白帖》:"大庾嶺上梅,南枝落,北枝開。"北枝梅指藝人梅蘭芳。李某作《梅君小傳》:"君梅姓名瀾,字浣華。江蘇泰縣人。世居京師。君天資敏慧,夙承家學,七八齡學曲,十一登場,雅合青衫節奏。幼白皙,美丰姿,稍長,色藝與年俱進。宣統末,譽者已甚衆,民國二三年間,藝乃大進,色亦愈豔,容光焕發,俯仰如神,蓋異禀也。"

〔五九〕楚璧指藝人賈璧雲。《石遺室詩話》:"歌者賈璧雲名滿天下,羅癭公、易仲實亟稱其有士夫風。"《漢書·郊祀志》:"天子曰:誠得如黄帝,吾視去妻子如脱屣耳。"是不足珍惜的意思。案:這裏對兩位藝人的話都不很尊重,那是舊社會士大夫階級的積習。

〔六〇〕曾蟄指曾習經。習經字剛甫,號蟄庵。廣東揭陽人。清末官度支部右丞。據《近代詩鈔》。

〔六一〕曾習經有《田居雜詩》十首講他務農的情況。如"摒擋浮名辦一丘,得坻無意更乘流,天教小試鋤犁手,欲看黃淤十里秋"等。

〔六二〕《石遺室詩話》:"剛父官度支部十餘年,至左參議,積廉俸至萬餘金,亂後不欲復仕,盡以買天津軍糧埕之田,乃斥鹵不堪耕種者。"

〔六三〕《詩·周南·汝墳》:"惄如調飢。"毛傳:"調,朝也。"案:"朝"就是早上,早上沒有吃,餓得最慌,所以拿來比喻。有人把"調"解作重,也是這個意思。調音 zhōu。梁氏《曾剛父詩集序》:"剛父……斥賣其所藏圖籍畫書陶瓦之屬以易米,往往不得夙飽。"

〔六四〕騫是飛的意思。梁氏《曾剛父詩集序》:"鼎革之際,神姦(指袁世凱)張毅以弄一世才智之士,彼固夙知剛父,則百計思所以縻之,剛父不惡而嚴,巽詞自免,而凜然示之以不可辱。"

〔六五〕陸機詩:"仿佛眼中人。"

〔六六〕《南史·江淹傳》:"嘗宿冶亭,夢一丈夫,自稱郭璞,謂淹曰:'吾有筆在卿處多年,可以見還。'乃探懷中得五色筆一以授之。"杜甫詩:"彩筆昔曾干氣象。"這裏的江家郎是指江庸。《近代詩鈔》:江庸字逸雲,福建長汀人。

〔六七〕肩比就是比肩,就是連肩。江庸任司法部次長,所以這樣說。

〔六八〕金玉是珍惜的意思。

〔六九〕不肯隨波逐流的意思。

〔七〇〕《說文解字》:"礱,䃺也。"䃺是古磨字,礱砥就是切磋琢磨的意思。

〔七一〕《三國志·吳書·呂蒙傳》裴注引《江表傳》:"士別三日,即更刮目相待。"

〔七二〕陳徵宇名懋鼎,徵宇是字。福建閩縣人。林宰平名志鈞,宰平是字。也是閩縣人。黃孝覺名字合一。廣東人。林、黃都做司法部官,大約是梁氏的屬下。以上據《近代詩鈔》。下面的黃、梁二人,是著名大漢奸,把他從略了。

〔七三〕社指詩社。《易·乾卦》:"同氣相求。"

〔七四〕是說彼此胸懷坦白的意思。

〔七五〕陳弢庵名寶琛,字伯潛,弢庵是號。閩縣人。陳石遺名衍,石遺是字。也是閩縣人。林畏廬名紓,字琴南,畏廬是號。也是閩縣人。

〔七六〕老宿本指有德行的老和尚。見《翻澤名義集》及《傳燈錄》。這裏是指前輩學者。

〔七七〕贄本是指初見時所執的禮物,這裏不過說拿詩請教罷了。

〔七八〕海上就是上海。

〔七九〕安仁姓潘名岳,安仁是字。晉代中牟人。《晉書》有傳。這裏是借指潘之博。康有為《粵兩生集序》:"潘若海名之博,南海人。為郎於民政部十餘年。"顲顟是憔悴的古寫。潘之博《癸丑除夕》詩說:"自從燕市歸,闇黜守空館,天公憫窮人,幸賜一冬暖。未能念明日,笑齒且從粲。"可知他當時的憔悴了。

〔八〇〕《後漢書·周黃徐姜傳》序:"閔仲叔客居安邑,家貧不能得肉,日買猪肝一片。令聞,敕吏常給焉,仲叔嘆曰:'閔仲叔豈以口腹累安邑耶?'遂去客沛。"

〔八一〕陶潛詩:"猛志固常在。"案:潘之博本為康梁一派的保皇黨,辛亥革命以後,參軍入徐寶山的幕,徐某後為袁世凱所暗殺,他就落拓上海。及袁世凱竊帝萌芽,他奔走幾個大軍閥間如馮國璋、陸榮廷等,謀抵制。見他的兒子其瑄所作行述。這裏所說的"猛志",或者是指此。梁氏去年的辭職和今年春間的離京,多少和袁氏的野心有些關係,那末猛志云云,自有他的弦外之音了。

〔八二〕孝侯就是晉代的周處,處字子隱,陽羨人。戰死,諡孝。《晉書》有傳。這裏是借指周孝懷。周孝懷名善培,浙江諸暨人。清末屢當廣東四川各學堂督辦和提調。一八九九年秋,到日本考察學務,常至《清議報》館訪梁氏。

〔八三〕《詩·魏風·陟岵》:"陟彼屺兮,瞻望母兮。"毛傳:"山有草木曰屺。"案:因爲陟屺是思念母親,後人就把陟屺作爲母親的代詞。這裏"悲風生陟屺"就是説他母親的死。

〔八四〕《禮記·曾子問》:"賤不誄貴,幼不誄長。"注:"誄,累也。累列生時行跡,讀之以作諡。"後世以爲哀祭的一種文體。陸機《文賦》:"誄纏綿以悽愴。"

〔八五〕梁氏有《周孝懷居憂奉唁》詩説:"天耶人耶集楚毒,短暉辭草風摇樹,千號百擗淚繼血,滴向泉臺何處路。"這説明他的孝而愚。

〔八六〕《景德傳燈録》:"祖曰:'彼有何言句,汝試舉似於吾。'""似"是與的意思。

〔八七〕諗本訓念和諫,俗用作知悉的意思,和審相通。這裏也是從俗。

〔八八〕《禮記·檀弓》:"吾離羣而索居。"索是單獨的意思。

〔八九〕《禮記·表記》:"恥費輕實。"孔疏:"費,辭費也。"案:費是煩數的意思。詞費就是言詞煩多。

〔九〇〕已見上《甲寅冬假館著書》詩注第二十條。案:這是指歐洲大戰。

〔九一〕《説文解字》:"螫,蟲行毒也。"庾信《哀江南賦》:"江湖潛沸。"案:這是指日本趁火打劫,攻取膠州灣,佔據膠濟鐵路,本年一月十八日又提出了二十一條的無理要求等而言。梁氏《示威耶挑戰耶》一文說:"日本今茲之舉動,非徒乘我之危也,而實亦乘歐洲各國之危;故其示威也,非徒示威於我,而實並示威於歐洲各國。夫在今日而語東方事,舉世界中固無一國焉能如日本。何者？日本欲向世界示威,則全世界人亦惟有忍氣吞聲與我國等耳。然苟思此種怨毒,一國受之,已所不堪;全世界受之,則冤憤塞於兩間;而以怨毒加人者,又豈其永能得志。"怨毒兩字正是這裏毒螫的注腳。

〔九二〕韓愈文:"其危如一髮引千鈞,綿綿延延,寖以微滅。"

〔九三〕梅賾《書·五子之歌》:"予臨兆民,懍乎若朽索之馭六馬。"這是非常危險的意思。

〔九四〕《易·繫辭》:"萬物化醇。"醇是純粹的意思。

〔九五〕謝靈運詩:"故山日以遠。"故山和故鄉、故園的意思相同。趙熙是一九一三年回榮縣的,到一九一五年的春天,將近兩年了。

〔九六〕《說文解字》:"咫,中婦人手長八寸謂之咫,周尺也。"

〔九七〕藏山已見上《甲寅冬假館著書》詩注第四十七條。

〔九八〕案:端委本來是周代禮服的名稱,這裏是說頭尾,就是《韓非子》所說端末的意思。

〔九九〕《宋史·王審琦傳》:"天必賜卿酒量。"趙熙愛飲酒,陳衍寄他的詩有注說:"與堯生共有尊中之好。"

〔一○○〕《孟子·萬章上》:"夫公明高以孝子之心,爲不若是恝。"趙注:"恝,無愁貌。"案:恝音 jiá。《說文解字》解恝爲忽,忽是不理會的意思。

〔一○一〕趙抃《成都古今記》:"成都府西五十里曰郫縣,以竹筒盛美酒,曰郫筒酒。"張周封《華陽風俗錄》:"郫縣有池,池旁有大竹,郡人刳其節,傾釀於筒,苞以藕絲,蔽以蕉葉,信宿香達於外,然後斷之,俗號郫筒酒。"郫音 pí。

〔一〇二〕韓愈文："某水某丘,吾童子時所釣遊也。"這裏是指回鄉後所來往的人。

〔一〇三〕《史記·留侯世家》："上……置酒,太子侍,四子從太子,年皆八十有餘,鬚眉皓白,衣冠甚偉。上怪之,問曰:'彼何爲者?'四人前對,各言名姓,曰:'東園公''甪里先生''綺里季''夏黄公'。"這裏是借説交到了幾個有道德的人。

〔一〇四〕俊物就是俊器。謂傑出的人物。

〔一〇五〕《史記·秦本紀》："造父以善御幸於周穆王,得驥、温驪、驊駵、騄耳之駟。"韓愈詩："近來自識尋坦途,猶上虛空跨緑駬。"騄駬相傳是周穆王八駿之一。這裏是指門生中的俊才。

〔一〇六〕《説文解字》："駛,疾也。"《益部耆舊傳》："君馬何駛。"

〔一〇七〕峨眉,山名,在四川省峨眉縣西南。它是岷山的分支,入縣境以後,突起三峰,有大峨、中峨、小峨的名稱。"在户牖"是説距離很近。

〔一〇八〕《左傳》成公二年："欲勇者賈余餘勇。"儗借爲擬,擬是擬度,《易·繫辭》："擬之而後言。"就是打算。這一句是説是不是打算賣你的餘力再遊峨眉。句法是倒裝。趙熙從前遊過峨眉,有《峨眉紀遊》小詩,所以他這樣説。

〔一〇九〕《詩·小雅·節南山》："瑣瑣姻亞。"瑣瑣是細小的意思。

〔一一〇〕古時嫁女,有時女的娣侄一塊兒跟從過去,叫做媵;凡是伴嫁的不論男女,也叫做媵。所以媵有伴附的意思。因此寄信,附有別的東西,也可説是媵了。歐戰史就是《歐洲大戰史論》。

〔一一一〕《後漢書·吴祐傳》："祐父恢欲殺青簡以寫經書。"《青溪暇筆》："古者著書以竹,初藁書於汗青,汗青者竹皮浮滑如汗,以其易於改抹;既正則殺青而書於竹素。殺,削也,去其青皮而書於竹白,不可改易也。"

〔一一二〕曹丕《典論・論文》：“夫人善於自見，而文非一體，鮮能備善，是以各有所長，相輕所短，里語曰：‘家有敝帚，享之千金。’此不自見之患也。”這是説珍愛自己的所有，而不知它的敝惡可笑。

〔一一三〕褚人獲《堅瓠集》：“宋蘇舜欽字子美，好飲酒，豪放不羈。客外舅杜祁公家，每夕讀書，以斗酒爲率，公疑，密覘之。子美讀《漢書・張良傳》，至‘良與客狙擊秦始皇帝’，撫掌曰：‘惜乎擊之不中！’遂滿飲一大卮；又讀至‘良曰始臣起下邳，與上會於留，此天以授陛下’，又撫掌曰：‘君臣相遇，其難如此。’復舉一大卮。祁公笑曰：‘有如此下酒物，一斗不足多也。’”《漢書》爲班固所作，所以稱班籍。

〔一一四〕《後漢書・朱浮傳》：“往時遼東有豕，生子白頭，異而獻之，行至河東，見羣豕皆白，懷慚而還。”

〔一一五〕亞匏集就是金亞匏的《秋蟪吟館詩鈔》。《近代詩鈔》：“金和字弓叔，號亞匏。江蘇上元人。”《石遺室詩話》：“亞匏……所歷危苦，視古之杜少陵，近之鄭子尹，蓋又過之。其古體，極乎以文爲詩之能事，而一種沈痛慘淡陰黑氣象，又過乎少陵、子尹。”

〔一一六〕《論語・鄉黨》：“膾不厭細。”邢昺疏：“牛與羊魚之腥，聶而切之爲膾。”《史記・絳侯世家・集解》：“韋昭曰：‘胾，大臠也’。”案：胾音 zī，就是大切肉。這裏的膾胾，似即《孟子》的膾炙，《盡心》篇説：“膾炙所同也。”後人對於作品被人欣賞和贊美的，叫做“膾炙人口”。因爲要押韻，只好改爲膾胾了。

〔一一七〕梁氏《秋蟪吟館詩鈔序》：“余嘗怪前清一代，歷康、雍、乾、嘉百餘歲之承平，蘊蓄深厚，中更滔天大難，波詭雲譎，一治一亂，皆極有史之大觀，宜於其間有文學界之健者，異軍特起，以與一時之事功相輝映，然求諸當時之作者，未敢或許也。及讀金亞匏先生集，而所以移我情者，乃無涯畔。吾於詩所學至淺，豈敢妄有所論列，吾惟覺其格律無一不軌於古，而意境、氣象、魄力，求諸有清一代，未睹其偶；比諸遠古，不名一家，而亦非一家之境界所能域也。嗚呼！得此而清之詩史爲不寥寂也已。"案：金和是反對太平天國非常激烈的人，即以詩的藝術言，也多以輕剽刻薄取快，沒有一些深沉涵蓄之致。當時文藝界並不怎樣重視他。直到梁氏纔大捧特捧，附和的還有陳衍、胡適等人。

〔一一八〕《莊子·秋水》："井鼃不可以語於海者，拘於虛也。"案：鼃，古蛙字。後人批評見識狹小的叫"井蛙之見"。

〔一一九〕《史記·滑稽列傳》："淳于髡曰：'今者臣從東方來，見道旁有穰田者，操一豚蹄，酒一盂，而祝曰："甌窶滿篝，污邪滿車，五穀蕃熟，穰穰滿家。"臣見其所持者狹，而所欲者奢，故笑之。'"

〔一二〇〕《說文解字》："瘢，痍也。""痏，疻痏也。"案：瘢痏音 pàn wěi，都是指創瘢。這裏的索瘢痏是說挑毛病。

〔一二一〕孫奕《示兒編》："今進士書試卷末云：'涂注乙共若干字。'唐時已有此語，韓愈《讀鶡冠子》有曰：'爲之正三十有五字，乙者三，減者二十有二，注者十有二。'"俞樾《茶香室叢鈔》："涂即今所謂涂改，注即今所謂添注，乙者倒轉其字也。"

〔一二二〕《韓非子·解老》："根者書之所謂柢也，柢也者，木之所以建生也。"案：這裏是說學問的基礎。

〔一二三〕梁氏有《癸丑三日邀羣賢修禊萬生園，拈蘭亭序分韻》詩。詩中說："永和以還幾癸丑，萬古相望此春色，大好江山供挭攘，尚有園林葆真寂。西山照眼無限青，嫩柳拂頭可憐碧，羣賢各有出塵想，好我翩然履綦集，清談互窮郭向玄，吟筆紛摩鮑謝壁。"可以大略知道當時修禊的情形。禊音 xì。

修禊是指三月上巳臨水洗濯,除去不祥的習俗,雖然古代早有,但盛起來是開始於東晉永和九年癸丑王羲之等在會稽山陰的聚會,到這一次的聚會,已歷二十七個癸丑——一千六百二十年了。

〔一二四〕《左傳》襄公十二年:"夫婦所生若而人,妾婦之子若而人。"顧炎武《左傳杜解補正》:"若而人猶言某某。"案:若而和若干差不多。

〔一二五〕瑾是美玉,見王逸《楚辭・九章》注。玭本訓玉色鮮,見《說文解字》。後人借作疵解,如說玭吝、玭纇。這裏也從後起的解釋,瑾玭是說有好有壞。

〔一二六〕《孟子・梁惠王上》:"賢者而後樂此。"

〔一二七〕《詩・周頌・良耜》:"其比如櫛。"案:櫛是梳篦的總名,比是說梳齒的連比。這裏是形容字寫得密。

〔一二八〕《史記・淮陰侯列傳》:"上問曰:'如我能將幾何?'信曰:'陛下不過能將十萬。'上曰:'於君何如?'曰:'臣多多而益善耳。'"

〔一二九〕皇甫謐《高士傳》:"嚴光少有高名,司徒霸與光素舊,欲屈光到霸所,使西曹屬侯子道奉書,光不起;子道求報,光口:'吾手不能書。'乃口授之,使者嫌少,可更足,光曰:'買菜乎?求益也。'"

〔一三〇〕《書・堯典》孔傳:"申,重也。"

〔一三一〕梁氏父名寶瑛,字蓮澗。

〔一三二〕梁氏於本年三月南還,爲他父親祝壽。

〔一三三〕《晉書・李密傳》:"烏鳥私情,願乞終養。"《本草》:"小而純黑,小嘴,反哺者,慈烏也。"案:因爲烏能反哺,所以借作孝養的意思。古詩:"一心抱區區。"

〔一三四〕《漢書・賈誼傳》:"然尚有可諉者,曰疏。"注:"諉者,託也。"案：就是後人所説的推託、推諉。

〔一三五〕蘇軾詩："春在先生杖履中。"

〔一三六〕古詩："努力加餐飯。"

〔一三七〕《詩·周頌·雝》："介以繁祉。"蕃祉同繁祉，就是多福。

〔一三八〕桃漲就是桃花水汛，《漢書·溝洫志》："來春桃花水盛，必羡溢。"

〔一三九〕古樂府："客從遠方來，遺我雙鯉魚，呼兒烹鯉魚，中有尺素書。"楊慎《丹鉛餘録》："古樂府：'尺素如殘雪，結成雙鯉魚，要知心裹事，看取腹中書。'據此詩，古人尺素結爲鯉魚形，即緘也。《文選》'客從遠方來，遺我雙鯉魚'，即此事也。下云烹魚得書，亦譬況之言，非真烹也。"

〔一四〇〕乙卯即一九一五年。《北史·魏收傳》引晉議郎董勛答問禮俗：正月一日爲雞，二日爲狗，三日爲猪，四日爲羊，五日爲牛，六日爲馬，七日爲人。

〔一四一〕梅賾《書·太甲》："王拜手稽首。"蔡沉傳："拜手，首至手也。"案：頭至手，是説跪拜的時候，頭碰到手。

詞　選

水調歌頭〔一〕 甲午〔二〕

拍碎雙玉斗,〔三〕慷慨一何多。滿腔都是血淚,無處着悲歌。〔四〕三百年來王氣,〔五〕滿目山河依舊,〔六〕人事竟如何？百户尚牛酒,〔七〕四塞已干戈。〔八〕　千金劍,〔九〕萬言策,〔一〇〕兩蹉跎。〔一一〕醉中呵壁自語,〔一二〕醒後一滂沱。〔一三〕不恨年華去也,〔一四〕只恐少年心事,強半爲銷磨。〔一五〕願替衆生病,〔一六〕稽首禮維摩。〔一七〕

〔一〕《水調歌頭》是詞牌名。王奕清《詞譜》："水調乃唐人大曲。凡大曲有歌頭,此必裁截其歌頭,另倚新聲。"

〔二〕甲午是公元一八九四年,也就是清光緒二十年。梁氏二十二歲。楊復禮梁氏年譜説："是年春,公入都會試,廣交名流。冬,講學於粵。"研究詞意,是感慨中日戰事而作。對日宣戰是在陰曆七月,梁啓勛《曼殊室戊辰筆記》説："甲午春偕伯嫂入京。迨中日戰事起,伯嫂歸寧貴州,伯兄回廣東。"那末作此詞時,他已在廣東了。

〔三〕《史記·項羽本紀》："沛公已去,間至軍中。張良入謝曰：'沛公不勝桮杓,不能辭,謹使臣良奉白璧一雙,再拜獻大王足下；玉斗一雙,再拜奉大將軍足下。'項王則受璧置之坐上。亞父受玉斗置之地,拔劍撞而破之,曰：'唉！豎子不足與謀,奪項王天下者,必沛公也。吾屬今爲之虜矣。'"案：用這個故事,是表示十分憤慨,所以下句就緊接説慷慨一何多幾句。

〔四〕楊譜:"公爲中日戰事,時發憤嘆。"

〔五〕庾信《哀江南賦》:"將非江表王氣終於三百年乎?"案:原文是敍梁亡,這是借喻清王朝。清王朝自順治入關到此時一共二百五十多年,數字正相仿佛。根據他用這個典故,好像那時中國軍隊已屢吃敗仗,到了危險階段了。但説得很有含蓄。

〔六〕晏殊《浣溪沙》詞:"滿目山河空望遠。"案:這一句好像是隱用《晉書》風景不殊新亭對泣的意思。詳下。但也説得很含蓄。

〔七〕《後漢書·光武紀》:"加賜河南女子百户牛酒,令天下大酺五日。"這是古代朝廷有慶典,特許民衆聚會飲酒,以表歡慶。詞指國難當頭,朝野人士毫無覺悟,依然歌舞昇平,醉生夢死。

〔八〕案:這一年陽曆九月二十三日我陸軍敗於朝鮮平壤,十月七日海軍敗於大東溝,二十五日寇渡過鴨綠江,陷九連城,十一月六日日寇陷金州,二十一日陷旅順,十二月十三日陷海城,一八九五年一月十日陷蓋平。這首詞不知作於哪一月,重重國恥可以説明這一句的含義。梁啓勛説梁氏在甲午的下一年乙未春,"見國事日非,已漸有慷慨激昂之態矣"。這很能看出梁氏思想在當時的轉變。

〔九〕古樂府《徐人歌》:"延陵季子不忘故,脱千金之劍兮帶邱墓。"郭子章《劍記》:"漢昭帝時,茂陵人獻一寶劍,銘曰:'直千金,壽萬歲。'"

〔一〇〕辛棄疾《鷓鴣天·有客慨然談功名因追念少年時事戲作詞》:"却將萬字平戎策,換得東家種樹書。"龔自珍《行香子》詞:"恐萬言書,千金劍,一身難。"案:萬言就是萬字。據楊譜:"甲午春,公入都會試。"康有爲自訂年譜也説:"二月十二日與卓如同入京會試。"會試例有對策五道,類有關時事,這裏所説萬言策,或指此而言。

〔一一〕《楚辭》王褒《九懷·株昭》:"驥垂兩耳兮,中坂蹉跎。"洪興祖《楚辭補注》:"蹉跎,失足。"案這一句是感嘆自己文武兩無所成。這一年他會試沒有考中。

〔一二〕王逸《楚辭·天問序》:"天問者,屈原之所作也。屈原放逐,彷徨山澤,見楚有先王之廟及公卿祠堂,圖畫天地山川神靈,琦瑋僑佹,及古賢聖怪物行事,因書其壁,呵而問之,以渫憤懣,舒瀉愁思。"案:呵有責怒的意思。

〔一三〕《詩·陳風·澤陂》:"涕泗滂沱。"案滂沱本是形容多雨,這裏借來形容涕淚的橫流。

〔一四〕庾信《杖賦》:"年華未暮,容貌先秋。"案年華就是時光。

〔一五〕陸遊詩:"千年回首銷磨盡。"案銷磨就是消滅。一作消磨。

〔一六〕《維摩詰所說經》:"爾時毗耶離大城中有長者名維摩詰,以其方便,現身有疾。以其疾故,國王大臣長者居士婆羅門等及諸王子並餘官屬,無慮數千人,皆往問疾。其往問者,維摩詰因以身疾,廣爲說法。……人往問居士是疾何所因起?曰:'一切衆生病,是故我病。'"

〔一七〕《周禮·春官·太祝》:"一曰稽首。"鄭玄注:"稽首,拜,頭至地也。"

滿江紅〔一〕 贈魏二〔二〕 甲午〔三〕

如此江山,送多少英雄去了。〔四〕又爾我蹋塵獨灑,〔五〕睨天長嘯。〔六〕炯炯一空餘子目,〔七〕便便不合時宜肚。〔八〕向人間一笑醉相逢,兩年少。〔九〕　使不盡,灌夫酒。〔一〇〕屠不了,要離狗。〔一一〕有酒邊狂哭,花前狂笑。劍外惟餘肝膽在,〔一二〕鏡中應詫頭顱好。〔一三〕問匏黃閣外一畦蔬,〔一四〕能同否。〔一五〕

〔一〕《滿江紅》是詞牌名。《詞譜》:"此詞有仄韻、平韻兩體。仄韻詞宋人填者最多,平韻詞只有姜夔詞一體。"
〔二〕一八九五年和梁氏一起公車上書的有香山人魏宗弼號襄侯的,不知是不是這個人。
〔三〕這首詞大約作於這一年回廣東以後。
〔四〕起兩句好像是從蘇軾《念奴嬌·赤壁懷古》詞"大江東去,浪淘盡千古風流人物"等句脫胎而來。
〔五〕《說文解字》:"蹋,踐也。"蕭士贇《李太白集補注》:"《獨漉篇》,即拂舞歌五曲中之《獨禄篇》也。……古詞爲父報仇,太白言爲國雪恥耳。"案:拂舞歌是晉代的舞曲。古詞中有"刀鳴削中,倚床無施,父冤不報,欲活何爲"的話,李白《獨漉篇》有"雄劍掛壁,時時龍鳴,不斷犀象,綉澀苔生,國恥未雪,何由成名"的話。這時正是遼東敗報狎至國恥稠疊的時候,他們不知不覺踏地唱起這支爲國雪恥的詞兒來了。

〔六〕《說文解字》:"睨,衺視也。"案:睨天大約如《史記》所說"視天畫地"的意思,是說心懷鬱勃。《詩·召南·江有汜》:"其嘯也歌。"鄭玄箋:"嘯,蹙口出聲也。"這裏是用來表示發泄鬱勃的意思。

〔七〕《文選》潘岳《秋興賦》"珥金貂之炯炯",注:"炯炯,光明貌。"《後漢書·禰衡傳》:"大兒孔文舉,小兒楊德祖,餘子碌碌,不足數也。"案:後世因此遂有"目無餘子"的話。"餘子"就是其他的人。

〔八〕《後漢書·邊韶傳》:"弟子私嘲之曰:'邊孝先,腹便便。'"案:便便是肥滿的形容詞。《東坡志林》:"東坡坦腹問諸婢:'我此中何所有?'朝雲曰:'一肚皮不合時宜。'"案:不合時宜是不能和世俗相合宜的意思。

〔九〕洪亮吉《北江詩話》:"王(士禛)宋(犖)齊名,宋欲王賦一詩作王宋齊名之證,王貽以一絕云:'……誰識朱顏兩年少,王揚州與宋黃州。'此詩不錄集中。"

〔一〇〕《漢書·灌夫傳》:"夫剛直使酒,不好面諛,以酒失得過丞相。"案:使酒是因酒使性子的意思。

〔一一〕案:要離是春秋時代吳國人,刺殺慶忌的著名俠士,並無屠狗事。《史記·刺客列傳》:"荊軻既至燕,愛燕之狗屠及善擊筑者高漸離。"詞中"要離"似為"漸離"之偶誤。

〔一二〕案:唐宋人所說的劍外,很多是指劍閣之外,如杜甫詩"劍外忽傳收薊北",陸游詩"白髮新從劍外生"。這裏的劍是指寶劍,和他們所說不同。《史記·淮陰侯列傳》:"臣願披腹心,輸肝膽。"韓愈詩:"肝膽一古劍。"案:肝膽是象徵人的赤誠。

〔一三〕《通鑑·隋紀》:"煬帝至江都,……嘗引鏡自照,顧謂蕭后曰:好頭顱誰當斫之。"案:梁氏語雖用這個故實,意或如"三十六方作朝請,頭顱可知"(陶弘景《與從兄書》),有惋惜自己不得意的意思。

〔一四〕匏黃閣未詳。待考。

〔一五〕研究詞意,連上句來講,不是平常咬得菜根百事可做的話,好像有"英雄種菜"之意。裴松之《三國志·蜀書·先主傳》注:"曹公數遣親近覘諸將,有賓客酒食者,輒因事害之。備時閉門將人種蕪菁,曹公使人闚門,既去,備謂張飛、關羽曰:'吾豈種菜者乎?曹公必有疑意,不可復留。'"案:這時梁氏還沒有參加政治活動,當然沒有劉備韜晦的意思,不過表示閒居無聊罷了。不嫌穿鑿,姑備一說。

浪淘沙〔一〕 乙未〔二〕

燕子舊人家,〔三〕悵觸年華。〔四〕錦城春盡又飛花。〔五〕不是潯陽江上客,休聽琵琶。〔六〕 輕夢怕愁遮,〔七〕雲影窗紗。〔八〕一天濃絮太虧他。〔九〕鎮日飄零何處也,〔一〇〕依舊天涯。〔一一〕

〔一〕《浪淘沙》是詞牌名。《詞譜》:"按唐人《浪淘沙》本七言斷句,至南唐李煜始制兩段令調,雖每段尚存七言詩兩句,其實因舊曲名,另創新調也。至柳永、周邦彥別作慢詞,又與令詞截然不同,蓋調長拍緩,即古曼聲之意也。"案:《浪淘沙》本唐教坊曲名,原爲七言絕句,凡二十八字,李煜別創新調,凡五十四字,又名《賣花聲》。萬樹《詞律》說:"自南唐後,俱用此調。"這一首就用這個調子的。

〔二〕乙未是公元一八九五年。梁氏二十三歲。楊譜:"是年春,公隨康公入都會試。公車上書請變法維新,倡之者康公,而梁公奔走之力爲多。"康有爲自訂年譜:"二月十二日,偕卓如……入京,時內廷預備車輛五百,以備遷都,朝士紛紛,多慮國亡出京師者。時旅順已失,朝廷震動,……命大學士李鴻章求和,議定割遼臺,並償款二萬萬兩。三月二十一日電到北京,吾先知消息,即令卓如鼓動各省……公車……上摺拒和議。"案:以上所說的事情,大半都發生在作詞的時候。

〔三〕這一句好像是比喻自己的重來北京舊寓,據《曼殊室戊辰筆記》，上一年梁氏入京，寓粉坊琉璃街新會邑館，這一年入京沒有載明地址，也許仍住原地。

〔四〕李商隱詩："君時卧桹觸。"案陸龜蒙《笠澤叢書》說："橘之蠹大如小指，人或桹觸之，輒奮角而怒。"桹本訓門傍木，這裏所說的"桹"，當是木簽子。桹觸原是指觸動東西，後來引申作爲心有所感的意思了。感觸年光的快，是有自傷的意味。

〔五〕錦城原在成都，以錦工織錦著名。但《錦繡萬花谷》說："以江山明麗綉錯如錦也。"所以這裏借指北京。這一年立夏，陽曆是五月六日，陰曆是四月十二日，這裏說"春盡"，詞當作於此時以前。韓翃詩："春城無處不飛花。"

〔六〕白居易《琵琶行》序："元和十年，予左遷九江郡司馬。明年秋，送客湓浦口，聞舟中夜彈琵琶者，聽其音，錚錚然有京都聲，問其人，本長安娼女，年長色衰，委身爲賈人婦。憫然自敘少小時歡樂事，今漂淪憔悴，轉徙江湖間。予出官二年，恬然自安，感斯人言，是夕始有遷謫意。"詩："潯陽江頭夜送客，楓葉荻花秋瑟瑟。主人下馬客在船，舉酒欲飲無管弦。醉不成歡慘將別，別時茫茫江浸月，忽聞水上琵琶聲，主人忘歸客不發。……"案：這裏說"不是潯陽江上客，休聽琵琶"，是說明他不是遷謫者，所以不願聽琵琶。但爲什麼要牽涉到淪謫不得意的潯陽客呢？言外仍有鬱勃牢愁的意思，而很含蓄，或者和兩次會試不中有關，《曼殊室戊辰筆記》說："是歲春闈，乃順德李若農典試，誤於伯兄之試卷爲南海之作，故抑而不錄，批曰：'還君明珠雙淚垂，惜哉！惜哉！'蓋當日之南海，爲衆人所不喜也。"這一年會試放榜是四月初九日，還在春季裏。姑備一說。

〔七〕吳文英《絳都春·爲李筼房量珠賀詞》："綉被夢輕。"

〔八〕龔自珍《點絳唇》詞："紗窗又暝，黃月濛濛影。"

〔九〕龔自珍《鶯啼序・用吳夢窗韻》詞："有力喚起，一天濃絮。"又《如夢令》詞："撇下一天濃絮，春住春住，甄了人家庭宇。"梁氏同時作《蝶戀花》三首，第三首下半闋說："金縷低迷濃作絮，擱了簾櫳，甄了春庭宇。春若有情應少住，重來門巷難如故。"竟全襲龔氏同意。可見他早年很受龔氏影響。這一句好像是暗指十八省公車上書事。這件事開始在三月二十一日以後，一直到四月初八日清政府簽署《馬關條約》為止。據康譜，"令卓如鼓動各省，並先鼓動粵中公車，上摺拒和議，湖南人和之，於二十八日同遞。與卓如分托朝士鼓動，各直省莫不發憤，連日並遞章滿察院，臺灣舉人垂涕而請命。……時以士氣可用，乃合十八省舉人於松筠庵會議，與名者千二百餘人。以一晝二夜草萬言書傳遍都下，上氣憤湧。至四月八日投遞，則監察院以既已用寶，無法挽回，卻不收。"另詳文選注。這件事由一些應試舉人哄起來，居然震動全國，所以他說"一天濃絮太虧他"了。

〔一〇〕朱駿聲《說文通訓定聲》："《爾雅・釋詁》：'塵，久也。'今人謂時之久曰鎮日、鎮年，以鎮為之。"案：鎮有常的意思，鎮日就是常日。

〔一一〕以我的附會來看這兩句，好像是說這個運動沒有多大成就。康譜說："先是公車聯章，孫毓汶已忌之，至此千餘人之大舉，尤為國朝所無。閩人編修黃□曾者，孫之心腹也，初六七連日大集，初七夕，黃夜遍投各會館，阻撓此舉，妄造飛言恐嚇，諸士多有震動者。至八日，則街上遍貼飛書，誣攻無所不至，諸孝廉遂多退縮，甚且有請除名者。"這一段充分暴露了當時知識分子的動搖性，一碰到惡勢力的進攻，就紛紛退縮了。拿柳絮的飄蕩無根來比喻是很確當的。依舊天涯，是說沒有歸宿。

賀新郎〔一〕 壬寅〔二〕

昨夜東風裏。忍回首、月明故國,〔三〕淒涼到此。〔四〕鶉首賜秦尋常夢,莫是鈞天沈醉。〔五〕也不管、人間憔悴。〔六〕落日長煙關塞黑,〔七〕望陰山鐵騎縱橫地。〔八〕漢幟拔,〔九〕鼓聲死。〔一〇〕 物華依舊山河異。〔一一〕是誰家、莊嚴卧榻,盡伊鼾睡。〔一二〕不信千年神明冑,〔一三〕一個更無男子。〔一四〕問春水、干卿何事?〔一五〕我自傷心人不見,訪明夷別有英雄淚。〔一六〕雞聲亂,劍光起。〔一七〕

〔一〕《賀新郎》是詞牌名。胡仔《苕溪漁隱叢話》:"《賀新郎》乃古曲名也。"傳作最先見於東坡詞,又有《乳燕飛》、《賀新涼》、《貂裘換酒》、《金縷曲》等名。
〔二〕壬寅是公元一九〇二年,也就是清光緒二十八年。梁氏正三十歲。這一年十一月,梁氏《三十自述》説:"戊戌九月至日本,己亥居夏威夷半年,庚子七月歸滬,留滬十日遂去遊澳洲,辛丑四月復至日本。邇來蟄居東國,忽又歲餘矣。所志所事,百不一就,惟日日爲文字之奴隸,空言喋喋,無補時艱。"
〔三〕南唐後主李煜《虞美人·感舊》詞:"小樓昨夜又東風,故國不堪回首月明中。"案梁氏《藝蘅館詞選》説:"張玉田謂清真最長處在善融化古人詩句如自己出,讀金陵詞,可見此中三昧。"清真就是周邦彥,梁氏少時學詞,除醉心龔自珍外,受周邦彦的影響也很深。這兩句融化李煜詞句,不見斧鑿痕跡,顯然是仿傚周邦彥的作法。

〔四〕這三句是説他在日本回望祖國,語意悲痛,根據下文,大約是指帝俄佔領滿洲事。詳下。

〔五〕張衡《西京賦》:"昔者大帝説秦繆公而覲之,饗以鈞天廣樂,帝有醉焉,乃爲金策,錫用此土,而翦諸鶉首。"庾信《哀江南賦》:"以鶉首而賜秦,天何爲而此醉。"《漢書·地理志》:"自井十度至柳三度謂之鶉首之次,秦之分也。"案:分野是説天上星宿所當的地域。鶉首這個星次所當的地域是雍州,就是秦地。這裏所説的"鈞天沈醉"大約是指昏瞶糊涂的清王朝,秦是指那些帝國主義者,"鶉首賜秦尋常夢"是説清王朝隨便把我國的土地送給帝國主義者,已經成爲尋常的事了。

〔六〕這句是説這個王朝不顧人民的死活。梁氏《藝蘅館詞選》評辛棄疾別茂嘉十二弟的《賀新郎》詞説:"《賀新郎》調以第四韻之單句爲全首筋節。"案:這一句也仿傚這種作法,是全首的關鍵。

〔七〕范仲淹《漁家傲》詞:"長煙落日孤城閉。"辛棄疾《賀新郎》詞:"馬上琵琶關塞黑。"

〔八〕《史記·秦始皇本紀》:"西北斥逐匈奴,自榆中並河以東,屬之陰山。"裴駰《集解》:"陰山在五原北。"案:今五原屬内蒙古自治區。陰山山脈在它的北面。《後漢書·公孫瓚傳》:"且厲五千鐵騎於北隰之中。"鐵騎是説披甲的精强騎兵。案:這闋詞梁氏又插在同一年所作的政治小説《新中國未來記》中,可以知道詞是爲了帝俄佔領東三省而作的。《清史稿·邦交志一·俄羅斯》:"光緒二十六年,拳亂,各國聯軍入北京,俄乘勢以兵占東三省。……李鴻章爲全權,與各國議款,並命駐俄欽使楊儒與俄商辦接收東三省事。楊儒與争論久,始允作廢,而別出約稿相要。二十七年七月,各國和議成。李鴻章乃手擬四事,一歸地,二撤兵,三中國在東三省除指定鐵路公司地段,不再增兵,四交還鐵路,償以費用。與俄使開議於北京,議未成而鴻章卒。二十八年三月,訂約四條。四月,俄人強佔科布多所屬阿拉克別克河。"

〔九〕《史記・淮陰侯列傳》:"信所出奇兵二千騎,共候趙空壁逐利,則馳入趙壁,皆拔趙旗,立漢赤幟二千。"案:這裏是說漢幟拔掉了。據記載說:俄國"取營口,即於其地之道臺衙門揭俄國國旗焉"。

〔一〇〕王曇詩:"夜半蒿橋鼓聲死。"案:就是《漢書・李廣傳》所說李陵"夜半時擊鼓起士,鼓不鳴"的意思。

〔一一〕杜甫詩:"且盡芳樽戀物華。"案:物華是指妍麗的景物。《世說新語》:"過江諸人,每至美日,輒相邀新亭,藉卉飲宴。周侯(案周顗)中坐而嘆曰:'風景不殊,正是有河山之異。'皆相視流淚。"

〔一二〕宋伐江南,江南請求罷兵,宋太祖趙匡胤說:"江南主有何罪?但臥榻之側,豈容他人鼾睡乎?"這時帝俄佔領東三省的軍隊遲遲不肯撤退,所以他說"盡伊酣睡"。

〔一三〕已見上《愛國歌》第二首注。

〔一四〕舊題陳師道《後山詩話》:"費氏,蜀之青城人,以才色入蜀,後主嬖之,號花蕊夫人。效王建作宮詞。國亡,入備後宮,太祖聞之,召使陳詩。誦其國亡詩曰:'君王城上豎降旗,妾在深宮那得知。十四萬人齊解甲,寧無一個是男兒。'"

〔一五〕馬令《南唐書・馮延巳傳》:"元宗樂府詞云'小樓吹徹玉笙寒',延巳有'風乍起,吹縐一池春水'之句,皆為警策。元宗嘗戲延巳:'吹縐一池春水,干卿何事?'延巳曰:'未如陛下小樓吹徹玉笙寒。'元宗悅。"龔自珍《金縷曲》詞:"似春水干卿何事?"案:"干卿何事"就是關你什麼事?

〔一六〕黄宗羲撰《明夷待訪録》一卷。明夷是取《易》明夷卦的意義。這個卦由離坤兩卦相重而成的。朱熹《周易本義》説:"夷,傷也。下離上坤,日入地中,明而見傷之象,故爲明夷。"他是明代遺民,所以以明夷自喻。《本義》又説:"占者利於艱難以守正,而自晦其明也。"那末他應該自晦其明了。但他的自序説:"吾雖老矣,如箕子之見訪,或庶幾焉。豈因夷之初旦,明而未融,遂秘其言也。"據此可以知道書名的意義。書中最有價值的是《原君》、《原臣》、《原法》等篇,竭力反對君主專制政體,能言當時人所不敢言。這時梁氏正醉心盧梭學説,與黄氏學説也很相契,所以他説"別有英雄涙"了。

〔一七〕《晉書·祖逖傳》:"逖與司空劉琨,共被同寢,中夜聞荒雞鳴,蹴琨覺曰:'此非惡聲也。'因起舞。"案:舞是説舞劍。